本成果受到中国人民大学“中央高校建设世界一流大学（学科）和特色发展引导专项资金”支持，项目批准号：15XNLG09

大国学研究文库

国学视野下的西域研究

Western Regions from the Perspectives of the Chinese Classics

乌云毕力格◎主编

中国社会科学出版社

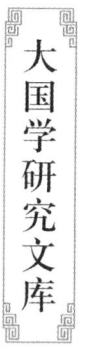

图书在版编目（CIP）数据

国学视野下的西域研究／乌云毕力格主编．—北京：中国社会科学出版社，2019．9

（大国学研究文库）

ISBN 978－7－5161－8539－1

Ⅰ．①国…　Ⅱ．①乌…　Ⅲ．①西域—文化史—古代—文集　Ⅳ．①K294．5

中国版本图书馆 CIP 数据核字（2016）第 154194 号

出 版 人　赵剑英
责任编辑　史慕鸿
责任校对　李　莉
责任印制　戴　宽

出　　版　中国社会科学出版社
社　　址　北京鼓楼西大街甲 158 号
邮　　编　100720
网　　址　http://www.csspw.cn
发 行 部　010－84083685
门 市 部　010－84029450
经　　销　新华书店及其他书店

印刷装订　北京君升印刷有限公司
版　　次　2019 年 9 月第 1 版
印　　次　2019 年 9 月第 1 次印刷

开　　本　710×1000　1/16
印　　张　29．5
插　　页　2
字　　数　471 千字
定　　价　138．00 元

目　录

"土垠"为汉"居卢訾仓"故址说 …………………………… 王炳华(1)
伊循故址新论 …………………………………………… 王炳华(32)
罗布淖尔考古与楼兰—鄯善史研究 ……………………… 王炳华(49)
文本对勘与历史建构:藏传佛教于西域和中原传播历史
研究导论 ………………………………………………… 沈卫荣(75)
Revitalizing Sino-Tibetan Buddhist Studies: Some Old and New
Thoughts ………………………………………… Weirong Shen(134)
1705 年西藏事变的真相 ……………………………… 乌云毕力格(161)
16 世纪蒙古"浑臣"考 ………………………………… 乌云毕力格(180)
1655 年以前的喀尔喀扎萨克问题 ……………………… 乌云毕力格(194)
Archaeological and palaeopathological study on the third/second century
BC grave from Turfan, China: Individual health history and regional
implications ………………………………………… Xiao Li et al. (216)
唐西州的古代药方研究 …………………………………… 李　肖(241)
交河沟西康家墓地与交河粟特移民的汉化 ……………… 李　肖(248)
黑水城西夏文洪州禅文献初步分析:以《洪州宗师教仪》及
《洪州宗趣注解记》为例 ……………………………… 索罗宁(258)
怛逻斯之战和天威健儿赴碎叶
——新获吐鲁番文书所见唐天宝年间西域史事 ………… 毕　波(293)
考古新发现所见康居与粟特 ……………………………… 毕　波(320)
Tocharian Fragment THT333 in the Berlin
Collection ……………………………………… Ogihara Hirotoshi(334)
新疆库车县文物局所藏梵本《法集要颂经》残片考释 …… 荻原裕敏(350)
龟兹语 *smāṃ* ……………………………………………… 荻原裕敏(360)

从柬声字的谐声通假看复辅音学说的局限 …………………… 李建强(373)
从敦煌吐蕃藏汉对音文献看藏语浊音清化 …………………… 李建强(395)
P. T. 396 的版本来源及其反映的汉语语音现象……………… 李建强(409)
Padhānasutta:佛传中降魔悟道的起源
——对巴利文、梵文及汉译佛典的比较考察 ……………… 张丽香(417)
佛传图像在印度的历史发展 ……………………………… 张丽香(446)

“土垠”为汉“居庐訾仓”故址说

王炳华

居庐訾仓，初见于《汉书·西域传》，《魏略·西域传》中亦见记录。在汉、晋时期是出河西走廊入西域楼兰途程中一处重要站点，地位冲要。

“居卢訾仓”故址所在，一个世纪以来，学界多有关注，但并未得到准确的结论。笔者的观点是：“居卢訾仓”故址就是黄文弼先生在20世纪30年代发现的土垠。

“土垠”遗址坐落在罗布淖尔湖北岸。是新疆地区迄今唯一出土过西汉纪年木简的古代遗存。它既是汉王朝开拓西域的前进基地，又是交通西域的后勤补给、邮置站点，相关遗存蕴含丰富的历史内涵。对深入认识汉、晋时期的楼兰，了解西汉王朝开拓、经营西域的事业，西汉戍边健儿们筚路蓝缕、拓边卫边的丰功伟业，具有无可替代的价值，值得认真关注。

“土垠”，在20世纪前期中外学者重点展开过的罗布淖尔考古中，当之无愧应是重大的考古收获之一。其意义并不弱于发现楼兰。它的发现是黄文弼先生不朽的贡献。在黄先生毕生从事的西域考古事业中，算是最重要的建树之一。可惜的是黄先生初涉土垠，认识一开始就进入误区：这就是判定遗址为烽燧。先入为主的结论，严重局限了他对遗存的深入研究。

这一遗址，自70年前黄文弼先生调查后，直到20世纪晚期，再未有考古工作者涉足其地。在笔者40多年的新疆考古生涯中，也只是20世纪80年代以后，才得机会到了土垠。第一次进入，手持黄文弼先生当年考古报告，目验当年他曾经报道的诸多遗迹，不少竟已寻觅无处。但也见到一些重要遗迹，是黄先生当年未曾关注，自然也未得介绍的。如遗址西侧傍湖存在一区土码头，直接显示着罗布淖尔古代水运事业的存在，这是西域研究中无人涉及的新问题，可以给人以新的启迪（图1）。

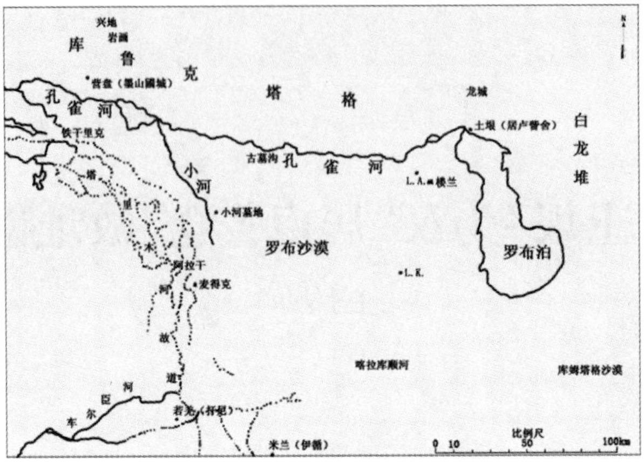

图 1　土垠遗址交通地理形势图

为深入认识土垠在楼兰地区的交通枢纽地位，自第一次考察发现一些问题后，其后又多次进入土垠进行调查。具体路线，有自库尔勒循库鲁克塔格山南缘东行；也有自阿尔金山北麓米兰北向；还曾自土垠东向，经三陇沙入玉门关，抵敦煌。这涉及当年土垠向东、西、南、北方向交通的地理形势。在经历过这一系列的考察调查后，逐渐明白土垠遗址在古代自敦煌进入西域道途中，确实具有无可替代的重要地位。也逐步深入领悟到它在汉代西域历史中，曾经发挥过重大的作用。其中，不少尚未为人们关注。故不惴粗陋，深为剖析。不足之处，尚祈不吝教示。

一　“土垠”遗址的发现及遗存简况

发现“土垠”遗址，功在对西域考古有开拓之劳的黄文弼。

黄文弼对土垠遗址有过两次工作。第一次在 1930 年 4 月，主要调查了土垠遗址本身；四年后，1934 年 5 月，他再到土垠，除重访遗址外，还调查了土垠遗址北面的汉代古道，遗址西部与屯种有关的古渠、柳堤、居住遗址等。他两次进入土垠，具体路线都是由吐鲁番盆地鄯善县鲁克沁南下，经迪坎儿入库鲁克塔格山，越山至阿尔特密希布拉克（六十泉），复沿库鲁克塔格山南麓、孔雀河谷东行，入龙城雅丹，进抵土垠，这是一条我们未走、可以互相补充的路线。相关情况，见于其《罗布淖尔考古记》及《蒙新考察日记》[①]。

土垠遗址，位于罗布淖尔湖北岸一处深入湖盆中的半岛之上，居孔雀河尾闾地带：三面环水，只北面与鳞次栉比的龙城雅丹相连续，而且被深深掩复在丛丛土丘林中，真可以说是形势独具、十分隐秘、不同一般。当年选此，作为进入楼兰、联络西域南北道的前进基地，曾经过西汉拓边健儿们认真分析、选择，绝非偶然的决定（图2）。

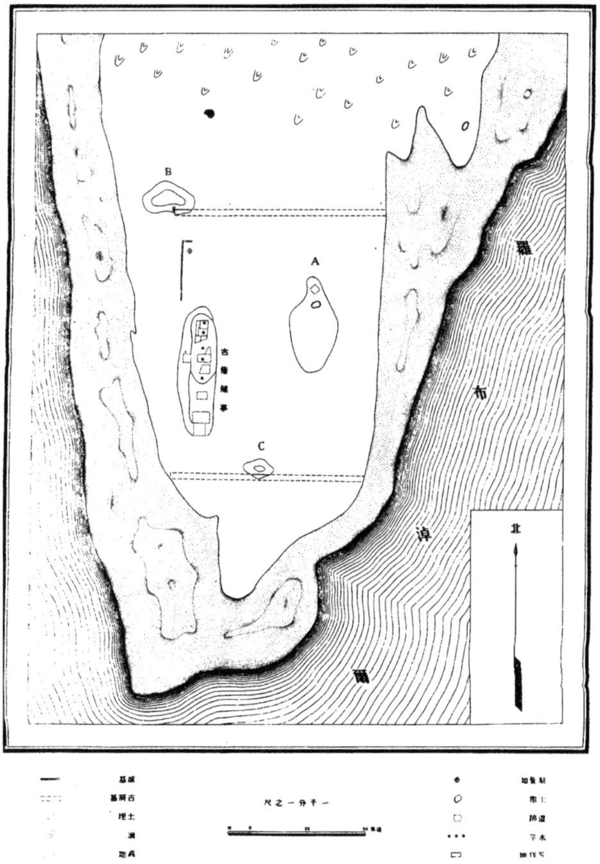

图2　土垠遗址（引自黄文弼《罗布淖尔考古记》）

---

① 黄文弼：《罗布淖尔考古记》，《中国西北科学考察团丛刊》之一，国立北京大学出版，1948年，第105—112、179—220页。黄文弼遗著，黄烈整理：《黄文弼蒙新考察日记（1927—1930）》，文物出版社1990年版，第545—550页。

土垠遗址经纬位置，在 E90°12′30″、N40°46′30″处[①]。黄文弼首次对这一遗址的调查，先后费时 6 天，当年观察的现象、初步的测量、附近的墓地，都是不可取代、值得珍视的重要资料，自 20 世纪 30 年代至今，黄先生目验、报告了的部分遗址，已消失无存，根据黄氏当年测图、报告文字，本文略作归纳，引述介绍如下。

（一）主要遗存

遗址居于“土垠平滩上”，“傍于海岸之三角洲，三面环水，惟北路通陆”。据其测图，遗址大略为长方形，南北长约 110 米，东西宽约 80 米。遗址西部，有“有长方形土台，高八英尺许，长十九英尺，宽五英尺五寸”，其上有地穴式建筑 5 处。另在遗址南北两端见残房址 2 处，以不规则土块，碱块为墙，顶已塌毁。遗址东部，有房址残迹 1 处。北围墙外“距约数十步”，有古房址 1 处[②]。

（二）汉代古道遗迹

古道，这是黄先生于 1934 年 5 月第二次考察罗布淖尔土垠遗存时的主要发现，遗迹见于遗址北约 5 华里处，在盐层下“显白色泥痕，宛若铲铲，刮磨光平”，东北、西南走向。道路两旁“时有五铢钱、零铜件与玛瑙之属”。在持续多日的踏查中，与这一古道路迹、走向，黄氏曾多次“遭遇”，古道“蜿蜒屈行”，“五铢钱散布地表，俯拾即是”[③]。

---

① 此据笔者用地球卫星定位仪，在遗址所作之实测记录。黄先生当年以陈宗器先生测定结果为据，记其为东经 90°、北纬 45°10′，有误；参《罗布淖尔考古记》，第 105 页。

② 黄文弼：《罗布淖尔考古记》，第 105—107 页。

③ 黄文弼：《罗布淖尔考古记》，第 110 页。其云：“由此往北约 5 里许，有大道遗迹，类似古道，两旁常有铜钱散布。于 5 月 14 日下午 3 时，使猎户导之前往，向北偏东 20°行，4 点，遭遇古道于坚刚盐层开处，中显白色泥痕，宛若铲铲，刮磨光平，显为往来人迹所遗。由西南向东北，蜿蜒屈行，或在山坡，或在平地……道两旁时有五铢钱、零铜件与玛瑙之属，必为当时行人所遗。”“十五日，仍驻此地……在大老坝北岸之土阜上，觅得古址一所。在一倾圮土坯中，显出苇草，即发掘其下，出骨器五件、草具五件……复北行，又与古道会。沿道西偏南 20°行，在土阜之旁，五铢钱散布地表，俯拾即是。归而数之，得六百余枚，但无居住遗迹，其为行人所遗无疑也。”

（三）柳堤、古渠、居址

在土垠遗址西北、孔雀河下游，黄文弼第二次罗布淖尔考察中，曾发现柳堤一道：“西南东北行，长九百五十双步。下为土垠，上复柳条，旁栽柳条一线，宽（长）190 米突。……其附近即有一四方土台……其堤之东南约十里二十里地，时觅得零铜件及玉器之属，则当时居民必麕聚于此堤之东南，及大河两旁垦殖地无疑也。”古渠“宽丈余，高者约二尺，直通于河……渠畔布阵黑沙陶片……沙堆上，有古房二所……在此一带，黑沙陶片极多，有一陶器残底，凿七孔，类古陶甑”。“在河边时拾铜镜碎片，及陶片”，与上述柳堤距约 40 余里[①]。这些居址、渠、堤遗迹，汉式风格陶器，显示了汉地炊煮文化的陶甑、汉镜、漆器、麻履等物，显为汉族居民集聚处（图 3）。

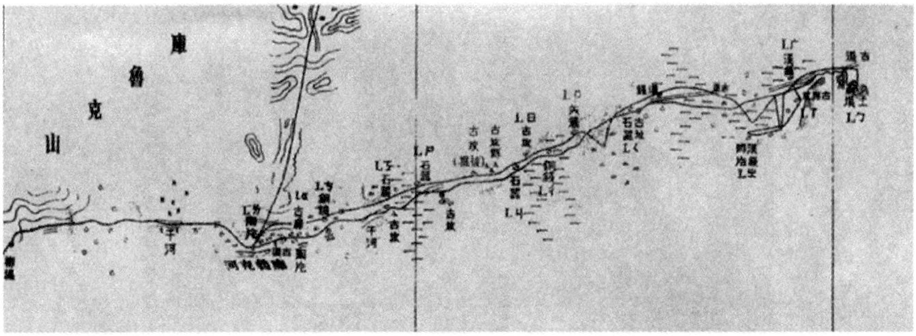

图 3　土垠附近屯戍遗址分布图（引自黄文弼《罗布淖尔考古记》）

（四）多种多量汉文物

1930 年、1934 年黄氏两次调查土垠及傍近居住遗存，共采获有西汉纪年木简 75 枚，漆、木器、丝麻织衣履、木竹器、骨、石、陶器等共 600 多件，以铜件为最多，大概皆散布地表，随手捡拾。其三棱形铜镞、五铢钱，均作紫铜色，皆为西汉遗物，在土垠地穴式房址附近，还曾拾到铜印一方，文曰“韩产私印”。另有铁器、料珠、草具，以及玻璃等[②]。

---

① 黄文弼：《罗布淖尔考古记》，第 111 页。

② 参见黄文弼《罗布淖尔考古记》，第 108 页。

二 20世纪80年代以来对土垠的考古调查

20世纪80年代以来，中国考古学者对罗布淖尔地区文物考古遗存进行了多次调查，少量发掘。在这些工作中，土垠遗址均受到关注（图4）。只就笔者言，在土垠地区的调查、踏勘即达四次。相关踏查、路线，与黄文弼先生都不相同。概而言之，有三条：

其一，由库尔勒出发，缘库鲁克塔格山南麓、孔雀河北岸东行，与孔雀河北岸一线绵延的九座汉代烽火台相依相伴，进抵营盘，复东行，达龙城雅丹。更穿越雅丹土丘林，觅见土垠。复由土垠入LE（E90°07′03.25″、N40°38′41.28″）、楼兰城（图5、图6）。

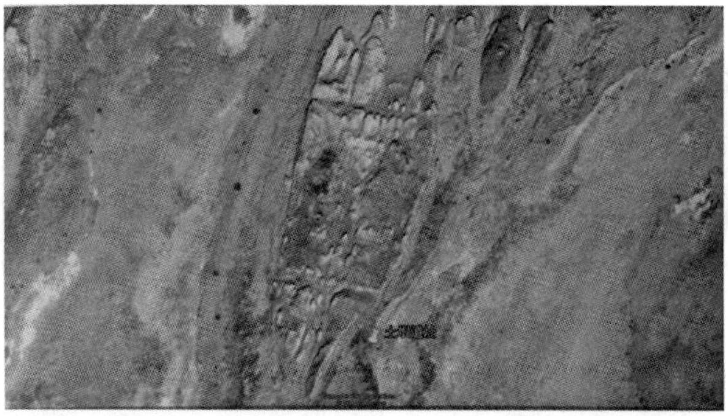

图4 新疆土垠遗址（引自Google Earth，2011.06搜寻）

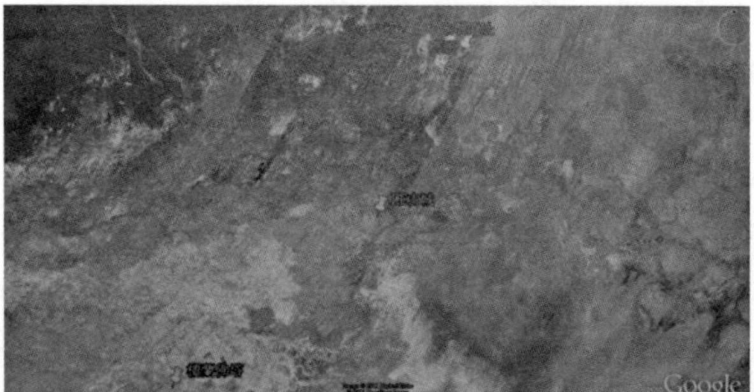

图5 楼兰、土垠、LE古城相对位置（引自Google Earth，2011.06搜寻）

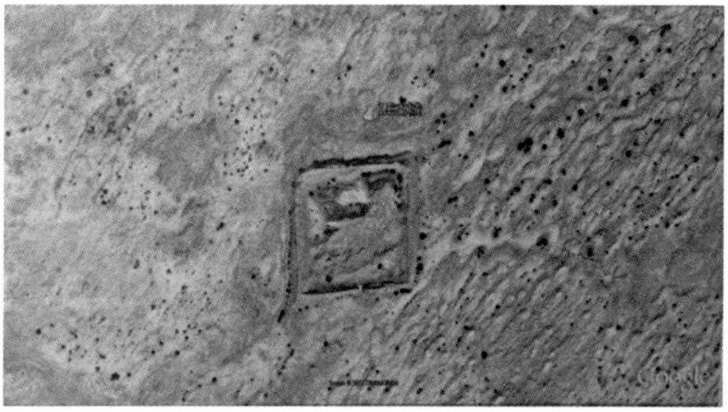

图6　楼兰、土垠间之LE古城（引自Google Earth，2011.06搜寻）

其二，系由阿尔金山脚下伊循故址——米兰出发，北行，入楼兰城，穿越已经干涸的罗布淖尔湖盆，入土垠，再至龙城雅丹之中。湖盆虽已滴水俱无，但楼兰城、土垠与罗布淖尔湖之相对位置，可以更清楚地具体把握。

其三，也是由米兰入楼兰、LE、土垠、龙城雅丹后，再由龙城雅丹东行，经白龙堆、库木库都克，过疏勒河尾间地段的甜水井，穿过库鲁克塔格山与阿尔金山间缓平的峡口荒漠，抵甘肃西部三陇沙，入疏勒河谷、汉玉门关故址，进入敦煌。这几次穿越，与当年黄文弼自吐鲁番（车师故地）穿越库鲁克塔格山进入龙城、土垠的路线，完全不同，可互相补充。

通过这些调查，不论从罗布淖尔地区地理、交通形式的宏观角度，还是遗址细部特征，均取得重要收获。

（一）从宏观角度看“土垠”，有以下特点

1. 它是敦煌最近的可以提供淡水的地点，地处要冲。土垠是西汉戍边将士们西出玉门后，可以取得淡水、草料补给的第一站。中原王朝戍边健儿们由河西走廊西走，离敦煌，出玉门，沿疏勒河谷西行，过三陇沙，进入阿奇克谷地、白龙堆，除个别可以取得饮水的井泉外，几乎都是缺水、少草的戈壁、荒漠。途程长达300多公里。在以马、驼为运输工具的形式下，需经十天左右的跋涉，其困难、艰苦是难以尽说的。进抵罗布淖尔湖北岸龙城雅丹地带，正是极度困疲、干渴之时。而这里，是孔雀河尾间入罗布淖尔湖地段，可得到水质基本没有盐化，或盐化甚弱的淡水补给。极度干渴之下得见甜水，它的重要性，是怎么估计也不过分的。

2. 土垠军事地理形势十分重要。“土垠”，实际居车师（吐鲁番盆地）、楼兰城（西汉时为楼兰国都，东汉、魏晋时为西域长史府驻地）、西域都护府（轮台境内）、营盘（墨山国都城）、伊循（米兰）、扜泥（鄯善王国都城，今若羌）、敦煌这么几个重要军事、政治中心之间，是他们交通往来的要隘（图 7）。尤其西汉时期，车师所在的吐鲁番盆地，更东的伊吾（今哈密），均在匈奴控制之下，吐鲁番盆地南缘库鲁克塔格山中有多处山口可供骑兵出入。匈奴铁骑，可由此十分便捷地南下罗布淖尔，阻断汉王朝与塔里木盆地的联络。因此，汉王朝要安全交通西域，控制住楼兰，扼守“土垠”，就是第一要务。守住了“土垠”，就有可能在孔雀河北岸移民屯田，就可以有效防阻匈奴征骑南下，保证西域都护府与敦煌间的交通安全。

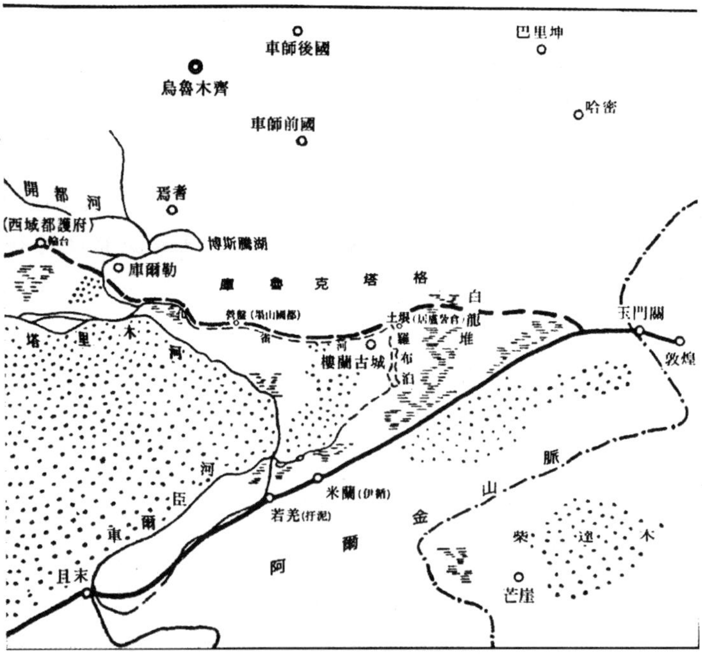

图 7 居卢訾仓地理形势图

3. 土垠所在半岛，地势低，东、西、南三面环水，北面为龙城雅丹。所谓“雅丹”，是指丛丛列列的风蚀土丘林，绵延铺展，达 2—3 公里。每道土丘均作东北—西南向，高可 3—5 米，最高可 10 多米、长数十米，攀越不易。雅丹土丘林与库鲁克塔格山之间是一片开阔、平展的山前冲积地带，宽在10公里以上。这片地势开阔、缓平的地面，除地表有小砾石外，土层颇厚。与孔雀河谷接连处，只要引水可及，可得农业垦种之便。黄文弼先生当年发现的西南、东北向古道、柳堤、灌渠、居住点，就在这片区域之内。作为屯田之所，是并不困难的（图8）。

图8　土垠遗址现状图

（二）微观考察土垠遗址，也有新的收获

1. 土垠遗址虽已遭受严重的自然、人为破坏，但遗迹仍然清晰。显示了相当周密的军事防卫性质：遗址深处雅丹土丘掩覆之中。西侧土墙加夯，南北为陡坎，北部中间显门阙。可收防御之功。西部半地穴式建筑，为粮储仓窖。绝无高台、土塔类登高望远、可以与烽火台联想的设施。而在土垠以西，近十处汉代烽火台遗存，都是以高耸瞭墩为第一特征的（图9）。

2. 遗址虽三面环水，但水势有别。南、东两面，无任何屏障，风大浪急之日，湖水势必盛大。西侧，实为一处湖湾；相隔100米左右，为另一片土岛。西风盛大时，可收屏障之功，在风起浪盛时，这片水域的水势会是相对平静的。

3. 傍西侧湖岸，在夯土围墙外，可以见到一区南北向的土筑台基，相当整齐。南半段保存完好，北半段残损。残长30、宽3、高0.4米，以土块垒就。这濒水的土台基，明显为水运码头遗址。与码头台基相近，土墙围垣外侧，见到相当多量加固土岸木楔钉。木楔钉以胡杨为料，钉长不足30厘米、直径1—2厘米，端部尖锐，深楔在土墙之中，其加固土堤，抗御风、浪侵蚀的能力，不言可自明。地处湖湾，堤岸经加固。码头地近粮仓，清楚表明粮运是当年重点关注的任务（图10）。

图9　“居卢訾仓”仓址

图10　土垠码头遗迹

判定这一土台为汉代水运码头，还有另一旁证。在离湖岸约50米处的湖湾中，据若羌县文物保管所焦迎新介绍，他们在调查时曾采集到一束三棱形青铜镞，总数近60枚①。今天干结的湖底，当年曾是水波荡漾。

① 2005年，为探察玄奘东归之路，与焦迎新一道工作，在土垠遗址现场曾向考察队具体介绍遗物出土情况。

而且水势不浅，所以不便打捞沉入之物。60枚青铜镞集中在一道，与箭镞实际被使用、散落各处决然不同，明显是运输中失落的情景。铜镞遗落在湖盆中，只有一种可能：当年存在水运。军备物资，曾经通过土垠码头运输至濒临湖盆的其他军事要地，如楼兰、LE古城等。这样说，并不纯为逻辑推论。笔者曾认真观察过相关遗迹：楼兰古城中，自西北斜穿古城，由东南角出城，有一条古河道。这条小河出城后，与孔雀河支流相通，最后与罗布淖尔湖通联，至今河谷痕迹清晰。这河道，自然可用作水运。自土垠至LE古城的车道，因穿越湖盆、平易好走已成为考察者来去的路线，形成辙迹。而线路，实际就是由土垠穿过湖盆后，进入一条小河道。小河道两岸芦苇侧伏，痕迹依然。顺这一河道行进，即可抵达LE古城边。昔日河道、河床，成了今日的路面。土垠与楼兰、LE古城曾经藉水路来去，若可触摸。

汉王朝曾经开拓罗布淖尔湖水运，是一个新观点。这是与罗布淖尔地区雅丹密布的地理形势，不时又有人员、粮饷运输的紧迫需要密切相关的。改善这片地区交通，可肯定是汉通楼兰时曾经面临的一个重要问题。水运，大概正是呼应这一要求而产生的。

说雅丹起伏的罗布淖尔湖北岸，汉、晋时期的楼兰，与四周交通困难，是史有明文、著录在册的。LE古城，是一座城内只见一处建筑遗存的军事城堡，是楼兰古城西北一座重要军事防卫点。它们周围，都是风蚀土丘林立。这种地理形势，有助于它们的军事防卫，但在交通上，对自敦煌至焉耆的丝路交通干线而言（孔雀河北岸、库鲁克塔格山前），却是十分不便。在汉与匈奴的角逐中，楼兰王国上下，深以“向导”、“负水担粮”为苦，一定程度上，就表现着这一交通艰难的形势。1979年初，我们进入罗布淖尔地区，寻觅楼兰古城遗址时，自库鲁克塔格山前南入龙城雅丹之中，觅路抵达楼兰，高低起伏，穿谷越坎，短短18公里的直线距离，徒步行进，竟费12小时以上，行进之艰难，超乎一般想象。这种交通不便，即使有马、驼之助，也是无济于事的。

面对陆上交通如是艰难形势，会转而开拓水运，这是情理中事。既有需要，又有现实可能，西汉戍边健儿行进至罗布淖尔湖北岸、觅路向楼兰时，最后终于在湖北岸土垠半岛上营建码头，发展水运，完成了一个重要的、成功的水运工程项目。缘何这一水运实况，竟未得进入史家的视野，没有留下一星半点的记录，倒是留给我们的一个悬念。

4. 土垠遗存活动的年代，并不局限在西汉，应远较西汉为长。2000年，笔者考察土垠时，同行者中曾在土垠遗址东缘采集到一枚王莽时的钱币“大泉五十”[①]。这直接说明了终西汉之世，这区遗址一直存在活动。揆诸形势，及《魏略》等著录中关于居卢訾仓的记录（说明详后），更可进一步推论，直至东晋阶段，遗址曾一直作为丝路干线上的重要站点，继续发挥着运输的功能。因此，这些遗存、文物，尤其是水运码头遗迹，有相当重大的、不能轻忽的历史价值。

5. 楼兰遗址，曾是古代农业生产、屯田中心，这早已为古城内外出土的多量汉、晋简牍所直接证明。土垠遗址附近，也曾作为屯地而存在过，是应予关注的新视点。古楼兰城遗址内及其周围地区，发现过相当多新石器时代文化遗存，中外考古学者在古城内外，采集到多量与农业生产有关的文物。青铜时代重要墓地古墓沟，去楼兰也并不远，清楚表明孔雀河流域，自新石器时代至青铜时代，一直是罗布淖尔荒原上的农牧业生产中心。楼兰王国正是在这一基础上建设、发展起来的。

而土垠西北所见之古道、房址、柳堤，明显具有汉代特征的陶甑，也有不少早到青铜时代、晚至汉代的古冢等[②]，又揭示了一个十分重要的事实：土垠附近，也曾作为屯田基地而发挥过经济补给功能。前引黄氏报告，是根据之一；根据之二，是笔者主持发掘了的孔雀河北岸老开屏汉墓[③]。该处系家族聚葬，锦绢保存仍然完好。死者的墓地，自然是与生者的聚落相去不远的。只是风吹水蚀，居处又是十分简陋的草木类简单的建筑物，故多已湮没无存。

楼兰、土垠屯田，与土垠这一仓储、水运遗址的出现、经营活动，直接关联。

---

① 采集者为库尔勒地区旅游工作者吴仕广，这一重要文物，后为同行一学者收存。

② 参见《罗布淖尔考古记·第二编　工作概况》之《第二章　湖畔古冢》，第97—103页。早期古冢与青铜时代古墓沟、小河墓地同，如Lㄎ、Lㄇ；晚期，具有汉代特征，如Lㄎ、Lㄈ，Lㄖ等。

③ 资料见吐尔逊·艾莎《罗布淖尔地区东汉墓发掘及初步研究》，《新疆社会科学》1983年第1期。

三 土垠为“居卢訾仓”故址

自土垠发现迄今，已历75年。但关于土垠遗址的性质、兴废、历史地位等等，考古界至今并没有一致的认识。它的历史文化内涵还有待充分揭发。

黄文弼先生1930年发现土垠，对其房址上部竖直斜陈的散乱木梁、遗址东北一束苇草把印象深刻，多角度申述，认为与古代烽亭燃烽举燧有关，判定这一遗址是丝路古道上的烽亭①。这一结论，成为黄先生的主导观念后，一切均循此而展开，严重束缚了他进一步的研究视角。他1935年在《国学季刊》上刊《释居卢訾仓——罗布淖尔汉简考释之一》一文②，首次刊布多件遗址内出土之居卢訾仓简文、照片，遗址本身与汉居卢訾仓不可割裂的关系，几乎已呼之欲出，但黄先生却丝毫未作土垠即居卢訾仓故址之思考。

土垠遗址，从诸多方面斟酌，它不可能是古烽遗存，而应该就是西汉时期自敦煌至楼兰古道上的重要站点——居卢訾仓所在。

考古界首先提出土垠不是烽燧，而是汉“居卢訾仓”故址这一结论的，是孟凡人教授。他在《楼兰新史》中，据地势、遗迹遗物，判定它不可能是古代烽燧，而系居卢訾仓。说它“是楼兰道上的桥头堡”，其时代“大致与西汉在盐泽一带开始列亭至西汉绝西域之时相当”。并进而推论，“当年，曾是西域都护府左部后曲侯或后曲侯的治所”，承担着“仓储”、“交通”的使命③。揭明土垠为居卢訾仓，是孟著一大贡献。但相关阐发仍感有不足之处，故更作申述。

土垠绝不是一般之烽燧遗迹，而是两汉时期自敦煌、玉门通西域大道上的位居关键的居卢訾仓，承担着军事、屯田、仓储、交通、邮传的多重使命。作此论断，不仅得到遗址本身、出土文物的直接证明，而且可以与古文献记录相呼应。

---

① 黄文弼：《罗布淖尔考古记》，第105—107页。

② 黄文弼：《释居卢訾仓——罗布淖尔汉简考释之一》，《国学季刊》第五卷第二号，1935年。

③ 孟凡人：《楼兰新史》，光明日报出版社1990年版，第60—83页。

土垠遗址中，先后出土了西汉时期的木简 75 支[1]。其中，直接涉及居卢訾仓木简有 4 支。文字迻录如下：

居卢訾仓以邮行。（简 13）

河平四年十一月庚戊朔辛酉，别守居卢訾，车师戊校……（简 15）

交河曲仓守丞衡，移居卢訾仓。（简 16）

元延五年二月甲辰朔巳未，□□□土□尉，临居卢訾仓以……乙卯即日到守也。[2]（简 17）

这 4 支木简，均涉及居卢訾仓。第 13 简，文为“居卢訾仓以邮行”。“以邮行”意为按邮舍依次传递相关文书。如是，它的出土地，应是执行邮传任务的邮舍，即“居卢訾仓”所在。

所以作这样的判定，既注意到汉代邮行的规定，也吸收了汉代有关行政公文递送制度的研究成果。近年出土张家山 247 号汉墓竹简《二年律令》中有《行书律》。据此，可以清楚了解：汉代，文书上行、下达，有严格的制度。一般文书，只能“以次行”。不按规定，可“罚金四两”。而文书较急，可以“以邮行”。如果“书不急，擅以邮行，罚金二两”。“邮人行书，一日一夜行二百里”，误期迟到，会罚钱。“书不当以邮行者，为送县道，以次传行之”等[3]。这些规定细则，可以帮助认识“以邮行”的相关含义。据此，“居卢訾仓以邮行”应是送达居卢訾仓的一组文

① 土垠出土木简，《罗布淖尔考古记》刊布为 71 支。1999 年，台湾“中研院”史语所简牍整理小组，用红外线重新拍摄、释读相关木简，有四支木简上存文字，原报告未释。故共出木简应为 75 支。

② 相关简文，据《黄文弼罗布淖尔考古所获汉代木简》释文，收入初师宾主编，胡平生、陈松长校注《中国简牍集成》第 20 册，敦煌文艺出版社 2005 年版，第 2324—2325 页。与《罗布淖尔考古记》所刊简文，个别文字有异。

③ 张家山 247 号汉墓竹简整理小组编：《张家山汉墓竹简 · 247 号》，文物出版社 2001 年版，第 170 页。

书，封缄在一道，置于一个特定容器中，外面有一个醒目标签[①]。这件木简，特别宽、短，文字特别规整，字体很粗、又大又醒目，与普通木简迥异（图11）。是与作为一组邮件的标签这一特别任务相一致的。此简末端残损，残痕清晰。原为封缄当可肯定。同类性质的封缄，在居延也见过不少，如“甲渠候官以亭行”、“甲渠候官行者走”等。因此，发现“居卢訾仓以邮行”的简文所在，可以确定无误，只能是接受、处置相关文件的邮置地点，即居卢訾仓。

第16简“交河曲仓守丞衡，移居卢訾仓”。在不相统属的官署之间行文，称为“移”。交河曲仓之守丞名衡者，移文至居卢訾仓，这是既不相统属，但彼此又地域相邻，会有相关事务的两处曲仓之间的来往文件。出土之处，按逻辑结论，自当在收文之地，也就是居卢訾仓守官的驻节之处。

图11 “居卢訾仓以邮行”木简

第15简、第17简字迹比较漫漶，文字不完整，只是年、月、日明确，记录了“别守居卢訾仓”、“尉临居卢訾仓”，它们均与在居卢訾仓的事务相关。据文意，相关木简，是应该专送到居卢訾仓这一地点的。

如是，则可以作出结论，第13简、第15—17简，收文地点，应该就都在居卢訾仓。严重破坏了的遗址，只出土残损严重的75支木简，其中四支木简，就可以清楚捕捉到与“居卢訾仓”的关系。因此，遗址是“居卢訾仓”故址，可以说是铁案如山，不容置疑的。

① 这种传递方式，曾有学者进行过研究、复原。参见［英］Michael Loewe《汉代行政记录》（上）（*Records of Han Administration*, Vol. 1, Cambridge University Press, 1967），于振波、车今花译，广西师范大学出版社2006年版，第46—52页。

遗址肯定为“居卢訾仓”，它在汉代经营西域时，曾具有的特别重要地位，立即显现出来。

《汉书·西域传·乌孙传》记述，宣帝甘露元年（前53年），因乌孙内乱，汉王朝曾经计划“遣破羌将军辛武贤将兵万五千人至敦煌，遣使者案行表，穿卑鞮侯井以西，欲通渠转谷，积居卢仓以讨之”[①]。准备对乌孙动武，粮食先行。甘肃河西地区运粮，曾考虑“通渠转谷，积居卢仓”透露的重要信息之一，是汉代居卢訾仓是可以水运联络的仓储地点，这很值得关注，它与前面提到的居卢訾仓西侧傍湖而在的水运码头遗迹，是可以联想的资料。提示我们应认真考虑汉晋时期罗布淖尔地区曾经存在过水路运输的问题。

《魏略·西戎传》记载：“从玉门关西出，发都护井，迴三陇沙北头，经居卢仓。从沙西井转西北过龙堆，到故楼兰。”[②] 足见，自西汉到魏晋，在楼兰仍然承担着丝路枢纽站点的过程中，其间的“居卢仓”，一直是人们熟知的、自敦煌至楼兰中间的重要站点。

这里须要辨清一个问题：史籍中的“居卢仓”，与出土木简上的“居卢訾仓”是什么关系？

黄文弼在《释居卢訾仓》一文中，对此进行了分析。判定“居卢訾仓”与“居卢仓”实为一地。前者为当地土名，尾音为“訾”，“班固作汉书取其典雅，故略去訾字尾音。鱼豢亦从之未改”[③]。不仅地名用字基本一致；而且在交通线路上的实际地位也一样，因此，这一分析，深具说服力，可以信从。如是，则《汉书》《魏略》中的“居卢仓”，与土垠出土汉简中的“居卢訾仓”，为同一地点。

将“居卢訾仓”遗址坐实在罗布淖尔湖北岸的土垠，则近代不少学者对“居卢仓”位置的考订，必须进行辨正。这方面，如王国维的相关论述，他称“水经注所述之龙城，故姜赖之墟。‘居卢’、‘姜赖’一声之转，即今瑞典之斯文·赫定氏所发现之楼兰”[④]。说“居卢仓”在楼兰，

① 《汉书·西域传》，中华书局1962年版，第3907页。

② （曹魏）鱼豢撰《魏略·西戎传》早已亡佚，见（晋）陈寿撰，（刘宋）裴松之注《三国志·魏书·乌丸鲜卑东夷传》卷三〇，裴松之注引，中华书局1982年版，第859页。

③ 黄文弼：《释居卢訾仓》，《国学季刊》第五卷第二号，1935年。

④ 王国维：《流沙坠简序》，载《王国维遗书》第二册，上海书店1983年版，第247—248页。

明显错误。又如，黄文弼据《魏略·西戎传》记述，认为“居卢訾仓应在涸海（罗布淖尔湖——引者注）之东南，即三沙（三陇沙——引者注）之北头，与楼兰为东南与西北对峙，向西北行过涸海，方到楼兰”①。将居卢訾仓放在三陇沙附近，显然也是错误的。

判定居卢訾仓故址在土垠，随之，对《魏略·西戎传》中由玉门关进入楼兰的线路记录，进行分析，可以发现，这一段文字记录也明显存在舛错。“从玉门关西出，发都护井，逥三陇沙北头，经居卢仓。从沙西井转西北过龙堆，到故楼兰。”居卢仓肯定在土垠，从土垠“转西北过龙堆，到故楼兰”，“龙堆”，大家都可接受，意指罗布淖尔湖北岸、西北岸广泛分布的风蚀土丘林——雅丹。穿过这片雅丹地，约30公里②，即可进入楼兰故城之中，形势、路线可以说完全吻合。但如是行文，“居卢仓”与“龙城”之间，就不可能再有“沙西井”的地位。因此可以判定沙西井必不在居卢仓之西，而只能在居卢訾仓以东，《魏略·西戎传》相关文字显然存在舛错。

这一矛盾，只从文献出发，也早已有学者注意。黄文弼在其《释居卢訾仓》一文中，曾有一段文字：“今据斯坦因亚洲腹地地图所述，自玉门关西之拜什托胡拉克以西，沙碛迤逦，疑即魏略所称之三陇沙，再西至库木胡都克（突厥语意为沙井——引者注），疑即魏略之沙西井。”③只是黄氏深信土垠为烽燧，而绝未将其与“居卢訾仓”故址相联系，所以不能在注意到沙井方位后，再前一步，指出相关文字的舛错。

新疆地理研究所的历史地理学者黄文房，也曾注意及此。他在对罗布淖尔地区实地调查后，注意到罗布淖尔地区受自然地理制约的古代交通的地理条件，提出：“沙西井应在羊塔克库都克的东部。‘羊塔克’维语意为骆驼刺，水质较好，长有骆驼刺，故名。”并介绍称，这里“水草丰茂，有泉出露……在泉水傍，我们没有认真搜索就拾到几枚唐代和清代的钱币和一对钉有铁掌的马蹄。在泉水南面平坦的沙梁上有清晰的驼道”，

① 黄文弼：《释居卢訾仓——罗布淖尔汉简考释之一》，《国学季刊》第五卷第二号，1935年。

② 邢义田先生在审读本文初稿时，曾藉细测楼兰故城与土垠之间的距离，为37.9公里，这是一个可以信从的结论，书此，也是对邢先生一丝不苟的学风，表示敬意。

③ 黄文弼：《释居卢訾仓——罗布淖尔汉简考释之一》，《国学季刊》第五卷第二号，1935年。

“沿途有标示方向的堆石”，他认为沙西井所在，“是南道与中道的分发点”①，即“羊塔克库都克”。

结合地理实际，自羊塔克库都克向西，南面是库姆塔格沙山，北面是坚硬的龟裂盐漠，道路只能在盐漠以北的山麓地带行进，只是在这里才有些许水草可觅，驼马可以通行。

《魏略》中的“沙西井”，近代研究中，大都认为它在罗布淖尔以东，不论是今天的库木库都克（维语意为沙井），还是与其相近的“羊塔克库都克”，都不出这个方位。

2005年，笔者在罗布淖尔地区考察，由楼兰越湖盆，抵土垠。再从土垠穿越罗布淖尔湖盆北面、东北面的雅丹向东，经过白龙堆（一列列东北—西南向的巨大风蚀土丘，其上盐碛，阳光下闪烁，银光熠熠，顾名思义，称为白龙堆），过库木库都克（实际是一片宽阔的盐漠地带。稍见耐盐的植被。1980年，彭加木罗布淖尔考察中，在这一片盐漠中因寻找水源走失），更东行，途中有一处规模相当大的甜水井，林木葱郁，井水水面至少有10平方米。更东行，穿过库鲁克塔格山南缘开阔地带，东行。库鲁克塔格山至此，已只是一片起伏的石丘，地势坦平。由此十分方便进入三陇沙，又一片广袤展开的雅丹土丘林，形势壮观。自此东行，沿疏勒河谷，进抵玉门关，过玉门关，入敦煌（图12）。结合这一实际考察体验，再读《魏略》之相关记录，古代由敦煌进入西域，最便捷的路线，只能是穿越库鲁克塔格山与阿尔金山的前山地带——库姆塔格沙山之间的陷落盆地，这是地下水汇集处。不少地段有泉水出露，因地下水的补给，山麓地带也有芦苇、柽柳生长。这为有限的旅人提供了草料、燃料。汉代的“丝路”，《魏略》记录的通路，都只能在这一基本局限之中。“都护井”、“沙西井”，都只能在这条路线上去寻觅，而绝无可能在土垠之西的龙城雅丹之中的。

“沙西井”，不论在“羊塔克库都克”，或者在“库木库都克”，都只能在居卢仓之东。如是，《魏略》的文字，最合理的可能是：“从玉门关西出，发都护井，迴三陇沙北头，经沙西井，从居卢仓转西北过龙堆，到故楼兰”，如是行文，就与实际必须遵行的地理条件完全一致了！目前文

① 黄文房：《罗布泊地区古代丝绸之路的研究》，收入夏训诚主编《罗布泊科学考察与研究》，科学出版社1987年版，第306—314页。

图 12　龙城雅丹地貌

献上的错误，在于将“沙西井”与“居卢仓”颠倒了位置。这是著者鱼豢或其后的抄录者不谙实际地理、道路情况而出现的文字错讹。在 20 世纪的罗布淖尔地区地理大考察之后，是可以而且应该根据地理实际予以廓清、订正的。

四　居卢訾仓附近曾存在屯田

“居卢訾仓”，顾名思义，当年它承担的最根本任务是后勤供应。作为“丝路”上的后勤供应基地，充分的粮食、草料、饮水，是第一需要。与之相匹配，往来使节、官员的住宿，马、驼的替换，向导的提供……任何一项都不能缺少。

有学者认为，居卢仓所在，不宜于农业，为此所需粮秣，“似主要依靠伊循屯田。此外，渠犁屯田和车师屯田，可能也是粮食的供应者”①。这一推论虽有逻辑上的可能，但揆诸实际地理形势，是存在困难的。伊循、渠犁、车师屯地，到居卢訾仓，最短直线距离也得在 200 公里以上，途中有山地、盐漠，交通相当困难，这还不包括种种非自然条件，如战争等社会因素干扰，运输之艰难是不言自明的。粮秣供应奠基于此，没有安全、稳定的保证。

① 孟凡人：《楼兰新史》，第 81 页。

黄文弼第二次考察中，在土垠附近发现的柳堤、苇坝、房址、汉代墓地等文化遗存，是可以与汉族居民屯地相联系的要素。笔者认为，当年所以选择在土垠设居卢仓訾，很重要的理由就在于：这里不仅地居冲要，有必要建设一处后勤基地；而且自然地理条件允许，完全有可能营造出一处后勤屯戍基地。西汉王朝使节、官员离开敦煌、疏勒河水系后，一直在少水少草的荒漠地带行进，经过近300公里的艰难跋涉后，人员、马匹困疲，对补充饮水、粮秣，获得向导的要求是十分紧迫的。进入罗布淖尔湖北岸的土垠，在这里第一次见到了淡水（罗布淖尔湖水盐化程度相当高，不能饮用；但在孔雀河水进入罗布淖尔湖盆处，如土垠，却是可以取得没有盐化的淡水的），不仅人、畜可以饮用，而且也可以进行农业浇灌，这是一。第二，在与孔雀河尾闾之北至库鲁克塔格山之间，存在一片相当广阔、平缓的土地，宽可有10多公里，绵长延展，基本与孔雀河平齐。这片土地地势稍高，但却是可以开垦、屯种的。自敦煌出发后，寻求水、粮补给的汉王朝使节、官员，在觅见土垠及傍近荒漠后，不思利用，是难以想象的。它是一片既可以建设成为积粮畜草、住宿停息的基地，也有可以择地进行屯垦的空间。虽然，目前在土垠遗址北部（它与遗址间有宽3公里多的雅丹相隔）的广阔平野上，并没有发现屯种、居住的痕迹（实际，至今也并没有考古工作者详细的踏查）。地表，一般观察，主要只是细沙砾。但其下却是深数十厘米至一米厚的壤土，垦殖利用，并无困难。

笔者判定在土垠遗址附近曾存在过屯田，主要根据有三。

1. 这里存在相当好的土地，且有通过屯种取得给养的紧迫需要。

2. 在土垠遗址内，出土了直接有关徙民屯田的木简。

3. 在土垠遗址以西，孔雀河北岸，黄文弼曾发现了居住遗址及提高水位，也可以说是与农业经营有关的柳堤。黄文弼当年即有柳堤旁“地势平坦、可以种地。故筑堤障水，使水东南流灌地”的结论[①]。当然，这一与居卢訾仓故址相去不太远的汉代聚落，可以是支持居卢訾仓粮食补给的较近一处屯垦遗址。行文至此，还有一件直接的文字资料，可以说明相关史实，这就是黄文弼当年在土垠所获第19号木简，具体文字是居卢訾仓主管官员的值勤记录，文曰：“……者王君旦东你去。督使者从西方

① 黄文弼：《罗布淖尔考古记》，第110—112页。

来，立发东去。君坐仓受籴。黄昏时，归舍。”[①]（图13）其中“君坐仓受籴，黄昏时，归舍”文字，清楚表明，在居卢訾仓是有可能籴得民间粮食的，因而才出现“坐仓受籴”的记录。有粮食可资入籴，则附近必有生产粮食的田地。这也自然是土垠遗址附近汉代确曾存在过农业垦殖基地的证明。否则，可供入仓的籴粮，是无缘得到的。

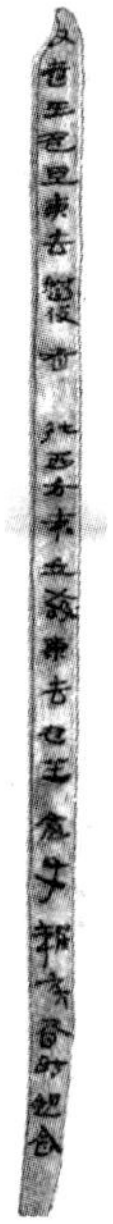

图13 “坐仓受籴”木简

居卢訾仓所见75支木简，不少残缺，文字漫漶不清，这中间，明晰可见与屯戍有关的简，至少有8支。其他部分木简，存在文字很少，也可作这方面的联想。从这一角度分析，与屯戍有关的，占出土木简至少达十分之一，比例不小。具体如下：

□□里公乘史隆家属畜产衣物籍。（简27）

□□—霸陵西新里田由□□。（简29）

应募士长陵仁里大夫孙尚。（简30）

北□土田□□□。（简31）

□□□小卷里王获□□□。（简32）

出南阳郡涅阳石里宋钧亲妻玑年卅
私从者同县籍同里交上□□□。（简34）

① 此简录文引自《中国简牍集成》第20册，第2325页。“君坐仓受籴”数字，黄文弼先生在其《西北史地论丛》（上海人民出版社1981年版，第320页）中，只录“仓”字，释“受”字为“吏”。文意不明。

恽和从者大马□□六月乙丑尽　七月积一月十二日，食粟四石二斗。(简 40)

□□□□□家属六人，官驼二匹，食率匹二升。(简 41)

汉文帝时，晁错曾有募民屯戍以固边防的奏章，说“遣将史发卒以治塞，甚大惠也。然令远方之卒守塞，一岁而更，不知胡人之能，不如选常居者，家室田作，且以备之。……先为室屋，具田器，乃募罪人及免徒复作令居之；不足，募以丁奴婢赎罪及输奴婢欲以拜爵者；不足，乃募民之欲往者。皆赐高爵，复其家。……”[①] 汉代西域屯田的基本内容，大概都遵循着晁错的这一设计。土垠遗址出土的戍卒名籍，表明他们或来自京畿附近，也有来自河南南阳郡的，其中有“公乘”、“大夫”等高爵，不知是因为自愿戍边而获得的爵赏，还是原来就有的爵位。但这些细节，明显可以看到，是晁错戍边政策的具体实施。为了安心、长期戍守，随行人员包括了妻子、私从，还有畜产、衣、器物等财产，明显是长居久住、“守边备塞”的架势。这些人进入土垠，很难设想只是单纯的戍卒，而不从事农业屯垦，因为只有那样做，才能实现“使屯戍之事益省，将输之费益寡”[②] 的目的。

有淡水，有可以耕种的土地，有屯戍之需要，而且居卢訾仓故址内确又见到与屯戍有关的简文，据此，判定居卢訾仓附近，曾是又一处屯种的中心，是大概可以推定的。目前的工作，是需要进一步细致、翔实的考古踏查，相关遗存或有望呈现。

五　屯戍移民的社会生活

“居卢訾仓”所在，曾有一区屯地。这屯戍基地，与“居卢訾仓”的关系，自然会是十分密切的，“居卢訾仓”的正常运转，必须有屯地农业生产的支持；其邮传、军事戍守任务，也自然会与屯地的戍卒们密切相关。这一屯地的管理情形，在“居卢訾仓”出土木简中有无反映，是值

---

① 《汉书》卷四九《爰盎晁错列传》，第 2286 页。

② 同上。

得我们认真关注、搜求的。

居卢訾仓出土的木简，只是两次调查中的采集品。遗址，至今没有经过科学概念上的发掘。这些木简，相当部分记录保留下了仓吏当年的工作、生活，其中有一支记录了仓吏接待来访“三老”的情况。其文字如下：“庚戌。旦，出坐西传。日出时三老来坐，食时归舍。”（简 20）这是居卢訾仓仓吏值勤的工作记录。“旦”，清晨。日方出时谓之旦，仓吏已至传舍值班。日出时（卯时，约当晨 6 时），三老来坐。食时（辰时，约当晨 8 时），归舍。这是清晨有“三老”来访的具体记录。三老可以在清晨到访，住地必不会远。这清楚说明，居卢訾仓傍近，确有一实施着汉王朝基层行政管理制度的聚落存在。这一聚落，必为汉王朝屯戍的移民，因为只有他们，才会采取与内地一样的行政管理制度。当地的土著居民，行政管理均依其旧俗，不会有“三老”之制的。

“三老”，是秦、汉时的乡村小吏。《后汉书·明帝纪》“其赐天下男子爵人二级，三老孝悌力田人三级”，注云：“三老、孝悌、力田三者，皆乡官之名。三老，高帝置，孝悌、力田，高后置，所以劝导乡里，助成风化也。文帝诏曰‘孝悌，天下之大顺也；力田，为生之本也；三老，众人之师也’。其以户口率置员。”三老，这是两汉时期农村基层管理制度。乡村小吏，自然不可能衔中央之命前来西域；他们，只能是来自与居卢訾仓相去不远的屯地，是屯地基层官员。因处西域，远离故土。而居地相邻、密切，屯地每年上交的粮食，都会入于居卢訾仓中，以供时需。因此，仓守与屯地三老，彼此是谙熟，而且时向过从的。也正因如此，所以简文中只说“三老”，而不说姓名。这支简文，透露的最重要文化信息是：（1）与上引多件戍卒、私从、家属名籍相呼应，清楚表明居卢訾仓附近，确实有屯田。这些屯地，保证了当年的各类交通供应。（2）屯地戍卒，来自中原。进入西域后，其基层组织，一仍其旧，行三老之制，与中原大地并没有差异。作为一个新的移民点，他们把老家一切都带到了西域。严密的组织，平时力农，教育学习，孝悌父母，有敌来侵可以守御应战，这就使居卢訾仓一线，成为不仅可以来去，而且可以取得充分给养、安全无虑的休息地点。不从这一角度去理解，“日出时，三老来坐”的简文记录，就会成为一个无法理解的谜团了。

这些来自中原大地的戍边者，田作、日常生活秩序，大概是与故土无异的。对此，文献不见记录，考古资料也不能提供准确的说明。同出的木简中，有《论语》、司法文书残文。《论语》残文为“□□亦欲毋加诸人。子曰：赐、非”（简59）10字。当为《公冶长》一章中“子贡曰：我不欲人之加诸我也，吾亦欲无加诸人。子曰：赐也，非尔及所也”一句之残文。表明《论语》类的儒家经典，在边防驻军及屯戍基地中，也都是文化思想灌输的主要内容。除这类儒家经典外，还有就是实际社会生活中，关系至为密切的刑法类规定，如简60，文为“□□及剑贼（?）杀死以律令从事”[①]，即明显是与刑法相关的律令文字。此外，还有一些疑为古籍之断简，只是残缺过甚，已难知其所出了。

生活用品，从居卢訾仓出土文物看，有陶器、甑、漆杯、铜镞、钱币、梳、各色履底、襦、裤、布袋、毛布、残毡、罗纱、麻纸、绒线帽、簪、栉、耳饰、铜镜等，实际表现了当年西域戍边健儿们的生活情况，与河西地区戍卒及中原大地农民的生活情况，是并无大差异的。

六 土垠是“仓”也是“邮”，具交通枢纽地位

土垠，不仅是汉代重要仓储，而且是西域道上的重要邮置，具有交通枢纽地位。

西汉时通西域，因政治、军事形势所制，重点只能择罗布淖尔地区楼兰一道。择在罗布淖尔湖北岸土垠，建设“居卢訾仓”，是保障楼兰通道安全的重要举措：它深处龙城雅丹之中，地势隐秘，却控扼着东西、南北交通之咽喉，匈奴游骑自伊吾、车师进入楼兰，均在其侦伺、控制之下，在此驻军，可有效抗阻匈奴游骑的侵扰。徙卒屯田，不扰楼兰，保证供给，这就为西域大地来去中原，建设起了一处重要的补给站。使节、商旅往来，居住、休息、供给无虑。在楼兰王国北境，构建了这么一处军事补给基地，可以保证楼兰北境的安全。通过居卢訾仓，汉王朝与楼兰的联系，既有穿龙城而走的陆路，又有自湖上方便抵达LE古城、楼兰古城的水路，它的意义是十分重大的。

居卢訾仓既然具有如是重要交通地位，自然也成为一处重要的邮置基地。出土简文中“居卢訾仓的邮行”（简13）十分清楚揭明它承担着

① 此简文字，诸家释文不一。此从《中国简牍集成》，《黄文弼罗布淖尔考古所获汉代木简》释文，见二编，第2340页。

"邮置"的使命。"都护军侯张良所假官骍牝马一匹，齿八岁，高五尺八寸"（简1）、"交河曲仓守丞衡，移居卢訾仓"（简16）等，也都是通过邮置"移"文、用马，是记录邮置运行情况的文字。

居卢訾仓在丝路交通上的重要地位，使节、官员往来不绝于途的景象，出土木简也可见一斑：

都护军侯张良所假官骍牝马一匹，齿八岁，高五尺八寸。（简1）

永光五年七月癸卯朔壬子，左部左曲侯□□。（简2）

二月庚辰朔丙午，后曲侯□□□。（简4）

□□者马君左部后曲侯尊、丞商、令史利□□。（简5）

□□部右曲侯□□令史□□□□□。（简6）

□□部军守司马□□□。（简7）

君使宣告左右部司马衍□□□。（简8）

伊循都尉左□□。（简10）

伊循卒史箕广宗，二□□。（简11）

龟兹王使者二□□。（简12）

乙巳。晨时，都吏葛卿从西方来，出谒，已，归舍。旦，葛卿去，出送，已，坐仓校钱。食时，归舍。日下餔时，军侯到，出谒，已，归舍。（简18）

□□使者王君旦东去。督使者从西方来。立发东去。君坐仓受粜。黄昏时，归舍。（简19）

□□行马。已，坐西传中。已，出之横门视车。已，行城户。已，复行车。已，坐横门外。须臾，归舍。[1]（简21）

西城都护府驻节在乌垒城，其下属官有军侯、左部后曲侯、右部右曲侯，驻守在阿尔金山脚下的伊循都尉、伊循卒史，位于天山南麓库车河畔龟兹王国的使者，东来西走的督使……都以这里为进出中原的住宿、中转处，送往迎来的事情是十分不少的。第18、19、20简十分生动地记录了居卢訾仓守官日常迎送、接待工作，公务忙迫。这几支简文，虽并不足以表明当年丝路上东来西往的全部景况；但也多少表明了当年丝路上匆匆来去的官员、使节，数量确实是不少的。龟兹王使、西域都护府属官，是循天山南麓丝路北道前来的客人；伊循都尉、伊循卒史是来自阿尔金山脚下的屯戍重地伊循（今米兰），是丝路南道上的重镇，南、北道的使节、官员，都通过这里进入河西走廊，居卢訾仓所具交通枢纽地位，清晰可见。

七　居卢訾仓之兴废年代

居卢訾仓的兴废年代，历史考古界观点不一。黄文弼据遗址中相关简文，推定公元前1世纪中叶是故址的使用阶段，这自然没有一点问题。孟凡人在《楼兰新史》中推定，该遗址当与西汉王朝开拓西域的事业密切相关，起始在西汉王朝开拓西域、罗布淖尔建列亭之时，而直到西汉王朝末年，这一仓、邮建制，仍在运行之中[2]。这一分析，相当合理。出土简文，虽只是这一时段中的一个小阶段，也属情理中事：出土遗物，与遗址的全局、全貌比，毕竟只能是其中的局部、一角，不可能要求遗物表现遗存的全局。2000年3月底4月初，笔者在土垠考察期间，同行的吴仕广，曾经在土垠遗址东侧湖岸荒滩中，采集到王莽时的货币"大泉五十"，这虽只是一枚普通钱币，却十分清楚揭示，土垠遗址直到西汉末的新莽时期，仍在活动之中。而如果联系到《魏略》中提到的自敦煌通达楼兰的

① 相关简文，均见《黄文弼罗布淖尔考古所获汉代木简》释文，《中国简牍集成》第20册，第2323—2326页。

② 孟凡人：《楼兰新史》，第62—65页。

路线，又表明自汉代起迄魏晋时，居卢訾仓，仍继续承担着重要的交通使命，是居于交通枢纽的地位。如果这样，作为居卢訾仓故址的土垠，不仅应该保留着西汉时的文物，而且晚到东汉魏晋阶段的文物，在这区古址上也应有所见。目前所见木简，从书体观察，主体是西汉风格的隶体，但个别简文，时代明显较晚。但总体分析，目前所见出土文物，显然不会晚到魏晋，与上述逻辑推论存在难以统一的矛盾。对这一现象，应如何理解，是一个值得深究的问题。一种可能，是相关晚期文物应处于遗存之上层，在黄文弼调查这区遗址时，上层文化遗存，尤其是简牍类文书，多已在凛冽的东北季风中消失难觅，少量日用器皿，如陶、织物、藤类，有可能晚到东汉以后，但我们并未能具体辨析清楚；再一个因素，对这区遗址，除了黄文弼先生当年比较简单的两次调查外，并未进行深入一点的工作，扩大范围调查、对相关遗存组织一定规模的科学发掘，当有可能对居卢訾仓及其傍近相关遗存的兴废年代提供更为全面的资料，对遗址中积淀的社会文化生活，也有望获得更为丰富的资讯。

八 再议“居卢訾仓”水运

在古代西域地区的交通中，只见驼、马，从未见到有过水运的文献记录。但土垠古址西侧傍水的土码头，又明显揭示着：在古代罗布淖尔地区交通联络中曾存在水运，这一点，无可置疑。这可补文献的缺失，也提出了一些须待深入的问题。

丝路中道出河西走廊自疏勒河谷向西，过阿奇克谷地，尤其是进入白龙堆、龙城雅丹后，风蚀土丘丛集，交通艰难。西汉以后，为开拓通向西方世界的交通，汉王朝在楼兰、车师、轮台等地，经武扬威，不稍息停。远征军伍，不患战而患饥，军事后勤补给是头等大事。公元前 1 世纪中叶，设立西域都护府，使节、商旅往来，邮置供应，粮秣草料，不可稍缺。屯田，可解决粮、草生产；戈壁沙漠、雅丹地带的运输，仍是相当难以克服的困难。因应这一社会需要，西汉王朝的戍边将士在进入龙城地区后，面对危难，曾因地制宜，利用罗布淖尔湖、孔雀河，开拓、发展过水运事业。粮食、军资，曾是水运的主要内容。罗布淖尔湖北岸居卢訾仓故址，水运码头保留至今，基本完好。居卢訾仓，不居陆路要冲，而傍湖建设，是因应水运需要而设置的一处仓储。考古遗址为此提供了实证，也为我们开展进一步研究拓展了思路。

在罗布淖尔，西域交通中存在过水运，却绝不见诸古代文献。这一矛盾，如何解析，是一个应予探讨的问题。我推论，这可能与水运只是局限在这一小地区，是西汉在楼兰的戍边将士们因应本地情况而开拓的事业，使用时间不是很长，规模也不是很大，未关涉全局，因而未能引起当年朝野上下关注，自然也不能见诸相关文献记录。

罗布淖尔存在水运，从交通地理环境角度分析，是既有必要也存在可能的。

在孔雀河下游发掘的古墓沟墓地，是去今3800年前的青铜时代遗存。在这片墓地内，曾出土过“一小块残破网罟”①。这一小块网罟，混杂在墓葬上部覆土、皮张中，当不是作为生产工具有意识随殉的文物。但网罟的存在说明：在去今3800多年前，在孔雀河流域，古代先民能够网捕鱼类，以补生活资源的不足。既会捕鱼，就可能存在简单的木船。在20世纪30年代以前，在塔里木河、孔雀河、罗布淖尔、喀拉库顺湖中，有独木舟来去，也有捕鱼业存在（图14）。说明在这片地区，历史上曾有过原始的水运；只是它没有能得到充分的发展（图15）。

风蚀土丘密布在罗布淖尔湖东、北、西边，成为交通楼兰绿洲难以逾越的天然阻障。楼兰，居于孔雀河下游三角洲地带。这里河网密布，适宜农牧。是青铜时代至汉晋时期罗布淖尔荒原上的政治、经济中心。而且，位置最近敦煌。西汉王朝时开拓西域，首先必须进入楼兰。而与楼兰交通往来，穿越其北部的雅丹土丘林，是十分艰难的旅程。这是西汉王朝时，与楼兰发生过实际联系的任何人都会铭刻在心的一个印象；第二个强烈印象，会是长途荒漠跋涉后，波平如镜、水域不深的罗布淖尔湖面。这辽阔的湖水，对骑马民族，是难以逾越的困难，对处身西域、北方中国，不习水性、不谙水运的居民，同样是认识不到、驾驭不了，因而也不会想到开发、利用的水资源。但这水波不兴的湖面，放在谙熟水性、水路运输是日常生活一环的江南水乡居民的面前，简直就是可以畅行无阻的坦途。

作为一个逻辑推论：西汉王朝的戍边将士们，来到罗布淖尔湖北岸，面对龙城雅丹的遏阻；反观，罗布淖尔湖宽阔的水面，尤其看到了楼兰土

① 王炳华：《孔雀河古墓沟发掘及其初步研究》，《新疆社会科学》1983年第1期。这一网罟图形象见笔者著《沧桑楼兰——罗布淖尔考古大发现》，浙江文艺出版社2002年版，第95页。

图 14 罗布泊岸边，半埋在土中的独木舟
（夏训诚主编《中国罗布泊》，科学出版社 2007 年版）

图 15 1959 年，中国科学院科考队荡舟罗布淖尔湖

著居民们在孔雀河上往来的独木舟，会决定利用罗布淖尔湖水域进行水运，以避开龙城雅丹地势带来的交通困难，这是毋庸置疑的。

西汉王朝将居卢訾仓设置在背靠雅丹、面对罗布淖尔湖的土垠上，这一选择本身，十分清楚表明了要利用这一水域的意图。

公元前1世纪，活动在西域大地上的西汉王朝的官员、吏士，其祖籍不止于北部中国，来自江南水乡的吏员也是不少的。汉武帝元封年间（前110—前105年）武帝以江都王刘建之女细君为公主，远嫁乌孙。不几年后的太初年间（前104—前101年）细君过世，又以楚王刘戊之孙女解忧为公主，再嫁乌孙。刘戊的封地，在今长江北岸的扬州，细君、解忧都是来自长江下游河网密布的水乡，他们的随从，自然也多出自南方。据《汉书·西域传》细君远嫁乌孙时，西汉王朝曾“为备官属，宦官侍御数百人”；解忧远嫁，规格不会低于细君。这庞大的随从队伍中，不少会是细君、解忧身边的南方亲随。这些人，自然是了解水性的。丢开这些远去乌孙的使团成员不说，在远戍西域的江南吏士中，最后成就大功业者，还有来自长江三角洲的第一任西域都护郑吉：他祖籍会稽，年轻时以“卒伍”从军，曾数出西域，屡有建树，终由卒伍升迁为“郎”官。在公元前68年，担任西域最高行政长官西域都护前，他曾经率士卒在罗布荒原西部的渠犁屯田；渠犁，是紧邻罗布淖尔荒原的一块绿洲。其后，他又曾在罗布淖尔北部的交河屯田。公元前62年，汉宣帝时他因功封为“卫司马，护鄯善以西南道使者”。“卫司马”是一个军职；“护鄯善以西南道使者”，顾名思义，其工作职责在负责傍阿尔金山、昆仑山北麓西行的丝路南道的管理事务。由敦煌西行，进入阿尔金山北麓的鄯善，可以在罗布荒原东部羊塔克库都克斜向西南行，也可以先到楼兰，复由楼兰进入伊循。楼兰是汉王朝着力控制的重要经济、交通中心。由此折向南行，抵阿尔金山脚下，相当便捷。这一任命，清楚表明了郑吉在任西域都护前，曾经肩负起经营、管理罗布淖尔地区交通的重任。《汉书·西域传》中称郑吉“为人彊执，习外国事”。他由最基层的“卒伍”，最后得为首任西域都护，是与他在罗布淖尔荒原及傍近地区艰苦戍边所建功业密切相关联的。郑吉故乡所在的古越地区，向长水运。战国时期，越国即曾以水军沿海北上进攻齐国，表明水运在古代越国是十分平常的。郑吉出身越地会稽，自小贫困，且为人强力、勇毅、百折不回，他在罗布淖尔地区活动时，会注意到这里的地理环境，开拓或推进相关水运事业，是一点也不会令人费解的。虽然这一推论，目前还只是逻辑的推理，是一个假说，但它存在的合理性，是不能轻估、而且必须予以重视的。

古代文献记录浩如烟海。但是，根据零散出土的考古资料，验之相关文献记录，那浩如烟海的文献，比较起曾经展开过的历史生活实际，也不过是九牛一毛。日常生产、生活，特别是普通的、基层的、民间的生活，大多无缘、无法进入统治上层文人们的视野，进而流泻入他们的笔端，形成我们今天可据以认识古代历史之文献的。从这一角度说，这类有幸保存的点滴史迹，自然更为珍贵，值得重视，认真探究，发掘其背后蕴含的历史文化信息，以求逐步走向古代历史文化的真实。

2005 年初稿，2009 年校改，2010 年再改。

伊循故址新论

王炳华

引　言

伊循古城今地，很早就是西域史地研究中存在歧见的一个问题。在20世纪40年代，冯承钧先生为此撰著、刊布了《鄯善事辑》[①]，全面辑录相关历史文献，勾稽鄯善史资料，评注国内外已见研究成果。也呼应当年沙畹在面对伊循今地时，不能看清楚《水经注》之简文错讹，而陷入的迷误[②]，揭明西汉时的伊循故址，应在若羌县境米兰。这本是一个可以信从的结论。只可惜时间虽已过去70年，伊循故城今地，截至今天，竟仍然是一个没有获得共识的问题。

涉及或主要谈伊循的文章，粗略阅览，就不下数十篇。最近，又有《西汉时期楼兰“伊循城”地望考》，对有关伊循的研究，作了近乎全面的梳理，还附以卫星图片，提出伊循就在楼兰古城西北30多公里处的LE。这是作者为参加2010年日本奈良女子大学举办的“从天、人、地角度分析探讨居延、额济纳、楼兰”丝绸之路国际研讨会而提交的论文。此文随后也交《新疆文物》刊发[③]，影响面颇广。但这一结论，仍有难以令人信服的地方。因此，作深入一步剖析，仍属必要，冀可助益于伊循故址的论定。

---

① 冯承钧：《鄯善事辑》，初刊《华北编译馆馆刊》2卷10期，后收入《西域南海史地考证论著汇集》，中华书局1957年版，第1—24页。

② 冯注伊循今地，明确揭示鄯善“东故城应为古之伊循……因《水经注》之错简，致使徐松误解于先，沙畹附会于后，而误以扜泥在东，伊循在西”，指明了伊循今地在今若羌米兰。

③ 于志勇：《西汉时期楼兰“伊循城”地望考》，《新疆文物》2010年第1期。

伊循，是公元前1世纪西汉楼兰王国政治舞台上突显出来的一处屯戍中心，西汉以后，即渐渐淡出人们视野。作为当代史，直接叙说了伊循历史、地理背景的，就是《汉书》卷九六上《西域传·鄯善》。也算是当代记录，与伊循程度不等地存在关联的还有《史记·大宛列传》《汉书·傅介子传》《汉书·冯奉世传》等。涉及伊循历史、地理的汉代文献，十分有限，就那么几条可以数得清楚的资料。再有就是土垠、悬泉等汉代驿传、仓储遗存出土的与伊循相关、"伊循"两字著录在册的简牍。如果不将汉代以后著录考虑在内，相关资料是并不多的。资料既不繁、线索也清楚。自清代徐松以来，关注学者也不能算少。不仅国内学者，也有日本、欧洲学者，都在这一具体问题上参与过讨论，但却总无法求得共识。这一现象，粗看与以下原因有所关联：西域距离辽远，亲履其地考察不易；古代文献记录简单、容留太多的解读空间；后期文献存在错讹。但细酌有关分歧，其实，还远远不是只限于文献的解读，还有对当年楼兰王国的政治现实，如楼兰、鄯善王国地理位置，当年西汉、匈奴、楼兰彼此军事政治角逐，楼兰破灭、鄯善新生等不同理解有关。

一

伊循是因应楼兰破灭，为了保卫、新建鄯善而设置的一处屯戍中心。它的出现，与特定时段内楼兰的政治形势密切关联。准确了解伊循，必须理清楼兰、鄯善之递变。而伊循只能在罗布淖尔荒原南缘、可以与若羌河畔鄯善绿洲相呼应的米兰河绿洲上。

公元前77年以前，在罗布淖尔荒原北部，曾存在一个楼兰王国。这是清楚见于《史记》《汉书》文字记录的。《史记》卷一二三《大宛列传》中说"……而楼兰、姑师邑有城郭，临盐泽"。"楼兰、姑师，小国耳，当空道。"它的具体位置，在《汉书》卷九六上《西域传·鄯善》中有更明晰的揭示："然楼兰国最在东垂，近汉，当白龙堆。"意即楼兰地处西域大地最东陲，傍罗布淖尔湖，近白龙堆，居交通孔道。从敦煌西走进入西域大地，最近的国、城，就是楼兰。联系这一系列政治地理因素，是只有王都在楼兰古城中、位于孔雀河下游三角洲上的楼兰王国才可以相当的。而远在阿尔金山脚下的鄯善都城扜泥，与这一系列地理要素绝对无法关联（图1）。

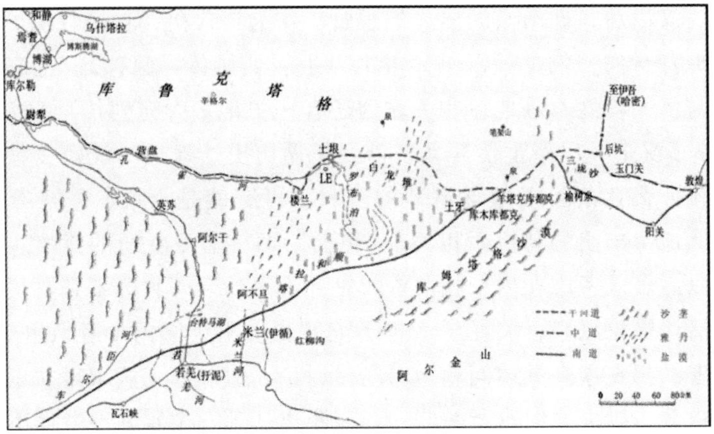

图1　楼兰、扜泥、伊循地理形势图

坚持楼兰、鄯善实为一体，政治中心一直就在扜泥的学者们，虽也可以在“鄯善国，本名楼兰，王治扜泥城”（《汉书·西域传·鄯善》）这句可作不同解读的文字中寻得根据；实际真正支持他们做出这一判定的，是20世纪初，在楼兰古城（A. 斯坦因编号为LA）中虽然见到近20件与“楼兰”有关的汉文文书，收件人在“kroraian”（音为楼兰）城中的多件佉卢文书，但时代都在东汉以后，并没有发现早于东汉的文书、文物。这就与时当西汉前期的楼兰城存在矛盾。但这只是当年考古工作未到位的说明。笔者在《罗布淖尔考古与楼兰—鄯善史研究》一文中曾经对此进行过剖析①。如楼兰古城城墙构筑工艺十分原始，是一种垛泥堆筑工艺，是早于汉—晋西域长史府土坯建筑的比较原始的风格。与新见克里雅河北部西汉或早于西汉的圆沙古城建筑风格、尼雅新见精绝古城的建筑风格相同，具有地方特色，时代在西汉或西汉以前。其次，在东汉—魏晋西域长史府遗址下，下深1米多，也可观察到一处叠压其下的文化层。长2米多，最厚处达20厘米。因此，说LA古城绝不存在早于东汉的文化遗存，是并不足以凭信的。东汉班勇，出生在西域，深谙西域地理形势。他在东汉朝廷讨论西域大计方针时，曾有过精辟议论，将“楼兰”与鄯善区别

① 王炳华：《罗布淖尔考古与楼兰—鄯善史研究》，《西域文史》第五辑，科学出版社2010年版，第1—20页。

得十分清楚，楼兰“西当焉耆、龟兹径路”，“南疆鄯善、于阗心胆”①。楼兰和鄯善，是绝不可能同在一处的。

公元前2世纪后期，通西域、反击匈奴侵扰，断其右臂，是西汉王朝重要战略。实施这一战略，居于西域东陲、最近汉朝的楼兰，立即处在了汉、匈斗争的第一线。从西汉王朝计，通西域的战略任务，是压倒一切的，在这一过程中，对西域各绿洲城邦，西汉王朝的策略是“可安辑，安辑之；可击，击之”（《汉书·西域传·总叙》）。务求全胜，实现“都护”西域、反制匈奴之目的。面对交通西域的咽喉要地——楼兰，数十年中，一直是“伐谋”为先、“全国”为上。想尽方法、竭尽力量，要使楼兰从传统亲匈奴立场改弦更张，站在西汉王朝一边。不止一次，既让楼兰感受汉王朝的强力，迫其屈服；但又并不直接用军事手段破灭楼兰、不伤楼兰子民，以获其人心。只可惜半个多世纪实践，始终未能如愿。核心原因是地缘政治影响，楼兰总难以摆脱匈奴的控制，与西汉王朝存在距离。

从楼兰角度分析，这有其内在根据，有可以理解的理由。匈奴对楼兰的政治、军事、文化影响，积有年月，难以轻估。只从军事角度看，匈奴骑兵从伊吾、车师等地进入楼兰，因地域毗连，相当便捷。楼兰，在骑兵称雄的当年，军事上实际难以完全摆脱匈奴之控制。

楼兰在军事上受制，因而政治依附、文化相通；在经济上，这时也还感受不到汉通西域、开通亚欧交通路线后从中可以获取的利益，而且徒增提供粮食、饮水、草料、向导交通的负担②。偶尔，还会遇到汉朝吏卒的强掠、骚扰。自张骞返回长安，汉“使者相望于道，诸使外国一辈大者数百，少者百余人”，“一岁中使多者十余，少者五六辈”（《史记·大宛列传》），这对蕞尔小国楼兰，确也是重负难荷。在楼兰王国左右摇摆、骑墙不下的形势下，如何变楼兰大地为通向西域的安全大门，成不留隐患

① 《后汉书》卷四七《班勇传》：东汉元初六年（119年），“召勇诣朝堂会议……勇上议曰……又宜遣西域长史将五百人屯楼兰（此时，西汉楼兰王国早已不存。后继之鄯善远在阿尔金山下——引者注），西当焉耆、龟兹径路，南疆鄯善、于阗心胆”。这表明，楼兰虽已不存，但楼兰城仍为人们所习用，而且它与鄯善是分列南北，并不混同。

② 《汉书·西域传·鄯善》：“楼兰国最在东垂，近汉，当白龙堆，乏水草，常主发导负水担粮，送迎汉使，又数为吏卒所寇，惩艾不便与汉通。”“初武帝感张骞之言，甘心欲通大宛诸国。使者相望于道，一岁中多至十余辈，楼兰、姑师当道苦之。”

的坦途，是摆在西汉王朝最高统治集团面前最大的一个问题。汉武帝刘彻及后继的昭帝刘弗陵，在这一环节上，是有过精彩表现的。他们深思熟虑，不急不躁，不轻易用兵，注意收民心、全楼兰之国。这一政策坚持了半个世纪，是在历史事实中可以触摸的。最后，终于取得了理想的成功。这是值得总结的一章。

自公元前126年张骞西使返国，至公元前77年，经霍光决策、傅介子实施，对楼兰王国用了"斩首"战术①，在不伤楼兰实体，不伤楼兰民心，只是清除楼兰王，改变楼兰政策。完成迁楼兰至扜泥，改楼兰为鄯善，消除了汉通西域的隐忧。在这50年的时光中，西汉、匈奴、楼兰，曾经有过三次大的较量。冲突、妥协、再冲突，矛盾不断发展，终以西汉王朝全胜而收场。

初始，汉通西域，往往是"赍金币帛值数千巨万"，费币帛以购食，市驼马方骑用。每至一国，对统治者总是赂遗为先。但这在楼兰，因有匈奴作梗，却往往不能奏功，汉使王恢等，还常遭攻击，这导致第一次冲突。在公元前108年，赵破奴率军进攻姑师的过程中，王恢"率轻骑七百人，虏楼兰王"②。楼兰被迫表示要改弦更张，对汉"降服贡献"。但这又立即遭致"匈奴闻，发兵击之"。汉、匈双方都不能，也不会放弃对楼兰的控制，矛盾依旧。变化只是楼兰较前进了一步："遣一子质匈奴，一子质汉。"希望两面卖好，求两面不得罪。如是做，实际两面都不落好，两面都要得罪。这导致第二次大冲突。公元前104年至前101年，李广利征大宛。匈奴无力正面阻击，但又不甘心西汉成功，采取的办法是"遣骑因楼兰候汉使后过者，欲绝勿通"。这自然不能为西汉容忍，"王诏文便道引兵捕楼兰王，将诣阙，薄责王"。楼兰王被带到刘彻面前，没有怕死，而是坦陈苦衷："小国在大国间，不两属无以自安"；如果汉王朝不能谅解，则"愿徙国入居汉地"（《汉书·西域传·鄯善》）。刘彻理解，也欣赏他的直白："直其言，遣归国。亦因使候伺匈奴。"用匈奴之道，还治匈奴之身。匈奴，自是不甚、也无法再亲信楼兰。但楼兰出于自身之

① 《汉书》卷七〇《傅介子传》。"斩首"战术，是借用的一个现代概念。以色列人的"定点清除"战术，美国人在科索沃战争中的"斩首行动"，核心是消灭对方的首脑和首脑机关，摧毁对方抵抗意志，为其真谛。傅介子在灭楼兰行动中的战术，就是这一精神，只是早了两千年，应是十分精彩的战例。

② 《汉书·西域传·鄯善》《汉书·傅介子传》。

处境——匈奴的传统影响、军事上随时可能到来的匈奴骑兵——并不可能全心投入西汉王朝一边，这才最后导致了第三次冲突。这次是总结了半个世纪中楼兰总难摆脱匈奴影响、王族与匈奴关系密切的实情；而且，数十年中，一次又一次进入长安城的楼兰质子中，汉王朝也已培养了一个亲汉、为楼兰王安归（亦作尝归）之弟、有资格接位为楼兰王的尉屠耆。尉屠耆自然也十分希望可以返回楼兰接掌大权。内外条件均备，于是，傅介子建言、霍光批准，实施了刺杀楼兰王安归、扶植亲汉派首领尉屠耆为新王，不伤楼兰实体，迁楼兰国至远离匈奴影响的阿尔金山北麓的完整计划。这一计划如愿成功，于是楼兰被更改国号为鄯善，而孔雀河谷这一交通要隘，直接处在了西汉王朝经营之下，为汉通西域的战略完全扫清了障碍①。

认真总结西汉、楼兰 50 年间在楼兰大地上展开的三次冲突，西汉王朝的策略、战术是完全符合其通西域这一战略方针的。西汉王朝的决策层，深谙《孙子兵法》的要旨，力求取得楼兰人心，实现完胜目标，绝不在楼兰这一战略要地上留下隐患。实事求是地评析，以西汉之力，取小国楼兰，可以说是举手之劳，并不用费大气力的。汉王朝两执楼兰王，两次放还，做的就是全楼兰子民的工作，也就是“用兵之法，全国为上，破国次之”（《孙子兵法·谋攻篇》）。这样一次又一次妥协，实际是要争取在最合适条件下把握全局，不留隐患，最后终得楼兰如是“全国”而迁之于鄯善。消极因素转化成为积极力量，一个十分依附西汉，也必须依附西汉的新政权，在“南道”上站住了脚跟，并协助开拓南道交通，很快形成了西域大地的新局面。

灭楼兰、立鄯善、屯伊循，鄯善、伊循又必在罗布淖尔荒原之南裔，做出这一判断，要从统有罗布淖尔荒原之楼兰国的自然地理形势去求解。

罗布淖尔荒原地域辽阔，但适于垦殖、居住的地带，几乎就是北部的孔雀河水系绿洲，南部若羌河绿洲、若羌绿洲以东的米兰河绿洲。这三处绿洲外，多是沙漠、盐漠、罗布淖尔湖。旧国楼兰，据有之孔雀河绿洲，水势大，流程长，绿洲开发早，自新石器时代以来，就是荒原上的经济、文化中心，青铜时代曾发展了别具特色的古墓沟、小河文明。楼兰，顺理

---

① 王炳华：《居卢訾仓故址研究》，《丝路考古两题》，香港大学饶宗颐学术馆 2010 年版，第 158—198 页。

成章，自然就奠基在其下游三角洲上[①]。现在楼兰国灭，要扶植一个远离匈奴影响、亲附汉王朝的新王国，只能将其置于荒原南裔、距离在300公里外的若羌、米兰。《汉书》明确指出鄯善新城位置在“西通且末七百二十里”处（《汉书·西域传·鄯善》），这一空间距离，就只有若羌河谷的若羌绿洲可以相当，其他任何一处绿洲，都与此无涉，不相关联。

尉屠耆在这一事变中，深知自己大大得罪了楼兰国内原来亲匈奴的一派，所以，他向汉王朝提出“身在汉久，今归单弱，而前王有子在，恐为所杀。国中有伊循城，其地肥美，愿汉遣一将屯田积谷，令臣得依其威重”（《汉书·西域传·鄯善》）。只有如此处置，才既可保障尉屠耆的安全，也可以为汉王朝取楼兰故土、直接控制孔雀河绿洲，提供条件。如是，不论南道、北道，政治、经济形势均得顺利、迅捷发展，短短十数年中，郑吉成为“护鄯善以西使者”，南道为西汉羁属；随后，公元前60年，西域都护得以设立，“西域服从”，汉通西域的战略至此基本取得成功。这一历史过程中，在伊循绿洲，西汉王朝先是“遣司马一人，吏士四十人，田伊循以填抚之。其后更置都尉，伊循官署始此矣”（《汉书·西域传·鄯善》）。初始只是一个官秩“六百石”的小司马，不几年后，伊循田官即升格为官秩为二千石的“都尉”。伊循屯田事业迅捷发展，既与“其地肥美”有关，也是适应了丝路交通、西域形势发展的要求。

将楼兰、鄯善、伊循放在公元前1世纪前后罗布淖尔荒原上曾经展开的政治风云中去理解，也把握罗布淖尔大地孔雀河、若羌河、米兰河这基本的自然地理形势，就可以准确认定：“鄯善国，本名楼兰。王治扜泥城”这句话，它的意思是：今天的鄯善国，前身是楼兰。是在楼兰破灭后，才建设了鄯善新城的。

西域辽远，涉足不易。不谙罗布淖尔荒原的自然地理形势，两千年前的中原文人，坐在书斋记述、认识这片土地上的政治、军事风云，盲点会不少，很难避免线索不完全清晰，导致语意含混的情形。有关楼兰、鄯善短短12个字的记录，就可以感受到沉淀在其中的行文遣字的含混不清，用笔不明。

《汉书·西域传》中记述的、今天已熟稔于人心的汉代丝路南、北道，实际正是因为有了伊循之屯、鄯善之设，才得以完成、实现的。伊循之屯，在历史上其功厥伟。这一点，将在后面的考古新收获中，详予申述。

---

① 侯灿：《论楼兰城的发展与衰废》，《中国社会科学》1984年第2期。

二

扣住两汉时期文献记录，楼兰原在罗布淖尔荒原北部，公元前77年，汉杀楼兰王，清除楼兰亲匈奴势力，扶持亲汉一派取得政权，远避匈奴影响，移徙楼兰到鄯善、屯伊循，其变化轨迹，可以说是十分明晰的。

使得鄯善、伊循故址理不清、说不明，与郦著《水经注》，存在相当关联。

东汉以后，中原大地兵祸连连。三国分列，晋十六国，如短剧登场，须臾谢幕。南北朝时期，仍然是政局纷扰。边隅西域，同样社会不靖。塔里木绿洲王国，彼此兼并。50多个绿洲王国，化成为7个较强的政治、经济实体。如是大的变动，也因消息隔绝，信息难通，而线索不明。三四百年中，见于中原史籍的记录，也就寥寥可数的几条。郦道元，有感于资料舛缺，力搜各种可以见到的文献，从史、传到僧人行记，不稍遗缺，殚精竭虑，将它们组织于《水经注》中，希望能成就一件好事，也确实完成了一件值得称道的文化工程。但书中资料纷杂、讹乱，堆集一处，也带来不少新矛盾。这是自清代学者以来，早就注意到的一个问题。冯承钧在撰著《鄯善事辑》时，曾对此有过分析，说："郦道元《水经注》所录古遗书最多，然多未详其成书年代。而且传抄错讹，经注夹杂，读是篇者竟不辨何者为经，何者为注，何者为注中之注。"① 这方面例子不少。涉及伊循者，如《水经注》卷二，有文字为"扜泥城，其俗谓之东故城"。这件事，曾见于《魏书·西域传》《魏书·沮渠蒙逊传》，相关文字为：永和二年（441年），"沮渠无讳谋渡流沙，遣（沮渠）安周西击鄯善，鄯善王恐惧若降，会魏使者劝令拒守。安周遂与连战，不能克，退保东城"。沮渠无讳由河西走廊发兵，攻鄯善（今若羌绿洲）不克，退保"东城"。揆诸事理，这一"东城"，只能在鄯善以东，近河西走廊处。但在《水经注》中，却将扜泥城与"东故城"混为一处。

关于《水经注》在扜泥、伊循城问题上之舛误，章巽也曾有过很具体的剖析。他在仔细校读了《汉书·西域传》《水经注》相关文字后，发现《水经注》有关文字很不流畅、文意混乱、层次不分明。郦氏，作为

① 冯承钧：《鄯善事辑》，《西域南海史地考证论著汇辑》，第19页。

文化大家，绝不会低至如是水平。细经校勘，他看清了流传至今各种版本的《水经注·河水注》明显存在错简。他在《〈水经注〉中的扜泥城和伊循城》一文中，揭示因《水经注》之错简，才导致鄯善、扜泥、伊循诸城问题上一些混乱，如一说鄯善国治伊循城。二说注宾河流向，先涉伊循，再涉扜泥，似扜泥居伊循之东。再说前已引述之“扜泥城其俗谓之东故城”等，混乱明显。这一舛乱，为徐松在《汉书·西域传补注》所承袭，进一步扩大了影响。章巽先生此文，还揭示了斯坦因、藤田丰八等所受之误导。同时，也明确指出了《水经注》之记述，与《北史·西域传》《新唐书·地理志》，敦煌所见版本不同的两种《沙州都督府图经》均有不一致处。揭明扜泥城在西，故址在若羌绿洲。伊循在东，故址在米兰[①]。

理清这些错乱后，《水经注·河水注》与《汉书·西域传》《新唐书·地理志》即和谐统一、不相抵牾了。章先生的这一校勘功劳，使长时间在伊循、扜泥问题上的分歧，得到合理的统一。关于伊循故址所在这一具体问题，如果只从文献展开讨论，应该说，确实可以就此画上完满的句号了[②]。

三

实际生活中具体展开的诸多事物，相当复杂，会受到当时、当地诸多因素的影响、诸多条件的制约。实际进程，有的可以与形式逻辑相统一；不少，也会与形式逻辑之推论南辕北辙，完全不同。这就是现实生活进程难以为形式逻辑所逆料的道理。对此，人们是不难理解的。

老友长泽和俊教授，我们曾有 6 年多时间，共同操持过“丝绸之路”新疆境内具体路段的调查，足迹及于塔里木盆地周缘、天山南北、葱岭内外。他在丝绸之路历史研究中，曾多有创见。大学者自然也会有小疏漏，例如，他在伊循故址的分析上，所持之方法、推论，就实在无法让人苟同，他曾据《汉书·冯奉世传》引申出伊循必在汉代丝路北道某处，而必不可能处于丝路“南道”上。为什么？因为冯奉世是送大宛客使出境，而汉至大宛，从形式逻辑计，是必然要走丝路北道的，否则路就不顺，有

① 章巽：《〈水经注〉中之扜泥城和伊循城》，《中亚学刊》第三辑，中华书局 1990 年版，第 71—76 页。

② 上引章文，谈及楼兰。笔者看法不同。已见前文论述，此处不赘。

悖于常理了[1]。因此，长泽和俊推定西汉之伊循，在楼兰故城（LA）东北40公里处的土垠，这里曾出土过西汉简牍。于志勇十分赞赏长泽氏观点，认为“长泽和俊将冯奉世持节使送大宛客经行线路定在北道即楼兰道，甚是”；只是不同意将伊循放在土垠，而认为“LE古城，更有可能是西汉时期的伊循城”[2]。实质是认为，冯奉世既送大宛客，必走北道，因此，伊循故址只能在北道求之。

这个观点，表面看有相当道理，其实却是站不住脚，不具备充分理由，不能作为根据。

西汉时，出敦煌去大宛（今乌孜别克斯坦共和国费尔干纳盆地），经由楼兰、沿孔雀河谷西行，经天山南麓入疏勒，至大宛，自然是最为顺道、好走的路线，一般情况下，是会作如此选择的。从长泽和俊至于志勇，据此，从形式逻辑出发，判定冯奉世也应这样走，没有错；但是，在做出最后结论前，还必须考虑其他因素，如冯奉世与大宛使臣这时西行，交通安全形势如何（毕竟，安息、大宛使臣入汉，经由这条路，是有过被楼兰劫杀之前例的）？冯奉世与大宛使臣，还负载什么另外的使命没有？其他等等，可以影响行走具体路线的因素，揆诸实际，既可能十分简单，也可能十分复杂。毕竟，由敦煌西行，进入罗布淖尔地区，并继续西行的路线，并非只有一条，可选择的路线是相当多的。因此，只从冯奉世送大宛客西返，经过了伊循，就完全不管汉代史籍中相关伊循的其他文字记录，而径直结论伊循必在丝路北道路线上，就陷入了十分武断、相当片面的境遇之中。这样的推论，唯形式逻辑是从，把复杂的问题过分简单化，研究方法完全不足取。实际情形是否确实如是，须要经受其他方面的认真审视。

在罗布淖尔荒原、在西域大地，东来西往，出于特定情势要求，舍弃顺理成章的交通路线，而走上一条匪夷所思、背离常情的路，甚至令人至今难以索解的例子，其实是并不少见的。我们举两个大家比较熟悉的实例以为说明，助益思考。

其一，可以李柏文书为例。李柏是前凉西域长史，驻节在楼兰。他派

---

① 长泽氏的观点是：“伊修（伊循）城应该在大宛使节往来的丝绸之路某处。而大宛使节一定是自敦煌至楼兰，再西北行至库尔勒，沿北道西进至疏勒，再经过葱岭北部抵达大宛。因此，伊循城一定在这条道路的某处。”载长泽和俊《楼兰王国の研究》，转引自于志勇《西汉时期楼兰“伊循城”地望考》，《新疆文物》2010年第1期。

② 于志勇：《西汉时期楼兰“伊循城”地望考》，《新疆文物》2010年第1期。

信使严参事携密函去焉耆，商量如何共击驻扎在高昌的赵贞。严参事的行进路线自当由孔雀河谷西走，直达焉耆。这样走，路近、道顺。如是行进，可以说是太合情理的一件事；而不走这条路，就十分不合常情。但出于特定需要，李柏之密使竟就不从孔雀河谷西走，而选择了自“北虏”中（也就是敌手赵贞控制下的路）转至焉耆的路。这是在“李柏文书”中清楚说明的事实。至于李柏、严参事为什么决定如是走，自有他们认为充分、合理的根据，这理由至今仍未为我们所洞悉。因此，交通路线，应该怎样与实际如何，完全是两码事，不能把“应该怎样”作为历史根据去分析问题的。

其二，是稍后法显西走印度的例子。法显出河西走廊已经到了鄯善。顺乎常理，这时他们应该循昆仑山北缘西行，经且末、入精绝、至和田，越喀拉昆仑或帕米尔，进入北印度。而实际，他走的路线却是由鄯善，北行到了焉耆，又由焉耆穿越塔克拉玛干大沙漠，进入和田，再走印度。“在道一月五日，无居民。沙行艰难，所经之苦，人理莫比”（《法显传》），路线是十分不顺的。但如是走，自然也有法显自己的理由。政治的、宗教的因素都可能影响他的决定，并不能以路线顺不顺为转移。

李柏信使严参事、法显，这两个实例，治西域史者都了解，已近常识。应取之通行路线与实际行进的路线，差得竟是那么遥远，遥远得常情绝难理解。

长泽和俊以“应该”怎样走，当成“就是”那样走，再据以分析、引申，得到自己希望的结论，其结论之不足凭信，是十分明白的。

关于冯奉世送“大宛诸国客”（不只是大宛使）返国，经由鄯善一事，时在前65年。那正是西域多事之秋：莎车国内政变，汉封之莎车王万年及汉使奚充国，均为王弟呼屠征所杀。丝路南道受莎车攻击，“从鄯善以西皆不通”。匈奴又一次发兵攻车师城。莎车遣使扬言：“北道诸国已属匈奴矣。”真是一片黑云压城之势。在这一形势下，冯奉世驻伫在伊循，伊循都尉宋将随时提供着西域情报。最后，因时就势，当机立断，冯奉世矫制征发西域诸国兵，得万五千人，以迅雷不及掩耳之势，平定莎车政变。西域形势立转，“诸国悉平”，冯奉世随后顺利行进，“西至大宛”①，得不辱使命。

① 相关资料，均见《汉书》卷七九《冯奉世传》。

这件事，足以引发思考的因素太多。一是形势不靖，冯奉世必须随机决定最安全的路线；二是所送使臣是一批，大宛使是其中重点。在这样一个形势下，说冯奉世行进路线肯定“应该”如何走，是十分不近情理的。《汉书·冯奉世传》在记述冯的这番平莎车内乱、稳定西域大局的作为时，特别提到“至伊修城（伊循——引者注），都尉宋将言，莎车与旁国共攻杀汉所置莎车王万年，并杀汉使者奚充国”。这位伊循屯田都尉宋将，在冯奉世呼风唤雨、特立独行，迅捷改变了西域形势的活动中，也是发挥了不小作用的。冯奉世走伊循，而不走其他路线，其背后的消息，于此似乎也可以略见端倪。

不论具体因素有哪些，冯奉世衔命礼送的“大宛诸国客”，是经过伊循，并在这里见识了一番风雨。我们绝对没有理由就因为冯奉世这一西行路线，就判定伊循必在由楼兰循孔雀河西行之北道上的。毕竟，当年伊循，是驻有西汉王朝一支部队的屯田重地，也是军事重镇。是西汉王朝吏员可以得到安全庇护的处所，并不单纯只是一处交通驿站。

实际生活（包括历史上的实际政治形势）是复杂、丰富、多姿多彩的。它的运行轨迹，绝非形式逻辑所能规范，所可局限。我们在面对历史故实时，也必须将自己的思想放得开阔点，变得复杂点，要深入当时、当地的矛盾中去，才有可能接近、触摸到历史的真实。

于志勇《西汉时期楼兰“伊循城”地望考》利用卫星遥感资料，展现 LE 古城图像，支持论文观点，这是值得支持、肯定的新方法。在沙漠广布、地旷人稀、古城古址不少已沦入沙漠、荒漠之中，古代河道也会因自然、人为因素而改变流向。这时，利用遥感图像，寻找河川，搜索古城，进行宏观的历史、地理、环境变化研究，是十分有用的，可收省时省力、便于把握全局之功效。本文，虽对 LE 古城为伊循故地之观点持否定态度，但对使用如是方法进行西域古代城镇兴衰研究，却持完全肯定意见。这是一个在西域考古中大有前景，值得利用的好方法。

《西汉时期楼兰“伊循城”地望考》一文，利用卫星图片、参照地面实测资料，联系汉晋时期居延、河西走廊广大地域内已见鄣、塞、城址，进行比较研究，探索共同规律，同样也是一个有积极意义的探索。只是在面对伊循城时，必须注意，它可不一定是按西汉王朝规制而建设的城。尉屠耆在离开长安回楼兰准备鄯善立国事宜时，曾说“国中有伊循城，其地肥美”，足见，在汉军进入伊循屯田前，伊循城是已经存在了的。因此，希望通过梳理西汉王朝在西北边裔设置之鄣、塞、城的规制，而推见伊循城的规制，大概也是须要多角度分析的。当然在汉军进驻这片地区后，在西汉王朝统一规划下，在罗布淖尔大地上，新建的校尉城、屯城、都尉城，可能会遵循汉王朝的制度，那又是另一个问题了。

四

根据《汉书·西域传》，扜泥必在且末以东720汉里处的若羌绿洲上。而在扜泥以东可以当得“其地肥美”这四个字的，也就只有米兰。这本来早已是西域研究学界许多学者共有的认识。这里结合自然地理、新见考古资料，稍细予以解析，求其深化。

1. 米兰绿洲，确可称“其地肥美”

20世纪50年代后，在巴音郭楞蒙古自治州境内屯田戍守的是新疆生产建设兵团农二师。师属水利勘察队工程师饶瑞符，长期在这片地区从事水、土资源勘察，十分熟悉相关资源。米兰河谷绿洲，是这片地区水土资源最为富厚的所在。关于这片地区的适宜于农业垦殖的要素，清楚见于他的著文①。米兰河，是源自阿尔金山的独立水系。米兰绿洲地处米兰河口，引水近便。黄土层厚5—15米，以轻壤、沙壤为主，含盐分少，是罗布淖尔、塔里木河流域少见的优质土壤。加之地下水埋藏深，矿化度弱。冬日少风，较温和，是比较理想的适宜于农垦的地带。新疆生产建设兵团农二师第36团，所以设置在米兰，原因在此。从若羌至米兰，空间距离达70公里，中间均为荒漠、盐漠，基本不见人烟。如是地理形势，于扜泥（若羌）以东、求“其地肥美”的所在，确实只有米兰绿洲可以承当。视米兰绿洲为伊循故址，从自然地理角度分析，是切合不悖的。

2. 米兰绿洲，确有古代屯田遗迹

在米兰绿洲发现的屯田遗迹，主要指一区大型水利灌溉设施。这一遗存的发现，也是水利工程师饶瑞符的贡献。1965年，他曾手持相关测量图，到了乌鲁木齐，找到考古所李征先生与笔者，进行了认真交流。希望

① 饶瑞符：《米兰汉唐屯田水利工程查勘：从伊循灌溉系统看汉唐时代屯田建设》，《新疆巴州科技》1981年第1期；修订稿以《米兰古代水利工程与屯田建设》为题，发表于《新疆地理》1982年第Z1期。

考古所能从考古专业角度，对相关水利遗迹踏勘、验证，争取进行少量发掘，判定其始建时代。李征对进行这一工作，也特别积极，亟望成行。其情其景，至今犹历历在目。十分遗憾的是，我们当时的客观条件，根本不可能进行这一野外作业。待后来有可能进入米兰，对相关遗迹进行少量试掘时，饶、李二位竟都已先后辞世西行，令人唏嘘。

饶瑞符发现的古代灌溉遗迹主要为一条总干渠，七条支渠、斗渠、毛渠，构成一个相当完整的灌溉渠系。渠引古米兰河水进行浇灌。渠首已毁。总干渠长约 8 公里，高仍近 10 米，宽约 10—20 米。七条支渠，分别长达 4—5 公里，高近 3 米。干渠、毛渠也约略可见。依地形，自南向北，顺地势展开，可双向流水。水头控制良好，干渠线路平直整齐，渠系分布均匀，引水势顺，全灌区均可得水。测算，灌溉总面积可达 4 万—5 万亩。据饶瑞符及其同事现场观察、细算，曾经垦殖的面积，估算可能达 1.7 万亩。他们据地势高程判断，只要将渠道内的积沙完全清除，建好渠首，立即可以古为今用，利用渠道恢复灌溉功能，实现垦种。在这一渠系范围内，他们曾经采集到麦草、麦穗、陶片、一枚五铢钱①。

关于这一灌溉渠系的时代，有过“汉唐时期”、“吐蕃占领期”等多说。

笔者的观点是：目前虽还没有过发掘、清理，没有掌握到直接证据，但据已掌握之多种因素分析，最大的可能，它始建在西汉，与伊循屯田存在直接关联。汉代以后，自然不妨碍曾继续使用。理由是：

（1）伊循屯田，见于《汉书》记录，是肯定存在的事实，田官秩为“都尉”，规模不小。在西域屯田，没有雨水可依持；人工灌溉，是其首务。这一遗迹，可与伊循，也就是米兰绿洲历史上最辉煌的屯田篇页彼此联系，相互印证。

（2）这一灌溉渠系之支渠、斗渠遗迹，伸展至米兰绿洲现存的多处佛寺、城堡遗存旁。部分佛寺，斯坦因曾经发掘出大量保存完好的壁画，显明具有犍陀罗风格②，可以与贵霜子民东行，佉卢文在精绝、楼兰流行

---

① 饶瑞符：《米兰汉唐屯田水利工程查勘：从伊循灌溉系统看汉唐时代屯田建设》，《新疆巴州科技》1981 年第 1 期；修订稿以《米兰古代水利工程与屯田建设》为题，发表于《新疆地理》1982 年第 Z1 期。

② 向达译：《斯坦因西域考古记》，中华书局 1936 年版，第 82—89 页。

相统一。时代当在东汉以后，公元三、四世纪是其盛期。笔者 20 世纪 80 年代初也曾择其一，略事清理，也见有翼天使（安琪儿）像之遗留。佛寺、城堡保存完好，水渠痕迹至此不见，清楚表明：东汉以后的佛寺、城堡，实实在在叠压在先前使用的灌溉渠系、垦殖农田之上。因此，灌溉水渠工程，较佛寺年代相对为早，可以确定是东汉以前的遗存（图 2、图 3）。

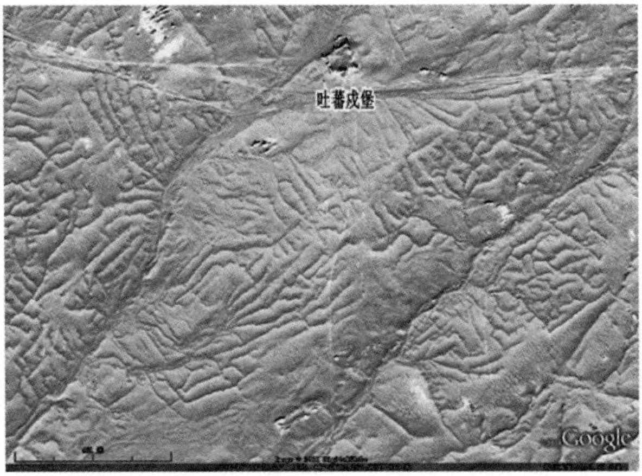

图 2　取自 Google 的米兰古代屯田灌溉渠系遗址地图

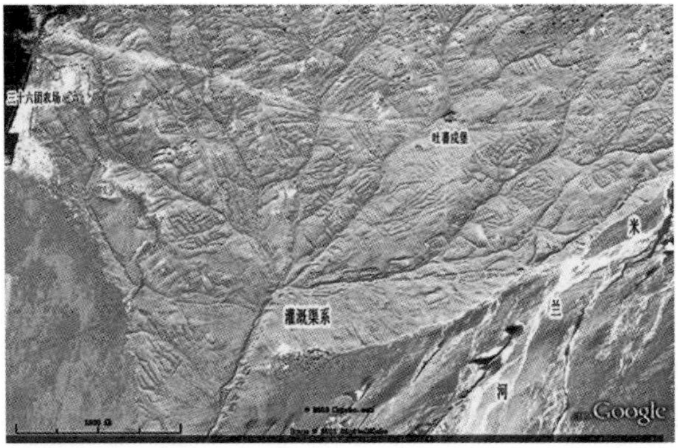

图 3　取自 Google 的米兰古代屯田灌溉渠系遗址地图

（3）灌区内曾得汉五铢钱一枚。笔者 1982 年在米兰调查中，同样是在这片地区，见到一件鎏金铜卧鹿（采集者为当地农民吴海忠），显具战国、西汉风格，应为匈奴文物遗留[1]，这些文物，可作为辅助资料，助益于说明这片遗址有可能为汉代遗存。

（4）新见西汉遗存。与上列水利灌溉工程遗存互相发明，1989 年 10 月，笔者与刘文锁、肖小勇再次进入米兰进行考古调查。在米兰吐蕃戍堡东南，距约 2 公里，老米兰河北岸台地上，发现过一区西汉时期遗址。地表沙梁起伏，在两道东西向沙梁间，有几座风蚀土墩，土墩下，洼地上见大量西汉特征文物：大量加砂灰陶片（器表饰细绳纹）、钻孔陶片、陶纺轮、石磨盘、三棱形带铤铁镞、鱼鳞形铁甲片、五铢钱、炼碴、玉石料等，遗物分布在 500 × 200 米的范围内，五铢钱具有西汉武帝时期特征，与细绳纹灰陶罐、三棱形铁镞、甲片，时代风格一致[2]。这一发现意义是很重大的。它与西汉王朝组织的伊循屯田活动，也可以联系分析。遗憾的是发现、进入遗址现场时，已近傍晚，采集必要标本后，已不可能展开进一步工作，事后又未得可能再对这一遗址进行深入调查，也未得可能进行试掘。2005 年，笔者与冯其庸先生、荣新江、罗新、朱玉麒、孟宪实诸位教授一道，满怀期望，再访这一遗存。地表文物，除陶片外，竟少有所获。印象深刻的三大块玉石料，自然也不知所终，颇以为憾。再一步认识这区遗址的真面目，只能寄希望于今后可能的发掘了。

米兰绿洲，居扜泥之东，可称“东城”。它是若羌县境离敦煌最近的一处绿洲，正处于自敦煌至若羌绿洲的狭长交通线上。斯坦因得自敦煌藏经洞的唐《沙州图经》，说“鄯善之东一百八十里有屯城，即汉之伊循”[3]。说明唐代士人，对自敦煌西行至若羌途中，东距若羌 180 里的“屯城”，即汉之伊循故址，仍然是有明确认识的。自米兰向东，距约 5 公里，至今还屹立一处汉代烽燧——墩力克。

林林总总，这许多考古文化细节，都启示我们，汉代伊循，就在米兰绿洲之上，可以肯定无疑。文献记录与考古发现，可以互相印证。但望今后能组织力量，对相关灌溉渠系遗存，展开严谨的考古调查、实施少量发掘。将相关结论夯得更实，将汉代伊循、楼兰—鄯善研究推进一步。

---

① 王炳华：《丝绸之路考古研究》，新疆人民出版社 1993 年版，彩图第 13。

② 塔克拉玛干沙漠综合考察队考古组：《若羌县古代文化遗存考察》，《新疆文物》1990 年第 4 期。

③ 转引自《鄯善事辑》。

余　论

《西汉时期楼兰“伊循城”地望考》一文，关注了相关文献，梳理了近一个世纪来相关研究结论。对近年在罗布淖尔荒原上的考古工作新收获，甚至相关卫星图片资料，都没有放过，用功不可谓不勤，着力不可说不多，但结论却仍难让人信从。这就引发一个问题。在已见之诸多论述中，所据之文献记录，几乎没有一点差异，但解析及进一步的结论却判然有别，问题究竟出在什么地方？笔者以为，其核心，在于对楼兰王国的自然地理、历史地理背景，未能准确把握，这直接导致对同一文献的解析产生歧异。因此，矛盾的解决不能只寄希望于文字解读本身；而应结合罗布淖尔自然地理形势、相关考古收获，求解文献记录的真谛。换句话说，伊循，既是公元前 77 年为破除匈奴威胁，灭楼兰，立鄯善的关键时刻建设的新城，对其故址的探求，不能脱离当年这一特定的时、空背景，不能疏忽当年仍十分强大的匈奴王国的军事威胁。这就使伊循必然不可能在楼兰近边的 LE，而只能在阿尔金山脚下另觅他途。有关伊循故址所产生的歧见，结合这一形势去解读，就可以得到合理的统一；歧误、错讹的晚出文字，如《水经注》相关记述，前贤已有很好辨析，应该得到重视。一些看似有理、实质并不能成立的推论，应予合适的辨明。在米兰绿洲上一些新见的、可助益认识伊循故址的考古发现，应该受到更好的关注。

本文即本以上思路展开，自感稍有新意。希望能为这个分歧得太久的小问题，寻求到一个正确的结论。尚祈识者赐教。

2011 年 1 月 19 日初稿

2012 年 9 月 17 日修订

罗布淖尔考古与楼兰—鄯善史研究

王炳华

引　言

《史记》《汉书》中记述西域小国“楼兰”、“鄯善”，语焉不详。随历史长河流泻，时过境迁，至20世纪初，除了少数专事西域研究者外，中外史学界，对地处偏僻的新疆，对新疆沙漠中这些短暂显示光辉的弹丸小国，已少见关注。

1901年，当20世纪帷幕初揭，瑞典地理学家斯文·赫定发现了楼兰古城废墟，并在楼兰古城内发现了多件记有“楼兰”字样的汉文、佉卢文木简、纸质文书，从此使楼兰、鄯善进入国内外学术界视野。1906年12月，斯坦因在充分准备之后，进入罗布淖尔荒原及楼兰古城。他雇用数十名农工，在楼兰挖掘了11天，获取大量文物。继后又在米兰佛寺中发现、挖掘并带走了有翼天使画像，为世人掀开了古代希腊文明远及罗布淖尔荒漠的画面一角。

继斯坦因之后，1910年大谷探险队进入新疆。大谷探险队欠缺专业考古素养，考察记录粗疏。桔瑞超在楼兰城中发现了“李柏文书”，史料价值一流，但出土情况却没有记录，可作典型实例。

在20世纪30年代中国知识界觉醒、文物保护意识增强后，西方列强学者对西域大地，包括楼兰等遗址的考察、发掘被迫终止。但当年中国学术界，自身也还没有力量单独进行西域考察活动。

20世纪30年代前，西方学者在罗布淖尔荒原，尤其是楼兰、米兰的考古，对相关文物考古遗存造成了巨大破坏。但在西域历史文化研究上，也取得十分重要的收获，有其贡献。最重要的一点，就是清楚揭明：中亚腹地沙漠深处的这些古代遗存，如其中西亚艺术风格的绘画、雕塑，佉卢文木牍及其封泥上的希腊神像、贵霜钱币、佛寺中的有翼天使像、波斯风格的玻璃器残片等，清楚显示了来自古代波斯、中亚希腊化城邦的文明信息，它们与大量汉文简纸、丝绸、漆器、铜镜、五铢钱一道，呈现了黄河流域古代文明与亚洲西部大地文明交相辉映的景象。而这一点，正是亚洲内陆腹地古代文明最主要的一个特征。A. 斯坦因对此进行了揭示。无疑，这为中亚古代文明研究，展示了一个新的方向。

对罗布淖尔荒原、楼兰古城等重要遗址展开进一步考古，时在近 50 年后的 20 世纪 70 年代末 80 年代初。迄至于今，对这片地区的工作，包括文物普查、遗址保护、抢救性发掘等，未稍停息，获得了重要的、远远超过既往的文化成果。

1979 年，因应形势要求，新疆考古研究所的工作人员，又进入了罗布淖尔，觅见了楼兰故城，发现了古墓沟，并清理了当年斯坦因只做了一半的汉代墓地和汉晋西域长史府故址垃圾堆。此后，又调查、验证了斯坦因当年足迹所及的墓地、遗址，清理了 LE 墓地、发掘了营盘古墓区、全面发掘了小河墓地，对米兰遗址也做了深入一步的调查，发现、测定了伊循一处古代灌溉水系，并在米兰河北岸台地也发现了一处汉代遗址。这些工作，虽不能说是有严密的计划，一些发掘清理，也只是在打扫盗墓贼之劫余（如 LE 古墓地），但还是取得了不小的收获。对小河墓地的全面发掘，也取得了超过当年 F. 贝格曼局部发掘远为丰富的文物资料，使分析研究的可能进一步扩大、深入。

近 30 年的罗布淖尔考古，结合自 20 世纪 80 年代以来，沙漠、地理、水文、气象、动植物学等自然科学工作者，对这片地区多次综合考察所取得的成果，促使历史考古学者深刻思考一个问题：在不太长的一千五六百年，曾是丝绸之路要冲的罗布淖尔大地和楼兰绿洲，怎么就化为了一片没有生命的荒原？烟波浩渺的罗布淖尔湖，竟然成为滴水不存的盐漠荒滩？古代人类生存、发展与自然环境变化，存在怎样的关联？在地球生态危机日益明显的今天，认真剖析楼兰绿洲从兴盛走向绝灭的过程，全面检视人类社会活动与比较脆弱的生态环境间的关系，吸取一切可能吸取的历史教训，是应该，也必须提上日程的研究课题。这些课题，可比起 20 世纪 30 年代以来通过这些遗存，只关切其中的点滴文化内涵，更具意义。

自 1979 年，笔者衔命初次步入罗布淖尔到 2005 年，这之间的 26 年中，先后进入罗布淖尔荒原达八次，时间长者达一个多月。其中，因应工作要求，自米兰入罗布淖尔湖盆，进楼兰、土垠、龙城雅丹，缘库鲁克塔格山入尉犁、库尔勒，或反向行进，到米兰后，经库若公路（库尔勒—若羌）返抵巴音郭楞蒙古自治州。可惜每每只是一个团队，循点前行，做规定要做的几件事，如是反复进行，对深入一点认识相关遗址内涵，当然也有好处，可惜却无法进行更细致以及个人考察的可能。但有几次稍具特点的考察，可略予申说。

1979 年入罗布淖尔，是应中日合拍“丝绸之路”电视纪录片之邀约，要找到一处古代楼兰王国境内的古墓地进行发掘，最好能发掘到一具保存还完好的古尸，一显古代罗布淖尔居民的风采。这是中国电视台为我们办理进入楼兰考古工作手续的条件（当年这片地区仍为军事禁地，这才有了考古工作者进入考古现场，还要电视台办手续的怪事）。应约在先，自然不能食言。为此，笔者领着新疆文物考古研究所（以下简称新疆考古所）一些同事，在孔雀河下游河谷台地上辛苦工作了一个多月。库鲁克塔格山中极其干燥的地貌，孔雀河谷已经断水，但偶尔还可见到未完全干涸的水塘，河谷两岸胡杨、芦苇、红柳丛生，野兔、黄羊出没的景象，仍如在眼前。孔雀河谷下游鳞次栉比的雅丹；河谷北岸偶遇的孤立汉墓……无不留下了十分深刻的印象。

第二次，印象特别深刻的是在 2000 年 12 月，寻找已没有任何消息近 70 年的小河墓地。受工作经费之限，一行十人，选择自库鲁克塔格山南麓，直对小河墓地的方向行进，驼行与步行结合。经过四天，天佑人助，竟然基本无差地步入了小河墓地。这四天，途中有河滩，倾扑在地、两人不能合抱的胡杨，林中水塘周围，密如繁星的兽蹄印迹（它们都是为求水而至此），红柳、芦苇、连绵的沙窝，也见到石器、陶器，是还未进入文物考古工作者视野的历史遗存。孔雀河下游，古代曾水丰草茂、充满生命活力；而断水后沙化，生物绝灭，人迹难至。这些景象，清楚呈现在眼前。这次寻觅小河之行，找到了小河墓地，是计划中的收获。而途中的景象（包括人类活动遗存）却给了笔者强烈提示：要真正把罗布淖尔地区古文明遗存、变化完全搞清楚。现在考古工作，只局限在孔雀河下游三角洲，而且基本没有离开斯坦因当年发现、考察过的一些遗址点，这样一种工作方式，是存在很大局限，并不完全合适的。

再值得一说的考察是 2005 年自米兰绿洲北入楼兰、土垠、LE 墓地、龙城雅丹后，东过白龙堆，穿过罗布淖尔湖盆东岸，经库木库都克、羊塔克库都克、甜水井，过库鲁克塔格山尾间，进入疏勒河谷，过三陇沙，叩玉门关，入敦煌城。近一周的跋涉，走的就是汉代戍边健儿们自河西走廊，西入楼兰绿洲的道路。说是“道路”，其实并没有路迹，只能算是一个行进的方向。途中沙泉、砾漠、雅丹、盐湖相继，少见水草。300多公里的路程，十分艰难。汉代戍边健儿们在出敦煌、向西域，进抵罗布淖尔湖北岸后，必须努力建设一处相对安全、可以停息、补给的基地，这要求会是十分、甚至是极其紧迫的。它关乎使节、吏士的安全，关系开发西域大业的成败。对西汉土垠遗址的重要地位，对“楼兰”变“鄯善”的实质，由此得深切体会。有无这番体验，感受是十分不同的。

自20世纪初至八九十年代，罗布淖尔、楼兰，一直是国内外学术界热烈讨论的课题，荒原上的早期文明，楼兰的兴起和沉落，斯坦因编定的LA古城，究竟是楼兰古都还是“海头”，罗布淖尔湖曾否游移，以及古墓沟墓地的年代，小河墓地的文化内涵，等等，有过不少次讨论热潮。笔者除报道过古墓的发掘，写过一些介绍性的文字外，始终未就上列研究热点发表过论文。按一般情势，在有过对罗布淖尔荒原环境、古代遗存这么多次的考察后，是可以参与讨论，也是可以提出一些具体观点的，笔者自然也不例外。只是有感每次观察还有未到之处，遗存中一些细节结点，还可以观察得更具体、准确，看得更深入点，于是，一些想说的观点就迁延至今。

现在，自感年事渐高，毕竟已经77岁。虽腿脚仍健，但独力进入罗布淖尔荒原，再细细斟酌一些遗存，不再是容易实现的计划了。故而决心将这20多年中，在罗布淖尔荒原考察，研究之主要心得，稍予梳理，条列于后，求教于方家；对并未止息的楼兰古代文明研究、罗布淖尔地区文物保护等，或也会有一点用处。

一 孔雀河是楼兰文明的母亲河

罗布淖尔荒原，南为阿尔金山，北为库鲁克塔格山，西有铁干里克绿色林带隔绝了塔克拉玛干沙漠，东连敦煌绿洲。面积虽达20万平方公里，但其间盐湖、沙漠、雅丹丛集，人类可以生存活动的空间，只有荒原周边屈指可数的几条内陆河谷。罗布淖尔古代文明，尤其是西汉以前的楼兰王国，只能在这有限的几处河谷，尤其是最主要的河谷绿洲上去觅寻。这一基本的人类文明发展格局，古今不变。

一百多年的罗布淖尔考古，发现过不少遗址，取得了许多在研究古代新疆史、亚欧内陆文明史时，不能无视的珍贵文物。今天，总结性的观察，可以明确结论：这些大大小小的遗址，不外乎分布在若羌河、米兰河、孔雀河三条水系内。而其中，尤其是孔雀河水系，最具重要地位。只有它，才是罗布淖尔新石器时代之细石器遗存、青铜时代遗存、汉晋时期遗存集中分布的地带。当之无愧，只有孔雀河水系，才是古代罗布淖尔荒原的历史文化中心。作为罗布淖尔荒原古代政治、经济中心——楼兰，逻辑结论，只能发生在这一水系上，不可能有另外的处所。

位居新疆东南部的罗布淖尔荒原，海拔不过780—800米。而西邻的塔里木盆地，海拔高度却在800—1400米。塔里木盆地西缘为世界屋脊帕米尔高原，西高东低的地势，使塔里木盆地内众多的内陆河都自然流泻向罗布淖尔荒原，并汇聚而成烟波浩渺的罗布淖尔湖、台特马湖、喀拉库顺湖等。塔里木河、车尔臣河、孔雀河是它们最主要的补给源。

孔雀河，源于北天山南坡，上游为开都河，汇入博斯腾湖后，下泄到罗布淖尔，这一河段，称为“孔雀河”。孔雀河，是罗布淖尔湖的主要补给源。孔雀河自博斯腾湖下泄。河口蚀穿天山支脉霍拉山，形成长约40公里的铁门关峡谷。晋代，称此为“遮留谷”，两岸悬岩壁立，地势险要。真正是“桥跨千仞危，路盘两崖窄”，水势十分湍急。但越过铁门关，经过库尔勒，进入塔里木盆地后，水势变得十分缓平。由库尔勒斜向东南，慢慢流泻至罗布淖尔湖。全程长约500公里。这一流程中，两岸胡杨屏列，红柳依依，芦苇茂密，水色清碧幽兰，绝无沙河混浊之景，故而人们称为“孔雀河”。孔雀河河谷两岸，成为罗布淖尔荒原早期居民最为理想的生息处，是有比较合理的自然地理、生态环境条件的。

迄至目前，在孔雀河水系内，已经发现了新石器时代、青铜时代、以迄汉、晋时期之城镇、墓地、仓储、烽燧、佛教寺院等各种遗存不下百处①。黄文弼在孔雀河北岸、库鲁克塔格山南麓的英都尔库什、阿尔特密

---

① 见黄文弼《罗布淖尔考古记》（收入《中国西北科学考察团丛刊》之一，国立北京大学，1948年）；A. 斯坦因《西域》（1921）、《亚洲腹地》（1928）；新疆文物考古所自1979年至2005年历史调查资料；夏训诚主编《中国罗布泊》，科学出版社2007年版，第412—415页。

西布拉克，斯坦因编号的LE、LF、LI，贝格曼在小河以东的雅尔丹布拉克，霍纳尔、陈宗器在楼兰地区周围发现石器遗址点多处。新疆考古所王炳华、侯灿、伊弟利斯、常喜恩、邢开鼎等，多次在楼兰城周围采集到比较多的细石片、石镞、玉斧，在老开屏采集到大量打制石器，配合石油物探在孔雀河下游河谷地带，发现多处细石器、小型玉斧、玉镞。大量考古资料表明，至少在去今一万年前，在孔雀河下游三角洲地带，新石器时代以细石器工具为特征的人类遗存，在孔雀河流域是普通存在的。清楚显示这片地区当年曾是水草比较丰美、林森草茂，野兽出没，适宜于人类狩猎、采集活动的处所。而在这众多的遗存中，孔雀河下游三角洲上的楼兰城内及古城周围，几乎每次、每个探险队员都可以觅见不少打制石器。在孔雀河下游三角洲，从新石器时代起，楼兰故城所在，一直就是人类经济活动的中心点①。

青铜时代文化遗存，目前所见主要为墓地。古墓沟、铁板河、小河以及斯坦因发现的LF、LQ、LS、LT等处墓地，除小河墓地位于孔雀河支流上，其他几处墓地，都在孔雀河北岸台地及孔雀河尾闾地带。墓地位置较高。墓主人生前居址，至今没有发现。青铜时代的居民，以孔雀河谷绿洲为生存活动之依托，从墓地观察，自然是没有问题的。

汉晋时期的遗址，主要也分布在孔雀河谷及河流下游三角洲地区。LA、LE、LK这三座古城，LE傍近的汉晋时期古墓地，居卢訾仓故址土垠，孔雀河北岸老开屏汉代墓地，LA古城东北部孤台汉墓，楼兰城中，城西北、东北多处佛寺，营盘古城及其北部大型佛寺，等等，就是其中主要的一些遗存。LA古城中，已获大量汉—晋简、纸文书、佉卢文木简，清楚表明，这座古城曾是东汉、魏晋时期西域长史府驻节地，是当年这片地区的政治、经济、交通、文化中心。这是若羌河绿洲、米兰河绿洲已见考古遗址绝不具备的特点。

从总的自然地理形势及历史文化背景观察，作为罗布淖尔荒原上主要的绿洲王国——楼兰，只能出现、活动在孔雀河水系绿洲，尤其是孔雀河尾闾三角洲之上。离开这一主要绿洲，寻找楼兰王国故址，离开青铜时代至汉晋文明发育中心地区去寻找楼兰王国的遗存，会是南辕北辙，难有所获的。

---

① 侯灿：《论楼兰城的发展及其衰废》，《高昌楼兰研究论集》，新疆人民出版社1990年版。

二　楼兰都城就在 LA 城

LA 古城，是孔雀河下游三角洲上已见规模最大的古城，是这片地区内最主要的经济中心，位置最近敦煌，濒临罗布淖尔湖，居于湖之西北部。参照《史记》《汉书》有关楼兰之记录，说楼兰位置“临盐泽”、“最在东垂，近汉，当白龙堆”，从地理位置判定它就是古楼兰王国之都城，可谓持之有故，顺理成章。只是长期以来，史学界对此总存歧见。关键之一，是指考古资料不能提供有力说明。故不避累赘，爬梳已获考古资料，辩证其中一些细节，申说考古资料中一些值得重视的证据。

1901 年、1906 年斯文·赫定、A. 斯坦因，在 LA 城获汉文、佉卢文文书，文中有汉文“楼兰”、佉卢文“Kroraina”等文字。所以希姆来、斯坦因、沙畹，均判定此城为西汉“楼兰”。“Kroraina”则为“楼兰”之原音。但自 1914 年，王国维在未能获见古城中主要出土文书资料的情况下，首先否定 LA 古城为楼兰国都，提出古城为前凉之“海头”起，近一个世纪以来，因 LA 古城中出土文物多属东汉魏晋时期，并不能与西汉前期楼兰国相关联，更引发各种议论，如楼兰都城在扜泥说①，楼兰始都 LE 说②；等等。

笔者在有过对罗布淖尔荒原多年考研，对各种观念反复斟酌后，坚信楼兰王国始都就在 LA 古城之中。这可以从三个方面进行说明。

第一，据历史文献记录、结合 LA 所在地理位置，可以结论：楼兰国都，只有 LA 古城能与之相当。

《史记》《汉书》在说及楼兰时，都强调楼兰“临盐泽”、“最在东垂，近汉，当白龙堆……”城址最近敦煌、又临罗布淖尔湖，“当白龙堆”（白龙堆，就在罗布淖尔湖稍东北处，笔者曾经身历。由敦煌至楼兰，白龙堆是必经处所，所以称“当”）。这样的古城，只有 LA 可以相当。地处若羌的扜泥故城，与“盐泽”无涉，不算“近汉”，不“当白龙

---

① 马雍：《新疆所出佉卢文文书的断代问题》，《文史》第七辑，1979 年；孟凡人：《楼兰新史》，光明日报出版社 1998 年版。

② 林梅村：《楼兰国始都考》，《汉唐西域与中国文明》，文物出版社 1998 年版，第 279—289 页。

堆”。LE古城位置虽与LA近，但城内只见一区遗址，少见文物。这与先为楼兰国都，后为西域长史驻屯地的楼兰故城，也不能统一。

说LA古城为楼兰都城，与班勇所论所见可以完全统一。

班超之子班勇，出生、成长在西域大地。他对西域大地的地理、政治形势了如指掌，是当年东汉王朝熟悉西域地理、政治形势的第一人。东汉元初六年（119年），邓太后“召勇诣朝堂会议……勇上议曰……又宜遣西域长史将五百人屯楼兰。西当焉耆、龟兹径路，南疆鄯善、于阗心胆……”[①] 著录于《后汉书》的班勇建言，可注意之点有三。（一）他将楼兰与鄯善并列。说明东汉时，在楼兰王国迁都鄯善后，楼兰国虽已不存，但早已熟稔于人心的“楼兰城”，人们还是习惯使用的。（二）班勇强调指明，楼兰“西当焉耆、龟兹径路”，这只有现在的LA古城可以相当。汉代，从LA西走，在孔雀河北岸、库鲁克塔格山南麓，沿途烽燧相续。东、西方向一线铺展的汉代古烽，已见近十座：孙基、亚克伦、卡勒泰、西尼尔、脱西克吐尔、沙鲁瓦克、萨其垓；另在兴地沟南口，还有南、北方向古烽一列，清楚可见者有三座。前者通轮台，后者向车师，它们保存还甚本完好。循此西进，可以至达焉耆、龟兹。楼兰，作为汉王朝西出玉门关后的交通枢纽地位，于此可以得到清晰的揭示。如果像一些学者所说，楼兰都城不在LA，而在阿尔金山脚下若羌绿洲上的扜泥，就完全说不通了。（三）有一支汉军驻屯在楼兰，对一心向汉的南道诸国，如阿尔金山脚下的鄯善、昆仑山北麓的于阗，军事上可以就近呼应；政治上会是有力支持。依班勇之议，塔里木盆地南、北缘的丝路干线，可得畅通。班勇的议论清楚说明：楼兰、鄯善，分列南北，人们是十分明白，没有一点混淆。

从历史地理学角度可以判定LA为故楼兰城址。《三国志·魏志》引《魏略·西戎传》说“……从玉门关西出，发都护井，回三陇沙北头。经居卢仓，从沙西井转西北，过龙堆，到故楼兰，转西诣龟兹，至葱岭，为中道……”由此可以看到，故楼兰城是与龙堆紧密毗邻、联系在一起的。所谓“龙堆”，就是罗布淖尔湖北面、东北面的雅丹群。过这片雅丹到LA城，距离不过30公里左右，一站驿程。这里的“楼兰故城”，同样只能与LA相当，而与扜泥丝毫无涉。

---

① 《后汉书》卷四七《班勇传》。

据上引《史记》、《汉书》、《后汉书》及《三国志·魏志》所引《魏略·西戎传》的相关文字，可以看到在两汉、三国之时，中原大地人们对故楼兰城的位置是相当清楚、明确，不稍含混的。但经过晋、南北朝相当时段的断裂、分隔后，中原与西域大地，联系疏于两汉，此后文献就有不少混乱不清之处了。

将LA古城联系上列早期文献记录，可以结论：楼兰故城确实只能与罗布淖尔湖西北之LA古城遗址相当，与若羌绿洲上的扜泥，没有一点关联。

第二，判定LA古城为楼兰都城，可以得到城内出土文物的充分说明。自斯文·赫定、A. 斯坦因迄今，在LA城中，发现过大量来自东西方的珍贵文物：西亚风格的玻璃器残片，西亚风格的晕染纹毛罽、贵霜钱币，佉卢文及其上钤印的希腊神像封泥、粟特文书；中原风格的漆器，大量丝、绢、锦，铜镜，五铢钱，大量汉、晋简纸文书，三棱形铜镞，等等，这些文物汇聚之地，只能是居于丝路要冲的交通枢纽城市，才得可能。而在罗布淖尔，也只有地居冲要的古楼兰城，可以承当。

在出土之佉卢文、汉文简牍中，近二十件写有“楼兰”。它们或是收文之地，或为发文之处。这么多不同文种的文件提及“楼兰”，不可能是偶然现象，而只能判定出土地确为楼兰。古代西域，一个绿洲就是一个国家，因此，国与都城每每同名。东汉、魏晋时，楼兰国虽早已失亡，楼兰城却一直存在。而且以“楼兰”名称深深烙印在人们的记忆之中。楼兰国，在公元前77年南迁若羌前，已在这片土地上屹立有年，作为欧亚内陆交通枢纽之一，其盛名已广播荒原内外，远近皆知。公元前77年，楼兰在西汉王朝精心策划、组织下，有序地、和平地迁徙。居民他去，城垣仍在。只是变化为在西汉王朝直接统治下，其交通枢纽、丝路经济中心功能得到了进一步的强化（详后文）。在这一形势下，楼兰城的经济、社会影响，只可能进一步地强大，而不可能丝毫地削弱。所以，从实际情形看，孔雀河下游三角洲上的楼兰城，绝没有因为“楼兰国”它迁而遭受打击、削弱，而仍会以“楼兰”之名屹立在丝路干线之上，发挥其影响。这就是古城出土的文书资料，仍然会提及“楼兰”的原因。

对相关文书，包括佉卢文书与楼兰的关系，黄盛璋在他近年刊载的

《楼兰始都争论症结解难与LA城为西汉楼兰城新论证》及其《续编》[①]，对相关分歧进行了清理、剖析，对LA古城为楼兰都城所在，可以说已进行了比较全面、多方面的论证。黄文的结论，是比较充分而有说服力的；对第696号佉卢文书的文意，也作了合理的辨析。这里不再赘述。

第三，除LA城所在位置、出土文物外，根据LA古城现有遗迹，也可觅得早于汉晋的早期文化层。目前考古工作所获成果，并不能支持做出古城遗存、出土文物全部都在东汉以后的结论。

斯文·赫定对楼兰古城的发掘，从一开始，就是十分无序、混乱，不符合考古学发掘规程的。1901年，他进入楼兰LA后，兴奋异常，对农民工宣称，只要获得文书，即有金钱镐赏。在工作进行的十一天中，农民工就在城内有数的几处居住遗存中，各展其能，随处乱挖乱掘；1906年，斯坦因进入LA，同样如此。他重点在西域长史府故址、三间房西侧的垃圾堆中进行发掘。虽然，他同样没有对这一遗存认真清理，谈不上到达文化层底部，而只为得到"很多写在木板同纸片上的中国文书"，"写在木板、纸片以及绢上的佉卢文书"，再有一件粟特文残纸，而十分满足。1980年，新疆考古所在楼兰城调查、试掘，也于这一垃圾堆上开了探沟，探沟同样没有交待文化层情况，只说"发现残木简60枚，纸文书一件"[②]，而这处垃圾堆，笔者多次仔细观察，实际至今并未有完整、严谨、科学的清理。尤其引人注意之处，如果从这一文化遗存北侧剖面观察，实际可以清楚观察到，在汉晋时期西域长史府建筑遗存之下1.0—1.2米，明显可见早期文化层：它东西长近两米，厚20—40厘米上下。从暴露的剖面观察，文化遗物有：草屑、骆驼粪、兽骨片、烧炭碎粒，未见陶片等物。但它是深压在东汉、晋时期文化层下面的早期遗存，则是清楚无误、没有任何疑问的。至于这一文化层，是否确早到西汉前期，甚至更早，它包含怎样一些考古文化内涵，则只能期待今后新疆考古学者进一步的发掘了。

楼兰故城（LA遗址）现存遗迹，还有一个早期遗存的线索。认真观

---

① 黄盛璋：《楼兰始都争论症结解难与LA城为西汉楼兰城新论证》，《吐鲁番学研究》2002年第1期；《楼兰始都争论症结解难与LA城为西汉楼兰城新论证（续）》，《吐鲁番学研究》2002年第2期。

② 新疆楼兰考古队：《楼兰古城址调查与试掘简报》，《文物》1988年第7期。

察 LA 古城城垣遗迹，可以清楚看到相关建筑，存在不同特色。例如，除红柳、苇墙的建筑外，还有土建遗址。而土建遗存，又有土坯与垛泥版筑之别。出土了大量魏晋时期文书的西域长史府故址（以“三间房”为代表，斯坦因编号为 LAⅡ）的建筑物，有比较坚固的土坯房屋。土坯规格分别为 42×23×30 厘米、47×27×10 厘米。土坯宽大、致密，经历一千六百多年罗布淖尔荒原东北季风吹蚀，至今保存基本完好。曾经使用了土坯的建筑物，除三间房外，还有古城东北佛塔、古城西北郊古烽、古城东墙外一区巨型军事防卫性质的建筑（高达 10 米），这类建筑物，从三间房曾出土最晚到北凉时的文书，可以结论，它们都是古城中的晚期遗存。

与这种土坯建筑形成最明显对照的土建遗存，是垛泥构建的古城墙。楼兰城墙，保存十分不好。但只要认真辨析，略近方形的土建城墙，虽不少地段已被风力夷平，但断续相继的残存墙迹，还是可以约略看清。张骞在第一次西域之行返回时，观察到“楼兰姑师邑有城郭”（《史记·大宛列传》）。所以，楼兰城之始建，是早在西汉王朝通西域之前的。现存城墙，确也清楚显露早期比较粗率、比较原始的特征。笔者曾多次对楼兰城墙细作观察，可以肯定说，它绝非“夯筑”[①]，也并不是如疏勒河一带长城所见一层芦苇、一层土，十分平整有序的形象。它明显是垛土筑墙的成果，垛泥层厚薄不一，厚度分别有 0.15、0.45、0.6、0.7、0.8 米，真正是厚薄不均。土层之间，一些地段，可以看到夹杂红柳、芦苇。但并不见平均铺展[②]。正因如是粗率，难经长期东北季风吹蚀，保存甚差。进入楼兰遗址之中，不仔细搜寻、观察，一般都难见到古城墙迹痕。新疆地区已经发现的，与古楼兰城背景相近的相关古城遗存，如尼雅遗址所见两座古城（N2 附近，及尼雅南城）[③]、克里雅河下游之可早到西汉（或更早）的圆沙古城[④]，都可以发现相类的特征。垛泥筑墙，这自然是比较原始的特点。也是新疆地区最早期古城的特色，与汉代红柳与夯土相继的建筑工艺，是明显不同的。

与楼兰城墙垛泥筑法相比较，在西汉统治西域后，在中原王朝主导下

① 穆舜英《神秘古城——楼兰》称“间隔厚 80 厘米的夯土中夹芦苇秆和红柳枝”，新疆人民出版社 1992 年版，第 88 页。

② 参见新疆楼兰考古队《楼兰古城址调查与试掘简报》，《文物》1988 年第 7 期。

③ 王炳华：《西域历史考古论集》，中国人民大学出版社 2008 年版，第 503 页。

④ 新疆文物考古研究所：《和田地区文物普查资料》，《新疆文物》2004 年第 4 期。

修筑之城堡，工艺有了全新的发展。这可以举两个实例，进行比较说明。一是与楼兰古城相去只20多公里的土垠。土垠遗址内，出土过72支西汉木简。其中多支有西汉纪年。这是在公元前1世纪西汉王朝经营楼兰时修筑的一处前进基地，用为仓储、邮置①。土垠遗址保存已不完好，东墙、南墙已遭毁损，但西墙、北墙之西段却仍然保存完好，特征鲜明。它们是高仍一米上下的夯筑土墙。夯层厚8—10厘米，墙体平直，至今仍相当严实。西汉时期，筑城用夯，是一个明证。

二是东汉时期，耿恭苦守的疏勒城，位置在今天山北麓奇台县南郊的石城子。它是为保卫、控扼匈奴南入吐鲁番一条径道而修筑的军城。笔者曾多次考察，现场印象是：古城依山，东侧临深涧，北、西、南部却是夯土筑就的城墙，夯层厚10厘米上下。这座军城，东汉时在匈奴的强攻下被毁。其时代与土垠一样，比较单纯，也可以做出明确结论：东汉王朝时修城，也是严密夯实的土墙，而绝不是比较粗疏、简陋、相当原始的垛泥垒土。

与LA楼兰故城不同，处于西域长史府直接控制之下的、同一地区的LE古城、LK古城，使用的方法才是一层红柳、一层土，平整均匀、经过夯实的土城墙。它们与LA城墙垛泥法同样明显存在差异。LA垛泥城墙，具有早期的、比较原始的特征，时代早于西汉，是可以从逻辑上推定的。

楼兰故城城墙，部分墙段（如东墙中段，南墙局部）在垛泥时，土层中，夹有芦苇、红柳，这些是可以用作测年的良好材料，用这些物料进行^{14}C测年，对判定古城修建年代，可提供比较理想的数据。希望这一工作，在今后的新疆文物保护工作中可以进行。

三间房西北地层剖面上，可以清楚观察的早晚文化层叠压关系；楼兰故城土墙构筑工艺明显具有早期、原始特征，强调这两点，意在说明：我们今天，确不能以十分不完备的楼兰城考古工作为据，就判定这座古城不可能早到西汉、西汉以前。它的城墙，就是明显具有早期特征的最大文物遗存之一。古城中文化层在近两千年的厉风吹蚀中，确已消失近尽。但进行严格的、科学的发掘，很难说就不会在魏晋遗址下面，找到西汉或较西汉更早之楼兰文物的。因为从斯文·赫定、斯坦因到我们自己，至今，一

① 王炳华：《“土垠”遗址再考》，《西域文史》第四辑，科学出版社2009年版。同氏著：《“土垠”为汉“居卢訾仓”故址说》，《古今论衡》2011年第22期。

百多年，确实没有在这里进行过严谨、科学的发掘。在以保护为前提的方针下，我们过去没有规划、安排这一工作，这是一个要吸取的教训。

明明古城仍沿称楼兰，前凉之西域长史李柏，在致焉耆王的信函中，却要强调说明信函写在“海头”。这是一个小的悬疑，有可能是事涉军事机密，有保密之需，故布疑阵；也有可能故意标新求异以示亲切、求风雅。毕竟，地处罗布淖尔湖西北，居湖水之上游，自称古城为“海头”，也并无大碍。但不论如何，当年的前凉西域长史，就驻节在古楼兰城中，这已为古城中大量出土的简、纸文书所反复证实。西汉楼兰王国早已不存，但楼兰城却久蓄人们心头，并未因国灭就消失城名之影响。LA 古城就是西汉楼兰王国之都城所在，今天，就已有之考古资料，是可以肯定结论的。

三　迁楼兰至鄯善——汉王朝加强对西域的控制

自张骞通西域，至公元前 60 年设西域都护，西域大地进入西汉版图，半个多世纪中，新疆大地，政治形势可以说是风云激荡，变化迅猛而深刻。这一过程中，楼兰由于其特定的交通冲要地位，始终处于政治漩涡的中心。

公元前 176 年，匈奴进入西域，击月氏，“定楼兰、乌孙、呼揭及其傍二十六国，皆以为匈奴”（《史记·匈奴列传》）。因此，公元前 2 世纪后期西汉通西域，形势是复杂而艰难的。匈奴，控制着天山以北广大地区。塔里木盆地各绿洲王国，也程度不等地羁属于匈奴。刘彻雄才大略，确定通西域战略后，不论形势如何险恶，坚持初衷。面对不同环境，采取不同策略，区别对待，“可安辑安辑之，可击击之”（《汉书·西域传》）。大宛与汉王朝对抗，阻绝汉通西亚径路，就不惧困难，倾力动员，远征大宛；乌孙，虽属匈奴，但又与匈奴有隙，则厚赂以结乌孙，嫁细君、解忧，使乌孙离匈奴而亲汉；小国仑头不自量力，全力对抗，不处置，将误大计，即予屠灭；楼兰，则为又一典型。

楼兰是一个蕞尔小国，但地理位置却十分冲要。它最近汉，控扼汉王朝进入西域的咽喉，汉王朝必须周全处理，不留隐患。如何面对汉王朝通西域的这一新形势，同样是楼兰统治集团面临的全新问题。历史进程表明，他们既不能正确估计内外形势变化，也完全没有驾驭这一事变的能力。

汉通西域之初，楼兰已在匈奴统治之下六十多年。匈奴在楼兰大地的政治、军事、文化各方面影响，是不可轻估的。只从军事上看，匈奴游骑从伊吾（哈密绿洲）、车师（吐鲁番）入楼兰，或由匈奴控制西域的“僮仆都尉府”驻地（今库尔勒一带）沿孔雀河入楼兰，均相当便捷，楼兰很难摆脱匈奴的军事控制。

军事上受制，政治依附，文化相通，经济上不仅感受不到开通欧亚大陆交通路线的利益，而且徒增许多负担。楼兰，对汉通西域，难有热情。张骞自中亚返国后，汉“使者相望于道，诸使外国一辈大者数百，少者百余人”、“一岁中使多者十余，少者五六辈”（《史记·大宛列传》），居于交通孔道的楼兰，负水担粮，负担沉重。因而，楼兰采取了追随匈奴与汉王朝对抗、破坏汉通西域的方针。“王恢数使，为楼兰所苦”，而且，它“又数为匈奴耳目，令其兵遮汉使”（《汉书·西域传》）。公元前108年，面对这一形势，刘彻命令王恢伺机“击破”楼兰。这是西汉王朝与楼兰第一次冲突。楼兰受到打击，口头上对汉王朝表示“降服贡献”，但实际矛盾并未消除。

汉与楼兰第二次冲突，发生在李广利征大宛之时。公元前104—前103年间，李广利征大宛。匈奴感到威胁，但无力正面阻击；采取了“遣骑因楼兰候汉使后过者，欲绝勿通”，将楼兰拖下了与汉朝对抗的水潭。西汉王朝又一次“捕楼兰王，将诣阙，薄责王”，将楼兰王表面臣服、背后做的一件件阻抑、破坏汉通西域的事实，摆在了他的面前，要争取楼兰改变亲附匈奴的初衷。楼兰王道出了苦衷：“小国在大国间，不两属无以自安。愿徙国入居汉地。”说的是实情。西汉王朝这次没有进一步苛责楼兰，而是让楼兰王返回，要求他同样为汉王朝“候伺匈奴”（《汉书·西域传》）。疏离楼兰与匈奴的关系。这是汉与楼兰斗争的第二回合。

西汉王朝对如何处置楼兰，是十分用心的。楼兰只是新疆东部的弹丸小国，地理环境寒苦，“乏水草”，对导引汉使、供应水、粮、草料，难胜负担；此外，也还有汉王朝“吏士”在需求不能满足时对楼兰的盗扰。因而总是心向匈奴，提供情报；并曾先后“遮杀”过汉卫司马安乐、光禄大夫忠及期门郎遂成以及安息、大宛朝汉的使臣（《汉书·傅介子传》）。在汉、匈尖锐的矛盾前，楼兰实际往往都选择了站在匈奴一边。虑及数十年中，曾一次次联络、宽宥、倚重楼兰，总是一次次遭遇挫折。

军事上重罚楼兰，虽不存在困难，可以如仑头一样，屠城灭国，但难得西域人心。总结历史、分析形势、权衡利害，导致霍光最后决策：清除楼兰亲附匈奴的代表人物，命令傅介子刺杀楼兰王；同时册立人在汉朝、内心亲汉的楼兰王弟尉屠耆为新王，但迁楼兰到若羌，“更名其国为鄯善”。这可以消除匈奴利用楼兰阻抗西汉通西域的努力。为此，对鄯善实施和亲，赐宫女为夫人，下嫁尉屠耆。进一步坚定他亲附西汉王朝的决心。在尉屠耆返国时，“为刻印章”（接受汉王朝策封）“备车骑辎重”，由“丞相将军率百官送至横门外”，给予了极高的礼遇。向西域大地清晰宣示了西汉王朝全力支持尉屠耆的决策。

更楼兰为鄯善，自然不只是简单的国名改变，而是表明：楼兰国这时已画上了句号。楼兰国子民，南迁鄯善，再也不在与匈奴地域毗邻的孔雀河下游，而是到远离了匈奴影响的阿尔金山脚下的若羌河谷，以扜泥为都城。空间远离，荒漠、沙碛隔阻，匈奴影响受到极度削弱。这是汉与楼兰斗争的第三个回合。

汉王朝迁楼兰至鄯善，有两方面的收获：其一，南迁楼兰到若羌河谷，扶持亲汉势力尉屠耆、踞守若羌河谷，不仅割断了匈奴对楼兰的实际影响，大大强化了对丝路南道的控制。其二，汉王朝直接控制孔雀河谷，可保丝路北道交通安全，有利于汉通西域战略的全面展开。

说楼兰南迁鄯善后，孔雀河下游原来楼兰王国领地成为汉王朝直接控制的领土，《史记》《汉书》并未见明确的文字记录，目前在楼兰故城内也没有见到与此相关的文物，并不足以为这一结论提供直接证明。但逻辑推论，楼兰国南迁，其交通冲要之领地绝不可能拱手让予匈奴；最直接的办法，就是在去除了摇摆不定的楼兰王后，西汉王朝自己直接控制、管理这条交通隘道。这一推论，不仅是逻辑上的推论，而且得到了故城附近已获西汉考古资料的证明。

杀楼兰王安归这件事，发生在公元前 77 年。与此时段大略相当，在楼兰故城东北 30 多公里处，黄文弼发现过土垠遗址。土垠遗址曾见 75 支西汉木简，有汉宣帝黄龙元年（前 49 年）、汉元帝永光五年（前 39 年）、汉元帝河平四年（前 25 年）、汉成帝元延五年（前 8 年）等纪年简，虽然没有见到直接衔连汉昭帝时，去楼兰、立鄯善的简牍文字，但说这批简牍表现着公元前 77 年楼兰南迁后，这片土地上的政治、经济形势是并不牵强的。毕竟，弃置成垃圾的物料，只能是当年实际生活存在物的一小部分。这一小部分废弃物，又能重现于两千年后的人间，更会是小部分中的小部分。仅见的75支木简，已清楚表明宣、元、成帝时，这片遗址与西汉王朝密切关联的政治脉动，自然也就表明了楼兰王国领土上新呈现的政治、经济生活现实。

认真检视出土的75支西汉木简，与军事组织、政治官员相关的木简即达9支，如“都护军侯张□”、“左部左曲侯”、“右部后曲侯丞”、“后曲侯”、“左部后曲侯”、“右曲侯”、“□部军守司马”、“左右部司马”、“伊循都尉左”、“伊循卒史左”等[①]，他们在西汉王朝“西域都护府”、“戊己校尉”营下，都是重要佐吏。在一定程度上表明土垠及去土垠不远的楼兰，这时已成为西汉王朝努力建设的军事中心。

西汉王朝必欲去楼兰、置鄯善，目的是保障自敦煌经楼兰入轮台之交通路线安全，不论军事上与匈奴对抗，还是保证使节、商旅交通给养，粮、草供应，均为第一要务。因此在孔雀河谷绿洲（楼兰是其中心城镇）组织屯田就成为头等大事。在土垠西汉木简中，有相当数量可以表明西汉王朝从中原大地移民屯垦的事实。如“里公乘史隆家属畜产衣器物籍”、“霸陵西新里田由□□”、“应募士长陵仁里大夫孙尚”、“小卷里王护□□□”、“右六人其二亡士四士妻子”、“男□□孔六□”、“家属六人官驼二匹食率匹二升”、“士南阳郡涅阳石里宋钧亲　妻玑年卅私从者同县同里交上□□□”等等[②]，在75支木简中，所占比例也不算少，表明中原大地农民应募西迁的事实。他们或个人；或全家，家属、私从、畜产、衣器物都随身来到了罗布淖尔大地。祖籍地涉及河南、陕西等处。说明这曾是一件波及面相当广的大事。只可惜正史中未见明文著录。东汉、魏晋阶段，大量出土文字资料表明，楼兰故城，当年已是西域长史府驻地和屯田中心。楼兰绿洲屯田事业，其发端，最大可能就是从南迁楼兰、置立鄯善时开始的。

楼兰南迁后，西汉王朝不仅大力经营楼兰故土和土垠绿洲，而且对诚心归附了西汉的尉屠耆也全力支持。《汉书》载明，首要一点，就是应尉屠耆之求，在伊循驻兵屯田。这对稳定尉屠耆统治、震慑亲匈奴势力，有

① 黄文弼：《罗布淖尔汉简考释》，《西北史地论丛》，上海人民出版社1981年版，第309—320页。

② 同上书，第331—335页。

着举足轻重影响。西汉王朝就曾为此投入大力。考古发现为此提供了有力说明。

1989 年 10 月，笔者偕刘文锁、肖小勇在若羌县进行考古调查。在米兰吐蕃成堡东偏南 5°、距约 2 公里处，发现了一处西汉时代遗址。遗址在米兰河西岸。地表沙梁起伏。在两道东西向沙梁间，有几个风蚀土墩。土墩下、洼地上散见多量西汉特征的文物：多量砂质灰陶片，器表饰细绳纹；钻孔陶片、陶纺轮、石磨盘、三棱形带铤铁镞、鱼鳞形甲片、五铢钱、炼碴、玉石料等。遗物大概分布在 200×500 米范围内。钱币具有西汉武帝时期特征，细绳纹灰陶罐、三棱形铁镞、鱼鳞形甲片，都具有西汉时期特征①。与伊循屯地颇可以联系。

与这区汉代遗址相去不远，为一规模宏大、至今地表痕迹清晰的灌溉渠系遗存。这一灌溉遗存，为新疆生产建设兵团水利工程师饶瑞符发现，并最先报道。我们据其测定的渠系图，对遗址进行了认真的踏查。这区灌渠，由一条总干渠、七条支渠、多量斗渠、毛渠组成。总干渠长约 8 公里，七条支渠分别长 4—5 公里。渠迹宽 10—20 米，高近 3 米。灌渠引老米兰河水，依地形，顺地势展开，双向灌溉，灌地面积可达 4 万—5 万亩。曾经从事过垦殖的土地，测算达 1.7 万亩②。还有一个值得注意的考古文化现象，这片地区，目前仍为人们关注的东汉以后的佛教寺院、吐蕃成堡等遗址，其实都叠压在古代灌溉渠系地面之上，有力支持了这一灌溉渠时代相对较早，应与西汉伊循屯地相关联的结论。

从目前获见的伊循屯地遗迹，老米兰河西岸规模相当大的汉代居址，可以推论，西汉王朝支持鄯善尉屠耆政权的努力，是绝不可小视的。它的规模、力度，绝不是《汉书·西域传》所说“汉遣司马一人，吏士四十人，田伊循以填抚之”这样一个象征性的行动。伊循屯田，其实际规模是远远较此为大的。土垠遗址出土汉简有“伊循都尉”文字。“都尉”的品秩是“比二千石”，较之品秩“六百石”的“司马”，地位隆重得多。伊循屯田，西汉时曾有一个迅猛的发展，可以由此推见。

---

① 中国科学院塔克拉玛干沙漠综合考察队考古组：《若羌县古代文化遗存考察》，《新疆文物》1990 年第 4 期；新疆文物考古研究所、新疆维吾尔自治区博物馆编：《新疆文物考古新收获（续）1990—1996》，新疆美术出版社 1997 年版，第 549—554 页。

② 饶瑞符：《米兰汉唐屯田水利工程查勘：从伊循灌溉系统遗址看汉唐时代屯田建设》，《新疆巴州科技》1981 年第 1 期。

楼兰，直接进入西汉王朝控制之下，自孔雀河西走，可以直入塔里木盆地东北口焉耆、渠犁、尉犁；伊循成功屯田，尉屠耆统治地位巩固。沿昆仑山北麓西走得到更有力支持。丝路南、北道交通顺畅。西汉王朝开拓西域的政治事业，获得迅猛发展。试看以下事实：

公元前 77 年，与伊循屯田同时，汉王朝以扜弥国太子赖丹为校尉将军，屯田轮台。

公元前 72 年，西汉王朝与乌孙联军，大败匈奴，匈奴实力大伤。

公元前 68 年，汉遣郑吉屯田渠犁；秋后，率所将田士攻车师，并在车师屯田。

公元前 65 年，龟兹王绛宾娶解忧女弟史为夫人，同至长安。龟兹强化着与西汉的政治关系。

公元前 62 年，西汉王朝命郑吉为“卫司马”“护鄯善以西南道使者”。

公元前 60 年，匈奴日逐王降汉。西汉王朝在乌垒设西域都护府。任命郑吉“并护车师以西北道，为都护。汉之号令颁西域”，“匈奴僮仆都尉由此罢”。“匈奴益弱”，“不得近西域”。

从公元前 77 年汉王朝直接控制楼兰绿洲、迁尉屠耆至鄯善后，西域大地的政治、经济形势如是迅捷、巨大的变化，是与西汉王朝灭楼兰、建鄯善，加强南、北道建设，集中力量打击匈奴等一系列举措存在密切关联的。

四 楼兰兴衰系于交通

青铜时代即已满溢生命活力的孔雀河绿洲，公元前 2 世纪，成为沟通亚欧交通路线上的枢纽，其中心城市楼兰，举止动静，都会使西域大地、河西走廊受到震动。虽是雅丹丛集，戈壁、沙漠纵横，交通相当困难的一片土地，却随时随处，都能感受到东方长安、西部贵霜、西南亚波斯的政治、经济、文化信息，感受到它们点点变化投射下的影响。而到公元 4 世纪以后，楼兰却突然从人们的视野中淡出，更慢慢地化为荒漠、废墟，成为今天没有生命气息的死域。曾烟波浩渺的罗布淖尔湖，也成了今天一望无际的盐滩。

桑田沙海，绿洲化烟，成了楼兰考古中无法回避，必须直面正视的最大问题：这一切，究竟是如何发生的？今天的人们，从中可以得到怎样的启示、经验、教训？

在具体展开历史、考古分析前，首先关注这片土地上几个最基本的事实。

（一）从上新世末期到更新世初，欧亚大陆再次发生强烈地壳运动，青藏高原大幅抬升，印度洋的西南季风（其运行高度只有3500米），再无可能越过青藏高原进入新疆塔里木盆地。加上盆地东、西、北面也有高山隔阻，太平洋、大西洋湿润气流也无法进入，导致盆地内很难形成降水。因此，从地质年代上新世末更新世初，塔里木盆地干旱气候即已形成：极少降水、冷热变化剧烈、风沙活动频繁。

地质地理学家们在罗布淖尔荒原台特马湖以南、罗布淖尔湖盆中心曾分别钻井，通过孢粉分析，得到的结论是，去今2万年以来（晚更新世至全新世），古代植物与现代植物种类、群落基本一致，不见喜温的蕨类植物孢子，而以耐旱、耐盐的麻黄、藜、篙含量为多，最高可达孢粉的98.2%，说明这时期，罗布淖尔地区是明显的干旱气候环境①。

（二）罗布淖尔地区，地势低凹，是塔里木盆地内众多河流的汇聚中心，古代曾是泽国，罗布淖尔湖面积最大时曾达2万平方公里。清朝末年，仍达2000多平方公里。塔里木河、孔雀河、车尔臣河等是其主要补给源，历史上入湖水量盛大，随历史进展而入湖水量日愈减少，终至断流。

以罗布淖尔湖最大补给源塔里木河为例。关于塔里木河水量，历史上没有精确测量、统计资料。徐松《西域水道记》（成书于1823年）描写“塔里木河，河水汪洋东逝，两岸旷邈弥望”，可以看出水势盛大之势。

20世纪50年代，在塔里木河主要支流和田河、叶尔羌河、克孜尔河、阿克苏河汇流处的阿拉尔水文站统计，塔里木河年流量为56.2亿方。因为上游用水量增加了17.1%，至1994年，下泄流量只有39.4亿方。上、中游用水量，至20世纪90年代，已超过塔里木河总水量的90%。塔里木河下游，已出现了用水危机，阿拉干、罗布庄出现了干涸无水情况。

这类情形，成书于1911年的《新疆图志》就曾记载：“塔里木河下

① 夏训诚主编：《中国罗布泊》，科学出版社2007年版，第134—136页。

游罗布庄各屯，当播种时，上游库车以西，城邑遏流入渠，河水浅涸，难于灌溉。至秋始泄水入河，又苦泛滥。”河的下游，播种需水季节，不能保证灌溉，秋收不再用水之季，水则大流至达泛滥。

新疆大地无雨，农业悉凭引河水灌溉。地在河流尾闾地带的罗布淖尔大地，一旦出现全疆各地农业生产大发展的形势，命运会是十分可悲的。

楼兰故城，主要补给源是孔雀河。孔雀河，1921 年塔里木河冲决轮台大坝，经拉因河入孔雀河，水势一度盛大。1952 年，在拉因河上筑坝，河水重归塔里木故道，入台特马湖。孔雀河出铁门关后，主要灌溉了库尔勒、尉犁绿洲，20 世纪 50 年代后，库尔勒、尉犁农业不断扩大，孔雀河下泄水量趋少。1958 年“大跃进”，修普惠大坝，截水灌普惠农场，70 年代后，更截孔雀河水济塔里木河，孔雀河渐至断流①。

分析楼兰兴废、罗布淖尔变迁，引述了两大段相关气候、水文研究资料。所以如是，在于人类活动既可影响环境，又深受环境制约，彼此不能分割。分析历史时期古代绿洲、城镇的兴废、发展，必须遵行这一基本原则。

从气候角度观察，自 2 万年前至今，新疆大地就是一个十分严酷的自然地理环境。从干旱地区农业经营特点分析，人类所在绿洲，其兴衰、变化，与水关系至密。而水的变化，不在于冰川雪水减少，而在于全流域中水的再分配、使用，完全受人的干扰。人类有组织的干扰，导致水在不断重新分配中。而这一点，即足以导致一个古老绿洲的毁灭，一个新兴绿洲的繁荣。

古代人类居民人口稀少时，罗布淖尔荒原、孔雀河水系内，曾是人类理想的生存空间，自一万年前的新石器时代至四千年前的青铜时代，直至西汉，可以说都是如此：水足、草丰、林木茂盛，可渔可牧，可以发展农业生产。青铜时代的古墓沟墓地，一个聚落人口只有 43 人；孔雀河中下游最神圣的一处墓地——小河，前后持续数百年，全部墓葬也才 200 多座（共发掘 167 座，加上被破坏者），一墓一人，从墓地透视聚落人口，也是不多的。据《汉书·西域传》粗略统计，西域各绿洲王国人口，汉代总共也不过 20 多万人。如是广阔的空间、充沛的水源、稀少的人口，生存状况自然是可以无虑的。两汉时期，汉王朝政府可以在这片地区驻军、

① 夏训诚主编：《中国罗布泊》，第 134—136 页。

在地旷人稀处屯田，保障使节、商旅来去，也充分显示这一绿洲可以接纳的广阔空间。

楼兰城内出土大量汉文简牍，止于公元4世纪30年代。一般都同意作为西域政治中心——楼兰故城的陨落，就应该发生在这一时段之中。

关于楼兰城废弃的原因，有多种观点。不同学科的研究者，各有视角。但任何一个重大的社会变化现象，都不会是个别因素作用的结果，而必须从多个角度综合剖析，方可望恢复历史的本来面目。

苏联地质学家西尼村在20世纪50年代考察过罗布淖尔地区后，发表了《亚洲中部气候变迁的大地构造因素》①，提出罗布泊地区“吹蚀作用的加强，沙漠面积的扩大，河水水量的减少，植物的衰亡及人类与动物生存条件的恶化”是所有变异的根本点。美国地理学家亨廷顿（Huntington）和特林克列尔（E. Trinkler）持有相同观点。在分析楼兰绿洲废弃时，持论精神与此一致，但表述得更加直接、具体，这就是说：“关于楼兰城及其周围遗址废弃原因……河道变迁可能是最直接和最重要的”，“楼兰故城的废弃时间，基本上就是孔雀河下游改道断流时间”②。

其实，从前述钻井孢粉分析，可以见出自去今2万年以来，这片地区就一直是一个干旱的环境。这一过程中，或有短时期的水量变化，风沙活动异常，局部地区生态的改变，但都是一个大的干旱环境下，有限地区、有限时段的变化，并不存在持续、不断变干的情形。干旱环境，是地质年代就已存在的现实。罗布淖尔地区已获文物、考古资料表明，青铜时代的罗布淖尔人，面对的就是一个特别干燥的环境，这一时段，古尸屡见，就是生动说明。人口增加，农业发展，绿洲扩大，大概衡定的冰川融雪水，在人口稀少时，可以满足人类及其生存环境的需要，而在人口大增后，自然流淌的水系，就在不断的蓄水、引水、灌水工程中，变得不再能自然流淌，局部，尤其是河流下游缺水、无水，就会成为不可避免的结局。这时，曾有的绿洲就有可能变成荒漠。

在具体分析楼兰故城兴废时，除了要关注上述基本的，虽处在变化中但却是早就存在的环境因素外，绝不可以疏忽古城命运变化当年曾经面对

① B. M. 西尼村：《亚洲中部气候变迁的大地构造因素》，《地理译报》1956年第4期。

② 夏训诚主编：《中国罗布泊》，第229页。

的社会政治形势。

公元4世纪初，晋朝统治趋于崩毁。中原动荡，士民西走，日月相继。统治河西走廊有年的张氏家族军政势力膨胀，公元314年，晋封张实为“都督凉州诸军事、凉州刺史、领护羌校尉、西平公”，西域诸国悉在其统治之下。公元323年，张骏更受封为“凉王”、“西域大都护”。公元324年，前凉王张骏击败赵贞。公元327年，前凉在吐鲁番地区设置高昌郡。公元335年，张骏派军击降焉耆。焉耆、车师前部、于阗、鄯善都入贡于前凉。河西、西域悉入前凉版图。公元4世纪30年代，新疆形势如是变化，直接效果之一，是自河西走廊进入西域的交通线路发生了相当大的改变。

前凉张氏集团攻高昌，降焉耆，控制鄯善、于阗，目的同样是控制丝绸之路新疆段，以获取丝路贸易利益。当楼兰、吐鲁番、焉耆均已入其直接控制之下时，立即会面对一个具体问题，就是：由河西走廊进入塔里木盆地，是一仍其旧从敦煌入楼兰，沿孔雀河西走焉耆；还是由河西走廊入伊吾、高昌、进入焉耆？前者是汉代以来的传统老路，但沿途戈壁、沙漠、雅丹，缺水少草，交通补给不易；后者则路途比较平坦，绿洲聚落相继，路况、供应较之楼兰道要平顺得多些。

为拓展丝路贸易计，前凉的抉择是变易交通路线，开拓自高昌入焉耆的新途。因此，在平定赵贞后，立即在吐鲁番绿洲内设高昌郡。军政重心移置高昌后，原踞楼兰的西域长史府自然撤守。河西走廊过楼兰入塔里木盆地的路线，转移为经过高昌西行。楼兰在丝路上重要的政治、经济地位，自此不复存在。可以说，楼兰之兴、衰，核心因素就在其丝绸之路冲要地位的起、落上。楼兰名城，成兴在交通，衰废也在交通！

西域长史府不居楼兰，与丝路交通密切关联的屯田，农业生产中心它移，有组织的、严密而强大有力的灌溉系统罢废，馆驿、邮置等与丝路相关接待、通信联络设施撤销，会很快使楼兰绿洲从繁荣、兴盛转化为衰颓、冷落。这是不会以人们意志为转移的经济生活现实。随着楼兰的逐渐沉落，高昌的中心地位冉冉升起。后来的高昌王国和隋唐时期盛极一时的西州文明，都是与此密切关联的。

楼兰绿洲之衰落，实际也是一个逐步发展的过程。

晋十六国、南北朝以后，不少考古资料表明，经过孔雀河绿洲的交通路线，偶尔还有商旅在走动。1980年，新疆考古所考古队在罗布淖尔湖东北一处山梁上，发现过“开元通宝”970多枚，出土古钱不远处的山坡上，还有一条古道痕迹。灰黄色土路，在深色砾石地貌夹峙下，相当明显。这近千枚古钱，遗弃在路边，既表明唐代这条路还可以通行，也表明，在这条路上来去的行旅，确又是十分稀少。

唐代，这条路线还可以通行，也有历史文献的证据。公元7世纪中踞于吐鲁番盆地的高昌王国，在西突厥支持下，垄断丝路交通，重税盘剥。焉耆王国就此曾建议李世民，重开经过楼兰绿洲的“碛路”，撇开高昌。这会伤害高昌、西突厥的经济、政治利益，于是直接引发了公元639年高昌与西突厥处月、处密部联兵，攻击焉耆，陷焉耆五城，大掠居民的事件。但这件事，也表明一旦有需，经过楼兰西行，入焉耆的“碛路”，重新启动还是存在可能的。这也说明，唐代，孔雀河下游并没有断流，如果已断流，无水无草，还怎么可能行走？

其实，孔雀河下游断流，是20世纪50年代后，上、中游不断截流灌溉、筑坝、堵水、引孔雀河水入塔里木河、济铁干里克绿洲，这才出现的。孔雀河最后断流在20世纪60年代以后，是人们有意识改变其流向，才出现的严酷现实。

在极度干旱地区，不论自然绿洲，还是人工绿洲，其生命是脆弱的。改变其生存状态，导致其兴衰，最有力因素是人，是人类社会有组织的力量。楼兰故城，孔雀河尾闾三角洲的兴盛、衰废，十分生动地展示了这一真理。认清这一过程，不仅可以帮助分析古代文明、古代城镇的历史发展轨迹，尤其可以吸取到历史的教训：人类文明的兴衰，关键的因素，实际还是在于人类自身，在于人们如何对待自然、对待社会。这才是最最根本，最最要紧的。

五　其他几个相关问题

一百多年的楼兰考古，提出了许多需要关注的问题。

第一，扜泥、伊循与楼兰故址所在存在一个密切的关联性。扜泥，是鄯善王国的都城，笔者已在前文中指明，它的故址当在若羌，这在《汉书·西域传·鄯善》中，本来是十分明确的：“当汉道冲，西通且末七百二十里”，这一地理位置，只能与若羌绿洲相当。黄文弼先生20世纪50年代，在今县城南6—7公里处，曾获见“且尔乞都克”古城，周720

米，黄氏判其为扜泥故址所在[①]。但今天已难觅其踪。

同在《汉书·西域传·鄯善》中，提到鄯善“国中有伊循城，其地肥美”，汉王朝曾应尉屠耆之请，在伊循屯田。鄯善国都在若羌河绿洲，则国内可称“地肥美”的所在，只能是东80公里的米兰河绿洲。它濒河、土肥（土层厚15米）。在米兰遗址区，20世纪80年代后，不仅发现了设计合理的灌溉渠系[②]，还在傍近发现了一区汉代遗址，近10万平方米的范围，多量汉式绳纹灰陶片、西汉五铢钱、三棱形铁镞等，与伊循屯地，可以呼应[③]。

伊循屯地确定、扜泥故址可依《水经注》等后期史籍中关于伊循、扜泥比较混乱的文字记录，当可厘清。

楼兰、扜泥、伊循城作为鄯善王国境内三个城镇坐标点，坐实明确后，有关史籍文字可以条理顺畅。至于斯坦因发现并标示为LE、LK两座古城，规模不大，LK与邻近的LL、LM等遗址，地处楼兰与伊循、扜泥之间；LE居楼兰古城东北，是楼兰保卫东北方向安全的一区军事性质城堡，城内除偏北位置有一座台基建筑外，不见其他居址。这两座古城，与楼兰成犄角之势，利于防卫。从地理位置观察，与汉晋西域长史府属下的军事屯田机构存在关联性。其时代当在东汉以后。

第二，关于罗布淖尔湖游移问题：自斯文·赫定提出罗布淖尔湖以1500年为周期南北方向游移后，产生了巨大影响。这虽不是考古学的研究范围，但又与楼兰考古、楼兰古代文明的研究存在一定关联。自20世纪80年代以来，罗布淖尔地区的综合考察中，对罗布淖尔湖是否转移问题，已取得重要进展，所以在此也稍予涉及。

根据湖区勘探测量资料和湖底沉积物年代及孢粉分析资料，可清楚得出结论：罗布淖尔湖水没有发生过游移，也不可能发生游移。从罗布泊湖心钻探取得的沉积物及孢粉，证明2万年以来，罗布淖尔湖沉积作用一直持续未停，始终是有水环境。地形测量，湖盆所在是塔里木盆地的最低点，海拔只有780米。因此，是盆地自然的汇水中心，其海拔高度较喀拉

① 黄文弼：《新疆考古发掘报告》，文物出版社1983年版，第48—49页。

② 饶瑞符：《汉唐时代米兰屯田水利初探》，中国水利学会水利史研究会主编《水利史研究会成立大会论文集》，水利电力出版社1984年版。

③ 中国科学院塔克拉玛干沙漠综合考察队考古组：《若羌县古代文化遗存考察》，《新疆文物》1990年第4期。

库顺低10米多，湖水不可能倒流进入南边的喀拉库顺湖；由于入湖泥沙含量少，湖水干涸后形成坚硬的盐壳，用金属工具砍挖都极困难，大风也极难吹蚀，湖底地形，难能发生吹蚀变化，因而难以出现斯文·赫定逻辑推论下的水体游移。罗布泊水体大小变化，主要受补给源影响。当塔里木河汇入孔雀河，流泻入罗布泊时，沿途湖沼很少，水量损耗也少，罗布湖水体会比较大，位置也偏北；当塔里木河南流入台特马湖、喀拉库顺湖时，罗布泊水体会相对缩小。罗布泊，从历史上观察，只有形状大小之变化，而无游移它走的可能[①]。

第三，鄯善王国境内，尤其是尼雅出土文物中，随处可以见到贵霜的存在。楼兰出土之佉卢文简牍提到在楼兰（Kroraina）城中有贵霜之“军侯”，他们占有不少土地，可以出卖。简文中有“朕”、“伟大国王”的自称。那么，这所谓的“朕”、“伟大国王”与东汉、魏、晋时期，实际控制、管理楼兰古城的西域长史府是什么关系呢？进入鄯善王国境内的贵霜流民，究竟是什么实态？是真正的“朕”、“伟大国王”？还是不过只是失国流亡贵族头脑中的历史记忆？揆诸相关史实，在贵霜失国，部分权贵、军民在故土没有立足之地后，又来到了他们祖先月氏人曾经活动过的故土，在经过鄯善收容、取得立足之地后，却仍然念念不忘往昔曾有的光荣，不忘在生活中仍以“朕”、“伟大国王”自命？这是一个很值得认真清理的问题。在一国之边裔，相邻国土内发生的重大政治、军事变故，是很容易受到波及的；特定情况下，也会成为失国统治集群的寄寓之地。历史、现实，都不难觅见这类实例。贵霜在楼兰、鄯善王国境内存在的故实，可以算是例证之一。目前，需要进一步集中、梳理相关考古文物资料，可争取将研究推向深入。

第四，罗布淖尔地区、塔里木盆地南缘沙漠之中，埋藏着太多的历史遗存，从中国全局看西域，站在亚欧内陆看中国、西域，对于加强这一地区以科学、严谨、细致的考古工作是十分必要的。过去曾长期局限相关工作展开的物质条件已经改观，有计划开展这方面的工作已经成为可能。以罗布淖尔地区为例，如果先组织室内研判，利用遥感地图，分析水系；依循水系，细致部署对文物考古遗存展开认真踏查，不求速度，但求严谨。在将遗存情况摸清后，选择个别、少数点，进行有计划、科学的发掘。在

---

① 夏训诚主编：《中国罗布泊》，第233—240页。

对发掘资料进行多学科的分析、认识后，更须作验证，展开进一步的野外工作。如是，积以时日、持之岁月，当可揭开楼兰大地考古文化的全新一页。楼兰考古如此，若羌、且末、安迪尔、雅通古斯……一步步，均可依次推进完成。这些考古工作对西域早期文明史、中国史、欧亚内陆史研究都将有重大的贡献。笔者在新疆考古舞台上跋涉一生，体会良多，能如是做，当可无愧于“新疆考古”这一称谓了。

2009 年 9 月初稿于北京　2010 年 2 月改定于上海

文本对勘与历史建构：藏传佛教于西域和中原传播历史研究导论

沈卫荣

一

藏传佛教（密教）于西域和中原传播历史的研究开始于蒙元时期藏传佛教史的研究。元朝的蒙古统治者信仰藏传佛教，特别是热衷于藏传密教修行，这是广为人知的故事。可是，对这一段历史的真相我们知之甚少。最为后人津津乐道的几则故事实际上都源自元末明初的一部野史——《庚申外史》，其中记载了元朝末代蒙古大汗、元顺帝脱欢帖木儿受佞臣蛊惑，在西天僧、西番僧的引导下，于宫廷中与朝中大臣，乃至帝母舅、帝舅弟等互称倚纳，一起修习藏传密法的传说。密法中有使人身之气能伸能缩的“演揲儿法”，还有男女“多修”，或者“双修”的“秘密大喜乐禅定”，还有“十六天魔舞”，等等。按理藏传密教的修习当在严密的宗教场域中进行，未受灌顶者不得预其事，外人无缘得窥其真相。故《庚申外史》中的这些记载显然是“小道消息”，属于小说家言，其真实性大可质疑。可是，元末兵燹，祸及史家，明初编修《元史》的史臣缺少远走朔漠的亡国之君元顺帝一朝的史事记录，故不惜将这些道听途说来的野史也直接搬弄进了正史之中。令人难以置信的是，他们的文抄公功夫竟然也十分不专业，遂又在本来不足为据的故事中平添了更多新的误解，惹出了很多是非。而后世的汉族士人出于文化上的偏见、政治上的憎恶、宗教上的无知和语文上的障碍等原因，多有将《庚申外史》中的这些记载以讹传讹，并不断地添油加醋者，最终将番僧定格为无恶不作的贼髡，将藏传密教的修法与妖术、淫戏和房中术混为一谈，并将导致大元帝国骤亡的祸水都泼到了几位向蒙古皇帝传播秘密法的番僧头上[①]。所谓“中国一变而为夷狄，夷狄一变而为禽兽，堂堂人主，为禽兽行，人纪灭亡，天下失矣”[②]。

《庚申外史》中提到的或与藏传密教相关的修法主要有以下三种：一是西天僧所传的“运气之术”，号“演揲儿”法，“能使人身之气或消或胀，或伸或缩”。二是西番僧所传的“秘密大喜乐禅定”，又名“多修法”，传说皇帝与其倚纳十余人“男女裸居，或君臣共被，且为约相让以室，名曰些郎兀该，华言事事无碍”。三是“十六天魔舞”，说皇帝与倚纳十人行大喜乐时，“有美女百人，衣璎珞，品乐器，列队唱歌金字经，舞雁儿舞，其选者名十六天魔”。还说元顺帝“酷嗜天魔女”，曾“建清宁殿为百花宫”，宫中布满天魔女，皇帝“从地道数往就天魔舞女，以昼作夜”，等等[③]。这三个故事不但成了长期以来已知藏传佛教于元朝传播历史的主要内容，而且也成了中国古代史学传统中有关元朝末年亡国君主之基本历史叙事的一项重要内容。显然，将藏传密教的这些修法都与密教的性（tantric sex），乃至和汉文化传统中的淫戏和房中术挂钩，既反映出这些故事的传播者和记录者对藏传密教修法实际上的无知，表现出了他们对异文化的隔膜和蔑视，同时也表现出了他们对中国传统历史书写对历朝末代君主的叙事模式的有意迎合，他们所津津乐道的这些藏传密教修法无非为历代昏君荒淫无耻的常规叙事模式提供了前所未有的、充满异域情调的新作料。

由于元代留下的有关藏传佛教于元宫廷内外传播之历史的传统历史文献资料少之又少，而国际学术界对藏传密教的整体研究也是直到晚近一二十年才取得了长足的进步，是故，后世的历史学者于传统的蒙元史研究范畴内既无新资料可寻，即使于藏传佛教研究领域内也缺少必要的基础知识和崭新研究可供参照，故难以另辟蹊径，在这个研究课题内有所拓展。上述这三个故事，其情节显然有诸多失实、夸张的成分，令人难以置信，其

---

① 参见沈卫荣《神通、妖术和贼髡：论元代文人笔下的番僧形象》，《汉学研究》第21卷第2号，2003年；沈卫荣《历史中的小说和小说中的历史：说宗教和文学两种不同语境中的“秘密大喜乐禅定”》，《中华文史论丛》2013年第1期。

② 任崇岳：《庚申外史笺证》，中州古籍出版社1991年版，第156页。

③ 同上书，第70—72、89—90、103—104页。

中或有可能透露出一些真实成分的反倒是那些听起来不知所云的外来名词，因为它们不是记录者熟悉的语文表达，难以随意捏造。所以，要解开元朝宫廷所传藏传密法之谜团的一个可行途径或即是用历史语言学（historical linguistics）的方法，更确切地说是用审音勘同的方法来揭露这些非汉语词汇的源流。而这样的尝试最初是由西方的汉（虏）学家开始的。

较早将《元史》中记载的这些故事介绍给西方读者的是荷兰业余汉学大家高罗佩（Robert van Gulik，1910—1967年）先生。元代宫廷所传的“秘密大喜乐禅定”和“演揲儿法”不但是元代性学史的重要内容，而且也是元以后历代色情小说中常常出现的一个叙事母题，并且还涉及高罗佩非常关心的印度密教与中国传统性学，特别是道教神秘性学的关系，所以，他在研究中国古代性学的时候必然绕不开这些内容，故在他的两部研究中国性学的专著《明代秘戏图考》和《中国古代房内考》中，他都将《元史》中出现的那段有关元末宫廷中修习“秘密大喜乐禅定”及“演揲儿法”和“十六天魔舞”的记载作了翻译和解释[①]。当然，作为一个非科班出身的汉学家，高罗佩并没有花力气去尝试用语文学的功夫去解读这段文字中出现的那几个“胡言胡语”，他对这些段落的翻译和解释也有明显的错误[②]。但他的著作一出版，很快就有西方学院派的汉（虏）学大师出手相助，法国的汉学、藏学大家石泰安（Rolf Stein，1911—1999年）和战后德国汉学的领军人物傅海博（Herbert Franke，1914—2011年）两位先生都曾在他们对高罗佩《明代秘戏图考》一书的评论中，尝试用审音勘同的方法来找出“演揲儿”这一语词的蒙古语源。然而，他们的这种努力从一开始就注定是失败的，因为他们受了《元史》中那段记载本身就已经存在的错误的误导。“演揲儿”既不见得一定就是一个蒙古语词，其意义更难说就是“大喜乐”，见于《庚申外史》中的“演揲儿法”说的是“能使人身之气或消或胀、或伸或缩”的“运气之术”，与“秘密大喜乐禅定”说的是两回事。而《元史》的编修者竟然说“演揲儿，华言大喜乐”，把这两种不同的修法混为一谈。石泰安和傅海博不可避免地

---

① Robert van Gulik, *Erotic Colour Prints of the Ming Period*, Tokyo: Gulik, 1951; *Sexual Life in Ancient China: A Preliminary Survey of Chinese Sex and Society from ca 1500 B. C. Till 1600 A. D.*, Barnes & Noble books, 1996.

② 对这部书中有关元代所传藏传密教部分内容的评论，参见沈卫荣《大师的谬误与局限——略议〈中国古代房内考〉的问题》，《上海书评》2011年6月5日。

都上了《元史》的当，从蒙古语文中寻找发音或与“演揲儿”相近、意义与“喜乐”相同者，以解开“演揲儿”之谜，其结果当然是南辕北辙、牛头不对马嘴[①]。当然，即使我们今天知道“演揲儿”的原意并不是“大喜乐”，而可能是与“运气术”相关的一种修法的称谓，我们依然无法十分确切地认定这个词的来源。首先，我们并不知道与《庚申外史》所说的所谓“运气之术”对应的到底是印藏密教中所传的哪一种修法。其次，我们也不知道与“演揲儿”这个汉语音译对应的原始语词究竟是蒙古语，藏语，抑或梵语，甚至畏兀儿语。显然用历史语言学的工具来同定“演揲儿”这个词的来源绝对不是一件轻而易举的事情，而要借此来揭开“秘密大喜乐禅定”的真相则更是难上加难[②]。

用历史语言学的方法审音勘同汉文古籍中出现的那些非汉语词汇的源流，以正确读解汉文古籍文本，这曾经是西方汉（虏）学家远胜中国传统汉学大家一筹的看家本领，但这种学术方法的运用绝不只是一种纯粹的语言学、音韵学的技术功夫，除了要对出现这些“胡言胡语”的文本及其上下语境本身做精细的考据和正确的理解以外，还需要对这些语词可能之源头的语文、历史和文化背景有相当深入的了解[③]。否则，极有可能出现上述两位西方虏学大家所犯的这类错误，或者即使找出音相近或相合的语词，也难以正确读解其意义，反而造成更多的误解。语文学（Philology）的真义是要将一个文本放回其本来的历史、社会、文化和语言的环境中，以求正确地理解和解读它，而借助历史语言学这个工具所作的审音勘同只是其中的一个重要环节[④]。显然，在藏传密教研究尚处于非常原始阶段的20世纪50年代，在更多的藏传佛教文献被发现和研究之前，仅仅依靠历史语言学的审音勘同的方法，是无法真正解读上述《庚申外史》中

① Rolf Stein, *Journal Asiatique*, 1952, pp. 532 – 536; Herbert Franke, Bv̈cherbesprechungen zu: R. H. Van Gulik: *Pi Hsi T'u K'ao* 秘戏图考, *Erotic Colour Prints of the Ming Period, with an Essay on Chinese Sex Life from the Han to the Ch'ing Dynasty, B. C. 206 – A. D. 1644*. Privately published in Fifty Copies, Tokyo, 1951, ZDMG, 105/2, pp. 380 – 387.

② 对此问题的最新、最出色的研究和阐述无疑是卓鸿泽《“演揲儿”为回鹘语考辨——兼论番教、回教与元、明大内秘术》，《西域历史语言研究集刊》第1辑，2007年。

③ 参见韩儒林《关于西北民族史中的审音与勘同》，《元史及北方民族史研究集刊》第3辑，1978年。

④ 参见沈卫荣《我们能从语文学学些什么？》，载沈卫荣《寻找香格里拉》，中国人民大学出版社2010年版。

出现的这些与藏传密教修法相关的“胡言胡语”的，更不用说正确领会这些文字中所表述的藏传佛教之秘密修法的宗教意义了。

二

显然，仅仅依靠西方语文学家、汉学家擅长的借助历史语言学的工具对古汉语文献中的非汉语词汇进行审音勘同，找出其源头，从而正确解读难解的古代汉语文本的虏学功夫，无法帮助我们弄清《庚申外史》和《元史》中出现的那几个外来词汇的源头，以揭开藏传佛教于元朝中国传播的历史真相。要将这一研究引向深入，无疑我们必须另辟蹊径，寻找新的文献资料和研究途径。于此我们首先想到的无疑是要充分发掘藏文文献资料，用丰富的藏文历史、宗教文献来弥补汉文文献在这方面的严重不足。公元14世纪中期是藏族史学传统发展中的一个具有里程碑意义的阶段，藏文史学史上最负盛名的两部名著《红史》（*Deb ther dmar po*，1346—1363年）和《布思端教法源流》（*Bu ston chos 'byung*，1322年）均出现于这个阶段，藏文史书写作的体裁也于此时通过这两部名著的被广泛接受而慢慢成型。《红史》在当时藏族史家的视域内无疑是一部简明的世界历史，它不但在资料上得到了汉文历史文献如《唐书·吐蕃传》之藏文翻译的帮助，而且其体裁也明显受到了汉文史书的影响。这类“史册”（*deb ther*），以及稍后出现的“王统记”（*rgyal rabs*）类史著的主要内容是藏族史家所知吐蕃及其周围各地之国王、朝代更迭的编年史，以及藏传佛教各教派及其主要教法传承的简明历史，其中较少出现政教历史的具体内容①。而《布思端教法源流》则是一部出色的印、藏佛教史（佛教传承史、佛教思想史和佛经翻译史）和吐蕃王统史，是对印藏佛教义理

① Tshal pa Kun dga' rdo rje, *Deb ther dmar po*, gDung dkar Blo bzang 'phrin las, Beijing: Mi rigs dpe skrung khang, 1981. 对于藏文历史文献的一般了解参见 Leonard W. van der Kuijp, “Tibetan Historiography,” *Tibetan Literature: Studies in Genre*, eds., José Ignacio Cabezón and Roger R. Jackson, Ithaca, NY: Snow Lion Publications, 1996, pp. 39 – 56; Dan Martin, *Tibetan Histories: A Bibliography of Tibetan-Language Historical Works*, London: Serindia Pubilication, 1997; Matthew T. Kapstein, “The Indian Literary Identity in Tibet,” *Literary Cultures in History: Reconstructions from South Asia*, ed., Sheldon Pollack, Berkeley: University of California Press, 2003, pp. 747 – 802; 沈卫荣:《藏文文献琐议——以一世达赖喇嘛传为中心》,《西域文史》第6辑，2011年。

和历史的集大成之作①。但具体到藏传佛教于元朝宫廷内外传播的历史，这两部藏文史学名著所能提供的资讯十分有限。尽管《红史》的作者搽里八·公哥朵儿只（Tshal pa Kun dga' rdo rje，1309—1364 年）也曾到元廷入觐，并被任命为搽里八万户长，受封司徒衔等，但他的著作中没有具体谈到藏传密教于元朝宫廷内外的活动。而布思端（Bu ston Rin chen grub，1290—1364 年）大师则曾拒绝元顺帝请其入朝的邀请，其名著中也未对元代西番僧人于宫廷内外的活动予以特别的关注。

于 14 世纪中、后期以后的藏文历史传统中，元帝室与乌思藏，特别是与萨思迦派帝师的关系被简单化、理想化为一种至今常被人夸大其词的所谓"施供关系"（yon mchod），即是说萨思迦派上师为其蒙古君主提供精神和宗教的服务，而蒙古君主则为萨思迦上师提供现实的和政治的利益和支援，二者处在一种互相依赖、利用和相对平等的关系之中②。在这样一种既成的历史/政治话语中，西番僧众于元朝宫廷进行的每一项宗教的活动/行为都必须相应地与元帝室的一项行政和政治举措连接在一起才能得到圆满的解释。例如，传说元朝帝师八思巴曾经先后三次给忽必烈汗和察必皇后授喜金刚灌顶，而后者则分别以乌思藏十三万户（*dBus gtsang gi khri 'khor bcu gsum*）、"吐蕃三道宣慰司"（*Bod kyi chol kha gsum*）等俗世的利益作为回报③。在这种被简单化了的蒙元朝廷和萨思迦派上师关系中，不但这些政治、宗教事件原来发生的时间和历史顺序或被打乱，而且本来在这种关系中至关重要，也给蒙元的历史、文化带来巨大和持续变化的教法授受变成了政治的附庸，其宗教影响和意义被明显地忽略或者减轻。职是之故，尽管所有藏文史籍严格说来记载的都是佛教化了的历史，但在传统的"史册"、"王统记"和"教法源流"类史著中，我们也很少

① E. Obermiller, *History of Buddhism* (*Chos 'byung*) *by Bu ston*, *Part* Ⅱ: *History of Buddhism in India and Tibet*, Heidelberg, 1932; Janos Szerb, *Bu ston's History of Buddhism in Tibet*, Wien: Verlag der Österreichischen Akademie der Wissenschaften, 1990.

② David Seyfort Ruegg, "*mchod yon*, *yon mchod* and *mchod gnas/yon gnas*: On the Historiography and Semantics of a Tibetan Religio-social and Religio-political Concept," *Tibetan History and Language*, *Studies dedicated to Uray Géza on his Seventieth Birthday*, Herausgegeben von Ernst Steinkellner, Wien 1991, pp. 441 – 454.

③ 参见 Janos Szerb, "Glosses on the Oeuvre of Bla ma 'Phags pa Ⅲ: The 'Patron-Patronized' Relationship," *Soundings of Tibetan Civilization*, New Dehli, 1985, pp. 164 – 173; 沈卫荣《元朝中央政府对西藏的统治》,《历史研究》1988 年第 3 期。

能够见到有关西番上师于元朝宫廷内外传播藏传密法的记载。以往研究西藏历史的学者对这一类普通藏文历史文献的利用已经相当的充分，除了《红史》和《布思端教法源流》之外，还有《西藏王统记》（*rGyal rabs gsal ba'i me long*，1368年）、《青史》（*Deb ther sngon po*，1476—1478年）、《汉藏史集》（*rGya bod yig tshang*，1434年）和《西藏王臣记》（*dPyid kyi rgyal mo'i glu dbyangs*，1643年）等著名藏文史著都在以往的几十年间得到了很好的整理和利用，它们对元朝西藏历史研究的进步具有无可替代的意义，但它们显然无法满足我们对研究藏传佛教于元朝传播历史的史料需求。

更有可能为我们揭开元朝藏传密教传播历史之真相提供详细资料的藏文文献显然不是上述这些已经经人编纂过了的、通史式的藏文史著类文献，而应该是大量更原始的、纯粹的宗教/教法类文献。其中最值得重视的无疑是那些曾经活跃于元朝宫廷的西番上师们自己的著作。例如，萨思迦班智达和八思巴帝师都有多卷本的全集（*bka' 'bum*）传世，其中很多作品，特别是很多短篇的实修仪轨写成于他们在内地传法之时，有些还是专门应某位蒙古君、臣、王子、贵戚所请而造的赞颂和仪轨，这在其作品的跋中通常都有明确的说明。此外，许多曾活跃于元朝宫廷内外的西番上师留下了很多传记，对其所作教法授受的内容和过程有详细的记录。毫无疑问，只有仔细地发掘、解读和研究这类藏文文献，我们才能发现第一手的、具体的历史资料，使元朝藏传密教传播史的研究有突破性的进展。当然，这些藏文文献汗牛充栋，要从中拣选出几条相关的重要历史资讯即使对于精通藏文古籍的学者来说也委实不是一件十分容易做到的事情。

其实，对于研究藏传密教在元朝传播的历史我们本来还有比西番上师留下的那些卷帙浩繁的藏文著述更直接、更容易利用的汉文文献资料，即蒙元时代留下的数量不少的汉译藏传密教文献，只是它们长期以来或者鲜为人知，或者被束之高阁，故十分难得，即或有传诸坊间者，也多被视作天书，难以进入蒙元史家的法眼。如果对藏传佛教之精义和修持缺乏较深的了解，要读懂这类文献，并将它们用作研究元代藏传佛教史的历史资料是几乎不可能的事情，故长期以来它们几乎被我们完全忽略了。例如传为元代帝师八思巴辑著的汉译藏传密教仪轨文献集成——《大乘要道密集》，曾经于1930年在北平印行，60年代后又有其多种翻版在港台流传，可是到20世纪末为止只有像吕澄先生（1896—1989年）这样极个别的佛教学者曾注意到它对研究藏传密教于元朝传播之历史的重要性，而整个蒙元史学界却根本不曾注意到它的存在①。

除了见于《大乘要道密集》中的这些汉译藏传密教文献之外，还有数量不小的出于同一时代的畏兀儿文、蒙古文译藏传密教文献本来也应当是我们研究这段历史时必须要重视的珍贵文献。事实上，以往的学者对这类文献的存在也并非完全的无知，特别是 Peter Zieme 和 Georg Kara 两位古代回鹘文献研究专家在20世纪70年代对吐鲁番和敦煌出土古回鹘文佛教文献所作的十分精致和出色的整理和解读已经为我们揭露了元代所传藏传密教的很多细节②。遗憾的是，他们整理和研究的这些古回鹘文藏传佛教文献，特别是其中提供的有关藏传密教修法的细节和历史线索，本来可以成为推动元代藏传佛教史研究进步的契机，但或由于学科间的隔阂，实际上它们并没有引起蒙元史学者的高度重视。例如，在元代畏兀儿文译《吉祥上乐轮中围现证修习仪》中就出现了有关"十六天母供养"的记载③，顺着这条线索本来不难搞清曾在元廷流行，并于明、清两代传遍大江南北的"十六天魔舞"的真相，可它却被我们忽视了30余年④。

细究这一类纯粹的佛教教法和密教修持类文献长期以来遭到蒙元史学

① 对《大乘要道密集》的总体介绍及其它与藏传佛教于西域和中原传播历史的关联，以及这段学术史的回顾，参见沈卫荣《〈大乘要道密集〉与西夏、元朝所传西藏密法》，《中华佛学研究》第20期，2007年。

② See Georg Kara-Peter Zieme, *Fragmente tantrischer Werke in uigurischer Übersetzung*, Schriften zur Geschichte und Kultur des Alten Orients, Berliner Turfantexte VII, Berlin: Akademie Verlag, 1976; Georg Kara-Peter Zieme, *Die uigurischer Übersetzungen des Guruyogas "Tiefer Weg" von Sa-skya Paṇḍita und der Mañjuśrīnāmasaṃgīti*, Schriften zur Geschichte und Kultur des Alten Orients, Berliner Turfantexte VIII, Berlin: Akademie Verlag, 1977; Peter Zieme und György Kara, *Ein Uigurisches Totenbuch: Nāropas Lehre in uigurischer Übersetzung von vier tibetischer Traktaten nach der Sammelhandschrift aus Dunhuang British Museum Or. 8212 (109)*, Asiatische Forschungen, Band 63, Wiesbaden: Otto Harrassowitz, 1979.

③ Kara and Zieme, 1976, pp. 37 - 41. 事实上，即使是直接整理这些珍贵的畏兀儿文藏传密教文献的学者，也或限于学科的隔阂和学术着眼点和进路的不同而没有能够深刻地揭露他们自己所翻译、整理的这些文献对于藏传密教于蒙元时代传播历史研究的价值和意义。关于他们对这段历史的最新认识参见 Peter Zieme, "Notes on the Religions in the Mongol Empire," *Islam and Tibet Interactions along the Musk Routes*, edited by Anna Akasoy, Charles Burnett and Ronit Yoelim, Ashgate, 2010, pp. 177 - 189。

④ 关于"十六天魔舞"在元、明、清三代的流行，参见王颋《"天魔舞"的传播及渊源》，《蒙古史研究》第8辑，2005年。

家忽略的原因，我们或可以列举出很多条可以理解的理由来。首先，这类纯粹的密教类文献，通常除了文本的作者或者译者之外不再提供任何其他传统意义上的历史资讯，很多文本甚至连作者、译者的名字也都付之阙如，其成文年代也不可详考。其次，其中很多文本本身非常不完整，有的连文本的标题也无稽可查，原作者的身份既不明确，其主题内容也难以界定，更不用说有可以确认其著作、传译和流传年代的其他资料了。还有些作品不是严格意义上的翻译作品，而是几经转手传译或者编集而成的一个新的独立的文本，其来历则更难被确定。再次，如果我们缺乏对藏传密教最基本的知识积累，对藏传密教的文献、教法、修持和传承历史缺乏基础的了解，那么我们根本就无法读懂这类文本，更不用说从中抽丝剥茧，构建出其基本的历史线索了。最后，对这类文献的整理和研究，还需要研究者具有处理多语种佛教文献的能力，至少需要找出其藏文原本，并具有对这类汉藏佛教文献做汉藏两种文本对勘、进行比较研究的能力，否则很难真的读懂，并整理这些汉译藏传密教仪轨，也难以找出那些在汉文历史文献中出现的藏传密教修法的真正源头。总之，若要正确地理解这类藏传密教文献，并利用它们来推进蒙元时期藏传密教传播历史的研究，我们首先需要找到一套对它们进行正确处理和合理利用的学术方法和途径。

三

毋庸置疑，蒙元时期藏传密教传播历史研究的开展只有通过发现和研究元朝留下的大量的宗教文献资料才能得以实现。而要使这些纯粹的宗教文献有效地服务于历史研究，我们有必要借鉴“通过文本的对勘、分析来构建历史”（History through Textual Criticism）的学术方法，后者是英国著名密教研究大家、牛津大学教授 Alexis Sanderson 先生提出的一条研究密教起源历史的重要学术进路。Sanderson 曾经通过对湿婆教（Śaivism）、五日湿婆神崇拜（Pañcarātra Vaiṣṇavas）和佛教瑜伽尼本续（Yoginītantras，以无上瑜伽部母续《胜乐本续》为主）密典中出现的大量平行的段落的同定和对勘、分析，来揭露这些文本的编辑方向（direction of redaction），即这些文本相互间的连接及其相互引用的先后顺序，然后为建立起这些宗教传统的相对可靠的年代学顺序提供证据，最终建构起这三种宗教传统形成、发展及其相互关系的历史脉络①。由于缺乏传统的历史资料，国际学界对密教起源这一涉及很多种不同的印度宗教传统的、极其复杂的宗教现象的研究往往如盲人摸象，难以理出其先后出现、发展的年代程式，更不用说建构起一部有相对确切的年代依据的密教形成、发展的历史②。Sanderson 对湿婆教、五日湿婆神崇拜和密乘佛教三种宗教传统的大量经典文本用语文学的方法，进行了十分细致的对勘和分析，揭示了这些宗教传统之间的渊源及其互相吸收、继承和发展的关系，基本理清了这段极其复杂和难以捉摸的历史③。

Sanderson 提倡的这种学术进路显然对我们今天研究藏传佛教于西域和中原传播历史有非常重要的启发，他对于这种通过文本对勘和分析来构建历史的学术实践值得我们借鉴和发挥。他对这种学术进路做了以下说明，他说："原文本（source-texts）是所有证据中最有价值的。因为它们与别的文本不同，直接指向这个文本形成时的原初状态。所以，寻找这些原文本应当是所有从事对这类文献进行比较研究者的首要关心。正如笔者的这些例子将要表明的那样，这或要求人们将他们的阅读扩展出其开始工作时的那个文本群（text-group）或者论（Śāstra）的范围。这样的［阅读］广度在任何情况下都是通往学术成就的王道。虽然［文本］对勘者就某些文本的部分而言或能得到非常好的证据的支援，但更普遍说来他将发现自己正面临的那些问题只有在对这种阅读广度的培养中才能使他有能力将它们识别和解决。有时候，他将不得不在那些同样得到了很好的检验

① Alexis Sanderson, "History through Textual Criticism in the Study of Śaivism, the Pañcarātra and the Buddhist Yoginītantras," *Les Sources et le Temps, Sources and Time*, A colloquium Ponicherry 11 – 13 January 1997, edited by François Grimal, Paris: Institut Français de Pondichéry, École Française D'Extréme-Orient, 2001, pp. 1 – 47. 有关用语文学方法研究佛教的综合性概论参见 K. R. Norman, *A Philological Approach to Buddhism*, *The Bukkyō Dendō Kyōkai Lectures 1994*, The Institute of Buddhist Studies, Tring, UK, The Buddhist Forum, Vol. V, London: the School of Oriental and African Studies, University of London, 1997。

② 参见沈卫荣《关于密教的定义、历史建构和象征意义的诠释和争论——对晚近西方密教研究中的几篇重要论文的评述》，沈卫荣主编《何谓密教：关于密教的定义、历史建构和象征意义的诠释和争论》"前言"，北京大学出版社 2014 年版，第 1—34 页。

③ 其最新成果为"The Śaiva Age-The Rise and Dominance of Śaivism during the Early Medieval Period", *Genesis and Development of Tantrism*, edited by Shingo Einoo, Institute of Oriental Culture, University of Tokyo, 2009, pp. 41 – 349。

的互相对立的文本阅读/释读（reading）中做出选择；甚至在［文本］传承能够减低到只有一种单个的文本阅读/释读的地方，他仍然必须对这种阅读/释读做出他自己的判断，如果他有理由怀疑它［阅读/释读］是假的，他应该立志通过修正来消除这种错误。他在这些选择、诊断和修正等任务中的成就的大小将取决于他对一个广大的语境施加于语言、风格和意义之上的限制有多深的了解。最重要的是，若要精通这类文本，即这些写成于一个十分复杂和形式多样的宗教实践和义理世界之中，并专门为从事于这种宗教实践和义理的人所写的文本，批评家必须努力对这个世界有一个更加彻底的了解。而这将把他从密教传统的一个领域引导到另一个领域，而且还将要求他，就像在他之前的密教学者一样，必须对那些为密教打底和提供资料的领域，诸如就湿婆教和五日湿婆神崇拜系统而言其Vaidika仪式和诠释学领域等，和就密乘佛教而言其毗奈耶（律）和阿毗达磨（对法）领域等，有一个基本的掌握。如此说来，文本对勘的训练实际上就是对生产他所面对的、试图理解的那些文献的那个文明的深切的研究。没有文本的对勘，这样的研究就无法进行下去，因为这就是阅读这些文献的方法，而这些文献是它［文明］的最丰富和数量最多的见证。"①综上所述，Sanderson以文本对勘来构建历史的学术实践最关键的内容有两条，一是要找出这些文本的源头，为此必须拓展阅读的宽度；二是要对产生这些文本的那个文化（文明）有深切的了解和研究。这种通过文本对勘和文献的比较研究来构建历史的学术进路实际上是对语文学（philology）的一种新的诠释和发展，语文学本来就是一种厘定和理解文本的学问，以往人们较多地从语言学，特别是历史语言学（historical linguistic）或者语言的历史研究（historical studies of language）这个角度来理解作为一种学术方法的语文学，实际上，理解一个文本仅仅依靠历史语言学的功夫还远远不够，它同时要求学者对产生这个文本的文明有深切的了解。可以说，"依靠文本的比较研究来构建历史"应当作为语文学的一个重要定义。

---

① Alexis Sanderson, "History through Textual Criticism in the Study of Śaivism, the Pañcarātra and the Buddhist Yoginītantras," *Les Sources et le Temps*, *Sources and Time*, A colloquium Ponicherry 11 – 13 January 1997, edited by François Grimal, Paris: Institut Français de Pondichéry, École Française D'Extréme-Orient, 2001, p. 2.

显然，以文本对勘来构建历史的学术进路同样是研究元代藏传密教于西域和内地传播历史的必由之路。如前所述，在这个领域内我们能够从传统历史文献中获得的历史知识极其有限，我们所能依靠的只有许多因其难得或者难以理解而尚未引起重视的各种文字的纯粹宗教类文献。若要开展这项研究，我们势必要利用和研究这些宗教文献，而要将这些宗教文献服务于历史研究我们也唯有借助 Sanderson 倡导的这种学术方法。尽管与 Sanderson 所从事的密教源流史研究相比，元代藏传密教史的研究远没有如此复杂，要处理的文本相对而言也简单得多，但如果我们采用和实践 Sanderson 所提倡的这种学术方法，则很容易为我们研究这段历史打开一个全新的视野，否则我们的研究同样一筹莫展，难以为继。

迄今为止，我们手中陆续掌握的汉文、西夏文、畏兀儿文、蒙古文翻译的藏传密教文献的数量事实上已经相当可观，如果我们舍得花大力气，能够在浩如烟海的藏文佛教文献中一一寻找出它们的原文本，以此确定其最初的来历，然后通过对各种文字译本的对勘和比较研究，及其对传译者身份的钩考，大致确定这些文本传承的年代和先后顺序，我们就能大致勾画出藏传佛教于西域和中原传播的历史脉络。若要完整地揭开这段历史的真实面貌，则需要我们首先读懂这些文本，正确地理解和解释这些文本中所涉及的藏传密教修法和义理。而这就要求我们对产生这些文本的藏传佛教本身有十分深切的了解和研究，对藏传密教的修习和教法有相当深入的把握，对各种类型的藏传佛教文献有全面的了解。确定这些译［传］本的藏文原本，然后利用原文本对勘、厘定和解读这些译［传］本的内容，不但找出与汉文历史文献中出现的那些藏传密教修习、仪轨之名相对应的藏文词汇，而且把它们放在藏传密教修习的本来的宗教语境中做出准确和合理的解释，无疑这才是保证藏传密教于西域和中原传播历史之研究取得成就的正道。

四

如前所述，我们最早知道的传自元代的汉译藏传密教文献是《大乘要道密集》。传说这部藏密仪轨集成原为元、明、清三代宫廷秘藏修法宝典，清乾隆二十五年（1760 年）始自热河行宫传出，原为 10 册。1930 年，首次刊印于北平，分成四卷，从此流传于坊间百姓之家。20 世纪 60 年代开始，曾由台湾自由出版社、香港密乘佛学会等于港台多次被重印，流传渐广，通常被认为“元发思巴上师辑著”，由他的弟子莎南屹罗翻译[①]。

《大乘要道密集》由83篇长短不一的文本组成，内容多样。从其标题来看，其中数量最多的是与萨思迦派所传道果法（lam 'bras）相关的文本，不但有多篇篇幅较长的《道果金刚句偈》（*lam 'bras bu dang bcas pa'i rtsa ba rdo rje'i tshig rkang*）释论，而且也有注明为道果法祖师、印度大成道者密哩斡巴（Virūpa，约为公元9世纪时人）上师所传的修持道果法的各种仪轨和修法要门[②]，以及署名为萨思迦三世祖葛剌思巴监藏（名称幢，Grags pa rgyal mtshan，1147—1216年）、四世祖萨思迦班智达（Sa skya paṇḍita Kun dga' rgyal mtshan，1182—1251年）、五世祖八思巴帝师（'Phags pa Blo gros rgyal mtshan，1235—1280年）所传的多种仪轨等。所以，《大乘要道密集》曾被认为是元朝帝师八思巴“辑著”的作品[③]，甚至还曾被人改名为《萨迦道果新编》出版[④]。然而，《大乘要道密集》中还有21篇标题全部与“大手印”相关的一组文本，而“大手印法”通常被认为是噶举派所传的根本大法，这似乎令人有理由相信它也包括了噶举派的修习仪轨。此外，《大乘要道密集》还收录了21篇表面上与“道果法”或者“大手印法”没有直接关联的可称为支分法的法本，其中包括沙鲁派祖师布思端大师造《大菩提塔样尺寸》、天竺胜诸冤敌节怛哩吧上师述《圣像内置总持略轨》和觉囊派祖师摄啰监灿班藏布（Shes rab rgyal mtshan dpal bzang po，1292—1361年）造《总释教门祷祝》等等[⑤]。总

---

① 最新的影印版是北京大学出版社根据北京大学图书馆藏1930年版重印的版本：（明）莎南屹啰等集译《大乘要道密集》，谈锡永序言，沈卫荣导读，北京大学出版社2012年版。

② 关于《道果金刚句偈》的研究及其全文英译参见 Ronald M. Davidson，*Tibetan Renaissance：Tantric Buddhism in the Rebirth of Tibetan Culture*，New York：Columbia University Press，2005，pp. 477－488；此外，还有 Cyrus Stearns 的完整的英文译本和他的几部重要释论的英译，见 Cyrus Stearns，*Taking the Result as the Path：Core Teachings of the Sakya Lamdré Tradition*，Boston：Wisdom Publications，2006。《道果金刚句偈》或曾有过古汉译本，于钱谦益之藏书楼绛云楼的藏书目录中我们见到了一部名《密哩斡巴金刚句要》的书，当即是《道果金刚句偈》的汉译，可惜今尚难见其真容。见钱谦益撰，陈景云注《绛云楼书目》卷二，上海商务印书馆1935年版，第44页。

③ （元）发思巴辑著：《大乘要道密集》，南怀瑾序，台北：自由出版社1962年版。

④ 陈健民上师整编、赖仲奎等纂集：《萨迦道果新编》，台中：慧海书斋1992年版。

⑤ 关于《大乘要道密集》之内容的划分和分析，详见谈锡永《〈大乘要道密集〉序言》，载（明）莎南屹啰等集译《大乘要道密集》，第1—21页。

之，这无疑是一部内容十分丰富的汉译藏传密教文献集成，也当是研究蒙元时代藏传密教于元朝宫廷内外传播之历史的十分难得的第一手资料。但对于它的来历、成书年代及其所传教法的归属等都还有很多疑问需要我们去探讨和解决。

颇令人遗憾的是，除了吕澂先生曾于20世纪40年代初对《大乘要道密集》做过初步的研究，并将它视为“可以窥见当时输入藏密之真相”的重要文献外[①]，其后近60年则几乎无人问津。对于专治蒙元史的学者而言，《大乘要道密集》大概无异于天书，不但难以卒读，而且也很难从中发现直接的历史资料。即使是对治藏传佛教史的学者而言，这部文献集中所涉及的仪轨和义理无疑也过于甚深和广大，并非可以从几篇寻常的经轨，或者几部共通的教科书中找到解读这些文本的线索的。要研究《大乘要道密集》，并从中发掘出珍贵的历史资料，我们只有从寻找这些文本的藏文原本开始做起，从最基本的汉藏文的文本对勘开始做起。

由于近年来国际学界对藏传密教的研究有了巨大的进步，与以往相比藏传密教文献也较易于搜集，这为我们今天寻找见于《大乘要道密集》的那些文本的藏文原本提供了极大的方便。为了寻找原本和完成最基本的文本对勘工作，我们付出了大量的劳动，也取得了明显的成果。首先，其中署名为萨思迦三、四、五世祖所传的那些文本，我们基本上都可以在《萨思迦［五祖］全集》（*Sa skya bka' 'bum*）中找到与它们相对应的藏文原本。它们的数量大概占了《大乘要道密集》全书的五分之二，然其中属于元朝帝师八思巴上师所传的本子只有《观师要门》、《弥勒菩萨求修》、《修习自在拥护要门》和《略胜住法仪》四个短篇，除了《修习自在拥护》一篇外，其他三篇的藏文原本我们都已经在《八思巴法王全集》中找到[②]。显而易见，八思巴帝师所传的这四个文本在全书中所占的分量

---

① 吕澂编校：《汉译藏密三书》，载《汉藏佛教关系史料集》，华西协合大学中国文化研究所，华西协会大学中国文化研究所，1942年。

② *'Gro mgon Chos rgyal 'phags pa'i bka' 'bum*, *Sa skya bka' 'bum*, Dehra Dun: Sa skya Centre, 1992 - 1993, Vol. 13 - 15. See Weirong Shen, "Tibetan Tantric Buddhism at the Court of the Great Mongol Khan—Sa skya paṇḍita and 'Phags pa's works in Chinese during the Yuan period," *Questiones Mongolorum Disputationae: Journal of Association for International Studies of Mongolian Culture*, eds., H. Futaki and B. Oyunbilig, Tokyo, 2005, pp. 61 - 69.

极小，故将《大乘要道密集》指称为“元发思巴辑著”无疑是不正确的。确定为萨思迦班智达所造的仪轨有《授修习敕轨》《五缘生道》《大金刚乘修师观门》《修习自在密哩咓巴赞叹》四篇，其藏文原文也全部可以在《萨思迦班智达公哥监藏全集》中找到①。萨思迦三世祖葛剌思巴监藏的作品见于《大乘要道密集》中的最多，分量最重。其中篇幅最长的一部是《大乘密藏现证本续摩尼树卷》，其藏文原文见于《葛剌思巴监藏全集》之首篇，标题作“［*Kye rdor*］*rGyud kyi mngon par rtogs pa'i rin po che'i ljon shing*”，更准确的翻译应当是《喜金刚本续现证如意宝树》，是其最重要的著作之一，乃依据《喜金刚》、《金刚帐》和《三菩怛》三部本续对整个佛教所作的系统判定，而《大乘密藏现证本续摩尼树卷》实际上只是截取了其中直接与密乘修习相关的部分②。

《大乘要道密集》中有《密哩斡巴上师道果卷》，分上、下两卷，其中上卷六篇，首篇《引上中下三机仪》，署名为“大瑜伽士名称幢师述”，其余五篇为萨思迦班智达和八思巴的作品；而下卷则全是葛剌思巴监藏一个人的作品，共18篇短篇修习仪轨。它们的藏文原本虽不见于他的全集中，却全部能在传为葛剌思巴监藏自己编定的《道果论疏黄卷》（*Lam 'bras gzhung bshad pod ser*）中找到。即使汉译本中并没有注明所有这些作品均为“大瑜伽士名称幢师述”，但实际上这十八篇文本当均为其一人的作品。③《大乘要道密集》收录如此之多的名称幢的作品，这显然与他对于萨思迦所传道果法之修习和文本之确立的重要地位是十分相称的。

除了萨思迦三位祖师的作品我们相对容易地从他们留下的全集等作品中找出它们的藏文原文外，还有前述沙鲁派祖师布思端大师造《大菩提塔样尺寸》和觉囊派祖师摄啰监灿班藏布造《总释教门祷祝》两个文本

---

① *Paṇḍita Kun dga' rgyal mtshan gyi bka' 'bum*, *Sa skya bka' 'bum*, Dehra Dun: Sa skya Centre, 1992 - 1993, Vol. 10 - 12.

② *Grags pa rgyal mtshan gyi bka' 'bum*。对这部文本的研究参见徐华兰《〈大乘密藏现证本续摩尼树卷〉藏、汉本对勘与研究》，博士学位论文，中国人民大学，2012年。

③ 其藏文原本见于 *Lam 'bras slob bshad*: *The Sa-skya-pa Teachings of the Path and the Fruit, according to the Tshar-pa Transmission*, *Sa-kya Lam 'bras Literature Series*, Dehra Dun: Saskya Center, 1983, Vol. 11, pp. 128 - 171。

的藏文原本我们也相继从这两位大师的文集中找到①。这也就是说，《大乘要道密集》中凡是萨思迦三位祖师和元代西番上师的作品，我们均可以在他们的作品中找到与其相应的藏文原本。而剩下的迄今尚未能找到与其直接相应的藏文原文的作品主要属于以下两大部分，一是《道果金刚句偈》释论，如《道果延晖集》、《依吉祥上乐轮方便智慧双运道玄义卷》、《解释道果语录金刚句记》和《解释道果逐难记》等；二是前述二十一篇与"大手印法"相关的一组文本。此前人们习惯于以为《大乘要道密集》是一部元朝留下的作品，今天看来其中相当大一部分内容实际上应该是西夏时代（1032—1227 年）的作品。前述这两组尚难以同定其相应藏文原本的文本除了《道果延晖集》一种外，其余均当是西夏时代所传的作品。这从其标题下的署名即可大致判定，如《依吉祥上乐轮方便智慧双运道玄义卷》乃"佑国宝塔弘觉国师沙门慧信录"；《解释道果语录金刚句记》为"西番中国法师禅巴集、中国大乘玄密帝师传、北山大清凉寺沙门慧中译"；《解释道果逐难记》乃"甘泉大觉圆寂寺沙门宝昌传译"，等等。还有，《新译大手印不共义配教要门》和《新译大手印顿入要门》均为"果海密严寺玄照国师沙门惠贤传、果海密严寺沙门惠幢译"；《新译大手印金璎珞要门》为"路拶讹辢麻光萨译"等。无疑，这些文本的传译者，如西夏著名帝师之一玄密帝师及其弟子玄照国师等，都应该是西夏时代的藏传佛教上师，而不应该是蒙元时代的人。这一点我们更可以从与它们相应的西夏文译本亦见于俄藏黑水城出土西夏文文献中这一事实得到进一步的证明，此容后述②。

尽管我们目前无法同定上述这些源自西夏时代的《道果金刚句偈》的释论的藏文原本，但其内容则与早期萨思迦派上师留下的同类著作，特别是传为萨思迦初祖公哥宁卜（Sa chen Kun dga' snying po，1092—1158 年）留下的《道果金刚句偈》的十一部释论（*rnam 'grel bcu gcig*）中的内

① 沈卫荣：《元代汉译卜思端大师造〈大菩提塔样尺寸法〉之对勘、研究》，载谢继胜、沈卫荣、廖旸主编《汉藏佛教艺术研究——第二届西藏考古与艺术国际学术讨论会论文集》，中国藏学出版社 2006 年版，第 77—108 页；张凌晖：《朵波巴摄啰监灿班藏布和他的〈总释教门祷祝〉》，载沈卫荣主编《文本中的历史：藏传佛教在西域和中原的传播》（以下简称《文本中的历史》），中国藏学出版社 2012 年版，第 284—300 页。

② 沈卫荣：《〈大乘要道密集〉与西夏、元、明三代藏传密教史研究》，《古今论衡》（台北）第 23 期，2011 年。

容大同小异，若仔细对勘，我们可以找出大量的平行段落，把它们的内容一一对应起来①。换言之，如果我们依据萨思迦派上师留下的《道果金刚句偈》的释论来对勘《大乘要道密集》中的这几部至今尚未同定其藏文原文的《道果金刚句偈》的释论，则我们完全可以很好地厘定和解读这几部很难读懂的文本。《依吉祥上乐轮方便智慧双运道玄义卷》虽然不是《道果金刚句偈》的释论，但它同样是修习道果法的一部重要仪轨，讲述依行手印修习欲乐定，得大喜乐成就的修法，其主要的文本依据即是被称为“九部道”（*lam skor dgu*）之一的《因得啰菩提手印道要》（*Slob dpon indra bhu tis mdzad pa'i phyag rgya'i lam skor*），依据后者我们同样可以对它作对勘、厘定和解读。②

《大乘要道密集》收录的21篇与“大手印法”相关的文本中迄今只有1篇《大手印金璎珞要门》被吕澄同定为见于《西藏文大藏经》的 *Phyag rgya chen po gSer phreng ba*（《大手印金璎珞》，德格 No. 2545）的略本，其他的文本一时皆难同定其藏文原本③。可以断定，它们也当是西夏时代所传的作品，前面提到的参与《道果金刚句偈》之释论传承的玄照国师和玄密帝师也都参与了这些“大手印法”文本的传译，而且与它们对应的西夏文译本也多见于俄藏黑水城西夏文文献中。以往人们习惯于将所有与“大手印法”有关的文本都归属于噶举派，但我们在噶举派所传的有关大手印修法要门的早期文献中均无法找到与这些文本对应的藏文原本。事实上，将藏传佛教严格地分成噶当（bKa' gdams）、宁玛（rNying ma）、萨思迦（Sa skya）和噶举（bKa' brgyud）、格鲁（dGe lugs）等派别是相当后期的事情，至少在这些文本于西夏传播的11、12世纪，乃至13世纪初期，在藏传佛教中尚没有像后来一样严格地区分教派。当时有

---

① 关于萨思迦派所传道果法的传承及其文献的解释和研究参见 Cyrus Stearns, *Luminous Lives: The Story of the Early Masters of the Lam 'Bras Tradition in Tibet*, Boston: Wisdom Publications, 2001; Jan-Ulrich Sobisch, *Hevajra and Lam 'Bras Literature of India and Tibet as Seen Through the Eyes of A-mes-zhabs*, Wiesbaden: Dr. Ludwig Reichert Verlag, 2008。

② 参见沈卫荣《西夏汉文藏传密教仪轨〈依吉祥上乐轮方便智慧双运道玄义卷〉读解——以依“四手印”修“欲乐定”为中心》，载中国人民大学国学院编《国学的传承与创新：冯其庸先生从事教学与科研六十周年庆贺学术文集》，上海古籍出版社2013年版。

③ 对《大手印金璎珞》的研究参见 E. Gene Smith, “Golden Rosaries of the Bka' brgyud School,” *Among Tibetan Texts, History & Literature of the Himalayan Plateau*, Boston: Wisdom Publications, 2001, pp. 39 - 51。

多种多样的教法传轨（bka' 'babs）在西番平行地于师徒间流传，它们之间并没有像后来一样的壁垒分明的门户之见。例如后来被认为是噶举派重要上师的怕木古鲁巴朵儿只监卜（Phag mo gru pa rDo rje rgyal po，1110—1170 年）曾是萨思迦始祖最重要的弟子，也是道果法最重要的传人之一，留下很多有关道果法的重要著作，但我们不能因此而认为“道果法”是噶举派的教法①。与此类似，由玄照国师、玄密帝师所传的这些“大手印法”文本，虽然传承自“辢麻马巴”（Bla ma Mar pa）、“铭移辢啰悉巴”（Mi la ras pa）等被后世以为是噶举派之祖师的几位著名上师，但当时它们更可能是道果法之“果续”修法，是道果法的一个重要组成部分。它以四种灌顶成就四身为主要内容，与甚深道上师瑜伽修法类似，与借助手印母修欲乐定也有密切关系。所以《大乘要道密集》中的这些题为“大手印法”的文本实际上更可能是道果修法的有机组成部分。与此类似，《大乘要道密集》中也有多篇有关“拙火”、“中有”、“梦幻”、“幻身”和“光明”的修法要门，虽然这些修法本来都属于传为噶举派祖师捺啰巴上师所传的《捺啰六法》（*Nā ro chos drug*）的内容。但从其内容来看，它们与今常见的噶举派的传轨很不一致，或与属于萨思迦派所传道果法的修法类似。道果法圆满次第的修法即是修习命风（srog rtsol）、拙火（gtum mo）和明点（thig le），其具体的修法主要见于萨思迦始祖及其弟子们所造的各种《道果金刚句偈》的释论和萨思迦三世祖所编撰的《黄卷》中。

通过对《大乘要道密集》所录文本之藏文原本的寻找和对汉藏文两种文本的初步对勘，我们基本可以确定《大乘要道密集》是一部萨思迦派道果修法的仪轨集成，它或是按照《道果金刚句偈》中所设计的道果修法次序编排的一部道果法修习要门。它显然不是后人随意把能找到的所有汉译藏传密教文献放在一起拼凑而成，而是经过专家之手按照萨思迦派所传道果法的次第编排而成的。仔细阅读，我们可以发现《大乘要道密集》之内文中留下了不少编辑、加工过的痕迹，例如《大乘要道密集》首篇《道果延晖集》在疏解“含藏因续”、“三座广相”、“清净妃行相”时，均分别注明“如第四卷初章具释详乎彼文”、“亦应详乎第四卷中第二章也”、“如第四卷”等等。而在其第二卷中有《密哩斡巴上师道果

① Stearns, *Luminous Lives*, pp. 26 – 27.

卷》,其起首第一、第二篇正好就是《含藏因续记文》和《座等略文》;而且在这一卷中也有一篇专述清净明妃名称、行相的短篇要门,然而没有篇名。显然,《道果延晖集》中所指的"第四卷",即是指《密哩斡巴上师道果卷》。《大乘要道密集》本来分成十卷,《密哩斡巴上师道果卷》或即是其中的第四卷。而所谓《密哩斡巴上师道果卷》实际上就是见于前述《道果黄卷》中的那些短篇仪轨的汉译,其相应的藏文原本都可以在见于《道果弟子释》第十一卷的《道果黄卷》中见到[①]。总而言之,这部元、明、清三代宫廷秘传的藏传密教宝典应该是一部西夏、元代汉译萨思迦道果法修持要门文本的集成,尽管我们今天看到的这部《大乘要道密集》很有可能和最初集成时的那个原本已经有了很大的不同,其中或许已经有了不同程度的增删和遗漏。

五

于20世纪初出土的黑水城文书中找到一系列汉译藏传密教文献是笔者十年前一个令人吃惊的发现,而这一发现对于推动西夏、蒙元时代藏传佛教对外传播史研究之进步的意义还将随着我们对这些文献研究的不断深入而得到进一步的证明。黑水城文献与敦煌文献差不多同时出土,被俄罗斯探险家裹挟而归,藏于圣彼德堡的俄罗斯科学院东方学研究所内。由于在过去的百年间很少有人能够直接地接触和利用它们,故它们并没有像敦煌文献一样给国际东方学研究的进步带来巨大的推动。特别是其中与藏传密教相关的汉文和西夏文文献,长期被束之高阁,其价值未曾被学者充分认识[②]。而仅从迄今我们对它们的初步研究来看,这些文献的发现足以改变11—14世纪西域佛教史的整体面貌,特别是对藏传佛教于西域和中原

---

① *Lam 'bras gzhung bshad pod ser*, *Sa-skya lam 'bras Literature Series*, Vol. 11, *Lam 'bras slob bshad*, Dehra Dun: Sa skya Centre, 1983, pp. 128 - 169.

② 我们对它们的利用乃借助于20世纪末上海古籍出版社出版的影印本,见俄罗斯科学院东方研究所圣彼德堡分所、中国社会科学院民族研究所、上海古籍出版社合编《俄罗斯科学院东方研究所圣彼德堡分所藏黑水城文献》(以下简称《俄藏黑水城文献》)第1—6册(汉文部分),上海古籍出版社1996—1998年版。

传播的历史，我们从中得出了全新的认识①。

在俄藏黑水城汉文佛教文书中，我们首先发现了一系列西夏时代新译的佛经，如《佛说圣大乘三皈依经》、《佛说大乘圣意菩萨经》、《佛说圣佛母般若波罗蜜多心经》、《圣观自在大悲心惣持功能依经录》和《胜相顶尊惣持功能依经录》等。它们都不见于此前的汉文佛教经典中，却有同时期翻译的西夏文、藏文翻译本见于黑水城出土文献中，故可断定为西夏时代的新译汉文佛经。其次，是一系列修持本尊禅定要门，其中最多的是修持大黑天（Mahākāla）和金刚亥母（Vajravārāhī）的要门，此外还有修持观音、文殊、佛眼母、多闻天、金刚手、胜乐、四字空行母等本尊的仪轨。最后，是一组属于《捺啰六法》的瑜珈修习仪轨，如《梦幻身要门》、《中有身要门》、《九事显发光明义》、《甘露中流中有身要门》、《舍寿要门》和《拙火能照无明》等等②。

在《大乘要道密集》中出现的几部《道果金刚句偈》的释论和一系列与“大手印法”相关的文本被断定为西夏时代的作品以前，在《俄藏黑水城文献》中发现的这些藏传密教文献无疑是我们所知的最早的汉译藏传密教文献，它们的发现为我们揭示了藏传佛教曾于西夏王国广泛传播这一段几乎被人遗忘了的历史。在上述这些佛教文献中，那几部新译的佛经我们都能够在《西藏文大藏经》找到与其相对应的译本，可证明它们不是如它们的早期整理者认为的那样是“疑伪经”。而将它们与对应的藏文本作仔细的对勘，则可知它们所根据的底本不是现存于《西藏文大藏经》里面的那些藏文译本，它们有可能直接译自当时印度上师带进来的梵文原本，或者是根据西番上师带进西夏的而现在或已不复存在的藏文异译本③。而那些有关实修的仪轨（cho ga）、修法（sgrub thabs）和要门（man ngag）类文本，不管是本尊禅定，还是“捺啰六法”要门，它们显然都应当是当时入西夏传法的西番上师所传，对这些文本之源头的寻找对

① 参见沈卫荣《重构11—14世纪的西域佛教史——基于俄藏黑水城汉文佛教文书的探讨》，《历史研究》2006年第5期。

② 详见沈卫荣《序说有关西夏、元朝所传藏传密法之汉文文献——以黑水城所见汉译藏传佛教仪轨文书为中心》，《欧亚学刊》第7辑，2007年。

③ 沈卫荣：《汉藏译〈佛说圣大乘三归依经〉对勘——俄藏黑水城文书TK121、122号研究》，《西域历史语言研究集刊》第2辑，2009年；沈卫荣：《汉藏译〈圣大乘胜意菩萨经〉研究》，《中国边疆民族研究》第1辑，2008年。

于弄清藏传密教于西夏传播历史的真相至关重要。

令人遗憾的是，在这些众多的文本中迄今我们能够同定其藏文原本者唯有《梦幻身要门》一种，它与噶举派祖师冈波巴锁南领真（sGam po pa bSod nams rin chen，1079—1153 年）所造的一部《捺啰六法》释论中的“幻身要门”的内容大致相同[①]。而其他众多文本之来历的确定则颇费周折，迄今我们几乎没有能够同定其中任何一篇的直接的藏文原本。我们需要一篇一篇地找出与其相类似的藏文文本进行仔细的对勘，从中寻找蛛丝马迹，才能最终大致确定其来源和传承。当然，迄今为止我们对这些文献的初步研究的发现已足以让我们对藏传佛教于西夏传播之广度和深度感到十分的惊讶了。例如，我们发现黑水城汉译佛教文献中或有后来被认为是息解派（Zhi byed），或曰断派（gCod）之祖师、印度圣者帕胆巴相儿加思（Pha dam pa sangs rgyas，卒于 1117 年）所传的文本，如《四字空行母记文》和《甘露中流中有身要门》等[②]。此外，多种与胜乐聚轮仪轨、金刚亥母和大黑天修持相关的仪轨的发现说明密乘瑜伽尼本续的修习在西夏时代就已经相当的流行了，这表明元代宫廷内外所传的这些藏传密教修法，如大黑天崇拜和捺啰六法等，实际上早已在西夏时代就流行了。黑水城文献中有一部题为《大集轮□□□声颂一本》的源出于西夏的供养上乐中围轮的长篇仪轨，其中我们首次见到了包括音义两译的“十六天母”的完整名录[③]。所有这些都让我们相信蒙古人如此迅速地接受和信仰藏传佛教实际上有其深厚的西夏背景[④]。

黑水城出土文献中发现的这些汉译、西夏文译藏传佛教文献也为我们证明《大乘要道密集》中的许多文本乃西夏时代的作品提供了十分充分的证据。《依吉祥上乐轮方便智慧双运道玄义卷》中有引《能照无明要门》，寻找此文本之本源本来接近无解，而恰好在黑水城文献中出现了一篇《拙火能照无明——风息执着共行之法》，为西夏时代写本，内容正是

① 参见沈卫荣《西夏黑水城所见藏传佛教瑜伽修习仪轨文书研究 I:〈梦幻身要门〉》，载《当代藏学学术研讨会论文集》，“蒙藏委员会”（台北），2003 年，第 383—473 页。

② 参见孙鹏浩《有关帕当巴桑杰的西夏汉文密教文献四篇》，载沈卫荣主编《文本中的历史》，第 85—97 页。

③ 《俄藏黑水城文献》第 2 册，第 113 页。

④ 参见沈卫荣《初探蒙古接受藏传佛教的西夏背景》，《西域历史语言研究集刊》第 1 辑，2007 年。

被引用者。这可证明这部《依吉祥上乐轮方便智慧双运道玄义卷》或并非某部藏文原著的直接翻译，而是于西夏传法之上师根据当时存在的各种汉译藏传密教文本编写而成的一部修持欲乐定的仪轨。《依吉祥上乐轮方便智慧双运道玄义卷》还引用了《令明体性要门》《伏忘要门》等文本，相信它们也都是西夏时代所传的藏传密教要门，可惜今不见于黑水城出土文献中。当然，更能为《大乘要道密集》包含西夏时代传藏传密教文献提供证据的是，我们在黑水城出土文献中还发现了《解释道果金刚句记》和众多有关“大手印法”文本的西夏文译本①。随着更多的黑水城出土西夏文佛教文献被解读出来，我们必将发现越来越多的文本可与其同一收藏中的汉文文献，以及与《大乘要道密集》中的文献同定，这无疑将使我们对西夏和元朝藏传密教传播史的研究走上一个新的台阶。而将它们进行对勘、分析，不但可以帮助我们正确地理解这些汉文藏传密教文本，而且也能为我们正确地解读这些稀见的西夏文文本提供可靠的参照。

六

与《大乘要道密集》和黑水城出土佛教文献在时间和内容上对应，可以互相比较、对勘的还有吐鲁番出土畏兀儿文佛教文献（*Turfan Uigurica*）。这批文献是20世纪初德国探险家在吐鲁番发现，并掠夺携回，现藏于德国柏林勃兰登堡科学院内。同时，斯坦因在敦煌也发现了几种元代遗存的古畏兀儿佛教文献，与吐鲁番畏兀儿佛教文献从形制到内容完全相应。这些文献中同样包含了大量从藏文翻译成畏兀儿文的藏传密教文献，特别是像胜乐等密续本尊的修持和与“捺啰六法”相关的各种瑜伽修习

① 《道果语录金刚王句之解具记》，写本，俄藏黑水城西夏文文献第386、387号，克恰诺夫（Е. И. Кычанов）编：《俄藏黑水城西夏文佛经文献叙录》，京都大学出版社1999年版，第487页。亦见西田龙雄编《西夏译佛典目录》，载西田龙雄《西夏文华严经》Ⅲ，京都大学文学部，1977年，第24页。黑水城出土西夏文佛教文献中见到的与《大乘要道密集》中的大手印法文本可比定的至少有《大手印直入要论》（《大手印顿入要门》）、《大手印定引导略文》（《大手印定引导要门》）两种，参见Kirill Solonin，“Mahāmudrā Texts in the Tangut Buddhism and the Doctrine of ‘No-thought’”，《西域历史语言研究集刊》第2辑，2009年；孙伯君：《俄藏西夏文〈大手印定引导要门〉考释》，《西域历史语言研究集刊》第5辑，2012年。

要门[①]。将这些畏兀儿文佛教文献与前述《大乘要道密集》和黑水城出土佛教文献进行比较，可以为我们揭露出很多元代藏传密教传播的真相。

最早引起西方学者注意和讨论的畏兀儿文藏传密教文献是一部被称为“神通仪轨”（Zauberritual）的胜乐中围轮修法，它最早由西方古回鹘文研究的祖师 F. W. K. Müller 先生发现和整理，后来又经过 Georg Kara 和 Peter Zieme 两位先生重新翻译和整理[②]。按照其跋中所言，这部“神通仪轨”乃元代畏兀儿译师本雅失里（Puṇyaśrī）按照八思巴所造仪轨翻译，而其宗承上师名录中的最后一位上师也正好就是八思巴，所以它与八思巴所传承的萨思迦派胜乐修法的传轨有关[③]。仔细对照其内容，则不难发现它实际上就是八思巴帝师所造的两部胜乐轮中围（坛城）修法的畏兀儿文翻译。这两部修法分别是《吉祥胜乐轮噜余巴传轨修法次第明说》（*dPal 'khor lo bde mchog gi lū hi pa'i lugs kyi sgrub thabs rim pa gsal ba*），或称《吉祥胜乐轮中围轮修法次第明说》（*dPal 'khor lo bde mchog gi dkyil 'khor gyi 'khor lo'i sgrub thabs rim pa gsal ba*），和《吉祥胜乐轮中围轮修法》（*dPal 'khor lo bde mchog gi dkyil 'khor gyi 'khor lo'i sgrub pa'i thabs*）。这两部仪轨本来就是姐妹篇，后一部是前一部的略本，先后写成的时间仅相差十五天，是八思巴应其最胜弟子蒙古皇子启必帖木儿的请求而于阴铁羊年（1271 年）昂宿月 10 日和 25 日于临洮城分别写成。在八思巴帝师的全集内，我们一共见到八种与胜乐修法有关的仪轨，其中只有一种写成于后藏的曲弥（Chu mig），而其他七种都是他居内地时写成，而且有四种写成于 13 世纪五六十年代，即忽必烈汗尚在潜邸居开平府之时，其他三

---

① 关于吐鲁番出土畏兀儿文佛教文献的概况，参见 Peter Zieme，*Religion und Gesellschaft im Uigurischen Königreich von Qočo*，*Kolophone und Stifter des alttürkischen buddhistischen Schriftentums aus Zentralasien*，Abhandlungen der Rheinisch-Westfälischen Akademie der Wissenschaften，Band 88，Opladen：Westdeutscher Verlag，1992；Johan Elverskog，*Silk Road Studies I*：*Uygur Buddhist Literature*，Brepols，Turnhout，1997。

② F. W. K. Müller，“Ein uigurisch-lamaistisches Zauberritual aus den Turfanfunden，” *Sitzungsberichte der Deutschen Akademie der Wissenschaften*，*Phil. -hist. Klasse*，1928，s. 379 – 386；Georg Kara & Peter Zieme，*Fragmente tantrischer Werke in uigurischer Übersetzung*，Berlin：Akademie Verlag，1976.

③ Kara & Zieme，*Fragmente tantrischer Werke in uigurischer Übersetzung*，s. 46.

种也写成于忽必烈汗正式建立元朝以前[①]。这充分说明，胜乐轮中围修法于蒙古的传播开始非常早，这与在黑水城出土文献和《大乘要道密集》中即大量出现西夏时代所传胜乐轮修法仪轨的事实相一致。作为密乘无上瑜伽部母续最重要的一部本续，《吉祥胜乐本续》及其修法当在西夏时代就已经广泛流传，黑水城出土文献中既有《大集轮□□□声颂》这样的专述胜乐集轮的供养和咒语的长篇仪轨，同时还有像《金刚亥母集轮供养》等短篇的仪轨。值得注意的是，就是在这部八思巴帝师造胜乐轮中围修法的畏兀儿文翻译中我们见到了作为供奉给胜乐轮中围之意生供养的"十六天母"（lha mo bcu drug，或者 rig ma bcu drug，译言"十六明母"）。这说明所谓"十六天魔舞"当早在元朝建立之前就已经在蒙古信众中传播了[②]。

另一部以基本完整的书的形式保存下来的畏兀儿文译藏传密教文献是萨思迦班智达造《甚深道上师瑜伽》（*Lam zab mo bla ma'i rnal 'byor*）。甚深道上师瑜伽是萨思迦派所传道果法的修法，后者将教法之道摄为深、中、浅三道，深道师道，中道记句道，浅道妙观察身择灭五种缘起道。深道师观，是上根补特伽罗证得佛果之道。上师瑜伽修法对于萨思迦派具有特别重要的意义，历辈萨思迦祖师都有相关的著作传世，而萨思迦班智达的这部《甚深道上师瑜伽》无疑是其中的集大成者，它既是一部实修上师瑜伽的要门，同时也是一部解释道果法"深道即师"理念的释论。Kara 和 Zieme 两位先生在整理、翻译这部畏兀儿文书的时候，正确地找出了这部文书的藏文原本，但他们不知道这部文书的汉文译本见于《大乘要道密集》，题为《大金刚乘修师观门》。它和八思巴帝师造的另一部上师瑜伽要门——《观师要门》一起被编入其中的《密哩斡巴上师道果卷》[③]。这两部上师瑜伽要门都没有完整的跋，然萨思迦班智达之《大金刚乘修师观门》之末尾用小字标明 bla ma'i gsung yig 'U yug pa rigs pa'i seng ge la gnang ba'o，译言："上师所言文，授予乌余巴亦辇班僧哥"。乌余巴

① 参见沈卫荣、李婵娜《"十六天魔舞"源流及其相关藏、汉文文献资料考述》，载沈卫荣主编《文本中的历史》，第 499—564 页，特别是第 520—523 页。

② 详见沈卫荣、李婵娜《"十六天魔舞"源流及其相关藏、汉文文献资料考述》。

③ 参见沈卫荣《元代汉译八思巴帝师造〈观师要门〉对勘、研究》，载沈卫荣、谢继胜主编《贤者新宴——王尧先生八秩华诞藏学论文集》，中国藏学出版社 2010 年版，第 354—369 页；安海燕《萨思迦班智达造〈大金刚乘修师观门〉汉、藏本对勘》，载沈卫荣主编《文本中的历史》，第 243—283 页。

乃萨思迦班智达的主要弟子，卒于1253年。而其畏兀儿文译本则由佚名译者完成于凉州（今甘肃武威）的Sirkap寺。故萨思迦班智达的这部观师要门极有可能是他圆寂前不久在阔端领地传法时所造。八思巴帝师造的这部《观师要门》本来就是根据萨思迦班智达“上师幽旨而述”，且专为其弟子La'o shu而付诸文字的。这位La'o Shu很可能指的是元初名臣姚枢。可见，萨思迦班智达叔侄二人分别造的这两部上师瑜伽要门或当均造于其在内地传法之时，它们或先被翻译成了畏兀儿文，后来才被翻译成了汉文[①]。

20世纪70年代末，Zieme和Kara两位先生还曾合作出版过一部题为《一部畏兀儿文死亡书》的著作，将斯坦因在敦煌发现的汇成一册的四种与“捺啰六法”之修习相关的畏吾儿文译藏传密教文献作了整理和翻译[②]。尽管这四种文书发现于敦煌，但从内容上看与吐鲁番畏兀儿文佛教文献属于同一体系，都是元代所传的藏传密教文献。这四个文本的发现证明由捺啰巴所传的“中阴”，或称“中有”的教法同样曾经在元朝有过广泛的传播，我们在黑水城出土文献中见到过一组源出于西夏时代的有关修习拙火、中阴、梦幻身诸法要门的文本[③]，在《大乘要道密集》中也有几篇萨思迦三世祖葛剌思巴所传的《辨死相》《舍寿要门》等与中阴修法相关的要门，集于《密哩斡巴道果卷》中。这些元代畏兀儿文译中阴修持仪轨的发现，充分证明中阴修法自西夏至元朝传播的连续性。

见于这部敦煌本畏兀儿文死亡书中的第一个文本题为*Tv̈mkä indriliγ tïnlaγlarqa äyin käzigčä bïšurunup tuyunnγuluq nom*，译言《下根有情次第证悟之法》。这是一部完整的中阴修持仪轨，对生死中有、梦中有和转生中有，及其辨死相、体认光明、舍寿（遮止胎门）等多种修法都做了系统的说明，比迄今于黑水城出土文献和《大乘要道密集》中所见到的任何有关中有、梦幻和光明诸法的要门都要全面、详细得多。按照其提供的宗承师名单可知，这个法门传自大持金刚、啰呤浪巴、捺啰巴、马尔巴、Shangpa八哈失和sTag gcig pa。我们迄今无法同定这部畏兀儿文译本的藏文原本，如果这里出现的Shangs pa八哈失果真就是Zieme和Kara先生猜测

① 萨思迦班智达的《大金刚乘修师观门》和八思巴的《观师要门》均注明为“持咒沙门莎南屹啰译”，而后者当为明初译师，详见后述。

② Zieme & Kara, *Ein uigurisches Totenbuch*, 1979.

③ 沈卫荣:《西夏黑水城所见藏传佛教瑜伽修习仪轨文书研究 I:〈梦幻身要门〉》,《当代藏学学术研讨会论文集》。

的Shangs pa rin po che，即藏传佛教香巴噶举派的创始人Khyung po rnal 'byor，则这是迄今发现的于西域和内地传播的第一部属于香巴噶举派的密教文本[①]。而其中将即身证得大手印成就作为中有法修持之指归，并将二者整合在一起，显现出与迄今多见的宁玛派所传的中有法不同的特点，对它的进一步研究将为我们了解元代藏传密教传播史打开一个新的视窗。

敦煌本畏兀儿文死亡书中的第二个文本题为*Tört törlüg käziglärig yolča uduzmaqlïγ täring nomluγ tamngaq*，译言《四次第道深法要门》。原作者是释迦比丘大阿阇黎（Cog ro Chos kyi rgyal mtshan，1108—1176年）。据《青史》记载，这位Cog ro Chos kyi rgyal mtshan上师是马尔巴译师（Mar pa Lho brag pa）的再传弟子，曾随后者的弟子Mar pa Do pa和rNgog mDo sde两位法师学法，还分别造有喜金刚和胜乐两部本续的释论，惜今已不传[②]。据Zieme和Kara两位整理者的研究，《四次第道深法要门》的藏文原本今无处可寻，但其内容与萨思迦始祖公哥宁卜（Sa chen Kun dga' snying po，1092—1158年）造《四次第导引》（*Rim pa bzhi lam du slong*）极其相似，很多段落甚至完全一致。事实上，《四次第道深法要门》是根据《吉祥上乐根本续》的密义，依据捺啰巴上师所传之六法的传统而造的以修气、脉、轮、明点为主的中阴和拙火的成就法仪轨。从觉囊派上师公哥卓主（Jo nang rje btsun Kun dga' grol mchog，1507—1565/1566年）的著作《百部导引传承史》（*Khrid brgya'i brgyud pa'i lo rgyus*）中可知，《四次第道引》据称为捺啰巴上师所传，乃秘密法，仅由已得特殊灌顶之师徒口耳相传。西番所传的四次第道深法都由黑行师传出，有dMar ston Chos kyi rgyal mtshan所写Pu rong lo chung之口传、Cog ro Chos kyi rgyal mtshan所记录的Mar pa Do pa的讲说和法主大萨思迦所造的《四次第道引》等能够参证的三部。而四次第导引要门因其秘密而特别危险，不得轻易外传，

① 关于香巴噶举派的研究参见Matthew Kapstein，"The Shangs-pa bKa'-brgyud：An Unknown School of Tibetan Buddhism." *Tibetan Studies in Honor of Hugh Richardson*，edited by M. Aris and Aung San Suu Kyi，Warminster：Aris and Phillips，1980，pp. 138－144；Matthew T. Kapstein，"Chronological Conundrums in the Life of Khyung po rnal 'byor：Hagiography and Historical Time，" *Journal of the International Association of Tibetan Studies* 1（October 2005），pp. 1－14；E. Gene Smith，"The Shangs pa Bka' brgyud Tradition，" *Among Tibetan Texts：History and Literature of the Himalayan Plateau*，Boston：Wisdom 2001，chap. 4。

② *BA* I，pp. 383－384；Zieme & Kara，*Ein uigurisches Totenbuch*，p. 161.

甚至对已经取得声闻、独觉之果位者都必须严格保守秘密。Mar pa Do pa 是因为他儿子佛子虚空光（Jo sras Nam mkha' 'od）贪图 Cog ro 的财富而不得不传此秘密法，结果父子二人果真都因此而遭遇不测，在向 Cog ro 传法之时和随后先后离世。据《百部导引传承史》的记载，Mar pa Do pa 传予 Cog ro 的四次第道当时已经不传，想不到它却以其畏兀儿译本传承了下来①。

按照《四次第道深法要门》的跋中所说，本书是来自 Qamïl（哈密）的Ārya Ācārya（圣阿阇黎）因其上师 Ston pa 的旨令而从藏文翻译成畏兀儿文的。复于至正十年（虎年，1350 年）六月四日，受蒙古王子阿速歹（Asuday）之旨令来自 Üč-Lẅkčẅng（三鲁克沁城）的上师 Sarïγ Tutung（萨里都统）抄写②。这里提到的畏兀儿译师Ārya Ācārya 或当就是八思巴帝师的弟子阿阇黎，八思巴不少著名作品，如他的《吉祥胜乐轮中围轮修法》《吉祥胜乐轮五本尊中围轮修法》等，都是由这位阿阇黎担任书记官的（yi ge pa ni a tsa ra'o）③。如果这两位阿阇黎确实是同一个人，那么这位授命让他翻译这部《四次第道深法要门》的上师 Ston pa 有可能即是八思巴帝师本人，Ston pa 本意即是“师”。是故，这部至迟于 16 世纪在西番已不再流传的重要的藏传密教仪轨显然是被萨思迦派的上师传到了内地，并由他们的畏兀儿弟子译成了畏兀儿文，并因此而流传了下来。值得一提的是，《青史》中曾经提到 Cog ro Chos kyi rgyal mtshan 根据 Mar pa Do pa 口传而造《吉祥上乐本续》释论一部，被公认为是同类作品中的权威之作，可其藏文本也早已失传。有幸的是，我们在北京国家图书馆善本书特藏中发现了一部题为《新译吉祥饮血王集轮无比修习母一切中最胜上乐集本

① 见 Kun dga' grol mchog, *Khrid brgya'i brgyud pa'i lo rgyus*, *gDams ngag mdzod*, Vol. 18, pp. 91－93。参见沈卫荣《西夏汉文藏传密教仪轨〈依吉祥上乐轮方便智慧双运道玄义卷〉读解——以依“四手印”修“欲乐定”为中心》。《四次第道深法要门》中称，这个要门甚至必须对声闻和独觉者保密，因为他们不是能够即身成就最胜大手印成就的根器。见 Zieme & Kara, *Ein uigurisches Totenbuch*, p. 161。

② Zieme & Kara, *Ein uigurisches Totenbuch*, pp. 161－163. 参见［日］松井太《东西察合台系诸王族与回鹘藏传佛教徒——再论敦煌出土察合台汗国蒙古文令旨》，杨富学、刘红梅译，《甘肃民族研究》2011 年第 3 期。

③ 参见沈卫荣、李婵娜《“十六天魔舞”源流及其相关藏、汉文文献资料考述》，《文本中的历史》，第 52—522 页；阿不都热西提·亚库甫《北京大学图书馆藏回鹘文〈西宁王速来蛮赞〉新探》，《西域文史》第 6 辑，2011 年。

续显释记》的西夏时代集译法本，署名“释迦比丘拄㖠法幢集、讲经律论寂真国师沙门惠照传、皇建延寿寺沙门惠云等奉敕译、皇帝详定”。这是一部诠释《吉祥饮血王集轮无比修习母一切中最胜上乐集本续》，即《吉祥胜乐本续》的长篇释论中的第三卷，解释该部本续的第四至第九品。它无疑就是前述已经失传了的 Cog ro Chos kyi rgyal mtshan 所造的著名的《吉祥上乐本续》的释论，是故我们终于知道了 Cog ro Chos kyi rgyal mtshan 即是“释迦比丘拄㖠法幢”。拄㖠法幢所传教法于西番失传，却被翻译成汉文、畏兀儿文，自西夏至蒙元时代于西域和内地流传，这一现象颇值得我们进一步深究。除了拄㖠法幢本人就来自朵思麻，与西夏的接触自有其地理上的便利之外，一个可能的原因是他所传的教法与当时萨思迦派所传的道果法有密切的关联，故受萨思迦上师推崇而传到了内地。《四次第道深法要门》中明确提到“此种法乃大阿阇黎捺啰巴在其十二种根本要门中所说。要入此大乘密咒道必需五种关联，其首要者即圆满得四种灌顶，然后知十二种甚深要门之精要，修习彼等而现证悟，入于彼道，此即复与果相连接也”[①]。这听起来与萨思迦派的道果法非常接近。

敦煌本畏兀儿文死亡书中的第三个文本题为 *Candalinïng altï dyannïng udïzγuluq yangï*，译言《拙火六禅定仪轨》。它与第二个文本一样也是蒙古王子阿速歹专门令上师为他抄写的。这部文本没有跋尾，但文中提到其作者是第三世葛哩麻巴上师览荣朵儿只（Rang byung rdo rje，1284—1339年，译言自生金刚）。三世葛哩麻巴上师曾于元朝末年两次入朝传法，留下了不少汉译法本，此容后述。这部畏兀儿文译《拙火六禅定仪轨》实际上是他所造的一部《捺啰六法》释论——《甚深道捺啰六法总释和引导文》（*Zab lam nā ro chos drug gi gsal byed spyi cings khrid yig dang bcas pa*）中的一个部分[②]，它不仅包括了其中的“拙火修习导引”部分，而且

① Zieme & Kara, *Ein uigurisches Totenbuch*, pp. 128 - 129.

② Zieme 和 Kara 二位先生当年整理这部文献时尚无法找到它的藏文原本以作对照，其根据畏兀儿文译文拟构的藏文题名 *Gtum-mo'i bsam-gdan drug la 'khrid-pa'i cho ga* 显然也不尽确切，它当作 *Chos drug gi gtum mo'i sgom khrid*，译言《六法之拙火修习导引》。将 Zieme 和 Kara 先生的德文译文和藏文原本仔细对照，发现二者之间尚有不小的差别，畏兀儿文译本显然有不同程度的增删和改编。有些句子或段落意义也有较大的差异，然因笔者不谙古回鹘文，无法判断是当初畏兀儿文译者理解藏文时出了差错，还是本书的整理者在德译这个畏兀儿文文本时理解有误。例如这标题按理应该是《六法之拙火修习导引》，而不是《拙火六禅定仪轨》，因为拙火只是捺啰六法中的一法而已。

也还包括了其中的“幻身”(sgyu lus)和“中有”(bar do)两个部分的要门[①]。我们或可推测三世葛哩麻巴的这部释论曾经被全译成畏兀儿文传世，而这里抄写者仅为阿速歹王子抄录了其中有关“拙火”、“幻身”和“中有”三个部分的修法要门，以和全书内容形成一个整体。

“拙火定”是《捺啰六法》中的第一法，是捺啰呃上师宗《大喜乐金刚本续》(*The Hevajra Tantra*)，即《喜金刚本续》而制定的依脉而修拙火，生起暖乐，渐生四喜，觉大乐，起无分别智，于现身上获大手印成就的一种究竟禅定。它当在西夏时代就已经作为道果法的一种修法而传入西域，见于《大乘要道密集》之《依吉祥上乐轮方便智慧双运道玄义卷》中的“拙火定”是迄今所见最为详尽的修习“拙火定”要门，除此之外，《玄义卷》中也还录有“九周拙火剂门”、“光明定玄义”、“梦幻定”和“幻身定玄义”等，其内容与此《敦煌本畏兀儿文死亡书》中相应的内容类似。而在俄藏黑水城出土文献中，也有一批与“捺啰六法”相关的求修要门，其中与“拙火定”直接相关的便是前曾提及的《拙火能照无明——风息执着共行之法》。

敦煌本畏兀儿文死亡书中的第四个文本是一部供养吉祥胜乐本尊仪轨的残本，列总持、外、内、欢喜、如意、庆赞六种供养，然最后两种供养文本已残。其内容也都不出乎前述八思巴帝师造“神通仪轨”的内容，也和见于黑水城出土文献的《大集轮□□□声颂》中的胜乐集轮供养和咒语类同。本文书整理者猜测其为“断派”(gCog pa)所传的特殊供养仪轨，恐无足够的根据，它当就是一部寻常的供养(mchod pa)文。

元代翻译、流传的畏兀儿文藏传佛教文献当远不止我们今天所能看到的这些。传说有整部畏兀儿文大藏经曾经出现在西藏的萨思迦故地，至今下落不明。当年德国探险家们在吐鲁番发现这些畏兀儿文文献时，从当地人处获知曾有大量同类的文本因被视为异端之残渣而被焚毁。但相信今后依然还可能有这类文献的遗存被陆续发现。而且，这类文献也还在吐鲁番以外的敦煌、黑水城等地被发现。例如在敦煌莫高窟北区洞窟中新发现的畏兀儿文手稿中，就曾又发现了藏传佛教的文本。其中有一个已经残破的

① Rang byung rdo rje, *Zab lam nā ro chos drug gi gsal byed spyi cings khrid yig dang bcas pa*, *gDams ngag rin po che'i mdzod*, Vol. 9, Dehli: Shechen Publications, 1999, pp. 37 – 45.

手稿，疑似与大成道者类近的藏传佛教上师的传记①。此外，在黑水城出土的一页手稿上，出现了一个畏兀儿文的跋，说明这个全文已佚失的文本乃怯列失思［和!］辇真翻译的一部“道果法”（lam 'bras）的仪轨②。这再次充分证明萨思迦派所传的道果法曾在元代宫廷内外得到过很广泛的传播。

七

除了上述这些不同语文的藏传佛教文献以外，我们又通过不同的途径、在不同的地方陆续发现了数量不少的同类文献，对它们的整理和研究无疑也将对藏传佛教于西域和中原传播历史的重构产生巨大的影响。1991年8月至9月，宁夏回族自治区文物考古研究所的考古学家在位于宁夏回族自治区首府银川市附近贺兰山区拜寺沟深处的西夏方塔废墟中，清理出了30余种西夏文、汉文文献，其中最重要的是几部与藏传佛教相关的西夏文、汉文文献。这些文献的出现，引发了西夏研究一次不小的震动，迄今已有大量的研究陆续问世，而其最初的较权威的整理和研究则见于

---

① 参见 Abdurishid Yakup, "Uigurica from the Northern Grottoes of Dunhuang," *A Festschrift in Honour of Professor Masahiro Shōgaito's Retirement: Studies on Eurasian Languages*, Kyoto 2006, pp. 1 – 41。

② 参见 György Kara, "Mediaeval Mongol Documents from Khara Khoto and East Turkestan in the St. Petersburg Branch of the Institute of Oriental Studies," *Manuscripta Orientalia*, 9/2 (2003): pp. 3 – 40. Kara, p. 32，将此残片中出现的这个畏兀儿文跋中的一句译作：“we, Bkra-shis (?, [and?] Rin-chen [ ] succeeded in translating the *yantïr* (*yantra*) called ‘The endlessly true (and) wise (teaching of) lambïras (Tib. Lam 'bras = Skt. Mārgaphala, the Way and the Fruit)’”，译言：“我们，怯列失思［和］辇真成功地翻译了称为‘无尽真实智慧的道果法’的演揲儿。”其中与演揲儿对应的梵文词是 Yantra，而与其对应的畏兀儿文原文作 yantïr，这是卓鸿泽前揭文将《元史》中出现的“演揲儿”同定为畏兀儿文 yantïr 的音译的重要依据之一。如果这个同定正确，那么所谓的演揲儿法指的无疑就是萨思迦派所传的道果法中的一个特殊修法了。在藏传密教的修法中与 Yantra 对应的一种修法即是被称为“幻轮”（'phrul 'khor）的瑜伽修法，它通过修习气、脉，达到不死成就。例如，在列为“道果八种支分法”之一的无死黑足师（Acyuta Kāṇha）所传《正邪要门》（*Yon po bsrang ba'i gdams ngag*）中就有这种修法。令人十分意外的是，我们在辽宁图书馆中发现的罗振玉藏“演揲儿法残卷三种”中发现了一篇题为《道果机轮》的静虑调身修习仪轨，此或当就是畏兀儿文本中的“道果演揲儿法”，其藏文原文可拟为 *Lam 'bras kyi 'khrul 'khor*，即《道果幻轮》。如此说来，“演揲儿”即是“机轮”之意，其修法即是萨思迦道果法中的“脉风幻轮”（rtsa rlung gi 'khrul 'khor）修法。对这个文本及其所描述的修法有待深究。

2005年才出版的《拜寺沟西夏方塔》一书中[①]。不管是从藏传佛教于西域和中原传播历史研究的角度，还是从整个密教在中国生成、传播之历史研究的角度来说，拜寺沟方塔中出土的这些西夏文、汉文佛教文献的意义都十分可观，对它们的同定、整理和研究在某种程度上可以帮助我们彻底改写中国密教史。

拜寺沟出土文献中最引起轰动的是一部题为《吉祥遍至口合本续》的多卷本西夏文译藏传密教续典，同时出土的还有它的几部释论，题为《吉祥遍至口合本续要文》《吉祥遍至口合本续广义文》《吉祥遍至口合本续之解生喜解疏》等。它不仅是迄今极少见的卷帙浩繁，又基本完整的西夏文藏传密教文献，而且可能是唯一经国家鉴定的西夏时期，也是宋辽金时期的木活字版印本，故特别引起了学者们的高度关注。而对这部西夏文译密教续典的原本的同定，曾让不少西夏学家们颇费了一番心思，长期一筹莫展，最后甚至绝望地宣布这是硕果仅存的海内孤本。笔者在当时正在译解这部西夏文文本的宁夏回族自治区文物考古研究所孙昌盛先生的帮助下，同定了《吉祥遍至口合本续》实际上就是见于《西藏文大藏经》中的《真实相应大本续》（*Yang dag par sbyor ba zhes bya ba'i rgyud chen po*）的一个今天已经失传了的异译本，也就是在萨思迦诸祖师著作中常常见到其引用的《三莫怛本续》（*The Saṃpuṭa Tantra*）的西夏文翻译本[②]。这是密教无上瑜伽部母续，或曰智慧续中一部非常重要的续典。智慧续有喜金刚、胜乐、四座和大幻化四部根本续，按照元代布思端大师的说法，"于喜金刚部，根本续《二品续》、释续《不共通空行母金刚帐续》、众续之释续共通《吉祥三菩怛续》及其后续品等"[③]。此即是说，《三菩怛本续》不但是《喜金刚本续》的解释续，而且也是所有智慧部本续的解释续。于无上瑜伽部智慧续中，它可以说是仅次于《喜金刚本续》和《吉祥胜乐本续》的一部重要续典，更是萨思迦派所传道果法修习的根本所依之一。它和它的多部释论被翻译成西夏文传世，反映出了西夏时代密教传播的深度。

---

① 宁夏回族自治区文物考古研究所编：《拜寺沟西夏方塔》，文物出版社2005年版。

② 沈卫荣：《西夏文藏传续典〈吉祥遍至口合本续〉源流、密意考述》（上），《西夏学》第2辑，2007年。

③ 布思端辇真竺（Bu ston Rin chen grub）：《布思端佛教史》（*Bu ston chos 'byung*），中国藏学出版社1988年版，第264页。

由于拜寺沟出土的汉文密教文献残破程度较高，颇难见其全貌，故要同定其原本不是很容易，以往学者所作的同定有不少值得重新推敲。若仔细辨认、反复拼接、复原，再根据其上下语境从同主题的藏文文献中去寻找和比对与它们相对应的文本，我们大致也都能确定其来源。例如，拜寺沟方塔出土文献中有一篇被整理者定名为《上乐轮略文等虚空本续》，如果此同定无误，那它就该是被列为三部《吉祥上乐根本续》之一的、被称为“言说续”（Abhidhāna）《吉祥上乐等虚空本续》（*dPal bde mchog nam mkha' dang mnyam pa'i rgyud kyi rgyal po*）。然而将这个汉文残本与它的藏文原本仔细比照，则可发现它们显然不是同一个本子，它更应该是《吉祥上乐等虚空本续》的一部释论①。虽然，我们迄今无法找到和它完全一致的藏文原本，但根据同主题的藏文文本，我们可以大致厘定这个已经十分残破的文本，并解读这个注释本的主要内容。

拜寺沟方塔出土文献中还有一部被整理者暂定名为《修持仪轨》的汉译藏传密教仪轨，虽然由于其过分残破，我们很难把它拼凑成一个连贯的整体，厘定出一个可读的完整文本，但从其内容上看也是叙述修持吉祥形噜割（Śrī Heruka）的一个仪轨，其中有对形噜割中围的布置、各种咒语，以及观想的方法等，部分内容与前述见于黑水城出土文书中的《大集轮□□□声颂一本》一致。根据这个不完整的文本及其内容，经过仔细的比对，我们可以大致确定这个所谓的《修持仪轨》实际上是另一部无上瑜伽部本续的汉译残本，它的原本当即是《现颂无上续》（*mNgon par brjod pa'i rgyud bla ma zhes bya ba*，*Abhidhāna Uttaratantranāma*）的汉译本②。后者是《吉祥胜乐本续》的九部“解释续”（*bshad rgyud*）中的第一部，属于不共通解释续③。

拜寺沟出土的另一部相对比较完好的藏传密教文本被整理者定名为《初轮功德十二偈》，事实上，它就是一直被误认为是“元讲经律论习密

---

① 参见梁珏《十一至十四世纪西域与内地的胜乐修持文献——拜寺沟方塔出土〈吉祥上乐轮略文等虚空本续〉之注释〈无垢……〉研究》，《文本中的历史》，第98—129页。

② 中国藏学研究中心历史研究所的魏文先生对这个文本已做了初步的研究，对二者的初步同定是他的发现。

③ 详见布思端辇真竺《续部总释——续部大宝庄严》（*rGyud sde spyi'i rnam par gzhag pa rgyud sde rin po che'i mdzes rgyan zhes bya ba*），*The Collected Works of Bu ston*，Lokesh Chandra，ed.，New Delhi：International Academy of Indian Culture，1966，Vol. ba，pp. 396 –407。

教土番译主聂崖沙门释智”翻译的《圣妙吉祥真实名经》的残本。这部于西藏被认为是密教第一续典的汉译本出现于已被确定为是西夏时代的佛塔中，这雄辩地证明其源自西夏，而非元朝的事实。而这一事实也可以从其译名的习惯和所用译语的方言特征等得到进一步的证明[①]。这一发现对于确认《圣妙吉祥真实名经》的汉、西夏、畏兀儿和蒙古文等各种文字的译本之间的翻译次序将有极大的帮助。

从以上同定的这几部西夏文和汉文译藏传密教续典，再结合黑水城出土的同类文献，可知西夏时代所翻译的藏传密教文献极为丰富，特别是无上瑜伽部的几部大根本续及其释论都已有了或者西夏文或者汉文的翻译[②]。可以想象，当时实际翻译的密教文献一定远不止现在我们所能看到的这些，而这是中国译经史上一个至今鲜为人知的新篇章。晚近，我们在辽宁省图书馆中找到了三种罗振玉先生于20世纪20年代在其抢救的清内阁大库档案中检出的三种他认为与元代所传“演揲儿法”相关的元写本残卷，其中有：(1)《新译吉祥饮血王集轮无比修习母一切中最胜上乐集本续显释记》卷三，同样的文本也见于国家图书馆善本部藏书中，共12叶。所谓《吉祥饮血王集轮无比修习母一切中最胜上乐集本续》当为《吉祥上乐本续》的一个异译本。鉴于迄今我们发现了如此之多的与《吉祥上乐本续》相关的解释续，或者注疏等，我们完全有理由猜测西夏时代或曾有过它的汉文全译本。(2)《喜乐金刚空行母网禁略集大密本续》五卷下，这理应就是无上瑜伽部母续最重要的本续之一——《吉祥喜金刚本续》的汉译本残卷。《吉祥喜金刚本续》(*Kye'i rdo rje zhes bya ba rgyud kyi rgyal po*)有众多不同的名称，其中一个常用的名称作 *Kye'i rdo rje mkha' 'gro ma dra ba'i sdom pa'i rgyud kyi rgyal po*，译言《喜金刚空行母幻网律仪本续王》。按《喜乐金刚空行母网禁略集大密本续》这一汉译名推断，其藏文原名或当为 *Kye'i rdo rje mkha' 'gro ma dra ba'i sdom pa bsdus pa gsang ba chen po'i rgyud*，应当是一个不见于今存《西藏文大藏经》中

---

① 才让：《法藏敦煌藏文本P.T.99号〈正说妙吉祥名〉相关问题研究》，《西藏研究》2009年第3期。

② 关于黑水城出土西夏文文献中与喜金刚和胜乐相关的文本，参见沈卫荣《初探蒙古接受藏传佛教的西夏背景》，《西域历史语言研究集刊》第1辑，2007年。

的《吉祥喜金刚本续》的异译本[1]。

以上这些密乘佛教无上瑜伽部诸重要续典及其释论之西夏时代的译本的发现和同定，对于整个中国密教史的研究来说，可以说具有革命性的意义。我们知道，密乘佛教无上瑜伽部的续典虽然在宋代初期曾经也有被译成汉文者，如施护翻译的父续《佛说一切如来金刚三业最上秘密大教王经》（即《密集》）和法护翻译的母续《佛说大悲空智金刚大教王仪轨经》（即《喜金刚》）等，甚至施护也还曾翻译过《佛说最胜妙吉祥根本智最上秘密一切名义三摩地分》，即《圣妙吉祥真实名经》，但由于这些译本的品质低劣，其中内容多有增删，加上汉地缺乏密教修习的传统，所以在中国佛教发展史上的影响甚小[2]。然而，以上的发现证明在西夏时代，几乎所有重要的无上瑜伽部之本续及其释论都曾经有过汉译或者西夏文译本，它们都曾经在西域和中原有过流传。这说明宋以来，密教在中国的传播实际上有过宋和西夏两条不同的途径，而元初曾经出现过的所谓“显密圆融”运动应该就是在这一背景下形成的。密教之大瑜伽部和无上瑜伽部的文献及其修习在西夏时代的传播无疑是中国译经史和中国密教史上亟待增补的一个新篇章。

八

学术研究，特别是历史研究的进步常常要依赖新资料的发现，像敦煌文献、黑水城文献的发现等，都给传统东方学研究的很多学术领域带来了革命性的变化。但也有很多珍贵的资料，就在人们眼前，却常常被人忽略。对一种新资料的发现和认识往往需要发现者的头脑中对这种资料所属的学术领域有充分的知识积累，形成诸多问题意识，同时具备上下求索的好奇心，否则就难以产生那份能点石成金的特殊的学术敏感。以往研究藏

---

① 参见沈卫荣《罗振玉所见“演揲儿法残卷三种”浅释》，《上海书评》2011 年 12 月 24 日。

② 关于宋代中国和印度的佛教关系参见 Jan Yün-hua（冉云华），“Buddhist Relations between India and Song China,” I, *History of Religions*, Vol. 6, No. 1, 1966, pp. 24 – 42; II, Vol. 6, No. 2, 1966, pp. 135 – 168；关于宋代密续的翻译和流通的最新讨论参见 Charles D. Orzech, “The Trouble with Tantra in China: Reflections on Method and History,” *Transformations and Transfer of Tantra in Asia and Beyond*, ed., István Keul, Berlin/London: De Gruyter, 2012, pp. 303 – 328。

传密教于西域和中原传播历史的学者一方面苦于找不到第一手的文献资料，另一方面却对就在眼前的宝贵资料熟视无睹。譬如，在北京国家图书馆藏善本书目中就列有一批明显是藏传密教文本之汉译的珍本古籍文献，可长期以来束之高阁，乏人问津。而它们对于研究藏传佛教于西域和中原传播历史的意义完全可以和《大乘要道密集》相媲美。

据笔者初步的调查，北京国家图书馆善本部至少藏有8种与西夏、蒙元时代所传藏传佛教相关的文本。它们是：

1.《端必瓦成就同生要》；

2.《因得啰菩提手印道要》；

3.《大手印无字要》；

4.《密哩斡巴上师道果卷》；

5.《喜金刚中围内自受灌顶仪》；

6.《新译吉祥饮血王集轮无比修习母一切中最胜上乐集本续显释记》；

7.《吉祥喜金刚本续王后分注疏》；

8.《修习法门》。[①]

若把这8种文本集合在一起，其总量则大致相当于一部《大乘要道密集》。从其内容来看，它们也与《大乘要道密集》十分类似，除了最后一种《修习法门》乃18篇观音本尊修习法的汇总，其他各种均与萨思迦派的道果法修习有密切的关联。值得一提的是，这8种文本中的前5种均为"元释莎南屹啰译"，这也表明它们与见于《大乘要道密集》的许多文本出自同一位元代著名译师之手。

上述国家图书馆藏汉译藏传密教文献的前三种，即《端必瓦成就同生要》、《因得啰菩提手印道要》和《大手印无字要》合为一册，原为清初遗老钱谦益的绛云楼所藏，后转为其族孙钱曾之述古堂所有，被认为即

① 北京图书馆编：《北京图书馆古籍善本书目》，书目文献出版社1989年版，第1604页。感谢国家图书馆张志清、林世田二位先生的热情帮助，笔者有缘得见这8种珍贵文献的庐山真面目，使我们对藏传密教于西域和中原传播历史的认识有了全新的认识，于此谨向二位先生表示衷心的感谢。

是“庚申帝演蝶儿法”①，或认为是“由天竺房中方术转译之书”②。实际上，它们都是属于萨思迦派所传“道果法”的重要文献。道果法有所谓“九部传承”，其中最根本的即是密哩斡巴上师亲传的《道果金刚句偈》。所以《道果金刚句偈》以及其传为萨思迦始祖初传的11种注疏是萨思迦派道果法的最重要的文献。除此之外，还有8部次要传承，或被称为“八后道”（lam skor phyi ma brgyad），它们是朵节巴（Tog tse pa，Kuddālapāda）所传的《不可思议要门》（*Acintyādvayakramopadeśa*）、端必兮噜葛（Ḍombiheruka）所传《成就同生要》（*Sahajasiddhi*）、龙树藏所传《塔前所得》（*mChod rten drung thob*）、语自在名称（Ngag dbang grags pa，Vāgīśvarakīrti）所传《大手印无字要》（*Phyag rgya chen po yi ge med pa*）、莲金刚（Padma rdo rje，Saroruhavajra）所传《生起次第甚深九法庄严》（*bsKyed rim zab pa'i tshul dgu brgyan pa*）、黑行师（Nag po spyod pa，Kṛṣṇacarya）所传《拙火道圆满》（*gTum mos lam yongs su rdzogs pa*）、无死黑足师（Acyuta Kāṇha）所传《正邪要门》（*Yon po bsrang ba'i gdams ngag*）和因得啰菩提（Indrabhūti）所传《手印道要》（*Phyag rgya'i lam skor*）等③。实际上，除了《不可思议要门》或确实传自印度，有梵文原本可依外，其他七种文本均无直接的梵文原本可依，或都是萨思迦祖师，特别是第三祖名称幢师依据口传的道果密法传承及其印度上师们的著作，假托西天上师之名所造的道果修习仪轨，其藏文原本均见于传为名称幢所编集的萨思迦道果法经典《黄卷》（*Pod ser*）之中④。《端必瓦成就同生要》明显地分成三个部分，第一部分以萨思迦派惯常的因、道、果三重结构来解释道果法的一个基本概念——同生成就，或曰俱生成就（Sahajasiddhi），第二部分描述所谓“交融四母”（sbyor ba'i yum bzhi），即四种明妃之相好，明示其是否堪为修法之所依；第三部分则说与交融母修习

① 钱曾撰，丁瑜点校：《读书敏求记》，书目文献出版社1984年版，第112—113页。

② 陈寅恪：《陈寅恪集·柳如是别传》，生活·读书·新知三联书店2001年版，第811页。

③ Ronald M. Davidson，*Tibetan Renaissance：Tantric Buddhism in the Rebirth of Tibetan Culture*，New York：Columbia University Press，2005，pp. 194－204. 有关这8种文献的文本源流参见Stearns，*Luminous Lives*，pp. 87－89，210－212；Jan-Ulrich Sobisch，*Hevajra and Lam 'bras Literature of India and Tibet as Seen Through the Eyes of A-mes-zhabs*，Wiesbaden：Dr. Ludwig Reichert Verlag，2008，pp. 24－28。

④ Grags pa rgyal mtshan，*Lam 'bras gzhung bshad pod ser bzhugs so*，Sa skya Lam 'bras Literature Series，Vol. 11，Dehra Dun：Sa skya Centre，1983.

之四种法，即调习方便、执持风心、提升之方和均匀之要[①]。《大手印无字要》是名称幢假托印度上师语自在名称所造的一部修证金刚无我母仪轨，以《密集》和《喜金刚》两部本续为依据，分述受空行摄受（加持）和观修无我佛母之仪、证成大手印无字之理[②]。《因得啰菩提手印道要》则是一部专述依止清净明妃，修习欲乐定，也就是俗称之双修，得证大手印成就的仪轨[③]。前述见于《大乘要道密集》的源自西夏的《依吉祥上乐轮方便智慧双运道玄义卷》之主体部分，即“依凭行印修习”欲乐定，基本上就是照搬了这部《因得啰菩提手印道要》的内容。二者内容之源流的同定雄辩地说明这部《玄义卷》确实是一部道果法的修习仪轨，道果法早在西夏时代就已经远传西域地区了。由于这三部仪轨的内容多涉欲乐定之修习，是故，钱谦益等人都将它们与元代宫廷中所传的“演揲儿法”联想起来似也不无道理。

国家图书馆藏第4种古译藏传密教文献——《密哩斡巴上师道果卷》与见于《大乘要道密集》中的《密哩斡巴上师道果卷》的前半部分完全一致，集萨思迦三祖名称藏的《引上中下三机仪》、四祖普喜幢的《授修习敕轨》《摄受承不绝受灌记文》《五缘生道》《大金刚乘修师观门》，以及五祖发思巴的《观师要门》等。值得注意的是，国家图书馆所藏的这部《密哩斡巴上师道果卷》明确标明“卷第十”，其封面页上也书有“道果第十”字样。按此排列，见于《大乘要道密集》中的《密哩斡巴上师道果卷》的后半部分至少也当是这部巨著中的第十一卷，显然，这部《密哩斡巴上师道果卷》曾是一部卷帙极其浩繁的汉译道果法修习仪轨集成。《密哩斡巴上师道果卷》的后半部分由一系列修习道果法的短篇仪轨组成，而其藏文原本均见于《道果黄卷》中，其排列次序也与藏文原本的次序一致，连接出现。有鉴于此，我们甚至有理由猜测今天仅存两卷的《密哩斡巴上师道果卷》原本或曾包括了这部传为萨思迦三祖名称幢著作

① 详见柴冰《〈端必瓦成就同生要〉藏汉文对勘及考述》，载沈卫荣主编《文本中的历史》，第161—206页。

② 详见孟瑜《国家图书馆藏〈大手印无字要〉源流考述》，载沈卫荣主编《文本中的历史》，第207—242页。

③ 对这部文本的讨论参见 Ronald M. Davidson, “Gsar ma Apocrypha: The Creation of Orthodoxy, Gray Texts, and the New Revelation,” *The Many Canons of Tibetan Buddhism*, eds., David Germano and Helmut Eimer, Leiden: E. J. Brill, 2009, pp. 215 - 217。

和编集的《道果黄卷》的全部仪轨的汉译文。

国家图书馆藏汉译藏传密教文献中的第5种《喜金刚中围内自受灌顶仪》和第7种《吉祥喜金刚本续王后分注疏》都是大元帝师八思巴的重要著作。这两篇重要著作的发现对于我们全面了解八思巴帝师对于中原传播藏传密教所做的贡献大有裨益。以往我们只在汉文大藏经中见到《彰所知论》、《根本说一切有部出家授近圆羯磨仪范》和《根本说一切有部苾丘习学略法》三部传自八思巴的寻常经轨，在《大乘要道密集》中也只见到《观师要门》、《弥勒菩萨求修》、《修习自在拥护要门》和《略胜住法仪》四篇篇幅极小的仪轨，这与八思巴贵为帝师，且长期在元朝宫廷内外传法的历史不相符合。而这两篇长篇汉译重要密教文献的发现，或可弥补上述之不足，更真实地反映出八思巴对于传播藏传密教的实际贡献。特别是八思巴帝师曾经三次为忽必烈汗及其察必皇后和其他皇室人员授予三次喜金刚灌顶的传说，或可因此而得到确认，我们也可通过上述这两部汉译文对这种灌顶和修法的内容有实际的了解。《喜金刚中围内自受灌顶仪》明确署名为“大元帝师发思巴集、持咒沙门莎南屹啰译，”其藏文原本见于《八思巴法王全集》中，题为 *dPal kye'i rdo rje'i dkyil 'khor du bdag nyid 'jug cing dbang blang ba'i cho ga dbang la 'jug pa zhes bya ba*，译言《吉祥喜金刚中围自入且受灌顶仪轨》，简称 *Kye rdo rje'i bdag 'jug gi cho ga dbang la 'jug pa bzhugs*，译言《喜金刚内自受灌仪》。将藏文本和此汉文本比对可知，后者是前者相当忠实和完整的译本，此或可证明西夏、蒙元时代汉文藏传密教文献题署中常见的所谓“集”有时指的实际上就是“造”，于此八思巴帝师分明即是这部《喜金刚中围内自受灌仪》的原作者。这部仪轨乃八思巴帝师应持戒谨严的僧人胜祥（dPal gyi 'byung gnas，或曰祥源）所请，在名称 'Jam nyeg 的一位神通书记（'phrul gyi yig mkhan）的襄助下，于阳铁虎年（1230年）写成于萨思迦大寺[①]。八思巴帝师另外还造有一部题为《吉祥喜金刚中围内自入仪——光明藏》（*dPal kye'i rdo rje'i dkyil 'khor du bdag nyid 'jug pa'i cho ga snying po gsal ba zhes bya ba*），其部头甚至大于前一部《喜金刚中围内自受灌仪》。据其跋可知，这部《光明藏》与其名著《彰所知论》一样乃八思巴受皇子真金所嘱托，

① *Kyai rdo rje'i bdag 'jug gi cho ga dbang la 'jug pa*, *'Gro mgon chos rgyal 'phags pa bka' 'bum*, *Sa skya bka' 'bum*, Dehra Dun: Sa skya Centre, 1992 – 1993, Vol. 13, pp. 458 – 489.

造于阳铁猴年（1260 年）[①]。

《吉祥喜金刚本续王后分注疏》是对《吉祥喜金刚本续》之后分十二品、四百二十五颂的笺注（mchan），所以它既包括了这部无上瑜伽部母续后分原文的完整译文，同时也于行间插入了笺注的文字。《吉祥喜金刚本续王后分注疏》当是一部完整的《吉祥喜金刚本续王注疏》的后分，遗憾的是我们迄今未能发现它的前分。这可以被认为是迄今我们所见到的《吉祥喜金刚本续》的第三种，也是品质最好的一部汉译本。它没有任何序跋，也没有标注著译者的名字，有幸我们在晚近出版的《新获萨思迦全集母版汇编》（*Sa skya bka' 'bum gsar rnyed phyogs bsgrigs*）中找到了一部八思巴帝师笺注的《吉祥喜金刚本续王》，经过比对即知它就是这部《吉祥喜金刚本续王后分注疏》的藏文原文[②]。按照其跋尾的记载，这部作品中的《吉祥喜金刚本续》的原文即是著名的"西天大班智达迦耶达啰师"（Gayādhara）和西番著名译师、密哩斡巴所传道果法于西番的重要传人卓弥释迦也失（'Brog mi Śakya ye shes）二人合作翻译和厘定的译本。藏历火牛年（1277 年），八思巴帝师在 Chos skyang srung ma、mkha' 'gro 'bum 和dGe ba等人的敦促下，于萨思迦为这部本续作了笺注[③]。十分值得引起我们注意的是，在此跋之后复有一跋，曰："最胜金刚持话语，吉祥喜金刚本续，大德启必帖木儿，吉祥增上清净意，最上称贤意劝请，复有也速不花者，与合颜笃主其事，阴水鸡年（1273 年）临洮城，Da rigs mKhas pa dpal 'byor 者，善构文字（梵文）Thang rgyal 等，和尚名等番汉字，镌版刻印壹千册，传此法故奉有缘，此善回向我他众，现时富饶复圆

---

① bcom ldan 'das dpal kye'i rdo rje'i dkyil 'khor du bdag nyid 'jug pa'i cho ga snying po gsal ba zhes bya ba rgyal bu jim gyin gyis bskul nas/lung dang rigs pa'i de kho na nyid phyin ci ma log par smra ba/blo gros rgyal mtshan dpal bzang po zhes bya bas/lcags pho spre'u'i lo smal po'i zla ba la tshar bar byar ba'o// *Sa skya bka' 'bum*, *'Gro mgon chos rgyal 'phags pa'i bka' 'bum*, Dehra Dun：Sa skya Centre，1992 – 1993，Vol. 13，pp. 535 – 536.

② *Kye'i rdo rje zhes bya ba rgyud kyi rgyal po bzhugs so*，*Sa skya bka' 'bum gsar rnyed phyogs bsgrigs*，Lhasa，S. N.，Vol. 3，pp. 529 – 707.

③ rgya gar gyi mkhan po ga ya dha ra dang/dge slong sakya ye shes kyis bsgyur cing zhu te gtan la phab pa'o//mchan'di chos skyong srung ma dang mkha' 'gro 'bum dang dge ba yis/bskul nas sngags 'chang 'phags pas sbyar me glang rgyal la sa skyar//dge bas bdag gzhan sangs rgyas shog//*Sa skya bka' 'bum gsar rnyed phyogs bsgrigs*，Vol. 3，p. 707.

满，究竟得证佛果位。”[①] 此或表明，《吉祥喜金刚本续》或者八思巴帝师所造的这部注疏曾经在临洮用番、汉两种文字刻印了壹千册，得到了广泛的传播。《吉祥喜金刚本续》不但是萨思迦所传道果法之根本所依，而且也是捺啰巴所传六法中如拙火等修法的根本所依，萨思迦派诸上师所传种种著作，均以它为最终的圣教权威，例如见于《大乘要道密集》的名称幢造《大乘密藏现证本续摩尼树卷》，以及《依吉祥上乐轮方便智慧双运道玄义卷》等，都大量引述了《吉祥喜金刚本续》，所以它理所应当得到广泛的传播[②]。迄今我们在黑水城出土文献中找到了西夏时代翻译的《吉祥喜金刚本续》的西夏文译本[③]，其或亦当同时有汉文译本存在。然而，令人难以置信的是，这部藏于国家图书馆的《吉祥喜金刚本续王后分注疏》极有可能不是元朝，而是明代的作品。于近年发现的明代汉译大智法王班丹扎释（dPal ldan bkra shis）的传记——《金刚乘起信庄严宝鬘——西天佛子源流录》中有明确记载称明宣德元年（1426 年），班丹扎释受皇帝命翻译《喜金刚二释本续注解》，这部译文或当应该就是我们现在发现的这部《吉祥喜金刚本续王后分注疏》[④]。

国图藏汉译藏传密教文献第 6 种《新译吉祥饮血王集轮无比修习母一切中最胜上乐集本续显释记》，乃“释迦比丘庄哝法幢集，讲经律论寂真国师沙门惠照传，皇建延寿寺沙门惠云等奉敕译，皇帝详定”。“皇建”是西夏襄宗皇帝李安全年号（1210—1211 年），“国师沙门惠照”也当是西夏时代人，故这部密教文献应该是西夏时代的作品。所谓《吉祥饮血

---

① dpal mchog rdo rje 'chang ba'i gsung/dpal ldan kye yi rdo rje'i rgyud/dpal chen 'ji big di mur gyi/dpal dang lhag bsam dag pa'i thugs/tog shing grags pa bzang po yis/bskul nas ye su bo ga dang/ha yim du yis gnyer byas te/chu mo bya la shing kun tu/da rigs mkhas pa dpal 'byor gis/yi ge legs dkod thang rgyal dang/ho shang ming sogs bod rgya yis/par brkos stong phrag gcig btab ste/chos 'di sprel phyir skal ldan la/phul ba'i dge bas bdag gzhan kun/gnas skabs dpal 'byor phun sum tshogs/mthar thug sangs rgyas thob par shog//*Sa skya bka' 'bum gsar rnyed phyogs bsgrigs*, Vol. 3, p. 707.

② 《大乘密藏现证本续摩尼树卷》中有很多引用《吉祥喜金刚本续》的引文，其译文与《吉祥喜金刚本续王后分注疏》中之相应者基本一致，由此我们或可肯定二者译成于同一时代，甚至有可能是出自同一位译者之手，均为莎南屹啰的译作。

③ 《呼金刚王本续之记》，黑水城西夏文文献第 354、355 号，参见 E. N. 克恰诺夫（E. И. Кычанов）编《俄藏黑水城西夏文佛经文献叙录》，第 475—476 页。亦参见西田龙雄《西夏语佛典目录编纂的诸问题》，载克恰诺夫上揭书序。

④ 张润平、苏航、罗炤编著：《〈西天佛子源流录〉——文献与初步研究》，中国社会科学出版社 2013 年版，第 174 页。

王集轮无比修习母一切中最胜上乐集本续》当即藏文 *dPal khrag 'thung gi rgyal po 'khor lo sdom par brjod pa rnal 'byor ma bla na med pa thams cad kyi bla ma bde mchog bsdus pa*，当为今不见于《西藏文大藏经》的一部《吉祥胜乐本续》的异译本。它的译者也是著名的 'Gos Khug pa lhas brtsas，故就像前述同一位译者所译的《吉祥遍至口合本续》一样，被排除在西藏文大藏经之外①。本疏的原作者"释迦比丘狂噱法幢"显然与敦煌本畏兀儿文死亡书中的第二个文本《四次第道深法要门》的作者释迦比丘大阿阇黎 Cog ro Chos kyi rgyal mtshan 是同一个人。《青史》中说他曾造有一部《吉祥胜乐轮本续》释论，而且据说此释论乃根据 Mar do 译师的传轨而造，后来备受布思端赞赏，誉其为西番所出诸胜乐本续释论中之佼佼者，甚至法主宗喀巴之释论也不过是它的一个抄本而已②。现存《新译吉祥饮血王集轮无比修习母一切中最胜上乐集本续显释记》是一个残本，仅剩一十二叶，所存的三卷是对《吉祥上乐本续》之第四至第九品的解释，而全本《吉祥上乐本续》共五十一品，可见《显释记》原本部头甚大，已佚者是全本之十之八九③。

国图所藏汉译藏传密教文献之第 8 种《修习法门》，乃明代抄本，一

---

① 这个本子今虽不见于西藏文大藏经中，却见于宗喀巴大师的全集中。据其跋称：它原先由西天班智达 Pad ma kāra var ma 和西番大译师辇真藏卜（Rin chen bzang po）合作翻译、厘定；复经西天班智达 sBas pa'i nyi ma 和西番大译师 'Gos lHas btsas 根据 Lva ba pa 大师的注疏改正；最后又经过西天班智达 Su ma ti kir tir 和西番大德 Mar pa Chos kyi dbang phyug 厘定。传说宗喀巴大师造《吉祥胜乐本续》释论时参照了狂噱法幢的《显释记》，所以他的全集中保留了这部不常见的胜乐本续译本。*dPal khrag 'thung gi rgyal po 'khor lo sdom par brjod pa rnal 'byor ma bla na med pa thams cad kyi bla ma bde mchog bsdus pa*，Tsong kha ba Blo bzang grags pa'i dpal，*gSung 'bum*（sKu 'bum par ma），TBRC W22272，Vol. 8，pp. 515－616. 这个本子也藏于德国波恩大学中亚语言文化学系内，参见 Rudolf Kaschewsky，"Bonner Tibetica：Die tibetischen Blockdrucke und Handschriften asu Solu-Khumbu（Nepal）im Besitz der Abteilung Mongolistik und Tibetstudien des IOA der Universität Bonn"，《西域历史语言研究集刊》第 6 辑，2013 年，第 212 页。

② bde mchog dang 'brel ba'i rgyud man ngag ma lus pa gsan/rgyud la mar do'i gsung bzhin bshad ṭīka kyang mdzad/'di la phyis bu ston gyis bod du byung ba'i bde mchog giṭī kka cig la 'di bzang gsung bsngags pa dpag med gnang zhing/rje btsong kha pa'i ṭī kka yang 'di 'i 'theb bshus yin/，Kun dga' grol mchog，*Khrid brgya'i brgyud pa'i lo rgyus*，*gDams ngag mdzod*，Vol. 18，pp. 91－93.

③ 关于上乐部本续和释续类文献及其相互关系的讨论参见 Tsuda，Shinichi，*The Saṁvarodaya-Tantra*，*Selected Chapters*，Tokyo：The Hokuseido Press，1974，pp. 27－72；David B. Gray，*The Cakrasamvara Tantra：A Study and Annotated Translation*，New York：American Institute of Buddhist Studies，2007，pp. 3－152。

卷，共收录了18篇观世音菩萨修习要门。值得注意的是，这部《修习法门》卷前有“卷五”，卷尾复有“卷五竟”字样，这表明它仅是一部卷帙浩繁的藏密修习法门集成中的一卷。这18篇文本分别是：1.《大悲观自在菩萨六字禅定》；2.《圣观世音菩萨禅定要门》；3.《观音菩萨六字大明王秘密神咒禅定》（亦名《舍寿定》）；4.《白色圣观自在修习要门》；5.《观音禅定》；6.《求修观世音菩萨智慧要门》；7.《大悲胜海求修方便》；8.《圣大悲观音求修要门》；9.《大悲观自在略密修俱生禅定》；10.《大悲观自在密修求主戒仪》；11.《金刚乘胜观自在十三佛中围自入受主法行仪》；12.《密修十三佛中围现前解》；13.《金刚乘圣观自在俱生密求修十三佛中围现证仪》；14.《圣观自在求修十三佛中围要门》；15.《观音密智中围》；16.《金刚乘圣观自在密修［中围］内殊胜八种法事仪》；17.《大悲如意轮观音菩萨求修》；18.《上师本佛共禅定》。其中至少3、4二篇可以肯定是西夏时代的作品，第3篇《观音菩萨六字大明王秘密神咒禅定》题记曰：“中分真师侄旨厮多 智慧译、中国无比金刚三尖上师大乐金刚传、大宝成就上师传”，其中的译师智慧当即是《圣妙吉祥真实名经》的译者释智。第4篇《白色圣观自在修习要门》题记曰：“西番中国大班尼怛大法王师莎宗传、晋夏府佑国宝塔寺讲经论沙门智明译”，其中“西番中国”是西夏对西藏的典型称呼，而佑国宝塔寺是西夏时代凉州（武威）的著名寺院，《大乘要道密集》中的《依吉祥上乐轮方便智慧双运道玄义卷》的“录”者“国师沙门慧信”也来自同一座寺院。

《修习法门》中至少有三篇可以确定是噶哩马（Karma pa）上师所传，其中第5篇《观音禅定》题记明确说是“葛哩马上师传”，第7篇《大悲胜海求修方便》题记也说是“大宝噶哩麻巴上师览荣朵儿只集”，第8篇《圣大悲观音求修要门》题记曰“大宝白头葛哩麻上师传、大护国仁王寺勒布上师具恩师处领受语敕”，“葛哩马”、“噶哩麻巴”和“葛哩麻”均为Karma［bKa' brgyud］的音译，“览荣朵儿只”当为Rang byung rdo rje的音译，指的当是第三世噶哩麻上师（1284—1339年）。“大护国仁王寺”是元朝著名的皇家寺院，故这几种文献当源自元代①。另

① 安海燕：《两部明代流传的汉译藏传观音修习法本集——中国国家图书馆藏〈观世音菩萨修习〉、〈观音密集玄文〉初探》，《西域历史语言研究集刊》第5辑，2012年，第389—413页。

外，在这18篇文本中第9—16篇文本中除了第14篇以外，均可确定为是印度大成道者米德兰左吉（Mitra dzoki，Mitrayogi）传入的、属于枯噜布噶举派（Khro phug bKa' brgyud）所传的观音修法要门，其主尊均为双身密修观音，包括本尊修法、十三佛坛城现证仪轨、十三佛坛城内受灌顶仪轨、十三佛坛城内八种法事仪轨等。这几种修法的翻译年代尚待确定，它们很有可能是西夏时代的作品。在俄藏黑水城文献中有一部长篇修习观音法门《亲集耳传观音供养赞叹》的西夏写本，其款识曰："皇建元年十二月十五日门资宗密、沙门本明依修剂门摄授中集毕，皇建二年六月二十五日重依观行对勘定毕，永为真本。"① 它是从诸多观音修习法门中择相关偈颂集合而成，包括礼赞、召请、供养、勾召亡魂、施财安位、通念五夫、摄授众生等偈颂，其中有些偈颂也与见于《修习法门》诸法本中的偈颂相同。西夏时代翻译的与观音崇拜相关的文本显然也曾流传至明代，如黑水城文献中有一部西夏新译佛经《圣观自在大悲心惣持功能依经录》，它也见于今藏台湾"故宫博物院"的一部明朝成祖永乐年间御制泥金写绘四卷本《大乘经咒》中②。

九

早在1922年，罗振玉先生在其抢救的清内阁大库档案中检出三种他认为与元代所传"演揲儿法"相关的元写本残卷，将它们命名为《演揲儿法残卷三种》，撰跋曰：

> 演揲儿法残卷三种，旧藏内阁大库，乌丝阑，绵纸钞，殆出于元代。其一曰:《新译吉祥饮血王集轮无比修习一切中最胜上乐集本续显释记》卷第三，释迦比丘庄啾法幢集、讲经律论寂真国师沙门惠照传、皇建延寿寺沙门惠云等奉敕译，皇帝详定。存十二叶，中间缺第八至十三页。其二曰:《喜乐金刚空行毋［母！］网禁略集大密本续》

① 《俄藏黑水城文献》第6册，第110—126页。

② 见台湾"故宫博物院"编《佛经附图：藏汉艺术小品》（光碟），"故宫博物院"2003年版；参见沈卫荣《汉藏文版〈圣观自在大悲心惣持功能依经录〉之比较研究——以俄藏黑水城汉文TK164、165号，藏文X67号文书为中心》，载黄绎勋等编《第五届中华国际佛学会议中文论文集——观世音菩萨与现代社会》，台北：法鼓文化2007年版，第307—347页。

五卷下，梵国大修习者哑称木奈也巴师传、智光禅师依西番本汉译。其三后题已不完，曰《（上缺数［字］）轮□便智慧双运□□□□》，下亦无传译人名。然《喜乐金刚空行毋［母!］网禁略集大密本续》五卷下载传习源流有三：一、西天师传；二、西番师传；三、河西师传。其西番师传中有赵伯伯《无上乐轮方便智慧双运道》，又此书中夹旧签题曰智慧双融道法义（融殆运之讹），殆简略书之，其全题殆是《无上乐轮方便智慧双运道法义》，其撰人殆即赵伯伯也。案《元史・顺帝本纪》至正十三年"哈麻及秃鲁帖木儿等阴进西天僧于帝，行房中运气之术，号演揲儿法，又进西番僧善秘密法，帝皆习之"，似由西天所传为演揲儿法，西番所传为秘密法。然据《大密［秘］本续》述西天、西番、河西三派，其始皆传自大持金刚，由大持金刚传矴巴浪［矴浪巴!］，至矴巴浪［矴浪巴!］后始分支派；尔后西番、河西两派又均传与不动金刚，则西番、河西又分而复合。演揲儿为蒙古语，不知何义，或与秘密法非有二也。又史载顺帝从西番及西天僧传习在至正十三年，而《大密本续》载不动金刚题记署"至正四年"，有"钦授（殆'受'之讹）累朝御宝圣旨及皇太子令旨"语。疑元代帝王之习此法者，不始于顺帝，顺帝之传习，亦非自至正十三年始也。《续显释记》前署"皇帝详定"，此皇帝为顺帝与否不可知，而皇帝字顶格书写，则为此诸书确写于元代之明证也。三书中杂载导引、服食、咒诀之法，《顺帝纪》但言运气，未能该括，其术谓之"大手印"，其称名殊不可晓也。此为禅门中左道，然为五百余年仅传之孤本，且《汉书・艺文志》载房中八家百八十六［五］卷，班氏至称为"性情之极，至道之际，圣王制外乐以禁内情而为之节文"云云，则此书亦在所当存而不废欤？壬戌五月抱残翁。①

毋庸置疑，仅从这个跋中透露出的信息来看，罗振玉从清内阁大库档案中检出的这三种汉文藏传密教文献对于弄清元代所传密教之真相弥足珍贵。可惜，它们与《大乘要道密集》和黑水城出土密教文献一样长期被人忽略，甚至迄今下落不明。笔者有幸在辽宁省图书馆找到了这部残卷的一个

① 罗振玉：《松翁近稿》，民国十五年（1926年）排印本，载《罗振玉学术论著集》，上海古籍出版社2010年版，第24—25叶。

非常不完美的抄写本，题为《无上乐轮方便智慧双运道法义》（萃闵堂钞本）。虽然这个钞本极其粗疏，随处可见种种十分明显的错别字，但大致可以为读者提供这个残卷的全貌。事实上，包含在这个残卷中的文本远不止罗振玉在其跋中所列举的这三种，若对这些已经非常不完整的残卷加以仔细辨别，从中还可以分辨出许多种互相独立的文本。“演揲儿法残卷”中的第一种《新译吉祥饮血王集轮无比修习母一切中最胜上乐集本续显释记》卷第三当就是前述八种见于国家图书馆善本部藏汉译藏传密教文献中的第六种，其标题、内容，以及文本的存阙均完全一致，后者无疑就是罗振玉当年在清内阁大库档案中发现的那个本子的原本。依此可知，“演揲儿残卷三种”最终当已为国家图书馆收藏，只是其中的其他文本迄今尚未在国家图书馆的藏书目录中发现，有待进一步查找。值得引起注意的是，在这部“演揲儿残卷三种”中笔者还发现了其他两个残页，首曰：“《集轮显化记》第二十三、二十六、二十八、二十九、三十六、三十七、四十二说手印者记第五卷”，然后分别简述“记第六”、“记第七”、“记第八”所释本续诸品的数目及内容。显然这《集轮显化记》就是《上乐集本续显释记》，也即《新译吉祥饮血王集轮无比修习母一切中最胜上乐集本续显释记》卷第三后续诸卷的残本，由此可见这部释论原文共有八卷，当曾有完整的汉文译本。

“演揲儿法残卷”中的第二种题为《喜乐金刚空行母网禁略集大密本续》五卷下，这理应就是无上瑜伽部母续最重要的本续之一——《吉祥喜金刚本续》的汉译本残卷，此处标“五卷下”只表明这个文本最后部分是“五卷下”，换言之，这部文本之全本当至少有五卷，但其现存的内容不只是第五卷下。《吉祥喜金刚本续》（*Kye'i rdo rje zhes bya ba rgyud kyi rgyal po*）有众多不同的名称，其中一个常用的名称作 *Kye'i rdo rje mkha' 'gro ma dra ba'i sdom pa'i rgyud kyi rgyal po*，译言《喜金刚空行母幻网律仪本续王》。按《喜乐金刚空行母网禁略集大密本续》这一汉译名推断，其藏文原名或当为 *Kye'i rdo rje mkha' 'gro ma dra ba'i sdom pa bsdus pa gsang ba chen po'i rgyud*，应当是一个不见于今存《西藏文大藏经》中的《吉祥喜金刚本续》的异译本。罗振玉跋中称它为“梵国大修习者哑称木奈也巴师传、智光禅师依西番本汉译”乃张冠李戴，事实上这两位译师传译的并非《吉祥喜金刚本续》，而只是以《依中围轮方便道修大乐定剂门》为主的一部道果法集成中的某个要门。今见于“演揲儿法残卷三种”中的《吉祥喜金刚本续》汉译文仅存九个残页，第一页是编者的导引，后八页才是译文本身，最后一页署明“喜乐金刚空行母网禁略集大密本续五卷下竟”，其内容是《吉祥喜金刚本续》后品续第十一品的结尾，尚阙第十二“四灌顶品”的内容，可知原本或不止五卷。现存的文本中，前释（续）第一品金刚种相品有近乎完整的翻译①，其余十品仅有目及其原颂数目而无译文；后释（续）十二品中除了第二“出现成就品”、第五“出现［喜金刚］品”、第六“画像法行品”、第八“调伏法行品”和第十一“俱生智义品”有译文外，其余均有目而无文。将《喜乐金刚空行母网禁略集大密本续》和前述见于国家图书馆藏的《吉祥喜金刚本续王后分注疏》作比较，可知后者的品质和文字风格远胜于前者，前者文字粗旷朴实，后者则显得相当的成熟和雅致。由于将“修习者”对译藏文rnal 'byor pa等通常是西夏时代的翻译习惯，元、明时代则多半把它译成“瑜伽士”，所以这部《喜乐金刚空行母网禁略集大密本续》很有可能是西夏时代的作品。这和《吉祥喜金刚本续》本身，及其解释续《吉祥遍至口合本续》都曾有西夏文译本的事实也相吻合。迄今可知，《吉祥喜金刚本续》至少有源自宋、西夏和元朝或者明朝三个时代的三种不同的汉译本，利用其梵文原本和藏译本对它们作比较研究将是一件十分有意义的工作②。

“演揲儿法残卷”中的第三种题为《□□□□□轮□便智慧双运□□□□》，初看此标题以为它应当就是今见于《大乘要道密集》中的《依吉祥上乐轮方便智慧双运道玄义卷》③，可事实并非如此简单。它的原标题或确实就是《依吉祥上乐轮方便智慧双运道玄义卷》，但其内容则与

① 在这部残卷中还有单独一页可以认定是《吉祥喜金刚本续》前续“第一金刚种相品”的不完整的翻译，译文略有差别，难以确定是否为它的另一种异译本。

② 《吉祥喜金刚本续》的梵、藏文精校本和英文译本见David Snellgrove, *The Hevajra Tantra: A Critical Study*, Orchid Press, 2011；此外参见G. W. Farrow, *The Concealed Essence of the Hevajra Tantra: With the Commentary Yogaratnamala*, Motilal Banarsidass Pub, 2003；Charles Willemen, *The Chinese Hevajra Tantra*, Motilal Banarsidass Pub, 2004。对这三种汉译本的初步研究参见沈卫荣《宋、西夏、明三种汉译〈吉祥喜金刚本续〉的比较研究》，载《汉藏佛学研究：文本、人物、图像和历史》，中国藏学出版社2014年版，第142—174页；亦参见安海燕《中国国家图书馆藏明抄本吉祥喜金刚本续王后分注疏源流考述》，同上书，第267—300页。

③ 参见沈卫荣《罗振玉所见“演揲儿法残卷三种”浅释》，《上海书评》2011年12月24日。

见于《大乘要道密集》中的同名文本不完全一致，二者合起来或方为一个整体。这部残卷中的主体部分或题为《上乐轮方便智慧双运道及道果传》，虽然其中部分内容、译语、编辑方式与《依吉祥上乐轮方便智慧双运道玄义卷》有类似之处，但其内容之丰富远远超过后者，显然是元朝那位居宁夏的慧海法师将当时所流传的有关道果修法的各种仪轨编纂而成的一部仪轨集成，其中包括了门类繁多的很多种修习仪轨，可惜其大部分已残缺不全，前后排列次序也已紊乱，以致很难梳理出一个清楚的原貌。其中第一部分，或题为《依中围轮方便道修大乐定剂门》，或曰《依上师剂门指示求修现依大乐觉受最极要用方便剂门》，或曰《旦夕求大乐剂门》，即以上乐集轮和大喜乐二本续为依据，遵从“上师甚深剂门”依凭行手印修习欲乐定者，与《依吉祥上乐轮方便智慧双运道玄义卷》中所述修习欲乐定部分属于同一渊源，只是比后者更为全面。例如，《玄义卷》开始对其修习的第一门“先须清净明母如前广明”，省去了对各种明母之种类和相好特征的描述，而这部分内容则详见于这部残卷中。其实修欲乐定部分的内容也较《玄义卷》更为详尽，很多与实修相关的内容与见于《道果延晖集》中的相应段落一致。总而言之，这是一部十分完整的凭依行手印，或曰明母、明妃，修习欲乐定，或曰“秘密大喜乐禅定”，俗言“双修”的完整仪轨。于此，我们更加有理由肯定见于《大乘要道密集》中的这部《依吉祥上乐轮方便智慧双运道玄义卷》确实是一部道果法的仪轨集，进而言之，元代宫廷中所传的所谓“秘密大喜乐禅定”就应当是道果法中的依行手印入欲乐定之法。

除了欲乐定修习仪轨外，这部道果法集成中还包括了其他多种修法，其中特别引人注目的是一篇题为《道果机轮》的仪轨。所谓“道果机轮”即 *Lam 'bras kyi 'khrul 'khor*，是一种调节身体之机轮（lus kyi 'khrul 'khor，或曰身之幻轮），以净治身体（lus sbyong）的修法。这当就是前述在黑水城出土畏兀儿文献中出现的“道果之 Yantïr（yantra）”，也是元代汉文文献中所出现的“演揲儿法”的真正来源。从《道果机轮》这部仪轨的内容来看，我们可以非常明确地了解到“演揲儿法”与“秘密大喜乐禅定”确实是两种不同的修法，前者是修习、净治身体之法，与双修无关。“演揲儿法残卷”中紧接着《道果机轮》出现的是几部中有（bar do）修法要门，也即俗称之“死亡书”，其中有《验死相要门》《出神定要门》，即俗称之“破瓦法”（'pho ba）要门，和《中有身玄义》等。这部中有成就法将大手印成就修法分成四种，“一者修而获大手印成就，二者不修证大手印成就，三者以寝眠定证大手印成就，四者睡梦中证大手印成就。第一修而获大手印成就即是拙火定剂门及欲乐定欲乐剂门也。第二不修证获大手印成就即是临终出神定剂门及中有定剂门也。第三以寝眠定证大手印成就者即是寝眠定剂门也。第四以睡梦中证大手印成就者，即是幻身定剂门也”①。从中或可知，这部大手印成就法修习中既有与“捺啰六法”修习十分接近的几种瑜伽修法，但也有很大的不同，如其中将“欲乐定”作为六法中的一法。这样的分类颇为罕见，它可能即所谓“上乐轮中围双运之道”或者这一支“道果”传承以得证大手印成就的修法，值得作进一步的探讨，这或也将是弄清这部秘法之来源的关键依据。而“临终出神定剂门”又分“渐修出神定”（rim gyis 'pho ba）和“顿修出神定”（cig char 'pho ba）或者“暴修出神定”两种。此剂门先详述辨别死相之种种特征，以确定死亡的时间，然后开示打截截、结坛、烧施、摄瓶、开读大乘经典、供养、施食等种种回遣［遮］死亡的修法，最后授受如何在寿尽、业尽临终之时顺利修持出神定，心识归真、成就诸佛化生之门、入住诸佛净土、得证大手印成就之要门。《中有身玄义》是一部详尽的中有修法，谓有情皆有本有、中有和后有三身，中有身又有睡梦中有、生死（临终）中有和受生中有三种，于睡梦中有身上修幻身定，中有定修法乃是于生死中有身和受生中有身上所修的一种特殊禅定。或“于生死中有身上认得生死中有身，则心识归于无生真如，证大手印成就”。或于“受生中有身上，识认得受生中有身，则即便忆得前世之中于上师处所受剂门，依彼剂门入增长究竟禅定，则于受生中有身上心证大手印成就”。值得一提的是，《中有身玄义》所传之中有修法与《敦煌本畏兀儿文死亡书》中的《下根有情次第证悟之法》的内容有很多相似之处，都将中有身分成睡梦中有、生死（临终）中有和受生中有三种，值得对二者作进一步的比较研究，以确定其源流。

从以上这些内容的描述和分析来看，“演揲儿法残卷”的第三种《□□□□□轮□便智慧双运□□□□》，确实与《大乘要道密集》中的《依吉祥上乐轮方便智慧双运道玄义卷》为同一个整体，当是一部修习

---

① 《演揲儿法残卷三种》，或曰《无上乐轮方便智慧双运道法义》，萃闵堂钞本，原本没有页码。以下各处征引此卷中文者，因无法标注页码而不再加注。

"上乐轮中围双运道"之修法剂门的完整集成。其中当包括欲乐定、拙火定、出神定、中有定、寝眠定和睡梦定六种修法。《依吉祥上乐轮方便智慧双运道玄义卷》除了欲乐定以外，还有几种详尽的拙火定修习要门，以及"十六种要仪"、"光明定玄义"、"梦幻定"、"幻身定玄义"等短篇要门，而《□□□□□轮□便智慧双运□□□□》中除了更为详尽的"欲乐定要门"外，还有同样相当详尽的"出神定剂门"和"中有身玄义"，二者合起来正好就是一部修习四种大手印成就法，即欲乐、拙火、出神、中有、寝眠和睡梦六法的完整仪轨。

见于《大乘要道密集》中的《依吉祥上乐轮方便智慧双运道玄义卷》署为"佑国宝塔弘觉国师沙门慧信录"，故通常被认为是西夏时代的作品，是故见于"演揲儿法残卷"中的这部《□□□□□轮□便智慧双运□□□□》或也当源自西夏时代。在这部残卷中，我们虽然见到了多处有关其传承的资料，但对其中出现的传承上师的确切身份则很难同定，故尚难明确理清其传承的历史脉络。例如，残卷中两次提到这部仪轨乃"西番中国萨怛笼瓦（sTag lung ba）修习获成就，来寓甘泉，［长掖］悉俱厮［悉］端幢演赞巴（Se ston Kun rig?）衣［依!］大喜乐道果传居永昌路武陵山修习获成就寓真定府狮子庵赵伯伯，上乐轮方便智慧双运道及道果传门徒甘［泉舍的］众具主隅葛巴辣宫功德增盛蕉上［师并任］卷二太医大喜乐及道果传。奉帝特旨住持大都靖恭坊河西大觉三学寺济相位高秀才没［设!］辣永济（Shes rab rdo rje）参礼赵伯伯处，参礼传门徒宁夏府南街永宁坊辅国［三身寺四等长老］弘密沙门不动金刚（Mi mkhyod rdo rje）法韩慧海记等再重编缘流传"。

另外一处对道果师传次第作了详细的记载，说"复次道果师传次第有三，一西天师传；二西番师传；三河西师传。且初西天师传者，大持金刚传与矴［浪］巴（Tilopa）、传与捺浪巴（Nāropa），传与丁六达曷哩巴，传与阿弥捺耶巴，传与西凉府李尚师，传与程伯伯上师，传与你西的永济（Ye shes rdo rje），密名大智金刚。次西番师传者，大持金刚传与矴浪巴，传与马巴路拶斡（Mar pa lo tsā ba），传与铭啰辣悉巴（Mi la ras pa），传与密日俄啰悉巴，传与折麻修习母（Zha ma rnal 'byor ma），传与种上师及嵬名上师，此二师传与你西的［永济］上师（Bla ma ye shes［rdo rje］），传与不动金刚（Mi mkyod rdo rje）。次河西师传次第者，大持金刚传与矴浪巴，传与捺浪巴，传与马巴路拶斡，传与铭啰辣悉巴，传与西番冷布赤师

(Bla ma rin po che)[1]，传与铭钵禅师及程伯伯，此二师传与你西的永济(Ye shes rdo rje)，此师传与不动金刚（Mi bskyod rdo rje)”。

此外，还有一处标明：“钦授 累朝 御宝 圣旨及

皇太子令旨，护持宁夏南街永宁坊三身辅国寺特赐显密智辨大师、弘密沙门慧海，密名不动金刚，不辞年迈八十有五目昏，复检诸家道果，并记札诸师语诀，再三对勘参同，重编此文及《四主道引定》，纂要科一开卷，道后觉之心法，明先德之至耳。至正四年 月 日谨题。”

以上所述的师传次第无疑存在很多的疑问，例如何以道果法之西天宗承师不是密哩斡巴，而是被噶举派视为祖师的矴浪巴和捺浪巴，其中很多上师的名称或有明显的错误，铭啰辣悉巴（Mi la ras pa）与密日俄啰悉巴或当为同一人，有些上师名称无从查考，其身份有待深究。但它们可以告诉我们的至少有以下一些相当明确的资讯：1. 以上所说的这三种传承严格说来都是在河西，即西夏地区的传承，而且最后都传到了元人不动金刚慧海一人身上，所以其中所传的仪轨很可能早已在西夏时期就已经流传了。2. 这部上乐智慧方便双运道和道果传即是经慧海之手，于元至正四年，即1344年编成的，它成书于元朝。与这部书同时编定的还有所谓“四主道引定”，它或许就是差不多同时被翻译成了畏兀儿文的那部《四次第道深法要门》的汉译本。3. 这部仪轨集成所传的道果法显然不是萨思迦派所传的主流道果法的仪轨，而是所谓“折麻修习母”的传承。道果法据称共有十八种传承，“折麻修习母”传承乃 Ma gcig Zha ma，或曰 lHa rje ma、Zha chung ma（1062—1149 年）及其兄弟的传承。折麻是卓弥译师的再传弟子，师从 Se ston Kun rig，得到道果法之口传，传承出道果法的一支独特的传承，然其于后世在西番的传播不盛，渐至湮灭[2]。值得一提的是，折麻修习母曾为希解派祖师帕胆巴相儿加思（Pha dam pa Sangs rgyas）的弟子，故她通常被认为是希解派的传人。她不但与同时代

---

① 这个传承与《敦煌本畏兀儿文死亡书》中的《下根有情次第证悟之法》中提到的传承系列极为相似，后者的传承为大持金刚传矴浪巴，矴浪巴传捺啰巴，捺啰巴传马巴路撄瓦，马巴传 Shangs pa rin po che，Shangs pa rin po che 传 sTan gcig pa。此或为香巴噶举派的传承，尚待深究。参见 Zieme and Kara，*Ein Uigurisches Totenbuch*，p. 77。

② 关于道果的折麻传承，参见见 George N. Roerich，*The Blue Annals*，Part one，Calcutta：Royal Asiatic Society of Bengal，1949，pp. 218 – 240；Stearns，*Luminous Lives*，pp. 124 – 131，239 – 242。

的来自西夏的上师 rTsa mi 译师关系密切①，而且有记载说曾任西夏帝师的 'Ba 'rom pa Ras pa Sangs rgyas ras chen 得到了道果法的“折麻传承”②。有鉴于此，我们或可相信于西夏时代所传的道果法或即是与希解派关系密切的“折麻传承”。如前所述，我们已经在黑水城出土汉文佛教文献和《大乘要道密集》中发现了可能是希解派传承的文献，这部上乐智慧方便双运道和道果仪轨集的发现进一步证明希解派修法曾在西夏，及至元朝广泛传播的可能性。4. 这部文献的发现及其西夏源流的确定或可说明元朝后期宫廷中所传的“演揲儿法”和“秘密大喜乐禅定”并非以萨思迦帝师为首的西番上师在宫廷中所传的秘法，而是至正年间（1341—1370 年）来自西夏故地民间的“弘密沙门慧海、密名不动金刚者”编定的来自“赵伯伯”、“程伯伯”等所传的修法，是故《元史》顺帝本纪载至正十三年（1353 年）哈麻及秃鲁帖木儿等阴进西天僧、西番僧传“演揲儿法”和“秘密大喜乐禅定”于时间上大致相合。5. 如果我们能够确定这部道果法的仪轨，以及其他见于黑水城文书和《大乘要道密集》中的很多与道果法，或曰大手印修法相关的文本或都与道果的折麻传承相关，或者说与希解派的传承有关，这也有助于我们理解为何我们迄今无法找到与这些汉文藏传密教文本相应的藏文原本。在藏传佛教后弘期的开始阶段，大量密教文献从印度传到了西番，后在 14 世纪中期渐渐形成和确定了以印度佛教文献的藏文翻译为主体的《西藏文大藏经》（甘珠尔 *bKa' 'gyur* 和丹珠尔 *bsTan 'gyur*），但此时也出现了很多所谓的“灰色文本”（grey texts），它们并没有西天的原本存在，而是西天班智达和西番译师合作撰造的结果，其中所谓“折麻传承”所根据的文献就是这种“灰色文本”的典型③。迄今为止，我们几乎没有能够为任何源自西夏时代的汉文藏

① 关于 rTsa mi 译师事迹，参见 Elliot Sperling，“rTsa-mi lo-tsā-ba Sangs-rgyas grags-pa and the Tangut Background to Early Mongol-Tibetan Relations，” *Tibetan Studies：Proceedings of the 6th Seminar of the International Association for Tibetan Studies*，*Fagernes 1992*，Per Kvaerne（ed.），Vol. 2. Oslo：The Institute for Comparative Research in Human Culture，pp. 801 – 824。

② Dan Martin，“Tishri Repa Sherab Senge（1164 – 1236），” The Treasury of Lives：A Biographical Encyclopedia of Himalayan Religion，http：//www. treasuryoflives. org/biographies/view/Tishri-Repa-Sherab-Sengge/7637；Elliot Sperling，“Further Remarks Apropos of the 'Ba'-rom-pa and the Tanguts，” *Acta Orientalia Hungarica*，Vol. 57，No. 1，2004，pp. 1 – 26.

③ Ronald M. Davidson，“Gsar ma Apocrypha：The Creation of Orthodoxy，Gray Texts and the New Revelation，” *The Many Canons of Tibetan Buddhism*，pp. 203 – 224.

传密教文献找到其相应的藏文原本，我们不得不推测它们或许就是这种"灰色文本"，这些文本或都是当时在西夏传法的西天和西番僧人与其西夏和汉族信徒合作编撰的结果，它们多半没有与它们完全一致的藏文原本，尽管其内容大部分都可以在同类的藏文文献中找到，但也有很多因地制宜的方便说法。

十

讨论汉译藏传密教文献，我们还不得不提到台湾"故宫博物院"收藏的《吉祥喜金刚集轮甘露泉》和《如来顶髻尊胜佛母现证仪》这两部被誉为"镇院之宝"的汉译藏传密教仪轨。它们都是明英宗正统四年（1439 年）泥金写本，附有图像，极其华丽、精美[①]。两部文献卷首都署名"大元帝师发思巴述，持咒沙门莎南屹啰译"，故通常被认为是元代的作品，译者莎南屹啰乃八思巴帝师的弟子。《吉祥喜金刚集轮甘露泉》是一部萨思迦派所传喜金刚本尊修法的完整仪轨，内容包括"前行"、"正修"和"结行"三个部分，"前行"修法指庄严坛场、献供、皈依、发心、修诵金刚萨埵、发悲心、观空性、修守护轮等；"正修"则为修习增、究两种观门，即"生起次第"和"圆满次第"，"生起次第"修习"六支"以净化行者身心与外境，达到清净圆满的六佛境界；"圆满次第"则修禅定、观净相与念诵瑜伽。"结行"则是诵偈和回向。仔细将《吉祥喜金刚集轮甘露泉》与八思巴帝师及其萨思迦其他祖师所造各种喜金刚仪轨作比较，我们发现这部仪轨并非是八思巴帝师所述/造某部喜金刚仪轨的完整翻译，而是将萨思迦诸祖师所造多部同类性质的五种仪轨精选出相关段落编集而成。它应当是将这五种仪轨译出后，再根据喜金刚现证修习次第编排其内容和结构，然后对这五种文本进行比较、筛选和重新整合，取各篇之所长，集译成一部完整的喜金刚修习仪轨[②]。

---

① 这两部汉译藏传密典的全文可见台湾"故宫博物院"编《佛经附图：藏汉艺术小品》（光碟）。

② 安海燕、沈卫荣：《台湾"故宫博物院"藏汉译藏传密教仪轨〈吉祥喜金刚集论甘露泉〉源流考述》，《文史》2010 年第 3 辑。

与此相类似，《如来顶髻尊胜佛母现证仪》也是由八思巴帝师所造《尊胜佛母修法千供》（*rJe btsun rnam par rgyal ma'i sgrub thabs stong mchod dang bcas pa bzhugs*）、《兄妹施食仪》（*lCam dral gyi gtor chog*）、《怙主成就法本》（*mGon po'i sgrub yig*）等，以及其他上师所造相应仪轨共七部法本集译、整合而成。它主要由尊胜佛母现证修法、尊胜佛母千供仪轨、施食仪轨和回向、结颂四个部分组成[①]。总而言之，《吉祥喜金刚集轮甘露泉》和《如来顶髻尊胜佛母现证仪》当是萨思迦上师们所传的喜金刚和尊胜佛母修法的集大成之作，从中反映出传译者对萨思迦教法的深刻领会和善巧整合、传承。这两部汉译藏传密教文献的发现和研究对于我们了解元代藏传密教传播历史的真相显然大有帮助。然而，当我们对这两部文献的藏汉文本进行仔细的对勘和研究时，却获得了一个意想不到的发现：它们或可能根本不是元代的译本，而是明朝时的作品。首先，这两部仪轨中出现的几个宗承师名录都列出了八思巴帝师（圆寂于1280年）之后的第五代宗承师，按时间推算这或当已经有可能进入了明初了。其次，在这两部仪轨中出现的“大黑兄妹二尊施食仪”的宗承师名录中，八思巴帝师之后第五代传人名“尼牙二合拿啰释弥”，此名称无疑当为梵文名词Jñānaraśmi的音译，译言“智光”。“智光”何许人也？事有凑巧，在见于《中国藏密宝典》的一部从内容到译语和翻译风格都与台湾“故宫博物院”所藏的这两部仪轨极为类似、当为同时代作品的《吉祥上乐中围修证仪轨》中，我们也见到了一个宗承上师名录，其中最后两位分别是“萨曷拶室哩二合发得啰二合巴达俱生吉祥”和“雅纳啰释弥”。“萨曷拶室哩二合发得啰二合巴达”当即是梵文名字 Sahajaśrī vajrabhadra 的音译，译言“俱生吉祥金刚贤足”。是故，他与“雅纳啰释弥”二人当即是指明初著名的善世禅师“西天迦湿弥罗国板的达萨诃咱释哩国师”俱生吉祥和其著名的弟子智光国师（？—1435 年）[②]。由此看来，这几部传为元代的汉译藏传密典的成书年代应该是明朝初年，

---

① 杜旭初：《〈如来顶髻尊胜佛母现证仪〉汉藏对勘及文本研究》，载沈卫荣主编《文本中的历史》，第 317—364 页。

② 关于智光生平及其与俱生吉祥的师徒关系，参见邓锐龄《明西天佛子大国师智光事迹考》，《中国藏学》1994 年第 3 期；也见氏著《邓锐龄藏族史论文译文集》上册，中国藏学出版社 2004 年版，第 147—163 页。

其传译者当是当时以俱生吉祥和智光国师为首的西域僧团的译师们[1]。最后，能够证明这几部汉译藏密仪轨的集译年代或为明代的另一个有力证据还见于《西天佛子源流录》，其中提到大智法王班丹扎释于宣德元年（1426年），即“是年十五日，召至文华殿，命译《喜金刚甘露海坛场修习观仪》”[2]。此所谓《喜金刚甘露海坛场修习观仪》或当即是藏于台湾“故宫博物院”的这部《吉祥喜金刚集轮甘露泉》。与此同时被提到的还有前述之《吉祥喜金刚本续王后分注疏》等，可见它们都当是明宣德年间的作品。

将这两部与喜金刚本续及其修法相关的重要汉译藏传密教文献的成书年代确定为明代，对于藏传密教于中原传播、发展之历史的研究无疑具有革命性的意义。首先，如果说《吉祥喜金刚集轮甘露泉》是明代的作品，此即表明那个时代作品最多、最有成就的译师“持咒沙门莎南屹啰”根本不是八思巴帝师的弟子，而是一位明代的译师[3]。如此说来，见于《大乘要道密集》和国家图书馆善本藏书中的大量署名为莎南屹啰集译的作品实际上都是明代的作品；所以，在我们目前所能见到的汉译藏传密教文献中源自明代者甚至要远多于出自其前朝者。仅鉴于此，我们有必要对明代的汉藏关系史，特别是对藏传佛教于明代传播的历史做出全新的评介。本研究的出发点本来是藏传佛教于蒙元王朝的传播，至此我们不但要将藏传密教于中原传播的历史往前扩展到西夏，而且还必须下延至明朝了。其次，从这些带有明显萨思迦派印记的汉译藏传密教文献及其明初最负盛名的两位佛教领袖善世禅师班智达俱生吉祥和智光国师均为其直接的传承者来看，直到明初萨思迦派及其所传教法在明朝宫廷依然占据着明显的主导地位。

明代汉译藏传密教文献显然还不止莎南屹啰翻译的大量与萨思迦派

① 详见沈卫荣、安海燕《明代汉译藏传密教文献和西域僧团——兼谈汉藏佛教史研究德语文学方法》，《清华大学学报》（哲社版）2011年第2期（第26卷）。

② 张润平、苏航、罗炤编著：《〈西天佛子源流录〉——文献与初步研究》，第174页。

③ 对于莎南屹啰的生平年代目前尚有争议，卓鸿泽先生显然不同意笔者上述观点，提出他当就是于元末将萨思迦班智达的《萨思迦格言》翻译成蒙古文的那位Sonom Gara，甚至认为这些汉译藏传密教文献或并非直接从藏文直译，而是从中古蒙古语转译成汉语的。参见卓鸿泽《试论Sonom Gara/Kara < ＊Sonom Gra/Kra即“莎南屹啰$_{二合}$”以及一批中期蒙古语密典下落不明之问题》，《西域历史语言研究集刊》第6辑，2013年。

道果法修习相关的文本，一定也还有其他译师留下的其他种类的文本。前述见于《中国藏密宝典》的《吉祥上乐中围修证仪轨》也是一部值得我们进行对勘和研究的重要作品，其内容与见于畏兀儿文藏传密教文献中的那部所谓“神通仪轨”相似，当也是萨思迦派所传的上乐中围修法，而其译文的风格则与大量莎南屹啰的译作类似，极有可能也是莎南屹啰的作品。此外，晚近我们在国家图书馆找到了被认为是智光国师传译的一部《观音密集玄文》，其中收录了下列 9 部观音菩萨成就法，它们是：

1. 《圣观自在菩萨求修》;
2. 《大悲观音密修现前解》;
3. 《大悲观音俱生身中围》;
4. 《圣观自在略求修》;
5. 《狮子吼观音求修》;
6. 《观音菩萨辨梦要门》;
7. 《大悲观音常修不共要门》;
8. 《青项大悲观自在菩萨修习要门》;
9. 《大悲观音求修》①。

这 9 部观音求修法与前述同样收藏于国家图书馆中的明代作品《修习要门》中的 18 种观音菩萨修法，以及见于黑水城文书中的《亲集耳传观音供养赞叹》等文书，可以说囊括了藏传密教各派所传观音菩萨成就法之精要。这部《观音密集玄文》中明确表明乃智光国师所传者仅是其中的第一种《圣观自在菩萨求修》，它是这 9 种观音修法中最长的一部，署名“大明天竺迦湿弥罗国板的达善世禅师俱生吉祥传、门资雅纳啰释弥　智光译”；此外，其中还有两种可确定为八思巴帝师所传的作品，即第 5 种《狮子吼观音求修》，其跋云：“此狮子吼观音略求修按萨思加巴要门利初机故，发思巴集。”其藏文原本见于《法王八思巴

① 再次感谢国家图书馆古籍馆林世田先生的热情帮助，令笔者得见这些珍贵的汉译藏传密教文献。

全集》中[①]；第9种《大悲观音求修》，其跋云："大悲观音求修，依法尊萨思加呃语诀发思巴于汉国中集竟"[②]。这三部当都是萨思迦派的传规。然而，这9部观音菩萨成就法中的第2种《大悲观音密修现前解》、第4种《圣观自在略求修》、第7种《大悲观音常修不共要门》等则可以被确定为印度大成道者米德兰左吉传入的、属于枯噜布噶举派（Khro phug bKa 'brgyud）所传的观音修法要门，与前述国图藏《修习法门》中的多部观音修法属于同一渊源[③]。如此众多的明代传观音菩萨成就法的发现从一个侧面反映出了藏传密教修法于西夏、元、明时代的流行程度。

明代汉藏佛教之间的交流和互动之深度还可以从同样收藏于台湾"故宫博物院"的一部杂糅了儒释道等汉藏各种宗教传统的修习仪轨《真禅内印顿证虚凝法界金刚智经》中略见一斑。这部仪轨是明代宣德三年（1428年）宫廷写绘的一部图文并茂的善本珍品，三卷，由宫廷书法家沈度书写，宫廷画家商喜绘图。虽然其内容杂糅三教，难以一一分别其源流，但其中出现了拙火定修法，以及依行手印修习欲乐定，即男女双修等明显属于藏传密教修习的内容，其图像中也出现了属于藏传密教的黄帽上师像、大金刚持佛像和大黑天像等，表明藏传密教对于汉地宗教传统的明显渗透[④]。

十一

以上综合介绍的这些迄今所见汉译（包括畏兀儿文和西夏文译）藏

---

① "'jig rten dbang phyug seng ge sgra'i sgrub thabs mdor bsdus pa rje sa skya pa'i man ngag 'di/las dang po pa rnams kyi don du 'phags pas me pho byi ba'i lo zla ba gsum pa'i ngi shu gsum la sgang rar sbyar pa'i yi Ge pa ni a tsa ra'o," *Seng ge sgra'i sgrub thabs*, *'Gro mgon chos rgyal 'phags pa'i bka' 'bum*, *Sa skya bka' 'bum*, Vol. 14, Dehra Dun: Sa skya Centre, 1992 - 1993, pp. 709 - 711.

② "bCom ldan 'das thugs rje chen po'i sgrub pa'i thabs/chos rje sa skya pa'i gsung bzhin/'phags pas rgya'i yul du yi ger bkod pa'o/." *Thugs rje chen po phyag bzhi pa'i sgrub thabs*, *Sa skya bka' 'bum*, Vol. 14, pp. 705 - 707.

③ 参见安海燕《两部明代流传的汉译藏传观音修习法本集——中国国家图书馆藏〈观世音菩萨修习〉、〈观音密集玄文〉初探》。

④ 《真禅内印顿证虚凝法界金刚智经》的文字和图像原貌见于台湾"故宫博物院"编《佛经附图：汉藏艺术小品》（光碟）；对这部仪轨的初步研究，参见闫雪《〈真禅内印顿证虚凝法界金刚智经〉初探》，载沈卫荣主编《文本中的历史》，第565—572页。

传密教文献无疑可以为我们了解藏传密教于西夏、元、明三代传播历史的真相提供了一幅全新的、包罗万象的图景，以及很多被历史遗忘了的、耐人寻味的细节，如果我们能够努力地寻找出这些珍贵的宗教文献的藏文原本，细致地开展多语种文本的对勘和比较研究，弄清其传承的历史年代及其师资传承关系，并将这些密教文献放回到印藏密教本身的宗教和文化语境中去弄清其本来的源流、实践和象征意义，再结合西夏、元、明三代的宗教、政治、社会和文化之历史发展的实际和特点，来考察它们被传播、接受和实践的历史过程，那么我们最终就一定能够重构出一部既有可靠的年代学依据，同时又有真实、精彩的历史细节的藏传密教于西域和中原传播的历史。当然，要最终实现这一目标，我们还有很长的一段路要走，在对这段历史下任何结论性的评估以前，我们首先还必须对上述这些文本做进一步的、十分细致的文献整理、对勘、比较和研究工作。

到目前为止，我们或许可以比较肯定地指出的是藏传密教于西域和中原传播的历史既不始于元朝，也不终于元朝，于西夏（河西）传播的藏传密教可以说是藏传佛教后弘期，亦即藏传密教传统形成、发展之历史的一个有机组成部分。不但藏传密教无上瑜伽部的几部重要的续典及其释论都曾经被同时翻译成了西夏文或者汉文，很多在西夏传播的藏文续典的原本在西番本土早已失传，却在西夏以不同文字的翻译本继续流传，而且后来分属于藏传佛教各个不同派别的各种不同教法和修习的传规也曾经都在西夏有过相当广泛的传播，例如后来通常被认为是萨思迦之根本大法的道果法事实上就不是只有萨思迦派上师所传承的主流道果传统，而是还有或属于希解派的“折麻传承”。而通常被认为是噶举派之根本大法的“大手印”修法，以及其所涵盖的“拙火定”、“中有身”、“梦幻定”、“出神定”等或属于“捺啰六法”之修习范畴的修法要门，其在西夏的传承也绝不只是噶举派一派的传承，而有很大一部分或是属于道果法之果续的修法，甚至也有可能是香巴噶举派的修法。西夏时期翻译密教无上瑜伽部的种种续典，以及传习藏传密教种种禅定修法的历史是中国密教史上迄今被遗忘了的一个十分重要的章节，亟待我们通过对上述已知的这些汉译、西夏文译密教文本的对勘和研究来填补。

蒙元时期藏传佛教于西域和中原的传播显然首先植根于其深厚的西夏背景之中，萨思迦班智达叔侄最初传教的主要根据地——蒙古皇子阔端（？—1251 年）的领地即是西夏故地，有深厚的藏传密教基础。在忽必烈汗（1215—1294 年）最终建立元朝以前（1271 年），八思巴帝师在其潜邸的传教活动就已经十分的活跃，他所集、传的有关吉祥上乐轮中围修法、吉祥喜金刚修法和道果法修习要门等作品的大部分都是应蒙古君臣们的祈请于 13 世纪五六十年代著作的。例如，传说元末才开始在宫廷中盛行“十六天魔舞”，可早在 1253 年八思巴就在开平府专为蒙古君臣造了一部《十六明母供养二品文》（*Rig ma bcu drug gi mchod pa'i tshig tshan gnyis*），说明这种修法在蒙古信徒中的流行早在元朝建立以前很久就已经开始，作为对吉祥上乐轮中围之意生供养的“十六明母”供养法甚至早在西夏时代就已经出现了。仅从有如此众多的汉译萨思迦道果法修习要门文献迄今存世，以及有分属于不同教派的如此多样和众多的观音菩萨成就法存世这一事实来看，藏传密教于蒙元时代传承之广、渗透之深，当远远超出我们以往的想象。有元一代之宗教文化史终将因为藏传密教于西域和中原传播历史真相的被揭露而增添异常绚丽的一个新篇章。

从对文本的对勘、研究中发现许多习常被人以为是元代汉译的藏传密教文本实际上是明代的作品，并揭示明初最负盛名的佛教界领袖西天班智达俱生吉祥上师和智光国师实际上是萨思迦派之道果法的直接传人，他们直接参与了许多萨思迦派所传藏传密教文献的传承和汉译，这可以说是我们开始收集和研究汉译藏传密教文献古籍以来一个最令人吃惊的发现和收获。从文本对勘这一语文学的实践中所得出的一个平常的结论或能够彻底改变我们对明代汉藏关系史，特别是明代汉藏宗教文化交流史的理解。显然，元、明两代政权的更替并没有阻断藏传佛教于中原传播的历史进程，明初对藏传佛教的吸收与其前朝相比有过之而无不及，不但明代汉译的藏传密教文献之数量超越前朝，而且明代在京传法的西天僧、西番僧的数量也远远超越前朝，形成很有影响力的所谓“西域僧团”。除了萨思迦派所传的道果法似依然占据某种程度的主导地位外，噶举派各支派的修习也不同程度地在中原渗透，汉地佛教徒对藏传密教已不再是单纯的吸纳，而有了一定程度的整合，汉藏佛教之间的互动和交流已经走上了一个新的台阶。

通过对上述这些汉译藏传密教文本的初步研究，我们今天可以基本说清楚《庚申外史》和《元史》等汉文文献中出现的那些充满偏见和误解的有关藏传密教修法之记载的实际所指。例如，所谓“演揲儿法”指的应该就是“道果机轮”（*lam 'bras 'khrul 'khor*）的修法，即一种通过修习气、脉、机轮（或曰幻轮），净治身体，达到不死成就的修法。“演揲儿”确如卓鸿泽所指出的那样是畏兀儿文语词 Yantïr 的音译，Yantïr 是梵文词 Yantra 的畏兀儿文变体，对应藏文语词 ' khrul 'khor，即“机轮”。所谓“秘密大喜乐禅定”指的应该就是道果法修习中的“欲乐定”，即是“上乐轮方便智慧双运道”的修法，依凭“行手印”，或曰“明母”双修，获得大乐觉受，证乐空无二，于现身上证大手印成就。“演揲儿法”和“秘密大喜乐禅定”二者都与“道果法”之修习直接相关，它们在西域和中原的传播显然开始于西夏，而不是元朝，传播这两种秘密修法的西番僧人当不仅仅是萨思迦派的上师，而一定还有属于例如希解、香巴噶举等其他教派的僧众，后者代表“道果法”传承的另派分支——“折麻传承”，或曰“河西传承”，它们在西域和中原的传播从西夏延续到了元朝。而所谓“十六天魔舞”则一定是根据“吉祥上乐轮中围现证仪”中以“十六明母”（rig ma bcu drug）作为意生供养供奉上乐轮中围的仪式发展而来的一种载歌载舞的供养仪轨。这种仪轨于西域和中原的传播和流行同样开始于西夏时期，后经八思巴帝师等在蒙元宫廷内传播，再经别人演绎、改编，或成为一种与原来的宗教象征意义相去甚远的宫廷乐舞。“十六天母舞”于其藏传密教修习的本来语境中实与“双修”、“淫戏”等不实指控风马牛不相及①。

---

① 详见沈卫荣、李婵娜《“十六天魔舞”源流及其相关藏、汉文文献资料考述》。

Revitalizing Sino-Tibetan Buddhist Studies: Some Old and New Thoughts*

Weirong Shen

I

As once pointed out by David Snellgrove, the leading Indo-Tibetan Buddhist scholar of the time, "the Tibetans, who were the full Inheritors of the whole Indian Buddhist tradition in various forms in which it existed In India up to the thirteenth century, followed their Indian masters in treating the tantras, to which they were introduced, as authoritative Buddhist works, canonically valid as Buddha Word just as much as were the Mahāyāna sūtras."① Arguably, Tibetan Buddhism preserves all the doctrinal traditions of Indian Buddhism; even those already lost in India have been preserved and developed in Tibet. For example, one characteristic in Tibetan Buddhism is its tantric practice: though originating in India, this practice and the development of Tibetan tantrism have gone far beyond what was transmitted from India. Tibetan Buddhism, in comparison to the heavily-sinicized Chinese Buddhism, holds a more rich and profound connection with Indian Buddhism and is hence more often connected with Indian Buddhist studies in Western and Japanese

---

* My sincere gratitude goes to Vivian Tsang and Hans J. Shen who carefully read the text and corrected and improved the English. Any inaccuracies and errors remaining in the text, however, are my responsibilities alone.

① Davidsnellgrove, *Indo-Tibetan Buddhism: Indian Buddhists and Their Tibetan Successors*, Boston: Shambhala Publication, 2003, p. 118.

academic traditions. The importance of Tibetan Buddhism to the field of Buddhist studies lies mostly in the fact that it is instrumental for restoring and reconstructing the lost tradition of Indian Buddhism. That is the primary reason which makes Indo-Tibetan Buddhist studies the mainstream of Buddhist studies worldwide.

As there are few ancient Indian Buddhist literatures written in Sanskrit-even those still in existence were produced in a relatively late period-Indian Buddhist studies must largely depend on other religious and historical sources, especially the Tibetan Buddhist literature. There are about 4,569 Buddhist texts included in the Tibetan Buddhist Canon, *bka' 'gyur* and *bsTan 'gyur*, which preserves through translation the majority of the Indian Buddhist scriptures, the late Mahgāyāna scriptures in particular. Buddhism entered into Tibet in the 7th century, when the literary Tibetan language had been just established, and has prevailed since; as a matter of fact, literary Tibetan language was established for the sole purpose of translating Buddhist scriptures and propagating the Buddhist teachings. Reflecting the motivation for which this language was developed, Tibetan literary language has syntactic and semantic features that are reminiscent of the original Sanskrit; as a result, Tibetan translations are almost corresponding with the original Sanskrit scriptures. As early as the 9th century, there are already a considerable number of Tibetan translations of Indian and Chinese Buddhist scriptures; however, as translators of these scriptures came from different regions—there are Tibetan translators as well as Chinese, Indian or even central Asian ones—and compounding on the complicated origin of the scriptures and their confusing lineage, the quality of these translated scriptures are inconsistent. To systematize and ensure the accuracy and consistency of the translation of Buddhist texts, the Tibetan king ordered monks from Tibet, China Proper and India to compile dictionaries and glossaries such as the *Mahāvyutpatti* (*sGra sbyor ban gnyis* and *Bye brag tu rtogs par byed pa chen po*). ① Furthermore,

① *Sanskrit, Tibetan, Chinese, Japanese Four Language Edition of the Mahāvyutpatti* 梵藏汉和四译对较翻译名义大集, Sasaki Ryōzaburō, ed., Kyoto, 1916; Collegiate Series on Arts of the Kyoto Imperial University No. 3, Kyoto: Rinsen Book Co., 1991; cf. Guangda Zhang 张广达, "bKas bcad rnam pa gsum from Tibet in the early 9th century," *First Compilation of Selected Articles on the History and Geography of the Western Region* 西域史地丛稿初编, Shanghai: Shanghai guji chubanshe, 1995, pp. 321-334.

many Indian Buddhist monks also collaborated in these translation projects when they fled from the Muslim invasions, which further contribute to the high quality of the Tibetan translation. According to Tibetan Buddhist master Bu ston Rin chen grub (1290 – 1364) in his *Bu ston chos 'byung*, there are at least 93 learned Indian monks who had come to Tibet and participated in the translations of Buddhist scriptures. These monks, especially those who came to Tibet, had lived in Tibet long enough to master the Tibetan language; this made translating the Sanskrit scriptures easier. In modern academia, these translations are used by scholars who are familiar with both Sanskrit and Tibetan to reconstruct the original Sanskrit and understand the underlying meaning of the texts. For that reason, Tibetan became an important tool for scholars of Indian Buddhism and the Tibetan Canon an invaluable treasure to studies on Indian Buddhism. ① Once Snellgrove made the following comment, as he was working on *the Hevajra Tantra*: "Nor would I fail to mention those Tibetan translators of long ago, without whose labours we should be able to make little advance in Buddhist studies. Every one of their texts is an extraordinary linguistic feat, for no other translators have ever succeeded in reproducing an original with such painstaking accuracy. Relying upon them alone, there is no reason why the exact contents of any Buddhist text should not become known to us. A Tibetan translation of a text and a commentary, let alone five commentaries or more, is of far more value for understanding a work than a Sanskrit manuscript alone. "②

As the most recent and direct successor of Indian Mahāyāna Buddhism, Tibetan Buddhism has made great contributions to the further development of doctrinal discourses of Indian Buddhism. There have been an impressive number of scholars throughout history who have by either discourse or debate promoted and further developed the teachings of Indian Mahāyāna Buddhism, including rNgog lo tsā ba Blo ldan shes rab (1059 – 1109) from the bKa' gdams pa, Sa

① Nils Simonsson, *Indo-tibetische Studien*, *Die Methoden der tibetischen Übersetzer*, *untersucht im Hinblick auf die Bedeutung ihrer Übersetzungen fvr die Sanskritphilologie I*, Uppsala: Almqvist & Wiksells Boktryckeri Ab, 1957, especially pp. 1 – 12.

② David L. Snellgrove, *The Hevajra Tantra*: *A Critical Study*, part Ⅱ: Sanskrit and Tibetan Texts, London: Oxford University Press, 1959, p. viii.

skyapaṇḍita Kun dga' rgyal mtshan (1182 – 1251) from the Sa skya pa, Bu ston Rin chen grub (1290 – 1364) from the Zhva lu pa, Klong chen rab 'byams pa (1380 – 1364/69) from the rNying ma pa, Tsong kha pa Blo bzang grags pa (1357 – 1419) from the dGe lugs pa and Mi pham 'Jam dbyangs rnam rgyal rgya mtsho (1846 – 1912) from the Ris med pa. Their interpretations of Buddhist doctrines, such as the Madhyamaka and Consciousness-Only philosophy, have exhibited original insights. ① They have also developed the works of 7th century Buddhist scholars, such as Dharmakīrti's on logic and reasoning② as well as the philosophy on Other-Emptiness uniquely developed by Jo nang pas in Tibet. ③ The writings of these Tibetan scholars provide a rich resource that helps us to deepen our understanding of the works of Indian Mahāyāna Buddhists.

In addition to the rich and profound doctrinal views and discourses, a further characteristic of Tibetan Buddhism is the overall popularity of the tantric practice. Tantrism is an ancient tradition that existed long before the rise of Bud-

---

① David Seyfort Ruegg, *The Literature of the Madhyamaka School of Philosophy in India*, Wiesbaden: Otto Harrassowitz, 1981; *Three Studies in the History of Indian and Tibetan Madhyamaka Philosophy*, *Studies in Indian and Tibetan Madhyamaka Thought*, Part 1, Arbeitskreis für Tibetische und Buddhistische Studien, Universität Wien, Wien 2000; *Two Prolegonema to Madhyamaka Philosophy*, *Studies in Indian and Tibetan Madhyamaka Thought*, Part 2, Arbeitskreis für Tibetische und Buddhistische Studien, Universität Wien, Wien 2002; Thupten Jinpa, *Self, Reality and Reason in Tibetan Philosophy: Tsongkhapa's Quest for the Middle Way* (Curzon Critical Studies in Buddhism, 18), Routledge Curzon, 2002; Jeffrey Hopkins, *Emptiness in the Mind-Only School of Buddhism*, Berkeley, California: University of California Press, 2003.

② A number of European and Japanese scholars, such as Ernst Steinkellner and Katsumi Mimaki together with their colleagues and students in Vienna and Kyoto, study the logic and reasoning in the Indian Buddhist tradition. The approach arrives at a reasonable interpretation of the Indian Buddhist texts based on the Tibetan's understanding on Dharmakīrti's writings. In recent years, there are also American scholars studying Indian and Tibetan Buddhist logic. See Georges B. J. Dreyfus, *Recognizing Reality: Dharmakīrti's Philosophy and its Tibetan Interpretations* (SUNY Series in Buddhist Studies), Albany, New York: State University of New York Press, 1997; Tom J. F. Tillemans, *Scripture, Logic, Language: Essays on Dharmakīrti and his Tibetan Successors*, Studies in Indian and Tibetan Buddhism, Boston: Wisdom Publications, 1999; and John D. Dunne, *Foundations of Dharmakirti's Philosophy*, Boston: Wisdom Publications, 2004.

③ Jeffrey Hopkins, *Mountain Doctrine: Tibet's Fundamental Treatise on Other-Emptiness and the Buddha Matrix*, Ithaca: Snow Lion Publications, 2006.

dhism; in the process of assimilating, changing and developing this tradition, Indian Mahāyāna Buddhism formed a new tantric tradition called Vajrayāna. As Indian Buddhism withered up after the 13th century, tantric tradition in Buddhism, especially the Anuttarayoga-tantra practice, had become extinct in India. However, it is well preserved in Tibet, and tantric practice has also become a landmark of Tibetan Buddhism. Tibetan society and culture was so deeply influenced by Tantrism that it was thus stamped with the brand of "shamanism" by modern Anthropologists. Geoffrey Samuel even suggests that "the sophisticated body of shamanic practices within Tibetan Buddhism probably constitutes Tibet's most important single contribution to humanity."① Various kinds of tantric ritual texts exist in the Tibetan Buddhist canon—for example, the tantric rituals (*cho ga*) and means of accomplishment (*sgrub thabs*) —are the main sources for reconstructing the tantric tradition of Indian Buddhism. The study of Tibetan Tantrism goes hand in hand with the study of Indian Tantrism.② Without a doubt, studying Indian Buddhism and Tibetan Buddhism as a whole has been proven as an important and fruitful approach to Buddhist studies.

II

The history of the Buddhist conquest of China seems equal to the history of

---

① Geoffrey Samuel, *Civilized Shamans: Buddhism in Tibetan Societies*, Washington and London: Smithsonian Institute Press, 1993, p. 8.

② Take Ronald M. Davidson, a leading scholar in the field of Indian and Tibetan tantric Buddhist studies as an example; he had published two excellent works in the row focusing in tantric Buddhism in both India and Tibet. See Davidson, *Indian Esoteric Buddhism: A Social History of the Tantric Movement*, New York: Columbia University Press, 2003; *Tibetan Renaissance: Tantric Buddhism in the Rebirth of Tibetan Culture*, New York: Columbia University Press, 2005. Recently Davidson realized that Chinese documents can often be our best sources for sixth-to eighth-century Buddhist developments and started using Chinese sources for the study of tantric Buddhist history. Cf. Ronald M. Davidson, "Studies in Dhāranī Literature I: Revisiting the Meaning of the Term Dhāranī," *Journal of Indian Philosophy* 37/2 (2009), pp. 97 - 147; Ronald M. Davidson, "Some Observations on an Uṣṇīṣa Abhiṣeka Rite in Atikūṭa's Dhāraṇīsaṃgraha," *Transformations and Transfer of Tantra in Asia and Beyond*, edited by István Keul, Berlin/Boston: De Gruyter, 2012, pp. 77 - 98.

Buddhist sinification. Scholars have largely approached the study of Chinese Buddhism as the study of Chinese philosophy and the study of Chinese cultural and social history. ① On the other side, in the Western academic tradition, Indology (Indian studies) seems inseparable with Tibetology and Mongolistics (Tibetan and Mongolian studies), but is rarely close connected with Sinology (Chinese studies). The study of Chinese Buddhism is mostly kept apart from Indo-Tibetan Buddhist studies. Thus, Chinese Buddhist studies became a part of the studies of Chinese philosophical and intellectual history. Contrary to the study of Chinese Buddhism, Indo-Tibetan Buddhist studies, especially in the European tradition, emphasizes the philological and textual study. Given the difference in approach, the gap between the two branches is, unsurprisingly, too wide to be integrated.

That said, Indo-Tibetan Buddhist studies have also overshadowed the equally important area of Sino-Tibetan Buddhist studies. This had already been noticed by some insightful scholars a long time ago. In the 1920s and 30s, under the support of Cai Yuen-pei 蔡元培, Liang Qi-chao 梁启超, Hu Shi 胡适 and other famed Chinese scholars, Baron Alexander von Staël-Holstein (1877 - 1937) from Estonia established a Sino-Indian Research Institute in Beijing. The baron took an innovative approach to reconstructing the Mahāyāna Buddhist tradition; scholars of various nationalities gathered around him to study scriptures written in languages such as Tibetan, Sanskrit, Chinese and Mongolian. There were also attempts to record the verbally transmitted teachings known to the Buddhist monks from Tibet and Mongolia who were living in Beijing at the time. ② Both the baron and his colleagues—Chen Yinque 陈寅恪, Yu Daoquan 于道泉, Lin Li-kouang 林藜光, Friedrich Weller, Walter Liebenthal and so on—had left outstanding works of comparative studies on San-

---

① Erik Zürcher, *The Buddhist Conquest of China, the Spread and Adaptation of Buddhism in Early Medieval China*, Leiden: E. J. Brill, 1959.

② See Alexander von Staël-Holstein's Introductory Remarks of The Sino-Indian Research Institute, dated Oct. 22, 1928. The original manuscript is currently preserved at the Harvard Yeching Institute.

skrit, Tibetan, and Chinese Buddhist scriptures.① Unfortunately, their efforts and initiative did not receive much timely attention in the West or within China, and few had continued their pursuit. The Language barrier and the perceived methodological differences between the areas have largely contributed to the lack of interest in Sino-Tibetan Buddhism. Among scholars of Indo-Tibetan Buddhism, there are only a handful people who are able to read and consult Chinese Buddhist texts, such as the German Buddhist scholar Lambert Schmithausen.② Even fewer recognize the importance and necessity of the comparative studies on Chinese Buddhism with Indo-Tibetan Buddhism to create a better understanding of the Mahāyāna Buddhist tradition both in India and in Tibet. Similarly, scholars of Chinese Buddhist studies or East Asian Buddhist studies mostly concentrate solely on Chinese Buddhist texts and rarely pay attention to the close relation of Chinese Buddhism to Indo-Tibetan Buddhism as the baron did. In stark contrast to Indo-Tibetan Buddhist studies, Sino-Tibetan Buddhist studies are yet to be recognized as an independent discipline.③

As a matter of fact, Chinese Buddhist texts and Chinese Buddhist studies are highly beneficial to the progress of Indo-Tibetan Buddhist studies. As suggested by the Japanese scholar Seishi Karashima 辛嶋静志, "If one reads them closely, these translations, which greatly predate most of our extant Sanskrit and Tibetan manuscripts of Buddhist texts, may provide substantial clues to the

---

① See Alexander von Staël-Holstein, *Mahāratnakūṭa-sūtra in Sanskrit, Tibetan, and Chinese*, Shanghai: Commercial Press, 1926; Lin Li-Kouang, *Dharma-Samuccaya: Compendium De La loi, Recueil de Stances extraites du Saddharma-smṛty-upasthāna-sūtra par Avalokitasiha*, Chapitres I – V, Texte sanskrit édité avec la version tibétaine et les versions chinoises et traduit en français, Paris, 1946.

② Lambert Schmithausen, *Ālayavijñāna: On the Origin and the Early Development of a Central Concept of Yogācāra Philosophy*, Part Ⅰ: Text, Part Ⅱ: Notes, Bibliography and Indices, Studia Philologica Buddhica, Monograph Series IVa, IVb, Tokyo: The International Institute for Buddhist Studies, 1987. It is a great example of a trilingual philological study (Sanskrit, Tibetan and Chinese) on Buddhist writings.

③ In the community of Buddhist studies, there are very few scholars capable of conduct researches on both Indian and Chinese Buddhism, of whom Seishi Karashima, Toru Funayana, Jan Nattier, Stephano Zacchetti are most recognized; those exclusively interested in comparative studies on Tibetan and Chinese Buddhist scriptures are few and far between.

origination and development of Buddhist scriptures. Particularly early Chinese translations, ranging from the second to the fourth century of the Common Era, are primary sources for the study of the formation of Mahāyāna Buddhism."① Furthermore, by the early Tang, various schools of Chinese Buddhism had already formed and the major project of translating Indian texts into Chinese virtually ended with the works of Xuanzang 玄奘 (595 – 664), by whose time much of the Mahāyāna texts had already been translated into Chinese numerous times and major East Asian Buddhist schools were already well formed. Contrary to that, the transmission of Buddhism in Tibet had only begun. Clearly, the Chinese Canon is critical in the understanding of Mahāyāna Buddhism regardless of the research perspective, Indian, Tibetan and Chinese alike.

As the Chinese and Tibetan Canon preserve the translations of the majority of the original Sanskrit texts of which a substantial part are unfortunately lost in the past, a comparative study of the two Canons is important to the study of Buddhism, especially Mahāyāna Buddhism. Thus, a critical comparison of Chinese and Tibetan versions would be one of the most relevant works of Sino-Tibetan Buddhist studies. The Chinese Canon contains only 2920 texts, many of which are different translations of the same text, whereas the Tibetan version contains 4569 texts. The Chinese *Tripiṭaka* contains more texts of the early period, while Tibetan canon more of the late period. The two Canons are complementary in terms of coverage and content. For example, the Chinese translations of *the Prajñāpāramitā Sūtra*, *Mahāratnakūṭa-sūtra*, *Avataṃsaka-sūtra*, *the Lotus Sūtra*, *Mahāsamnipata-sūtra* appeared as early as the second century. In comparison, the translation of the Tibetan Canon had not reached its climax until the end of the eighth and the beginning of the ninth century; what is more, most of the important tantric scriptures and rituals were not translated until the tenth century. As a result, important Hīnayāna scriptures translated by An Shigao and his colleagues in the early period are not included in the Tibetan Can-

① Seishi Karashima, *A Glossary of Dharmarakṣa's Translation of the Lotus Sutra*, Bibliotheca Philologica et Philosophica Buddhica I, Tokyo: The International Research Institute for Advanced Buddhology, Soka University, 1998, pp. vii, ix.

on, and some early Mahāyāna scriptures are not included either (or being translated according to a different version like the Sanskrit text or texts in other central Asian languages). ① Not only texts of Sanskrit origin, but also Chinese texts were translated into Tibetan in the time of Tibetan empire. With prolific translators like 'Gos Chos grub 法成, the Tibetans translated over hundreds of volumes of scriptures from Chinese to Tibetan: 'Gos Chos grub himself has translated scriptures from Chinese texts like the *Suvarṇaprabhāsottamarāja-sūtra*, *Laṇkāvatāra-sūtra* (and an exegesis of it) and so on. ② Other famous Buddhist scriptures were also translated into Tibetan from Chinese like *the Dafangguangshilunjing* 大方广十轮经, *Avataṃsaka sūtra* and *Śūraṃ gama sūtra*. ③ Despite that, many of the early Hīnayāna and Mahāyāna texts are nowhere to be found in the Tibetan Canon. ④

Undoubtedly, those scriptures in the Tibetan Canon are even more of value in complementing Buddhist scriptures translated into Chinese. Although there is yet an accurate count of the texts found in one canon but not in the other, it is obvious that the texts in the Tibetan Canon far outnumber those in the Chinese one. To illustrate this, within the Khara Khoto collection of Chinese Buddhist

---

① Lü Cheng 吕澂, *Lectures on the History of Chinese Buddhism* 中国佛教源流略讲, Beijing: Zhonghua shuju, 1979, pp. 35 – 42.

② See Wu Qiyu 吴其昱 et al, 大蕃国大德·三藏法师·法成传考, Makita Tairyo and Fukui Fumimasa, *Chinese Buddhism in Dunhuang* 敦煌中国佛教 (No. 7 in Dunhuang Lectures), Tokyo: Daito Publishing Co., 1984, pp. 383 – 414; Ueyama Daishun 上山大峻, *Tonkō Bukkyō no kenkyū* 敦煌佛教研究, Kyoto: Hozokan, 1990, pp. 84 – 170.

③ According to *Pho brang ldan dkar gyi dkar chag*, a catalogue of translated Buddhist scriptures in the Time of Tibetan Empire, there are 23 different kinds of Buddhist scriptures translated from Chinese into Tibetan.

④ Huang Mingxin 黄明信 has examined thoroughly the Tibetan Canon based on *Zhiyuan fabao kantong zonglu* 至元法宝勘同总录 (*The Comparative General Catalogue of the Dharmajewels of the Zhiyuan Reign*), and concluded that "there are 640 sūtras and śastras that are translated into both Chinese and Tibetan, about 880 into Chinese but not Tibetan, and 20 were translated into Tibetan through the Chinese version". (*Studies on Differences of Catalogues of the Chinese and Tibetan Buddhist Canon: Zhiyuan fabao kantong zonglu and its Tibetan Translation* 汉藏大藏经目录异同研究——至元法宝勘同总录及其藏译本笺证, Beijing: Chinese Tibetology Press, 2003, p. 14. Cf. Herbert Franke, "Der Kanonkatalog der Chih-yüan-Zeit und seine Kompilation," *Chinesischer und Tibetischer Buddhismus in China der Yüanzeit*, München: Kommission für Zentralasiatische Studien Bayerische Akademie der Wissenschaft, 1996, pp. 69 – 124.

texts preserved in St. Petersburg, Russia, the author has recently discovered a series of Buddhist scriptures translated during the period of Tangut kingdom of Xia, including *Foshuoshengdachengsanguiyijing* 佛说圣大乘三归依经 (*The Mahāyāna Sūtra of Three Refuges*), *Foshuo shengfomu boruo boluomiduo xinjing* 佛说圣佛母般若波罗蜜多心经 (*The Heart Sūtra*), *Chisong shengfomu boruoduo xinjing yaomen* 持诵圣佛母般若多心经要门 (*The Quintessential Instruction of Holding and Reciting the Heart Sūtra*) and so on. These texts are mostly translated from Sanskrit original versions brought to the Tangut kingdom of Xia (1032 - 1227) by Indian monks. While no Chinese versions of these texts exist in extant editions of Chinese canon, one can find the corresponding texts within the Tibetan Canon; this example proves that there are indeed a large number of Buddhist scriptures missing in the Chinese Canon that can be complemented by the Tibetan Canon. ①

Compared to the Tibetan Canon, the majority of the texts missing in the Chinese Canon are tantras, along with ritual texts (*cho ga*), sādhanās (*sgrub thabs*), Instructions of yogic practices (*man ngag*) and commentaries related to these tantras. While tantric practices became popular in eighth century India, the translation effort in China had long passed its prime-most Chinese schools had been formed and stabilized. Buddhist Tantras transmitted to China Proper during the Tang dynasty were only those of Krīya, Caryā and Yoga practices centred on *the Mahāvairocana Tantra* and *the Vajraśekhara Sūtra*;② those of Anuttarayoga-Tantra practices such as Guhyasamāja, Hevajra, Cakrasaṃvara and Kālacakra tantras never became popular in China before Tibetan Buddhism was disseminated in China Proper during the Mongol-Yuan dynasty (1206 - 1368). Although there were a number of Anuttarayoga tantras translated by Dānapāla 施护, Dharmapāla 法护, Devaśāntika 天息灾 and other translators in the Song dynasty (960 - 1279), the quality of their translations is extremely

① Shen Weirong, "Chinese tantric Buddhist Literature under of the Tangut Kingdom and Mongol Dynasty: Chinese translations of Tibetan Ritual Texts unearthed in Khara Khoto," *Eurasian Studies*, eds., Yu Taishan and Li Jinxiu, Beijing: Commence Book Company, 2010.

② Huang Xinchuan 黄心川, "Indian Origins of Chinese Esoteric Buddhism," *Indian Religions and Chinese Buddhism* 印度宗教与中国佛教, Beijing: China Social Science Press, 1988, pp. 1 - 19.

poor-content related to the actual practice was often omitted, making the texts difficult to understand. Moreover, the tantric practice was discouraged by Song emperors; the overall impact of the translations of these tantric texts on the Chinese society was minimal. ① On the other hand, the Anuttarayoga practice became the mainstream during the second dissemination of Buddhism in Tibet. The Anuttarayoga tantras and their related ritual texts are essentially the content for *gSang sngags gsar ma* (*The New Secret Mantras*). As a result, unlike the Tripiṭaka classification within the Chinese Canon, the Tibetan Canon is categorized into *bka' 'gyur* (texts ascribed to the historical Buddha and other Buddhas) and *bsTan 'gyur* (exegetical treatises); and within *bKa' 'gyur*, the number of texts under *bka' sde snod gsum* (Tripiṭaka) and *rgyud sde bzhi* (four sections of tantra) far exceed the number of Chinese texts under the Vinaya and Sūtra categories, in particular, most texts in *rgyud sde bzhi* cannot be found in the Chinese Canon. Undoubtedly, the Tibetan Canon is our only key to understanding the Anuttarayoga practice of tantric Buddhism. ② Besides the Tibetan Canon, there are other textual materials in Tibetan that are also useful, such as the voluminous exegeses and practice rituals in anthologies (*gsung 'bum*) of eminent Tibetan monks.

---

① About the recent discussion on Song translations of tantric scriptures see Charles D. Orzech, "The Trouble with Tantra in China, Reflection on Method and History," *Transformation and Transfer of Tantra in Asia and Beyond*, pp. 303 – 326.

② The poor quality of Chinese translations of Mahāyoga and Anuttarayoga tantra texts translated in the Song dynasty (960 – 1279) could be one of the reasons why tantric Buddhism was never popular in China Proper during that period. After comparing the Chinese translation of Mahāyoga and Anuttarayoga tantra texts, such as *the Hevajra Tantra* by Dharmapāla, with the extant Sanskrit manuscript and Tibetan translation of these tantras, we come to the conclusion that these Chinese translations have irreparable problems. See David Snellgrove, *The Hevajra Tantra*, 2 vols, London, 1976; Ch. Willemen, *The Chinese Hevajratantra*, Delhi: Motilal Banarsidass Publishers, 1983. Interestingly, there are in fact many texts of Mahāyoga and Anuttarayoga tantra translated into Chinese during the period of Tangut Kingdom of Xia (1038 – 1227) which are seen in the Khara Khoto Collection of Chinese and Tangut Buddhist manuscripts and other texts recently found in the stūpa of the Baisigou valley in Ning Xia province. See the Institute of cultural relics and archaeology in Ningxia eds., *Pagoda from the Tangut Xia regime in Baisigou Valley* 拜寺沟西夏方塔, Beijing: Cultural Relics Press, 2005. These rare texts can complement the now insufficient Chinese tantric Buddhist texts. So far the author has identified two different versions of Chinese translation of *the Hevajra Tantra* which were translated in the Tangut Xia and Chinese Ming period respectively.

Some might argue that Chinese Buddhism stresses more in philosophical and doctrinal discourses: this is not exactly the case. Madhyamaka philosophy and other Indian Buddhist philosophies proliferated rapidly in the seventh century and afterwards never gained wide currency in China or East Asia but were highly influential in Tibet. Works by such figures as the Middle Way philosophers Candrakīrti (c. 600 – 650), Śāntideva (early eighth century) and the logician Dharmakīrti (seventh century), who flourished when the Chinese Buddhist schools had already well developed, were rarely translated into Chinese.① In contrast, works by them and other authors, transmitted in Tibet by Śāntrakṣita and Kamalaśīla during the time of the first dissemination of Buddhism in Tibet and Atiśa of the second, were subsequently incorporated into Tibetan Buddhism by scholars such as Sa skya *paṇḍita* Kun dga' rgyal mtshan and Tsong kha pa Blo bzang grags pa and became the basis of the scholastic tradition in Tibet.② Consider the case of Madhyamaka section in *bsTan 'gyur*, there are in total 156 commentaries, but 131 of them lack a corresponding Chinese version, which includes half of Nāgārjuna's writings and all of Candrakīrti's writings on Madhyamaka. Similarly, on Indian logic or Hetuvidyā, only three of the 70 texts were translated into Chinese.③ Therefore, we can see the differences between Chinese and Tibetan Buddhist Canons and reach the conclusion that Tibetan Buddhism has its advantages in philosophical and doctrinal matters.

Clarifying the similarities and differences of Chinese and Tibetan Buddhist Canons or Chinese and Tibetan Buddhism at large makes the first step of Sino-Tibetan Buddhist studies. Unfortunately, effort in comparing the two canons was made only seven hundred years ago with the support of the Mongol Yuan dynasty in Chinese history. Under the support of Yuan Emperor Kublai Khan (1215 –

---

① Donald S. Lopez, Jr. ed., *Religions of Tibet in Practice*, Princeton, New Jersey: Princeton University Press, pp. 10 – 11.

② See David Seyfort Ruegg, *Three Studies in the History of Indian and Tibetan Madhyamaka Philosophy*.

③ Ui, Hakuju, et al, eds., *A Complete Catalogue of the Tibetan Buddhist Canons (Bkah-hgyur and Bstan-hgyur)*, Sendai: Tohuku Imperial University, 1934, pp. 577 – 600, 643 – 653.

1294), Buddhists and scholars from Han China, Tibet, Inner Asia, Mongolia and even India gathered together and compiled an index of the two canons, *Zhiyuan fabao kantong zonglu* (*The Comparative General Catalogue of the Dharmajewels of the Zhiyuan Reign*) after carefully examining the similarities and differences between the Chinese and Tibetan Canons. ① Published in 1287, it is indeed "an unprecedented academic achievement, a systematized summary of Sino-Tibetan Buddhism and a milestone of the corporation between Han Chinese and Tibetans." ② Unfortunately, the index is not without flaws. Comparing the index with the content of the Tibetan Canon reveals that it contains many mistakes. Even with the aid of computational and linguistic methods, arriving at an accurate index is only one of the initial stages in understanding the similarities and differences between Chinese and Tibetan Buddhism.

Ⅲ

There is a long-held misconception that Tibetan Buddhism is in total concordance with Indian Buddhism and shares very little in common with Chinese Buddhism. The famous "bSam yas debate" —a religious debate between Indian Madhyamaka Master Kamalaśila and Chinese Chan Monk Mahāyāna—may very well be one of the primary contributing factors leading to this misconception and in turn, the treatment of Chinese Buddhism and Tibetan Buddhism as two separate disciplines. According to some Tibetan historians from the period of second dissemination, the Chinese Chan School, which believed in sudden awakening (or the Instantaneous School), gained popularity in Tibet in the late 8th century, which caused hostility (and later fierce debates) with a rival school, the Indian gradualists. In order to clear up their differences, the Tibetan King or-

① See Huang Mingxin, *Studies on Catalogues of the Chinese and Tibetan Buddhist Canon*, pp. 1 - 10; Also see Herbert Franke, "II. Der Kanonkatalog der Chih-yüan-Zeit und seine Kompilatoren," *Chinesischer und Tibetischer Buddhismus im China der Yüanzeit*, München: Kommission für Zentralasiatische Studien Bayerische Akademie der Wissenschaften, 1996, pp. 69 - 124.

② Su Jinren 苏晋仁, "A Milestone in Sino-Tibetan Cultural Communication," *Buddhist Culture and History* 佛教文化与历史, Beijing: Minzu University of China Press, 1994, p. 264.

dered monks from these two schools to debate with each other. With the gradualist faction triumphing, the Tibetan King announced that the Tibetan people would follow the teachings of the Indian Madhyamaka Master Kamalaśīla, i. e. the gradualists, and forbade the practice of the Instantaneous School in Tibet from then on. This prevailing discourse in Tibetan historical works, fictitious or not, virtually halted the religious interactions between the Han Chinese and the Tibetans, which also led to the misconception that Chinese Buddhism is drastically different from Tibetan Buddhism. In fact, according to historical and religious texts written in both Chinese and Tibetan unearthed in the Dunhuang cave library, *bSam gtan mig sgron* and other textual materials from the period of previous dissemination, we can see without much difficulty that the "bSam yas debate" represented in Tibetan historiography is more of a "created tradition", and is not fact. ①

Historically, the Han Chinese and the Tibetans share a long and rich history culturally. First of all, Chinese Buddhism, just like Indian Buddhism, once had huge impacts on the formation of Tibetan Buddhism. According to Tibet's own historical tradition, Buddhism was transmitted to Tibet when King Srong btsan sgam po married to two Buddhist wives, one princess from Nepal, another from Tang China. It was believed that the *Jo bo* statue of Buddha Śākyamuni, which is considered as the most sacred Buddhist statue in Tibet and currently housed at the Jokhang Temple in Lhasa, was brought to Tibet as part of the Chinese princess' dowry, and that the Ramoche Temple in Lhasa was also constructed under her support. When the Chinese princess was residing in Tibet, Chinese monks often stopped by Tibet along their way to India for their Buddhist training and pilgrimage. Many monks who went to Tibet also helped with the translation of Buddhist texts and had many Tibetan disciples. If we do believe that Buddhism was transmitted during the lifetime of King Srong btsan sgam po, then it is undeniable that Chinese Buddhism had its direct influences on Tibetan Buddhism at its initial stage and contributions of the Chinese princess and her

① Shen Weirong, "*Hvashang* Mahāyāna and his Teachings in Tibetan Literature: An Invented Tradition," *New History* 新史学, Vol. 16, No. 1, Taipei, 2005, pp. 1 – 50.

retinues should be acknowledged.

The latter half of the eighth century is considered the Golden Age of the Tibetan empire and of the development of Tibetan Buddhism, which is also the golden age for the vigorous Interaction between Chinese and Tibetan Buddhism. The Tibetan empire in central Asia lasted for about one hundred years, which made communication and interaction between Buddhists from China Proper, Tibet, India and central Asia very common, especially those between China Proper and Tibet. There were translators such as 'Gos Chos grub (Fa Cheng 法成 in Chinese) who excelled in both Chinese and Tibetan. 'Gos Chos grub alone translated many texts from Tibetan into Chinese such as *the Heart Sūtra*, *Zhuxingmu tuoluoni jing* (诸星母陀罗尼经), *Sapoduozong wushi lun* (萨婆多宗五事论), *Pusa lvyi ershi song* (菩萨律仪二十颂), *Bazhuan sheng song* (八转声颂), *Shijia muni rulai xiangfa miejinzhiji* (释迦牟尼如来像法灭尽之记) etc. Other texts that he participated in include *Dacheng sifa jinglun ji guangshi kaijueji* (大乘四法经论及广释开决记), *Liumen tuoluoni jinglun bing guangshi kaijueji* (六门陀罗尼经论并广释开决记), *Yinyuanxin shilun kaijueji* (因缘心释论开决记), *Dacheng daoyejing suiting shoujingji* (大乘稻叶经随听手镜记), *Tanzhuforulai wuranzhuo dezan* (叹诸佛如来无染著德赞) and he made some lecture notes named *Yujialun shouji* (瑜伽论手记) and *Yujialun fenmenji* (瑜伽论分门记).① Regardless of the condition of the Chinese texts or the number of available versions—which included Kumārajīva's and Xuan Zang's translation of *the Heart Sūtra*—'Gos Chos grub's translation is considered unique in terms of its high quality in content and style.②

The impact Chinese Buddhism had on Tibetan Buddhism should not be underestimated. Interestingly, many texts that are considered hallmarks of Chinese Buddhism, or even those Chinese apocrypha, i. e., Buddhist sūtras were invented by Chinese Buddhists of no Indian origins at all, were also translated in-

① Ueyama, *Tonkō Bukkyō no kenkyū*, pp. 170 - 246。

② Shen Weirong, "Comparative Studies on the Chinese and Tibetan Translations of *the Heart Sūtra*," Tam Shek-Wing 谈锡永, Henry Shiu 邵颂雄 et al. eds., *Internal and Ultimate Meanings of the Heart Sūtra* 心经内义与究竟义, Taipei: All Buddha, 2005, pp. 273 - 321.

to Tibetan. One such example is *the Śūraṃgama-sūtra*. This Sūtra alone was translated twice, the first time happened in the period of the Tibetan empire before the literal language of Tibetan had been standardized. It became popular and is quoted many times in numerous Dunhuang Tibetan Buddhist manuscripts, and its ninth and tenth chapters can still be found in the Tibetan Canon. During Qing emperor Qianlong's reign (1736 – 1795), this sūtra was again translated into Tibetan, and Manchu, Mongolian at the same time under the sponsorship of the emperor and supervision of the third lCang skya Khutukhtu Rol pa'i rdo rje (1717 – 1786).① Similarly, other scriptures that were popular in China Proper, such as *the Golden Light Sūtra*,② *Yulanpen jing* (*Ullambana Sūtra*),③ *Qiyao Sūtra* 七曜经④ as well as many Chinese Chan classical texts discovered in the Dunhuang cave library (including Bodhidharma's *Treatise of Two Entrances and Four Practices* and *Dharmic Treasures of the Seven Masters*) were also translated into Tibetan.⑤ It proves that early Chinese Buddhism did spread in Tibet and had profound impacts. In spite of the "bSam yas debate" in the late eighth century and the persecution of Buddhism by King Glang dar ma several decades after, the shadow of the Chinese monks has never entirely disappeared from Tibetan Buddhism. Tibetan Historians have since intentionally

① Shen Weirong, "Introduction into a Collation of Tibetan Translations of *the Śūraṅgama Sūtra*", *Studies on the Mongol-Yuan and China's bordering area* 元史及民族与边疆研究集刊, No. 18, Shanghai: Shanghai guji chuban she, 2006, pp. 81 – 89.

② Ueyama, *Tonkō Bukkyō no kenkyū*, pp. 121 – 123; Elena De Rossi Filibeck, "A Manuscript of the 'Sūtra of Golden Light' from Western Tibet", *Tabo Studies II: Manuscripts, Texts, Inscriptions and the Arts*, edited by C. A. Scherrer-Schaub and E. Steinkellner, Roma: Istituto Italiano per l'Africa e l'Oriente, 1999, pp. 191 – 204.

③ Matthew T. Kapstein, "The Tibetan Yulanpen jing 佛说盂兰盆经", *Contributions to the Cultural History of Early Tibet*, edited by Matthew T. Kapstein and Brandon Dotson, Leiden, Boston: Brill, 2007, pp. 211 – 238.

④ Takashi Matsukawa, "Some Uighur Elements surviving in the Mongolian Buddhist Sūtra of the Great Bear", *Turfan Revisited: The First Century of Research into the Arts and Culture of the Silk Road*, edited by Desmond Durkin-Meisterernst etc., Berlin: Dietrich Reimer Verlag, 2004, pp. 203 – 207.

⑤ See Shen Weirong, "*Hvashang* Mahāyāna and his Teachings in Tibetan Literature," note 17, 18, 19 and 20; Jeffrey L. Broughton, *The Bodhidharma Anthology, The Earliest Records of Zen*, Berkeley: University of California Press, 1999.

confused the story of Bodhidharma's leaving Tibet for the West with one of his shoes left in China with Chinese monk Mahāyānas' leaving for the East with one shoe left In Tibet, claiming that their teachings will become popular in Tibet again. If we put this exquisitely weaved and heavily emblematized motif with Han Chinese Buddhist symbols into the history of Tibetan Buddhism, it is clear that this motif and intentional confusions are not entirely groundless. Whether it is the rNying ma pa's "Great Perfection" (rdzogs chen) or the bKa' brgyud pa's "Great Seal" (phyag chen), Chinese Buddhism, especially Chan Buddhism, has definitely left a strong imprint on Tibetan Buddhism. Although later Buddhist monks from both the rNying ma pa and the bKa' brgyud pa school tried to deny this connection with the demonized Chan tradition of Chinese Buddhism In Tibet, the origin of "Great Perfection" and "Great Seal" has undeniably to do with Chinese Buddhism, especially the Chan tradition. ①

Contrary to the confusing history of the spread of Chinese Buddhism in Tibet, that of Tibetan Buddhism in China Proper and central Asia is becoming clearer through studies on Buddhist literatures discovered in both Dunhuang, Turfan and Khara Khoto. Traditionally, the century after King Glang dar ma's Buddhist persecution was called the "Dark Age" of Buddhism; however, it was recently renamed by scholars of Indo-Tibetan Buddhism as the time of "Renaissance" for Tibetan Buddhism, because tantric practices, which are characteristic features of Tibetan Buddhism, took form and flourished during this period. ② Furthermore, the second dissemination of Buddhism in Tibet did not go through only two directions called the upper and the lower way, that is, through mNga' ris in the west and mDo smad in the east. During this time, many regions, both within and around Tibet, played an important role in re-transmitting Buddhism in Tibet, among which most notably was Dunhuang, the Pearl of the Silk Route. After the military reign of Tibet empire was overthrown, influ-

① Recent discussion on the relation between Chinese Chan Buddhism and Tibetan Dzogchen see Sam van Schaik: "Dzogchen, Chan and the question of influence" *Revue d'Études Tibétaines*, 25, 2012, pp. 5 - 19.

② Davidson, *Tibetan Renaissance: Tantric Buddhism in the Rebirth of Tibetan Culture.*

ences of Tibetan cultural tradition did not disappear at once; in fact, many Tibetan monks and their Indian gurus appeared to be unaffected by the alleged persecution, evident in the tantric texts and art works unearthed in the Dunhuang grottoes: Tibetan Buddhism, especially Tantric Buddhism has further disseminated and developed. ① Furthermore, since the 11th century, Tibetan Buddhism has been transmitted to the Chinese in Central Eurasia via Tangut and Uyghur. As indicated by the Khara Khoto collection of Buddhist texts in Chinese and Tangut, *Turfan Uigurica* and other texts of the same kind newly found in the Ningxia province, practices of Anuttarayoga tantras such as the yogic practices of Hevajra, Cakrasaṃvara, Mahākāla and Vajravārāhī were widely practiced by Han Chinese's throughout the Tangut and the Uyghur kingdom. ② By the Mongol Yuan dynasty, Tibetan Tantric Buddhism had reached China Proper deeply. The Mongolian emperors were documented to be practicing Tantric Buddhism (mainly the *lam 'bras* practice of the Sa skya pa tradition centered on *the Hevajra, Cakrasaṃvara* and *Saṃpuṭa Trantras*). As seen from the collection of tantric practice rituals, *Dacheng yaodao miji* (大乘要道密集 *The Secret Collection of Works on the Essential Path of Mahāyāna*), the *Lam 'bras* teachings of the Sa skya pa school has spread among Han Chinese disciples. ③ Similarly, in the Ming and Qing dynasties, most Chinese and Manchu emperors were also in-

---

① Tanaka Kimiaki, *Tonkō mikkyō to bijutsu* 敦煌密教美术, Kyotō: Hōzōkan, 2000; Tsuguhito Takeuchi, "Sociolinguistic Implications of the Use of Tibetan in East Turkestan from the End of Tibetan Domination through the Tangut Period (9th - 12th c.)," *Turfan Revisited*, pp. 341 - 348.

② Shen Weirong, "Reconstructing the History of Buddhism in Central Eurasian (11th - 14th Centuries): An Interdisciplinary and Multilingual Approach to the Khara Khoto Texts," *Historical Studies*, Beijing, 2006/5, pp. 23 - 34; Shen Weirong, "A Preliminary Investigation into Tangut Background of the Mongol Adoption of Tibetan tantric Buddhism," *Journal of Philological and Historical Studies of China's Western Regions* 西域历史语言研究集刊, No. 1, Beijing: Science Press, 2007, pp. 273 - 286.

③ Shen Weirong, "*Dasheng yaodao miji* and Studies in Tibetan Buddhist History of the Tangut Xia, Mongol Yuan and Ming Dynasties," *The Secret Collection of Works on the Essential Path of Mahāyāna: A Compilation of Early Chinese Translations of Tibetan Tantric Buddhist Texts*, Beijing: Peking University, 2012; Hoongteik Toh, "Why Yandieer 演揲儿 is Uighuric: Foreign Religions, Islam and Tantric Practices in the Yuan and Ming Dynasty," *Journal of Philological and Historical Studies of China's Western Regions*, No. 1, pp. 259 - 272.

terested in Tibetan Buddhism. For example, Emperor Yongle of the Ming (1403 - 1424) invited the fifth Karma pa lama bDe bzhin gshegs pa (1384 - 1415) to perform ritual ceremonies for the emperor's late parents and sponsored the engraving of the first copy of *bka' 'gyur*. Emperor Zhengde (1506 - 1521) was even more intrigued by Tibetan Buddhism; he almost cleared out the national treasury in order to invite the living Buddha, actually the eighth Karmapa lama Mi bskyod rdo rje (1507 - 1554), from central Tibet. ① The early Qing emperors, Kangxi (re. 1661 - 1722) and Qianlong in particular, were equally enthusiastic and supportive of the translation project and dissemination effort, and they ordered the printing and publication of Buddhist scriptures in Chinese, Tibetan, Manchu and Mongolian. ② During the Republic Period, Tibetan tantric Buddhism was very popular again among ordinary people in China Proper. It became partly integrated into Chinese Buddhism, since it was considered as an important measure in modernizing Buddhism to import Tibetan Buddhism into China proper. ③ In short, Chinese and Tibetan Buddhism have a symbiotic relationship, and should not be forcedly torn apart.

Sino-Tibetan Buddhist studies enjoyed its heyday during the latter half of the last century. This was directly due to the discovery of the classical Chinese and Tibetan Buddhist manuscripts in the Dunhuang cave library. In the thirties of the last century, controversies on Chinese Chan Buddhism between Hu Shi 胡适 and Suzuki Daisetsu 铃木大拙, along with Seizan Yanagida 柳田圣山 's prolific works on Dunhuang manuscripts of Chinese Chan Buddhism afterwards,

---

① Patricia Berger, "Miracles in Nanjing: An Imperial Record of the Fifth Karmapa's Visit to the Chinese Capital," *Cultural Intersections on Later Chinese Buddhism*, edited by Marsha Weidner, Honolulu: University of Hawai'i Press, 2001, pp. 145 - 169; Jonathan Silk, "Notes on the History of the Yongle Kanjur," *Suhṛllekhāh: Festgabe für Helmut Eimer*, hrsg. von Michael Hahn, Jens-Uwe Hartmann und Roland Steiner, Swisttal-Odendorf: Indica-et-Tibetica-Verl., 1996, pp. 153 - 200.

② Samuel M. Grupper, "Manchu Patronage and Tibetan Buddhism during the First Half of the Ch'ing Dynasty: A Review Article," *The Journal of the Tibet Society*, No. 4, 1984, pp. 47 - 75; Lai Huimin 赖惠敏 and Zhang Shuya 张淑雅, "Lama Temple in the Qianlong period: An Economical and Cultural Observation," *National Palace Museum Quarterly* 故宫学术季刊, Vol. 23, No. 4, pp. 131 - 164.

③ Grey Turtle, *Tibetan Buddhists in the Making of Modern China*, New York: Columbia University Press, 2005.

have greatly intrigued scholars in Sinology and Buddhology all over the world. Paul Demiéville's 1952 work, *Le Concile de Lhasa*,① has been praised by academics both in the East and the West, inspiring much study of the transmission of Chan Buddhism in Tibet. During the 1970s and 1980s, a number of Japanese scholars, most notably Ueyama Daishun 上山大峻, conducted careful comparative studies of a great number of Chinese and Tibetan Chan Buddhist texts found in Dunhuang, clarifying the history of the transmission of Chan Buddhism in Tibet.② Other Tibetologists and Buddhologists such as Giuseppi Tucci,③ David Seyfort Ruegg,④ Luis O. Gómez⑤ and Samten G. Karmay⑥ also paid considerable attention to the historicity of "bSam yas debate" and its impact on the relationship between Indian, Chinese and Tibetan Buddhism. However, this trend did not persist into the 1990s and studies on Sino-Tibetan Buddhism once again split into two parts. As a matter of fact, most Chinese scholars had no access at all to the Dunhuang Tibetan manuscripts until its facsimile reprints published by Shanghai Ancient Books Publishing House in the last decades. Recently, new dis-

---

① Paul Demiéville, *Le concile de Lhasa: Une controverse sur le quitétisme entre Bouddhistes de l'Inde et de la Chine au VIIIe siéle de l'ére chrétienne I.* (Bibliothéque de l'Institut des Hautes Études Chinoises Vol. VII, Paris, 1952), pp. 11 - 12/n. 4.

② Kimura Ryūtoko, "Tonkō chibettogo zen bunken mokuroku shokō," *Tōkyō daigaku bungakubu bunka kōryū kenkyū shisetsu kenkyū kiyō*, No. 4, 1980, pp. 93 - 129.

③ Giuseppi Tucci, *Minor Buddhist Texts*, Vol. 1 - 3, Rome: IsMEO, 1956 - 1971.

④ David Seyfort Ruegg, *Buddha-nature, Mind and the Problem of Gradualism in a Comparative Perspective*, Jordan Lectures, 1987, London: School of Oriental and African Studies, University of London, 1989.

⑤ Luis Gómez was one of the few scholars who conducted comparative studies between Indian, Tibetan and Chinese Buddhism. In the 1980s, he published a number of articles related to the doctrinal discourse of the Instantaneous School and the Gradual School in Tibet. See Gómez, "The Direct and the Gradual Approaches of Zen Master Mahayana: Fragments of the Teachings of Mo-Ho-Yen," *Studies in Ch'an and Hua-yen*, edited by Robert Gimello and Peter Gregory, Honolulu: University of Hawaii Press, 1983, pp. 69 - 167; ibid., "Purifying Gold: The Metaphor of Effort and Intuition in Buddhist Thought and Practice," *Sudden and Gradual Approaches to Enlightenment in Chinese Thought*, edited by P. N. Gregory, Honolulu: University of Hawaii Press, 1987, pp. 67 - 165; ibid., "Indian Material on the Doctrine of Sudden Enlightenment," *Early Ch'an in China and Tibet*, edited by Lewis Lancaster and Whalen Lai, Berkeley: University of California Press, 1983, pp. 393 - 434.

⑥ Samten Karmay, *The Great Perfection, A Philosophical and Meditative Teaching of Tibetan Buddhism*, Leiden: E. J. Brill, 1988.

coveries of classical Tibetan manuscripts in other areas also require further detailed scholarly treatment; for instance, those Chan texts found in Tabo monastery are similar to their Dunhuang counterparts in their nature, only more complete sometimes. ① Tibetan doxographical works, such as *bSam gtan mig sgron*, which systematically outline the view, meditation, conduct, and result of the Gradual School, Instantaneous School, Mahāyoga and Atiyoga, are awaiting further examination. ② Studies on the history of the transmission of Tibetan Buddhism in Central Eurasia and China Proper, especially during the 11th to 14th centuries, are to be seriously undertaken, due to the fact that the Khara Khoto collection has only recently become widely available. ③ Moreover, there are many Buddhist manuscripts written in Chinese and Tangut unearthed in Ningxia Province at the beginning of 1990s, ④ many of which are of tantric Buddhism; the discovery of these invaluable materials will also make the reconstruction of the history of the transmission of Tibetan Buddhism in Central Eurasia and China Proper during the 11th to 14th centuries possible. Likewise, the imperial collections of Buddhist texts of the Ming and Qing dynasties preserved in the National Library of China in Beijing and the National Palace Museum in Taipei will also

---

① There are three collections of essays on Tabo studies. They are 1, *Tabo Studies I* (which were originally published in *East and West*, 44, 1, 1994; 2, C. A. Scherrer-Schaub and E. Steinkellner edited, *Tabo Studies II: Manuscripts, Texts, Inscriptions, and the Arts*, Serie Orientale Roma LXXXVII, Roma: Istituto Italiano Per l'Africa e l'oriente, 1999; and 3, Luciano Petech & Christian Luczanits, *Inscriptions from the Tabo Main Temple*, Serie Orientale Roma LXXXIII, Roma: Istituto Italiano Per L'Africa e L'oriente, 1999.

② gNubs-chen Sangs-rgyas ye-shes, *rNal 'byor mig gi gsam gtan or bSam gtan mig sgron, A treatise on bhāvanā and dhyāna and relationships between the various approaches to Buddhist contemplative practice*, Reproduced from a manuscript made presumably from an Eastern Tibetan print by 'Khor-gdon Gter-sprul 'Chi-med-rig-'dzin, Leh, 1974. Recent studies on that work see D. Esler: "The Exposition of Atiyoga in gNubs-chen Sangs-rgyas yes-shes' bSam gtan mig sgron". It also published in *Revue d'Études tibétains*, 25, 2012, pp. 81 – 135.

③ Shi Jinbo, Wei Tongxian & E. I. Kychanov eds., *Ezang heishuicheng wenxian* 俄藏黑水城文献 (*The Khara Khoto Manuscripts Preserved in Russia*). Shanghai, Shanghai guji chubanshe, 1996 – 1999, Vols. 1 – 11.

④ The Institute of cultural relics and archaeology in Ningxia ed., *Pagoda from the Tangut Xia regime in Baisigou Valley* 拜寺沟西夏方塔, Beijing: Cultural Relics Press, 1995; *Grottoes in Shanzuigou, Ningxia* 山嘴沟西夏石窟, Beijing: Cultural Relics Press, 2007.

shed light on the historical context of Tibetan Buddhism in China Proper; many of them are tantric texts and similar to those in *Dasheng yaodao miji*. ① In short, with the amount of rich resources available, Sino-Tibetan Buddhism as a discipline has just as much to offer as Indo-Tibetan Buddhism.

IV

Sino-Tibetan Buddhism as a research field includes but is not limited to its contribution to the study of the formation and development of the Buddhist Canon and the Mahāyāna Buddhist tradition, and systematically outlining the history of the interaction between Chinese and Tibetan Buddhism. One of the most important works of the Sino-Tibetan Buddhist studies is the study on the Chinese and Tibetan Buddhist canonical texts themselves from the perspective of philology and textual criticism. Although Buddhist studies have made great progress in many ways worldwide, determining the accuracy and authenticity of Buddhist scriptures remains an open area in Buddhist studies. On this topic, once Jona-

① Before we made the discovery of a series of Chinese texts on Tibetan Buddhism among the Khara Khoto Collection, the only known texts of the same kind is the *Dasheng yaodao miji* which was wrongly attributed to 'Phags pa Blo gros rgyal mtshan, the first imperial preceptor of the Yuan dynasty. Cf. Shen Weirong, "*Dasheng yaodao miji* and Tibetan Tantric Buddhism in Tangut Xia and Yuan Dynasty: Introduction to Serial Studies on *Dashengyaodaomiji*," *Chung-Hwa Buddhist Journal* (Taipei), 2007/20, pp. 251 - 303. As a matter of fact, there are more texts of the same kind yet to be discovered. Recently we have identified numerous Chinese texts of Tibetan tantric Buddhism both in the National Library of China in Beijing as well as in the National Palace Museum in Taipei. For example, there are at least *Nine Esoteric Texts of the Secret Collection of Avalokitesvara* 观音密集玄文九种, *Ḍombiheruka's Sahajasiddha* 端必瓦成就同生要, *Indrabhūti's Key Points of Mudrā* 因得啰菩提手印道要, *Letterless Mahāmudrā* 大手印无字要, *Volumes of the Path with its Fruit of Master Virūpa* 密哩斡巴上师道果卷, *The Ritual of Self-empowerment of the Maṇḍala of the Hevajra* 喜金刚中围内自授灌仪, among others, in the National Library of China. See *Catalogue of Ancient Rare Books in the National Library of China* 北京图书馆古籍善本书目, Beijing: Shumu wenxian chubanshe, 1987, pp. 1572, 1604 and 1620. There are tantric ritual texts like *the Liturgy of the Realization of the Buddha Mother Uṣṇīṣvijaya* 如来顶髻尊胜佛母现证仪, *the Spring Well of Nectar: the Ganacakra Feast of the Auspicious Hevajra* 吉祥喜金刚集轮甘露泉 in the National Palace Museum in Taipei, they are said to be written by 'Phags pa bla ma, see www. npm. gov. tw/dm/buddhist/b/b. htm.

than Silk compared fourteen different recensions of Tibetan translations of *the Heart Sūtra* and still could not arrive at a definitive version of it, even though both the Sanskrit and the Tibetan manuscripts have been supposedly very well examined in the past. ① In fact, there are two vastly different versions of *the Heart Sūtra* in Tibetan, one long and one short. Even in the different recensions of the same version, there are visible differences in almost every sentence of the text. Within the Dunhuang collection of Tibetan manuscripts, there are more than 70 copies of the short version of *the Heart Sūtra*, and none of them are virtually identical either. ② The situation with the Chinese translation is very much the same, if not even worse. There are altogether more than 20 different versions of *the Heart Sūtra* in Chinese made by translators of various time periods such as two greatest translators of Chinese Buddhist texts of all time, namely Kumārajīva (344 – 413) and Xuanzang (602 – 664). They all differ in terms of word choice and length. Buddhist texts of high quality and reliability, clearly, are the philological basis of Buddhist studies. As many original Sanskrit texts are not extant today, the remaining feasible route is to conduct a systematic comparison between the Chinese and Tibetan translations.

Comparing Buddhist texts is a complex process requiring knowledge in many languages, historical linguistics and Buddhism in general and great skill of textual criticism. Excellent proficiency in Chinese, Tibetan and Sanskrit, a good Buddhist training and stamina are some of the basic requirements to achieve this goal. Note that the task here is not to reconstruct one standardized edition— in reality, there might be multiple versions of the original text (*Urtext*). Therefore, arriving at a critical edition highlighting all the differences between the different versions of various textual traditions is a more appropriate and realistic goal. Based on these textual differences, one can evaluate the quality of translation and make suggestions on the intended doctrinal meaning in the

① Jonathan Silk, *The Heart Sūtra in Tibetan*, *A Critical Edition of the Two Recensions Contained in the Kanjur*, Wien: Arbeitskreis fuer Tibetische und Buddhistische Studien Universitaet Wien, 1984, pp. 4 – 5.

② Shen Weirong, "Comparative Studies on the Chinese and Tibetan Translation of *the Heart Sūtra*."

original texts. Obviously, the scope of the work goes beyond merely the philological, but other related areas as well. The hope is that taking this integrated approach can inspire new research directions like choosing between two translations and making suggestion of correcting the discrepancies of the different versions.

One ongoing direction is to compare the twocanons. These two canons differ considerably in many areas including size, historical and cultural background, and quality of translation. As mentioned above, Tibetan is more similar to Sanskrit linguistically than Chinese. Besides, by the 9th century, the literary Tibetan language for translating Buddhist scriptures was systematically standardized to ensure the accuracy and consistency of the translation, generally making the Tibetan Buddhist texts superior to the Chinese ones. In spite of great Chinese translators such as Kumārajīva and Xuanzang, there are many inferior ones as well. Buddhist scriptures translated by them were sometimes awkward in style, pointless or incomprehensible in content. Accounting for the linguistic differences, even in Xuanzang's works, which are considered faithful to the original text, the difference is substantive between the Chinese version and the Sanskrit original. Therefore, Tibetan Buddhist scriptures can be used by scholars of Sino-Tibetan Buddhism to reconstruct and revise Chinese Buddhist texts as well as Indian ones.

Although one can attempt to identify the errors in the Chinese texts via the comparison of the two canons, the Tibetan Canon itself is not free of errors. Scholars of Sino-Tibetan Buddhism should not rely solely on the Tibetan or the Chinese Canon, but make the best from comparing both. The quality of the Tibetan translation also varies from translator to translator. This, plus the variations that appeared through transmission, created different versions of the same translation. Something as simple as the inclusion or deletion of the word *mi* or *ma* (negation in Tibetan) can change the underlying proposition of a statement. The correctness of translation, without a doubt, cannot solely depend on comparing the different versions within the same language, but should be achieved through consulting the original Sanskrit text or the Chinese translation. The advantage of using the Chinese Canon is that its source texts are vastly different from those that were used to translate the text into Tibetan. For example, because it appeared much earlier than the Tibetan Canon, the source texts used by the Chinese Canon also appeared much earlier. Geographically, many came from "Western Regions" or Central Asia, and were non-Sanskrit, but rather Tocharian, Karosti and Sogdian ones, which reflected the linguistic and cultural flavour of the region at the time. These factors all contribute to the richness in interpretation. Despite the fact that the Chinese Canon lacks the linguistic uniformity in the Tibetan counterpart, the language diversity furthers our understanding of the translator's perspective and helps elucidate the doctrinal meaning of the texts. Another phenomenon of note is that Chinese translators typically annotated the translation based on the philosophical and cultural background of the time.① Though this was a deviation from the original, such annotations and commentaries reflected the sinification of Buddhist scriptures and can also shed light on the translation itself as well as studies on the intellectual history of Chinese Buddhism.

Finally, the comparison of Chinese and Tibetan canon can be very beneficial to the study of Classical Chinese in linguistic perspective, in which the language of Chinese Buddhist scriptures is a special kind. Note that the language used in the Chinese Canon differs greatly from the typical classical Chinese language, because the original scriptures were not written in Chinese, but a language rather different from it in both style and vocabulary. The phrasal structure and the terminology of Chinese translations were often tailored specifically for Buddhist texts. The wide usage of neologisms-most of them are Buddhist technical terms—and vernacular expressions in the Chinese Buddhist translations may discourage someone without knowledge on Buddhism to study them properly. Moreover, such vernacularisms and neologisms in Buddhist texts have long been neglected in Chinese dictionaries and grammar books, and this omission makes it difficult to read them correctly. Fortunately, there are more and more sinologists taking an interest in this field, though most of their studies, which have appeared hitherto on this topic, have a tendency to "glean" only the most interesting colloqui-

① Funayama Toru 船山徹, "Masquerading as Translation: Examples of Chinese Lectures by Indian Scholar-Monks in the Six Dynasties Period," *Asia Major*, Third Series 19.1-2, 2006, pp. 39-55.

al words and usages from a large amount of vernacularisms, found in the Buddhist texts. Apart from this, these scholars devote themselves to piecing together instances of vernacularisms from various Buddhist scriptures or comparing them with similar expressions in native secular literature in order to define their meaning inductively, without making the best use of the special character of Buddhist scripture. In order to comprehend vernacularisms and neologisms in Chinese Buddhist scriptures properly, scholars should compare the Chinese translation with corresponding texts in Sanskrit, Pāli and Tibetan language as well as variations in Chinese. Vernacularisms and neologisms in Buddhist texts may be clarified when one compares them with their equivalents, found in other versions and/or in other Chinese translations. ① Seishi Karashima has recently compiled a glossary of Dharmarakṣa's and Kumārajīva's translations of *the Lotus Sūtra* respectively which lists and defines mediaeval vernacular words and usages, semantic peculiarities, Buddhist technical terms, transliterations and so on. ② He aims at a completion of a Chinese Buddhist Dictionary. Without a doubt, this kind of work is an integral part of Sino-Tibetan Buddhist studies. Continuing his effort will lead to a more well-rounded understanding of the Chinese Canon.

V

In recent years, Chinese scholarship in Buddhism has been impressive in terms of the effort in processing and publishing of Buddhist manuscripts, in the studies of Chinese Buddhist philosophy. However, Buddhist studies in China have yet to be given the attention it deserves internationally. The reason for this lies in two aspects: first, Chinese Buddhist studies are considered separate from the international community that is more or less dominated by Indo-Tibetan Buddhist studies; second, there are perceived methodological differences in re-

① Seishi Karashima, *A Glossary of Dharmarakṣa's Translation of the Lotus Sutra*, pp. vii – ix.

② Seishi Karashima, *A Glossary of Kumārajīva's Translation of the Lotus Sutra* 妙法莲华经词典, Bibliotheca Philologica et Philosophica Buddhica IV, Tokyo: The International Research Institute for Advanced Buddhology, Soka University, 2001.

search directions and approaches between Chinese and Western academia. To change this trend, Sino-Tibetan Buddhism has to step up and become the forefront of Buddhist studies. The reconstruction of the Indian Mahāyāna tradition, the historicity of the Buddhist exchange between the Chinese and the Tibetans, the construction of critical editions of classical Buddhist scriptures and finally, the exploration of the unique language used specifically in the Chinese Canon are all equally important in the study of Buddhism, and all require knowledge on Sino-Tibetan Buddhism as a bridge. The Chinese language itself is also a considerable advantage of Chinese scholars and should be seen as complimentary to existing works by Western and Japanese scholars. Moreover, it is crucial that Han Chinese and Tibetan Buddhist scholars could work together by stepping out of the traditional confines of Chinese Buddhism. Innovative methods of comparative studies can be introduced to Sino-Tibetan Buddhism, as well as philological and textual criticism of Western academic traditions, in addition to the approach of philosophical or intellectual historical studies Chinese scholars were so accustomed to. Given the rich resources available in China, it is my hope that Chinese Buddhism and Buddhist studies in China will be taken much more seriously and become an integral part of Buddhist studies internationally. Finally, through the study of Sino-Tibetan Buddhism, the Chinese academic community can provide a better understanding of our past and encourage further cultural exchange between the Han Chinese and the Tibetans, and more generally, between the East and the West. In any case, Sino-Tibetan Buddhist study is a meaningful endeavour and deserves our greatest effort!

1705 年西藏事变的真相

乌云毕力格

1637—1642 年，卫拉特蒙古人的一支和硕特部首领顾实汗率领卫拉特联军征服青海、喀木和卫藏，统一青藏高原，建立“和硕特汗廷”[①]。顾实汗祖孙四代先后在拉萨称汗，拉藏汗（1703—1717 年在位）是其中的最后一位。

拉藏汗继位的 18 世纪初期，正是西藏风云变幻的多事之秋。以拉藏汗为首的蒙古贵族和以第巴桑结嘉措为代表的西藏僧俗贵族两派政治势力，逐鹿高原，为争夺统治西藏的实权，展开了激烈的斗争。拉藏汗与第巴桑结嘉措之争，不仅是西藏历史和蒙藏关系史上的重要一章，也是在清朝统一多民族国家形成进程中具有深远影响的一件重要历史事件。本文利用清代满蒙文档案史料，结合藏文资料记载，在前人研究的基础上，对这一事件进行进一步考述。

一　历史背景

和硕特汗廷（1642—1717 年）形成的重要前提之一，是西藏格鲁派对和硕特蒙古人的政治、军事依赖。藏传佛教格鲁派自 15 世纪诞生以来，一直和西藏其他教派进行竞争和斗争。通过 1578 年索南嘉措与俺答汗的联盟，格鲁派巩固了他们在西藏的地位，而在 1642 年，依仗西蒙古和硕

---

① “和硕特汗廷”之名，1987 年作者在硕士学位论文《关于和硕特汗廷》中第一次提出，后被国内史学界广泛接受。论文经修改后译成蒙古文，1990 年以 *Qošod Tobčiyan*（《和硕特史》）的书名出版（内蒙古文化出版社 1990 年版）。

特蒙古人的刀枪，最终得到了不可冒犯的神圣地位。这一年，第五世达赖喇嘛阿旺罗藏嘉措成为西藏藏传佛教最高领袖，顾实汗则登上藏王宝座，两者都如愿以偿。但是，昔日号令西藏佛教诸宗的噶玛噶举派被赶下台以后，长期不甘心失败，召聚自己的信徒和施主们一再暴动，他们把矛头指向达赖喇嘛与和硕特蒙古汗。在域外强敌中，不丹法王兼国王的主巴噶举首领时附时叛，拉达克也为之助兴壮胆①。西藏内外反对势力的活动，倒给蒙藏僧俗贵族联盟延长了寿命，在相当长的时间内，双方保持着密切友好的关系。

然而，到17世纪70—80年代形势发生了很大的变化。经过顾实汗、达延汗和达赖巴图尔等和硕特汗王的经营，后藏复辟势力已经完全溃败，格鲁派在西藏的地位十分巩固，通过1681—1683年蒙古军的远征拉达克，打击和征服了域外反对势力，收复阿里地区，西藏呈现出稳定的局势。和硕特蒙古人打击和压服了西藏格鲁派集团的内外敌人，铲除了他们独立自主、自行其是的一切障碍。对以达赖喇嘛为首的寺院领主及其西藏世俗支持者来讲，和硕特人已经完成了历史使命。于是，蒙藏贵族联盟趋于瓦解，双方对西藏实权的争夺日趋激烈。

对蒙古汗的夺权活动，在1671年达赖汗继位前后已开始。1668年初，顾实汗之子达延汗去世后，由其六弟达赖巴图尔行使汗权②。是年5月，第巴丕凌列札木苏去世，由于没有汗，按照汗廷的惯例，第巴之位也空悬了一年。但蒙古汗位久虚，第巴不能不设，于是1669年8月五世达赖喇嘛乘机命其崔本罗卜藏图多布为第巴。达赖汗于1671年即位后只好予以承认。第巴是汗廷最重要的官职，管理西藏的行政事务，以前一直由蒙古汗选定和任命。任命第巴之权的旁落，是汗权的一大损失，也是双方

---

① 关于这段历史参考：［意］图齐（Giuseppe Tucci）《西藏画卷》（*Tibetan Painted Scrolls*），罗马，1999年；［意］伯戴克（Luciano Petech）《十八世纪前期的西藏与中原》（*China and Tibet in the Early 18th Century*），莱登，1950年；牙含章《达赖喇嘛传》，人民出版社1984年版；牙含章《班禅额尔德尼传》，西藏人民出版社1987年版；陈庆英《历辈达赖喇嘛生平形象历史》，藏学出版社2006年版；王尧《第巴桑结嘉措考》，载中国人民大学清史研究所编《清史研究集》第1辑，中国人民大学出版社1980年版。

② 见拙作 *Qošod Tobčiyan*（《和硕特史》），内蒙古文化出版社1990年版，第177—178页。达赖巴图尔，名多尔济，顾实汗六子，具有“洪台吉”称号，总管青海诸台吉。1668—1671年间在拉萨摄政。

斗争公开化的开始。

1679 年，五世达赖喇嘛任命桑结嘉措（1653—1705 年）为第巴。此人是第巴丕凌列札木苏的侄子，8 岁时被送进布达拉宫，由五世达赖喇嘛亲自培养。五世达赖喇嘛说，桑结嘉措“在处理政教二规事务方面也与其他第巴有所不同，处事做事与我亲自所办相同”，可见五世达赖喇嘛对他的信任。五世达赖喇嘛把写有这些内容的条例交由众护法神保管，并把其中的一份挂在楼梯头上，将自己双手的印记印在其上。① 桑结嘉措不愧是五世达赖喇嘛一手扶植的显贵，很有权谋，不久成为西藏政治的中心人物。于是和硕特汗对西藏的君临已近乎形式了。

1682 年五世达赖喇嘛圆寂。这无论在政界还是佛教界都是一件重大的事情。但是第巴桑结嘉措采取了“匿丧”的手段，宣布五世达赖喇嘛“入定”，除第巴外不见任何人。这样一来，唯有桑结嘉措一人能“觐见”达赖喇嘛，别人不得接近，达赖喇嘛的“法旨”由桑结嘉措传达，实际上等于桑结嘉措自己做了达赖喇嘛。结果，在达赖喇嘛圆寂后的不利形势下，第巴不仅保住了他们的一切既得权势，而且更变本加厉地干涉西藏政教各界。和硕特汗权完全旁落。

当时，在西藏同外界的关系中，第巴左右和硕特汗廷，以西藏首脑人物的姿态出现。桑结嘉措掌权时，准噶尔和清朝之间发生了战争，第巴支持噶尔丹，暗中为他出谋划策。但是，1690 年噶尔丹败于乌兰布通，他援助噶尔丹的事实被公开。第巴在外交上十分失利，于是他另想它法，以求困境中自拔。1693 年第巴派人到北京，以五世达赖喇嘛的名义请求：“吾国之事皆第巴为主，乞皇上给印封之，以为光宠。”② 清廷前已承认和硕特汗的君主地位，由于他们“为主”，如今不能再封一个汗。1694 年清廷赐第巴以“掌瓦赤喇怛喇达赖喇嘛教弘宣佛法布忒达阿白迪之印”③。这个称号和印玺意味着第巴只是一个掌教的法王。实际上第巴不仅是法王，而且也是藏王，这是他自己取得的权威。

第巴对五世达赖喇嘛秘不发丧，长达 16 年之久。1696 年，康熙帝在

① 五世达赖喇嘛著：《五世达赖喇嘛传》，陈庆英等译，中国藏学出版社 1994 年版，第 214 页。

② 《清圣祖实录》，康熙三十二年十二月庚午朔，中华书局 1985 年影印本。

③ 《清圣祖实录》，康熙三十三年正月丙申。印上的“布忒达阿白迪”系梵文，藏语意为桑结嘉措（汉语佛海）。

昭莫多打败噶尔丹，从那里获悉五世达赖早已圆寂。于是派人去拉萨，责问第巴。但是当时清朝对西藏事务鞭长莫及，能作到的只不过是痛斥和威胁而已。第巴对康熙皇帝的责问一一做了辩解，并上奏达赖喇嘛转世灵童已经 15 岁，准备 1697 年坐床，在此之前请朝廷保密。清朝只好承认既成事实，不仅为他保密，还承认了达赖喇嘛转世灵童的合法性。于是第巴公开为五世达赖喇嘛发丧的同时，把 15 岁的仓央嘉措迎入布达拉宫坐床。第巴通过这次交涉，不仅没有丧失以往的权力，而且继续控制达赖喇嘛，更大胆地投入了新的战斗。和硕特汗廷的统治面临严重威胁，蒙古汗为了捍卫自身利益与第巴展开了激烈斗争。这一斗争在拉藏汗统治时期达到了白热化的程度，终以第巴桑结嘉措的失败身亡收局。

那么，拉藏汗与第巴的关系是怎样发展的？1705 年事件的经过是什么样的？这次事件有什么历史意义？下面就这些问题做一考察。

二　相关史料的问题与价值

1705 年秋，西藏发生重大事变，和硕特汗廷大名鼎鼎的第巴桑结嘉措被杀，这不仅在西藏而且在清朝都是一件重大政治事件。但是，清朝官修《实录》康熙朝实录 1705 年和 1706 年两个年度的记载中，对此事件居然只字不提，事件发生的 1705 年当年甚至没有留下与西藏相关的只言片语。迟至 1707 年 1 月（康熙四十五年十二月），《清圣祖实录》才简略补记此事。其云："先是，达赖喇嘛身故，第巴匿其事，构使喀尔喀、额鲁特互相仇杀，扰害生灵。又立假达赖喇嘛，以惑众人。且曾毒拉藏，因其未死，后复逐之。是以拉藏蓄恨兴兵，执第巴而杀之，陈奏假达赖喇嘛情由。爰命护军统领席柱、学士舒兰为使，往封拉藏为翊法恭顺汗，令拘达赖喇嘛赴京。拉藏以为执送假达赖喇嘛则众喇嘛必至离散，不从。席柱等奏闻，上谕诸大臣曰：拉藏今虽不从，后必自执之来献。至是，驻扎西宁喇嘛商南多尔济果报拉藏起解假达赖喇嘛赴京，一如圣算，众皆惊异。"① 这条记载的目的显然不是记述 1705 年事件本身，而是说明康熙皇帝"圣算"的英明。作为《实录》，这条记载也不是当时的记录，而是将近两年以后的追述，反映了清廷官方关于该事件的盖棺定论。那么，《清实录》

① 《清圣祖实录》，康熙四十五年十月丁亥。

真的缺少这次事件相关的原始资料吗？

根据清《内阁蒙古堂档簿册》和《宫中档人名包》记载，康熙三十九年至康熙四十五年间，西藏和清朝（包括清朝派驻西宁官员）之间使臣往返穿梭，六世达赖喇嘛、五世班禅额尔德尼、第巴桑结嘉措、拉藏汗、青海蒙古贵族和清廷、清朝驻青海将军、喇嘛之间文书往来不绝，形成了大量的相关文书[①]。但是，《清圣祖实录》的相关年份里，以上大量的史实和记载这些史实的档案文书均没有得到反映，甚至康熙四十二年、四十三年和四十四年连续三年没有西藏有关的任何记载！究其原因，在提到的几年里，西藏形势错综复杂，康熙朝廷未能及时应付事态，事情的发展显得与“圣算”大有出入（关于这些问题另文详述）。这说明了像《清实录》这样官修史书在史料取舍方面的严重的片面性，也说明了仅仅依靠官修史书无法弄清历史真相。

《实录》以后问世的清代史书的记载，基本上都没有比《实录》详尽。《王公表传》“西藏总传”关于这次事件的记载寥寥数语：“达赖汗卒，拉藏嗣。第巴恶之。……第巴计毒拉藏，不死，以兵逐。拉藏因集唐古特众，执杀第巴。奏至，封翊法恭顺汗。”[②] 显然，《王公表传》的记载来源于《清圣祖实录》。《皇朝藩部要略》的记载与《王公表传》完全一致，两者内容一字不差[③]。晚近成书的魏源《圣武记》“国朝绥服西藏记上”载：“（康熙）四十四年，第巴谋毒拉藏汗不遂，欲以兵逐之，拉藏汗集众讨诛第巴。诏封拉藏翊法恭顺汗。……达赖汗卒于（康熙）三十六年。拉藏汗嗣爵后，以议立新达赖喇嘛，故与第巴交恶，至是奏废第巴所立假达赖。诏执献京师，行至青海，病死。”[④]《实录》系统的诸文献没有解释拉藏汗与第巴交恶的原因，魏源则说是因为“立新达赖喇嘛问题”上的矛盾。

在记述性史料里，藏文史料的记载为1705年事变提供了较为翔实的资料。这些史料主要包括《五世班禅自传》《青海史》《如意宝树》《第

---

① 中国第一历史档案馆、内蒙古大学蒙古学学院编，宝音德力根、乌云毕力格、吴元丰主编：《清内阁蒙古堂档》（以下简称《蒙古堂档》）第15—16卷，内蒙古人民出版社影印本2005年版；《宫中档人名包》，商南多尔济满文奏折，中国第一历史档案馆缩微胶卷。

② 《钦定蒙古回部王公表传》卷九一传七五，清刻本。

③ 《皇朝藩部要略》卷一七“西藏要略一”，光绪十年浙江书局校刊本，“第巴计毒拉藏，不死，以兵逐。拉藏因集唐古特众，执杀第巴。奏至，封翊法恭顺汗”。

④ （清）魏源：《圣武记》上册，中华书局标点本1984年版，第204页。

一世嘉木样协巴传》以及其他。有关这些藏文文献资料，意大利著名藏学家伯戴克（L. Petech）进行了比较详细的介绍[①]，此不赘述。

与1705年西藏事变有关的另外一些史料是至今还没有很好挖掘利用的满蒙文档案史料。主要有两种：一是《宫中档》康熙朝朱批奏折中的相关内容；二是清朝《内阁蒙古堂档》中的资料。

所谓的《宫中档》，全称《宫中各处档案》，是指紫禁城乾清宫内所藏各类档案。1925年，故宫文献部在清理这些档案时，认为这些档案，“系统虽异，地点均在内廷”，故名。《宫中档》中，朱批奏折及谕旨具有重要史料价值。所谓的“奏折”，是一种机密文书，简单地说，是清朝臣工进呈皇帝的秘密报告。奏折，又称折子、奏帖、折奏等，满语作Wesin-burengge，意即“呈上者”，多用无格白折纸制成。奏折经皇帝用朱砂红笔批阅后，叫“朱批奏折”。朱批奏折在康熙皇帝在位时发还原奏人，还没有缴回内廷之例。雍正皇帝即位后，出于当时政治斗争的需要，康熙六十一年十一月二十七日谕令“所有皇父朱批旨意，俱著敬谨查收进呈”，“嗣后朕亲批密旨，下次具奏事件内务须进呈”[②]。从此，缴批成了定例，在宫中形成了大量的档案。这些档案既有汉文也有满文。其中，满文档案特别值得重视。因为清代有明文规定，满洲大臣办理满、蒙、藏等事件时，必须使用满文折。到乾隆十一年，这一规定终于制度化[③]。结果，满文书写的奏折、朱批奏折和谕旨成为研究边疆地区和民族的最重要的第一手资料。

清朝《内阁蒙古堂档》现存中国第一历史档案馆。内阁是辅助皇帝处理政务的中枢机关之一，蒙古堂是内阁中处理蒙古文文书的专门机构。内阁蒙古堂亦称内阁蒙古房（满文 monggo bithe-i boo，蒙古文为 mongγol bičig-ün ger）。其主要职掌为，翻译缮拟蒙古、西藏、回部等藩部以及俄罗斯等国的往来文书。2005年，清朝内阁蒙古堂档内的簿册类档案已被影印出版，共22卷。这套大型蒙古文和满文档案文书汇编，是清代有关蒙古、西藏、新疆等地区的重要历史档案，所收档册均属首次公布。在这套档案的第16—17卷中，保存着相当多的有关1705年前后的档案，文件

---

① ［意］伯戴克：《十八世纪前期的西藏与中原》，第1—5页。

② 台湾“故宫博物院”藏宫中档，转引自庄吉发《故宫档案述要》，台湾“故宫博物院”印行，1983年，第12页。

③ 《清高宗实录》卷二五八，中华书局1985年影印本，第12册，第334页上栏。

大部分是满蒙合璧的。

本文将利用康熙朝朱批奏折中的相关内容和《内阁蒙古堂档》的一些记载。朱批奏折中最主要的一件是议政大臣鄂飞等在康熙四十四年十二月二十六日（1706 年 2 月 9 日）呈上的一份满文奏折。1705 年西藏事变发生后，康熙皇帝著议政王大臣会议商讨西藏事宜，以便制定应对事件的对策。于是，以鄂飞为首的议政大臣们搜集当时西藏、青海方面呈上的各方奏疏和清朝使节的奏折以及使者们耳闻目睹的资料，向皇帝提出了初步意见。鄂飞等人的奏折里引用了拉藏汗、五世班禅呼图克图、六世达赖喇嘛、青海王扎西巴图鲁、清朝使者荐良等人的奏疏、书信、奏折和口述内容。1705 年西藏事件发生时，清朝使者荐良正在西藏，往返拉萨和日喀则之间，见到了拉藏汗、班禅、达赖喇嘛随从以及其他相关人。鄂飞等人全文引用各方奏疏内容，试图尽量客观地反映西藏事件的真相，以便得出应对善策，所以其可信度很强。此外，《宫中档人名包》中清朝派驻西宁喇嘛商南多尔济的奏折具有非常珍贵的史料价值。当时青海和西藏之间使节不断，而商南多尔济通过多种渠道与青海和西藏重要人物保持联系，得到极其重要的情报。

三　拉藏继位与第巴的政治计划

过去一般认为，第巴和拉藏汗的矛盾由来已久。有学者认为：拉藏汗于 1697 年继位，他一直怀疑第巴桑结嘉措主谋毒死他的父亲达赖汗，同时又怀疑第巴是不是正在对自己下毒手，所以裂痕且深，矛盾日益尖锐。五世达赖丧事的公布，六世达赖的寻获与坐床都使拉藏汗愤懑[①]。实际上，达赖汗死于铁龙年十二月十三日[②]，即公元 1701 年元月 21 日，五世

① 王尧：《第巴·桑结嘉错杂考》，载于《清史研究论文集》第 1 辑，中国人民大学出版社 1980 年版，第 197—198 页；马占林：《关于第巴·桑结嘉措》，《青海社会科学》1985 年第 4 期。马氏观点显然来自王尧文。

② 桑结嘉措著，多尔济、萧蒂岩译：《金穗》，载于《西藏文学》1985 年第 4 期。第巴桑结嘉措所著六世达赖喇嘛仓央嘉措传记——《金穗》关于仓央嘉措寻获过程的记述有待进一步证实。但是，其中关于达赖汗卒年的记载应该准确无误。1701 年初拉藏致康熙皇帝的奏疏（《蒙古堂档》第 16 卷，第 227 页）和哈密札萨克头等达尔汗伯克致理藩院书（《蒙古堂档》第 16 卷，第 338 页）均可佐证。

达赖匿丧和六世达赖寻获（1682—1697 年）都是达赖汗时期发生的事情。还有的学者认为，达赖汗死于 1701 年，其子旺扎勒继位（1701—1703 年），不久被他的弟弟拉藏毒死。1703 年，或许与此变故有关，桑结嘉措决定退职，形式上由他的长子阿旺林臣继任第巴，但这仅仅是一个姿态，实际上桑结嘉措仍掌握一切实权。拉藏汗不满于和硕特首领处于无权地位，他立即开始对西藏事务积极热情起来①。关于和硕特—西藏史的许多论著都引用此说。据此，拉藏汗于 1703 年毒死其兄旺扎勒后称汗，桑结嘉措因此隐退。旺扎勒被毒死一事，似乎出于松巴堪布·益西班觉《如意宝树》。该书记载，达赖汗死后其子丹增旺杰（丹增或译写丹津，意为“持教”，是西藏和硕特诸汗的藏文称号；旺杰即旺扎勒）继位。丹增旺杰之后，达赖汗幼子拉藏继位，“但因丹增旺杰毒毙、诅咒格鲁派上师和施主蒙古汗、拉藏被驱赶到那曲等原因”，拉藏汗袭杀了第巴桑结嘉措②。据此，毒死旺扎勒的不是拉藏，而是第巴。“拉藏毒死其兄”之说，实际上是对这条史料的误会引起的。

关于旺扎勒之死和拉藏继位，档案史料中有明确记载。清廷派驻西宁喇嘛商南多尔济奏呈：康熙四十二年（1703 年）六月十四日，青海亲王扎什巴图鲁遣人告知商南多尔济，六世达赖喇嘛遣使青海诸台吉称，“第巴与众人不合，且年纪已老，故将其第巴之职革退，令其子任第巴。达赖汗之位，欲令其长子丹津旺扎勒继承，然伊有病，不明事理，故令其弟拉藏继位”③。商南多尔济在康熙四十三年（1704 年）四月初四日写的另一份奏折中称，青海额尔德尼诺门汗使者达尔汗额木其报称，“我们于今年正月二十七日从西招出发，三月份到达青海。我们在时，没有发生逮捕第巴事，第巴还在办理事务，与往常一样……没有其他事情。拉藏之兄丹津旺扎勒去世，此外并无特别消息”④。可见，旺扎勒并没有称汗，也不是被拉藏或第巴毒死，他是因为多病未能继位，于 1704 年初病死的。拉藏在六世达赖喇嘛的支持下于 1703 年继位。可见，与顾实汗以后历代和硕

① ［意］伯戴克：《十八世纪前期的西藏与中原》，第 10 页。

② （清）益西班觉著，蒲文成、才让译：《如意宝树》，甘肃民族出版社 1984 年版，第 280—281 页。

③ 《宫中档人名包》，档号：4－1－282，中国第一历史档案馆缩微胶卷，下同，商南多尔济康熙四十二年六月十七日奏折。

④ 《宫中档人名包》，商南多尔济康熙四十三年四月初四日奏折。

特汗继位情形一样，1701—1703 年间和硕特汗位又悬空了两年。

继汗位之前，拉藏生活在位于青海的游牧地。据议政大臣苏努奏折，早在康熙三十六年（1697 年），康熙皇帝驾临宁夏，欲召青海诸台吉。青海总首领扎什巴图鲁作出决定，率诸台吉前往皇帝行宫谒见康熙皇帝，但因“防守我领地不可不留我大台吉”，便令拉藏留守青海地面。因此，“达赖汗之子拉藏言：我等本欲遵文殊师利皇帝谕旨前往朝觐，虽我为首之台吉要留我等［于原牧］，但我等遣使恭请文殊师利皇帝安”[①]。这说明，拉藏是当时游牧在青海的大台吉之一。康熙三十九年（1700 年），拉藏与清朝派驻西宁处理青海事务喇嘛商南多尔济之间发生矛盾，拉藏愤然离开青海，赴西藏。据拉藏致康熙皇帝奏疏内称：“圣上文殊师利皇帝亦照前颁旨与我父汗，故此我无有不愿谒见皇上圣明之处。因为多尔济喇嘛之言，前往亦不可，留住亦不成，故起程移营。多尔济喇嘛言：因班禅不前往，皇上将劳苦教法与生灵，尔前去请。窃思，文殊师利皇帝惟教法生灵之安泰为重，以日月明旨令教法生灵安逸，我虽巧言何用。如皇上有圣旨，且于政教有益，则我前往。时多尔济喇嘛逼言：第巴，我等之敌，尔与第巴一心，我亦知之。如此对答良多。惟皇上并未降旨命我前来，且为政教事，与多尔济喇嘛无话可言，故不能前去，欲住原处，又与多尔济喇嘛不合，是以惧多尔济喇嘛而移营。”[②] 拉藏疏奏于康熙四十年（1701 年）正月初八日送达，次日皇帝连忙传谕拉藏，“朕已洞悉尔被迫移营及并无他念。不要疑虑，谕旨到达之日，速回青海原牧，与妻子属下如故安心过活”[③]。当时，拉藏在舒卢岭（šuru daban）东登努勒台（Dengnurtai）地方，兵不足千，因大雪人畜极为穷困[④]。拉藏收到康熙谕旨后即回奏，其书于二月二十二日被送达。书云：“降无与伦比之温旨于我小人，不胜欣喜。欲遵旨返回旧牧，但因我父归天，上面主子命我前去。因有此大

① 《康熙朝满文朱批奏折》，中国第一历史档案馆缩微胶卷，下同，议政大臣苏努康熙三十六年四月初七日奏折，汉译文参见《康熙朝满文朱批奏折全译》，中国社会科学出版社 1996 年版，下同，第 181 页。

② 《蒙古堂档》第 16 卷，第 181—182 页。

③ 同上书，第 191 页。

④ 《康熙朝满文朱批奏折》，理藩院康熙四十年十二月二十七日奏折，汉译文参见《康熙朝满文朱批奏折全译》，第 252 页。

事，不得不去，望海鉴。”① 可见，因为达赖汗的去世，拉藏于1701年初去了拉萨。

关于拉藏出逃的原因，据时在商南多尔济身边的员外郎保柱言，完全是因为商南多尔济急功近利，向拉藏施压的结果。商南多尔济先是向康熙帝奏言班禅喇嘛将来青海，而班禅未至。于是认为，如不设法带青海台吉进京觐见，所办事无一建树，无法交差，故上奏青海台吉拉藏、戴青和硕齐、车臣台吉将觐见皇帝。康熙帝下旨允准将伊等带至京师。但两个多月来，拉藏等不前往，多尔济喇嘛“屡屡派人威吓拉藏台吉等，致使拉藏等出逃”②。

拉藏到达西藏后，并没有与第巴对立。史料显示，拉藏到西藏之初，与第巴和六世达赖喇嘛的关系十分融洽。康熙四十一年（1702年）十月，原喀尔喀台吉卫征哈坦巴图鲁之妻与子率属下39人到西宁称，“去年（1701年），拉藏将我等自土新图、阿敏地方掳掠至济鲁肯塔拉，后带至穆鲁乌苏。将我一百三十余户悉数分给其下人。将卫征哈坦巴图鲁之妻及其二子亦分给其宰桑管束，致使我等死伤破败。我等于今年四月初三日自穆鲁乌苏逃出，至青海，居玛赉堪布处。拉藏自西招地方遣其宰桑莫德其，欲将我等抓归。我等几次赴会盟，请求将我等与我兄弟合住。青海诸台吉言，尔等乃商（西藏地方政府——引者注）所属人，我等不得擅自给还。求堪布，堪布言：去年，第巴将尔等悉数给了拉藏。如今宰桑莫德其来收回，尔等应随他去”③。是年九月十九日，商南多尔济喇嘛报称，“拉藏从西招地方遣其管事宰桑问候青海诸台吉。据云，拉藏从西招地方来到这边，其人现在穆鲁乌苏。收集其在青海之众，自穆鲁乌苏内徙，至哈济尔得博特里之地扎营。其属下人一齐患病，牲口倒毙，甚是劳苦”④。商南多尔济指的就是拉藏派人收回喀尔喀台吉卫征哈坦巴图鲁之妻子等事。可见，第巴于1701年曾将达赖喇嘛商上的百余户喀尔喀人分给拉藏。这是件不可小视的事。

拉藏离开青海后，一直在穆鲁乌苏（今青海通天河）居住。康熙四

① 《蒙古堂档》第16卷，第227页。

② 《康熙朝满文朱批奏折》，理藩院康熙四十年十二月二十七日奏折，汉译文参见《康熙朝满文朱批奏折全译》，第253页。

③ 《宫中档人名包》，商南多尔济康熙四十一年十一月初四日奏折。

④ 《宫中档人名包》，商南多尔济康熙四十一年九月十九日奏折。

十一年（1702 年）五月青海扎什巴图鲁亲王致将军阿南达、喇嘛商南多尔济的书云：“兹获拉藏确信。拉藏于三月十一日带三十余人前往招地，其兀鲁思在多伦鄂罗穆[①]之地。阿尔善自这里去与之会合。自招地回来后，不知前往何地，概不会久留其地。”[②] 拉藏此次去拉萨，与第巴有关。据是年五月第巴桑结嘉措致班禅喇嘛的一封信，当时第巴被六世达赖喇嘛仓央嘉措拒绝受比丘戒一事所困扰。经多次劝谏，仓央嘉措赴扎什伦布，准备在班禅面前受戒，此时第巴从拉萨“派台吉拉藏、达克咱等施主以及第穆呼图克图、善巴陈布呼图克图为首上师等，为的是求达赖喇嘛受戒”[③]。这多少能够说明，第巴对拉藏一定的信任和拉藏的合作态度。

1703 年，拉藏在六世达赖喇嘛和第巴的支持下继位。1705 年事件以后，拉藏汗曾对清朝使者荐良说：“第巴欲立我为汗，让达赖喇嘛坐察奇尔巴顿汗之床，以其女与达赖喇嘛，以控制达赖喇嘛。故曾与我甚为友善。”[④] 当时西藏形势十分严峻，拉藏汗深知关于他与第巴关系的话都会传到康熙帝耳边，关系非小，所言必经深思熟虑。笔者认为，拉藏与其兄旺扎勒不同，一直游牧在青海，与西藏政教界人士没有深交，当然也不会积怨，这应该是达赖喇嘛和第巴选择拉藏为汗的主要原因。

据清廷档案记载，当初第巴极力向拉藏汗示好，甚至给拉藏汗起了“成吉思汗”名号。议政大臣鄂飞奏折中说：“于康熙四十四年十二月二十三日，乾清门侍卫喇锡等传宣谕旨：……今更改第巴给拉藏之成吉思汗名，给予其父之达赖汗之号，送达赖喇嘛至此，朕观达赖喇嘛之真假后，或立为察奇尔巴顿汗，或封为达赖喇嘛之处，观后决定。”[⑤] 显然，第巴曾给拉藏起过“成吉思汗”号。伯戴克曾据藏文文献说，拉藏汗执杀第

---

① 多伦鄂罗穆，穆鲁乌苏（今青海通天河）渡口名。“（多伦鄂罗穆渡）在木鲁乌苏自西折南流之处，其水至此分为七歧，故名。”［（清）黄沛翘：《西藏图考》卷五，光绪刻本］可见“多伦鄂罗穆”为蒙古语 doluɣan olom（七个渡口）。

② 《蒙古堂档》第 17 卷，第 52—53 页。

③ 同上书，第 100 页。

④ 《康熙朝满文朱批奏折》，议政大臣鄂飞等康熙四十四年十二月二十六日奏折。参见拙文《鄂飞满文奏折笺注》，载于 *Quaestiones Mongolorum Disputatae* Ⅲ，Association for International Studies of Mongolian Culture，Tokyo，2007.

⑤ 《康熙朝满文朱批奏折》，议政大臣鄂飞等康熙四十四年十二月二十六日奏折。参见拙文《鄂飞满文奏折笺注》。

巴后称“丹津成吉尔王（bsTan 'dzin Jing gir rGyal po，即丹津成吉思王）”[①]。“丹津成吉思王”意为“持教成吉思汗”。伯戴克的说法显然不准确，这个汗号本来是第巴给拉藏汗起的。第巴死后，清廷下令取消了拉藏汗的成吉思汗名号。这件事充分说明了第巴对拉藏的拉拢和麻痹。

这里还有一件事情特别引起我们的注意，那就是第巴企图让仓央嘉措坐“察奇尔巴顿汗”之床。“察奇尔巴顿汗”的满文原文为 cakir badun han。cakir badun，显然是梵语 Cakravatin 的蒙古语口语形式，意即“转轮”；han，是蒙古语的 qaγan，即“汗”（相当于藏语的 rgyal po，王）。所以，“察齐尔巴顿汗”就是“转轮王”的意思。转轮王的思想起源于古代印度。根据佛典，世界以须弥山为中心，由四大洲构成。转轮王降生时，天降宝轮，转轮王依次征服四大洲。征服四大洲者称金轮王，三洲者称银轮王，二洲者称铜轮王，仅征服一洲者则称铁轮王。菩萨转世在这样的转轮圣王家族里，作为转轮王，引导众生于佛教十善福业之道[②]。著名的伏藏《玛尼全集》中讲到，西藏本是一个没有人类的未经调伏的雪域。西方极乐世界的阿弥陀佛把调伏雪域的重任托付给了观音菩萨。观音菩萨于是亲自幻化而衍化出西藏人类。他为了尽快让有情众生摆脱轮回之苦，必须建造一个安定有序、公平合理的社会。而能够创造这种理想社会的往往是勇武无敌、不输文采的国王、君主，所以菩萨必须化身为转轮圣王，以世俗统治者的面目引导他的臣民皈依正法，走上救赎、解脱的道路。西藏出现的第一位转轮圣王就是吐蕃帝国的赞普松赞干布。但是，西藏历史发展到后来，再没有出现像松赞干布统治下的吐蕃帝国一样统一、强大的世俗政权，西藏社会逐渐走向了全民的宗教化。正因为如此，后世被认为是观音菩萨转世的再不是世俗的政治领袖，而更多的是宗教大德。松赞干布以后的第一位观音菩萨化身是噶当派创始人仲敦巴（1004—1064 年）。到了五世达赖喇嘛和第巴桑结嘉措时代，除了吐蕃帝国的赞普以外，被认为观音菩萨转世的无一例外是宗教大德[③]。第一世达赖喇嘛根敦珠巴被认定为观音菩萨转世，此后历代达赖喇嘛自然成为观音菩萨转世。由此看

① ［意］伯戴克：《十八世纪前期的中原和西藏》，第 13 页。“成吉尔”（Jing gir）是“成吉思”（Jing gis）之误（藏文里 r 和 s 形近，很容易混淆）。

② ［日］石滨裕美子：《西藏佛教世界之历史研究》（日文），东方书店 2001 年版，第 8—11 页。

③ 沈卫荣：《一世达赖喇嘛传》，“蒙藏委员会”，1996 年，第 198—201 页。

来，“转轮王”在西藏有两层含义：（1）他是观音菩萨的转世；（2）他又是引导众生于佛教十善福业之道的王。仓央嘉措作为达赖喇嘛本来就是公认的观音菩萨转世，那么，第巴让他做转轮王，就是再赋予他王者的权力。也就是说，让他做西藏政教领袖。这条史料具有重要意义，它透露了第巴的政治计划：给拉藏以汗位和成吉思汗虚名，让他甘心做一名傀儡，而桑结嘉措则利用“转轮王”理论，让仓央嘉措成为西藏政教二界名义上的领袖，他自己真正掌握西藏政教大权。但是，拉藏汗不甘心做像他父亲达赖汗那样一位无所作为的汗，第巴的计划全部落空。

顺便说一下，1703年达赖喇嘛传谕青海诸台吉，立拉藏为汗，革退桑结嘉措第巴之职，并由他儿子继任。过去人们一直认为第巴与拉藏向来有尖锐矛盾，所以，拉藏称汗后，桑结嘉措把第巴职位让给了他儿子，为的是缓和双方的冲突。通过前文分析，我们有理由认为，第巴退居仅仅是做给青海诸台吉看的，为的是缓和与青海的矛盾，与拉藏无涉。

四　1705年事件真相

第巴与拉藏的对立，始于1703年。拉藏特别精明能干，他继位后并没有第巴设想的那样满足于徒有虚名的汗号。拉藏为了改变汗的无权地位，在政治斗争中巧妙地利用了六世达赖喇嘛仓央嘉措和第巴之间的矛盾。仓央嘉措于1697年被迎入布达拉宫，但不久就厌恶修道，不听第巴和班禅的教诲，在要求他受比丘戒时，不仅不同意，反而把原先所受沙弥戒也还给了班禅，并公开声称自己不认为自己是五世达赖喇嘛的转世。五世班禅额尔德尼给青海和硕特蒙古首领扎什巴图鲁的信中提到，仓央嘉措说：“自我从母胎中降生后说过各种应验的话语等，均为我父母及当地人所言，我不知晓。即使略约记事之后，也绝无［自己为］识一切达赖喇嘛转世之念。因第巴出于某种原因找来［前世］信物让我认领，并交给我班禅所撰记载［达赖喇嘛］历代转世之经卷，所以我才到此地步。如照五世达赖喇嘛而行，将合第巴以及内外众人之意。虽说我为转世，但我不好经卷……我本无占据五世达赖喇嘛之位之意，亦无骗人讲经授戒之意。所以对修学之事不甚用心。我虽玩各种游戏，但对戒律无碍。心思将来会酿成大过失，故瞒着第巴而来，将［所受之］戒在班禅额尔德尼面前退还。这虽不合第巴以降众人之意，但如此变化之因在郎喇瓦口中甚明。”[1] 班禅在另一封信中又说，1702 年，仓央嘉措为受比丘戒之事曾经来到藏地。但是，仓央嘉措向班禅说：“将退还从前所受之沙弥戒。如不答应，我将谢世。此二者中必选其一，然后做答。”班禅无法定夺。达赖喇嘛还将其不仅不受比丘戒反而弃绝从前所受法戒一事写成文字，交给了班禅[2]。六世的这些奇特行为，自我剥夺了神性，也被当时的政治斗争所利用。根据班禅额尔德尼经诺尔布向清廷转奏的文书，班禅喇嘛断言，“该六世达赖喇嘛行止如凡人，非喇嘛矣（ere ningguci dalai lama bai niyalma-i yabun-i yabume，lama waka）”[3]，这等于宣布仓央嘉措是假达赖喇嘛。

1703 年在第巴和仓央嘉措之间发生了一件事。有一天夜里，达赖喇嘛领六七人从他所住布达拉宫到一里以外的招地妄行，突然遭到十余人袭击，达赖喇嘛身边受宠的随从塔尔占鼐被害，其尸骨被扔到路边。塔尔占鼐之弟也被刺伤。达赖喇嘛幸免，逃到第巴家，说如无第巴之命，那些人不敢如此大胆，令第巴查出嫌犯交给达赖喇嘛。第巴虽然答应了，但事后告知达赖喇嘛，嫌犯未能查出。此后达赖喇嘛与第巴交恶[4]。据当时在拉萨的清朝使者荐良所闻，“据言达赖喇嘛与第巴之女犯奸，跟随达赖喇嘛之男童拉旺亦犯奸，故第巴与钟锦丹津鄂木布、阿旺那木准、多罗鼐、噶济纳巴、特依本等商议，欲杀拉旺，而误杀跟随拉旺之男童，复追砍拉旺肩，拉旺未死。达赖喇嘛查此案数月，才破获，将钟锦丹津鄂木布等五人交付拉藏处死。因此五人俱与第巴亲昵，故第巴恳求免其身命，拉藏不肯，杀之。从此结仇，用药毒害拉藏事实”。拉藏汗也向荐良亲口证实了此事的真实性[5]。据此，仓央嘉措与第巴之女有特殊关系（据拉藏汗说，仓央嘉措娶了第巴之女），该女与跟随仓央嘉措的男童拉旺也有染，故第巴与他的同党钟锦丹津鄂木布等准备除掉拉旺。行动中，拉旺未死，拉旺之兄塔尔占鼐被杀。仓央嘉措经数月调查，破了案，将钟锦丹津鄂木布等

---

① 《蒙古堂档》第 17 卷，第 68—71 页（满文），第 71—75 页（蒙古文）。

② 同上书，第 75—77 页（满文），第 77—78 页（蒙古文）。

③ 《康熙朝满文朱批奏折》，议政大臣鄂飞等康熙四十四年十二月二十六日奏折。参见拙文《鄂飞满文奏折笺注》。

④ 《宫中档人名包》，商南多尔济康熙四十二年七月二十八日奏折。

⑤ 《康熙朝满文朱批奏折》，议政大臣鄂飞等康熙四十四年十二月二十六日奏折。参见拙文《鄂飞满文奏折笺注》。拉旺和塔尔占鼐可能是兄弟。

五人交付拉藏汗处死。因五人皆为第巴同党，故第巴为他们请命，但拉藏汗未予理睬，处死了五人。这件事情充分说明，拉藏汗根本不把第巴放在眼里，他是大权在握的汗王。第巴从中觉察到了拉藏对他的威胁，两人的矛盾也从此公开化。就在此时，西藏出现了拉藏已拘捕第巴的谣传，传到青海，传到清廷[1]。

据 1704 年五月去拉萨回来的青海贝勒戴青和硕齐说，“我五月十一日到达。拘捕第巴之说是假，他还正常管理事务。看达赖喇嘛转世，行止如凡人，和拉藏一起经常放鸟枪，射箭”[2]。可见，为了得到六世达赖喇嘛的信任，拉藏怂恿和姑息仓央嘉措。第巴曾经向与他关系非常亲昵的青海亲王扎什巴图鲁使者萨罕其布讲，“前世达赖喇嘛在世时，一切事情我自专办理。如今，这辈达赖喇嘛、拉藏二人凡事不让我管，欲退官复不准。今非昔同，日子不好过矣”。萨罕其布说，“看得第巴日子过得似很艰难。达赖喇嘛转世、第巴、拉藏相互不合，事不让第巴管”[3]。在这样情况下，第巴萌生了谋杀拉藏汗之念。据拉藏汗派往青海的使者特古斯、扎什巴图鲁派往西藏的使者萨罕其布等人的报告，他们在西藏时拉藏汗被下毒，后经治疗转好，到达木（今西藏当雄县）去疗养，时间大致在 1704 年八九月。据藏文嘉木样协巴传记载，是哲蚌寺郭莽扎藏主持嘉木样活佛治愈了中毒的拉藏汗及其大臣们[4]。但拉藏汗自己说，治愈他的是名叫当木鼐的医生[5]，这应该是可信的（此人也许是嘉木样协巴活佛属下）。暗杀事件发生后，拉藏与第巴矛盾已无法调和，发展成为你死我活的斗争。

1705 年正月十五日，第巴指称达赖喇嘛之命，驱逐拉藏汗离开西藏。拉藏汗在拉萨没有足够多的军队，无力反抗，故先退出拉萨，移住喀喇乌苏（今西藏那曲河）一带。到达那里后，从拉藏汗的根据地达木地方召集蒙古军，夺取达赖喇嘛所属畜群，向拉萨进发。蒙古军与第巴藏兵在拉萨附近交战三次，击败第巴兵，斩近百人。后经六世达赖喇嘛调解，第巴将清朝所颁给的印敕存于布达拉宫，避居日喀贡噶尔城（今西藏贡嘎县

① 《宫中档人名包》，商南多尔济康熙四十三年四月初四日奏折，六月十日奏折。

② 《宫中档人名包》，商南多尔济康熙四十三年六月十日奏折。

③ 《宫中档人名包》，商南多尔济康熙四十三年十月初八日奏折。

④ 《第一世嘉木样协巴传》，杨复、杨世宏译注，甘肃民族出版社 1994 年版，第 95 页。

⑤ 《康熙朝满文朱批奏折》，议政大臣鄂飞等康熙四十四年十二月二十六日奏折。参见拙文《鄂飞满文奏折笺注》。

境内)，拉藏汗居住招地[①]。据藏文史籍记载，拉藏汗击败第巴战争的过程是这样的：拉藏汗率领蒙古军队，三路进发。一路自己率领，越过拉萨以东的喀木隘口；一路由特古斯宰桑率领，越过廊山口，还有一路由拉藏汗夫人策凌达什率领，通过推龙谷地，形成对拉萨的包围圈。两军交锋，第巴战败，损失四百人。此时，三大寺喇嘛们进行调解，班禅喇嘛也从扎什伦布寺出发，准备去往战地。但是，事情很快结束了。桑结嘉措答应放弃政权，去贡噶尔宗居住，拉藏汗接管政府。这时，拉藏汗夫人派人在贡噶宗将第巴捉起来，押送到推龙谷地。哲蚌寺的喇嘛们准备居间调解，但拉藏汗夫人抢先下令杀死了第巴。地点在觉摩隆寺所在的山坡上[②]。

根据时在拉萨的荐良的报告，七月十四日至二十二日的某一天，拉藏汗擒获第巴及其妻子，交付台吉达里扎布和硕其及根敦二人押回时，他们二人于途中斩杀了第巴。青海达赖戴青属下人斋桑浑津亲眼看见第巴被杀[③]。另外根据青海贝勒朋楚克派往西藏使者初呼拉报告：初呼拉到拉藏汗处后第巴之子阿旺林臣逃，樽塔尔将阿旺林臣及其妻抓获并押往拉藏处，途中达赖喇嘛亲率数百人将阿旺林臣及其妻子抢回。拉藏汗立刻出兵攻打第巴，在拉萨东一日之程的郎坦（应为郎唐）地方，命台吉松塔尔、达里扎布等率军追第巴。台吉松塔尔到时，藏军已列好阵形。双方激战，藏军不敌而逃。第巴闻讯，率其妻儿，避居日喀公噶尔城。拉藏迅即率五百人部队，并带策旺阿拉布坦使者察罕丹津和初呼拉二人，赶到日喀公噶尔城，捕获第巴，将其交与辉特台吉伯依巴和达里扎布等，命他们送往其夫人策凌达什处。伯依巴等到拉萨附近的囊其（即囊孜）地方把第巴交给了策凌达什，她命伯依巴等杀死了第巴，取第巴的首级、心脏、胆脏和两个大腿骨，收藏在拉藏处[④]。据甘丹寺第四十八任主持敦珠嘉措传记记载，第巴被杀的确切日期为七月十九日（1705 年 9 月 6 日）[⑤]。综合各方面的资料信息，拉藏汗率五百人在日喀公噶尔城地方抓获第巴，达里扎布

---

① 《康熙朝满文朱批奏折》，议政大臣鄂飞等康熙四十四年十二月二十六日奏折。参见拙文《鄂飞满文奏折笺注》。

② ［意］伯戴克：《十八世纪前期的中原和西藏》，第 10—13 页。

③ 《康熙朝满文朱批奏折》，议政大臣鄂飞等康熙四十四年十二月二十六日奏折。参见拙文《鄂飞满文奏折笺注》。

④ 《宫中档人名包》，商南多尔济康熙四十四年十月二十一日奏折。

⑤ ［意］伯戴克：《十八世纪前期的中原和西藏》，第 12 页。

等人把第巴带到拉萨西郊堆龙河谷（今堆龙德庆县堆龙河与拉萨河交汇处以西）的囊孜地方，受拉藏汗夫人之命，将第巴杀害，并取其首级、内脏和大腿骨送至拉藏处。第巴受害时间可能是 1705 年 9 月 6 日。

五　结语：1705 年事变的历史影响

1705 年事变的历史影响是深远的，1705 年事变为西藏蒙藏贵族权力之争画了句号。

第巴桑结嘉措曾巧妙利用五世达赖喇嘛的圆寂，秘而不宣长达 16 年之久，乘机集西藏政教大权于己身，又通过六世达赖喇嘛的寻获，巩固了既得权势。在蒙古达赖汗去世后，从青海接来与西藏政教两界社交不深的拉藏继汗位，给其以“持教成吉思汗”虚名，对他进行拉拢和麻痹。第巴企图利用佛教“转轮王”理论，计划将被认为观音菩萨化身的六世达赖喇嘛仓央嘉措进一步认定为“转轮王”，表面上让他掌握西藏政教最高权力，实际上自己以达赖喇嘛的名义控制西藏政教大权。这本是一个无懈可击的政治计划。但是，事与愿违。作为整个计划中的关键人物，仓央嘉措这位年轻喇嘛对至高无上的达赖喇嘛宝座和世俗权势丝毫不感兴趣，拒与第巴合作。他行止如凡人，自我剥夺其神性，这使得第巴的计划一筹莫展。可是，拉藏是一位野心勃勃的人，他不满于蒙古汗的无权地位。拉藏汗积极利用西藏内外政治形势，一方面，姑息仓央嘉措的放荡行为，陪他放枪射箭，骗取其信任；另一方面，与第巴的宿敌清朝加强联系，强调第巴教唆仓央嘉措破坏教法的行径。第巴在与蒙古汗的斗争中处于极其不利的地位，在无计可施之际，铤而走险，采取谋杀毒计未遂，声名狼藉，行动上和道义上均遭失败。第巴已无路可退，假借达赖喇嘛名义赶拉藏离境。拉藏先是被下毒，继而被驱逐，颇得社会同情，又有了自卫反击的名义，很快率军返藏。作为政治家和学问家的第巴在战场上绝不是蒙古铁骑的对手。结果，第巴失败身死。西藏的统治权完全落到了和硕特蒙古汗的手里。1705 年事变彻底改变了蒙古汗的无权地位，拉藏汗挽救了和硕特汗廷。但是，这是暂时的和表面的，该事件的真正意义不止于此。

1705 年事件改变了西藏政治格局，为清朝的统一铺平了道路。

这是该事件最深刻和最长远的影响。拉藏汗执杀第巴以后，积极同清朝修好。当时拉藏汗虽然是一个战胜者，但统治还未十分巩固。他感到有必要得至外界的支援。1705 年当年，拉藏汗向清廷陈奏事件缘由，并希望于丙戌年七月初一日（1706 年 8 月 8 日）在拉萨举行蒙藏僧俗大会时，康熙皇帝届时颁下良旨，支持和保护拉藏汗。清廷对拉藏汗表示赞赏，康熙四十五年十二月（1707 年初）封拉藏汗为“翊法恭顺汗”①。康熙帝对第巴操纵西藏实权很早以来有极大忧虑，但限于客观条件又无可奈何。拉藏汗除掉第巴、恢复汗权的举动，正中康熙下怀。他认为与其让第巴干政，还不如通过蒙古人对藏施加影响。清廷又一次正式承认和硕特汗在西藏的统治地位。

于是，拉藏汗抓住这样一个时机：桑结嘉措败亡、仓央嘉措失去威信、清廷明确支持拉藏汗。拉藏汗立即向清廷说明了仓央嘉措的不合法性。在清廷的支持下，1706 年拉藏汗宣布废除仓央嘉措的圣职，并向北京押送。随后，拉藏汗又立一位达赖喇嘛，是拉萨甲披日寺的喇嘛。1707 年班禅让他在布达拉宫坐床，法号阿旺益西嘉措，这又是一位所谓六世达赖喇嘛。拉藏汗完全顶替了桑结嘉措的角色，他身为汗王，名声地位比第巴更显赫，更高贵。他认为已达到目的：已有了控制蒙藏宗教界的自己的达赖喇嘛，有了在汗廷中实现政教合一的希望。然而，事实正与拉藏汗的愿望背道而驰，对仓央嘉措的草率处置，不仅引起了西藏上层贵族的反对，也引起了西藏各界、各阶层的普遍反感。拉藏汗把自己的对立面扩大到凡是忠于达赖喇嘛的一切信徒。一场大风暴向拉藏汗袭来，它不止于西藏雪域，还扫遍了整个青海地面。为了对付拉藏汗，西藏黄教集团采取了新的对策。他们立即在里塘找到了新的转世灵童。他们承认仓央嘉措是合法的，因此把这个“灵童”认定为七世达赖喇嘛，此举得到了青海蒙古贵族们的支持。1709 年，青海台吉们向清朝奏报拉藏汗所立的达赖喇嘛为假②，后又称“里塘地方新出胡必尔汗（转世——引者注），实系达赖喇嘛转世，恳求册封”。1716 年，青海台吉们把灵童送至宗喀巴寺（塔尔寺）居住③。

围绕六世达赖喇嘛问题进行的宗教斗争，其实质是对西藏实权的争夺。在这次纠纷中，清朝一直支持拉藏汗。1709 年，清廷派拉都浑至西

---

① 《清圣祖实录》，康熙四十五年冬十二月丁亥。

② 《清圣祖实录》，康熙四十八年正月己亥。

③ 《清圣祖实录》，康熙五十四年四月辛未，五十五年闰三月己卯。

藏，调查拉藏汗所立阿旺益西嘉措的情况，得知他得到拉藏汗的支持和班禅的承认后，便宣称“确知真实，应无庸议”，又以“青海诸台吉等与拉藏汗不睦，西藏事务不便令拉藏独理”，遣赫寿助拉藏汗管理西藏事务①。1710 年清廷封阿旺益西嘉措为六世达赖，给以印册②。但是，这些并不能改善拉藏汗的处境。他所立新六世达赖喇嘛有名无实，人心不能稳定，拉藏汗在西藏十分孤立。1717 年，准噶尔人突然袭击西藏，拉藏汗败亡，和硕特汗廷灭亡。因为事态的巨变，清廷转而支持塔尔寺的“小灵童”，封他为“弘法觉众第六世达赖喇嘛”③，1720 年以送真实达赖喇嘛回布达拉宫坐床、赶走准噶尔入侵者为名，出兵西藏。这样，清朝通过和硕特蒙古汗廷间接控制西藏的历史告终，西藏正式被置于清朝的直接统治之下。因此说，1705 年西藏事变是清朝统一多民族国家形成进程中具有深远影响的一件重要历史事件。

（原载《中国藏学》2008 年第 3 期）

① 《清圣祖实录》，康熙四十八年正月己亥。

② 《清圣祖实录》，康熙四十九年三月戊寅。

③ 《清圣祖实录》，康熙五十九年二月癸丑。这位六世达赖喇嘛法名格藏嘉措，因为西藏宗教界的坚持，后清朝默认其为七世达赖喇嘛。

16世纪蒙古“浑臣”考

乌云毕力格

自16世纪开始，在蒙古文文献中突然出现了字形为QONČIN的一个词，根据《俺答汗传》《蒙古源流》等编年史，QONČIN似乎是一个尊贵的称号，而根据《十善法白史》，它则是元代蒙古最高行政长官的官职称谓。因为《十善法白史》指QONČIN为蒙古最高官职称谓，所以，对该词的释义有助于进一步认清这部争议很大的蒙古文文献的写作背景、适用范围和编纂年代。

一 蒙古文文献所载的QONČIN

QONČIN一词，首见于《十善法白史》（下面简称《白史》）。《白史》的成书年代至今无一定论。《白史》的自序称，该书由元世祖忽必烈皇帝撰写，生活在17世纪后半叶的鄂尔多斯蒙古贵族切尽黄台吉修补编纂。据此，有人认为《白史》是元代文献。但因《白史》所载典章制度与元代实际不符，还有人认为它是17世纪的著作，元世祖撰写云云不过是托古行为。暂不论《白史》成书的确切年代，它至迟成书于16世纪末之前是毫无疑问的。

《白史》是宣扬佛法与王政平行，王政须以佛法为指导的治国思想，并记述蒙古所谓“政教二道”及其制度、措施的一部典籍。该书详细地列举了推行“政教二道”的法界和政界的各层僧官和世俗官员。据其记载，在圣合罕麾下推行王法的众臣之首，就是所谓的QONČIN。QONČIN有三位：第一位以佛语教法治理百姓，被称作bey-e-yin šitügen（身之偶像）QONČIN；第二位以古代圣人之事例与制度教导并约束百姓，被称为

jarliγ-un šitügen（语之偶像）QONČIN；第三位以武力和方略制服外敌保卫国家，被呼作 jirüken-ü šitügen（意之偶像）QONČIN。① 据《白史》载，圣合罕有三大事业，即救度二界之至高祥和事业，治理百姓之至大安逸事业和守护国家之至上事业。而三 QONČIN 的职责就是负责圣合罕的三大事业。根据三大事业的内容，所谓三大事业者无非指佛法、内政和军事。然而，在元代，全国佛教事务归宣政院管辖，由帝师管领；内政和军事各归中书省和枢密院负责，这些机构均无所谓的 QONČIN 之职官。在元朝灭亡后的蒙古汗廷中，直到 16 世纪 70 年代也从未有过具有 QONČIN 称号的大头目。

QONČIN 在蒙古文史书中初次现身是在 1607 年成书的韵文体编年史《俺答汗传》里。该书记载，1578 年，蒙古土默特万户之主俺答汗与西藏格鲁派教主大喇嘛索南嘉措在青海恰卜恰庙（仰华寺）会晤。在此次聚会上，漠南蒙古右翼正式接受藏传佛教格鲁派教法为其正教，双方建立“福田与施主”关系，并互赠名号。俺答汗给索南嘉措以“瓦只剌怛喇达赖喇嘛”名号，而后者送给俺答汗以“转金轮法王”号。接下来，双方的高僧贵胄受封。蒙古方面的有：“因巴彦经师兼通印藏蒙三语，翻译喜悦佛经担任通事，赐榜什阿玉什以阿难达文殊国师号，使之成为诸经师之首。因其无误地奉行政教事业，赐乞迪台以卫征彻辰 QONČIN 号，使其成为诸长官之尊。谓其迎请识一切呼图克图达赖为首僧众，迎请佛经《甘珠尔》《丹珠尔》效力于教法，赐萨尔玛尼以乌琳唐哩克答云恰之号，使之成为岱达尔罕；因卫征宰桑效力佛法而身亡，恩宠关爱其子舍楞赐予卫征宰桑之号，因其不断效力迎请达赖喇嘛，赐予三布答剌之号，使之成为岱达尔罕。”②

据此记载，诸经师之首被授予“国师”称号，而诸长官之首则被授予 QONČIN 称号。这部史书显示，QONČIN 作为蒙古众臣之首的尊号可能始于 1578 年，而且它的出现与西藏有关。

萨冈彻辰著《蒙古源流》成书于 1662 年。该书对恰卜恰寺会晤中的

① *Arban buyan-tu nom-un čaγan tegüke neretü sudur-un ekin orusiba*. Ene šasdir kememü, pp. 5r – v（《十善法白史》，内蒙古社会科学院图书馆藏手抄本甲，第 5 叶上下）。

② *Erdeni tunumal neretü sudur orusiba*, 30r-v（汉译参见珠荣嘎译著《阿勒坦汗传》，内蒙古人民出版社 1991 年版，第 121 页，本文对原译文做了稍许修改）。

封赐及其前前后后记载颇为详尽。该书记载，1566年鄂尔多斯部切尽黄台吉征服三河流域失里木只地方的藏人，将瓦只剌·土美等三人带回蒙古，赐给瓦只剌·土美以“国王QONČIN”称号，封他为“众臣之首”①。三世达赖喇嘛曾经和俺答汗说过，瓦只剌·土美的“前世”先是藏传佛教噶当派创立人仲敦巴（1005—1064年）的通译，后来又是萨迦派大喇嘛、元朝帝师八思巴和忽必烈皇帝之间的通译②。可见他在三河地区藏人中具有过很高的社会地位。他翻译了切尽黄台吉颁布的《十善法白史》，通译了达赖喇嘛与俺答汗等土默特蒙古上层之间的重要谈话。1578年恰卜恰庙会晤时，他被封为“灌顶国王QONČIN”③。据此，前面提及的“将瓦只剌·土美等三人带回蒙古，赐给瓦只剌·土美以国王QONČIN称号”一事，指的是1566年将瓦只剌·土美带回蒙古和1578年封他为“灌顶国王QONČIN”的前后两件事。与瓦只剌·土美同时被封为QONČIN的还有经师固密，他被封为“速噶QONČIN”④。此人是下部朵甘思（今玉树以外的青海和甘川藏族地区）经师，速噶是其出生地，固密是其出身的部族名，都不是他的名字。据陈庆英研究，固密是藏人部族名称，自元代至今，一直生活在青海海南藏族自治州共和县、贵德县一带⑤。1570年，俺答汗征吐蕃，从朵甘思地方带来了阿升喇嘛和固密·速噶，他们对蒙藏政治交通和文化交流都做出过很大贡献。

《俺答汗传》记载，那位被封为众臣之首的大臣是名叫“卫征御辰QONČIN乞迪台”的人，而萨冈彻辰记载的则是“灌顶国王QONČIN瓦只剌·土美”。笔者认为，二书所指可能是同一个人。土美这个名字很容易让人想起据说是藏文的创制者吞米·桑布扎。“吞米”的蒙古文字形近似“土美”或“土米”，《白史》里就有把tunmi（吞米）写成了tumi（土米）；“桑布扎”，蒙古语又音写为“三布答剌”，是吞米的称号。笔

① Saγang sečen, *Erdeni-yin tobči*, *Yeke Küriy-e-yin qaγulburi*, 71*r*；乌兰：《〈蒙古源流〉研究》，辽宁民族出版社2000年版，第366页。

② Saγang sečen, *Erdeni-yin tobči*, *Yeke Küriy-e-yin qaγulburi*, 71*r*；乌兰：《〈蒙古源流〉研究》，第428页。

③ Saγang sečen, *Erdeni-yin tobči*, *Yeke Küriy-e-yin qaγulburi*, 71*v*；乌兰：《〈蒙古源流〉研究》，第430页。

④ 同上。

⑤ 陈庆英：《陈庆英藏学论文集》（上册），中国藏学出版社2002年版，第474页。

者认为，瓦只剌·土美是乞迪台的美称，意为金刚吞米（瓦只剌是梵语“金刚”之意，此处为美称，“土美”是吞米的蒙古语音变或误写），他是以松赞干布的功臣、西藏文圣吞米命名的。这个问题后文还要讲到。

《蒙古源流》的记载进一步证明，QONČIN 这个称号确实来自西藏。1578 年，俺答汗赐给瓦只剌·土美的“灌顶国王 QONČIN”称号是一个蒙藏混合的称号①，显示了他是众臣之首的最显赫地位。“国王”最初是成吉思汗赐给木华黎的封号，当时这个称号意味着木华黎是漠南地区的最高长官。与蒙古的“国王”称号可以媲美的藏人的 QONČIN 称号，肯定也会有相当的来历。

二 QONČIN 的来历

在考察 QONČIN 的来历时，应该注意到以下几个事实：首先，蒙元帝国和 16 世纪以前的蒙古汗廷中未曾有过叫作 QONČIN 的官职和称号；其次，前引蒙古文文献中的一些线索显示，QONČIN 可能来自西藏；最后 QONČIN 在西藏是一个极其显赫的官职或者称号，可与蒙古的“国王”称号匹敌。

蒙元时期西藏最著名和最大的官无非就是“本钦”。本钦的藏语原文为 dpon chen，意为“大长官”。关于本钦，陈得芝做过详尽的研究，先后发表了《乌思藏“本钦”考》《再论乌思藏“本钦”》二文②，用翔实的史料和精当的考证证实，本钦就是藏人对元朝皇帝宣授的乌思藏最高地方长官的称呼，最初指“乌思藏三路军民万户”，乌思藏宣慰司设置以后，是指宣尉使。陈得芝引用藏文典籍《汉藏史集》的有关记载后做了如下阐释：一、元代，整个吐蕃地区是朝廷属下的省级政区之一，划分为三个“却喀”（朵甘思，朵思麻，乌思藏），这无疑就是《元史》记载的“吐蕃三道”；二、“本钦”是“却喀”（道）级政区的最高长官，主管辖境内的政教事务，吐蕃三“却喀”各置有一位“本钦”；三、“本钦”是经

① “灌顶”和“国王”当然是汉语，但这些词被蒙古语借用，发音发生蒙古化音变（günding，güiong），已经成为蒙古语称号。

② 《元史及北方民族史研究集刊》（第 8 辑），南京大学历史系元史组编，1984 年；萧启庆主编、许守泯协编：《蒙元的历史与文化——蒙元史学术研究会论文集》，台湾学生书局 2001 年版，第 213—244 页。

皇帝与帝师商议，由朝廷任命的官员，遵照皇帝的圣旨和帝师法旨行驶其职权；四、授予最初的“乌思藏本钦”释迦藏卜的职名是“（三）路军民万户”，后来大多数本钦则授予“等三路宣尉使都元帅”①。

《蒙古源流》所载16世纪藏人贵族瓦只剌·土美的QONČIN称号，应该就是蒙元时代西藏的“本钦”。其理由如下：

1.“本钦”本来是西藏最高地方长官的俗称，本意是“大长官”，在元、明时期西藏文献中有明确记载。元朝灭亡以后，虽然没有了朝廷任命的宣尉使这个“大长官”，但生活在明朝时期的熟悉西藏历史文化的喇嘛文人们都很了解“本钦”在元代西藏的最高地位。所以，给瓦只剌·土美授以最高称号时，有意选择了该官职名，与蒙古的“国王”称号配对。

2. 瓦只剌·土美的称号不是“本钦”（蒙古语可以写作BONČIN，读bončin），而是QONČIN，这个词在蒙古语中可以读作qonjin/qunjin，qončin/qunčin，γonjin/γunjin，γončin/γunčin等。那么，为什么说QONČIN就是dpon chen（本钦）呢？这就关系到藏语方言问题。

如前所述，瓦只剌·土美是三河流域失里木只（šilimji）地方的藏人首领。据日本学者佐藤长的意见，三河指北川、西川、南川等西宁附近的三河，失里木只指西宁州。山口瑞凤认为，失里木只是藏文史书中的gser mo ljongs之地，该地在黄河、大夏河、洮河三河汇流处以南的临洮地方。井上治则认为，该地指现在的西宁，šilimji可能是šining muji（意为“西宁省”，据井上的解释，此指“西宁府”）的某种音变。中国学者珠荣嘎认为，该地指清代的琐力麻川。乌兰倾向于赞成山口的观点，认为矢里木只可能指临洮②。但是，根据切尽黄台吉进入藏区并俘获阿哩克、固密等部落的头人和喇嘛的事实，笔者更相信陈庆英的说法。陈庆英说：“库图克台彻辰洪台吉（切尽黄台吉——引者注）的这次行动是从青海湖南下到今天青海省的海南藏族自治州的共和县到贵南县、同德县一带，‘锡里木济’（失里木只——引者注）是蒙古语对黄河的称呼，这几个县正处在黄河河曲的两岸，从古以来就是从北面进入青藏高原的交通要道。贵南县

---

① 陈得芝：《再论乌思藏“本钦”》，载萧启庆主编、许守泯协编《蒙元的历史与文化——蒙元史学术研究会论文集》，第233页。

② 以上诸说的详细情况和出处，参考井上治『ホトクタイ＝セチエン＝ホンタイジの研究』，風間書房，2002年，ページ33—34。

的沙沟河流域、茫拉河流域和同德县的巴曲河流域都是气候温和适宜农耕的地区，历史上就有屯田开垦的记载，而且这三条河都是从东南流入黄河，因此当地藏族习惯称这一地区为‘茫、巴、沙松’地区，即是茫拉、沙沟、巴曲三河地区，后来明代青海蒙古以茫拉川为经营青海的基地，也是这个地区。”[①] 三河即今青海海南藏族自治州的茫拉、沙沟、巴曲三河地区。历史上，这些地方属于朵思麻地区，即安多地区北部，这里的藏人讲安多方言。藏语分成卫藏方言（前后藏地区）、康巴方言（四川、云南、西藏东部和青海玉树等地）和安多方言（玉树以外的青海和甘肃藏族地区）三大方言。根据藏语方言研究成果，安多方言是藏语三大方言中最古老的方言，与其他藏语方言比较，具有更多的自身特点，尤其是在语音方面和其他方言有很多不同之处。安多方言下分若干个次方言（土话），据瞿霭堂的分类，有牧区土语（青海和四川部分藏族自治州）、农区土语（青海省化隆回族自治县、循化撒拉族自治县、乐都县部分地区）、半农半牧区土话（青海省黄南藏族自治州同仁县、甘肃省甘南藏族自治州夏河县）、道孚土语（四川省甘孜藏族自治州道孚县、炉霍县）四个次方言[②]。茫拉、沙沟、巴曲三河地区在历史上属于操安多牧区土语地带。

安多方言最重要的特点之一，就是语音特点。和本文密切相关的是安多方言中复辅音的语音变化问题。藏语的所谓“复辅音”是指一个词的音节首音和尾音位置出现的重叠辅音，比如 dbang 中的 db-是复辅音。据有些学者指出，古藏语的复辅音非常丰富，有二百八十余，结构也很复杂，有二合辅音、三合辅音，甚至还有四合辅音类型，但在现代藏语中三合、四合辅音已消失[③]。安多方言的复辅音主要以二合辅音为主，其中，复辅音 dp-的语音变化令我们特别感兴趣。根据王双城的研究，安多方言的复辅音 dp-的语音，在其各次方言中只有一种形式，即［xw］。他以 dpav bo（英雄）为例，列举了安多方言各次方言对该词的读音，其结果

① 陈庆英：《达赖喇嘛活佛转世的发展——索南嘉措和云丹嘉措》，载陈庆英、陈立健《活佛转世及其历史定制》，中国藏学出版社 2010 年版，第 81 页。

② 瞿霭堂、劲松：《汉藏语言研究的理论和方法》，中国藏学出版社 2000 年版，第 600—669 页。

③ 王双城：《藏语安多方言语音研究》，中西书局 2012 年版，第 135—136 页。

如下表[①]：

次方言	泽库	天峻	阿柔	夏河	华隆	玛曲
读音	xwa wo	xwa wo	xwa wo	xwa wo	xwa wo	xwa wo

结果一目了然，其读音无一例外全是［xwa wo］。对安多方言 dp-的语音变成 xw-的现象，王双城做了很精彩的分析。他写道：安多方言的“［x］来自前置辅音 d-，《西番译语》中就是用一个‘黑’字来对这个 d-，如 dkar po（白色）为‘黑葛儿播’，那么其中的［w］只能来自-p-，只是因为-p-是清音，它前面的 d-就变成了［x］”[②]。这是很有道理的。需要说明的是，王双城提到的《西番译语》是明代四夷馆编译的《西番译语》，代表的是比较古老的安多藏语形式，被学界称作“草地译语”，它比清代编译的《西番译语》更有语言学价值。在所谓的《草地译语》中，以“黑”字写前加字 d 的例子还有很多，比如：dman“黑慢”（低），dpyid“黑毕”（春），dmag“黑骂”（军），dgon“黑观思磔”（寺），等等[③]。

至此，问题基本上就得以解决了。“本钦”的藏文为 dpon chen，安多方言的读音自然是［xwon chen］。［xw］这个音，受到第一个辅音［x］的影响，又经过蒙古化，在蒙古语里干脆就变成了［q］。Dpon Chen 在蒙古语中转写为 bončin，而安多方言的［xwon chen］就要写成 qončin，其字形为 QONČIN。其实，在安多方言区的实际生活藏语中随时可以找到类似的例子。比如：“苯教”在拉萨话中作［bon bo］，而在安多方言中作［xwon bo］。故此，蒙古人的称号 QONČIN 应该读作 qončin，它是安多藏语 xwon chen 的蒙古化转音。考虑到 16 世纪当时的蒙汉语特点可以转写为“浑臣”二词。

3. 需要进一步说明的是，藏文的“本钦”为什么以“浑臣”这样安多藏语的形式传到了蒙古？这与该词传入蒙古的时间、地点有关。简单地

① 同上书，第 172、174 页。

② 王双城：《藏语安多方言语音研究》，中西书局 2012 年版，第 177 页。

③ 聂鸿音、孙伯君：《〈西番译语〉校录及汇编》，社会科学文献出版社 2010 年版，第 196、197、199 页。

讲，该词在蒙古的传入有很大的安多藏人背景。

1543 年和 1558 年俺答汗先后两次出征甘州一带的撒里畏兀人，1570 年进一步征讨“下部朵甘思”的藏人[①]。下部朵甘思指的是甘南、青海一带的藏族地区。就在此时，“阿哩克·桑噶尔吉合卜、鲁·伦奔、思纳儿堂·萨领合卜三位首领和众属民，以阿升喇嘛、固密·速噶经师二人为首，带领众多吐蕃人来归”[②] 阿升喇嘛，又作阿兴喇嘛，是安多高僧，据说是三世达赖喇嘛索南嘉措的舅父。关于此人对俺答汗皈依佛教的重大影响，《俺答汗传》有详细记载。因为他的卓越贡献，在 1578 年达赖喇嘛和俺答汗在仰华寺会晤时，他被授以“额赤格喇嘛”（父亲上师）尊号。与他同来的固密·速噶经师，对俺答汗与右翼蒙古的佛教事业有巨大贡献，虽然史书记载不很详细，但他在仰华寺会晤上被封为“速噶浑臣”，足以说明他的重要地位。史料显示，阿升喇嘛是阿哩克人，而与他同来的经师是固密人。陈庆英指出，“这里的阿哩克是藏族一个部落的名称，该部落当时游牧在今天的海南藏族自治州和果洛藏族自治州交界的黄河两岸，而固密也是藏族一个部落的名称，该部落一直分布在海南藏族自治州的共和县和贵德县”[③]。此外，前文讲到的瓦只剌·土美，是三河流域失里木只的藏人，即今天的海南藏族自治州一带。还有，三世达赖喇嘛回藏时，将东科儿法王允丹坚剉派往俺答汗处，以作为他在蒙古的临时代表。此人 1557 年生于中部康区，被选为青海东科儿寺（青海湟源县境内）第二世东科儿活佛，后游历青海、四川多地。该活佛任俺答汗的供养师，后来以“东科儿·曼殊室利·呼图克图”闻名，是当时在右翼蒙古有地位的大喇嘛之一。这些大喇嘛们的出身、经历和同俺答汗等右翼蒙古贵族的关系都在说明，16 世纪右翼蒙古皈依藏传佛教时的西藏背景不是卫藏，而是安多。经师们所带给蒙古人的西藏文化应该有浓厚的安多特色，藏语当然是其中的一个要素。“本钦”以“浑臣”的语音形式传入蒙古，完全是安多经师们的缘故。

蒙古语称号 Qončin 具有安多方言的特点这一点，反过来又证明，该

---

① 乌兰：《〈蒙古源流〉研究》，第 418—420 页，注 88、注 90。

② 同上书，第 364 页。

③ 陈庆英：《达赖喇嘛活佛转世的发展——索南嘉措和云丹嘉措》，载陈庆英、陈立健《活佛转世及其历史定制》，第 82 页。

词就是俺答汗的右翼蒙古征服甘南、青海一带藏人后才传入蒙古的。通览蒙元时期蒙汉文文献，在蒙元时期记载的藏文专有名词，基本上都具有卫藏方言的语音特点。这必然和后藏的萨迦派喇嘛们对蒙元朝廷的重大影响有关。我们在元代文献中可以找到有说服力的例证。八思巴文的写音十分准确，这是众所周知的事。在元代八思巴文文献中可以见到少数藏语人名的音写。比如：seŋghedpal 是 seng ge dpal 的音写，dorji-ŭaŋčug 是藏语 rdo rje dbang phyug 的音写，rinčendpal 是 rin chen dpal 的音写，ešes güŋga 是藏语 ye shes kun dga 的音写①。在这些例子中，dbang 作ŭaŋ，dga 作 ga，dpal 作 dpal，都反映了卫藏方言的语音特点。元代汉语的音写虽然没有八思巴文准确，但仍然能够反映出所写客体语言的语音特征。比如，《元史》记载了不少西藏人名。以几位帝师名字为例：相家班，藏文为 seng ge dpal，“班”字写的是 dpal 的音（尾音-l 用-n 标出）；相儿加思巴，藏文为 sangs rgyas dpal，“巴”写的是 dpa（尾音-l 省略）；旺出儿监藏，藏文 dbang phyug rgyal mtshan，“旺”字写的是 dbang 音②。这些例子足以说明，元代蒙汉人依据的藏语是以卫藏方言语音为基础的。所以，假如藏文的 dpon chen（本钦）在蒙元时期传到蒙古，不仅蒙古文文献有所记载，而且其音应该以 bončin（本钦）的形式，而不是以 qončin（浑臣）的形式。“浑臣”这个安多藏语的称号无疑就是 16 世纪漠南蒙古征服安多地区后才传入蒙古的，而不可能是在元代。

4. 还有一个问题需要探讨，那就是 16 世纪当时蒙藏贵族联盟为什么一定要用“浑臣”来称呼蒙古“众臣之首”呢？它有什么特殊意义？笔者认为，这实际上是和当时蒙藏僧俗上层的政治目的和为此目的所采取的众多措施有关。

众所周知，在 1578 年仰华寺会晤上，格鲁派首领索南嘉措和土默特蒙古俺答汗宣称，前者是元代帝师八思巴的化身，而后者则是元世祖忽必烈皇帝的化身，其他参加会晤的蒙藏显贵都是古代印度、西藏先哲的化身。他们想通过这些措施告诉人们，达赖喇嘛索南嘉措和转轮王俺答汗将

---

① D. Tumurtogoo, *Mongolian Monuments in 'Phags-pa Script: Introduction, Transliteration, Transcription and Bibliography*, Institute of Linguistics, Academia Sinica, Taipei, 2010, pp. 13, 29, 76, 94.

② 《元史》卷二〇二《释老列传》，中华书局 1983 年版，第 4519 页。

要重建忽必烈时期所谓的"政教二道平行"的秩序。为此，他们声称，俺答汗的蒙古将遵循古印度摩诃三摩多汗创制、经释迦牟尼佛修缮、西藏三大转轮法王继承的旧制度，在蒙古创立新的典章制度。因此，当时在蒙古右翼政权中出现的所有"新生事物"都带着深深的古代印藏圣人和元朝忽必烈皇帝及帝师八思巴的神圣的烙印。在仰华寺大会上，鄂尔多斯部主切尽黄台吉颁布了被认为是西藏转轮王们曾经推行过的《十善法》；蒙藏僧俗贵族互赠名号，"确认"他们在古印度、西藏和元代的各自的"前世"；僧官和大臣们也得到了与古代"政教二道"相应的种种封号。其中，众臣之首的封号为"浑臣"。为什么是浑臣呢？其实，《白史》中已经给予了回答。该书记载：古印度的共戴王摩诃三摩多首先创立政教二道，其后瞻部洲十六大国均奉行"政教二道"。其时，西藏的观音菩萨化身松赞干布为了救助众生，派遣土米·阿努之子土米·优格到印度，学习佛陀所造文字和先圣所建政教二道四政。土米学成而归，汗大喜，赐给土米以土米·三布瓦（桑布扎）称号，使其成为三百六十名大臣之首"也可·那颜"，一瞬间在八十八万众吐蕃国建立起二道四政。后来，在蒙古地方，金刚手化身成吉思汗建立政教二道。根据萨迦派大喇嘛贡嘎宁布的授记，文殊化身忽必烈降生在蒙古皇统。忽必烈立志推行摩诃三摩多汗所创建、释迦牟尼佛所修缮、西藏三转轮王奉行、成吉思汗遵行的治理国家与百姓的政教二道，故建立政教二道四政，并设立在皇帝面前主掌政道之首辅大臣三浑臣。

这段故事要告诉人们，16世纪俺答汗建立的政权是自摩诃三摩多汗，经佛陀释迦牟尼、西藏三转轮王、成吉思汗和忽必烈皇帝一脉相承的奉行"政教二道"的神圣的国家。在国家体制上，其官僚系统也是一脉相承的。松赞干布设立了"也可·那颜"，作为三百六十名大臣之首，而忽必烈则设立"三浑臣"作为首辅大臣。现在，俺答汗也要设立浑臣官职，为众臣之首，为的是体现他的国家体制和先圣所建神圣国家体制的"一贯性"。有意思的是，《白史》所言松赞干布的所谓"也可·那颜"，是蒙古语，意为"大长官"，正是藏语 dpon chen 的蒙古语意译，音译则成为"本钦"，用安多话读就是"浑臣"。《蒙古源流》除了瓦只剌·土米外，还记载了速噶·浑臣的名字，所以可以肯定，当时俺答汗一定封了三位浑臣（虽然第三位的名字未被记载）。那么，16世纪时期，蒙古政权将其首辅大臣一定要称作"浑臣"，显然是经过精密设计的结果。这又说明，俺答汗和三世达赖喇嘛任命的那位首任浑臣的名字瓦只剌・土美肯定不是他的本名，而是来自松赞干布大臣吞米名字的美称，该名称自然也有特殊的意义在里面。

《玛尼全集》《柱间史——松赞干布的遗训》等西藏著名的“伏藏”文献都记载了吞米・桑布扎受松赞干布之命创制藏文的事，但也都没有提及松赞干布授予他什么尊号或官职之事。《白史》、《俺答汗传》和《蒙古源流》等蒙古文文献记载表明，给俺答汗身边的安多藏人高僧们不仅利用西藏伏藏的典故、典章，而且在此基础上结合蒙元时期以来西藏和蒙古关系的事实，进一步将伏藏的故事和蒙藏历史结合起来，为俺答汗创立了圆满的“政教二道并行”的佛教国家学说，并设置了与之相应的官僚系统。浑臣就是一例[①]。据《白史》的记载，三浑臣象征佛教的“身、语、意”三业，这与一般世俗政权官职的设置原则迥然不同，也说明了它的浓厚的宗教色彩。

三　评以往学界对 QONČIN 的释义

蒙古学学界一直试图解释 qončin 的词义和职能。

1976 年，联邦德国学者萨迦斯特（Klaus Sagaster）在他的《白史》一书中，将该词读作 qonjin，没有阐释其词义，但认为 qonjin 位大臣之首，在早期的成吉思汗祭祀中，qonjin 在诸多官员中也是地位最高的官员。他说，《白史》中提到的三位 qonjin 是佛教“身、语、意”三业的世俗象征，他们的职能是负责相应的三事业，也即管理宗教、内政和军事事务的宰相[②]。因而萨迦斯特认为，qonjin 是忽必烈时期的位尊众臣的第一大臣。P. Ratschnevsky 在《“白史”成书问题》一文中曾提出，《白史》中的许多官职都没有相应的汉语名称，而有相应汉语称谓的那些官职的缺额也与元代实际数额不符。因此，《白史》不可能是忽必烈时代，甚至不

① “灌顶国王浑臣”包括三个含义：元代西藏有过“灌顶国师”称号，具有很高的宗教地位，这里用“灌顶”两字，即取其最高的宗教地位之含义。“国王”意味着蒙古最高官位，而“浑臣”代表着西藏最高官职。它体现了当时右翼蒙古政权鼓吹的从西藏转轮王以降经过成吉思汗和忽必烈皇帝一脉相承的“政教并行”的原则。

② Klaus Sagaster, *Die Weisse Geschichte* (*Caγan teüke*): *Eine mongolische Quelle zur Lehre von Beiden Ordnungen Religion und Staat in Tibet und der Mongolei*, Harrassowitz, 1976, S. 114.

可能是元代成书的文献[1]。萨迦斯特不同意这一看法。萨迦斯特强调：《白史》列出的官职表应该理解为蒙古大合罕的官僚组织计划（Program）。这个计划的一部分显然是在忽必烈即中原皇位之前的早期蒙古大合罕时期已形成。该计划明显是在佛教影响下的国家理论的设想中形成，它的一些重要的官职具有象征职能。因为其象征意义的关系，官缺又和象征的数字有关。比如 qonjin 就有三位，因为该职位是佛教的“身、语、意”三者的象征。人们不应该弄错，《白史》中列出的官职是忽必烈和八思巴希望建立的蒙古佛教国家的官僚系统，他们希望把政教二道作为该国家主导的意识形态。但是，历史没有这样发展下去。正因为这样，《白史》中的官僚系统与元代的实际情况不符。在以上认识的基础上，萨迦斯特得出了如下结论：“如我的猜测不错，那么《白史》中的官僚系统源自忽必烈时期。作为一个佛教国家的职官体系，在基于儒家原则的元朝行政体系中显然是几乎没有发挥过作用。”[2] 根据萨迦斯特的论点，忽必烈曾经设想建立佛教国家理念下的政教并重的国家体系，而《白史》中提到的 qonjin 等不见于元代官僚体系中的职官名称正是这个设想的具体体现。按照他的认识，《白史》成书于忽必烈时期是无可争议的，《白史》中记载的官职等等也都属于忽必烈希望建立的那个理想国家的体系。Qonjin 是该理想国度官僚体系中的首席宰辅。

萨迦斯特的想象非常奇妙。他把《白史》的内容说成了忽必烈曾经想要建立但又未能实现的佛教国家的设想，所以，用元朝的国家机构、官僚系统、官职名称等与《白史》所载相关内容的出入来反驳萨迦斯特的假说是徒劳的，因为他认为前者是儒家学说原则下的元朝的真实制度，而后者则是忽必烈设想的佛教原则下的理想国家的虚构。但是，从忽必烈本人的历史和元朝的国家历史上，人们看不出忽必烈及其继承者们曾经试图建立不同于中国传统制度的什么“佛教国家”的迹象。以忽必烈为代表的元朝皇室和以阿里不哥、海都为代表的草原贵族之间存在过围绕实行汉法和建立游牧帝国的长期斗争，但在元朝从未有过围绕建立佛教国家和儒教国家的矛盾。元朝崇佛尊佛，但从来没有推行过“政教二道”并行、

① Klaus Sagaster, *Die Weisse Geschichte* (*Caγan teüke*): *Eine mongolische Quelle zur Lehre von Beiden Ordnungen Religion und Staat in Tibet und der Mongolei*, Harrassowitz, 1976, S. 287.

② Ebd. ,S. 285 – 286.

以佛法指导元朝政治的路线。所以，萨迦斯特的假说其实缺乏历史根据。现在，当我们弄清《白史》所载众官之首的 QONČIN 是安多藏语中的“本钦”时，当我们发现这个官职（称号）在 16 世纪后半叶才传入蒙古语时，更加有理由否定萨迦斯特的假说了。假如忽必烈曾设想建立一个理想的佛教国家，他想象中的众臣之首怎么会是一个西藏却喀（道）长官宣尉使的藏语俗称呢？这个官职俗称的语音又怎么会是安多方言呢？

除此之外，关于 QONČIN 还有一些不同的解释。比如，1980 年道润梯步译注《蒙古源流》时，将该词译写为“欢沁”，说它是“藏语之通事也”①。道润梯步没有说明理由。1981 年，留金锁在整理出版《白史》时认为，“qonjin 似乎是掌礼仪的一种官称，内蒙古鄂尔多斯地区成吉思汗祭奠的司仪官至今被称作 qonjin”②。赛熙雅乐则认为，qonjin 似为“官人”的异读，如“兀真”、“福晋”都是夫人的音译，其后缀“真”、“晋”与该词的后缀-jin，都是汉语“人”的音写。该词的读音应为 γonjin。戴鸿义、鲍音撰文认为，该词最初指“祝颂者”，后演变为“司仪官”，最后升为掌行政大权的“官人”③，接受了所有人的不同说法，把它们看作该词不同时期的不同内涵。

以上几种意见，都很难令人信服。成吉思汗祭奠上的司仪官 qonjin 是由 qončin 演变而来。据《白史》的一种手抄本记载，成吉思汗祭祀事宜的总管就是 qončin（因为字形的关系，已被人们读作 qonjin 了）④。如前所说，qončin 这个词首先传到鄂尔多斯、土默特等部蒙古人中，并被理解为对最高长官的称呼。因此，该词成为成吉思汗祭祀仪式总管的名称一点都不奇怪。需要指出的是，该职务名称并非在蒙元时期就有，而是 16 世纪以后才出现的。赛熙雅乐的意见虽然有些语音学支撑，但实际社会生活中并不合乎逻辑，因为一种专门的官职（而且是最高行政长官的官称）是不会用“官人”一类的泛称称呼的。

---

① 道润梯步：《新译注蒙古源流》，内蒙古人民出版社 1980 年版，第 357 页。

② 留金锁整理注释：《十善福白史》，内蒙古人民出版社 1981 年版，第 131 页。

③ 赛熙雅乐和戴鸿义、鲍音等人的观点，请见戴鸿义、鲍音《白史“欢沁”考述》，《内蒙古民族师院学报》1991 年第 2 期。

④ *Monggol ulus-un arban buyantu nom-un cagan teuke neretu sudur orosibai*，Mongol ulus-un nom-un sang，Ulaanbaatar，5061/96，294.3，4，602，1b.

四 结论

综上所述，我们可以得出如下几个结论。

1. 蒙古语词 QONČIN 应读作 Qončin，是藏语 dpon chen（“本钦”，意为“大长官”，元代藏人对宣政使的藏语俗称）的安多藏语读音，可以音写为“浑臣”。

2. “浑臣”一词在 16 世纪中期传入蒙古语。“浑臣”传入蒙古语是俺答汗和右翼蒙古向甘南、青海等安多藏区扩张的结果，也是安多藏人高僧们为俺答汗出谋划策，提出建立“政教二道并行”原则的结果。“浑臣”成为俺答汗政权中大臣的最高称号，是俺答汗在安多高僧幕僚的帮助下，试图建立“政教二道并行”的佛教国家，把自己塑造为所谓的印度摩诃三摩多汗建立、释迦牟尼佛祖修缮、西藏三转轮王继承、成吉思汗和忽必烈传承的正统佛教国家的领袖，从而凌驾于蒙古大合罕之上的所有理论和实践中的重要一环。

3. 《白史》是 16 世纪的文献。它主要是利用西藏“伏藏”文献和“伏藏”原理，参考一些蒙古文资料，托忽必烈皇帝之名，以切尽黄台吉扮演“掘藏者”，实际上是由安多藏人高僧和蒙古喇嘛文人编纂出来的。

［原载《内蒙古大学学报》（哲学社会科学版）2012 年第 6 期］

1655年以前的喀尔喀扎萨克问题

乌云毕力格

几年前，笔者在研究《清内阁蒙古堂档》[①]（以下简称《蒙古堂档》）的过程中注意到了喀尔喀的扎萨克问题，将它作为研究课题提到了日程上[②]，并收集了相关资料。笔者希望，本文通过《蒙古堂档》所收喀尔喀贵族奏折、书信以及喀尔喀《桦树皮律令》，对顺治十二年（1655年）前的喀尔喀蒙古的扎萨克问题做一探讨。

喀尔喀为答言合罕幼子格埒森札后裔所属游牧集团，分左右二翼，16世纪末至17世纪30年代，分成了三个汗部，即右翼的扎萨克图汗部、左翼的土谢图汗部与车臣汗部。

一　本文主旨

清代外藩蒙古最具特色和最重要的政治制度就是所谓的"盟旗制度"。以往学界对清代外藩蒙古盟旗制度进行过长期探讨，取得了一定的成果。但是，前人研究成果水平参差不齐，其中苏联学者弗拉基米尔佐夫《蒙古社会制度史》、日本学者田山茂《清代蒙古社会制度》和冈洋树《清代蒙古盟旗制度研究》等国外研究专著[③]具有重要的学术意义，尤其

---

① 中国第一历史档案馆、内蒙古大学蒙古学学院编，宝音德力根、乌云毕力格、吴元丰主编：《清内阁蒙古堂档》（以下简称《蒙古堂档》），内蒙古人民出版社2005年版。

② 乌云毕力格：《喀尔喀蒙古右翼额尔克卫征诺颜的奏折及相关事宜》，载《内蒙古大学学报》（蒙古文版）2003年第1期。

③ [苏联] 弗拉基米尔佐夫：《蒙古社会制度史》，刘荣焌译，中国社会科学出版社1980年版；[日] 田山茂：《清代蒙古社会制度》，潘世宪译，商务印书馆1987年版；达力扎布：《清初内扎萨克六盟和蒙古衙门建立时间蠡测》，载《明清蒙古史论稿》，民族出版社2003年版；[日] 冈洋树：《清代蒙古盟旗制度研究》（日文），载《东洋史研究》第52卷第2号，1993年。

是冈洋树的新著在全面总结、批判和吸收前人相关研究成果的基础上，利用可靠的“遗留性史料”，对扎萨克旗制度进行了深入研究，取得了令人耳目一新的成果。但是，国内相关研究仍原地踏步，甚至有所倒退。比如近年国内出版的一些专门以盟旗制度为题的专著，如《清代蒙古族盟旗制度》《清代内蒙古东三盟史》等①，不仅毫无创新，连对前人研究成果的总结、提炼和吸收都不很到位。应该指出，清代蒙古社会制度的研究有很大空白。

但是，本文并非全面研究清代盟旗制度问题，而仅仅探讨 1655 年（清朝顺治十二年）前喀尔喀蒙古的扎萨克制问题。据《钦定朔漠方略》记载，顺治十二年清朝在喀尔喀设立八扎萨克。后期各种清代文献均记载，设立“八扎萨克”是清朝在喀尔喀蒙古设立扎萨克之始，也就是说，把此时的扎萨克与喀尔喀入清以后建立的旗扎萨克等同起来。冈洋树早已指出，该八扎萨克并非像清代制度下旗的扎萨克，而是清朝指认八位喀尔喀“为首贝勒”（此处的“贝勒”为蒙古语“诺颜”的对译——引者注）为扎萨克，不过是承认喀尔喀原有势力权利分配的做法②。这无疑是十分正确的。

然而，“八扎萨克”的扎萨克称谓是清朝所授，还是原本就有？换句话说，扎萨克是喀尔喀蒙古原有的制度，还是清朝在顺治年间将内扎萨克旗的扎萨克称谓搬到了喀尔喀蒙古首领的头上，从而才产生喀尔喀扎萨克？冈洋树认为，从清初以来，喀尔喀和清朝有所往来，尤其是围绕顺治年间腾吉思事件和两楚库尔劫掠巴林人畜事件的交涉中，清朝了解到了喀尔喀的“为首贝勒”为哪些人。所谓“八扎萨克”就是“为首贝勒”八人③。也就是说，此八人原来是掌喀尔喀左右两翼的八位诺颜，并非原来就是扎萨克。那么，他们原来是否拥有扎萨克之称呢？

本文就是探讨清顺治十二年（1655 年）以前的喀尔喀故有的扎萨克问题。

---

① 杨强：《清代蒙古族盟旗制度》，民族出版社 2006 年版；阎光亮：《清代内蒙古东三盟史》，中国社会科学出版社 2006 年版。

② ［日］冈洋树：《关于清朝和喀尔喀“八扎萨克”》（日文），《东洋史研究》第 52 卷第 2 号，1993 年。

③ ［日］冈洋树：《清代蒙古盟旗制度研究》（日文），东方书店 2007 年版，第 79 页。

二 本文主要新史料

为探讨喀尔喀扎萨克问题，《蒙古堂档》所收康熙年间喀尔喀蒙古贵族的奏折（Ailadqal，Wesimburengge）类文书和16世纪末17世纪初的喀尔喀若干《桦树皮律令》提供了重要依据。

17世纪50年代，喀尔喀右翼发生内讧，逐渐演变为整个北喀尔喀的内战[①]。1686年，在西藏达赖喇嘛和清朝斡旋下，喀尔喀七和硕贵族在库伦伯勒齐尔会盟，希冀消除内讧，重归于好。在库伦伯勒齐尔会盟前后及会盟期间，喀尔喀发生了许多重大事件，但本文不拟探讨相关问题。笔者所感兴趣的，是与本文主旨相关的指定大小扎萨克之举。会盟上，喀尔喀汗王和哲布尊丹巴胡图克图在全喀尔喀贵族范围内重新指定了大小“扎萨克”，并将其名单上报清朝。对此，有些诺颜表示满意，有些则愤愤不平。他们纷纷向清朝康熙皇帝呈上奏折，陈述自家来历和功德，诉说他们应该被指定为“大扎萨克”的理由。这些奏折无意中透露了有关喀尔喀扎萨克问题的重要信息。在这些奏折中，卫征额尔克罗卜藏诺颜、达尔玛什哩诺颜、默尔根济农诺颜、额尔德尼哈坦巴图尔诺颜的奏折具有重要价值。此外，喀尔喀二汗、诺颜、扎萨克台吉等的一份奏折也为我们提供了当时喀尔喀扎萨克名单的直接材料。

此外，喀尔喀《桦树皮律令》中某些律令的前言也给我们提供了“遗留性史料”。《桦树皮律令》[②] 是16世纪末17世纪30年代在喀尔喀蒙古形成的18部法律文书的总称，因在桦树皮上书写而得名。1970年，蒙古人民共和国学者呼·丕尔烈（H. Perlai）和苏联学者莎符库诺夫（E. B. Shavkunov）率领的蒙—苏考察队在今蒙古国布剌干省南部，达新其林苏木所在地附近的哈剌布罕·巴剌嘎孙古城遗址中，发现一座古塔废墟，其中有以蒙古文和藏文在桦树皮上书写的文书，这就是所谓的《桦树皮文书》。《桦树皮律令》是其中的法律文书部分。当时，喀尔喀贵族

① 关于喀尔喀内乱，参见宝音德力根《17世纪中后期喀尔喀内乱》，载《明清档案与蒙古史研究》（第2辑），内蒙古人民出版社2002年版。

② 关于《桦树皮律令》及其内容，详见图雅博士学位论文《桦树皮律令研究——以文献学研究为中心》，内蒙古大学博士学位论文，2006年。

举行会盟，制定律令，并将其记录在桦树皮上。律令都有或长或短的前言，交代了制定该律令的时间地点和制定者名单，因此具有很高的史料价值。它的宝贵之处在于，它不是用来叙述历史的，而是为了说明该律令的由来，其中的记载是无意识地透露一些历史信息的“文字遗留”。在《桦树皮律令》中，《猴年大律令》和《火龙年小律令》与本文直接有关。

三 《蒙古堂档》中的记载

过去学界一般认为，自从顺治十二年（1655 年）清朝“任命”八扎萨克后，喀尔喀始有扎萨克，而且他们就是清朝时期外扎萨克喀尔喀的旗扎萨克之由来。但是，《蒙古堂档》和《桦树皮律令》的一些资料显示，这种看法完全站不住脚。

首先来看喀尔喀右翼扎萨克图汗部所属兀良哈鄂托克之主，卫征额尔克罗卜藏诺颜（以下简称额尔克）的两份奏折。此人名额尔克罗卜藏，一般称额尔克，卫征诺颜是美号。他是北喀尔喀鼻祖、答言合罕幼子格埒森札洪台吉的末子萨木贝玛的后裔[①]。萨木贝玛的后裔历代主兀良哈鄂托克。

额尔克的一份奏折写于库伦伯勒齐尔会盟前不久。根据奏折内容可知，他听闻在库伦伯勒齐尔会盟上将选定扎萨克的消息后，立即给康熙皇帝上奏折，详细记载了额尔克三代人对政教的贡献和历任扎萨克的经过。另外一份奏折是在库伦伯勒齐尔会上被列为扎萨克后致康熙皇帝的，意在奏报自己被列为扎萨克，并向清朝进贡。可知，两份奏折显然是康熙二十五年（1686 年）八月库伦伯勒齐尔会盟前后写成。该两份奏折同在康熙二十六年二月二十四日由理藩院送至内阁[②]。

额尔克第一份奏折里写道（请参考附图 1）：

oom suwasdi siddam. deger-e ayiladqal-un učir, uriyangqan-u erke üyijeng noyan, ene čiγulγan-dur yambu yosun. aqalaqu jasaγ kikü, gukü-

① 关于此人家系，请见拙著《喀尔喀蒙古右翼额尔克卫征诺颜的奏折及相关事宜》，载《内蒙古大学学报》（蒙古文版）2003 年第 1 期。

② 《蒙古堂档》第 6 卷，第 60—63 页（蒙古文），第 264 页（满文）。

dü mini ayiladqal. deger-e dalai blam-a-yin gegen, k`ašoγ bičig tamaγ-a qayiralaju, ečige čini šara-yin sasin-du tusalaγsan ačitai noyan bile gejü namayi darqalaγsan qayir-a bošoγ eyimü bile. erte čiki bolba, doloγan qosiγun-i nigen-i bide bile boγda qaγan-i siregen-dü γarγaqu tarani γool-un čiγulγan-dur. ebüge ečige-yi mini üyijeng noyan-i jasaγ-tu talbiγsan. tegüni qoyin-a ečigei mini doloγan qosiγu taulai jil-dür. erdeni juu-giyin dergede čiγulγan bolju, qoyar qutuγ-tu-yin gegen-i jalaju eb ey-e-ben kelelčekü-dü ečige-yi mini jongk`au-a-yin šara malaγ-a-yin sasin-dur tusalalčaba gejü, ečige-yi mini darqalaju buyima dayičing qosiγuči čola suyurq-a-ju jasaγ-tu talbiju qayiralaγsan učir eyimü bile. tegüni qoyin-a γaqai jil-dü bisirel-tü qaγan-i gegen namai-yi ebüge ečige čini jasaγ bariγsan bisiü. ečige čini čilegetei bayinam. geji ayiladduγad, sečin qaγan-du jarliγ bolju egüni ebüge ečigeyin-ni yambu jasaγ-yi-yin noyan ene bai geji qayiralaγsan bile, tere bošoγ qayira olan-ta iregsen ündüsü-ber. jasaγ-tu sečin qaγan-i moγai jil-dü blam-a-yin gegen čola ner-e bošoγ suyurqaqu-du, sečin qaγan namai deger-e ayiladqaju, erte ečige ebüge-yi jasaγ bariγsan noyan bile, tegüni qoyin-a čiki bolba ene erkei-yi jasaγ-tu talbiγsan bile, edüge čiki bolba egüni sinedkey-e geji ayiladduγad. deger-e gegen-dü ayiladqaju, sayin qaγan-du ayiladqaju namayi-yi ebüge ečige-yin mini jasaγ nere čola-du oruγulju, namai-yi üyijeng noyan gejü čola suyurqaγad jasaγ-tu talbiγsan bošoγ eyimü bile. yerü čiki bolba erte sayin sayiqan yabuγsan mini olan bisiü, sasin-du bolqula erte döčin dörben qo-yar čoγtu-du morduy-a sasin törü-dü gem kibe törül-iyen aqai dayičing-yi alaba gejü baralduju mordaqu boluγsan-dur. mongγol ese mordaju, oyirad morgaju iregsen-dür. mani abaγ-a ečige noyad, bintü noyan toyin, dayičing qosiγuči joriγ-tu qung tayiji ekilen, ene yeldeng qung tayiji bey-e-ber-iyen yabuju šasin törü-dü nemeretei tusatai bilele bide, doloγan qosiγun dotur-a darqan deger-e qarqan bolultai ulus bide-bidür bilele. edüge ene bey-e-ber-iyen bolusa lobsang qung tayiji-yi oyirad-tai mordaju, doloγan qosiγun-ača keseg-ken kümün ečijü lobsang-i bariju törü ner-e-ben abulč aγsan ejen-iyen ösiy-e-abču uriyangqan gegči ulus bide eyimü olan dabqur dabqur ačitai tusatai bolba čiki, doloγan qosiγun-i adaγ-yi-yin maγu ulus bide bidür bayinam. noyad bide ni bolusa törül törügsen-eče door-a yabunam, albatu biden-ni bolusa, doloγan qosiγun dotur-a qamuγ alba arγal tegüükü aduγu manaqui-yi üjekü-eče öber-e yaγum-a ügei, ene ači tusa-ban deger-e ayiladqaγad aji yabuqu jobuqu-ban ayiladqanam. ①

译文（括弧中的注文为笔者所加，下同）：

愿吉祥！上奏之事。因本次会盟确定官职（yamu yosun），选派管事（aqalaqu）扎萨克，兀良哈额尔克卫征诺颜为此呈奏。上达赖喇嘛赐吾册、印，言因吾父于黄帽教法卓有功绩，故开恩施仁，赐吾自由之身。吾等列名七和硕已久，塔喇尼河会盟（1596 年）② 之时，博克多汗即位，列吾祖父卫征诺颜③于扎萨克。后至兔年（1639 年），七和硕会盟于额尔德尼昭④，恭请二呼图克图，共商和解之计，以吾父⑤襄助宗喀巴黄帽教法，故予自由之身，赐和硕齐号，列为扎萨克。再至猪年（1659 年）⑥，弼什埒勒图汗曾告吾曰：尔祖、父曾行扎萨克事。尔父今抱恙在身。又告［扎萨克图］车臣汗曰：将彼祖、父之官职扎萨克（yambu jasaγ-yi）予该诺颜（即额尔克——引者注）。所得恩敕，如是之多。后蛇年（1677 年）⑦ 喇嘛葛根⑧赐名号于车臣汗，车臣汗奏［皇上］称：彼父彼祖，皆为执扎萨克诺颜，后将此额尔克亦列为扎萨克。今欲重列［其为扎萨克］。故［扎萨克

① 《蒙古堂档》第 6 卷，第 60—63 页（蒙古文），第 259—264 页（满文）。

② 塔喇尼河会盟的时间、地点和内容考证，参见图雅、乌云毕力格《关于猴年大律令的几个问题》，载《内蒙古大学学报》（蒙古文版）2007 年第 1 期。

③ 格埒森札洪台吉的末子萨木贝玛，其子忽阑卫征诺颜。见乌云毕力格《〈阿萨喇克其史〉研究》，中央民族大学出版社 2009 年版，第 141 页。

④ 见图雅博士学位论文，第 92 页。《土兔年大律令》前言写道：“愿吉祥！土兔年夏末月十一日，两位呼图克图、扎萨克图汗、土谢图汗、大小诺颜，于赛因汗寺前开始拟定大律令。”

⑤ 额尔克之父名贝玛岱青和硕齐，见下文所引额尔克第二奏折。弼什埒勒图汗在位时只有一个猪年，即 1659 年。

⑥ 弼什埒勒图扎萨克图汗在位时只有一个猪年，即 1659 年。

⑦ 车臣扎萨克图汗在位时（1666—1686 年），只遇到一个蛇年，即 1677 年。

⑧ 指达赖喇嘛。根据土谢图汗察珲多尔济奏文，1677 年五世达赖喇嘛遣那木扎勒诺门汗到喀尔喀，赐给成衮汗号。成衮即车臣汗。《蒙古堂档》第 6 卷，第 23 页。

图车臣汗］再报［达赖喇嘛］葛根及赛音汗。令吾袭吾祖、父之扎萨克名号，加赐卫征诺颜之称，位列扎萨克。究为多行善于既往。初因绰克图破坏政教，杀害亲族之阿海岱青①，故都沁、杜尔本协定征讨，而蒙古未动，卫拉特出兵。当此之际，［唯独］吾叔父丙图诺颜托音、岱青和硕齐、卓力克图洪台吉为首，该伊尔登洪台吉②亲征。吾等于政教，不为无助。故应为七和硕内达尔汉加达尔汉者也。而卫拉特出征罗卜藏③时，吾亲率七和硕所部往逮其人。为国正名，替主报仇。吾兀良哈兀鲁思勋劳卓著，然居七和硕最末，吾等诺颜卑于手足，位低爵浅，所部庶民捡拾畜粪、夜守牧群，于七和硕内最为卑劣。是往昔功勋辉煌，唯今生计艰难，特奏。

额尔克第二份奏折是在库伦伯勒齐尔会盟上被列于扎萨克后写的，其内容如下（请参考附图2）：

（开头赞美词省略）……Erten-ece inaγsi ejen-u gegen-dür, učir-iyan ayiladqaγad, öčügüken beleg degejiben ergüjü baidaγ bile. ilangγui-a ene učir-tur, degedü boγda rjibjun damba-yin gegen kiged, baraγun-u jasaγ-tu qaγan, jegün-ü sayin qaγan ekilen, doloγan qosiγun-u noyad bügüde yekede nigülesügči dalai blam-a kiged, manjusiri-yin qubilγan boγda qaγan qoyar-un jarlaγ-iyar čiγulaγalaju, törü töbsidkeked Sasin-i nemegülküi-yin egüden-eče ekilen duγurbiju, qoyar qaγan-u törü-dür jidküged šasin-dur tusalaqu kemen, jasaγ-un noyad-i ilγaqui-dur, namai-yi erte ebüge ečige-čini üyijeng noyan, boγda jasaγ-tu qaγan-i šiṙegen-dü ögede bolqui-dur, jasaγ-yi-yin noyan boluγsan bile. öber-ün-čini ečige-čü boyima dayičing qosiγuči-ber čoγ-tu qaγan törü-eče urbeγad, šasin-i

① 绰克图台吉其人其事与杀害阿海岱青事，请见拙著《绰克图台吉的历史与历史记忆》，QMD I，2005，东京。

② 此处不知指何人，原文如此。

③ 罗卜藏额，全称罗卜藏琳沁，号赛音珲台吉。他父亲是俄木布额尔德尼，祖父为硕垒赛音乌巴什珲台吉，曾祖父为图扪达喇，即格埒森札长子阿什海达尔汉珲台吉的次子。硕垒、俄木布、罗卜藏祖孙三代在俄罗斯文献中被称“阿勒坦汗”，世主和托辉特部。1662年，第三代阿勒坦汗罗卜藏袭杀同族扎萨克图汗，从此喀尔喀右翼进入战争状态。

ebdeküi-dür, qalq-a oyirad qoyar-un čerig-iyer nomoqudqaqui-dur tusalalčaγsan bile geji, namai-yi üyijeng noyan-u čola-bar bolγaγad, jasaγ-yi-yin noyan bolγaγsan-dur, deger-e blam-a kiged, qoyar qaγan-u elči ba, keüked degüner ekilen elčid-ber ejen-dür baraγalqaju učir-iyan ayiladqaqui-dur mön-kü tere yosuγar učir-ian ayiladqaγad beleg degeji-ben bariqu minu eyin bulai. uridu bars jil-ün čaγan sar-a-du darmasiri qung taiji, erke üyijeng noyan bide qoyar-i šasin törü-dür jidkükü noyan bayinam gejü boγda ejen mani jasaγ-tu talbiju dangsan-du bičigüljü öglige qayiradur kürteγsen bile edüge čiki bolba boγda rjbjun damba qutuγtu-yin gegen, qoyar qaγan ekilen doloγan qosiγu qalq-a-yin noyad, jasaγ-yi-yin noyad talbiγsan tulada, qoyar kaldan-dur baraγ-a bolun, čaγan-i alba degejiben beleg ergükü učir-iyan deger-e boγda ejen-dü ayiladqanam. ①

译文：

……自古以降，［吾等］奏闻于天听，礼贡于圣上。此次尤然。圣哲布尊丹巴、右翼扎萨克图汗、左翼赛音汗为首七和硕全体诺颜人等，奉大慈大悲达赖喇嘛、文殊转世圣皇帝之命，以国家太平，教法兴隆为念，意欲效绩二汗，辅助教法，选定扎萨克诺颜。初，博克多扎萨克图汗即位，时吾祖卫征诺颜则为扎萨克诺颜。绰克图背叛可汗，毁败国政、破坏教法，卫拉特、喀尔喀协力救平，吾父贝玛岱青和硕齐②多有相助。故令吾袭卫征诺颜之号，列位扎萨克诺颜。上喇嘛③、二汗④及其子弟之使臣，谒见圣上，奏闻［此事］，吾亦上奏陛下，献礼丹陛。初，虎年（1674 年⑤）正月，以达尔玛什哩、吾额尔克卫征诺颜二人，效力政教，圣主列吾等二人于扎萨克，载入档

① 《蒙古堂档》第 6 卷，第 57—60 页（蒙古文），第 254—259 页（满文）。

② 记载喀尔喀贵族世袭十分详细的《大黄史》和《阿萨喇克其史》二书都未记载此人及其后裔。该文书第一次明确记载了额尔克几代人的名字和称号。

③ 指第一世哲布尊丹巴胡图克图。

④ 指扎萨克图汗和土谢图汗。

⑤ 应为马年（1666 年）后虎年（1686 年）前的一个虎年，所以只能是 1674 年。详见下文达尔玛什哩奏折的注释。

册，以为恩赏。今博克多哲布尊丹巴呼图克图、喀尔喀左右翼二汗所领七和硕诺颜，将选定扎萨克诺颜，故书奏圣上，欲陪同二噶勒丹[①]进献白贡[②]。

据此奏折，早在1596年塔喇尼河会盟上，额尔克的祖父就被列为扎萨克。后来，卫拉特和喀尔喀右翼共讨绰克图台吉时（1637年），额尔克的父亲率领其诸兄弟参战，因此1639年的会盟上仍被列为扎萨克。后因其父生病，额尔克本人继而成为扎萨克。

再看看喀尔喀右翼扎萨克图汗部另一位大贵族达尔玛什哩诺颜的奏折。该达尔玛什哩诺颜，名啅特巴达尔玛什哩，其父为乌班第达尔玛什哩，是扎萨克图汗素班第之弟。啅特巴达尔玛什哩祖父为赉瑚尔汗，是答言合罕的长孙、扎萨克图汗鼻祖[③]。

达尔玛什哩在库伦伯勒齐尔会盟上被列为“小扎萨克”，因此他上奏康熙皇帝，陈述其先人和自身的功绩，诉说他被贬为小扎萨克的怨恨。奏折于康熙二十六年正月二十六日由理藩院送至内阁[④]。其内容如下（请参考附图3）：

qalq-a-yin darmasiri noyan-u ayiladqaγsan bičig, owa suwas-di. aldarsiγsan boγda cowangk'aba-yin šajin-i bariγčin-u. erkin adalidqasi ügei yirtinčü bükün-i ejen boluγsan, amuγulang degedü boγda ejen qaγan-u gegen-e, angqarun ayiladumu darm-a-siri noyan-i bičig-iyer ay-iladqaqu-yin učir-ni, erte boγda jasaγ-tu qaγan-u üy-e-dü, jasaγ-tu qaγan-u degüü, minu ečige darmasiri jasaγ-un noyad-un yamu-bar yabudaγ bile, qotala qaγan-i lobsang qung tayiji bars jildü bariba, barimaγča aqai dayigüng bide qoyar jegün qosiγun-dur kürčü, sayin qaγan ekilen-i oduju mordaγad qaγan-i keüked-i aldaγulji abuba, tegüni qoyin-a morin jildü ögeledün sengge, čögekür ubasi qoyar-i oduju

① 指哪两位噶勒丹上不清楚，只得存疑。

② 即“九白之贡”。

③ 参见拙著《〈阿萨喇克其史〉研究》，中央民族大学出版社2009年，第129—130页。

④《蒙古堂档》第6卷，第49页（蒙古文），第239页（满文）。

mordaγad, lobsang qung tayiji-yi bariju jasaγ-tu čečen qaγan-i, qan oron-du talbiju, tusalaγsan ači minu eyimü bile, jasaγ-tu čečen qaγan-i üy-e-dü čü, nada darma-siri geji čola öggüged, mön tere yosuγar yabuγulji bile, degre ejen-i gegen, tusa qibe gejü yekede qayiralaju, dörben jasaγ degere nada-tai tabun bolγaju, qayiralaju bayiγsan učir eyimü bile, ene čiγulγan-du, degere ejen-i qayiralaγsan qayira-yi könggeregülügsen metü minu tusalaγsan tusa minu ači ügei metü, baγ-a jasaγ-tu oruγuluγsan tulada γomudaγsan-iyan ayiladqanam. ①

译文：

愿吉祥！执盛名远播之圣宗喀巴教法，寰宇共主、无与伦比之太平圣皇帝明鉴。达尔玛什哩诺颜书奏事。初，博克多扎萨克图汗时，扎萨克图汗之弟、吾父达尔玛什哩于扎萨克诺颜职上行走。虎年（1662 年）②，罗卜藏捕浩塔垃汗，阿海岱贡及吾旋至左翼和硕，邀集赛音汗为首［众人］，伙同出征，救汗子出敌手。后马年（1666 年③），约额鲁特僧格④、楚库尔乌巴什⑤二人出兵，捕获罗卜藏洪台吉，拥扎萨克图车臣汗登汗位。辅佐之功如斯。扎萨克图车臣汗时，亦赐吾达尔玛什哩号，仍照［吾父］原职行走。上皇帝以吾辅佐之功、恩施格外，增吾于四扎萨克⑥上，使之为五［扎萨克］，［对吾］加恩若此。今次会盟，漠视圣上之恩典，不计吾昔之辅助，仅列吾于小扎萨克，故吾心下不平，特为奏上。

根据达尔玛什哩奏折，其父乌班第早在 1696 年的塔喇尼河会盟上就已任扎萨克。他本人后来又成为大扎萨克。

---

① 《蒙古堂档》第 6 卷，第 47—48 页（蒙古文），第 234—236 页（满文）。

② 罗卜藏事件发生在 1662 年。请参见宝音德力根《17 世纪中后期喀尔喀内乱》，载《明清档案与蒙古史研究》（第 2 辑），内蒙古人民出版社 2002 年版。

③ 车臣扎萨克图汗即位年代，参见宝音德力根《17 世纪中后期喀尔喀内乱》。

④ 准噶尔部巴图尔珲台吉之子、后来的噶尔丹博硕克图汗之兄，时任准噶尔部长。

⑤ 僧格之叔父。

⑥ 此处指顺治十二年清廷所指八扎萨克中的右翼的四扎萨克。

四 《桦树皮律令》中的记载

《桦树皮律令》中的两份律令证实，额尔克、达尔玛什哩二诺颜关于他们先人任过扎萨克的说法并非杜撰，而完全反映了历史事实。首先可以印证的是1596年所制定的《猴年大律令》（Mečin jil-ün yeke čaγaja）。其前言如下：

Oom suwasdi šiddam. qoyar ünen-i oluγsan dörben šimnus-i daruγsan ilaju tegüs nögčigsen šagimuni burqan-dur mürgümü. arban jüg-ün γurban čaγ-un burqan-u qutuγ γuyuqu boltuγai. qan kümün-ü bey-e-yin γurban či-nar tegüskü boltuγai. ügdügmiye nere kemen oru-šibai. kündügetei nere ke-men orušibai. ayildutai nere kemen orušibai. degere tngri burqan-u jayaγan-bar törögsen tenggerlig törül-tü tegüs erdem bilig-ün jalγamji boluγsan al-tan-u u（r）uγ qaγan aqai jasaγ bariγsan qadan baγatur noyan jasaγ bariγsan darqan tüšiye-tü noyan dayičing baγatur noyan köndelen čökökür noyan jurqul noyan qošiγuči noyan joriγ-tu noyan čoγtu noyan qulang abai noyan yeldeng noyan qošiγuči noyan bing-tü noyan ubandai noyan ölje(-yi-tü) noyan mergen tayiji sečen tayiji qung tayiji dayičing tayiji čoγ-tu tayiji raquli tayiji yeke baγa noyad-ača terigülen yeke čaγaja ekilen bičibe. ene čaγaja-yi mečin jil-ün qabur-un segül sara taran(-a) γol degere čaγajala-ba.①

译文：

愿吉祥！膜拜修得两真、降服四魔之世尊释迦牟尼佛！愿十方三世佛赐福！愿汗人之三性圆满！进献！敬仰！畏惧！仰长生天之命降生之天骄之宗、万能智慧之后续黄金家族之汗阿海、行扎萨克事之哈

① 译文引用了图雅博士学位论文（jasa γbari γsan，图雅译为“执政的”，作为专有名词此处译为“行扎萨克事”更加合适，故改之），《桦树皮律令研究——以文献学研究为中心》，第40页。图雅、乌云毕力格《关于猴年大律令的几个问题》，载《内蒙古大学学报》（蒙古文版）2007年第1期。

> 坦巴图尔诺颜、行扎萨克事之达尔汗土谢图诺颜、岱青巴图尔诺颜、昆都伦楚琥尔诺颜、卓尔琥勒诺颜、和硕齐诺颜、卓哩克图诺颜、绰克图诺颜、忽朗阿拜诺颜、伊勒登诺颜、和硕齐诺颜、宾图诺颜、乌班第诺颜、鄂尔哲依［图］诺颜、墨尔根台吉、车臣台吉、珲台吉、岱青台吉、绰克图台吉、喇瑚哩台吉一众大小诺颜为首，拟定大律令。该律令于猴年春三月，定于塔尔尼河畔。

制定该律令的猴年为 1596 年，塔喇尼河会盟就是奉喀尔喀右翼首领素班第为博克多扎萨克图汗的喀尔喀七和硕会盟，对此我们已做过详细考证[①]。此处，除了扎萨克图汗素班第外，作为“jasaγ bariγsan noyan”，即“扎萨克诺颜”，提到了二十名贵族。他们应该就是塔喇尼河会盟上指定的大小扎萨克。在这些名单中，我们果然看到了额尔克的祖父和达尔玛什哩之父两位扎萨克的名字：额尔克的祖父以“Qulang abai noyan 忽朗[②]阿拜诺颜”的名字出现，因为他当时年纪还小，故称“阿拜”[③]；达尔玛什哩的父亲则以其本名“乌班第诺颜”[④] 的名字出现的。这完全印证了前引二份奏折内容的可信性。

此外，在《蒙古堂档》还有可以证明制定《猴年大律令》的哈坦巴图尔诺颜为扎萨克的证据。1686 年库伦伯勒齐尔会盟后，有位名叫额尔德尼哈坦巴图尔的诺颜给康熙皇帝写奏折，希冀清廷认可他做扎萨克。该奏折于康熙二十六年十一月初九日由理藩院送至内阁[⑤]。其奏折内容

---

① 图雅、乌云毕力格：《关于猴年大律令的几个问题》，载《内蒙古大学学报》（蒙古文版）2007 年第 1 期。

② Qulang 意为“野驴”，其蒙古文书写形式为 quang（忽朗），而喀尔喀土语的读音则为 qulan。所以，有时受到口语影响也会写成 qulan（忽阑），尽管这个写法不准确。

③ ［蒙古］呼・丕尔烈：*Mong γol ba töb asiy-a-yin oron-nu γud-un soyol ba teüken-dü qolbuγdaqu qoyar qobur sorbulji bičig*（《有关蒙古和中亚国家文化与历史的两部珍贵文献》）（蒙古文），乌兰巴托，*1974* 年，第 *121* 页。

④ 图雅曾引呼・丕尔烈的观点认为，“当时扎萨克图汗部有两个乌班第诺颜：一个为阿什海达尔汗洪台吉长子巴延达喇洪台吉次子赖瑚尔汗次子乌班第达尔玛西哩；另一个人为阿什海达尔汗洪台吉次子图扪达喇岱青豁塔固尔季子乌班第达尔汗巴图尔（生于木狗年，即 1574 年），该乌班第诺颜应该是上述二人之一。……笔者赞成呼・丕尔烈的观点。上述两位乌班第诺颜都有可能参加该会盟，所以难以作出确切的论断。”根据达尔玛什哩奏折可以断言，参加塔尔尼河会盟的就是扎萨克图汗素班第之弟乌班第。

⑤ 《蒙古堂档》第 8 卷，第 457 页。

如下：

delekei dakin-u ejen amuγulang qaγan-u gegen-e, erdeni qadan baγatur-un ayiladqal. kedüičü küren belčir-ün čiγulγan-du üyijeng qadan baγatur-i jasaγ bolγabasu ber, čaγan alba-yi bide qoyaγula kelelčejü qamtu nigen-e bariγsaγar atala, genedte dayin bolju üyijeng qadan baγatur ögeled-tü oruγsan-u tula edüge üligerlebesü üre tasuraγsan kümün-ü ger baraγ-a-yi aq-a degüü abqu metü čaγan alba-yi tasural ügei bi bariju bolqu bolbau. dayin bolqu-yin urida qalq-a-yin qoyar qaγan ču namayi deger-e ejen-ü gegen-e ayiladqaji, üyijeng qadan baγatur-ača öber-e jasaγ bolγay-a getele dayin boluγsan-u tula, elči ilegejü ese bolba. tayin bolqu-yin urida öggügsen bičig tamγatai ergübe. ①

汉译：

寰宇之主阿穆呼朗汗明鉴。额尔德尼哈坦巴图尔呈奏。库伦伯勒齐尔会盟之时，虽列卫征哈坦巴图尔于扎萨克，然吾等二人议，白贡之奉、始终同行，唯战乱突起，卫征哈坦巴图尔投附厄鲁特。如今犹如兄弟分得绝嗣者家资，今吾可否续奉白贡。且战乱起前，喀尔喀二汗②欲上奏皇上，以吾别列扎萨克于卫征哈坦巴图尔，因兵燹突发，未能遣使。今特奉乱前所给书与印［于皇帝］。

额尔德尼哈坦巴图尔所说的“喀尔喀二汗欲上奏皇上……列”他为扎萨克的说法，确有其事。在《蒙古堂档》中，还有扎萨克图汗沙喇的奏折和土谢图汗察珲多尔济的书信，其内容就是向康熙皇帝奏报指定哈坦巴图尔为扎萨克事。该二书于康熙二十六年十一月初九日由理藩院送至内阁③。

扎萨克图汗奏折内容（请参考附图4）：

① 《蒙古堂档》第8卷，第450页。

② 因当时车臣汗诺尔布去世，三汗中只有扎萨克图汗和土谢图汗在世。

③ 《蒙古堂档》，第8卷，第457页。

abural manjusiri-yin qubilγan bey-e-tü, amitan bükün-ü tegsi aburaqu jarlaγ-tu, asaraqui ba nigülesüküi budi sedkil-tü. amuγulang qaγan delekei dakin-u ejen-i gegen-e, erdeni jasaγtu qaγan-i ayiladqal. ene erdeni qadan baγatur-ün učir. doloγan qosiγun-du nige yeke ulus mani eljigen gegči bile. endeben eljigen jegün baraγun qoyar. baraγun-i aq-a jasaγ-un noyan inu ene erdeni qadan baγatur bile. teyimü-yin tula ene erdeni qadan baγatur-i jasaγ bolγamu geji. erdeni qadan jasaγ-tu qaγan ekilen noyad ayiladqanam. ①

译文：

救世文殊化身为身，普度众生为语，大慈大悲为意之寰宇之主康熙皇帝明鉴。额尔德尼扎萨克图汗奏文。为额尔德尼哈坦巴图尔事。额尔济根乃七和硕中一大兀鲁思也。其分为左右二［翼］，右［翼］之扎萨克诺颜即此额尔德尼哈坦巴图尔者也。故奏请列额尔德尼哈坦巴图尔为扎萨克。扎萨克图汗为首诸诺颜奏请。

土谢图汗之书（请参考附图5）：

süsüg küčün tegüsügsen vačirai tüsiy-e-tü qaγan-u bičig. ene erdeni qadan baγatur, jasaγ-tu qaγan namai jasaγ-un noyan boltuγai geji tamagatai bicig ögči bile. qoyar qaγan jöb geküle, degere ayiladqaqu gegsen tulada, jasagtu qaγan jöb gegsen bolqula, bida ču buruγu gekü ügei jöb gegsen-ü temdeg bičig-tü tamaγ-a daruba. ②

译文：

至信深威瓦齐喇土谢图汗之书。额尔德尼哈坦巴图尔言，扎萨克图汗准吾为扎萨克诺颜，并给盖印文书。如二汗准之，欲将奏闻皇

① 《蒙古堂档》，第8卷，第447—448页。

② 同上书，第448—449页。

上，云云。若扎萨克图汗已准之，吾等亦不以为非，于允准书上加盖印章。

作为额尔济根鄂托克之贵族额尔德尼哈坦巴图尔，毫无疑问是格埒森札次子诺颜泰哈坦巴图尔后裔，因为诺颜泰分得了卜速忒、额尔济根二鄂托克。据《蒙古回部王公表传》记载，额尔德尼哈坦巴图尔是诺颜泰哈坦巴图尔后裔衮占。据该书记载，诺颜泰哈坦巴图尔子土伯特哈坦巴图尔，其次子赛音巴特玛，号哈坦巴图尔①，其子策凌衮布，嗣哈坦巴图尔号，其长子衮占，号额尔德尼哈坦阿巴图尔②。

衮占哈坦巴图尔的奏折、扎萨克图汗的奏折和土谢图汗之书都说明，直到准噶尔侵入喀尔喀（1688 年），历代额尔济根鄂托克之主都曾任扎萨克。那么，参加 1596 年塔喇尼河会盟的（土伯特）哈坦巴图尔当时毫无疑问是大扎萨克。此后，他的子孙历代主额尔济根鄂托克，并以此身份任扎萨克，直到库伦伯勒齐尔会盟前后，额尔济根左右二翼有了两位扎萨克。以忽阑卫征、乌班第、土伯特哈坦巴图尔的例子类推，1596 年制定《猴年大律令》的其余十七名“jasaγ bariγsan”诺颜应该都是大小扎萨克。

再看看《桦树皮律令》中的《火龙年律令》（γal luu jil-ün öčüken čaγaja）。其前言如下：

Oom suwasdi šiddam. γal luu jil-ün jun-u dumda-tu sarayin qorin nigen edür-tür köndelen čökekür noyan-i süm-e-yin emüne dörben qošiγun-i kedün yeke baγa noyad öčüken čaγaj-a kelelčebe. jasaγ-un tayijinar dayičing qung tayiji čoγ-tu qung tayiji sečen tayiji erke tayiji γarda γači tabunung bilig-tü jayisang tabunang.

译文：

愿吉祥！火龙年夏五月二十一日，昆都伦楚琥尔诺颜寺前，四和

① 《蒙古回部王公表传》第六十一卷，传第四十五，“喀尔喀扎萨克图汗部总传”。

② 《蒙古回部王公表传》第六十四卷，“扎萨克辅国公衮占列传”。

硕诸大小诺颜商订小律令。扎萨克台吉者：岱青洪台吉、绰克图洪台吉、车臣台吉、额尔克台吉、噶尔塔噶齐塔布囊、必力克图斋桑塔布囊。①

这是左翼四和硕的几位扎萨克于 1616 年（火龙年）制定的律令。文本中明确提出了“jasaγ-un tayijinar”（扎萨克台吉们），这应与“jasaγ-un noyad”（扎萨克诺颜们）同义，因为台吉和诺颜均指孛儿只斤贵族。文中提到的扎萨克岱青洪台吉是格埒森札三子诺诺和之次子阿布瑚墨尔根长子昂噶海墨尔根岱青洪台吉，绰克图洪台吉是诺诺和第五子巴喀赖和硕齐之子绰克图洪台吉，车臣台吉是诺诺和四子昆都伦楚琥尔诺颜长子卓特巴车臣洪台吉，额尔克台吉身世不明②。在当时喀尔喀左翼，这些人都是扎萨克无疑。

五 结论

通过《蒙古堂档》和《桦树皮律令》的相关记载，可以得出如下一些结论。

（一）“扎萨克”是喀尔喀万户固有的一个官职。它的全称应该是“jasaγ-un noyan 扎萨克诺颜”，也称“jasaγ bariγsan noyan 执扎萨克事之诺颜”或“jasaγ-un taiji 扎萨克台吉”。“jasaγ扎萨克”是简称。

具有什么资格的人任扎萨克，其具体条件如何？在史料中没有直接记载。但是，分析上文所引用的权威性史料可知，扎萨克必须是一个游牧集团的强大的首领，孛儿只斤贵族，而且对喀尔喀全体的政教有所贡献。

比如，额尔克的祖孙三代都是右翼兀良哈鄂托克的首领，游牧在喀尔喀极西边。其祖父曾参加拥立素班第为扎萨克图汗的会盟，其父亲曾参加联合卫拉特征讨破坏喀尔喀政教的绰克图台吉之役，额尔克本人则参加讨伐杀害扎萨克图汗的罗卜藏之战，曾“为国正名，替主报仇”。

达尔玛什哩则是扎萨克图汗素班第之弟乌班第达尔玛什哩之子。据学

① 译文引用了图雅博士学位论文，第 83 页。

② ［日］二木博史：《译注白桦法典Ⅲ》（日文），《蒙古研究》1983 年第 14 期，第 22 页；图雅博士学位论文，第 78 页。

者研究，17世纪中叶的喀尔喀内讧是罗卜藏台吉袭杀扎萨克图汗并掳掠斡鲁忽讷惕鄂托克引起的。[①] 当时，扎萨克图汗的直属鄂托克是札赉亦儿的一翼，而斡鲁忽讷惕鄂托克是乌班第达尔玛什哩的属部。对此，俄罗斯的托木斯克哥萨克伊·彼特林写于1619年的《中国和蒙古见闻记》为我们提供了极其有价值的史料。他写道："由阿勒坛皇帝那里到一个乌卢斯走了五天，这个乌卢斯叫阿尔古纳特，这里的王公名叫托尔莫申。从托尔莫申的乌卢斯到切库尔库什乌卢斯也要走五天，这里的王公名叫哈拉胡拉。由哈拉胡拉的乌卢斯骑行五日，到达一个名叫苏尔杜斯的乌卢斯，这里的皇帝叫扎萨克特。"[②] 译文中的"阿尔古纳特"的原文为Алгунат，应该是"斡鲁忽讷惕"（Olqunud）的讹误，"托尔莫申"的原文为Тормошин，应该就是达尔玛什哩（Darmasiri）的音变。由此可知，乌班第达尔玛什哩是斡鲁忽讷惕鄂托克的扎萨克诺颜。他的儿子啅特巴达尔玛什哩时，1662年发生罗卜藏之乱，他为捍卫扎萨克图汗家族、拥立新扎萨克图汗立下特别功劳，所以在扎萨克图车臣汗时期仍照其父之职行走，也即成为了扎萨克。

（二）喀尔喀最早设扎萨克的年代不明，但就额尔克和达尔玛什哩两个家族之例而言，他们的先人最早在1596年塔喇尼河会盟上就已任扎萨克。《桦树皮律令》的一些条文不仅证实了额尔克和达尔玛什哩奏折内容属实，而且进一步证明，在塔喇尼河会盟时喀尔喀有过大小二十个扎萨克。1614年时，在喀尔喀左翼的一次小会盟上出席了四位扎萨克。

（三）扎萨克有大小之分。大小之分，可能和所管辖的鄂托克或类似游牧集团的大小有关，但详细情况仍不明了。在顺治十二年（1655年）前，汗并不在扎萨克之列。如在《猴年大律令》中，先提到扎萨克图汗，然后依次提到大小扎萨克们的名字。大小扎萨克下面还有"执政的图什默勒（辅佐臣下）"，他们是游牧集团中具体负责事务的人。在《猴年大律令》中明确提到，"七和硕执政图什墨勒有这些人：汗殿下之和硕齐德勒格尔、章京卓博勒哈阿巴海、玛咕扣啃；哈坦巴图儿之固什浑津、唬哩

① 宝音德力根：《17世纪中后期喀尔喀内乱》，载《明清档案与蒙古史研究》（第2辑），内蒙古人民出版社2002年版。

② 苏联科学院远东研究所等编：《十七世纪俄中关系》第一卷第一册，第26号文件（1619年5月16日后所写），商务印书馆1978年版，第101页。

斋桑、布琥尔斡尔鲁伯；珲津台吉之察纳迈、脱博齐图；翁牛特台吉之斡纳海扎雅噶齐、土虎辉；岱青巴图尔之额赛、萨尔泰；昆都伦楚琥尔之珲津库里成桂、柏噶济尼萨噶剌尔扎雅噶齐、琥森图扎雅噶齐兆克素克；和硕齐诺颜之楚琥彻尔、莫恩忒；绰克图之察克沁西格沁、薄咕齐收楞额；忽朗诺颜之孛勒克图布圭、伊勒登黑图格德尔土谢图、西格恰尔别克图；宾图台吉之额尔克巴图沁巴克什、阿哈巴剌唬扎雅噶齐、巴噶斋恰；乌班第台吉之阿图亥伊勒楚、萨尔噶察乌克迈巴克什。莫尔根台吉之西尔扪斡尔鲁克、布垒克鲁德格；珲台吉之额尔克图德黑阿岱扎雅噶齐、巴噶京扎雅噶齐莫德格齐、巴雅济琥巴图尔格根莫德格齐。绰克图台吉之阿哈沁西格沁、额尔克阿布岱、僧格扎雅齐、楚鲁琥斡尔鲁克；阿剌琥哩台吉之西瑚哈格格黑收楞额，有这等人”①。这些图什默勒有的具有浑津、斋桑、收楞额、巴克什、斡尔鲁克、莫德格齐、西格沁、扎雅齐等称号，显然是鄂托克中具体管事人员。

在一个游牧集团中的汗、大小扎萨克和图什默勒的关系，很容易让人联想到满洲爱新国（1616—1636 年）八旗体制下的议政会议。满洲爱新国的议政会议由汗、和硕贝勒（旗主）、执政贝勒以及固山额真组成。满洲汗（努尔哈赤、皇太极）同时是最大的和硕贝勒，但因为他具有汗号，地位高于所有贝勒，不再称某旗之主。八旗的和硕贝勒都是努尔哈赤直系子孙，每一个和硕贝勒都是努尔哈赤子孙一家中最具代表性的实权人物，而执政贝勒们是汗的具有参政议政资格和权力的子孙，位居和硕贝勒下。固山额真则未必是满洲汗家人，一般都是异性贵族。喀尔喀汗、大小扎萨克和图什默勒的情况多少与此雷同。喀尔喀的汗是一个大鄂托克之主，但位尊于其他作为鄂托克之主的大扎萨克，故不称扎萨克。作为鄂托克之主的大扎萨克都是格埒森札七子后裔中的实力派人物，就是格埒森札七子后裔各家族的权威性代表，他们管辖着一个鄂托克或一个鄂托克的一翼。随着人口的增长，鄂托克可以分成左右二翼，大扎萨克的人数亦随之增多，前引文中额尔济根的两个扎萨克就是这样产生的。小扎萨克是鄂托克之主的叔伯或兄弟，有一定的势力和相应的特权，可能担任鄂托克下面某社会组织的头脑。图什默勒则主要是异性贵族，他们在扎萨克管辖下办理鄂托克的各种具体事务。汗和大小扎萨克往往在会盟上商讨重大事件和事务，

① 图雅博士论文，第 41—42 页。

包括制定律令、决定战争或协调各项政策。图什默勒是执行这些决议的主要力量。

（四）汗作为最高的统治者，有权决定扎萨克诺颜的人选，并发给盖印文书。但是，汗的提议一般在七和硕会盟上得到喀尔喀其他汗、诺颜的认可，尤其是要得到喀尔喀其他两个汗的允准，并加盖印章。额尔克祖父忽阑卫征和达尔玛什哩的父亲乌班第等由素班第扎萨克图汗任命，在塔喇尼河七和硕会盟上通过。额尔克父亲贝玛和硕齐由弼什埒勒图扎萨克图汗任命，在他生病后，改命额尔克为扎萨克。车臣扎萨克图汗即位后，重新任命他为扎萨克，并上奏达赖喇嘛与土谢图汗，确认他的扎萨克。再以哈坦巴图尔为例，扎萨克图汗首先任命衮占额尔德尼哈丹巴图尔为扎萨克，并请土谢图汗允准、加盖印章。

除此之外，喀尔喀扎萨克还要报告给达赖喇嘛。这个制度始于何时，没有确切记载。根据额尔克的奏折，至迟在1677年左右，车臣扎萨克图汗就将额尔克列为扎萨克之事上报给达赖喇嘛。如冈洋树业已指出，在喀尔喀汗的认定、喀尔喀扎萨克的认定等重大问题上，达赖喇嘛曾经发挥过重大作用，甚至给清朝的文内，说明喀尔喀贵族应以何人为首①。清朝势力渗透到喀尔喀政治后，扎萨克人选还报告给清朝，经朝廷批准后才奏效。但无论如何，直到康熙二十五年库伦伯勒齐尔会盟，喀尔喀诸汗及诺颜将扎萨克经由喀诺颜会盟自行选定的。

（五）早在顺治十二年（1655年）以前在喀尔喀就已有扎萨克之制。喀尔喀的扎萨克并非清朝的创举。顺治十二年清朝在喀尔喀设立所谓“八扎萨克”，不过是对原管理左右二翼的汗和大扎萨克八人地位予以承认，将他们确认为交涉喀尔喀事务的代表。值得一提的是，在“八扎萨克”中没有了汗和大扎萨克的区别，统统被称作“扎萨克”，从清朝角度讲，这实际上是对喀尔喀汗权的一个明显的削弱。但是在喀尔喀，汗和一般扎萨克间实际区别的消失，迟至清朝在喀尔喀统治确立后。

① ［日］冈洋树：《清代蒙古盟旗制度研究》（日文），第80—81页。参见《清圣祖实录》，康熙十九年七月戊子。

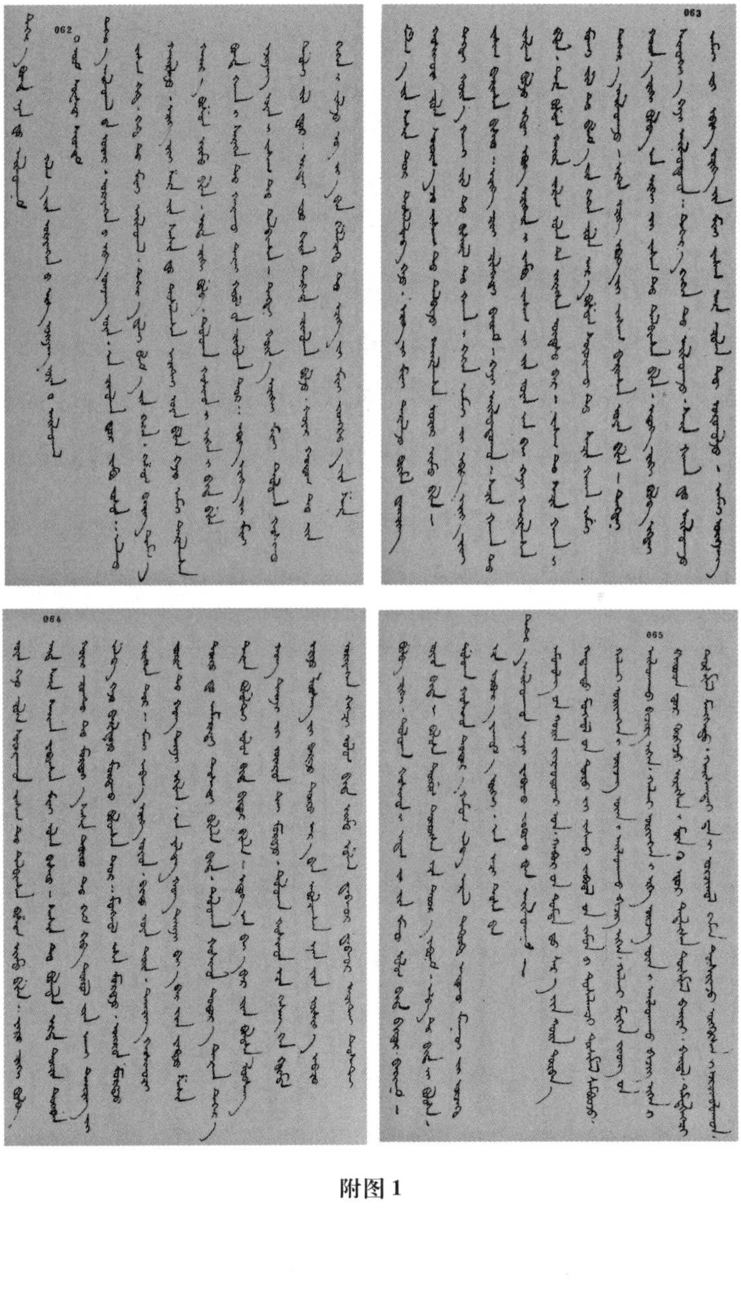

附图1

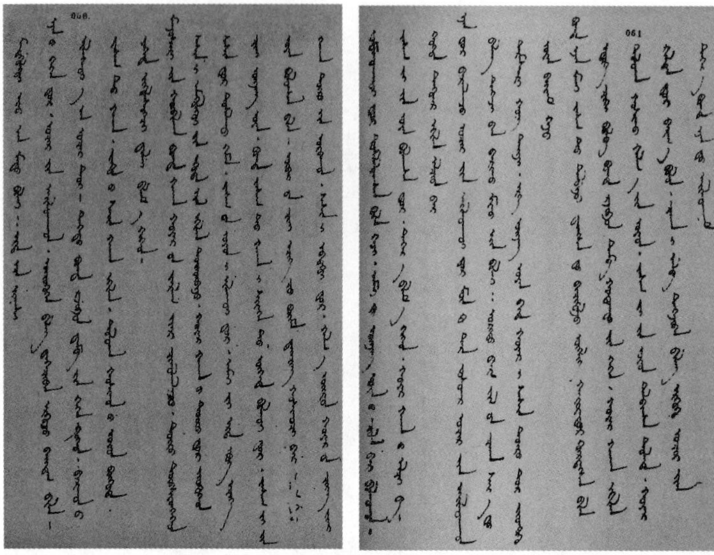

附图 2

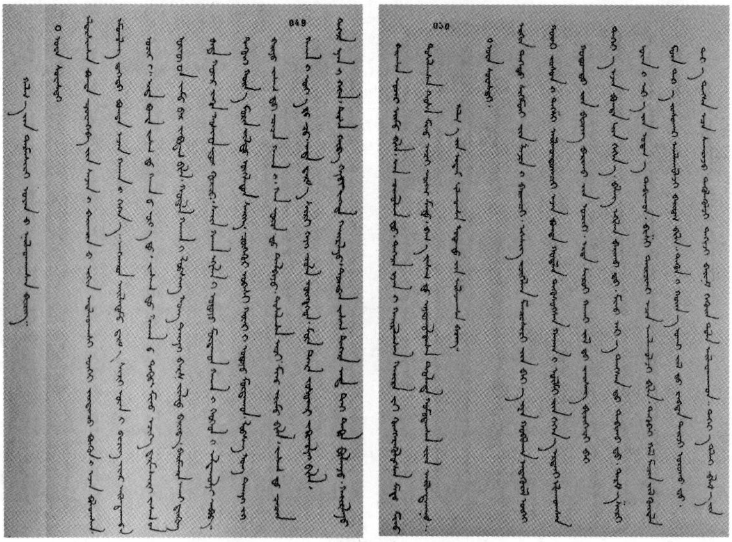

附图 3

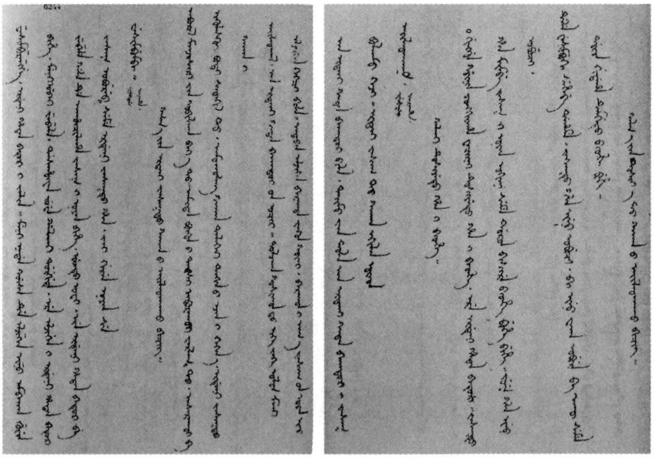

附图 4

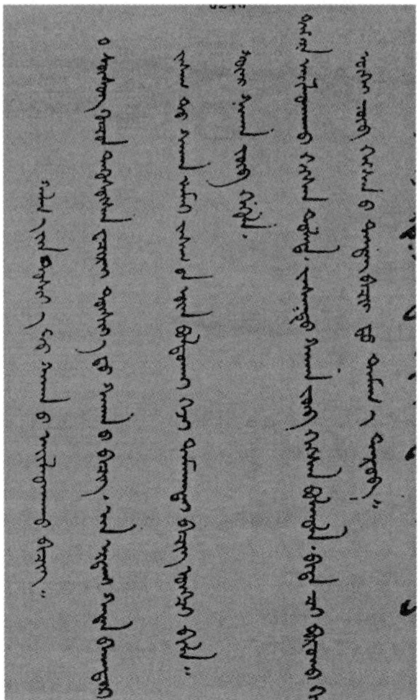

附图 5

（原载 *QUAESTIONES MONGOLORUM DISPUTATAE*，No. 7，Tokyo，2011）

Archaeological and palaeopathological study on the third/second century BC grave from Turfan, China: Individual health history and regional implications

Xiao Li, Mayke Wagner, Xiaohong Wu, Pavel Tarasov, Yongbin Zhang, Arno Schmidt, Tomasz Goslar, Julia Gresky

1. Introduction

The Baikale Hokkaido Archaeology Project (BHAP: http://bhap.arts.ualberta.ca/project description) aims to explore prehistoric hunter-gatherer life-ways in Northeast Asia, through an intensive comparative analysis of two long-term regional trajectories of Holocene cultural and environmental change in the Lake Baikal (Russia) and Hokkaido (Japan) regions. BHAP promotes the examination of human and environmental records with high temporal resolution and the implementation of the individual life history approach (Weber et al., 2010; this volume) to archaeological research. The latter approach has been defined as a suite of laboratory and macroscopic methods which (i) give detailed information about individuals through examination of their skeletal remains in conjunction with archaeological and environmental contexts; (ii) provide insights into the variation of past human behaviors at the individual and community level; and (iii) allow robust comparison with the high-resolution records of past environments and with regional climate model simulations (Weber et al., 2010). Furthermore, comprehensive dating and detailed comparative analyses of cemetery complexes allow tracing the cultural dynamics, interaction patterns, mobility and health of larger populations in a wider area (e. g. Weber et al., 2002). Infectious diseases like tuberculosis might be used as a proxy for human health and movement in the broader region (Roberts and Buikstra, 2003; Taylor et al., 2007; Suzuki et al., 2008).

Our paper presents an archaeological-palaeopathological case study from Turfan (western China). Although this area is located outside of the two focus regions of the special issue (Baikal and Hokkaido), it once belonged to the same cultural sphere and experienced intensive contacts and exchanges with the neighboring regions (e. g. Di Cosmo, 2002; Parzinger, 2006). Following methodological principles of BHAP, the case study presented here combines detailed palaeopathological analysis of human skeletal remains with precise age determination and archaeological and regional contexts, demonstrating high potential of such studies in arid and semi-arid China. The current paper also presents an unusual early case of prosthetic leg use from western China. 'Standing on one's own feet' is synonymous for self-sufficiency. An individual whose foot or lower leg is disabled or lost due to accident or disease ultimately needs cultural intervention for survival. Walking sticks or crutches are the simplest supporting tools helping to regain mobility, but they keep the hand and arm occupied. The use of a functional artificial shank allows the person to lead a close-to-normal life. Therefore, the invention of a prosthesis—a device to replace a missing or disabled limb—was a great advance in medical engineering. Considerations about the earliest use of leg prosthetic devices commonly start with indirect textual evidence, e. g. the Hegesistratus story recorded by Herodotus (484 – 425 BC) about an artificial wooden foot (Bliquez, 1996; Knoche, 2006), suggesting that foot prostheses were already known in the Graeco-Roman world in the fifth century BC (Finch, 2011). The oldest prosthesis of a big toe was reported by Nerlich et al. (2000) in Thebes, Egypt, dated around 950 – 710 BC.

To date, the oldest case of prosthetic leg use was discovered in Capua, Italy, in 1885 (Bourguignon and Henzen, 1885; Sudhoff, 1917; von Brunn, 1926) and dated to about 300 BC based on the typology of accompanying vases (von Duhn, 1887). The 'Capua leg' assigned to a man's skeleton with right leg missing from the mid-calf had a wooden core and luxurious bronze sheeting, indicating the owner's wealthy status. The device once acquired by the Museum of the Royal College Surgeons London was lost during the Second World War and its functionality has remained uncertain.

In China, historical texts report foot or leg amputation as one of the "five punishments" from the late second millennium BC onwards and a bronze figurine of an invalid with an amputated lower limb attached to a vessel is dated to about 900 BC (Shaughnessy, 1999). However, no examples of prosthetic devices or skeletons with healed amputations have been reported to date.

Midway between the Graeco-Roman and Chinese worlds a wooden peg-leg next to a well preserved human skeleton was excavated near Turfan in the Uygur Autonomous Region Xinjiang, China (Fig. 1). The Shengjindian archaeological site is assigned to the Subeixi (Subeshi) culture, conventionally dated to the first millennium BC (Chen, 2002; Han, 2007; Xinjiang, 2011). The current study discusses the construction details, wear, and numerical age of the leg prosthesis discovered at the Shengjindian site and pathological changes in the skeletal remains of its user.

2. Materials and methods

2.1 Grave setting and archaeological context

The Shengjindian graveyard (Fig. 1) is situated about 35 km east of modern Turfan on the upper terrace, which belongs to the valley crossing the

'Flame Mountains' in the eastern part of Tian Shan. The mean temperatures in Turfan are –9.5℃ in January and 32.7℃ in July. The annual precipitation is about 16 mm, reflecting an extremely dry climate (Domrös and Peng, 1988).

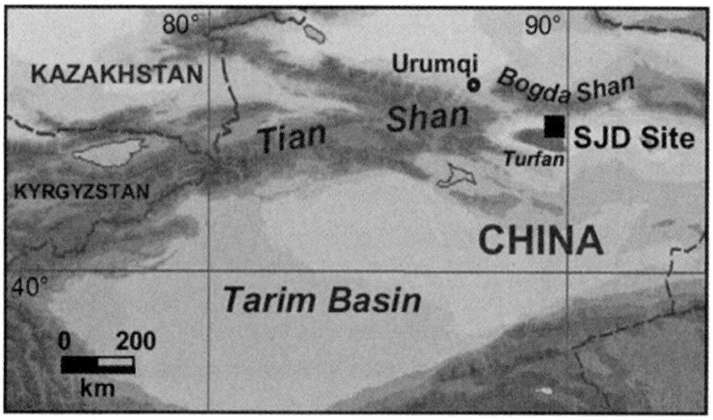

Fig. 1 Map showing the main physiographic features of the Uygur Autonomous Region Xinjiang in western China and the location of the Shengjindian (SJD) archaeological site (indicated by a black square).

In total, 31 tombs were excavated at Shengjindian in 2006 – 2008. The current study is focused on the tomb 2007TSM2 (further named M2), which contained the wooden peg-leg found near the well preserved skeleton of its user. Construction of the tomb (Fig. 2) and grave goods (Fig. 3) match the general features of the whole graveyard and do not indicate an unusual social status of the deceased. Organics including reed and wheat-straw mats and wooden beams covering the tomb opening were well preserved. Wheat straw and sand filled a 110 cm deep vertical shaft where the skeleton of a woman was found (Fig. 2A). The remains of the male invalid buried in a supine flexed position were found in a side chamber (Fig. 2B). Signs of a secondary opening indicate that the tomb was constructed primarily for the man, and the woman was interred later. Partially displaced or missing small bones of the man's skeleton reported by the excavators likely resulted from this later opening.

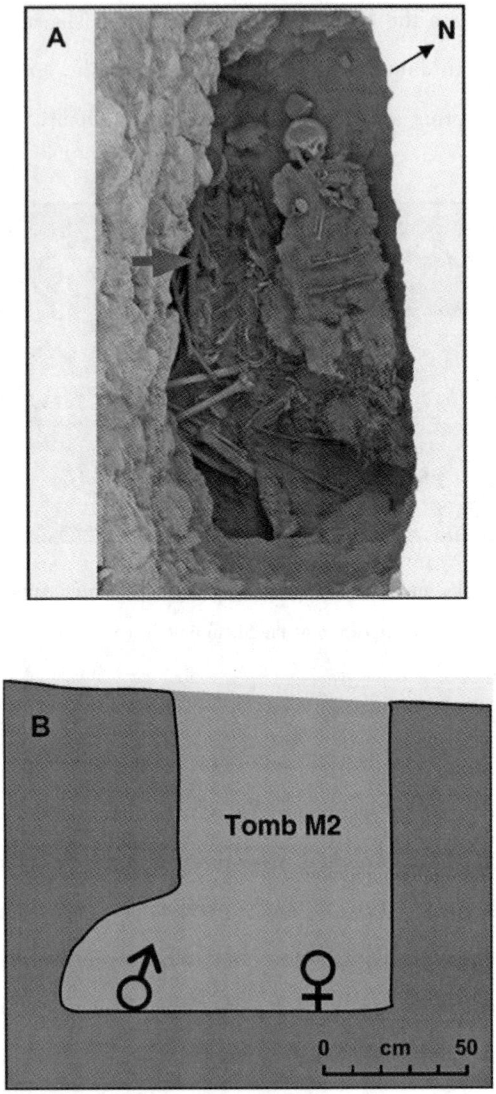

Fig. 2 (A) Photographic view and (B) cross-section of the tomb M2 containing the remains of a male invalid (indicated by ♀) in a side chamber and a woman (indicated by ♂) in a vertical tomb shaft. The arrow in the upper figure points to the wooden leg prosthesis. (For interpretation of the references to colour in this figure legend, the reader is referred to the web version of this article.)

The grave goods (Fig. 3) are limited in quantity and quality and include ceramic cups, a jar and a wooden plate placed next to the head, and fragments of two reflex bows and the peg-leg found right of the man's body (Fig. 2A). The nearly complete skeleton of the man was available for palaeopathological investigation.

The whole graveyard including tomb M2 belongs to the Subeixi culture, associated with the Cheshi (Chü-shih) state known from Chinese historical sources (Sinor, 1990). Archaeological and historical data attest it as society with a developed agro-pastoral economy, that existed in and north of the Turfan Basin (Fig. 1) during the first millennium BC. The Subeixi weaponry, horse gear and garments (Mallory and Mair, 2000; Lü, 2001) resemble those of the Pazyryk culture (Molodin and Polos' mak, 2007), suggesting contacts between Subeixi and the Scythians living in the Altai Mountains.

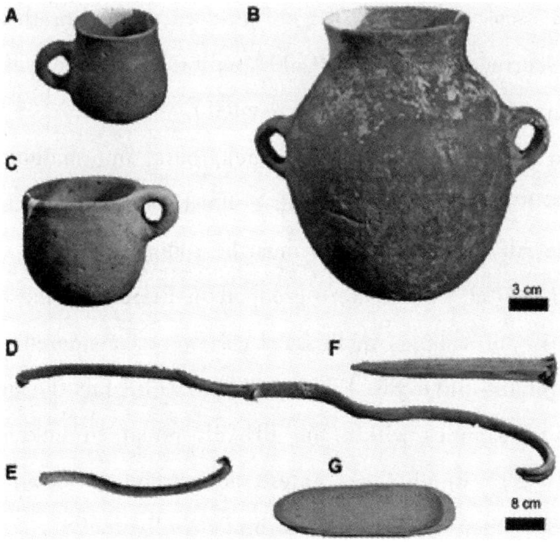

Fig. 3 Burial objects from the tomb M2 used for discussion and radiocarbon dating (Table 1), including (A, C) ceramic cups and (B) ceramic jar, (D, E) fragments of two reflex bows, (F) wooden wedge, and (G) wooden food-serving plate.

2. 2. Dating

For reliable age determination three samples from the peg-leg and seven other samples representing tomb M2 were submitted to the Radiocarbon Dating Laboratory at Peking University. The accelerator mass spectrometry (AMS) radiocarbon dates are provided in Table 1. Resulting radiocarbon dates were calibrated against the IntCal09 calibration curve (Reimer et al., 2009) using the SEQUENCE deposition model in the Bayesian software, OxCal (v4. 1. 5; Bronk Ramsey, 2008, 2009; https: //c14. arch. ox. ac. uk/oxcal/OxCal. html).

The fact that the man found in the tomb M2 died when he was ca. 60-year-old should be considered. According to Geyh (2001), some kind of 'reservoir' effect should be taken into account in such a case. Because the carbon in human bones is incorporated during the whole life, and mostly during the first 20 years, the average ^{14}C signature in the bone, corresponds to the time well before the man's death. For a ca. 60-year-old man the correction of about 30 ± 10 years is thus necessary (Geyh, 2001). Therefore, in calibrating ^{14}C age of this bone, reservoir-correction of the IntCal09 calibration curve was used (for the 20-year-old woman, no correction was needed).

Taking into account archaeological background information, it is assumed that the sample BA10800 (female rib) must be younger than the sample BA10799 (male rib), and BA10799 must be younger than the seven wood samples BA10791eBA10797, which were grouped in PHASE of the SEQUENCE defined above. Thus, all samples in this PHASE were considered to be older than the next sample of the SEQUENCE (i. e. BA10799), but the order of calendar dates of individual samples within the PHASE remained unknown. The leather sample (BA101092), which shows oldest radiocarbon age of all was declared as independent of the other samples and calibrated individually.

The calibration results obtained with such assumptions are presented in Fig. 4. In this figure the light silhouette shows age distribution of calibrated ^{14}C date treated as purely individual (i. e. independent of dates of other samples), and the dark silhouette shows modeled age distribution constrained by the conditions of SEQUENCE and PHASE as described above. Noticeably, the wood samples if calibrated individually show bimodal probability distribution with two maxima around 320 BC and between 200 and 50 BC (Fig. 4). However, the SEQUENCE model discriminates the younger maximum almost entirely, so calendar ages of the wood samples appear all around 320 BC, the calendar age of the male bone between 315 and 150 BC (95% confidence interval) and the calendar age of the female bone between 290 and 115 BC (95% confidence interval). After calibration, the 'younger' ^{14}C dates of the analyzed wood samples match the 'older' calendar dates. This inversion correlates quite well with the shape of the calibration curve, which shows a distinct wiggle between ca. 2170 and 2240 ^{14}C BP (Reimer et al., 2009). The relatively old age of the leather sample might indicate its truly older age. It is easy to imagine that the leather piece was used for a long time before it was finally cut into stripes and attached to the peg-leg. Available publications reporting radiocarbon dates of leather samples from western Eurasia (vander Plicht et al., 2004; Hall et al., 2007; Pinhasi et al., 2010; Strydonck et al., 2010) do not indicate any technical difficulties with dating ancient leathers and recommend quite simple chemical pretreatment of such samples. Whether the ^{14}C date from the M2 tomb could be altered due to the technologically different leather-making process used in ancient China remains an issue for further research. This matter, however, does not influence analysis and results presented in the current study.

Table 1 AMS radiocarbon dates processed on samples from the tomb M2 at the Shengjindian site, which contained the prosthesis. All dates were generated in the Radiocarbon Dating Laboratory at Peking University, China. The dates expressed in ^{14}C BP (radiocarbon years before 1950 AD, conventionally taken as the 'present') were converted to calendar years (BC) using OxCal v4.1.5 calibration software (Bronk Ramsey, 2008, 2009).

Laboratory number	Grave number	Dated material/ archaeological context	Radiocarbon date ^{14}C BP (±1-sigma)	Calibrated individual dates, BC (95% conf. interval)		Calibrated related dates, BC (95% conf. interval)	
				From	To	From	To
BA10791	M2	Wood/plate	2115 ± 35	348	45	360	280
BA10792	M2	Wood/bow	2170 ± 55	380	59	388	216

Continued Table

Laboratory number	Grave number	Dated material/ archaeological context	Radiocarbon date ^{14}C BP (±1-sigma)	Calibrated individual dates, BC (95% conf. interval)		Calibrated related dates, BC (95% conf. interval)	
				From	To	From	To
BA10793	M2	Wood/bow	2140 ±50	360	46	377	186
BA10794	M2	Wood/wedge	2185 ±35	377	166	379	216
BA10795	M2	Wood/wedge	2155 ±25	356	106	360	176
BA10796	M2	Wood/prosthesis	2135 ±25	350	57	356	170
BA10797	M2	Wood/prosthesis	2145 ±45	359	51	375	184
BA10799	M2	Bone/male rib	2190 ±35	347	137	315	150
BA10800	M2	Bone/female rib	2235 ±30	389	204	290	115
BA101092	M2	Leather/prosthesis	2300 ±25	406	235	406	235

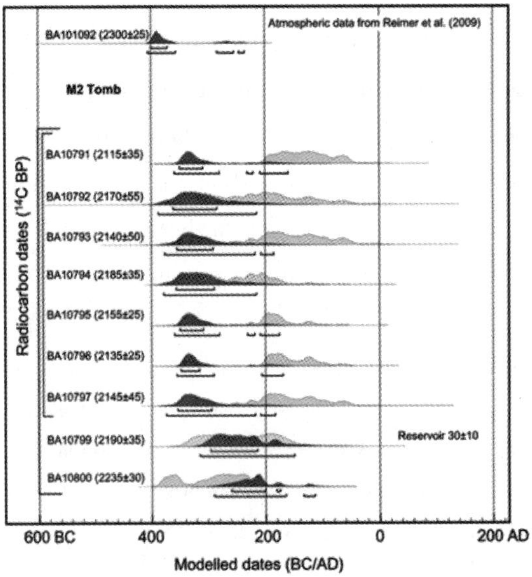

Fig. 4 Results of calibration of ^{14}C dates of the samples from the tomb M2. Light silhouettes present calibration of independent ^{14}C dates, dark silhouettes present calibration of related dates (details in the text). For the sample 10799, 30-yr reservoir-correction of the IntCal09 calibration curve was used. The 1-σ (68%) and 2-σ (95%) ranges are given by the horizontal brackets beneath the probability densities.

The considerations given above are valid if ^{14}C dates of bones are not affected by the diet-caused reservoir effect, which might be significant. For example, Olsen et al. (2010) demonstrated that the radiocarbon dates on human bones from the Neolithic cemetery in NE Germany were up to 800 years older due to freshwater-influenced diet of the human population. However, the Shengjindian site is located in a dry area, where the lakes and rivers suitable for fishing are absent. The archaeological record also suggests a terrestrial diet for the local population and does not provide evidence for fishing.

3. Results and interpretations

3.1 The peg-leg owner

Based on the morphology of skull and pelvis (using the methods of Ferembach) the peg-leg owner was a man (Acsádi and Neméskeri, 1970; Ferembach et al., 1980). Cranial suture closure and tooth wear (Brothwell, 1981; Buikstra and Ubelaker, 1994), and the wear of Symphysis pubica (McKern and Stewart, 1957) suggest the age of 50 - 65 years old. Well preserved long bones allowed his body height to be estimated as 170.4 - 178.2 cm (Pearson, 1899; Breitinger, 1938; Cerny and Komenda, 1982). His left knee joint (Fig. 5) displayed complete bony fusion of femur, patella, fibua, and tibia, i. e. osseous ankylosis with fixation at 130° flexion and 11 internal rotation. A few different causes, such as inflammation in or around the joint, rheumatism or trauma, might have resulted in this most pronounced pathological change. Medical inspection of the fused leg bones using X-ray images (Fig. 5A) and computed tomography (CT) supported the elimination of fracture or other mechanical trauma of the knee joint as the cause. In the case of rheumatoid arthritis, more joints should be affected, but none of the others showed comparable lesions. Osseous ankylosis caused by inflammatory processes (Muirhead Little, 1909; Hadjistamoff, 1960; Kim et al., 2000; Bae et al., 2005) is often due to infection with either Mycobacterium tuberculosis or Mycobacterium bovis, both members of the M. tuberculosis complex (Kim et al., 2000; Teklali et al., 2003; Taylor et al., 2007). Infection may influence humans at a site of initial inoculation or spread throughout the body (Roberts and Buikstra, 2003; Lewis, 2011): for instance it commonly spreads to the lungs, but may also affect spine, hip joint and knee joints (Moon, 1997; Kim et al., 1999).

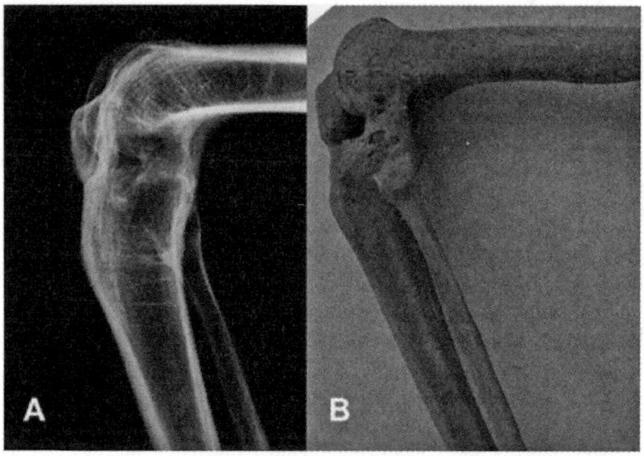

Fig. 5 (A) X-ray radiographic image, and (B) photograph of the flexed ankylosed left knee of the prosthesis owner from the tomb M2.

In the male skeleton, apart from the ankylosed knee joint, periostitis on the visceral surface of the ribs as a probable palaeopathological indication of pulmonary tuberculosis (Pfeiffer, 1991; Roberts et al., 1998; Mays et al., 2002; Santos and Roberts, 2006) has been observed on ribs two to eleven (right side more affected than left) (Fig. 6 A). Necrotic lesions in combination with new bone formation between the fifth and sixth cervical vertebrae (Fig. 6 B) may indicate skeletal tuberculosis infection (Pálfi et al., 1999; Ortner, 2003; Roberts and Buikstra, 2003), though osteophytosis and osteoarthritis may also cause similar changes. Rib lesions (especially pronounced in the left third and fourth rib) recognized in the female skeleton from the same grave (Fig. 6 C, D) may suggest another possible case of tuberculosis within the Shengjindian population. However, other diseases can not be completely excluded before microbiological investigation of all skeletal remains, which merits a separate study.

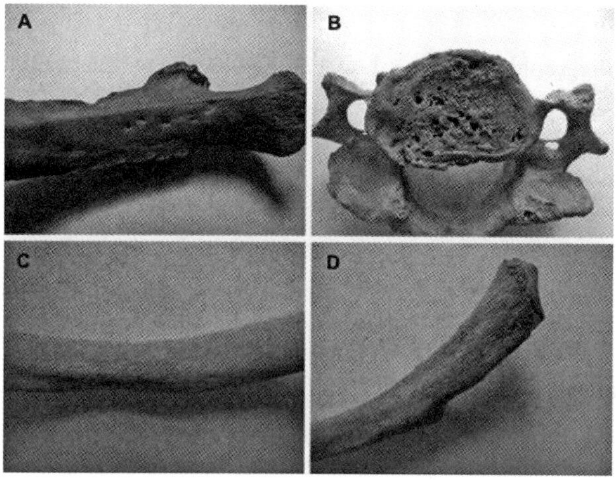

Fig. 6 (A) Periosteal lesions on the seventh left rib, (B) necrotic lesions in combination with new bone formations on the distal surface of the fifth cervical vertebra of the 50 – 65-year-old male individual, and (C) periostitis on the visceral surface of the third, and (D) fourth left rib of the 19 – 20-year-old female individual buried in the tomb M2 are indicative of tuberculosis.

Table 2 Measurements of the lower extremity bones (following Martin and Saller, 1957) of the male individual buried in the tomb M2.

Bone	Maximum length (mm)		Midshaft circumference (mm)		Transverse midshaft diameter (mm)		Sagittal midshaft diameter (mm)	
	Right	Left	Right	Left	Right	Left	Right	Left
Femur	475	470	95	100	28. 1	28. 8	31. 5	32. 3
Tibia	390	400	87	86	22. 7	22. 1	30. 1	30. 3
Fibula	380	385	—	—	—	—	—	—

The surface of the bones affected by the ankylosis is smooth, suggesting the active inflammatory process stopped years before death. Smooth bone is remodeled mature, lamellar bone that can only form after the succession of an active infection. Both lower extremities show a similar maximum length (Table 2), indicating the osseous fixation happened after complete fusion of the epiphyses. The measurements of the midshafts of femur and tibia (Table 2) show almost no bone loss on the affected side, suggesting that the disability did not occur early in life.

X-ray radiographic images (Fig. 5 A) allow the reconstruction of bone formation processes from bone remodelling within the inner structure of the bone, followed by depletion of the normal load lines of the bone and finally reduction of trabecular bone because the leg was not used for walking any more. CT scans do not provide any information beyond that supplied by the radiographs. The high degree of flexion of the lower limb made standing and walking on it unfeasible and horseback riding would have been greatly hindered, if not impossible, due to the internal rotation. The wooden peg-leg supported standing and short-distance walks. Pronounced muscle attachment sites on all bones indicate that the man remained physically active.

3.2 Technical characteristics of the peg-leg

The general appearance and details of the wooden peg-leg found in the tomb M2 are presented in Figs. 7 – 9. Being 89.2 cm long the device consists of three components (Fig. 7). These are a flat, lateral thigh-plate stabilizer (width 8.8 cm, maximum thickness 2.5 cm) and a round distal peg (diameter 3.6 cm) made in one piece from softwood, likely poplar; robust sheep/goat horn to reinforce the tip of the peg; and a horse or Asiatic ass hoof as sink resistance, as a basket on ski poles. One side of the thigh plate (the inside) clearly shows the outline of the knee (Fig. 8 A) and substantial thinning of the plate in its lower part (Fig. 8 C) as a result of long-term rubbing. The surface of the outer side is dark and rough except for the shiny top-end indicating covering by garment. These features show that the peg-leg was fastened to the outside of the left leg.

The top-end of the thigh plate has two holes with straight upward friction grooves likely accommodating a waist strap. At the transition from flat stabilizer to round peg the device was partly broken and repaired with a leather strap making use of the lowest of the lateral holes (Fig. 7 B). The other six lateral holes on each side served to fasten it around the thigh. Some holes show remains of chisel-cut marks smoothed over time by the leather straps. How the prosthetic leg was secured against superior displacement from the weight that the user's body placed on it with each step remains unclear. It does not appear that the pathological flexed knee was accommodated in a ' cup ' or other structure, as stumps were in more recent industrially manufactured prosthetic legs. Surely the thigh straps alone were not tight enough to resist superior displacement. The preserved straps (widths 0.5 – 1 cm) and deep downward friction marks on both the outer and inner faces (Fig. 9) permit a tentative reconstruction of fastening as follows. A single short strap was routed through two neighboring holes, both ends coming out on the inside of the plate. One end was sliced in two; the other had a cut eyelet and linked up with a strap or button which might have been fixed to a thigh casing. In this way the stabilizer would be fastened to the thigh at six stable fixation points (three on each side). As no leather or wood thigh casing has been found in the grave the problem of fixation remains unsolved.

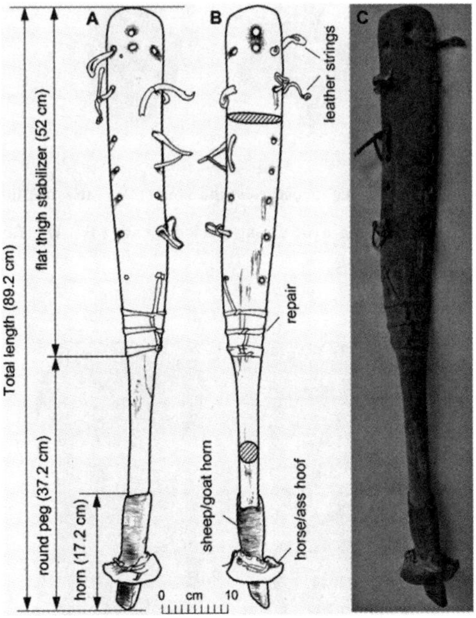

Fig. 7 Wooden leg prosthesis from the tomb M2. (A) Drawing of the inner face (attached to the body), and (B) drawing, and (C) photograph of the outer face.

The distal peg end was forced into a straightened horn which must be of goat or sheep on account of its ring structure. Its pointed front side is bevelled from dragging over hard ground (Fig. 8 D). A hoof was pulled over the horn and secured in place with a leather strap run through a horizontally drilled hole penetrating the horn (Fig. 8 B, D). No metal was found in the device, even though bronze and iron were already in use in this society.

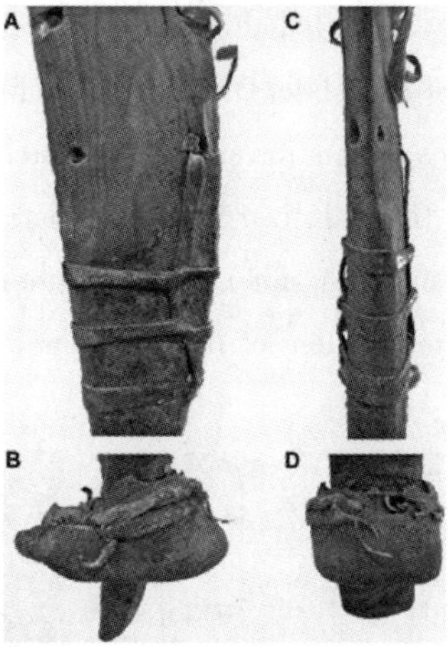

Fig. 8 Detail photographs of leg prosthesis showing (A) the outline of the knee, (C) thinning of the thigh plate by rubbing over a long period, and (B, D) fastening of the hoof with a leather strap penetrating the horn tip.

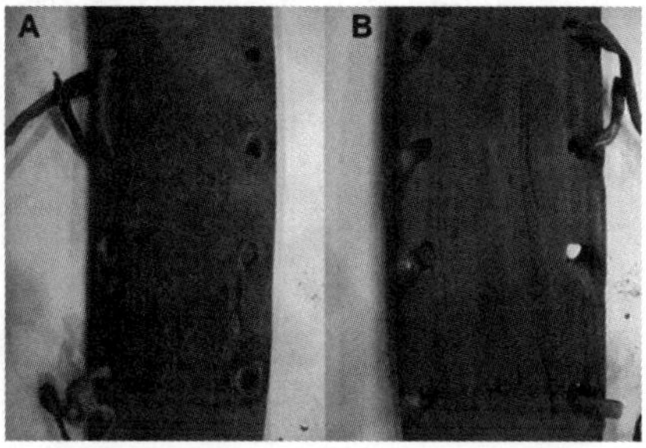

Fig. 9 Detail photographs of leg prosthesis showing a section of the thigh plate (inside and outside) with lateral holes, preserved leather straps, and deep friction grooves.

4. Discussion

The whole region of Xinjiang, including Turfan has an extremely dry and continental climate, which allows very good preservation of organic material (e. g. Wagner et al. , 2009 and references therein). For decades, mummies from the Tarim and Turfan basins have attracted international attention (Mallory and Mair, 2000; Lü, 2001). Despite the extremely good preservation of human corpses and skeletons in archaeological excavations in Xinjiang, detailed palaeopathological studies are still rare (Schultz et al. , 2007; Gresky et al. , 2008; Wagner et al. , 2011). The recently published archaeological and palaeopathological record of early first millennium BC mounted pastoralists from the Liushui cemetery in the Kunlun Mountains, south of Tarim basin (Wagner et al. , 2011) and the current results obtained from the Shengjindian cemetery (this study), demonstrate the high potential of the non-destructive examination methods of human osteological remains (Katzenberg and Saunders, 2008) from western China and encourage application of the individual life history approach to the entire cemetery populations. This will allow new insights into the local and regional archaeological record and provide rich and comprehensive material for inter-regional comparisons with results generated by the Baikal-Hokkaido Archaeology Project.

The Shengjindian cemetery complex belongs to the late first millennium BC, i. e. a period when the Turfan depression in the eastern foothills of Tian Shan as well as the Lake Baikal region were part of the wide Inner Asian activity zone of the Xiongnu confederation of tribes with complex economy embracing mobile pastoralism and sedentary agriculture, and recognised in the archaeological record by characteristic ornaments (e. g. Psarras, 1996), weaponry (e. g. Reisinger, 2010), and tomb constructions (Konovalov, 2008). The region south of Lake Baikal came under the control of the Xiongnu tribes about 200 BC (Parzinger, 2006). Their northernmost outpost-Ivolginskoe-discovered near Ulan-Ude, only 80 km from Lake Baikal (Davydova, 1985), was a permanent settlement with wooden houses and four rings of defence walls separated by water ditches. The inhabitants were involved in pottery making, bronze and iron casting, cultivated millet, barley and wheat, and kept sheep/goats, cows and horses, as well as pigs and dogs. By the late first millennium BC, the Xiongnu confederation was threatening the northern and western borders of dynastic China (e. g. Di Cosmo, 2002). Historical sources note that Turfanwas the key area for both the Xiongnu and the Chinese in exercising control over eastern central Asia (Sinor, 1990). However, surprisingly little information is available about the society which inhabited the area. Subsistence practices, settlement patterns, burial customs, political and cultural contacts still need to be inferred from the archaeological record. Beside the already mentioned relationships to the Xiongnu and dynastic China, the contacts of the Cheshi state (Subeixi culture) with the Scythian Pazyryk culture of the Altai Mountains suggested by the similarities in weaponry (i. e. characteristic bows from M2 tomb), horse gear and garments (Mallory and Mair, 2000; Lü, 2001; Parzinger, 2006) should also be investigated.

An early case of a prosthetic leg from western China presented in the current study contributes to the knowledge of early medical practices in general and the use of limb prosthetics in particular. The shank of the man from Shengjindian was not amputated, but fully disabled. The peg-leg replaced the disabled limb and, therefore, deserves to be termed a 'prosthesis'. The above mentioned Capua prosthesis was missing a thigh apparatus for secure fastening. Only a number of iron rods with holes at the proximal rim suggest fixing with straps at the waist band. Optically more than functionally, it restored the user's physical integrity when sitting on a chair or riding a horse (Bliquez, 1996).

The burial context indicates that the user of the Turfan prosthesis was a commoner. Neither elegant nor made of precious materials, the device is unique in terms of technical design, robustness and functionality. Together with the reflex bows from M2 and other tombs it demonstrates the high woodworking skills of the society. Except that no stump was accommodated in the Turfan peg-leg and a horn plus hoof were used instead of iron for reinforcement of the tip, the ancient device resembles the industrially manufactured or home-made leg prosthetics used two thousand years later, for example after the American Civil War

(1861 – 1865) and the First World War in Europe (1914 – 1919) (Lazenby and Pfeiffer, 1993; Knoche, 2006). The basic mechanical components: lateral stabilizer, leather straps, and peg are the same.

The pathological changes in skeletal remains reported here may add to knowledge of tuberculosis history (Roberts and Buikstra, 2003). In particular, Asian records of tuberculosis are still rare (Pechenkina et al., 2007). Fusegawa et al. (2003) identified M. tuberculosis DNA in adult and child skeletons from the wealthy graveyard near Turfan belonging to the same period (202 BC – 200 AD) and cultural complex as the Shengjindian site. Their inference of an outbreak of tuberculosis was later called into question because no macroscopic skeletal lesions were found (Pechenkina et al., 2007). Suzuki et al. (2008) reported a case of spinal tuberculosis from Korea dated to the first century BC, relating it to population movements from China to Korea and Japan.

Furthermore, Taylor et al. (2007) could identify M. bovis DNA in human remains from southern Siberia dated to 360 – 170 BC. Together with the published results, our evidence shows a wide frontier of disease. Archaeologically and textually known for an increase in residential mobility and the spread of complex pastoralism and mounted warfare in Eurasia between the Black Sea and the Korean Peninsula (Wagner et al., 2011), the first millennium BC may therefore be crucial for the spread of tuberculosis into eastern Asia.

5. Conclusion

This article reported the oldest known fully functional leg prosthesis. It was found in a grave of a male individual in Xinjiang, China, radiocarbon-dated to about 300 – 200 BC. He probably suffered from tuberculosis infection that resulted in rib and vertebral lesions but, most remarkably, in osseous ankylosis of the left knee. Similar to modern-era cases of below-the-knee amputation, the missing (in this case, disabled) shank was replaced by an externally fitted prosthesis. It is the oldest preserved material evidence of a fully functional leg prosthesis. The simple but effective construction of wood, sheep/goat horn, horse/ass hoof, and leather strikingly resembles the peg-legs manufactured from the late 19th to the mid-20th century in America and Europe. Heavy traces of wear on the prosthesis and the absence of muscle atrophy of regions of the skeleton other than the affected leg indicate an active lifestyle for several years after the leg became immobile.

Acknowledgements

Our thanks are due to the excavation team, Turfan hospital, Chen X. C., Pan Y., J. Evers, Prof. N. Benecke, M. Hochmuth, and P. Wertmann for assistance, and to Prof. S. Pfeiffer for valuable comments. This work is contribution to the 'Bridging Eurasia' (supported by the German Archaeological Institute, CIC FU Berlin and DFG TA 540/5 - 1) and to the 'Humane Environment Interactions' (supported by the Canadian Institute for Advanced Research) research programs. Finally, we thank Dr. D. White and G. Shephard for polishing English, and Prof. A. Weber and two anonymous reviewers for their thorough review and constructive suggestions, which help us to improve this manuscript.

References

Acsádi, G., Neméskeri, J., 1970. *History of Human Life Span and Mortality*. Akadémia Kiadó, Budapest.

Bae, D. K., Yoon, K. H., Kim, H. S., Song, S. J., 2005. "Total knee arthroplasty in stiff knees after previous infection." *The Journal of Bone and Joint Surgery* 87 - B (3), 333 - 336.

Bliquez, L., 1996. "Prosthetics in classical antiquity: Greek, Etruscan, and Roman prosthetics." In: Haase, W. (Ed.), 1996. *Rise and Decline of the Roman World II*, Vol. 37. 3. Walter de Gruyter, Berlin, pp. 2640 - 2676.

Bourguignon, A., Henzen, G., 1885 "Scavi di Santa Maria di Capua." *Bullettino dell' Instituto di Correspondenza Archeologica* 7/8, 169 (in Italian).

Breitinger, E., 1938. "Zur Berechnung der Körperhöhe aus den langen Gliedmaβenknochen." *Anthropologischer Anzeiger* 14, 249 - 274 (in German).

Bronk Ramsey, C., 2008. "Deposition models for chronological records." *Quaternary Science Reviews* 27 (1 - 2), 42 - 60.

Bronk Ramsey, C., 2009. "Bayesian analysis of radiocarbon dates." *Radiocarbon*

51, 337 - 360.

Brothwell, D. R., 1981. "Digging Up Bones." *The Excavation, Treatment and Study of Human Skeletal Remains.* Ithaca, New York.

Buikstra, J. E., Ubelaker, D. H., 1994. "Standards for data collection from human skeletal remains." In *Proceedings of a Seminar at the Field Museum of Natural History Organized by Jonathan Haas. Arkansas Archaeological Survey Research Series* 44. Fayetteville, AR.

Černý, M., Komenda, S., 1982. "Reconstruction of Body Height Based on Humerus and Femur Lengths (Material From Czech Lands)." *IInd Anthropological Congress of Aleš Hrdlič ka*, first ed. Univerzita Karlova, Praha, 475 - 479.

Chen, G., 2002. "Subeixi wen hua de yuan liu ji yu qi ta wen hua de guan xi." *Xiyu Yanjiu* 2, 11 - 18 (in Chinese).

Davydova, A. V., 1985. *Ivolginskii kompleks (gorodishche i mogil'nik) - pamyatnik khunnu v Zabaikal'e.* Izdatel'stvo Leningradskogo Universiteta, Leningrad (in Russian).

Di Cosmo, N., 2002. *Ancient China and Its Enemies: The Rise of Nomadic Power in East Asia.* Cambridge University Press, Cambridge.

Domrös, M., Peng, G., 1988. *The Climate of China.* Springer, Berlin.

Ferembach, D., Schwidetzky, I., Stloukal, M., 1980. "Recommendations for age and sex diagnosis of skeletons." *Journal of Human Evolution* 9, 517 - 549.

Finch, J., 2011. "The ancient origins of prosthetic medicine." *The Lancet* 377 (9765), 548 - 549.

Fusegawa, H., Wang, B. H., Sakurai, K., Nagasawa, K., Okauchi, M., Nagakura, K., 2003. "Outbreak of tuberculosis in a 2000-year-old Chinese population." *Kansenshogaku Zasshi* 77, 146 - 149.

Geyh, M. A., 2001. "Bomb radiocarbon dating of animal tissues and hair." *Radiocarbon* 43, 723 - 730.

Gresky, J., Wu, X. H., Wagner, M., Schmidt-Schultz, T., Schultz, M., 2008. "Alltagsstress in Liushui: Krankheitsbilder des Bewegungsapparates im bronzezeitlichen Westchina." *Eurasia Antiqua* 14, 167 - 191 (in

German).

Hadjistamoff, B., 1960. "Operative method for correction of heavy flexional ankylosis of the knee joint with no loss of bone." *Acta Orthopaedica Scandinavica* 29, 247 – 255.

Hall, D. W., Cook, G. T., Hall, M. A., Muir, G. P., Hamilton, D., Scott, E. M., 2007. "The early medieval origin of Perth, Scotland." *Radiocarbon* 49, 639 – 644.

Han, J. Y., 2007. "Xinjiang de qing tong shi dai he zao qi tie qi shi dai wen hua." Wenwu, Beijing (in Chinese).

Katzenberg, M. A., Saunders, S. R. (Eds.), 2008. *Biological Anthropology of the Human Skeleton.* John Wiley & Sons, New York.

Kim, Y. H., Cho, S. H., Kim, J. S., 1999. "Total kneearthroplasty in bony ankylosis in gross flexion." *The Journal of Bone and Joint Surgery* 81 – B, 296 – 300.

Kim, Y. H., Kim, J. S., Cho, S. H., 2000. "Total knee arthroplasty after spontaneous osseous ankylosis and takedown of formal knee fusion." *Journal of Arthroplasty* 4 (15), 453 – 460.

Knoche, W., 2006. *Prothesen der unteren Extremität: die Entwicklung vom Altertum bis* 1930. Verlag Bundesfachschule für Orthopädie-Technik, Dortmund (in German).

Konovalov, P. B., 2008. *The Burial Vault of a Xiongnu Prince at Sudzha (Il'movaia Pad', Transbaikalia).* Vfgarch. press uni-bonn, Bonn.

Lazenby, R. A., Pfeiffer, S. K., 1993. "Effects of a nineteenth century below-knee amputation and prosthesis on femoral morphology." *International Journal of Osteoarchaeology* 3, 19 – 28.

Lewis, M. E., 2011. "Tuberculosis in the non-adults from Romano-British Poundbury Camp, Dorset, England." *International Journal of Paleopathology* 1 (1), 12 – 23.

Lü, E. G., 2001. "Ancient corpses of Subeshi." In: Wu, B. H. (Ed.), *The Ancient Corpses of Xinjiang.* Xinjiang Renmin, Urumqi, 94 – 112.

Mallory, J. P., Mair, V. H., 2000. *The Tarim Mummies.* Thames &

Hudson, London.

Martin, R. , Saller, K. , 1957. *Lehrbuch der Anthropologie.* Gustav Fischer Verlag, Stuttgart. Mays, S. , Fysh, E. , Taylor, G. M. , 2002. "Investigation of the link between visceral surface rib lesions and tuberculosis in a medieval skeletal series from England using ancient DNA." *American Journal of Physical Anthropology* 119, 27 – 36.

Mays, S. , Fysh, E. , Taylor, G. M. , 2002. "Investigation of the link between visceral surface rib lesions and tuberculosis in a medieval skeletal series from England using ancient DNA." *American Journal of Physical Anthropology* 119, 27 – 36.

McKern, T. W. , Stewart, T. D. , 1957. *Skeletal Age Changes in Young American Males, Analyzed From the Standpoint of Identification.* Environmental Protection Research Division (Quartermasters Research and Development Center, U. S. Army Natick, MA), Technical Report No. EP – 45.

Molodin, V. I. , Polos' mak, N. V. , 2007. "Die Denkmäler auf dem Ukok-Plateau." In: Parzinger, H. (Ed.), *Im Zeichen des Goldenen Greifen: Königsgräber der Skythen.* Prestel, München, 140 – 147 (in German).

Moon, M. -S. , 1997. "Tuberculosis of the spine. Controversies and a new challenge." *Spine* 22 (1), 1791 – 1797.

Muirhead Little, E. , 1909. "Some notes on ankylosis of the knee." *The Journal of Bone & Joint Surgery* s2 – 6, 454 – 459.

Nerlich, A. G. , Zink, A. , Szeimies, U. , Hagedorn, H. G. , 2000. "Ancient Egyptian prosthesis of the big toe." *The Lancet* 356 (9248), 2176 – 2179.

Olsen, J. , Heinemeier, J. , Lübke, H. , Lüth, F. , Terberger, T. , 2010. "Dietary habits and freshwater reservoir effects in bones from a Neolithic NE German cemetery." *Radiocarbon* 52 (2 – 3), 635 – 644.

Ortner, D. J. , 2003. *Identification of Pathological Conditions in Human Skeletal Remains*, second ed. Academic Press, San Diego.

Pálfi, G. , Dutour, O. , Deák, J. , Hutás, I. (Eds.), 1999. *Tuberculosis Past and Present.* Golden Books/Tuberculosis Foundation, Budapest.

Parzinger, H. , 2006. *Die frühen Völker Eurasiens vom Neolithikum bis zum*

Mittelalter. Verlag C. H. Beck, München (in German).

Pearson, K., 1899. "Mathematical contribution to the theory of evolution. V. On the reconstruction of stature of prehistoric races." *Philosophical Transactions of the Royal Society A* 192, 169 – 244.

Pechenkina, E. A., Benfer Jr., R. A., Ma, X. L., 2007. "Diet and health in the Neolithic of the Wei and Middle Yellow River basins, Northern China." In: Cohen, M. N., Crane-Kramer, G. (Eds.), *Ancient Health: Skeletal Indicators of Agricultural and Economic Intensification*. University Press of Florida, Gainesville, 255 – 272.

Pfeiffer, S., 1991. "Rib lesions and New World tuberculosis." *International Journal of Osteoarchaeology* 1, 191 – 198.

Pinhasi, R., Gasparian, B., Areshian, G., Zardaryan, D., Smith, A., Bar-Oz, G., Highamet, T., 2010. "First direct evidence of chalcolithic footwear from the Near Eastern Highlands." *PLoS ONE* 5 (6), e10984. doi: 10.1371/journal.pone.0010984.

Psarras, S. K., 1996. "Pieces of Xiongnu art." *Central Asiatic Journal* 40 (2), 234 – 259.

Reimer, P. J., Baillie, M. G. L., Bard, E., Bayliss, A., Beck, J. W., Blackwell, P. G., Bronk Ramsey, C., Buck, C. E., Burr, G. S., Edwards, R. L., Friedrich, M., Grootes, P. M., Guilderson, T. P., Hajdas, I., Heaton, T. J., Hogg, A. G., Hughen, K. A., Kaiser, K. F., Kromer, B., McCormac, F. G., Manning, S. W., Reimer, R. W., Richards, D. A., Southon, J. R., Talamo, S., Turney, C. S. M., van der Plicht, J., Weyhenmeyer, C. E., 2009. "IntCal09 and Marine09 radiocarbon age calibration curves, 0 – 50000 years cal BP." *Radiocarbon* 51, 1111 – 1150.

Reisinger, M., 2010. "New evidence about composite bows and their arrows in Inner Asia." *The Silk Road* 8, 42 – 62.

Roberts, C. A., Buikstra, J. E., 2003. *The Bioarchaeology of Tuberculosis. A Global View on a Reemerging Disease*. University Press of Florida, Gainesville.

Roberts, C., Boylston, A., Buckley, L., Chamberlain, A., Murphy, E., 1998. "Rib lesions and tuberculosis: the palaeopathological evidence." *Tuberculosis and Lung Diseases* 79 (1), 55 - 60.

Santos, A. L., Roberts, C. A., 2006. "Anatomy of a serial killer: differential diagnosis of tuberculosis based on rib lesions of adult individuals from the Coimbra identified skeletal collection, Portugal." *American Journal of Physical Anthropology* 130, 38 - 49.

Schultz, M., Schmidt-Schultz, T. H., Wu, X. H., 2007. "Ergebnisse der paläopathologischanthropologischen Untersuchung der menschlichen Skeletfunde aus dem Grab 26 von Liushui, Xinjiang (China)." *Eurasia Antiqua* 13, 181 - 197 (in German).

Shaughnessy, E. L., 1999. "Bronze fangding vessel." In: Yang, X. N. (Ed.), *The Golden Age of Chinese Archaeology*. National Gallery of Art, Washington, 246 - 247.

Sinor, D. (Ed.), 1990. *The Cambridge History of Early Inner Asia*. Cambridge University Press, Cambridge.

Strydonck, M. V., Boudin, M., Guerrero Ayuso, V. M., Calvo, M., Fullola, J. M., Àngeles Petit, M., 2010. "The necessity of sample quality assessment in ^{14}C AMS dating: the case of Cova des Pas (Menorca - Spain)." *Nuclear Instruments and Methods in Physics Research Section* B 268, 990 - 994.

Sudhoff, K., 1917. "Der Stelzfuβ aus Capua". In: *Mitteilungen zur Geschichte der Medizin und Naturwissenschaften*", Vol. 16, 291 - 293 (in German).

Suzuki, T., Fujita, H., Choi, J. G., 2008. "Brief communication: new evidence of tuberculosis from prehistoric Korea e population movement and early evidence of tuberculosis in Far East Asia." *American Journal of Physical Anthropology* 136 (3), 357 - 360.

Taylor, G. M., Murphy, E., Hopkins, R., Rutland, P., Chitov, Y., 2007. "First report of Mycobacterium bovis DNA in human remains from the Iron Age." *Microbiology* 153, 1243 - 1249.

Teklali, Y., El Alami, Z. F., El Madhi, T., Gourinda, H., Miri, A., 2003. "Peripheral osteoarticular tuberculosis in children: 106 case-reports." *Joint Bone Spine* 4 (70), 282 - 286.

van der Plicht, J., van der Sanden, W. A. B., Aerts, A. T., Streurmanvan, H. J., 2004. "Dating bog bodies by means of ^{14}C-AMS." *Journal of Archaeological Science* 31, 471 – 491.

von Brunn, W., 1926. Der Stelzfuβ von Capua und die antiken Prothesen. Sudhoffs Archiv für Geschichte der Medizin 18, 351 – 360 (in German).

von Duhn, F., 1887. "La Necropoli di Suessula." In: *Mitteilungen des Archäologischen Instituts des Deutschen Reichs, Römische Zweigstelle II*, pp. 271 – 274 (in Italian).

Wagner, M., Wang, B., Tarasov, P., Westh-Hansen, S. M., Völling, E., Heller, J., 2009. "The ornamental trousers from Sampula (Xinjiang, China): their origins and biography." *Antiquity* 83, 1065 – 1075.

Wagner, M., Wu, X. H., Tarasov, P., Aisha, A., Bronk Ramsey, Ch., Schultz, M., Schmidt-Schultz, T., Gresky, J., 2011. "Radiocarbon-dated archaeological record of early first millennium B. C. mounted pastoralists in the Kunlun Mountains, China." *PNAS* 108 (38), 15733 – 15738.

Weber, A. W., Link, D. W., Katzenberg, M. A., 2002. "Hunter-gatherer culture change and continuity in the Middle Holocene of the Cis-Baikal, Siberia." *Journal of Anthropological Archaeology* 21, 230 – 299.

Weber, A. W., Katzenberg, M. A., Schurr, T. G. (Eds.), 2010. *Prehistoric Hunter-Gatherers of the Baikal Region, Siberia: Bioarchaeological Studies of Past Life ways.* University of Pennsylvania Museum of Archaeology and Anthropology Press, Philadelphia.

Xinjiang, tu lu fan xue yan jiu yuan, Xinjiang, wen wu kao gu yan jiu suo, 2011. "Xinjiang Shanshan Yanghai mu di fa jue bao gao." *Kaogu xuebao* 1, 99 – 150 (in Chinese).

[This article was originally published in the *Quaternary International*, (2012) 1 – 9.]

唐西州的古代药方研究

李　肖

一　简介该方的由来及学术意义

2001年，日本奈良县立橿原考古学研究所在对“飞鸟京迹苑池遗构第3.4次调查”时，从苑池中发掘出的木简中拣出和唐西州有关的内容。木简的内容是以《西州续命汤方》为名的药方。这枚木简和“造酒司”（宫内省的下属机构）记录有作为酿酒原料进贡来的大米的木简一同出土①。

飞鸟京地处日本奈良县高市郡明日香村一带，是日本最初的都城（倭京）。在6世纪中叶到7世纪末大概150年间，是倭国的中心。由于该木简出土于日本飞鸟时期的遗迹，是唐代传入日本的药方实物资料，它的出土，既可补充史料及敦煌、吐鲁番出土文书中有关医药方面的资料；又可以此管窥古代高昌地区的医疗水平及唐朝中央政府与西州在文化上的联系；同时也从侧面反映出唐朝和古代日本在文化交流上的深度，其意义不可低估。方中所列药物虽已不全，但残存者均在西州本地有出产，未见有海产品和东南地区的药物，故该方确是产生自西州无疑，有可能是高昌地区的汉族居民利用内地中医学理论，结合西域地产药材和土著居民验方的结晶。

---

① ［日］奈良县立橿原考古学研究所附属博物馆：《大和を掘る202001年度発掘調査速報展》，2002年发行。

二 该方产生的背景及东传至日本的缘由

位于新疆东部天山腹地的吐鲁番盆地，自古就是人类生息繁衍之所。考古材料证明，从公元前1000年中期开始，在吐鲁番盆地居住着后来以“姑师”（车师）命名的古代民族，已进入铁器时代，在生产、生活中使用了铁制工具，过着农牧结合的生活①。从张骞凿空西域起，吐鲁番地区就和中原地区发生了直接联系，从汉至唐，这里经历了高昌壁、高昌郡和与他们同时存在的车师国，最后统一于高昌国，在唐贞观年间归于大唐，成为唐朝版图的一个州——西州。据《通典》卷一七四《州郡四》的记载，唐时的西州已是一个“户一万一千一百九十三，口五万三百一十四”西域重镇。

> 西州，今高昌县。汉时车师前王之庭，汉元帝所置戊己校尉故地。因兴师西讨，军中羸惫者留居之地，形高敞，遂名高昌垒。有八城，本中国人也。前凉张骏置高昌郡。其后后魏有之，后又属蠕蠕。其后麴嘉称王于此数代。至大唐贞观十四年，讨平之，以其地为西州，置都督府，后改为金山都护府，或为交河郡。②

《西州续命汤方》可能是唐灭麴氏高昌，设西州后，西州的官员依据国家规定，记录、整理原高昌国药方后，呈报给中央政府的，政府方面规范后再进一步刊行全国。《通典》卷三三《职官十五》曰：“医博士一人，大唐开元十一年七月制置，阶品同录事。每州写《本草》、《百一集验方》，与经史同贮。其年九月，御撰《广济方》五卷，颁天下。贞元十二年二月，御撰《广利方》五卷，颁天下。”③

上文虽然说的是开元年间的事，但每州收集医药方的做法可能早已有之。至于该方传入日本的时间和途径，根据《旧唐书》的记载，贞观五年（631年），日本首次派遣唐使入朝，但那时高昌国尚未灭亡，西州尚

---

① 李肖：《交河故城的形制布局》，文物出版社2003年版，第6页。

② （唐）杜佑：《通典》，中华书局1998年标点本，第4558页。

③ 同上书，第915页。

未建立，故《西州续命汤方》自然无从谈起。贞观二十二年（648 年）倭国再次随新罗使者入朝①，此时已是唐西州建立 8 年之后，药方此时经由新罗传入日本的可能性较大。药方也可能作为唐朝政府的赏赐，被“飞鸟时期”的遣唐使直接带回日本，当然也不排除经由民间贸易传入日本；但作为颁行于全国的药方，可能不会随便从民间获取。该药方的出土不仅说明唐代中日之间文化交流的广泛性，同时也说明交流的快速性。

三　对药方的讨论

写有药方的木简为圆角长方形，下段已残，两面均墨书，有纪年，为“戊寅年（678 年），或戊子年（688 年）”。药方名《西州续命汤方》，下记有“麻黄□、石膏二两……”木简背面记有“当归二两，杏人卌枚，干姜三两，其……□水九□□”。

在此药简出土之前，在奈良的藤原宫遗址（694—710 年之间，藤原京曾作为当时的都城，历经持统、文武和元明三代天皇）也出土过记载有药物内容的木简。从内容上来看，主要是典药寮保存药物的药名标签、从各国进贡而来的药物的产地标签、各官僚机构向宫内省典药寮请求药物的文书木简、药材及汤药的处方记录等。这些和药物有关的木简，集中出在藤原宫遗址的两处地点。其中有“人参十斤”、“当归十斤”、“商陆柒斤”、“麦门冬三合”、“署预（薯蓣）二升半”、“无耶志国药桔梗卅斤”、“高井郡大黄……十五斤”等。另外，还出土有标明为“漏卢（芦）汤方”的处方。“漏卢汤方：漏卢二两、升麻二两、黄芩二两、大黄二两、枳实二两、白蔹二两、白微二两、夕药二两、甘草二两”；背面“麻黄二两、漏卢汤方、兔丝子□、……新家亲王　本草”。药方中的“新家亲王”被认为可能是“新家内亲王”之误，如果是后者的话，那么根据《日本书纪》天武十一年（682 年）八月条的记载，该亲王可能是日高皇女，即后来的元正天皇另外的名字——新家皇女②。

在对奈良平城宫遗址（710—784 年）的发掘调查中也出土有被考证

① 《旧唐书》卷一九九上《东夷列传·倭国》，中华书局 1975 年版，第 5340 页。

② ［日］木简学会编：《日本古代木简选》，岩波书店 1990 年版，第 106—108 页。

为《葛氏方》或《医心方》的药方木简[①]。该方墨书于一块木简的两面。A面"……半两、亭历子二两、芒硝一两半……"；B面"……□当□□也、□甚□□宁将少□/……大小并□通之□□北、二三日杀人、取盐以苦酒和□齐申干又□/……服之大方、葵子二升、以水四升煮、取一升顿服之"。该方中的"以水四升煮"同样可以补足《西州续命汤方》中"□水九□□"，应为"以水九升煮"之意。

《西州续命汤方》，当出自唐西州无误。通过查阅吐鲁番出土文书中的一些药方，我们可以了解、补充该药方的不足部分，

吐鲁番出土文书中有一些药方的内容与格式和《西州续命汤方》较为接近。

如吐鲁番阿斯塔那墓地第153号墓中的医方就有"……杏人二两去□皮，大枣十五枚破之，以水六升……"的记载[②]。该墓所出纪年文书的时代为高昌延昌三十六年（596年）—延昌三十七年（597年）。

吐鲁番阿斯塔那墓地第204号墓中的医方有"……两，生姜四两，……杏人六十枚去皮……"的记载[③]。该墓所出纪年文书的时代是唐贞观二十二年。

吐鲁番阿斯塔那墓地第338号墓中出有《唐人写疗咳嗽等病药方》："□□汤：疗咳嗽短乏，不得气……热胸中回满方　五味子二两，甘草二两，麻黄二两去节，干姜三两……以水九升煮，取三升，分四服"的记载[④]。该墓所出纪年文书的时代是高昌延寿二年（625年）至唐龙朔四年（664年）。

拿飞鸟京所出的《西州续命汤方》和吐鲁番所出的相关药方相比较，不难发现它和阿斯塔那墓地第338号墓中出土的《唐人写疗咳嗽等病药方》非常接近。两个药方虽都已残缺，但方中均有麻黄、干姜的成分；另外，根据吐鲁番出土的《唐人写疗咳嗽等病药方》和西州的其他药方，可以考证出飞鸟京所出《西州续命汤方》中的"□水九□□"应为"以

① ［日］東野治之：《日本古代木簡の研究》，《平城宮木簡中の"葛氏方"断簡》，第185页。

② 《吐鲁番出土文书》第二册，文物出版社1981年版，第345页。

③ 《吐鲁番出土文书》第四册，第274页。

④ 《吐鲁番出土文书》第五册，第148页。

水九升煮”之意。这样一来，这两个方剂的内容就更进一步接近：除《西州续命汤方》中麻黄的用量不明外，“干姜”的用量均为三两；熬制方剂的水量均为九升，所以，《唐人写疗咳嗽等病药方》很可能就是《西州续命汤方》，只是吐鲁番出土文书中该方的方名缺失罢了。不过，本文的意思不只是说这两个方剂的内容相同，而是想说明我国古代的中医药理论体系在唐代已步入成熟阶段，其方剂用药的配伍及药量已有着较为固定的格式，如果是经唐朝政府审定后颁行于海内外，其变化应该不大。所以，无论是唐西州，还是遥远的日本国，其方剂的组合及药量的使用相差无几。所以该方剂的出土为更加深入地研究古代高昌地区的医疗制度及医疗水平、唐代西域同内地的文化交流内容、唐朝同日本在医学上的交流提供了新的佐证。

那么《西州续命汤方》的作用是治疗哪类疾病呢？

唐王焘《外台秘要》卷一四引有《疗风气诸方九首》，其中第一方、第三方已在吐鲁番发现。又唐代医学名著《千金要方》卷一五及《外台秘要》卷一四都收有名为《西州续命汤》的复杂处方。而二书所记稍异。其中《外台秘要》处方为麻黄、干姜、附子、防风、桂心、白术、人参、芎䓖、当归、甘草、杏仁，主治卒中风，身体直、角弓反张，口噤。《千金要方》的处方为麻黄、生姜、当归、石膏、芎䓖、桂心、甘草、黄芩、防风、芍药、杏仁，主治内极虚热，饥痹淫淫，如鼠走身上，津液开泄或痹不仁，四肢急痛。此二方皆冠西州之名[①]，可知当为西州名方，碛西地寒，人易得风症，痹症，其中痹症所指即关节炎之类[②]。

需要指出的是，《西州续命汤方》的雏形最迟可上溯到东汉时期。1972 年，在甘肃省武威县汉滩坡东汉墓中，出土了一批医简，为汉代珍贵的医疗记录资料。其中的第 42、43 号木简记载有“腹方麻黄卅分、大黄十五分；厚朴、石膏、苦参各六分；乌喙、付子各二分。凡七物，皆并治合和以方寸匕一，饮之良甚，皆愈。伤寒逐风……”[③] 方中配伍的药物如是解表散寒之剂，大黄、石膏等都是清热泻下之剂，此方为一表里双解的药方。

① 参阅戴应新《从中医药学看新疆地区与祖国内地的密切关系》，见《新疆历史论文集》。

② 薛宗正：《安西与北庭》，黑龙江教育出版社 1995 年版，第 442 页。

③ 甘肃省博物馆、武威县文化馆合编：《武威汉代医简》，文物出版社 1975 年版，第 7 页。

《西州续命汤方》中所存药材有麻黄、石膏、当归、杏仁、干姜五味，为解表散寒之剂。

麻黄在植物分类学上属于种子植物门（Spermatophyta）裸子植物亚门（Gymnospermae）麻黄科（Ephedraceae）麻黄属（Ephedra）。麻黄科植物起源古老，是植物区系中属于古老的科属。分布于亚洲、欧洲东南部、美洲及非洲北部等干旱荒漠化地区。中国主要分布在北纬25°—49°范围内，包括东北、华北、西北的部分产区。麻黄是我国特产而闻名世界的一种中药材，早在两千年前就用于发汗、平喘、止咳，《神农本草经》列为中品；作为发汗、解热、镇咳药使用。《广雅》曰：龙沙，麻黄也。麻黄茎，狗骨也。《本草经》曰："（麻黄）一名龙沙，味苦，温，生川谷中。治中风、伤寒、出汗。去热邪气，破坚积，具生晋地。"范子计然曰："麻黄出汉中三辅。"①

石膏《广州纪》曰：彰平县有石膏山，望之皎若霜雪。《本草经》曰：石膏味辛，微寒，生山谷，治心下逆惊，喘口干焦不能息②。

明代李时珍对上述几味药材的药性有了更进一步的认识。

> 麻黄气味苦，温，无毒。主治中风伤寒头痛，温疟，发表出汗，去邪热气，止咳逆上气，除寒热，破症坚积聚。③
>
> 石膏气味辛、微寒，无毒。主治中风寒热，心下逆气惊喘，口干舌焦，不能息、腹中坚痛、除邪鬼，产乳金疮。④
>
> 当归气味甘，温，无毒。主治咳逆上气，温疟寒热洗洗在皮肤中，妇人漏下绝子，诸恶疮疡金疮，煮汁饮之。⑤
>
> 杏仁气味甘（苦），温（冷利），有小毒。两仁者杀人，可以毒狗。主治咳逆上气雷鸣，喉痹，下气，产乳金疮，寒心奔豚。惊痫，心下烦热，风气往来，时行头痛，解肌，消心下急满痛，杀狗毒。解锡毒。治腹痹不通，发汗，主温病脚气，咳嗽上气喘促。入天门冬

① 《太平御览》卷九九三《药部十》，第4396页。

② 同上书，第4372页。

③ （明）李时珍：《本草纲目》卷一五《草部·麻黄》，人民卫生出版社1979年校点本，第1007页。

④ 《本草纲目》卷九《石部·石膏》，第5423页。

⑤ 《本草纲目》卷一四《草部·当归》，第833页。

煎，润心肺。和酪作汤，润气声。除肺热，治上焦风燥，利胸隔气逆，润大肠气秘。杀虫，治诸疥疮，消肿，去头面诸风气鼾疱。①

干姜气味辛，温，无毒。主治胸满咳逆上气，温中止血，出汗，逐风湿痹，肠痹澼下痢。②

麻黄在新疆及中亚地区广有分布且很早就被当地人民认识和使用。在与高昌毗邻的楼兰地区，当地居民很早就认识到麻黄的药用价值并作为驱邪神物佩带。如古墓沟墓地、小河墓地都出土有麻黄饰品。

《西州续命汤方》中杏仁的用量高达 60 枚，当为甜杏仁。苦杏仁中含有氰氢酸，少量使用可能会刺激神经中枢系统，起到强心剂的作用，过量食用会导致生命危险。

四 结语

在古代吐鲁番地区，高昌郡、国，直到唐西州时期，均是一个以汉族移民为主体的地方性政权，所以中原地区的文化影响一直未有中断过，这其中自然也包括中医药的知识。而地处中亚的吐鲁番地区，其自然环境和生物物种均与内地有着巨大的差异，这就迫使当地的汉族移民去尝试用当地的生物或矿物资源来代替不易获取的内地药材。加之西域的土著居民在长期的生活实际中也掌握了大量具有药用价值的自然资源，民族间的相互融合与交流，都是促使西州医学在唐代独树一帜的重要基础。同时，由于吐鲁番地处丝绸之路要冲，在吸收祖国内地医学知识的同时，也吸收了包括西域各国在内的西方医学知识，唐西州的医学成就是古代中医药学的重要组成部分。西州汉方医学的发达同时也促进了西域各族人民医学的进步，从今日维吾尔医学的某些理论，治疗方法，所用药物，方剂配伍等方面都可以看出同汉方医学的惊人类似，可以看出它所产生的强烈影响③。

（原载《中国地方志》2006 年第 9 期）

① 《本草纲目》卷二九《果部·杏》，第 1730 页。

② 《本草纲目》卷二六《菜部·干姜》，第 1625 页。

③ 薛宗正：《安西与北庭》，黑龙江教育出版社 1995 年版，第 445 页。

交河沟西康家墓地与交河粟特移民的汉化

李　肖

一　历史背景与考古发掘

吐鲁番盆地位于丝绸之路新疆维吾尔自治区境内的东段，其交河故城、高昌故城均是当时建国于此的车师前国、高昌郡、高昌国、唐西州及回鹘高昌王国的重要城池，也是当年丝绸之路上非常重要的国际性都市。特别是交河故城，它是古代西域政治、军事、文化重镇之一，故城从始建到废弃，历经一千余年的沧桑，城外周边遗存有大量的古墓群，故城西侧台地上的“雅尔湖墓地”（也称沟西墓地）墓葬分布密集，连绵不断，是十六国至唐西州时期交河城中居民的主要埋葬地。当时这里的居民以内地陇右、河西地区的汉族移民为主，死后聚族而葬，用砾石垒筑茔院围墙，形成独立家族墓地。

沟西墓地除了19世纪末开始遭受外国探险家的盗掘外，从20世纪30年代至90年代，历经四次考古发掘：1930年中国考古学家黄文弼先生发掘200余座墓葬[①]；1956年中国社会科学院考古研究所庄敏、刘观民先生等指导新疆维吾尔自治区“考古专业人员训练班”实习发掘22座[②]；1994—1996年新疆维吾尔自治区文物考古所与日本早稻田大学两次合作

---

① 参见黄文弼《高昌陶集》上篇“雅尔湖古坟茔发掘报告”，兰州古籍书店1990年版。

② 参见新疆首届考古专业人员训练班《交河故城寺院及雅尔湖古墓发掘简报》，载《新疆文物》1989年第4期；《新疆文物考古新收获（1979—1989）》，新疆人民出版社1995年版。

发掘36座，并对墓地进行详细的调查和系统的测绘①。历次发掘对沟西墓地的年代、形制、结构、葬俗等有了更新的了解和认识。

2004—2005年，吐鲁番地区文物局对该墓地中的康氏家族茔院进行了抢救性发掘，清理墓葬33座。康氏家族茔院位于沟西墓地的东南部，外表形制与该墓地同时代其他姓氏的没有区别，但内部却有较大的差异，除了当时普遍使用的斜坡墓道洞室墓外，还出现了竖穴偏室墓，是康氏家族墓地中的车师人墓葬。这3座竖穴偏室墓，出土的器物很少，其墓葬形制与阿斯塔那86TAM384相似，而86TAM384出土文书为唐显庆四年（659年）。② 但是，根据1994—1996年中日合作发掘交河沟西墓地的结果来看，交河沟西墓地成片分布的竖穴偏室墓并不在斜坡墓道洞室墓埋葬区，它们的时代大致在两汉至西晋③。而此次发掘的3座竖穴偏室墓位于康氏家族茔院内，没有被茔院内的其他墓葬叠压或打破，从考古学上讲，这两类不同形制的墓葬为同一时期、同一家族的埋葬遗存。结合前面的材料，说明车师国虽然在450年灭亡了，但车师人作为高昌地区的一支少数族裔却一直延续到唐西州时期，竖穴偏室作为当地土著车师人的埋葬形式依然存在④。虽然他们也和盆地内的其他族裔通婚，但即使埋葬在同一个家族茔院内，也一直固守着本民族的丧葬习俗。

通过多年的考古发掘和研究，学术界已普遍认同4—8世纪期间吐鲁番地区的墓葬以斜坡墓道洞室墓为主，是移居这里的汉族移民从内地带来的埋葬形式。而通过茔院中斜坡墓道洞室墓出土的“康”姓墓志来看，这里是一支入籍汉化的而且是和车师人后裔通婚的康姓粟特人家族墓地。康氏为昭武九姓之一，为粟特地区康国人的后裔。当年黄文弼先生在这里

---

① 参见新疆维吾尔自治区文物考古研究所《1994年吐鲁番交河故城沟西墓地发掘简报》，载《新疆文物》1996年第4期；《1995年吐鲁番交河故城沟西墓地发掘简报》，载《新疆文物》1996年第4期；《1996年新疆吐鲁番交河故城沟西墓地汉晋墓葬发掘简报》，载《考古》1997年第9期；《新疆吐鲁番交河故城沟西墓地麴氏高昌—唐西州时期墓葬1996年发掘简报》，载《考古》1997年第9期；《交河沟西：1994—1996年度考古发掘报告》，新疆人民出版社2001年版；シルクロード学研究センター编：《中国・新疆トウルフアン交河故城城南区墓地の调查研究》，载《シルクロード学研究》2000年第10期。

② 参见柳洪亮《1986年吐鲁番阿斯塔那古墓发掘简报》，载《考古》1992年第2期。

③ 参见新疆维吾尔自治区文物考古所《交河沟西：1994—1996年度考古发掘报告》。

④ 参见李肖《交河故城的形制布局》，文物出版社2003年版。

并未严格以茔院为单位进行发掘，大都只是掘取墓志。到1994—1996年中日合作考古发掘为止，沟西墓地已发现有24个姓氏的墓葬，即张、刘、任、巩、麴、索、画、氾、孟、韩、王、史、曹、袁、令狐、唐、赵、毛、苏、田、马、贾、罗、卫姓氏①。

虽然有论著说唐神龙元年（705年）康富多夫人康氏墓志出自雅尔湖古墓（沟西墓地）②，但从墓志里的记载“葬于邦东荒野”来看，此墓志当出自阿斯塔那或巴达木墓地。因为“邦东”可理解为国家的东面或城市的东面，而沟西墓地由于位于交河故城的西侧，在墓志中多称“葬于城西之柏”或“赤山南原”、“交河县城西原”③，从未有其他“葬于东邦荒野”的墓志出土，可以肯定该墓志不是出自沟西墓地。所以，在交河汉西墓地，康姓还是第一次出现。

康氏家族茔院内墓葬排列很规整，依据其墓室的位置排列，分为8排，从茔院的后墙向门口，第一排为M2、M4、M5三座墓，其中M4康□钵墓志年代为延昌三十六年（596），M5康蜜乃墓志年代为延昌三十三年（593年）。第二排为M1、M3、M6、M11四座，其中M6康众僧墓志年代为延昌三十五年（595），M11康□相墓志年代为唐太宗贞观十四年（640年）。第三排为M12、M13、M15三座墓无出土墓志。第四排为M17、M20、M21、M23、M24、M25六座墓。M20（康）厶墓志年代为唐高宗龙朔二年（662年）。第五至八排均无墓志出土。在这段时期内，康氏家族的墓葬从出土有墓志或随葬有骨灰瓮，带有长墓道，到后来无墓志或随葬骨瓮，墓道较短，反映出了时代的变化以及康氏家族在这段时期内由盛而衰的转变。骨灰瓮为粟特人葬俗，流行于中亚地区的粟特人。巴托尔德认为，在中亚流行火葬（用盛骨瓮埋骨灰），这种骨灰瓮多数陶瓮，少数为石膏制成④。

---

① 参见黄文弼《高昌砖集》（增订本），《考古学特刊》第二号，中国科学院印行，1951年；新疆维吾尔自治区文物考古研究所：《交河沟西1994—1996年度考古发掘报告》。

② 参见侯灿、吴美琳《吐鲁番出土砖志集注》，巴蜀书社2004年版，第622页。

③ 同上书，第513、527、562页。

④ 转引自柳洪亮《1986年吐鲁番阿斯塔那古墓发掘简报》，载《考古》1992年第2期，收入氏著《新出吐鲁番文书及其研究》，新疆人民出版社1997年版，第163—186页。

二 出土墓志及其所见粟特移民的汉化

康氏茔院内的墓葬根据出土墓志判断，靠茔院后墙的墓葬入葬时间较早，年代跨度至少有69年。年代上限最晚在麴氏高昌的延昌三十三年（593年），下限最早在唐高宗龙朔二年（662年），根据吐鲁番安乐城废址出土的《金光明经》卷二题记上关于胡天的记载，可知粟特人在5世纪前半叶就已生活在高昌地区①，但从他们汉化的程度看，进入盆地的时代可能会更早。这批墓志经“新获吐鲁番文献整理小组”成员集体校录，现刊布如下②：

（一）康□钵墓表（2004TYGXM4：1）

青灰色方砖，用墨画格线，朱砂题写志文，共46字，从右至左竖行书写，朱书，其中部分文字漫漶不识，志文为延昌三十六年（596年）十二月十八日康□钵之墓表。

录文：

1. 延昌卅年庚戌岁十
2. 二月朔[甲]寅十八日
3. 庚戌，领兵胡将康□
4. 钵，春秋五十有四，□
5. 疾卒于[交河]城内，□
6. 柩启康氏之墓。

（二）康蜜乃墓表（2004TYGXM5：1）

青灰色方砖，用朱砂从右至左竖行题写志文，共35字，志文为延昌三十三年（593年）三月某日康蜜乃之墓表。

录文：

① 参见荣新江《中古中国与外来文明》，生活·读书·新知三联书店2001年版，第45页。

② 参见荣新江、李肖、孟宪实主编《新获吐鲁番出土文献》，中华书局2008年版，第375—379页。

1. 延昌卅三年癸丑
2. 岁三月□□日卒于
3. 交河堓上，殡葬。康
4. 蜜乃春秋八十有二，
5. 康氏之墓表。

（三）康众僧墓表（2004TYGXM6：1）

青灰色方砖，墨书题写志文，从右至左竖行排列，共35字，其中一字漫漶不识，志文为延昌三十五年（595年）三月二十八日康众僧之墓表。

录文：

1. 延昌卅五年乙卯
2. 岁三月朔己未廿八
3. 日丙戌，帐下左右康
4. 众僧，春秋卅有九
5. 康氏之墓表。

（四）康业相墓表（2005TYGXM11：1）

青灰色方砖，从右至左竖行朱砂题写志文，共50字，楷书，其中一字漫漶不识，志文为贞观十四年（640年）十一月十六日康业相之墓表。

录文：

1. 贞观十四年岁次
2. 在庚子十一月朔
3. 甲子十六日己卯，
4. 交河县民高将康
5. 业相，春秋八十有
6. 二，以蚑蟜丧殒，殡
7. 葬斯[墓]，康氏之墓表。

（五）某人墓志（2005TYGXM20：15）

青灰色方砖，红线格界，朱砂题写志文，共270字，从右至左竖行书写，楷书。其中5字漫漶不识，志文为龙朔二年（662年）正月十六日某人墓表。

录文：

1. 讳厶，字延愿，交河群（郡）内将之子。其先出
2. 自中华，迁播届于交河之郡也。君以立
3. 性高洁，禀气忠诚，泛爱深慈，谦让为质。
4. 乡邦推之领袖，邻田谢以嘉仁。识干清
5. 强，释褐而授交河郡右领军岸头府隧
6. 正，正八品，属大唐启运，乘以旧资，告身
7. 有二，一云骑，二武骑尉。忽以不袁（幸），遇患
8. 缠躬，医方药石，将疗不绝。转以弥留困
9. 笃。今以龙朔二年正月十六日，薨于私
10. 第也，春秋七十有六，即以其年其月十
11. 六日，葬于城西暮（墓）也。河（何）期积善无征，变
12. 随物化。亲族为之悲痛，乡闾闻之叹伤。
13. 岂以川水难停，斯人逝往，故立铭记于
14. □宫之左，使千秋不朽。
15 正月十六日书。

康□钵、康蜜乃墓葬位于茔院的第一排，属于该茔院最早的一批墓葬，由于这两座墓均建于麴氏高昌时期，2号墓位于它们的左侧，通过对沟西墓地的长期发掘研究，其时代只会早于后者，可以推断这一排墓葬均属于麴氏高昌时期，也就是康氏家族墓地的始建时期。康□钵在麴氏高昌王朝有一个“领兵胡将”的官职，在以前未曾出现过。一般来说，在麴氏王朝的官制中，除殿中中郎将外，其余一些带“将”字的都是低级军官，他们以“将”为本，没有高低之分，只有分工不同[1]。所以“领兵胡

---

① 参见王素《麴氏王国军事制度新探》，载《文物》2002年第2期。

将”自然和康氏家族的粟特人族属有关，可能是专门授予胡人的领兵将，作用也是管理入籍的本族居民。领兵将属戍卫兵将，官品在第七等级[①]。康业相墓志中记载墓主人曾任“交河县民高将”，应该也是麴氏高昌王国的一名低级军官。生活在麴氏高昌时期的康□钵、康蜜乃二人，均有一个很粟特的名字；但到了后期，特别是唐西州时期，由于国家的统一、民族认同感的增强，这些粟特裔移民的名字也日趋汉化，如康众僧、康业相就是汉式的名字。康众僧生前官居麴氏高昌国的“帐下左右”，相同官职的记载见延和七年（608 年）贾阿善墓志、重光四年（623）傅僧邴墓表，我们可以了解到“帐下左右”属戍卫兵将中之最低级者，官品在第九等级[②]。

20 号墓的墓志虽然姓名缺失，但却有规律地排列在康氏茔院内，可以肯定是该家族的成员。墓主人讳“厶”，是“交河群（郡）内将之子”，死于龙朔二年（662 年），交河郡右领军岸头府队正，正八品，属大唐启运，乘以旧资，告身有二，一云骑，二武骑尉。交河郡，系麴氏高昌四郡之一，地望就在今天的交河故城。“交河群（郡）内将之子”，说明其父曾担任交河郡内干将。右领军岸头府队正，正八品，为历任官。岸头府是唐西州府兵编制单位之一。据《旧唐书·职官志》记载：“诸府……折冲都尉各一人，左右果毅都尉各一人，别将各一人，长史一人，兵曹参军一人，录事一人，校尉五人（《新唐书·兵志》为六人——引者注）。每校尉，旅帅二人；每旅帅，队正、副队正各二人。”后被唐朝政府授予“云骑尉”和“武骑尉”，两者均系唐朝勋官，据《旧唐书·职官志》记载：前者为正七品上阶，后者为从七品上阶。此时这一支康姓粟特人后裔不仅名字完全汉化，连出生地也改为“其先出自中华”，绝口不提其位于中亚西侧的粟特老家，这反映了经过长时间的定居和融合，其民族归属感已将自己认同于中原的汉人。

通过墓志可以看出，这支康姓粟特人后裔中至少有 5 人在麴氏高昌和唐西州政府里担任官职。即（一）康众僧，延昌三十五年（595 年）去世；（二）康□钵，延昌三十六年（596 年）去世；（三）康业相，贞观十四年（640 年）去世；（四）某人讳“厶”，其父为交河郡内将；（五）

① 参见侯灿、吴美琳《吐鲁番出土砖志集注》，第 344 页。

② 同上书，第 273、340 页。

某人讳“厶”，龙朔二年（662 年）去世。他们虽然官职不高，但是已经进入当地的政治圈。

作为祆教徒，粟特人在进入吐鲁番盆地的初期还是采用了其本土的天葬葬法[①]，如在吐鲁番吐峪沟沟口出土的两个纳骨器[②]，应当是这一时期的遗存。但这一时期很短暂，因为从出土的墓葬材料看，保持天葬习俗而将骸骨装入纳骨器的墓葬只有两座，但以国为姓，取汉字“康、安、曹、石、米、何、史”为姓，并且认同汉人葬法的粟特人极多，死后在高昌城、交河城附近形成了庞大的家族墓地。如武周时期西州史建洛妻马氏墓志，史氏当为昭武九姓史国人的后裔，但在其妻马氏的墓志中仅记载“葬于城东旧茔礼也”，丝毫不提祖上出自何处。“城东旧茔”即指阿斯塔那古墓群，此墓志系 1930 年黄文弼挖掘[③]。

三　考古遗物所见交河粟特移民的汉化

康氏家族茔院为汉化了的粟特人家族的墓地，从出土的墓志的官职和汉字的书写，汉文语句的流畅，以及生活形态中所表现出来的佛教意识观念，充分反映了隋唐时期粟特人的汉化程度以及中华文化对外来文化的深远影响。出土的仿罗马金币和银币又反映了粟特人喜好经商的民族特点。康姓在交河沟西墓地首次出现，首次出土骨瓮葬，为考古学家和民族学家研究粟特人葬俗提供了素材，也为史学家研究交河地区的粟特人的经济、文化、生活提供了有力的证据和条件。

从近年来新出土的材料来看，在高昌城和交河城附近生活着大量的粟特裔的居民，如前面提到的巴达木墓地，就是一处胡人的墓地，其中就包括有康氏家族的墓地。巴达木墓地从地理位置上看，和史料记载的高昌城东面南太后祠附近有胡天的记载相符[④]。

---

① 参见林梅村《从考古发现看火祆教在中国的初传》，载《西域研究》1996 年第 4 期，收入氏著《汉唐西域与中国文明》，文物出版社 1998 年版，第 102—112 页。

② 参见［日］影山悦子《东トルキスタソ出土のオッスアリ（ゾロアスター教徒の纳骨器）について》，载《オリエソト》1997 年第 40 卷第 1 期，第 78—80 页。

③ 参见侯灿、吴美琳《吐鲁番出土砖志集注》，第 621 页。

④ 参见荣新江《中古中国与外来文明》，第 45 页。

在唐以前的北朝时期，政府都是通过萨保来统治聚落中的粟特人①，但在高昌国则似乎早已通过政府直接管理。首先，他们多已入籍，除了在丝绸之路上经商之外，还在当地政府或军队里任职，其语言上的天赋使之成为汉族政权和周边少数民族政权交涉的媒介。这一点可以从巴达木墓地出土的唐代粟特语政府档案中得到证实②。其次，生活在高昌地区的粟特人后裔除了一少部分经商外，绝大部分都是普通的民众。最后，粟特人在进入高昌地区后，从一开始就有融入以汉民族为主体的主流社会的需要，这可以从他们极少的粟特传统墓葬——纳骨器和大量的汉式墓葬——斜坡墓道洞空墓材料中得到证实。姜伯勤先生指出：在古代高昌地区存在着两类粟特人，一类入籍，另一类未入籍③。而这支粟特人应该是入籍的高昌国—唐西州居民。康氏家族墓地里没有出土女性的墓志，所以无法知道埋葬的女性的姓氏，但也正因为如此，我们可以推测和该家族通婚的人可能也来自昭武九姓。当然，竖穴偏室墓的存在说明他们也和车师人通婚。一般情况下，粟特人主要是和本族人通婚④。

从目前的研究成果可以推测，虽然大多数粟特人家庭所分配的土地并不多，但他们可以利用自身的优势从事农业生产以外的来补充收入。吐鲁番文书证明，除了长途商贸外，还担当政府官员、铜匠、铁匠、画匠、皮匠、兽医、旅店店主等。最近新出土的巴达木粟特语文书和这次康家墓地出土的墓志，则反映出他们选择的另外两种，即当翻译和军官。因为巴达木出土的粟特语文书是加盖了唐朝金满都督府官印的官文书，非一般的契约类文书，当是供职于官府，精通汉语、粟特语甚至周边其他少数民族语言并熟悉有关法律、政策的专业翻译所为，而具备上述条件的人员非粟特人莫属。此外，粟特人具有尚武的传统，其武士组成的军队称为“柘羯”，玄奘曾以“赭羯”的名称提及他们：“赭羯之人，其性勇烈，视死如归，战无前敌。”在军队里当一名军官，既可以拿到一份俸禄，也可以

① 参见荣新江《萨保与萨薄：北朝隋唐胡人聚落首领问题的争论与辨析》，见叶奕良编《伊朗学在中国论文集》第3集，北京大学出版社2003年版，第128—143页。

② 参见吐鲁番地区文物局《新疆吐鲁番地区巴达木墓地发掘简报》，载《考古》2006年第12期。

③ 参见姜伯勤《敦煌吐鲁番文书与丝绸之路》第五章第一节，文物出版社1994年版，第154—197页。

④ 参见荣新江《中古中国与外来文明》，第132—135页。

实现尚武的传统。而这种情况与粟特人在中原的状况也很相似。

综上所述，近百年来的考古发掘和研究证明，粟特人很早就沿着丝绸之路进入吐鲁番盆地并定居下来，除了从事跨地区、跨国间的长途贸易外，还从事农业、葡萄酿制和其他技能性工作，此外就是在政府和军队里工作。在以汉族移民为主体的高昌社会，他们采取了积极融入当地社会的做法，如取汉名、汉姓，生活习俗包括丧葬习俗的汉化，积极为政府做事，如担当翻译和加入军队等。与此同时，又不失本民族的一些优良技能，如贸易传统等，所以能够在高昌地区以及周边国家游刃有余，成为大家都认可的国际贸易商人。我们在看到高昌地区的粟特人汉化的同时，还应该注意到粟特文化也深深地影响到包括汉族移民在内的其他民族，如大量使用波斯—粟特纹样作为织锦、绘画、石窟寺壁书的装饰图案，使用萨珊波斯、东罗马货币及其仿制品作为当地的流通货币，在入葬时给死者口含钱币，祭祀祆教的诸神，等等。说明粟特人在积极汉化的同时，还非常注意保持本民族文化中的精髓部分。正是这种选择性的汉化，使粟特人成为高昌及其周边地区各国都值得信赖、值得依靠的一个特殊族群。

（原载《敦煌吐鲁番研究》第 10 卷，2008 年 12 月 8 日改定）

黑水城西夏文洪州禅文献初步分析：以《洪州宗师教仪》及《洪州宗趣注解记》为例

索罗宁

导 论

西夏禅宗的特色早已引起学术界的注意。目前学术界对于西夏禅宗的了解可以总结如下：西夏佛教中的禅宗不同于当代北宋时期的禅宗。西夏禅思想的源流即是唐代圭峰宗密（780—841 年）和清凉澄观（737—838 年）的华严禅思想。据知，西夏并非直接吸收晚唐的华严禅思想：华严禅佛教传入西夏的原因之一即在于西夏与辽国之佛教关系。就辽国佛教而言，在道宗时代（1055—1105 年间）辽国佛教界中流行过由“显圆”及“密圆”所组成的“圆宗”[①]。清凉澄观、圭峰宗密、六祖惠能、荷泽神会的禅学属于此“显圆”的领域内。辽国华严禅思想的主要代表是圆通道殿（1056？—1114 年?），在其所著《显密圆通成佛心要集》一文中，他界定此禅宗在“圆宗”体系内的地位：禅宗思想和修行属于“圆宗”内的“顿教一心”（或“绝待一心”）的范围，即是其虽然次于“圆教一心”的境界，但其重要性仍然相当高。在阐述禅宗思想与修行时，道殿依据达摩大师的《二入四行》中的“理行二入”的典范，设计“见性”、

① 辽国佛教有专门讨论圆教的著作，其中最有意义的是基于澄观《华严经随疏演义钞》的《圆教四门问答》。载《应县木塔辽代秘藏》第 2 册，文物出版社 1991 年版，第 520—522 页。

“安心”、“万行”之三门的禅宗结构。如此之禅思想在辽和西夏有所流行：最近在黑水城出土文献中发现道殿所著《镜心录》的西夏文译本，这是一篇专门介绍此“达摩禅”的著作[1]。《镜心录》引用“鼎之三足”譬以解释如上三门之相互配合关系[2]。据知《镜心录》代表辽国禅宗的主流，黑水城出土的相关文献证明了辽禅宗在西夏得以继续发展。

最近几年笔者注意到了几篇黑水城出土的文献，其中三篇是西夏文的，一篇是汉文的。此三篇文献材料第一份《解行照心图》，是汉文手抄本（圣彼得堡东方文献研究所 A4V 号，收录在《俄藏黑水城文献》第 5 册，第 130—134 页）[3]。按笔者的了解，《解行照心图》与道殿《镜心录》颇为接近，两者使用“见性”、“安心”、“万行”的“三门”结构[4]。《解行照心图》中文中另有“解悟”和“证悟”之间之分别以及“无念”与“备修万行”之认同等思想特色，对于辽国华严禅思想有代表性。从而笔者的判断即是《解行照心图》为辽国的禅宗资料，或为基于辽佛学界对禅宗理解而在西夏编写的资料。

第二份材料为西夏文《真道心照》（西夏文作[illegible]，Tang 489 # 8121）。该文献亦为手抄本，总 5 页，一页 4—6 行，一行 10—12 字[5]。此材料还待研究。

第三份材料是所谓的《洪州宗师教仪》（Tang 111 #2529，西夏文作[illegible]）。此文献是克恰诺夫（Е. И. Кычанов）的西夏文佛教文献目录为第 715 号。圣彼得堡另存一本《洪州宗趣注解记》（[illegible]

---

① 《镜心录》的初步讨论参见：K. J. Solonin，“The Glimpses of Tangut Buddhism.” in *Central Asiatic Journal* 58　No. 1（2009）。

② See：K. Solonin，“The Teaching of Daoshen in Tangut Translation：*The Mirror of Mind.*” in：F. Girard，I. Hamar，R. Gimello eds.，*Huayan Buddhism in East Asia*：*Origins and Adaptation of a Visual Culture*，（2012） pp. 137 – 188.

③ See：K. Solonin，“Towards the Perfect Teaching：Possible Liao Sources of Tangut Chan Buddhism.” *Asia Major* 26 No. 1 （2013） pp. 79 – 120.

④ 此文献笔者在《禅宗在辽与西夏：以黑水城出土〈解行照心图〉和通理大师〈究竟一乘圆明心义〉为例》的文稿中有详细讨论。

⑤ 按照克恰诺夫著西夏文佛教文献目录（*Каталог Тангутских Буддийских памятников из собрания Института Востоковедения РАН*，Kyoto：University of Kyoto Press 1999，pp. 616 – 617），该文献有两本：Tang 489 # 8121 和#6778，皆为手抄本。本文参考其中的#8121。笔者没能参考#6778，不过按照克恰诺夫的介绍，#8121的文献为 5 页，#6778 为 19 页，可能两个资料不完全相同。#6778 题记提到译者是沙门“善海”，#8121 没有这样的题记。

[illegible]），在克恰诺夫目录中排为第 617 号（Tang 112 #2540）[①]。从内容上看《洪州宗趣注解记》是《洪州宗师教仪》的注解本。尽管《洪州宗趣注解记》所补注的《洪州宗师教仪》的母本与现存的《洪州宗师教仪》版本似乎有一些小差异，但是两个材料之间之相连性是无疑的。《洪州宗师教仪》及《洪州宗趣注解记》都曾被西田龙雄收录在其西夏佛教文献的目录内，西田氏提出两本皆是中文的译本的假设[②]。笔者也认为“洪州文献”的内容无疑代表汉传佛教的情况，但它是否为汉文译本的问题尚无法彻底解决。关于材料的内容，笔者的看法是二者代表在华北佛教中澄观和宗密华严禅与马祖道一（709—788 年）的“洪州宗”禅学之间之融合趋向，下文有详细讨论。

早在 2003 年，笔者在“中研院”主编的 *Asia Major* 期刊发表了一篇“Hongzhou Buddhism in Xixia and the Heritage of Zongmi（780 – 841）：A Tangut Source”的文章，初步介绍了此两篇材料，并提供了英文翻译和内容的讨论[③]。总的结论是，西夏文献代表的是一种马祖道一思想的特殊演进，即其与华严思想的结合[④]。笔者对此文献内容的评价基本上没有太大的变化，不过因为最近几年对西夏佛教有了一些新的认识，笔者认为可以再次进行更有深度的探讨。

“洪州文献”文献标题问题

《洪州宗师教仪》及《洪州宗趣注解记》是西夏文标题的构拟中译。

---

① Е. И. Кычанов，*Каталог Тангутских буддийских памятников Института Востоковедения РАН*，Kyoto：Kyoto Unversity Press 1999，pp. 601，567. 按照克恰诺夫的说明，《洪州宗师教仪》为写本，9. 5 × 6. 5 厘米，共 14 页，3—4 行，7—8 字；《洪州宗趣注解记》（克恰诺夫作《洪州宗师趣注开明要记》，本文以原本后记的短名为主）亦为写本，共 44 页，20. 5 × 12. 75 厘米，6 行，20—22 字。

② ［日］西田龙雄：《西夏文华严经》第 3 册，东京大学出版社 1977 年版，第 56 页，第 290、291 号。西田对西夏文献文类的了解基于早在 1967 年格尔巴切瓦和克恰诺夫编写的最早的西夏文献类比目录。

③ K. J. Solonin，“Hongzhou Buddhism in Xixia and the Heritage of Zongmi（780 – 841）：A Tangut Source.” *Asia Major* 16（2）2003，pp. 57 – 103.

④ 按照镰田茂雄的研究，马祖思想本身就有丰富的华严内容，但是辽与西夏学僧对马祖的了解是很特别的，需要讨论。

此翻译不是无疑问的：两个文献主要讨论马道一及其弟子，因此西夏文的“[illegible]”理解为中国地名“洪州”之西夏音写是准确的。《洪州宗趣注解记》收录了《洪州宗师教仪》的全文及其“注”（[illegible]）和“解”（[illegible]），因此二材料之间存在母本和注解本关系。尽管如此，据二材料之初步核对，我们可以看出《洪州宗趣注解记》所收录的《洪州宗趣记》之文与现存《洪州宗趣记》略有差异。

“洪州文献”的标题解释存在着一些问题：《洪州宗师教仪》的标题内的西夏文“[illegible]”不易找到恰当的中文翻译。按照最初聂历山在《西夏语文学》的解释，西夏文的“[illegible]”可以表达中文的“样、则、礼、仪”，即是英文的“ritual，order，sample，regulation”之类的含义；西夏文的“[illegible]”代表中文的“教、旨、令”等，比较接近英文的“teaching，commandment，order”等意义[①]。据知，此二字在西夏文献中较少成词组，即是目前笔者无法确定西夏文的“[illegible]”符合哪一个中国佛教术语。按照西田龙雄的分析，在西夏文《华严经》内“[illegible]”和“[illegible]”出现在一起，则代表“教化”之意[②]，也就是“劝化之教”。在此“[illegible]”可以代表“教化轨道”的意思，则全体词组的译文应为“教仪”，即是阐述马祖如何劝化其弟子。此解释与中国传统佛教文献的用途不同：一般“教仪”所代表的内容是“判教仪式”（例如“天台四教仪”等）。宗密曾经在《诸说禅源诸诠集都序》中分析各种禅宗的特殊的教学方法时，提出“教弟子之仪轨，种种不同”的说法，比较接近西夏文献“教仪”之含义。

《洪州宗趣注解记》（[illegible]），包含着“[illegible]”两个字，可以解释为“宗旨”或“宗趣”。因为《洪州宗趣注解记》充满了华严思想，笔者接受基于“语之所表曰‘宗’，宗之所归曰‘趣’”的华严宗对于“[illegible]”为“宗趣”之翻译。

两篇西夏文的文献，在标题上都有“洪州”两个字，提到“洪州宗师”或“洪州宗趣”。以“洪州”地名阐述自己宗派的说法并未出自马祖法嗣体系内。“洪州宗”的名称代表马祖体系仅见于《中华传心地禅门师资承袭图》（下面简称《禅图》）以及《诸说禅源诸诠集都序》（下面简

---

① 《真实名经》一样可以看到此二个字，其含义与聂历山的原来判断接近。（林英津：《西夏语译〈真实名经〉释文研究》，台北：“中研院”历史语言研究所，2006年，第427、344页。）

② ［日］西田龙雄：《西夏文华严经》第3册，第136页。

称《禅源序》）内，即是为宗密思想特征。因为《洪州宗趣注解记》有专门讨论马祖宗趣与荷泽的禅学关系，我们可以假设西夏文的“洪州文献”出自宗密华严禅思想体系。值得注意是：以“洪州”地名描述马祖宗派的习惯，北宋时期见在与宗密思想有关的佛教著作：如晋水净源所编《华严妄尽还原观疏钞补解》提到“洪州禅师”的“别录”等[①]。由此观之，“洪州文献”属于宗密华严禅思想体系的假设值得进一步研究。

文献作者问题

《洪州宗师教仪》的作者不详，文中也缺少题记或序跋，汉传经录中也不见此书名。《洪州宗趣注解记》的结构比较复杂：它收录了与《洪州宗师教仪》基本相同的母本，并也包括“注”（与《洪州宗师教仪》同）和“解”。这两种材料的西夏文法、句法和用字不太符合学术界一般习惯的西夏文，值得在他处讨论。

《洪州宗趣注解记》的冒头题款曰：[illegible][illegible][illegible][illegible][illegible][illegible][illegible]。最后五个字的解读之为“沙门法勇集”应无误。前二字是地名或寺名的音写。克恰诺夫目录中解之为“юаньсян（yuanxiang）”，笔者也曾接受此解读。不过，它似乎是错误的：西夏“[illegible]”音“yjow”，意义为“源”，第二字“[illegible]”音为“dźiwe”，意义为“响”。不难看出，学者当初以其汉文意译变为音译来解读，才能够有“yuanxiang”读法。聂历山对“[illegible]”并未提供其音值[②]，西夏“[illegible]”是聂历山的读音为“尼率”的反切音[③]，所以无论如何不能把此二西夏字读成“yuanxiang”。另一个问题是，这两个西夏字皆非专门音译字，并其“源响”意译是有意义的，但目前笔者无法把“源响”和任何一个地名或寺名联系。

至于《洪州宗趣注解记》的作者“法勇”目前亦无以确认其身份：传统文献中“法勇”是常见的，但是在中国佛教历史上，名号“法勇”

---

① 续藏经 58 #0994 第 178b4 页。

② Н. А. Невский（聂历山），*Тангутская Филология*，Москва：ГРВЛ，1960，第二册，第 282 页。关于这个字的介绍，见：林英津《西夏语译〈真实名经〉释文研究》，第 419 页、第 233 页注 274。

③ Н. А. Невский（聂历山），*Тангутская Филология*，Москва：ГРВЛ，1960，第一册，第 519 页。

的高僧时代皆比较早，与马祖禅宗无关，所以也不知道西夏文材料中的“法勇”的身份如何。

“洪州文献”的语言特色

“洪州文献”的语言有明显的特色，甚至可说它的一些词汇和文法在其他西夏文的佛教文献不得见。“洪州文献”的句法和语法偶尔不符合目前学术界所了解的标准的西夏语，因此确切的翻译有困难。“洪州文献”的语言特点需要更进一步研究，目前笔者只提到一些相当明显的例子。其中第一，则是“洪州文献”的西夏文有一些利用动词词头为句子开头例子，此不符合西夏文法的标准。最容易的例子可见于所谓的“百丈偈”中：[illegible]，[illegible]。其中“[illegible]”［“即（已）有诸法”］以“[illegible]”词头为句子的开头，翻译成中文则是“即有诸法，从一真起”。西夏文“[illegible]”（构拟翻译为“已有”）的词组是正常的，但不太可能处于句子的开头。二篇“洪州文献”皆有此句，因此并非错写。《洪州宗趣注解记》曾经被修订过，文中有各种修订标点符号，证明对作者而言此句子是正常的。可以假设，这个西夏文代表一种比较特殊词序的中文句子，似乎愿意特别强调“一切所有诸法”之“有”的概念，才会有那样子的结构。

在“洪州文献”中一些词头和虚词的意义和用途亦甚明显，并且偶尔会出现比较少见的虚词，例如[illegible]，[illegible]语句中的“[illegible]”。虽然其翻译为“即是”应该无误，但其词组结构不详。同时有些句子，虽然其语言结构不成问题，但其翻译困难，例如“[illegible]，[illegible]”等处。虽然从上下文可以猜测这句话的大概含义，但不容易妥当地构拟其中文之原文。笔者认为，如此难处可能与基于中文口语记录的宋代“禅语”语言特色有关系，甚至可以假设西夏译者不完全理解禅语的结构、含义和表达方式，因而利用“以番字代汉字”的翻译方法，此方法对于表达口语记录不是很妥当[①]。

---

① 据聂鸿音先生判断，西夏人偶尔误解中文典故含义。聂教授研究《禅源序》之西夏译本时，发现译本的佛教内容很清楚，甚至可以补充修改现存汉文本，但裴休的《序》译文中有许多翻译错误，主要原因是西夏人对中国历史文化了解不足。假如“洪州文献”西夏译本基于口语的汉文禅语录版本，翻译文也会有因为对口语了解不足之错误。

另外一个假设是“洪州文献”是依据一种早已失传的中文文献在西夏撰写的,[①] 即是代表西夏本土禅语的特色，因此材料的来源问题目前仍然无法解决。

“洪州文献”的内容特色

马祖道一思想和禅风可以从不同的方面来讨论。目前中西学术界对马祖的思想特色已有不少研究成果[②]。介绍马祖生平和思想的资料大部分见于《祖堂集》《宋高僧传》《四家语录》《宗镜录》《天圣广灯录》《景德传灯录》《古尊宿语录》等书，另有马祖《洪州开元寺石门道一塔碑铭并序》等资料，尽为周知。这些资料编纂时代不同，编辑者的目的也不一致，同时在不同时代经过了大量的修订改写，所以这些资料不一定很准确地代表马祖本人思想。另外一批讨论批评马祖禅风的材料见于圭峰宗密、南阳惠忠（？—775 年）不同著作中。宗密对马祖思想的描述和其他的文献不太一致，可以说宗密收集的资料代表了解马祖的不同传统。南阳惠忠与马祖关系比较复杂，他对马祖评价在不同时段是不同的[③]。即是“洪州文献”所创造的马祖的想象可以说是独一无二的，与传统文献有明显的差异。其中关键的是，“洪州文献”对马祖的评价是肯定的，似乎不见“洪州宗”不解“自性本用”与“随缘用”之类的批评，或类似南阳惠

① 这个假设不是完全无根据的，《解行照心图》文内同样出现一些禅语，在传统的禅籍同样不得见。

② 在西方目前有 M. Poceski 的 *Ordinary Mind as the Way: The Hongzhou School and the Growth of Chan Buddhism*, New York: Oxford University Press, 2007; Jinhua Jia, *The Hongzhou School of Chan Buddhism in Eight through Tenth Century China*, Albany: SUNY Press, 2006。该书另外包含了一些比较罕见的马祖宗派的原始材料的原文和英文翻译；关于马祖语录的形成过程可见：M. Poceski, “*Mazu Yulu* and the Creation of Chan Records of Sayings”, in: Steven Heine, Dale Wright eds., *The Zen Canon: Understanding the Classic Texts*, New York: Oxford University Press, 2004, pp. 53 – 80。最近有综合性的马祖思想研究以及资料汇集，参见邢东风《马祖语录》，中州古籍出版社 2007 年版。

③ 南阳惠忠的禅思想在西夏是很流行，黑水城文献中有其语录的 17 种不同版本。南阳和尚与马祖关系之讨论见于：K. Solonin, “The Chan Teaching of Nanyang Huizhong（? – 775）in Tangut Translation.” in: N. Hill ed., *Medieval Tibeto-Burmese Linguistics*, Leiden: Brill, 2012, pp. 275 – 352。

忠“看贼为子”、“挂羊头卖狗肉”对于马祖之攻击[①]。据“洪州文献”的记载，“洪州宗”的禅学与“荷泽祖师”的思想本体上无矛盾，两者皆适合以“不变随缘”为主的华严思想典范。笔者从而初步理解“洪州文献”代表马祖思想的“华严化”的趋向。此趋向代表华北禅宗主流之一。这些思想主要见于“法勇”的注解文，因此下面的讨论多处引用《洪州宗趣注解记》对《洪州宗师教仪》的补注和说明。

（一）“洪州文献”中的马祖及其弟子

西夏文“洪州文献”无论从内容上，或者从文内的人名、名相等，与现存的马祖道一传统史料无直接关系。《洪州宗师教仪》的核心角色毫无疑问是马祖道一（西夏文[illegible]—“马祖”[②]，其法号为[illegible]“一道”，在此西夏译者把中文之“道”解为动词，即是西夏文献常见的作法）。除此外，文中另出见马祖 788 年所赐谥号——“大寂禅师”（西夏文“[illegible]”）。《洪州宗趣注解记》在其“解”的部分提供了一些马祖传记讯息，介绍“洪州”（西夏文“[illegible]”）的地名以及马祖生平和学佛的情况。这些生平的资料虽然与传统文献的说法相当接近，但是西夏文所出的人名有一些问题：据载，马祖学佛开始在四川：他跟资州唐和尚（处寂，648—734 年）出家，后来跟从南岳怀让（677—744 年）。马祖受具足戒是在渝州圆律师的道场[③]。宗密在不同处提到马祖曾为高丽金和尚（无相，684—762 年）的弟子，后来才拜南岳怀让为师，但“理不及让”。宗密对马祖的评价虽然是比较高的，但也不是完全肯定的[④]。

西夏材料中提到马祖进具情况时，提到“圆律师”（西夏文

① 如此攻击见在南阳惠忠讨论“南宗”的段落中。一部分学者（如柳田圣山等）认为如此攻击指的是荷泽神会，另一部分学者（如石井修道等）以为这些批判是针对马祖道一。笔者也同意此看法（见 K. Solonin, “The Chan Teaching of Nanyang Huizhong（？ －775） in Tangut Translation” 文中之讨论）。

② 西夏翻译为意译而非音译。

③ 宗密在不同著作提到马祖思想的不同方面，最简略应在《中华传心地法门师资承袭图》，续藏经 63#1225，第 31c24—32a3 页；另外可参考赞甯《宋高僧传》对马祖的介绍：大正藏 50 #2061，第 766a19—25 页；《圆觉经大疏释义钞》，《续藏经》9 #2045，第 543b3—5 页。

④ 在《禅源序》宗密曾把“江西”列在“直显心性宗”，也就是三种禅宗之间最高的层次，与荷泽禅在其基本“真心”思想无大差别。同时，在《中华传心地法门师资承袭图》以及《圆觉经大疏钞》提供了一些批判的材料。

“[illegible]”）与传统记载一致。西夏文献另指出马祖曾经向一位“[illegible]”求法。此名字的解读有问题：前两个字可以解读为中文“怀让”的音写应无讹，后面两个字比较难以分析：其中第一音为“źji”，专门为“人姓名”字，聂历山未提供其中文音值；第二个字读“sā”，一般代表中文“三”的对音。既然两个皆是音译字，则其组成的词为某一种人名应该无误，不过这个名字的构拟不确定（我原来解读为“二三”，误）。南岳怀让俗姓杜，名字不详，谥号“大慧”，全然不像西夏文“źji sā”对音。因为西夏文清楚说明，马祖由此法师得了“密印”（西夏文“[illegible]”），可知该词组指的是“南岳怀让”。这个名字西夏文版本的来源目前不敢有准确判断。

马祖的谥号“大寂”是唐宪宗（846—859 年在位）所赐，据《洪州宗趣注解记》之载，则不如此：《洪州宗趣注解记》的“解”文说：

> [illegible]：[illegible]，[illegible]、[illegible]，[illegible]，[illegible]。

上述句子的构拟翻译应该如下：

> ［马祖在］“榆山”禅师处得心性故，师曰：我子当悟大寂，真体不有边界，不动不摇，有净正理，故曰“大寂”。①

其中“[illegible]”亦为音译，符合中文的“与”，“榆”等音②；“[illegible]”比较确定代表中文的“山”音，因此二字读为“榆山”之类的地名比较易解。不过，如果西夏文音译无误，则比较难以判断“[illegible]”究竟是何人：马祖曾在“渝州圆律师”道场进具，渝州非为山名，僧圆又为律师而非为禅师；或许可以假设这两个字为南岳怀让法号的另一种写法，不过西夏文的“[illegible]”当音译字极少见，似乎也不会代表中文的“岳”之音值，所以目前还不敢确定所指的法师是何人。

按照西夏文本，“大寂”不是谥号，而是一种马祖因为修行之成就而

---

① Tang 112 #2540：2a1 – 2.

② Н. А. Невский（聂历山），*Тангутская Филология*，Т 2，第 270 页。

获得之尊称。由此观之，西夏文献对马祖的佛学背景之不全同于传统记载，与《景德传灯录》[1]，或《宋高僧传》[2]，宗密的《中华心地禅门师资承袭图》[3] 或《圆觉经大疏》以及《演义钞》《古尊宿语》之载不一样。《宝林传》的马祖篇未存，无法与西夏文对比。

“洪州文献”介绍马祖弟子亦与传统文献大有不同：据各种传统文献，马祖道一的弟子体系比较确定。但“洪州文献”中出现的与马祖有来往的人之间传统记载中的马祖弟子，与传统记载相同的，大概只有百丈怀海（西夏文“[illegible]” pie tśhjow，720—814 年）。《洪州宗趣注解记》还收录所谓的“百丈偈”（西夏文“[illegible]”）。《洪州宗师教仪》也有此文，不过未提其为“百丈偈”，并且从本文难以判断偈文的始终，大概如下：

> [illegible][4]，[illegible]，[illegible]，[illegible]，[illegible]，[illegible]，[illegible]，[illegible]。

按照“解”此偈文总有十句，不过比较难看出，此十句为何。其构拟翻译则是：

> 诸法即有，从一真起，心外无法，岂有非真，一遇皆道，宗[5]不逆行，因乐随缘，和与法界。

此段话非为规范的佛教偈文：一般偈文标准为五个字一行，或七个字一行的格式，西夏文的作者对此规范亦不陌生（《洪州宗趣注解记》的后面有两段偈，为标准七个字一行的格式），但“百丈偈”是一般四字骈文。更重要的是，据笔者所知，所谓“百丈偈”不见于传统文献中，其背景不详。不过《宝林传》以及其他禅宗文献还是会出现四个字一行的偈语。

《洪州宗趣注解记》中另提到几位马祖弟子：“[illegible]（[illegible]）[illegible]”、

---

① 大正藏 51 #2076，第 245c23—246c6 页。

② 大正藏 50 #2061，第 798a8—20 页。

③ 续藏经 63，#1225，第 31c24—32a8 页。

④ 这个句子的语法结构好像不太正常：句子开头为一个动词词头似乎不常见，但是两个西夏文都是这样断句，这个问题有待研究。

⑤ 西夏文的“宗”可解为中文的“本”和“宗。”

“[illegible]”、“[illegible]”、“[illegible]”、“[illegible]”、“[illegible]”、“[illegible]”等。此名单里确定的人物即“[illegible]”即“曹溪”（六祖惠能）和荷泽神会（“[illegible]”），不过后者好像指的不是荷泽神会（668/686—760年）本人，而是“荷泽禅宗”。其余之人则无法认定。其一，[illegible]（[illegible]）[illegible]（təśan）即是音写，代表“德山”之类的地名。西夏文的“德山”一定与唐末名僧德山宣鉴（782—865年）不可能为同一人，第一个原因是与马祖禅宗派系不同，第二个理由是二者年龄相距悬殊。“[illegible]”的情况也一样复杂：第一个字读音“sjo”，聂历山把此字释为中文的“相”或“诵”之音写。因此，此人名则可为“嵩山”、“松山”或“香山”。同样的名字出现在西夏文的南阳惠忠语录，不过不可能为同一人：西夏文的《南阳惠忠语录》的记载有“香山”与惠忠国师的对话录，“洪州文献”的记载则提到“香山”与曹溪惠能的沟通事迹。本人认为在《洪州宗趣注解记》所提到的人应该是马祖的祖师南岳怀让，则其名字应读“嵩山”。这个假设也不是非常确定的：主要的理由是怀让最早接触六祖惠能时，在自我介绍时说，他来自嵩山安［指的是慧安（老安）和尚］处[①]。西夏文的关于“嵩山/香山”的文字大概如下：

> [illegible]。[②]

西夏文的构拟翻译大概如下：

> 香山毁谤。言者，香山之言。我今有一物，汝见之耶？嵩山曰：我见。师曰：何见？答曰：即见［其］一物［亦］不像。唤：何不像？无妙用乎？答：此［所］见物者，无［与之］相比，即便谓之“不像”。然则无妙用者，何也？嵩山显像，非不一乎？皆悟通理。

---

① 《景德传灯录》以及其他禅宗文献都会出现这个典故，参看《景德传灯录》，大正藏50 #2076，第240c10页。

② Tang 112 #2540，第21a6—21b4页。

这段话虽然在传统的文献中似乎不得见，但有与其接近的段落，如宗宝《六祖大师法宝坛经》或《景德传灯录》等文献。《景德传灯录》记载如下：

> 师谒嵩山安和尚。安启发之，乃直诣曹溪参六祖。祖问：什么处来？曰：嵩山来。祖曰：什么物恁么来？曰：说似即一物不中。祖曰：还可修证否？曰：修证即不无，污染即不得。祖曰：只此不污染，诸佛之所护念。汝既如是，吾亦如是。①

以上西夏文的记载绝对不是《景德传灯录》的译本，也不是其他的中文资料的翻译。这个典故的记载在不同禅宗文献中比较一致，所以难以假设"洪州文献"引用了其另一种版本。不过，这个故事的前边一段，即"说似即一物不中"的部分还比较接近西夏文的内容。由此观之，西夏文的"[illegible]"代表南岳怀让不是不可能，但不符西夏文语音体系②。《洪州宗趣注解记》提到"[illegible]"，此法号可暂译为"丈山"，"[illegible]"字与西夏文的百丈怀海的名字一样。《洪州宗师教仪》和《洪州宗趣注解记》文中其与马祖对话的两个记载，全无法与传统文献勘同。同样《洪州宗师教仪》提到两位禅师，其中"[illegible]"，应为意译，与中文的"觉慧"相应，另外则是"[illegible]"，也为意译，符合中文的"信智"。《洪州宗趣注解记》并未提供这些人的任何资料，在传统文献似乎也不见其名，暂时无法确定二者的背景。

总而言之，除了释迦如来、迦叶、百丈以及荷泽（[illegible]）之外，其他的人物无法认定，因此可以假设，两篇西夏佛教文献不属于我们目前所知道的任何马祖传统。虽然《洪州宗师教仪》和《洪州宗趣注解记》基本上没有提供关于马祖背景以及与他曾经互动过的人的新资料，但是会告诉我们西夏时期华北存在着独特的"洪州宗"传统③。

（二）《洪州宗师教仪》和《洪州宗趣注解记》禅思想问题

《洪州宗师教仪》为《洪州宗趣注解记》的母本，对西夏禅宗而言，

---

① 大正藏 51 #2076，第 240c12—13 页。

② 据聂鸿音先生的判断，西夏文"[illegible]"解读为符合"song"的汉文音可能性不大。

③ 值得注意，在说明马祖外貌时，《洪州宗趣注解记》特别提到，他的舌头能盖上他的鼻子，但是脚底上不见掌纹，传统资料强调两个都是。

是比较核心的材料。西夏文构拟翻译见下文，在此笔者为了读者方便总结“洪州文献”宗旨如下：

据“洪州文献”的记载（《洪州宗师教仪》和《洪州宗趣注解记》此处无矛盾）马祖道一禅学的核心即是“一切皆真”的宗旨。西夏文的“百丈偈”也有如此说：“一切（即有诸法）法，从一真起来，心外无法”，所以无不属于真如之物。因此，文中曰：“一遇莫不是道”，禅本来即是本，但是与其他的修行法门亦无矛盾，需要相应配合。此一点符合宗密以及辽代“圆宗”的基本立场。如果能够依此觉悟，就会入“安乐自主”境界，获得与法界之相应和谐。不过，如果追求如真之觉悟，则假如“住于道”，即是不能修得究竟的结果。大师说了这些话之后，弟子产生了怀疑，因此“觉慧”禅师就此说法之原因问于大师。大师解释：妄不即可说，又谁能测量真如？真如不可思议，言语道断于之。佛自己也不知道真如为何，禅师如何可以说之？因此有“句外禅”之说。“觉慧”禅师觉悟此理，即问：大师所讲的禅风应该与达摩大师“以心传心不立文字”的学说相应。大寂禅师不太同意，并解释：“用”起于“体”，所以一切说法可以接受，日常的话语与修行之本事无矛盾。如此，“三身四智”本来具足，“八解脱六通”，本来即完备，“究竟的三宝”原来即是一。戒定慧未曾常离与日常生活。如此即可以修道菩提涅槃，此即是“句外禅”。后来“信智”问大师说：先说禅宗是超过语言的，不过现在大师又透过语言而解释，其因如何？大师说明：诸法不可说，但是无说中即有其可说之处，因此语言有肯有不肯，并且各中说法，从语言表达看来有所不同，但其根源仍然一致，但不可以把它界定。

从笔者角度看，如上禅思想似乎接近华严宗“因分可说，果分不可说”，但因为因果不二，果分亦有其可说之处。所以“句外”的和“句随”的禅皆有其相待价值。二者融合即是“洪州文献”中的“太古宝印禅”，此即是“心地法门”。此法门是师资所传授的，未来众生透过它可以得到解脱，它是一切善知识的所在之处。

《洪州宗师教仪》和《洪州宗趣注解记》皆是“问答”结构，与传统禅宗文献无异。而材料的最后段落即是弟子向师要求开示其宗旨（宗趣）思想。大师开示的翻译有一些出入，但其基本含义大致如下：弟子丈山问“大师的究竟语”为何，大师乃以“非一非异”回答；弟子问“大师的住处”何在，大师解释他住“无足迹”之处。后来又有简略“曹溪有一物”的问答及“释迦举华”传法迦叶的描述。

由此观之，据《洪州宗师教仪》记载，马祖思想有几个主要教义，即“一切真”、“一切法从真起”、“一遇皆道”、“心地法门”、“非一非异”、“心外无法”等。据“洪州文献”记载，马祖禅学宗旨即是“达摩大师以心传心，不立文字”以及“句外禅”，“句随禅”以及两者的综合：“太古宝印禅。”不难看出，除了“心地法门”之外，其他术语在传统的马祖文献里面基本上不会出现，但是接近宗密对于马祖禅风之阐述。

“洪州文献”的“心地法门”

“心地”名相比较早出现在晋本《华严经》，但是经内并无专门介绍此概念内容，也未提“心地法门”之概念。据知，此概念在唐代禅宗已变成汉传佛教不同宗派共同承认的思想，因此对“心地法门”的解释大致上是相似的。据知，“心地法门”最早见于鸠摩罗什译《梵网经》的“心地品”内，后来为华严宗大量引用。在《梵网经》中卢舍那佛说明“修心地”即是一种究竟的修行，他自己只是因为修“心地法门”才能够进入“华藏世界”。在唐末比较流行的对“心地”的了解即见于般若三藏在贞元年间（大概在贞元十二年，796 年）译出的《大乘本生心地观经》。在经文对“心地法门”有如下的介绍：

> “此法名为十方如来最胜秘密心地法门，此法名为一切凡夫入如来地顿悟法门，此法名为一切菩萨趣大菩提真实正路，此法名为三世诸佛自受法乐微妙宝宫，此法名为一切饶益有情无尽宝藏”……众生之心犹如大地，五谷五果从大地生。如是心法，生世出世善恶五趣，有学无学、独觉、菩萨及于如来。以是因缘，三界唯心，心名为地。一切凡夫，亲近善友闻心地法，如理观察，如说修行，自作教佗赞励庆慰，如是之人能断三障速圆众行，疾得阿耨多罗三藐三菩提。①

在此经文中“心地”即是对于“心”之譬喻之一。华严宗第四祖师清凉

① 大正藏 3#159，第 327a1—6、327a23—26 页。

澄观曾参与般若三藏的译经场，对此概念应该有一手的了解，此概念影响了“华严禅”的“心”思想发展。马祖对“心地法门”似乎也有所了解。经有“如理观察，如说修行”的话，与将来澄观“理修事修”相应。据载，马祖在南岳怀让处接触“心地法门”。此时《心地观经》尚未翻译，南岳的介绍与经典的开示如下：

> 师曰：汝学心地法门如下种子，我说法要譬彼天泽。汝缘合故当见其道……心地含诸种，遇泽悉皆萌，三昧华无相，何坏复何成？[①]

南岳的意思即是“无坏、无成，一切萌芽不过是心之地”，接近《心地观经》。马祖对于“心地法门”理解同于南岳，但比较进一步，与“平常心即道”和“道不用修”的宗旨是一致的：

> 只如今行住坐卧应机接物尽是道，道即是法界。乃至河沙妙用不出法界。若不然者，云何言心地法门？……一切法皆是心法，一切名皆是心名，万法皆从心生，心为万法之根本。[②]

马祖的“心地”概念很可能是在《楞伽经》思想以及对于达摩大师以《楞伽经》教化众生的信仰影响之下形成的[③]，但是《心地观经》和马祖的解释有一个共同点：“心地”作为一切万物的起源，也是修行的目标，心地即是法界，这样才能够证明“平常心是道”的观念。西夏文的《洪州宗师教仪》虽然缺乏对“心地法门”的介绍，但是“法勇”的“解”有如下的说明：

> [illegible]（[illegible]：[illegible]，[illegible] □ [illegible]，[illegible]，[illegible]，[illegible]，[illegible]，[illegible]。[illegible]，[illegible]）。[illegible]，[illegible]，[illegible]。

① 这段话引自《景德传灯录》（大正藏 51 #2076，第 240c29—30、241a6—7 页），不过在其他文献也会出现。

② 这段也出自《景德传灯录》（大正藏 51#2076，第 440a7—12 页）。

③ 在《景德传灯录》所收录的开发，马祖提到说：“［达摩大师］又引《楞伽经》文，以印众生心地。”（大正藏 51 #2046，第 246a67 页）

心地法门（解曰：心者是法，则万法集，皆直是随唯心。然地者是譬，木草丛林，疾鹰野兽，血脉怀生，皆是从地。门者，出入无碍，心地法门之谓）。法如道伴，能令人悟。

由此观之，西夏文的阐述大致上符合《心地观经》的阐述，也接近南岳怀让对于“心地”之了解，与马祖“心地为法界”宗旨亦无矛盾。西夏文《南阳惠忠语录》提到“南宗心地法门”（西夏文作“[illegible]”），即是“金刚士”所修的究竟的禅道。

“洪州文献”的“一切皆真”与华严思想的思想之关系

《洪州宗师教仪》有“一切皆真”，“即有诸法，从一真起”等宗旨思想，与“心地法门”关系比较密切。据“洪州文献”的记载，“一切皆真”为马祖禅学之核心。此思想虽然出于《洪州宗师教仪》，但本文中并没有仔细阐述其含义，据“法勇”的“注解”我们可以有一些更深的了解。据《洪州宗趣注解记》的介绍，“一切皆真”内涵大概如下：

> [illegible]。[illegible]，[illegible][1]（[illegible]：[illegible]，[illegible]）。

> “一切皆真。”本来平等，上下一味（解曰：上乘一心，无相独住）。

此说法相当有意义的：西夏文的“[illegible]”是中文“一切皆真”语句的字面翻译。据前的了解，此句在佛教文献并不常见，即是对宗密在《诸说禅源诸诠集都序》和《禅图》中解释“江西禅宗”有代表性[2]。洪

---

① 《洪州宗趣注解记》杖流“不二”。

② 在《禅源序》“一切真”的说法出现两次：第一次是裴休的序，第二次则是宗密总的介绍各种禅宗。裴休直接提到“江西一切皆真”，无疑不是裴休自己说的，而是按照宗密的意思讲的（大正藏 48 #2015，第 398b16 页）；《禅图》的话也是这样说的（续藏经 63 #1225：33b23）。两个文献有西夏译本（见聂鸿音《〈禅源诸诠集都序〉西夏译本》，《西夏学》2010 年第 5 期，第 23—29 页）。

州祖师之间，似乎只有大珠慧海曾经提到如此之说。并且在《禅图》用"一切皆真"解释"洪州意"属于宗密亲自撰写的评论，并非引用前人的说法。尽管"一切皆真"宗旨与收录于《景德传灯录》的马祖开示亦无大矛盾，但此句子一定是宗密的创作。《洪州宗师教仪》用如此语句，似乎可以证明此文献依据属于与宗密有关的华严禅体系内。"法勇"的解释也需要讨论："法勇"利用的"[illegible]"概念，是为中文"上乘一心"的准确翻译。"上乘一心"的确是马祖自己说的，所代表的是"达磨大师从南天竺国来，躬至中华，传上乘一心之法，令汝等开悟"[1]。这个句子似乎未见宗密的解释，而经常出现在北宋时期的禅宗语录和灯史中。由此观之，"洪州文献"与宗密和华严禅存在密切关系。

所谓的"百丈偈"也需要一些讨论：

> [illegible]（[illegible]：[illegible]）[illegible]（[illegible]：[illegible]），[illegible]（[illegible]：[illegible]）[illegible]（[illegible]：[illegible]）[[illegible]，[illegible]？[illegible]（[illegible]：[illegible]，[illegible]）]。[illegible]，（[illegible]：[illegible]，[illegible]，[illegible]，[illegible]，[illegible]）[illegible]，[illegible]？[illegible]，[illegible]（[illegible]：[illegible]。[illegible]，[illegible]，[illegible]，[illegible]）

中文构拟翻译如下：

> 即有（解曰：无不理也）诸法（解曰：不变之理也）色空（解曰：随缘用也）明暗（解曰：自性本用）［众生不了悟，分别要害。（解曰：法界中法，四种所摄，令显二种用故也）］从一真起。（解曰：本源清净，未曾实现，不可别起，从一心而显，令显一法体故也）芽出于地（解略），心外无法，岂有非真？跳海中，无所不湿（解略），一遇皆道（解曰：顺逆是妄，心为变相，岂遇□[2]无心尽心力，便曰"一遇皆道"）。

---

① 《景德传灯录》，大正藏 51 #2076，第 246a5—7 页。

② 原文作"[illegible]"，似乎句子讲得不是很通，怀疑为"[illegible]"之误。

这段话内容比较明显：一切法起源即在于“一真”，“一真”即是众生“心地”。心外无别法，所以一切法无“不真”，一遇即是“道”。如此阐述虽然不见在传统的马祖文献内，但与马祖思想无矛盾。文中“一真”与“心地”为内容大同小异之名相。同时“法勇”的解释对此偈文引进了新内容：据“法勇”说明，“即有”即是“无不是理”的意思，“诸法”即是“不变之理”，“色空”即是“随缘用”，“明暗”可解释为“自性本用”。西夏文的“[illegible]？[illegible]”（中文构拟“分别要害”）语句的具体含义虽然不详，但“法勇”的解释相当清楚：摄一切法的“四种”无疑是清凉澄观《华严法界观门玄镜》中的“四法界”，“二用”即代表宗密《禅源序》等著作中的“自性本用”和“随缘用”。《洪州宗师教仪》中的譬喻，（如“芽出于地”等）接近“一真”和“心地”之内涵，彰明晚唐华严和澄观对“洪州文献”思想之影响。

据笔者对西夏文的理解，“法勇”的注解不完全符合文字本意。即是“法勇”的意向即在于把宗密独一无二的“二种用”的理论[①]与洪州禅学宗旨连接起来，此显露华北佛教中“禅宗华严化”趋势。西夏禅宗文献“二种用”之引用不限于“洪州文献”：西夏文的《唐忠国师在光宅寺二十五问答》（即是《南阳惠忠语录》）也见类似的概念，反映华严禅思想在西夏佛教影响之大。

西夏文“[illegible]”，中文构拟“一遇皆道”是“洪州文献”主要概念之一。本句句子结构比较复杂：第一个字“[illegible]”实际是动词的词头，代表“一次性的行动”，用中文“一”翻译不完全妥当。此句之含义应该是“一遇莫不是道”之意。句子的具体句法结构尚未确定，其主要含义与“心变相”、“无心”和“岂有非真”连接。即是“一遇皆道”段落的意思是“心遇到境界时候会显出其自性清净本体。”

解释“百丈偈”时，《洪州宗趣注解记》有如下说明：

[[illegible]][②]（[illegible]：[illegible]，[illegible]，[illegible]

① “二种用”的理论只出现在《禅图》，可以看成宗密专门来评论禅宗的各种宗派而发明的（其起源在《大乘起信论》）（续藏经 63 #1225，第 35a22—b6 页）。不过，圭峰禅师使用“镜子”的譬喻来说明这个道理，颇为妥当。

② 原文无此语，按《洪州宗趣注解记》补。

[illegible]，[illegible]。[illegible]，[illegible]，[illegible]，[illegible]，[illegible]，[illegible][1][illegible]。)

［故百丈偈曰：］（解曰：显一切次第异理，如此明了。一切真圆通，体用平等不二时，与佛本来无欠德。[2] 真心本净，本无妄心，一切皆不二，摄用从体，便一切皆谓真，为显[3]体用二条故也。）

此段话包含着几个主要华严学和华北“圆宗”句子：据《洪州宗趣注解记》的解释“百丈偈”的内容说明“一切次第”（可解为不同宗派）。但了悟“一切真圆通”和“体用不二”，则获得与佛同等的德。法勇此处引用“摄用从体”的诠释，即是与华严宗“摄本从末，摄末从本”的诠释典范颇为相似，显露《洪州宗趣注解记》与华严思想之关系。在《洪州宗趣注解记》，此语的含义是：了悟“一切真”为一切万事之共同本体，即可知“体”之与“用”不二。因此可以透过“用”修“体”，圆通“一切皆真”之如理之性。体用思想的重要性即在此。

最后的问题乃是《华严经》与禅宗“别传”的关系问题。《洪州宗趣注解记》对其之分析如下：

[illegible]，[illegible]。（[illegible]：[illegible]：[illegible]？[illegible]：[illegible]。[illegible]，[illegible]，[illegible]，[illegible]，[illegible]，[illegible]。[illegible]：[illegible]，“[illegible]”[illegible]。[illegible]，[illegible]“[illegible]”[illegible]。[illegible]，[illegible]，[illegible]，[illegible]。）

终别传，岂始［于］口说。（解曰：丈山问曰：如何直显别传？答曰：清净真体无一形象，［而］语不及，根中不怀；约传心性，箭唇相柱；[4] 证悟道伴，不可应行，别传法者，令顺显。问：别传宗

① 此二字为助词，表示动词命令体，imperative 的意思。

② “无欠德”西夏文：[illegible]，翻译不是很确定。此语句的含义应该是：“不缺乏佛本来之德行。”

③ 西夏文的[illegible]应为“说明”之类动词来理解。

④ 字面翻译。

趣，《华严经》摄乎不摄也？若摄则逆与别传，不摄则《华严》不得圆之名。答说：皆摄，即成圆［之］名。未曾实说，直显别传①。）

此段落主要说明，禅宗“不立文字”的“教外别传”之无内在矛盾。如果禅宗别传确是如马祖所说“语不及”、六根也不能掌握，修行也不可得等，如此宗旨是否可见于《华严经》？若无，则本经不是“圆教”，若此宗旨见于《华严经》，而本经利用文字，则禅修宗旨非“教外别传”。如此讨论代表辽和西夏以及晚期华严所讨论的问题体系内。“法勇”的解释即是“别传”之本意是《华严经》所摄受，但非其“实说”，因此别传的“文字外”的本意仍存在，同时维持《华严经》为“圆教”之名。

“洪州文献”的“句外禅”，“太古宝印”思想

据《洪州宗趣注解记》记载，佛教由“宗”和“行”二条组成的。“宗”与“行”成立“圆融禅”。《洪州宗趣注解记》的分析如下：

[illegible]（[illegible]：[illegible]，[illegible]，[illegible]？[illegible]：[illegible]，[illegible]②[illegible]，[illegible]，[illegible]③[illegible]，[illegible]。[illegible]。[illegible]：[illegible]。[illegible]，[illegible]。[illegible]，[illegible]，[illegible]，[illegible]，[illegible]。[illegible]）[illegible]（[illegible]：[illegible]，[illegible]），[illegible]（[illegible]：[illegible]）。

宗不逆行（解曰：约住自性是古则，谁逆不逆？问：禅者本也乎，行也？然［其］本也，则约修门不有［其］备，逆与证道；若是行也，则逆与达摩心传密印。答：宗行皆备，前六句是本，谓“应［与］达摩心传”；后四句是行，约修门有［其］备，不见二相。悟皆真故，谓其为道。先说“不逆不变［之］本”）。

---

① 最后一句的内容也不明显。

② 西夏文[illegible]字应该为[illegible]之误。

③ 西夏字不详，读为[illegible]也讲不通。

此段落注明“禅”与“行”之关系。尽管译文有一些可疑之处，但基本内容相当明显：“禅”为本，其他为“修”。若“禅”不与“修行”配合则“修道不全”；若但存“修行”而无“禅”之本，则违背达摩禅宗趣。为了解决此问题，“法勇”把“百丈偈”分成“十句”：六句为禅本，四句为“行”（笔者目前无法判出“十句”为何）。禅宗需要“禅本体”与“修行用”之配合以成立万门之全备。意向在宗密的著作、《镜心录》、《解行照心图》等辽国禅材料皆可见。

另外需要讨论的问题，即是“法勇”对“句外禅”的解释。此名相不见于传统禅宗材料，所以笔者翻译只是一种暂时的构拟而已。《洪州宗师教仪》对此概念的说明不是很透明，但“法勇”的“解”有所补充：

> [illegible]，[illegible]（[illegible]：[illegible]。[illegible]），[illegible]（[illegible]：[illegible]，[illegible]，[illegible]。[illegible]□[1][illegible]，[illegible]）。

中文翻译如下：

> 因此得名，谓“句外禅”。诸法皆真法（解曰：一切诸法皆是真之法，非离与真而别立之谓），诸名皆真名（解曰：名一从千，亦皆是真之名，非离与真而别立之谓。比如一种面可作万种面食，一切亦是上［述］一面之谓）。

“法勇”对“句外禅”的关键解释在于“一切法是真法，一切名是真名”即是《马祖语录》等处可见的“一切法皆是心法，一切名皆是心名”的改写[2]。并且如此之修订不影响这段话的宗旨。文中引用的“面食”譬喻似乎只出现在《禅图》内。[3] 宗密评洪州宗旨说道：洪州宗把世界现象直接看成佛性转变，即是此宗不了悟“一性二用”的概念。因此宗密有

---

① 字不详，应为 Sofronov 编号 1695—“粮食”。

② 续藏经 69 #1321，第 3a18—19 页。

③ 续藏经 63 #1225：33a24。“如面作种种饮食，一一皆面。”

“面食”之譬喻。“法勇”也利用这个譬喻，但改变其潜在的意义：在宗密的体系中，此譬喻否定马祖，据“法勇”的解释，其反而变为肯定洪州思想。

“句外禅”、“句随禅”和“太古宝印禅”似乎为“洪州文献”的独特的思想。“句外禅”的主要起源即在于“三身、四智自古即有，八解脱六、通本来具足，三宝最上即则为一，戒、定、慧未曾常离，证悟菩提涅槃”。“句外禅”即是代表此想法。总而言之，上述概念主要介绍“心地具足”的状态，意思是：假如能够直接发挥心地潜能可达到见性成佛的境界。

在此可以注意的是，“法勇”在解释“戒定慧”时候，特别指出：

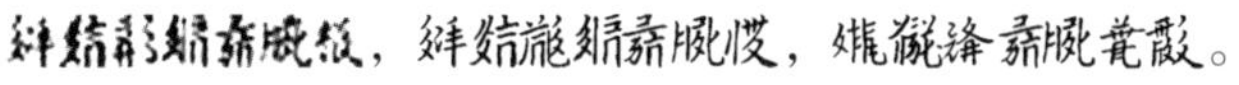

心地不垢自性戒，心地不乱自性定，显照自性慧也。

不难看出这句话的起源就在《六组坛经》内。敦煌本《坛经》这句话是：

心地无疑非自性戒，心地无乱是自性定，心地无痴自性是惠。[①]

文字上有些差异，不过基本上这句话的引用证明“法勇”对惠能思想有些了解。西夏《六组坛经》虽然不流行，但是西夏佛教徒对此经有了解，并且有西夏文的翻译[②]。

“洪州文献”讨论“一切具足”命题。“洪州文献”的“句外禅”代表一种直接发挥自性的修行方法。所以，在讨论“荷泽”和“大寂”二宗派之间的关系时，“法勇”把马祖思想定为“见性”，而把荷泽禅学宗

① 大正藏 48 #2007，第 342b25—27 页。

② 现存的西夏文本《六祖坛经》刚好保存了这段文字（见：K. Solonin，“The Fragments of the Tangut Translation of the Platform Sutra of the Sixth Patriarch Preserved in the Fu Ssu-nian Library, Academia Sinica.” *Bulletin of the Institute of History and Philology*，Academia Sinica 79（2），2008），两者之间的比较证明，“法勇”没有利用西夏文本，并且在“显照自性慧”的部分有比较大的差异，这个句子的来源不详。

旨定为“见”。此符合敦煌文献中所见的神会著作[①]，裴休在《禅源序》的序也说道“荷泽直指知见”的说法。据“洪州文献”，“句外禅”和“太古宝印”原则上是一种和谐马祖和神会学说的典范。在此需要补充的是，“大寂”的禅学宗旨是“非一非异”。据我所知，马祖相关的文献好像不见此语，尽管如此，这个概念能够把“句随”、“句外”和“太古宝印”的三种禅学统一起来，即是把“次第”的修行和“顿悟”的禅修结合为一种完整体系。

对“法勇”而言，马祖与荷泽之关系问题颇为迫切，另外在“解文”有这么的一段话：

> 问：荷泽宗师所传法者……大寂见性顺者与荷泽见顺者，有殊胜乎无殊胜乎？
>
> 答：有无皆是。何如？大寂本来说，一切皆是有真，无有殊胜。

这句话的解释不够清楚，法勇的意愿就在于把马祖和荷泽两个禅派思想综合起来。虽然有这些基本研究成果，“洪州文献”还保留巨大的研究空间。对此段落内容分析表明，实际上马祖“见性”与荷泽“见”的两个思想体系之基本宗旨是一致的。此点似乎为“洪州文献”内容的主要特色。在此“太古宝印”的作用可看作一种“圆融”结构：在其完整的体系中宗密的华严禅与马祖之“见性”可以得到和谐。

小结论

西夏文“洪州文献”与传统的马祖道一的材料内容有明显的差异。西夏文献所提的人名、名相、术语和譬喻大部分是独一无二的，没有出现在传统文献中。《洪州宗师教仪》和《洪州宗趣注解记》内容反映了所谓“华严禅”的影响及其与马祖道一洪州宗融合趋向。此特点主要见于《洪州宗趣注解记》文内的注解文。从《洪州宗趣注解记》文字可见，其作者“法勇”大量吸收了圭峰宗密的《禅源序》和《禅图》的思想。由此

① ［日］铃木哲雄：《唐五代禅宗史》，东京：山喜房仏书林，1985，第333—340、334—335页。

观之，“洪州文献”属于以华严学为主的华北佛教大传统。

“洪州文献”提出“句外禅”、“句随禅”和“太古宝印禅”独特思想。三者之间有“不二”的关系。即是此三门成立与辽禅宗材料《镜心录》中的“见性”、“安心”、“万行”体系之类似结构。如此，“洪州文献”代表辽佛教在西夏转变的侧面之一。

“句外禅”宗旨是“本有佛性圆满”，在解释此概念时，“洪州文献”引用“不变随缘”诠释方法。据澄观的华严禅理解，此概念属于“理修”范围。“句随禅”虽然在文中缺少明显的定义，但可以说它是一种与“次第”修行、语言、口诀有关系，即是属于“事修”的领域。

由“句外”、“句随”之“不二”即成“太古宝印禅”之圆融思想。“太古宝印禅”是一种不可思议的修行境界，可解为“理事无碍”之不可思议“非一非异”的境界。据“洪州文献”，“太古宝印”即是马祖的宗旨。

从传法角度来看，“句外禅”即是“以心传心”的“达摩禅”，“句随禅”即是“文字禅”的总称。三者与“太古宝印禅”虽然不一，但从本体上看皆归于“真如”。因此，三种禅适合“真体”、“自性本有”、“随缘用”之华严诠释典范。据笔者理解，“洪州文献”内容所代表的是马祖洪州禅在西夏与辽的华严化趋势。此结论希望能使学术界对西夏和辽禅宗的联系及其特点有更深入的理解。

[illegible]（[illegible]：[illegible]，[illegible]），[illegible]

下面的录文包括《洪州宗师教仪》的正文以及其文内注（为录文中的小字体）；另外包括《洪州宗趣注解记》的一部分解文。引进《洪州宗趣注解记》注解时，一律利用“解曰”：（西夏文：[illegible]）的标题。“录文”并未包含《洪州宗趣注解记》内的一切所有的注解和说明，仅限于笔者认为对解释《洪州宗师教仪》主要内容有必要的注解。第 285 页注①提供《洪州宗师教仪》正文，在此未录文内的“注”。因为显存的《洪州宗师教仪》与《洪州宗趣注解记》引用的原文有差异，笔者据《洪州宗趣注解记》补上《洪州宗师教仪》所缺的语句，皆以［］符号代表之；同样（）符号代表《洪州宗师教仪》时缺少的“注文”。这些分类不完全确定，因为《洪州宗趣注解记》在补充《洪州宗师教仪》时缺少注文和正文的分类，两者皆用大字写，所以有时比较难判断语句的属性。□代表不能解读的西夏字，或作者电脑字体缺少的西夏字。中文译本是通过林英津教授所涉及的“四行结构”而来的。因为本文非为语言学之研究，笔者忽略夏汉对字和西夏文音写二行，直接录汉文构拟翻译。

[illegible]：[illegible]，[illegible]？（[illegible]：前略……[illegible]，[illegible]，[illegible]）[illegible] 2 [illegible]。[illegible]，[illegible][①]（[illegible]：[illegible]）［[illegible]］[②]（[illegible]：[illegible]，[illegible]，[illegible]，[illegible]。[illegible]，[illegible]，[illegible]，[illegible]，[illegible]，[illegible]）：[illegible]（[illegible]：[illegible]）[illegible]（[illegible]：[illegible]），[illegible]（[illegible]：[illegible]）[illegible]（[illegible]：[illegible]）［[illegible]，[illegible]？[③] [illegible]（[illegible]：[illegible]，[illegible]）］[④]。[illegible]，（[illegible]：[illegible]，[illegible]，[illegible]，[illegible]，[illegible]）[illegible]，3 [illegible]？[illegible]，[illegible]（[illegible]：[illegible]。[illegible]，[illegible]，[illegible]，[illegible]），[illegible]（[illegible]：[illegible]，[illegible]，[illegible]？[illegible]：[illegible]，[illegible][⑤] [illegible]，[illegible]，[illegible][⑥] [illegible]，[illegible]。[illegible]。[illegible]：[illegible]。[illegible]，[illegible]。[illegible]，[illegible]，[illegible]，[illegible]，[illegible]。[illegible]）[illegible]（[illegible]：[illegible]，[illegible]），[illegible]（[illegible]：[illegible]）[illegible][⑦] 4 [illegible]（[illegible]：[illegible]），[illegible]，［[illegible]］。（[illegible]：[illegible]，[illegible]）[⑧] [illegible]，[illegible]，[illegible]，[illegible][⑨][illegible]。［[illegible]］[⑩]，[illegible]，[illegible] 5 [illegible]，[illegible]：[illegible]？[illegible]（[illegible]：[illegible]），[illegible]：

---

① 《洪州宗趣注解记》[illegible]“不二”。

② 原文无此语，据《洪州宗趣注解记》补。

③ Sofronov1034。“分别”。

④ 原文无此语，据《洪州宗趣注解记》补。

⑤ 西夏文[illegible]字应该为[illegible]之误。

⑥ 西夏字不详，读为[illegible]也讲不通。

⑦ 原文作[illegible]，据《洪州宗趣注解记》改。

⑧ 原文无此语，据《洪州宗趣注解记》补。

⑨ 原文西夏文[illegible]与[illegible]连接在一起，成四字骈文。

⑩ 原文无此语，据《洪州宗趣注解记》补。

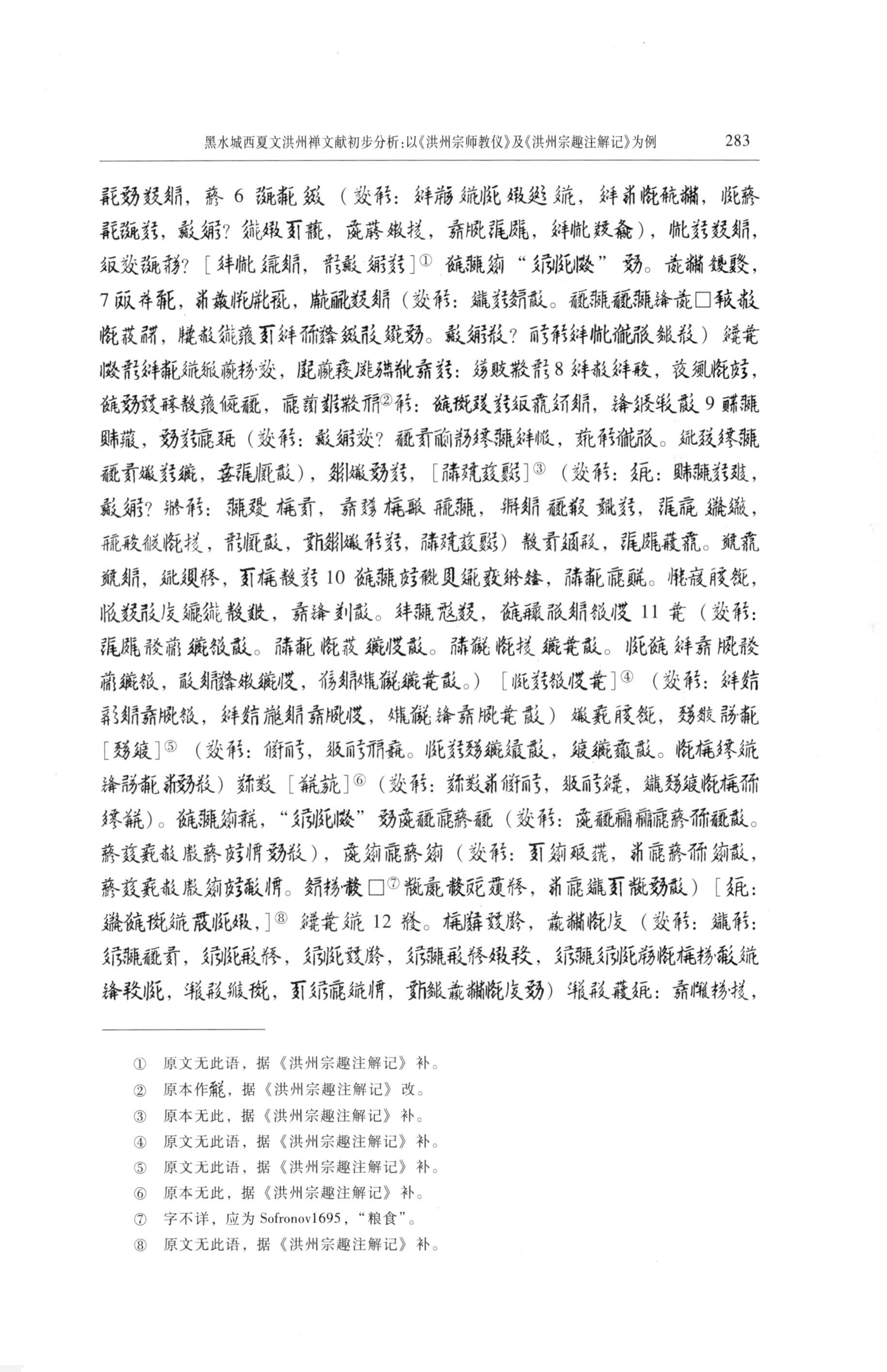

[illegible] 6 [illegible]（[illegible]），[illegible]？[[illegible]][1] [illegible]“[illegible]”[illegible]。[illegible] 7 [illegible]（[illegible]□[illegible]）[illegible] 8 [illegible][2][illegible] 9 [illegible]（[illegible]），[illegible][[illegible]][3]（[illegible]）[illegible] 10 [illegible] 11 [illegible]（[illegible]。）[[illegible]][4]（[illegible]）[illegible][[illegible]][5]（[illegible]）[illegible][[illegible]][6]（[illegible]）。[illegible]“[illegible]”[illegible]（[illegible]），[illegible]（[illegible]□[7][illegible]）[[illegible]：[illegible]，][8] [illegible] 12 [illegible]（[illegible]）[illegible]：[illegible]，

① 原文无此语，据《洪州宗趣注解记》补。

② 原本作[illegible]，据《洪州宗趣注解记》改。

③ 原本无此，据《洪州宗趣注解记》补。

④ 原文无此语，据《洪州宗趣注解记》补。

⑤ 原文无此语，据《洪州宗趣注解记》补。

⑥ 原本无此，据《洪州宗趣注解记》补。

⑦ 字不详，应为 Sofronov1695，“粮食”。

⑧ 原文无此语，据《洪州宗趣注解记》补。

[illegible]。[illegible]，[illegible]，[illegible]，[illegible] 13 [illegible]，[illegible]：[illegible]？[illegible]（[illegible]：[illegible]，[illegible]，[illegible]。[illegible]，[illegible]，[illegible]，[illegible]），[illegible]：[illegible]，[illegible][1][illegible]（[illegible]：[illegible]，[illegible]？[illegible]：[illegible]，[illegible]）[illegible]，[illegible] 14 [illegible]，[illegible]，[illegible]，[illegible]。（[illegible]：[illegible]：[illegible]？[illegible]：[illegible]。[illegible]，[illegible]，[illegible]，[illegible]，[illegible]，[illegible]。[illegible]：[illegible]，“[illegible]”[illegible]。[illegible]，[illegible]“[illegible]”[illegible]。[illegible]，[illegible]，[illegible]，[illegible]）[illegible]。[illegible]，[illegible]，[illegible] 15 [illegible][2][illegible]，[illegible]，[illegible]，[illegible]，[illegible]。[illegible] 16 “[illegible]”[illegible]，[illegible]，[illegible]，[illegible]，[illegible]。[illegible]，[illegible]，17 [illegible]，[illegible]（[illegible]）[illegible]（[illegible]：[illegible]，[illegible]□[3][illegible]，[illegible]，[illegible]，[illegible]，[illegible]，[illegible]。[illegible]，[illegible]）[illegible]，[illegible]，[illegible]［[illegible]：[illegible]］[4]（[illegible]：[illegible]，[illegible]。[illegible]，[illegible]，[illegible][5]，[illegible]。[illegible]，[illegible]，[illegible]？[illegible]：[illegible]。[illegible]？[illegible]，[illegible]…候缺）[illegible]，[illegible] 18 [illegible]，[illegible]？[illegible]，[illegible]，[illegible]，[illegible]：[illegible]，[illegible]（[illegible]）[illegible] 19 [illegible]，[illegible]，[illegible]：[illegible]？□[illegible]，[6] [illegible]：[illegible] 20 [illegible]，[illegible]。[illegible]，[illegible]，[illegible]，[illegible]［[illegible]，[illegible]］[illegible]，［[illegible]］[illegible]。[illegible]［[illegible]，[illegible]］[illegible]（[illegible]）。[illegible]，[illegible]，［[illegible]，[illegible]

① 原本作[illegible]，据《洪州宗趣注解记》改。

② 原本作[illegible]，据《洪州宗趣注解记》改。

③ Sofronov3624，“唯”。

④ 原本无此，据《洪州宗趣注解记》补。

⑤ 西夏字不详。

⑥ 西夏字不详，据《洪州宗趣注解记》应为 Sofronov，№3449，“窗”。

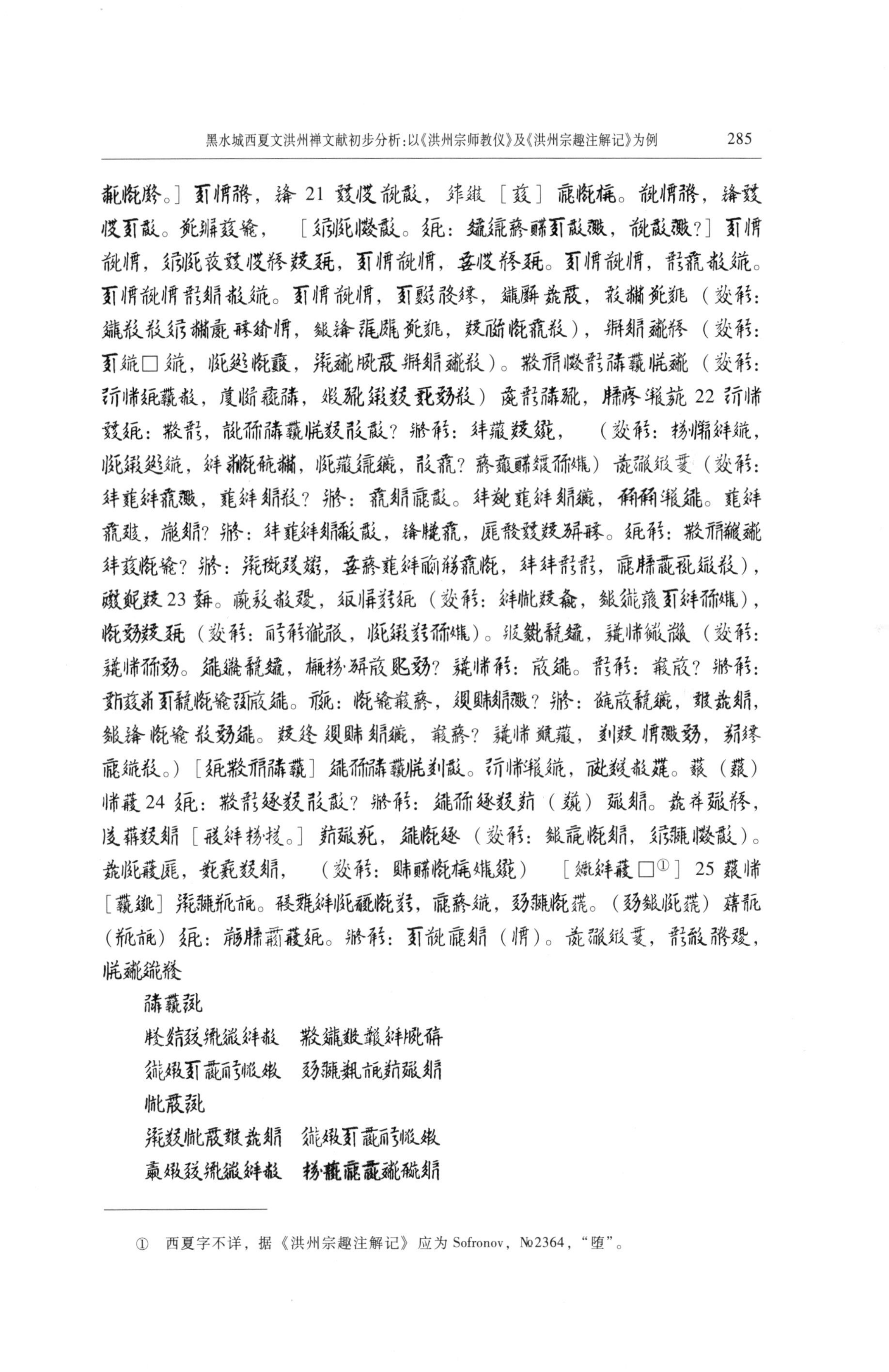

[illegible] 21 [illegible] 22 [illegible] 23 [illegible] 24 [illegible][①] 25 [illegible]

[illegible]

[illegible]

① 西夏字不详，据《洪州宗趣注解记》应为 Sofronov，№2364，“堕”。

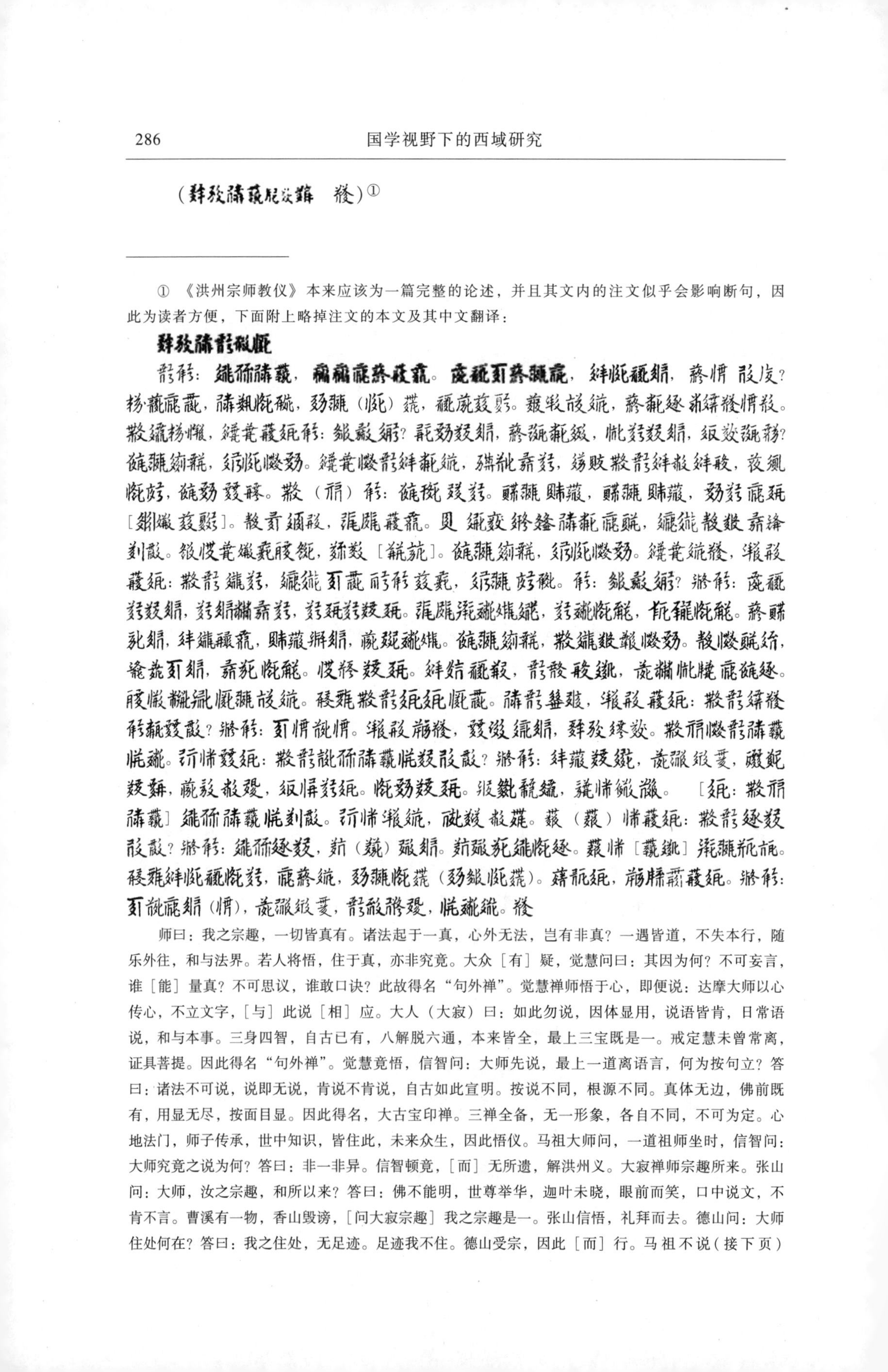

（[illegible]）①

---

① 《洪州宗师教仪》本来应该为一篇完整的论述，并且其文内的注文似乎会影响断句，因此为读者方便，下面附上略掉注文的本文及其中文翻译：

[illegible]

[illegible]

师曰：我之宗趣，一切皆真有。诸法起于一真，心外无法，岂有非真？一遇皆道，不失本行，随乐外往，和与法界。若人将悟，住于真，亦非究竟。大众［有］疑，觉慧问曰：其因为何？不可妄言，谁［能］量真？不可思议，谁敢口诀？此故得名“句外禅”。觉慧禅师悟于心，即便说：达摩大师以心传心，不立文字，［与］此说［相］应。大人（大寂）曰：如此勿说，因体显用，说语皆肯，日常语说，和与本事。三身四智，自古已有，八解脱六通，本来皆全，最上三宝既是一。戒定慧未曾常离，证具菩提。因此得名“句外禅”。觉慧竟悟，信智问：大师先说，最上一道离语言，何为按句立？答曰：诸法不可说，说即无说，肯说不肯说，自古如此宣明。按说不同，根源不同。真体无边，佛前既有，用显无尽，按面目显。因此得名，大古宝印禅。三禅全备，无一形象，各自不同，不可为定。心地法门，师子传承，世中知识，皆住此，未来众生，因此悟仪。马祖大师问，一道祖师坐时，信智问：大师究竟之说为何？答曰：非一非异。信智顿竟，［而］无所遗，解洪州义。大寂禅师宗趣所来。张山问：大师，汝之宗趣，和所以来？答曰：佛不能明，世尊举华，迦叶未晓，眼前而笑，口中说文，不肯不言。曹溪有一物，香山毁谤，［问大寂宗趣］我之宗趣是一。张山信悟，礼拜而去。德山问：大师住处何在？答曰：我之住处，无足迹。足迹我不住。德山受宗，因此［而］行。马祖不说（接下页）

《洪州宗师教仪》顺大寂意（解曰：见本意，顺了宗），诸人必[①]悟。

师曰：我之宗旨[②]，不依万圣恭敬，何以待？（前后略，解曰：此禅理，三世诸佛眼藏，十二种法中顶珠，诸圣祖师之心髓）一切皆真。本来平等，上下一味（解曰：上乘一心，独住无相）。［故百丈偈曰：］（解曰：显一切次第[③]异理，如此明了一切真圆通，体用平等不二时，与佛本来无欠德[④]。真心本清，本无妄心，一切皆不二，摄用从体，便一切皆谓真，显[⑤]体用二条故也）即有[⑥]（解曰：无不理也）诸法（解曰：不变之理也）色空（解曰：随缘用也）明暗（解曰：自性本用）［众生不了悟[⑦]，分别要害（解曰：法界中法，四种所摄，令显二种用故也）］[⑧]，从一真起（解曰：本源清净，未曾实现，不可别起，从一心而显，令显一法体故也）。芽出于地（解略），心外无法，岂有非真？跳海中，无所不湿（解略），一遇皆道（解曰：顺逆是妄，心为变相，岂遇？[⑨]无心尽心力，便谓"一遇皆道"），宗不逆行（解曰：约住自性是古则，谁逆不逆？问：禅者本也乎，行也？然［其］本也，则约修门不有［其］备，逆与证道；若［其］行也，则逆与达摩心传密印。答：宗行皆备，前六句是本，谓"应［与］达摩心传"；后四句是行，约修门有［其］备，不见二相。悟皆真故，谓其为道。先说

（接上页）心外法，悟皆真，随乐外往。密境问，问顿修［之］成。答曰：一异皆无。世尊举华，师微笑，明来顺。竟

① 这里西夏语的动词头为[illegible]，按照聂历山引用的《孙子》的西夏译本，则可暂时解为"必"之意（H. A. Невский，T. 2，第 157 页）；另见林英津，第 377 页。这句话大意思应为"每一个人都得知道大寂禅师的意向"。此词头在"洪州文献"是常见的，有些情况似乎代表未来式。

② 西夏文：[illegible]，其意可解为"宗趣"、"宗旨"、"宗意"等。相关的介绍马祖的中文文献"宗旨"比较常见，按此翻译。

③ 西夏文[illegible]翻译不完全确定，这里面的两个西夏字可说为同一字，其意为"行"，"秩序"等。

④ "无欠德"，西夏文：[illegible]，翻译不是很确定。此语句的含义应该是："不缺乏佛本来之德行。"

⑤ 西夏文的[illegible]应按"说明"之类动词来理解。

⑥ 西夏文的[illegible]前边另有[illegible]词头，翻译略之。

⑦ 在此以"了悟"代表西夏文的[illegible]。

⑧ 这段话应该属于《洪州宗师教仪》的注，不过现存的本子不见此语。西夏文[illegible]以中文"要害"为其固定的翻译，在这里的意思也许是"因为众生不了解，应该为禅门清楚地分析'一切诸法'为何"。

⑨ 原文作[illegible]，似乎句子讲的不是很通，怀疑为[illegible]之误。

“不逆不变［之］本”)。必此顺见（解曰：不见二相，谓之“悟一切真”)，不往随彼（解曰：真道实说无妄之谓)。因乐随缘（解曰：修真道者，安乐自主之谓)，和与法界。［不身者无］（解曰：三界一心，悟其［之］真)，譬人饮水，自知厚凉。[1] 若人必悟，住于真，亦是非究竟。［此三句者］，通前锁，留后锁。大众有疑，觉慧问曰：何以故？滞于实（解曰：悟真理)，而不敢弃。答曰：不可妄说，真从谁量（解曰：心顿悟以后，更悟而不留心，又谁说真妄？如何？上方一道断绝异流，昔古自性不及心知)？不可思议，谁敢口诀？［佛不可知，师如何说?］因此得名，谓“句外禅”。世中蚊子，虽唇长，而不可穿于铁牛［之］背（解曰：上述是喻。随法则不以世中追求[2]所动摇，上乘一心岂能以识测量？何以也？知心超越语文故也[3])。觉慧禅师悟于心，开右眼，紧左眼，便自说：达摩大师以心传心，不立文字，［与］此言相应。三乘五法，皆增补。大寂曰：如此不说，有口无舌，则是哑人。因体显用，言说皆肯（解曰：如何解？约法身超越［之］理，知心超过言语；约平等［之］理，法身常说者，实古则也)，日常言说，应与本事（解曰：问：如何约用说？约化［报］二身，相应自他二益，因而说无尽法门，自古至今，传权续不断，师则也，故日常言语应与本事)。三身四智，（略解）自古即有。有相无相正妙行，一二三说，因此安立。八解脱、六通本来皆备。（略解）缠缚未曾［有］，岂有所障？三宝最上，既则为一。依随佛，无胜于此。戒定慧（解曰：自古清净者是戒，本来不动者是定，本照不断者是慧。又此心自性清净者戒，无语绝测量者定，显照无明者慧)，［又说戒定慧］（解曰：心地无垢，自性戒，心地无乱自性定，显照则自性慧也)，未曾常离，入于涅槃［涅槃］（解曰：梵语，蕃语“寂灭”，又说：涅者是色，槃者是空。悟其不二之理而入之谓)。具证菩提（解曰：菩提亦是梵语，番语“觉”，证上［述］涅槃不二之理)。因此得名，谓“句外禅”。诸法皆真法（解曰：一切诸法皆是真之法，非离与真而别立之谓)，诸名皆真名（解曰：名一从千，亦皆是真之名，非离与真而别立之

---

① 这个句子也不够明显，怀疑原文有错字。

② 西夏字不详，“追求”译文不确定。

③ 这个句子的翻译也不确定：按照西夏语的文法，应该翻译为“语言超过知心”，但这样不符合西夏文章的宗旨，因此改之。

谓。比如一种面可作万种面食，一切亦是上［述］一面之谓)。［问：如此悟见后方，(略解)］觉慧悟竟。二滞击，不有刚中（解曰：前说：滞句随，为绝句外；滞句外，为绝句随，后方虽实悟句随句外直不二之外，如信智，非一句皆悟，便故曰“刚中不有”①)。信智问：已疑断，令断他碍。大师前说，最上一道，离与语言，句随安立，曰：何以故？离而未离（解曰：既约说未离，滞句随，离者为绝句外。谓约离者，谓悟句外者，为绝句随)，未离而离。答曰：诸法不可思议，要语乃说，皆非实法。无说即说（是句外禅，如何？诏曰：佛无法所说，则为经之毁也)，山中无人，岂有出音（解略)？肯说，四十九年，即则说。不肯说，终别传，岂始［于］口说（解曰：丈山问曰：如何直显别传？答曰：清净真体无一形象，［而］语不及，根中不怀；约传心性，箭唇相柱；证悟道伴，不可应行，别传法者，令顺显。问：别传宗趣，《华严经》摄乎不摄也？若摄则逆与别传，不摄则《华严》不得圆之名。答说：皆摄，即成圆［之］名。未曾说实，直显别传②)？自古按此显明，三世诸佛，取仪于彼因说不同，根性差异，而条曰和根源不二法界独自，证道皆同真体无边，佛前即有，随面目显。因此得名，谓“太古宝印禅”。如意宝珠，宗一显，十方圣者，显一切法。三禅全备，无一形象。空中写字，本无所执（解略)。各自不同，不肯为定。有量无量，离与染净直说心地法门（解曰：心者是法，则万法集，皆直是随唯心。然地者是譬，木草丛林，疾鹰野兽，血脉怀生，皆是从地。门者，出入无碍，心地法门之谓)，法如道伴，能令人悟师资传授，传者虽有，见者要害［问：荷泽祖师所传者］(解曰：了了常知。句随禅说显真体，问句外禅。此等不二，太古宝印禅不见黑白，无一形象，大寂约见性者，与荷泽约见，有殊胜乎，无殊胜？答：有无皆是。云何？按大寂宗，则一切真有——下面缺一纸)。世中知识，皆住此，佛无所知，弟子如何识？未来众生，从仪必悟。道一留句，悲心之趣。马祖大师问。问仪道上人相斗，令显勇刚。宗师坐时远远以来,？果皆显（解略)。信智问：大师究竟语如何??□于意，不求他信。答曰：非一非异。信智顿竟，无所遗。闻一悟千，得大总持。解洪州义，他人饶益。非一则，（悟此理则太古宝印）圆满，不像（与一切次第)。

---

① 这个句子的前半句意思明显，不过“刚中不有”之语难以解释。

② 最后一句的意思也不明显。

非一则（悟此理，又不执于一切次第句随）。非一非异，不同句随，（顿悟此理，则不执与一切句随句外）。非一则是必定异，像与次第。非异则必定一，始终相见，数中圆满，顺无尽为。大寂禅师宗旨所来。诸师本意，修人尽信。丈山问：大师，汝之宗旨何所来（解曰：丈山问以宗趣，南家北宗后，意方病之谓[①]）？答曰：佛不能显（解曰：一念悟心以后，更悟而不留心，岂有所显者？真空玄体之显），世尊举华（解曰：求佛心有乎，求心无也？答曰：有无皆是。无求心于佛者，毕竟信，有求心时，问［其］如何？答：既然无求佛心，则有识，不相应教道[②]。问曰：大寂意趣不像与佛？答：莫说如此，无有甚于真如求心，佛佛师师皆留修道［之］上），迦叶未晓，眼前而笑，口中肯说（解曰：不及知心故，上乘一心之显），不言不肯（超越言语，后方说之显）。曹溪有物，香山毁谤（解曰：香山之言。我今有一物，汝见之耶？嵩山曰：我见。师曰：何见？答曰：既见不像一物。唤：何不像？无妙用乎？答：此见物者，无［与之］相比，即便谓之是不像。然则无妙用者，何也？香山显像，非不一乎？皆悟通理）。（问大寂宗旨）我之宗旨所来是一。香山悟信，礼拜而去。德山问：大师住何处？答曰：我之住所，无足迹。相虽为迹，手无所执，（断取心）。各足迹，我不住（解曰：缘起不无，是句随禅）。又相道，无所分别，（堕舍心）（解曰：能显体用不二）。德山按此起行。马祖说心外无法，一切真，随乐随缘。密境[③]问顿悟成。答曰：一异皆无，世尊举华，师微笑，显［宗旨］所来。竟

宗旨偈

天地包容由唯心　太古宝印心性海

上方一道绝语思　随了随缘无足迹

知见偈

此处知见无相似　上方一道绝语思

十方包容由唯心　一遇皆道顺无违

《洪州宗趣注解记》竟

① 最后一段话的意义不详。

② 翻译不准，这段文字意义不详。

③ 不知这两个字尾名相或为人名。

参考书目

圣彼得堡东方文献研究所所藏西夏文献

Tang 111 #2529：[illegible]，《洪州宗师教仪》。

Tang 112 #2540：[illegible]，《洪州宗趣注解记》。

古人著作

Daoyuan 道原（宋），*Jingde chuandenglu*《景德传灯录》，《大正藏》51 #2046。

Zongmi 宗密（唐），*Zhu shuo Chan yuan zhu quan jidu xu*《诸说禅源诸诠集都序》，《大正藏》48 # 2015。

——，*Zhonghua chuan xindi famen shizi chengxi tu*《中华传心地法门师资承袭图》，《续藏经》63#1225。

——，*Yuanjue jing dashu shiyi chao*《圆觉经大疏释义钞》，《续藏经》9 #2045。

专书

中日文

Lin Ying-chin 林英津，*Xixiayu yi《Zhenshiming jing》shiwen yanjiu*《西夏语译〈真实名经〉释文研究》，台北："中研院"历史语言研究所，2006。

Nishida Tatsuo 西田龙雄，*Seikabun no Kegon kyō*《西夏文の华严经》，1—3 册，东京：东京大学出版社，1975—1977。

Suzuki Tetsuo 铃木哲雄，*Toō Godai Zenshuū shi*《唐五代禅宗史》，东京：山喜房仏书林，1985。

Xing Dongfeng 邢东风，*Mazu yulu*《马祖语录》，中州：中州古籍出版社，2007。

西文

Jinhua Jia，*The Hongzhou School of Chan Buddhism in Eight through Tenth Century China*，Albany：SUNY Press，2006.

E. Kychanov（Е. И. Кычанов），*Каталог Тангутских Буддийских памятников из собрания Института Востоковедения РАН*（Catalog of the Tangut Buddhist texts from the Collection of the Institute of Oriental Studies，RAS），Kyoto：University of Kyoto Press，1999.

N. A. Nevskij（Н. А. Невский 聂历山），*Тангутская Филология*（Tangut Philology）. Vol. 1－2，Moscow：GRVL，1960.

M. Poceski，*Ordinary Mind as the Way：The Hongzhou School and the Growth of Chan*

Buddhism, New York: Oxford University Press, 2007.

期刊论文、专书论文

M. Poceski, "*Mazu Yulu* and the Creation of Chan Records of Sayings," in: Steven Heine, Dale Wright eds., *The Zen Canon: Understanding the Classic Texts*, New York: Oxford University Press, 2004.

K. Solonin, "The Chan Teaching of Nanyang Huizhong (? -775) in Tangut Translation," in: N. Hill ed., *Medieval Tibeto-Burmese Linguistics*, Leiden: Brill, 2012.

——, "The Teaching of Daoshen in Tangut Translation: *The Mirror of Mind*," in: F. Girard, I. Hamar, R. Gimello eds., *Huayan Buddhism in East Asia: Origins and Adaptation of a Visual Culture*, 2012.

——, "The Fragments of the Tangut Translation of the Platform Sutra of the Sixth Patriarch Preserved in the Fu Ssu-nian Library, Academia Sinica," *Bulletin of the Institute of History and Philology*, Academia Sinica 79 (2), 2008.

——, "Hongzhou Buddhism in Xixia and the Heritage of Zongmi (780 - 841): A Tangut Source," *Asia Major* 16 (2), 2003.

怛逻斯之战和天威健儿赴碎叶

——新获吐鲁番文书所见唐天宝年间西域史事

毕　波

近年发现的吐鲁番文书中，有一组唐朝天宝年间交河郡客馆往来使者的记录，其内容包括住宿客人比较详细的身份信息，来去时间、方向以及随行人员等，客使中有宁远国王子、安西四镇将官、中央朝廷派出的中使等诸多重要人物，是考察8世纪中叶西域政治、军事形势的重要史料，其中有不少此前未见记录的史事，需待我们加以细致的钩沉。

本文书正文无确切纪年，纸缝相接之处高低不平，文书背面有一无纪年残牒，正面有两件倒书牒文，年代均为“天宝拾载九月”，为客使文书内容所压，证明其写于牒文之后。文书上登录的客使去留时间起自七月下旬，止于十月初，故而文书上限当为天宝十载（751年）七月底。

交河郡即西州，贞观十四年（640年）始置，天宝元年（742年）改名交河郡，乾元元年（758年）复名西州，故此“新获吐鲁番文献整理小组”将本组文书定名为“唐天宝十载（751年）交河郡客使文卷”。

一　天宝年间的宁远国

该组文书中多次出现了“宁远国”这一名称，是在出土文献中首次发现“宁远国”的记载，从补史、证史的角度来说，弥足珍贵。现将整理小组缀合、校录本卷的相关部分录出，再加讨论①：

（一）

奉化王男一人

7 宁远国弟（第）二般首领将军呼末鲁等五 [

8 四日发向西。

奉化王男一人

10 弟（第）四般首领将［军］伊捺五人，八月四 [

11 弟（第）五般将军首领葛勒等□ [

（二）

6 弟（第）七般首领破布浑等七人，八月八日东 [

7 ］般将军特容等八人，八月八日东到，[

（四）

奉化

3 ＊宁远国王男屋磨并□ [ ] 六日西到，至十七日发向西

5 四镇行官别将押宁远国□ [

6 日光并家人乘□ [

（五）

16 押宁远国弟（第）一般俱路仙官 [ ] 周 [ ] 将独孤雎一人，九月

17 三日东到，至八日发向 [

① 荣新江、李肖、孟宪实主编：《新获吐鲁番出土文献》（下），中华书局2008年版，第332—340页。

《新唐书》卷二一一下《西域传·宁远传》载：

> 宁远者，本拔汗那，或曰钹汗，元魏时谓破洛那。……贞观中，王契苾为西突厥瞰莫贺咄所杀，阿瑟那鼠匿夺其城。鼠匿死，子遏波之立契苾兄子阿了参为王，治呼闷城；遏波之治渴塞城。显庆初，遏波之遣使朝贡，高宗厚慰谕。三年，以渴塞城为休循州都督，授阿了参刺史，自是岁朝贡。玄宗开元二十七年，王阿悉烂达干助平吐火仙，册拜奉化王。天宝三载，改其国号宁远，帝以外家姓赐其王曰窦，又封宗室女为和义公主降之。十三载，王忠节遣子薛裕朝，请留宿卫，习华礼，听之，授左武卫将军。其事唐最谨。①

唐时的宁远国，即汉时之大宛，位于中亚锡尔河中游的费尔干纳（Ferghāna）盆地。据上引《新唐书》，开元二十七年（739年），拔汗那王参与“助平吐火仙”之战②，翌年，唐册拜其为奉化王③。天宝三载（744年），玄宗又应其王阿悉烂达干（Arslān Tarqhan）之请，将原本音译的国名“拔汗那”改成“宁远”这一富有寓意的国名④，并以李唐外家

① 《新唐书》，中华书局1975年版，第6250页。

② “阿悉烂达干助平吐火仙”之事详见《资治通鉴》卷二一四“玄宗开元二十七年（739）八月乙亥”条：“碛西节度使盖嘉运擒突骑施可汗吐火仙。嘉运攻碎叶城，吐火仙出战，败走，擒之于贺逻岭。分遣疏勒镇守使夫蒙灵察与拔汗那王阿悉烂达干潜引兵突入怛逻斯城，擒黑姓可汗尔微，遂入曳建城，取交河公主，悉收散发之民数万以与拔汗那王，威震西陲。”（中华书局1956年版，第6838页）战后唐将散亡之众数万全给了拔汗那王，可见拔汗那与唐之关系不一般。

③ 许序雅先生指出，拔汗那王阿悉烂达干“助平吐火仙”一事与受唐“册拜奉化王”一事并非如《新唐书》所记，发生在同一年（开元二十七年），后者应在开元二十八年（740年）（许序雅：《〈新唐书·宁远传〉疏证》，《西域研究》2001年第2期）。

④ 《册府元龟》卷九九九《外臣部·请求》记：“（开元）二十九年，拔汗那王阿悉烂达千（干）上表请改国名，敕改为宁远国。”（中华书局1960年版，第11724页）当误。但具体是在几月改名，尚不清楚。《册府元龟》卷九七一《外臣部·朝贡四》天宝三载闰二月尚记为“拔汗那王阿悉烂达干遣大首领并来贺正并献方物”（第11411页）。又，《宋本册府元龟》卷九七九《外臣部·和亲二》记天宝三载十二月，封宗女为和义公主，“降宁远国奉化王”（中华书局1989年版，第3908页）。由此可知，拔汗那改名宁远国当在天宝三载闰二月至十二月间。《旧唐书》卷九《玄宗本纪》下记天宝三载十月“丁未，改史国为来威国”（中华书局1975年版，第218页）。《册府元龟》卷九六五《外臣部·册封三》记天宝三载七月，“赐曹国王号为怀德王，米国王为恭顺王，康国王为钦化王”（第11349页），由此也可看出，这一时期唐与中亚诸胡国间关系之密切。

的窦姓赐其王，又封宗室女为和义公主降嫁之①。无论是更名赐姓，还是公主和亲，唐廷这一系列举动都说明，宁远国当时与唐朝关系确实比较密切。不过需要指出的是，尽管此后在正式场合一般都称其国为“宁远国”，但在某些场合，仍依惯例称其为“拔汗那”，这一点由《资治通鉴》所记不难发现。

本文所要讨论的这一组文书，涉及这个国家时称“宁远国”而非“拔汗那”，由此可以肯定文书写于天宝三载之后，与我们断定的文书书写年代天宝十载完全相合。在这组文书中的第（四）片有一处提到了“宁远国王男屋磨”，恰好在《册府元龟》有记天宝八载（749 年）八月，“宁远国王子屋磨来朝”②。史籍和文书两相对应，可以证明二者所记就是同一位宁远王子。文书上的“宁远”二字旁还小注有“奉化”二字。据《册府元龟》卷九七一《外臣部·朝贡》，从开元二十七年到天宝十载，宁远国奉化王一直是阿悉烂达干，则此处的屋磨王子应该就是阿悉烂达干之子。

上引文书所记应当是与宁远国使团相关的内容，为便于讨论，我们先将有关信息列表如下（见表 1）：

表 1　客使文书中与宁远国相关人员信息

般次	人员	人数	到达时间/方向	离开时间/方向
第二般	（奉化王男）首领将军呼末鲁	五人	（八月）四日发向西	
第四般	（奉化王男）首领将［军］伊捺	五人		
第五般	将军首领葛勒			
第七般	首领破布浑	七人	八月八日东到	
第八般	将军特容	八人	八月八日东到	
	宁远国（奉化）王男屋磨		（八月）［ ］六日西到	十七日发向西
	四镇行官别将押宁远国口［			
	押宁远国弟（第）一般俱路 仙官［ ］周［ ］将独孤琏	一人	九月三日东到	八日发向［

① 《宋本册府元龟》卷九七九，第 3908 页；制文见《唐大诏令集》卷四二，商务印书馆 1959 年版，第 206 页；《全唐文》卷二四《封和义公主出降宁远国王制》，中华书局 1983 年版，第 283 页。有学者指出，这是唐朝与中亚诸胡唯一一次和亲（见许序雅《〈新唐书·宁远传〉疏证》，《西域研究》2001 年第 2 期）。

② 《宋本册府元龟》卷九七一《外臣部·朝贡四》，第 3853 页。

仔细研究这些文书的内容，我们可以得出以下几点认识。

第一，本组文书在登录宁远国使臣时出现了“押宁远国第一般”、“宁远国第二般”、“第四般”、“第五般”、“第七般”等字样，“第七般”后下一行亦残存一“般”字，联系整行内容来看，其前所缺补以“第八”二字当不致有太大问题。第二般到第八般使臣到达交河郡的时间相对集中，都在八月上旬，到达日期虽不尽相同，但前后相差不过几天，表明他们应该属于同一使团，在天宝十载八月前后，至少分为八个般次，以分批行动的方式入朝（具体请参看表1）[①]。由于文书残缺，未能留存一条完整的宁远国使臣来去时间及方向的信息，不过，将这几条材料结合起来可以推知，数般宁远国使臣应该皆是在八、九月间从“东到”、“发向西”，即出使长安之后，归国途经交河郡治所在的高昌城，逗留几日然后向西踏上归程。

与这几般宁远国使臣相比，宁远国王子屋磨的行程明显不同。首先，他的来去方向是，从“西到”，又“发向西”；其次，文书在登录其身份时，在其名字前也没有出现和第二般至第八般使臣相同的那种“第×般”的方式，而是记作“宁远国王男屋磨”；最后，他抵达交河郡的时间是八月“□六日”，“六”字之前有若干缺字，或并无其他数字，即八月六日，或可补一“十”字，为八月十六日，从这一段文书在整组文书中的排列位置来看，八月十六日的可能性更大一些。这种种不同都表明，屋磨很可能并没有与其他宁远国使臣偕往长安。

据《册府元龟》记载，天宝十载，宁远国共三次朝贡唐廷，是史载朝贡之年中最多的一次：“二月，宁远国奉化王阿悉烂达干遣使献马二十二匹及豹、天狗各一。……九月……宁远国奉化王阿悉烂达干遣使献马二十匹。是月，又献马四十匹。”[②] 几次朝贡共献马八十余匹[③]。文书中出现的宁远国使团自长安使还抵达交河的时间是八月，则其入朝长安的时间应

---

① 《册府元龟》卷九七一《外臣部·朝贡四》记：天宝十二载四月，“三葛禄遣使来朝，凡一百三十人，分为四队，相继而入，各授官赏，恣其请求，皆令满望”（第11413页）。由此可见，异邦来朝使团在来朝时分成几批觐见可能是比较普遍的情况。

② 《宋本册府元龟》卷九七一，第3853页。

③ 费尔干纳盆地自古以来就产良马，中国人称作“汗血宝马”，其国使团所献马匹，应该就是这种宝马。

在此之前，也就是说，从时间上看，本文书中的宁远使团不太可能属于九月及其之后的这两次。由于《册府元龟》记载过简，文书所见使团到底是属于二月的那次，还是史书所漏载的二月至九月间的一次，我们尚不得而知。

第二，这组使者并非普通的往来使者，而是一批地位较高的使臣，其中包括几位宁远国王子。其中，率领第二般和第四般使臣的分别是首领将军呼末鲁和伊捺，这两处的“首领”二字旁皆小注有“奉化王男一人”，表明他们的身份也是王子，即当时的宁远国奉化王阿悉烂达干之子。由于文书其他部分残缺，不知其他般次中是否还有“奉化王男”，但这批使团中至少已经有两个宁远国王子。在已存的几条材料中，每一般使者都是由“首领将军”、“将军”、“首领”来率领。由此看来，文书中所见的这一宁远国使团的规格还是比较高的。

第三，保存下来的每一般的使者人数，少则五人，多则八九人，并不算多。但这八般使者应该是同一个入朝唐廷的使团，只不过分散而行。如第七般和第八般就同是“八月八日从东到，发向西”。以每般五人计算，整个使团至少也有四十人，相对于一般入朝唐廷的使团，规模并不算小。

第四，按照唐朝的规定，入朝使团是由唐朝官府派人到使者入境的地方迎接，并带领他们进入长安。从本文书我们得知，天宝年间西域使者往来时，是由驻扎龟兹（安西）的四镇节度使派将领（如别将）作为行官去押领的，这个行官的职责是只负责在西域地区的迎使护送任务，还是要一路陪同前往长安，我们不是非常清楚，但交河郡是在四镇节度的控制范围之外，则说明四镇行官在押领使团时，出行的范围不仅仅限于本节度辖区。

这组唐西州交河郡的客使文书，不仅提供了更多关于唐朝地方官府对四方往来使者的接待工作的细节材料，还进一步丰富了我们对于宁远国与唐朝关系的认识。更重要的是，这组文书对于了解天宝八载至十载间西域历史的脉动很有帮助。

二　天宝十载怛逻斯之战以前的西域局势

1. 宁远国、石国之反目与怛逻斯之战的爆发

上文已经分析，在这组天宝十载交河郡客使文书中，出现了至少八般

宁远国使团，其使团不仅有相当规模，且使臣身份甚高，其中有至少两般都是王子带团出使。尽管出土文书和传世文献的记载尚无法完全对应，但该年宁远国如此频繁地到唐廷遣使朝贡，肯定是有其特别原因的。

众所周知，在天宝十载这一年，发生了一场在唐代中国和阿拉伯历史上都非常有名的怛逻斯之战[①]。有关高仙芝讨伐石国（Chach）及其所引发的怛逻斯之战，有多种汉文记载，此处举比较详细的两条。《旧唐书》卷一〇九《李嗣业传》记：

> 〔天宝〕十载，〔嗣业〕又从平石国，及破九国胡并背叛突骑施，以跳荡加特进，兼本官。初，仙芝绐石国王约为和好，乃将兵袭破之，杀其老弱，虏其丁壮，取金宝瑟瑟驼马等，国人号哭，因掠石国王东献之于阙下。其子逃难奔走，告于诸胡国。群胡忿之，与大食连谋，将欲攻四镇。仙芝惧，领兵二万深入胡地，与大食战，仙芝大败。会夜，两军解，仙芝众为大食所杀，存者不过数千。[②]

《资治通鉴》卷二一六"天宝十载四月"条后记：

> 高仙芝之虏石国王也，石国王子逃诣诸胡，具告仙芝欺诱贪暴之状。诸胡皆怒，潜引大食欲共攻四镇。仙芝闻之，将蕃、汉三万众击大食，深入七百余里，至恒（怛）罗斯城，与大食遇。相持五日，葛罗禄部众叛，与大食夹攻唐军，仙芝大败，士卒死亡略尽，所余才

---

① 关于怛逻斯之战，相关论文和著作很多，此处仅列出几种：W. Barthold，*Turkestan down to the Mongol Invasion*，3rd ed.，London，1968，pp. 195－196；H. A. R. Gibb，*The Arab Conquests in Central Asia*，New York，1923，p. 96；白寿彝：《从怛逻斯战役说到伊斯兰教之最早的华文记录》，《禹贡半月刊》1936年第5卷第11期，此据作者《中国伊斯兰史存稿》，宁夏人民出版社1983年版，第56—103页；前嶋信次：《タラス战考》，《史学》第31卷第1—4号，第32卷第1号，1958—1959年，收入作者《东西文化交流の诸相》，东京：诚文堂新光社1982年版，第129—200页；D. M. Dunlop，"A New Source of Information on the Battle of Talas or Atlakh"，*Ural-Altaische Jahrbücher* 36，1964，pp. 326－330；Ch. I. Beckwith，*The Tibetan Empire in Central Asia：A History of the Struggle for Great Power among Tibetans，Turks，Arabs，and Chinese during the Early Middle Ages*，Princeton University Press，1987，pp. 139－140；王小甫：《唐·吐蕃·大食政治关系史》，北京大学出版社1992年版，第177—179页；李方：《怛罗斯之战与唐朝西域政策》，《中国边疆史地研究》2006年第1期。

② 《旧唐书》，第3298页。

> 数千人。右威卫将军李嗣业劝仙芝宵遁，道路阻隘，拔汗那部众在前，人畜塞路；嗣业前驱，奋大梃击之，人马俱毙，仙芝乃得过。[①]

关于怛逻斯之战的具体时间，诸家所记不尽相同。《资治通鉴》系于天宝十载四月至八月间，阿拉伯史料系于回历133年贾月（即天宝十载八月）[②]。从时间上看，与本文书涉及的内容完全吻合。对于这场战争的历史影响，至今众说不一[③]，本文无意于在此对之做出评价，仅为借助新出材料来辨明一些历史事实。

学界一般认为，是安西四镇节度使高仙芝讨伐石国从而引发了怛逻斯之战，对二者之间的先后因果关系没有异议。但是，对于高仙芝为何要讨伐石国，学界理解不一，大多数国内学者只是按照汉文史料中的记载来理解，即因石国王于藩臣之礼有亏，故而安西节度使高仙芝奏请讨之[④]。不过，据阿拉伯史料记载，高仙芝（阿文史料中称其为“中国山岭之主”[⑤]）是在天宝九载破朅师回途中，应宁远国王（Ikhshīdh of Ferghāna）之请而击石国的[⑥]。阿拉伯史家阿西尔（Ibn al-Athîr）在《全史》中记曰：

> 在回历133年（750年8月—751年7月——引者注），拔汗那王和石国国王之间反目。拔汗那王求助于唐朝皇帝，皇帝给他派遣了十万大军，围攻石国国王。石国王向唐朝皇帝乞降，他没有加罪于他本人及其左右。并·波悉林（Abu Mūslim）得知此讯后，派遣齐雅德·萨利赫（Ziyād b. Sālih）前去，双方在怛逻斯川交战。穆斯林军队战胜了唐军，杀约五万人，俘虏了近两万人，其余的逃回了中国。这次战役发生在回历133年祖·尔·贾月（751年7月，即天宝十载

---

① 《资治通鉴》，第6907页。

② 见下引文。中国史书认为是在751年7—8月间，美国学者白桂思（Ch. I. Beckwith）认为可能发生在7月27—29日（*The Tibetan Empire in Central Asia*, p. 139, n. 190）。

③ 参看前注关于怛逻斯之战的相关论著。

④ 《唐会要》卷九九《石国》，上海古籍出版社1991年版，第2102页；《新唐书》卷二百二十一《石国传》所记相同，唯文字略异。

⑤ 王小甫：《唐·吐蕃·大食政治关系史》，第185页。

⑥ Gibb, *The Arab Conquests in Central Asia*, p. 96; Barthold, *Turkestan down to the Mongol Invasion*, p. 195.

八月——引者注）。[①]

在20世纪50年代出版的《西突厥史料补阙及考证》中，岑仲勉先生已经提到阿拉伯史料中有与怛逻斯之战相关的记载，并且指出《新唐书·石国传》所记之不足："只谓'安西节度使高仙芝劾其无藩臣礼，请讨之'。今试推之，当日屈底波（Qutayba）之前锋，已北达石国。意石国贰于大食，仙芝为抵抗大食东侵，故有此请。观后来彼国与大食联兵，不无蛛丝马迹。《旧书·李嗣业传》或未尽得其情实也。"[②] 尽管如此，国内很多学者今天在谈到怛逻斯之战时，还是依照上引那段汉文史料认为，高仙芝伐石国只是单纯因为石国有违藩臣之礼[③]。然而，从阿拉伯史料及新发现的吐鲁番文书来看，原因实不止于此。

据《新唐书》记载，天宝十载正月，石国国王被安西节度使高仙芝擒至长安后，斩首阙下[④]。紧接其后，自二月开始，宁远国就频频派遣使团远赴长安。联系阿拉伯史料的记载来看，宁远国的遣使应该是有酬谢唐廷为己出头平怨之意。这一点从后来发生的怛逻斯之战中拔汗那的立场也可推知。高仙芝在获知诸胡与大食联合欲谋攻四镇后，率领蕃、汉兵数万深入胡地意欲阻击。从现有文献记载看，在其所发蕃兵中，除北方草原地区的葛逻禄部众外，西域诸胡中仅见拔汗那兵，别无他国助唐抗击大食，这不仅表明《资治通鉴》等书所载高仙芝伐石国的暴虐行径所招致的"诸胡皆怨"应该确为实情，同时也暗示我们，阿拉伯文献中所记的宁远、石国结怨以及高仙芝替宁远国讨伐石国应确有其事。在唐与大食的怛逻斯对战时，宁远国理所当然要站在唐廷一边，因为怛逻斯之战的引发，说到底是与宁远与石国之不和有关。

宁远国王与石国国王之间出现矛盾，互生怨恨，但结怨起因何在、怨

① 转引自Dunlop, "A New Source of Information on the Battle of Talas or Atlakh," pp. 326－327; Beckwith, *The Tibetan Empire in Central Asia*, p. 137。Dunlop还指出，Ikhshīdh是拔汗那地区传统的君主称号（Dunlop上引文p. 327）。参看刘戈《全史选释》（上）所译此段引文，《中亚研究》1988年第1、2期。

② 岑仲勉：《西突厥史料补阙及考证》，中华书局1958年版，第100页。

③ 刘迎胜先生认为，高仙芝讨伐石国是受吐火罗挑拨（见其《丝路文化·草原卷》，浙江人民出版社1995年版，第173页）。然未引相关史料，故不知其所据何出。

④ 《新唐书》卷二二一下《西域传·石国传》："王约降，仙芝遣使者护送至开远门，俘以献，斩阙下。"（第6246页）《唐会要》卷九九文字略异。

有多深，我们并不明了。白桂思（Ch. I. Beckwith）先生推测，在 750 年年初，宁远和石国开始彼此怀有敌意，此后不久，突骑施背叛唐朝，与石国王伊捺吐屯屈勒（Inäl Tudun Ch'ü le）之子车鼻施（cabïś）站在一边，他们反对拔汗那王阿悉烂达干，而骨咄（Khuttal）国王 al-Hanaś很可能是支持阿悉烂达干的[①]。张日铭先生则推测，两国的不和或是由于存在领土纠纷，或是因为石国反对拔汗那国王阿悉烂达干的亲唐政策，而这种政策在突骑施旧领地内损害了石国利益[②]。两位学者说的不无道理，但关于这一问题，因史料有限，我们暂不做讨论。此处笔者关心的是，与背叛突骑施站在一边的石国王到底是不是伊捺吐屯屈勒之子车鼻施，这与被高仙芝擒获的石国王到底是谁的问题相关，因此有必要细究一番。

现有史籍中，仅有《新唐书·高仙芝传》提到了这位石国王的名字是车鼻施[③]。因此沙畹等人以为，高仙芝所讨伐之石国王就是这位车鼻施[④]。还有学者认为被擒的石国王是为《册府元龟》所记之石国王特勒（勤）[⑤]。

对于 8 世纪时石国的诸王问题，由于史籍记载不明，学界至今仍莫衷

---

① Beckwith, *The Tibetan Empire in Central Asia*, pp. 137 - 138.

② ［法］张日铭：《唐代中国与大食穆斯林》，姚继德、沙德珍译，宁夏人民出版社 2002 年版，第 67—68 页。关于两国之间的领土纠纷，他认为，两国都与突骑施北部边境接壤，石国王欲借突骑施部落纷争之机，对怛逻斯河以西施加影响，从而在政治上与拔汗那在该地区竞争（第 45 页）。据前引《资治通鉴》记载，开元二十七年，拔汗那、石国和史国一起参与了唐朝、莫贺达干对黑姓突骑施的战斗，然战后唐朝将数万散亡之众悉与拔汗那王，是否因此而引起石国、宁远两方结怨，为日后进一步冲突埋下了伏笔。因史料缺乏，尚不明了。

③ 《新唐书》卷一三五《高仙芝传》记："九载，（仙芝）讨石国，其王车鼻施约降，仙芝为俘献阙下，斩之，由是西域不服。其王子走大食，乞兵攻仙芝于怛逻斯城，以直其冤。"（第 4578 页）

④ ［法］沙畹：《西突厥史料》，冯承钧译，中华书局 2004 年版，第 132 页；Beckwith, *The Tibetan Empire in Central Asia*, pp. 137 - 138；（唐）杜环著，张一纯笺注：《经行记笺注》，中华书局 2000 年版，第 27 页。吉田豊先生讨论过"车鼻施"这个词，认为它可能是粟特语 *cp'yš*（意为将军）的音译，此名也常见于西突厥的官人姓名当中，所以也可能是来自突厥语的 *čavïš*（也是将军之意），参见 Y. Yoshida, "Some Reflections about the Origin of *čamūk*," 森安孝夫编《中央アジア出土文物论丛》，京都：朋友书店 2004 年版，第 130—132 页。乾陵的六十一蕃人石像中，有"碎叶州刺史安车鼻施"的题名，见荣新江《西域粟特移民聚落补考》，《西域研究》2005 年第 2 期。

⑤ ［法］张日铭：《唐代中国与大食穆斯林》，第 68 页。

一是，众说纷纭[①]。许序雅先生指出，汉籍记载表明石国在 8 世纪上半叶仍实行双王制。正王号称“特勒（勤）”，于天宝元年（742 年）、二年（743 年）、四载（745 年）遣使朝贡唐朝；副王为吐屯一系，伊捺吐屯屈勒即属该系[②]。笔者同意这一看法。据《册府元龟》记载，开元二十八年（740 年）三月，因为助唐平息突骑施吐火仙之乱，石国蕃王莫贺咄吐屯被唐册封为石国王，并且加特进、赐旌节。翌日，又被册为顺义王[③]。而据《唐会要》卷九九《石国传》，开元二十九年有伊捺吐屯屈勒请讨大食事[④]。由此可以推测，伊捺吐屯屈勒是莫贺咄吐屯之子，在莫贺咄吐屯之后嗣立其位。我们注意到，特勒（勤）一系石国王仅出现在《册府元龟》里[⑤]，而《新唐书》《唐会要》等史籍关于“石国”的记载则无一例外都是莫贺咄吐屯—伊捺吐屯屈勒一系，这似乎暗示，尽管在天宝初年至高仙芝伐石国前，石国国内是双王并立的局面，但是唐朝支持、认可的是石国副王一系，因为这一系的国王是由唐朝册封的。

《唐大诏令集》卷六四《赐故石国王男那俱车鼻施进封怀化王并铁券文》载：“维天宝十二载岁次癸巳十月戊辰朔十四日辛巳，皇帝若曰：咨尔故石国顺义王男那俱车鼻施，夫柔远之道，必先文德。录诚之义，是加命礼。卿之先代，累宾朝化，列在蕃王。卿又能效节输忠，克复居宇。捍边率下，循职修贡。……今授卿特进，仍封怀化王，并赐丹书铁券，以表

① 因相关材料较多，此处不予一一列出。

② 许序雅：《〈新唐书·石国传〉疏证》，《西域研究》1999 年第 4 期。

③ 《册府元龟》卷九六四，第 11346 页；（宋）宋敏求编：《唐大诏令集》卷一二九，中华书局 2008 年版，第 695 页；《全唐文》卷三九《册顺义王莫贺咄吐屯文》，第 423 页；《新唐书》卷二一五，第 6068 页。许序雅先生认为称其为“蕃王”是因为“莫贺咄吐屯，从名字上看是突厥人。因此，《唐会要》把他称为‘蕃王’”（许序雅《〈新唐书·石国传〉疏证》，第 23 页）。笔者不同意这样的解释。

④ 《唐会要》卷九九，第 2102 页。按《年府元龟》卷九六六《外臣部·继袭一》“石国”条记“（开元）九年，其王曰伊吐屯屈勒”（第 11365 页），“九年”前当漏“廿”字，“伊”字下缺“捺”字。一些学者以开元九年伊捺吐屯屈勒即位为石国王立论，延伸出一些推测之辞，今不取，有关问题当另文讨论。

⑤ 从《册府元龟》对石王特勤的记载来看，前皆冠之“石国王”，而且特勤一系石王，较之吐屯一系石王，和其他昭武九姓国家的关系似乎更为密切一些。是否表明，特勤一系在石国内部是更为正统的一支。

忠赤。"① 册文明确指出，那俱车鼻施是已故的顺义王之子。"顺义王" 原本是唐廷册给石国蕃王莫贺咄吐屯的封号，但此处的"顺义王" 并非莫贺咄吐屯，而应是其子伊捺吐屯屈勒。因为《册府元龟》卷九七五《外臣部·褒异二》有记："天宝元年正月丁巳，石国王遣使上表，乞授长男那居车鼻施官，诏拜大将军，赐一年俸料。"② 这两条材料中的那俱车鼻施和那居车鼻施应为同一人，"居"、"俱" 为同音异译。由史籍记载可知，伊捺吐屯屈勒于开元二十九年嗣其父之王位，天宝五载时曾献方物③，因此，天宝元年时为长男那居车鼻施乞授官的石国王一定是伊捺吐屯屈勒，则天宝十二载赐那俱车鼻施文中的"顺化王" 舍伊捺吐屯屈勒莫属，很有可能他嗣位时也继袭了唐朝册封其父的"顺义王" 称号④。因此，那俱车鼻施是属于莫贺咄吐屯—伊捺吐屯屈勒一系，他在天宝十二载被唐朝册封为"怀化王"，原因应当就是他在怛逻斯之战后能够"克复居宇"，从大食手中夺回部分土地，并向唐朝"效节输忠"。

按上引《赐故石国王男那俱车鼻施进封怀化王并铁券文》中提到："卿之先代，累宾朝化，列在蕃王。""蕃王" 的称呼和《册府元龟》卷九六四对莫贺咄吐屯的称呼是一脉相承的，因此这里所说的那俱车鼻施的先代，也就是指其祖莫贺咄吐屯和父伊捺吐屯屈勒都是"累宾朝化" 的蕃王。因此可以认为，高仙芝天宝九载俘获的石国王，不是当时的石国副王伊捺吐屯屈勒，而应当是属于石国正王特勤一系。如果正如《新唐书·高仙芝传》所记为车鼻施的话，那他应当属于天宝初年曾经入贡唐

---

① 《唐大诏令集》卷六四，第 353 页；又见于《全唐文》卷三九，第 426 页。《册府元龟》卷九六五《外臣部·封册三》只记其事，未录全文（第 11350 页）。关于那俱车鼻施被册为怀化王的时间，其他史书所记不同，《新唐书》卷二二一《西域传·石国传》记为"天宝初"（第 6246 页），《册府元龟》卷九六六《外臣部·继袭一》则记为"天宝五载"（第 11365 页），皆误。正因如此，有些学者弃而不用此条材料，而将相关史事直接系于天宝十二载之下（沙畹《西突厥史料》，第 334 页；王小甫《唐·吐蕃·大食政治关系史》，第 185 页）。前嶋信次则承认此条材料的真实性，并认为那俱车鼻施是莫贺咄吐屯之子（《タラス战考》，第 178 页）。

② 《宋本册府元龟》卷九七五，第 3880 页；《册府元龟》卷九九九则记为天宝元年五月（第 11724 页）。

③ 《宋本册府元龟》卷九七一《外臣部·朝贡四》记天宝五载三月，石国王遣使来朝并献马十五匹，石国副王伊捺吐屯屈遣使献方物（第 3852 页）。

④ 沙畹在《西突厥史料》中记到：740 年册封石国王为顺义王，742 年又册封之为怀化王（第 271 页），显误。白桂思认为车鼻施是伊捺吐屯屈勒之子（Beckwith, *The Tibetan Empire in Central Asia*, pp. 137 – 138）。

朝的石国王特勤的继承者，而不是像白桂思所说的是伊捺吐屯屈勒之子，他可能把这个车鼻施和那俱车鼻施混为一谈了。

天宝初年，无论是特勤一系还是吐屯一系的石国王，都不断向唐朝朝贡。但是，随着石国与拔汗那的反目及其他原因，特勤一系的石国王对唐朝不再守藩臣之礼，因而引发了唐将高仙芝兴师讨伐。

2. 石国与突骑施

高仙芝之所以讨伐石国，一方面在于石国、宁远国不和而唐为宁远讨之；另一方面，据学者研究，确实是因为石国有违藩臣之礼，即石国与黄姓突骑施相互勾结，触动了唐朝在碎叶川一带西突厥故地的利益，因而招致唐廷对石国的不满①。

突骑施是西突厥别部之一，于8世纪中叶继西突厥崛起于天山北部及中亚草原地带。突骑施与唐、吐蕃及大食之间的相互关系构成了8世纪前半叶中亚地区政治舞台上重要的一章。自7世纪末始，西突厥五咄陆中的突骑施首领乌质勒（Ocirliq/Orcilig）势力渐增，遂悉并西突厥之地，以碎叶川之碎叶城（Sūyāb）为其大牙，伊丽水北的弓月城为其小牙。景龙三年（709年），东突厥默啜率兵杀突骑施首领娑葛及其弟遮弩之后，“默啜兵还，娑葛下部将苏禄鸠集余众，自立为可汗”②。唐朝不能平苏禄，于是以爵位羁縻之，并于开元十年（722年）以阿史那怀道女为金河公主嫁之③。突骑施汗国在一代雄主苏禄手中发展至顶峰。开元二十六年（738年）时，苏禄被部下莫贺达干（baga tarqan，即阙律啜/Köl-chür）杀死④，此后，部将之间争权夺利，掺杂着原本已有的黄、黑二姓部众之争，使得突骑施汗国内讧不休，日趋衰落⑤。

① 前嶋信次：《タラス战考》，第182—185页。

② 《旧唐书》卷一九四下《突厥传》，第5191页。

③ 《资治通鉴》卷二一二，第6754页；（唐）杜佑撰，王文锦等点校：《通典》卷一九九，中华书局1988年版，第5463页。

④ 王小甫先生认为《旧唐书》等史书所记“北庭都护盖嘉运以轻骑袭破突骑施于碎叶城，杀苏禄”之说均不可信（《唐·吐蕃·大食政治关系史》，第175页）。莫贺达干是处木昆部之阙律啜（沙畹《西突厥史料》，第261页）。阿拉伯史料说是苏禄和阙律啜二人因为下棋而引发肢体冲突，阙律啜心怀不忿，遂纠集其众夜袭苏禄，将其杀死；转引自Beckwith，*The Tibetan Empire in Central Asia*，p. 118。

⑤ 据《新唐书》卷二一五下《突厥传附突骑施传》，突骑施部众内部自谓娑葛后者为“黄姓”，苏禄部为“黑姓”（第6068页）。

苏禄之死，对于唐朝可谓是去掉了心头大患，加之突骑施内部二姓之争导致的严重分裂，使得突骑施对于唐朝的威胁已经大大降低，因此有学者指出，此后的突骑施已完全处于唐朝的控制之下[①]，但这并不意味着突骑施对于当时之西域局势已毫无影响力。《资治通鉴》“玄宗天宝元年（742）正月”条明确指出九大节度之北庭节度的主要职能是防制突骑施、坚昆[②]。唐廷如此部署，说明苏禄之后的突骑施对于唐朝的边疆地区和对外关系来说，仍是一个非常重要的对手，而且，这一局面至少持续到天宝十载。《资治通鉴》本年正月条下记载了安西节度使高仙芝入朝献俘之事，其中包括突骑施可汗、吐蕃酋长、石国王、朅师王[③]。《册府元龟》所记更为详细一些：

> 安西四镇节度、特进兼鸿胪卿员外置同正员、摄御史中丞高仙芝，生擒突骑施可汗、吐蕃大首领及石国王并可敦及杰帅（朅师）来献，上御勤政楼，会群臣引见，加仙芝开府仪同三司、摄御史大夫，仍与一子五品官，余并如故，赏功也。[④]

文献所记载的这些异邦酋首并不是同时被擒获，但高仙芝是将他们一并来献的。以上两条史料在列举这些酋首时，皆是将突骑施可汗放在最先，其次是吐蕃大首领，然后是石国国王及可敦，然后是朅师。《新唐书》卷五《玄宗本纪》记天宝十载正月，“安西四镇节度使高仙芝执突骑施可汗及石国王”[⑤]。此处虽然仅提到了突骑施和石国，未及其他两邦，但在排序上也是先突骑施而后石国。联系当时唐朝与这些外族之间的关系来看，这种排序方式应该不是随意为之，而是按其在唐人眼里的重要程度而定的。对于唐廷来说，列在首位的应该是最有分量的。突骑施可汗被置于最先，无疑表明突骑施当时在唐人眼里的重要性。

---

① 王小甫：《唐·吐蕃·大食政治关系史》，第179页。

② 《资治通鉴》卷二一五，第6848页。

③ 《资治通鉴》卷二一六，第6904页。

④ 《宋本册府元龟》卷一三一《帝王部·延赏二》，第118页；并参看《册府元龟》卷四三四《将帅部·献捷一》，第5158页。

⑤ 《新唐书》卷五，第148页。

虽然不同史籍中都提到高仙芝俘获突骑施可汗，但对于此可汗之所属，以及高仙芝为何擒之却未著一字。前嶋信次先生认为，高仙芝擒获的肯定是与唐朝对立的黄姓突骑施所立的可汗。因为从石国蕃王莫贺咄吐屯与唐共击吐火仙等黑姓突骑施来看，石国和黄姓突骑施的关系是密切的。唐朝开始时是支持黄姓的，只是后来因为莫贺达干的不合作，遂转而支持黑姓突骑施，这样一来石国和唐朝也就处于对立的立场①。笔者完全同意这一看法。分析开元末年到天宝年间石国和唐朝之间的关系，不能脱离开与突骑施的关系来看，这从以下材料也可得到证实。《旧唐书·李嗣业传》记，李嗣业曾于天宝十载跟从高仙芝“平石国及破九国胡并背叛突骑施，以跳荡加特进，兼本官”②。吐鲁番阿斯塔那506号墓所出《唐天宝十载二月十二日制授张无价将军官告》，也记载了张无价等人参加的“四镇平石国及破九国胡并背叛突骑施等贼”之役③。史籍记载和出土文书完全吻合，甚至“平石国及破九国胡并背叛突骑施”用词都完全相同，不过，先石国后突骑施的记载顺序与史书所载献俘顺序不同，反映的应该是高仙芝出兵讨伐平叛的先后顺序，也说明平石国、破九国胡并背叛突骑施三件事，应该是一系列相互关联的举动，可以看作天宝九载高仙芝所采取的一次大的军事行动的几个部分。这两条材料在提到突骑施时，前面皆冠以“背叛”一词，这关键的两个字已揭出高仙芝出兵突骑施的原因④。除石国、突骑施外，两条材料都提到了“破九国胡”。姜伯勤先生则认为“九国胡”指当时流亡的粟特人⑤，笔者同意姜先生的看法，此处的“九

① 前嶋信次《タラス战考》，第183—184页；钱伯泉先生认为被擒突骑施可汗是移拨（见其《从〈张无价告身〉论高仙芝征讨石国和突骑施》，《民族研究》1991年第3期）。

② 《旧唐书》卷一〇九，第3298页。

③ 唐长孺主编：《吐鲁番出土文书》肆，文物出版社1996年版，第392页。孙继民先生指出，高仙芝正月入朝后，紧接着便开始为四镇从征有功将士进官加勋（《敦煌吐鲁番所出唐代军事文书初探》，中国社会科学出版社2000年版，第287页）。

④ 张日铭说《唐会要》仅提到了高仙芝出兵石国的原因，未提到出兵突骑施的原因（《唐代中国与大食穆斯林》，第61页）。史书中是未明确指出，但还是间接提到。

⑤ 姜伯勤：《敦煌吐鲁番文书与丝绸之路》，文物出版社1994年版，第129页。孙继民先生认为“九国胡”指的就是“羯师”（《敦煌吐鲁番所出唐代军事文书初探》，第295页注22），笔者不同意其说。

国胡”应该就是“九姓胡”的意思[①]。据怛逻斯之战中被俘的杜环记载，碎叶川“西接石国。约长千余里。川中有异姓部落，有异姓突厥，各有兵马数万，城堡间杂，日寻干戈，凡是农人，皆擐甲胄，专相虏掠，以为奴婢”[②]。此处的异姓部落是指流寓碎叶川一带的昭武九姓胡众[③]。看来，石国不仅是与反唐的黄姓突骑施纠结在一起，而且还得到了一些流散的九姓胡众的支持，形成一股不小的反唐势力，削弱了唐朝对西域的控制。因此，高仙芝借讨伐石国之机，对其一并打击。高仙芝的出兵不仅沉重地打击了石国的势力，还打击了亲石国的其他势力。不过由于高仙芝在讨伐平叛过程中的一些过激行为，最终引发了次年的怛逻斯之战，使得唐朝和阿拉伯这两大帝国间潜在的冲突也终于表面化。

以上主要结合新出文书分析了怛逻斯之战前的宁远国、石国关系及与之相关的石国、突骑施和唐朝的关系，正是在这样的背景下，发生了怛逻斯之战。关于这场战争，新出文书还给我们提供了一些非常重要的材料，下文将详细讨论。

三　天威健儿赴碎叶

除了宁远国使团，在这组客使文书的第（四）片上，还有一条信息值得注意，即“使押天威健儿官别将宋武达一人□［　”。非常幸运的是，在同一批新发现的吐鲁番文书中，有一件《唐天宝十载（751）七月交河郡长行坊牒为补充缺人事》文书，其中也出现了与“天威健儿”相关的内容。现将整理小组校录的文字抄录如下[④]：

---

① 《宋本册府元龟》卷九七三《外臣部·助国讨伐》记：“（天宝）十三载闰十一月，东曹国王设阿及安国副王野解及诸胡九国王并遣〔使〕上表，请同心击黑衣。”（第3866页）“诸胡九国”之前的东曹和安国都是属于昭武九姓胡国，也表明“九国胡”就是通常所说的九姓胡。

② 《经行记笺注》，第39—41页。

③ 《经行记笺注》，第40页。笺注者张一纯先生认为此处的“异姓突厥”大概是指葛逻禄诸族（第40页）。笔者以为，从下文的“各有兵马数万，城堡间杂，日寻干戈，凡是农人，皆擐甲胄，专相虏掠，以为奴婢”所反映的情况来看，“异姓突厥”更有可能是指黑、黄二姓突骑施。

④ 荣新江、李肖、孟宪实主编：《新获吐鲁番出土文献》（下），第344页。

（前缺）

1　　　礌石馆［

2 牒：献芝共张秀瓌同捉［

3 天威健儿赴碎叶，准　［敕

4 徭役一切并令放免，献［芝

5 馆即阙人，伏望准格　勅［

6　　　　　天宝十载七月［

7　　　　付司［

8　　　　　　　　　（中缺）

9　　　□□□

10　　　　　　检责仙［

（后缺）

同一批文书中还有一件《唐天宝十载（751）交河郡某曹府段明牒为许献之赴军事》，录文如下[1]：

（前缺）

1 ］检责［　］□请处分。

2　　］谨　牒。

3　　　］日　府　段　明　牒

4 ］许献之□天山县火急，勒

5 ］□赴军，迟科所由。谘仙

6 ］白。

7　　　　　　廿四日

8 ］□

（后缺）

两件新出文书中的"献芝"、"献之"当为同一人，应该就是1973年吐鲁

① 荣新江、李肖、孟宪实主编：《新获吐鲁番出土文献》（下），第342—343页。

番阿斯塔那506号墓出土的《唐天宝十三载（754）礌石馆具七至闰十一月帖马食历上郡长行坊状》和《唐天宝十三载（754）礌石馆具迎封大夫食踖历上郡长行坊状》提到的礌石馆捉馆官许献芝[①]。捉馆官即主馆事者，全面负责馆内各方面事务[②]。

至于文书中提到的"天威健儿"，当为"天威军健儿"之简称[③]。天威军，史籍有载。《新唐书》卷四〇《地理志四》"鄯州鄯城"条记：

> 仪凤三年置。有土楼山，有河源军，西六十里有临蕃城，又西六十里有白水军、绥戎城，又西南六十里有定戎城。又南隔涧七里有天威军，军故石堡城，开元十七年置，初曰振武军，二十九年没吐蕃，天宝八载克之，更名。[④]

石堡城因其地理位置甚为重要，在玄宗开元年间至肃宗至德初，曾在唐和吐蕃之间几番易手[⑤]。开元十七年（729年）三月，朔方节度使信安王祎从吐蕃手中夺下石堡城，更名振武军[⑥]。开元二十九年（741年）十二月，吐蕃屠达化县，陷石堡城[⑦]。至天宝八载六月，玄宗命陇右节度使哥舒翰率陇右、河西及突厥阿布思兵，益以朔方、河东兵，凡六万三千，再

---

① 《吐鲁番出土文书》肆，第458、461页。

② 孙晓林：《关于唐前期西州设"馆"的考察》，《魏晋南北朝隋唐史资料》第11期，1991年，第254—256页。

③ 《资治通鉴》卷二一七"玄宗天宝十四载（755）十一月"条记："丁丑，以荣王琬为元帅，右金吾大将军高仙芝副之，统诸军东征。出内府钱帛，于京师募兵十一万，号曰天武军，旬日而集，皆市井子弟也。"（第6937页）《旧唐书》卷九《玄宗本纪》所记文字略异，且系于"甲申"日（第230页）。《册府元龟》卷二六九《宗室部·将兵》则记作："天宝十四载十一月，安禄山叛，册琬为元师（帅），以河西节度高仙芝为副元帅，统诸军以东征，内出钱帛，于京师召募十万众，号曰：天武健儿，旬日而集，屯军灞上，旌旗营帐，达亘二十里，照耀于原野。"（第3192—3193页）由此看来，天武健儿即为天武军健儿。依其推知，天威健儿当为天威军健儿之简称。

④ 《新唐书》卷四〇，第1041页。

⑤ 据学者考证，石堡城的位置在今青海省湟源县，参见王子贞《关于唐石堡城地理位置的辨析——与李振翼、马明达二同志商榷》，《青海社会科学》1983年第6期。

⑥ 《资治通鉴》卷二一三，第6784页。

⑦ 《资治通鉴》卷二一四，第6846页。

攻石堡城。在损失数万士卒的代价下终将石堡城夺回，更为神武军[①]，后又更名天威军。石堡城在唐一方先后经历了“振武军—神武军—天威军”的更名过程，其中，唐在石堡城设置的“振武军”的年代，以及哥舒翰从吐蕃手中夺回后改为“神武军”的时间，皆是清楚的，但自“神武军”改为“天威军”的具体年月则不详。由于上引《新唐书·地理志》中叙述不清，使人很容易误以为就是在天宝八载夺回石堡城之后即改，但据《资治通鉴》《唐会要》记载，哥舒翰夺回石堡城之后是先改名“神武军”[②]，这应该是确凿无疑的。至于由“神武军”改名“天威军”的时间及具体原因，由于材料所限，至今尚不得而知。严耕望先生也只是推测说，“天宝八载复克之，更名神武军，盖后更名天威军”[③]。上引两件新获的吐鲁番出土天宝十载文书的发现，既证实了传世文献中所记“天威军”确曾存在，其军号不仅确实行用过，而且持续了一段时间。

健儿是唐代的一种兵员，是具有某些特定性质的士兵。据学者研究，唐代的兵役制度在玄宗以后是招募制占主导地位的时期，募兵制是这一时期的主流兵制，“健儿”是玄宗时期以至唐后期最重要的兵员，至迟在开元二十五年（737 年）以后，健儿已成为诸军镇的主体兵员[④]。健儿的一个主要特征是骁勇，作为兵役名目又含有身体健壮、武艺高强之意[⑤]。唐廷发天威健儿西向碎叶用意何在？可以肯定是去执行某项军事任务。天威军是替唐朝打下石堡城这一军事要塞的一支劲旅，发他们前往碎叶，应该是去对付一些比较棘手的对手。那么到底是怎样的对手呢？要回答这一问题，还得从天威健儿西行的目的地

---

① 《资治通鉴》卷二一六，第 6896 页。《旧唐书》卷一九六上《吐蕃传》上系于天宝七载（第 5234 页），当误。

② 《唐会要》卷七八：“振武军。置在鄯州鄯城县西界吐蕃铁仞城，亦名石堡城。开元十七年三月二十四日，信安王禕拔之置。四月，改为振武军。二十九年十二月六日，盖嘉运不能守，遂陷吐蕃。天宝八载六月，哥舒翰又拔之，闰六月三日，改为神武军。”（第 1688 页）

③ 严耕望：《唐代交通图考》第二卷《河陇碛西区》，台北：“中研院”历史语言研究所，1985 年，第 529 页。

④ 孙继民：《敦煌吐鲁番文书所出唐代军事文书初探》，第 68、78、89 页。

⑤ 孙继民：《唐代行军制度研究》，台北：文津出版社 1995 年版，第 129 页。关于健儿，另请参看张国刚《唐代健儿制度考》，《唐代政治制度研究论集》，台北：文津出版社 1994 年版，第 55—67 页。

碎叶入手来考察。

提到开元、天宝年间的碎叶[①]，不能不再提及突骑施。自7世纪末至8世纪中叶葛逻禄占有碎叶地区之前，突骑施汗国的政治中心一直是在碎叶附近[②]，甚至在开元二十七年苏禄被杀死之后，碎叶城仍是突骑施汗国的政治中心，这一点从以下史实即可推知。莫贺达干与都摩度合谋杀死苏禄后，二人之间又生矛盾，莫贺达干遂邀唐将盖嘉运与之共击都摩度。都摩度也采取对策，一方面立苏禄子吐火仙为可汗，保据碎叶城，同时让另一黑姓可汗尔微特勒（勤）据怛逻斯城，双方相与联兵以拒唐。因史籍阙载，我们尚不知此黑姓可汗尔微特勤和同属黑姓的苏禄一支之间是什么关系。从史家对其与吐火仙的不同表述来看，这个尔微特勤与苏禄似乎不是父子关系[③]，而从史书在其可汗名号前冠以“黑姓”二字来看，他应该是正统的黑姓可汗。不过，这位黑姓可汗的地位似乎远不及都摩度所拥立的苏禄之子吐火仙骨啜重要[④]。吐火仙与都摩度占据的就是碎叶这一突骑施汗国的政治中心。在吐火仙和都摩度被盖嘉运和莫贺达干击败后，碎叶很可能也随之为莫贺达干所属的黄姓突骑施据有。此后不久，莫贺达干因不满唐廷扶持阿史那氏后裔入主十姓故地，与唐公开对抗，唐支持的对象遂从黄姓突骑施转为黑姓，但碎叶城似乎一直是为黄姓所据。以下这条材料应该可以支援我们的这一推断：天宝元年（742年），玄宗“发兵纳十

① 关于碎叶城今地之比定，请参看张广达《碎叶城今地考》，《北京大学学报》1979年第5期；此据作者《西域史地丛考初编》，上海古籍出版社1995年版，第1—29页。

② 张广达：《碎叶城今地考》，《西域史地丛考初编》，第8页。不过，张先生将葛逻禄占有碎叶地区的时间系于766年左右，华涛先生已经辨析巴托尔德等人将葛逻禄“尽有碎叶、怛逻斯诸城”的时间定为766年不对，系比丘林妄加之误。见其《西域历史研究（八至十世纪）》，上海古籍出版社2000年版，第4页。

③ 新、旧《唐书》之《突厥传附突骑施传》及《资治通鉴》在初次提及吐火仙时，皆加有限定语“苏禄之子”，以示其身份。如若尔微特勤亦为苏禄之子，史书作者也会明示的。不过，薛宗正先生还是认定尔微特勤是为苏禄之长子，吐火仙为其别子，然不明其所据何出（薛宗正《车鼻施的崛起》，《西北民族研究》2000年第2期）。

④ 这一点从以下方面不难看出。比如，二者的据地不同：碎叶这一突骑施人一贯的政治中心是为吐火仙与都摩度所据，而尔微特勤不过是在更西一些的怛逻斯；二人的处置结果亦完全不同：吐火仙最后是被盖嘉运俘至长安、献于玄宗，而尔微特勤则是被就地斩决；此外，《旧唐书》《新唐书》的《玄宗本纪》记载此事时，仅提及吐火仙，并未提尔微特勤，似乎也说明了这一点。这可能和苏禄对于唐廷曾经的影响力有关，在他死后，嗣立其位者是吐火仙。见《宋本册府元龟》卷三五八《将帅部·立功十一》，第821页。

姓可汗阿史那昕于突骑施，至俱兰城，为莫贺达干所杀”①。俱兰城在碎叶城西南，怛逻斯之东②。玄宗发兵护送阿史那昕前往主持西突厥故地事务，其目的地应该是这一地区一直以来的政治中心碎叶。阿史那昕从东边来，却是在碎叶西南的俱兰城被杀，这表明他们走的不是“碎叶路”，之所以这样很可能是因为碎叶及其以东地区当时都是处在莫贺达干及其势力范围内。

此后碎叶的情况，《通典》作者杜佑的族子杜环所撰《经行记》给我们留下了一段非常重要的记载：“天宝七年（748），北庭节度使王正见薄伐（碎叶）。城壁摧毁，邑居零落。昔交河公主所居止之处，建大云寺犹存。”③ 由于杜环在天宝十载随高仙芝参加怛逻斯之战时曾亲履其地，因此学界认为其所记足可征信，并将天宝七载视为碎叶城弃落之始④。王正见讨伐碎叶，原因何在史籍并未明载。前嶋信次推测可能是为干预突骑施内部事务，协助黑姓征伐黄姓一方⑤。如果其推测不误，那就表明当时占据碎叶的应该是黄姓突骑施一方。至天宝十载，即王正见攻伐碎叶之后三年，杜环经行此地时看到的是一片“城壁摧毁，邑居零落”的衰败景象，学界一般据此认为，碎叶自此被人为摧毁，但从现有史料来看，碎叶城似乎并未被废弃，因为史籍明确记载，天宝七载之后，突骑施余众仍在这一地区活动⑥。综上，可以认为：从开元末年到天宝七载王正见伐碎叶时，

---

① 《资治通鉴》卷二一五，第6854页。

② 《新唐书》卷四三《地理志七》下：“又西二十里至碎叶城，城北有碎叶水，水北四十里有羯丹山，十姓可汗每立君长于此。自碎叶西十里至米国城，又三十里至新城，又六十里至顿建城，又五十里至阿史不来城，又七十里至俱兰城，又十里至税建城，又五十里至怛罗斯城。”（第1149—1150页）岑仲勉先生对俱兰城地理位置的辨析，见其《西突厥史料补阙及考证》，第97—98页；《通鉴隋唐纪比事质疑》，中华书局1964年版，第222—223页。

③ 杜佑《通典》卷一九三引杜环《经行记》“碎叶”条，第5275页；《经行记笺注》，第37—39页。学者一般对这条史料的年代无异议，薛宗正先生则认为“七年”必为“十年”之讹（薛宗正《突厥史》，中国社会科学出版社1992年版，第694页）。

④ 周伟洲：《吉尔吉斯斯坦阿克别希姆遗址出土唐杜怀宝造像题铭考》，荣新江主编《唐研究》第6卷，北京大学出版社2000年版，第391页。

⑤ 前嶋信次：《タラス战考》，第181—182页。

⑥ 《新唐书》卷二一七《回鹘传附葛逻禄传》记，至德（756—758年）后，葛逻禄“与回鹘争强，徙十姓可汗故地，尽有碎叶、怛逻斯诸城”（第6143页）。而《新唐书》卷二一五《突厥传附突骑施传》则记：“大历（766—779）后，葛逻禄盛，徙居碎叶川，二姓微，至臣役于葛禄，斛瑟罗余部附回鹘。”（第6069页）虽然这两段记载中提到的葛逻禄徙居碎叶川的时间不同，但还是可以判定，至少在至德之前，在碎叶川一带活动的主要仍是突骑施。

碎叶应该都是在黄姓突骑施的控制之下。上文笔者已指出，天宝九载高仙芝伐石国之后，连带讨伐了背叛的黄姓突骑施。唐朝在天宝七载和九载接连出兵重击突骑施，尽管如此，碎叶地区可能依然处于动荡状态，与唐敌对的黄姓突骑施势力可能并未被完全铲除，其残余势力很可能仍盘踞在碎叶城及其附近。唐朝对这一地区的局势依然保持高度关注，发天威健儿赶赴碎叶地区，应该就是去对付他们[①]。

天宝十载唐朝在西域最大的军事行动就是怛逻斯之战，关于高仙芝大军集结前往怛逻斯的时间、地点等细节问题，正史并无太多记载，不过，时为高仙芝僚属的岑参的几首诗作[②]，如《武威送刘判官赴碛西行军》《送李副使赴碛西官军》《武威送刘单判官赴安西行营便呈高开府》，还是给我们留下了一些资料。闻一多先生研究过这些诗作后认为，高仙芝可能是天宝十载四月辞长安，五月整师西征的[③]。《武威送刘判官赴碛西行军》诗云："火山五月行人少，看君马去疾如鸟。都护行营太白西，角声一动胡天晓。"[④] 表明直到五月时唐朝大军还在集结当中，尚未开赴战场。而据《送李副使赴碛西官军》诗云："火山六月应更热，赤亭道口行人绝。知君惯度祁连城，岂能愁见轮台月。脱鞍暂入酒家垆，送君万里西击胡。功名只向马上取，真是英雄一丈夫。"[⑤] 则大军至少计划六月过交河郡所属之赤亭镇。根据新出文书《唐天宝十载七月交河郡长行坊牒为补充缺人事》，唐朝发天威健儿赴碎叶的时间是在七月之前。这一时间正好与高仙芝所率领的唐朝军队前往怛逻斯地区阻击大食与诸胡军队大致同时。那么，这两者之间是否有所关联？从种种迹象来看，答案是肯定的。天宝九

① 华涛先生指出，高仙芝在击大食时未发突骑施兵马，说明了突骑施实力的弱小和分散（《西域历史研究（八至十世纪）》，第8页）。看来不完全如此，换个角度看，唐朝未征发突骑施的原因，更可能是因为于突骑施当时局势的复杂动荡，反唐势力仍未完全消除，为防不测，因而没有征发其兵马人众，而只征发了拔汗那和葛逻禄兵马。

② 岑参时任高仙芝幕僚事参见闻一多《岑嘉州系年考证》，《清华学报》第8卷，1933年，第21—22页；陈铁民、侯忠义《岑参集校注》附录《岑参年谱》，上海古籍出版社2004年版，第557—558页。

③ 闻一多：《岑嘉州系年考证》，《清华学报》第8卷，1993年，第24页。

④ 陈铁民、侯忠义：《岑参集校注》，第121页；刘开扬：《岑参诗集编年笺注》，巴蜀书社1995年版，第210页；廖立：《岑嘉州诗笺注》，中华书局2004年版，第786页。

⑤ 陈铁民、侯忠义：《岑参集校注》，第122页；刘开扬：《岑参诗集编年笺注》，第214页；廖立：《岑嘉州诗笺注》，第369页。

载高仙芝伐石国时也沉重地打击了突骑施，将其可汗献俘长安，就是因为黄姓突骑施和石国这两股反唐势力纠结在了一起，侵害了唐朝在当地的利益。第二年高仙芝再发兵前往怛逻斯阻击大食及诸胡时，不能不顾及碎叶川一带残余的反唐突骑施势力。按高仙芝部将李嗣业的说法，前往怛逻斯的唐军是“深入胡地”[①]，既然是悬师远征，自然在军事补给、接受救援等方面有诸多不便。如果碎叶一带的突骑施配合援助石国的大食军队行动，从背后攻击唐军，那么对于高仙芝大军的牵制和打击是可想而知的。因此，唐朝在发汉兵及葛逻禄、拔汗那的蕃兵前往怛逻斯的同时，也部署天威健儿专赴碎叶去对付反唐的黄姓突骑施势力，以防遭到两面夹击。

过去学界在谈到怛逻斯之战时，对于两军交战地点怛逻斯未曾过多措意。王小甫先生也仅简单地提到，战事在此发生主要是因为石国常分兵镇守怛逻斯[②]。这样解释是没错，不过，有一个问题还应该指出，即怛逻斯并非一直就是石国之领地。

杜环在《经行记》中提到了怛逻斯城，说是在碎叶川西南头，“有城名怛逻斯，石国大镇，即天宝十年高仙芝军败之地”[③]。据此，学界普遍认为，怛逻斯一直以来就是属于石国势力范围。但严格说来，这条材料只能说明天宝十载杜环经行此地时是属石国，并不一定表明其地一直都归石国管辖。据前引史料，开元二十七年时，突骑施的黑姓可汗尔微特勤是在怛逻斯[④]。怛逻斯城远在碎叶川西南头，突骑施的黑姓可汗占据此地，表明该城在开元末年时还是在突骑施的势力范围内，这可能是苏禄时代强盛的突骑施沿碎叶川向西推进的结果，与怛逻斯毗邻的石国当时尚无法插手该城事务。我们注意到，在盖嘉运和莫贺达干共击都摩度的那场战役中，盖嘉运没有让与怛逻斯毗邻的石国国王去攻打占据此城的尔微特勤，而是派疏勒镇守使夫蒙灵詧挟锐兵与拔汗那王前往攻城，至于石国王，则是在盖嘉运率领之下与史国王共攻碎叶城。此外，战后唐没有将数万散亡之众平均分给助战

---

① 《旧唐书》卷一〇九《李嗣业传》，第3298页。

② 王小甫：《唐·吐蕃·大食政治关系史》，第190页注79。

③ 《经行记笺注》，第41—43页；《新唐书》卷二二一下《西域传》所记略有不同，说碎叶川“西属怛逻斯城，石常分兵镇之”（第246页）。

④ 《新唐书》卷二一五下《突厥传附突骑施传》记突骑施在乌质勒时代“谓碎叶川为大牙，弓月城、伊丽水为小牙”（第6066页）。可见其当时的势力范围主要是在碎叶川及其以东，其势力西扩至怛逻斯一带，应该是在苏禄统治时期。

的三个国家，而是悉与拔汗那王，唐廷的这种种安排可能都是以防石国借机对怛逻斯施加影响。尽管诚如王小甫先生所言，此役使得唐朝政治势力不仅又回到了碎叶、拔汗那，而且兵锋直入怛逻斯①，但是唐朝势力并未能在此深植。在黑姓尔微特勤可汗被杀之后，黑、黄二姓内讧加剧，突骑施实力日渐削弱，使得与之毗邻的石国对于怛逻斯的统治成为可能，终至被其纳入势力范围，但具体是在什么时间，尚不清楚。《通典》卷一八五《边防序》注云："高仙芝伐石国，于怛逻斯川七万众尽没。"② 结合《经行记》的记载来看，在怛逻斯之战发生时石国确已占据此城③。

怛逻斯和碎叶是碎叶川一带唇齿相依的两个战略要地。在突骑施汗国后期，这两地分别成为突骑施两姓的大本营，同时也成为周边势力觊觎的对象。石国在突骑施衰落之后插手怛逻斯事务，以及亲石国的黄姓突骑施占据碎叶，对唐朝以及亲唐的黑姓突骑施造成了极大的压力。怛逻斯和碎叶的形势是密切关联的，因此，我们在分析唐朝与大食的怛逻斯之战时，不能脱离碎叶地区的形势来讨论。由于受材料限制，此前学者对此关注不够，而新出吐鲁番文书为此提供了珍贵的线索。

综合以上分析，可以认为，天威健儿赴碎叶的军事行动是配合前往怛逻斯阻敌的高仙芝大军进行的，是唐朝出兵碎叶川的整体军事行动的一个重要组成部分。上文提到的岑参诗作中，有一首《武威送刘单判官赴安西行营便呈高开府》似乎也可以支持这一说法。因诗文较长，在此仅录相关部分：

> 孟夏边候迟，胡国草木长。马疾过飞鸟，天穷超夕阳。都护新出师，五月发军装。甲兵二百万，错落黄金光。扬旗拂昆仑，伐鼓振蒲昌。太白引官军，天威临大荒。④

---

① 王小甫：《唐·吐蕃·大食政治关系史》，第176页。

② 《通典》卷一八五，第4981页。

③ 《旧唐书》卷一二八《段秀实传》在提及怛逻斯之战时是这样描述的："（仙芝）举兵围怛逻斯，黑衣救至，仙芝大衄，军士相失。"（第3583页）此处年代误作"天宝七载"。《新唐书》卷一五三《段秀实传》文字略异（第4847页）。此处的"围"字亦可表明怛逻斯当时是在石国之手。

④ 陈铁民、侯忠义：《岑参集校注》，第118页；刘开扬：《岑参诗集编年笺注》，第202页；廖立：《岑嘉州诗笺注》，第23页。

此诗作于天宝十载五月[①]。诗中所写"甲兵二百万"当然是夸张之用语，极言唐朝军容之胜。引文中最后一句是"天威临大荒"，"天威"一词注家或注为天子之威严，或则不注，也就是说读者按字面意思理解为唐朝皇帝之威行即可。不过，在我们知道唐朝政府在集结军队前往怛逻斯地区的同时还派遣一部分"天威健儿"赴碎叶地区执行军事任务之后，就不应排除"天威"在此有一语双关的可能，即既有天子威行之意，同时也代指前往碎叶地区的"天威军"。因为作为高仙芝的僚属，尽管岑参当时人在武威，未能随大军西行，但他应该清楚相关的军事部署。

对于天威健儿赴碎叶对付突骑施之事，新出吐鲁番文书本身也提供了宝贵的信息。在本文所讨论的"交河郡客使文书"的第（六）片上，就有一条相关内容："押突骑施生官果毅栾贵一人，乘帖马八匹 ["[②]。惜下半句残缺，不知此"押突骑施生官"至自何方，去往何处。即便如此，这也是一条颇值得注意的材料。

生，即俘虏。段成式《酉阳杂俎》卷四"喜兆"有"每捉生踏伏，沔必在数"之语[③]。《安禄山事迹》卷上亦记载说安禄山"与史思明同为捉生将"[④]。捉生，即捕俘，捉活俘虏。至于"押"字，据孙继民先生研究，有主管、统领、执掌等含义，军职中凡带有"押"字者均可泛称押官。押官一称始见于唐代，泛称的押官起于临时性差遣，押官的称谓可能最初只适用于统领作战部队的军将，以后则变成凡是执行临时性或特殊性任务的军将都可以称为押官[⑤]。此处的"押突骑施生官"，从字面理解，应该就是主管擒获的突骑施俘虏的军将。"帖马"，即长行坊马，因郡坊派马出使需同时下帖于诸馆，因有此称。帖马一般由长行坊派出，送一个使者，由一个马子牵领[⑥]。帖马八匹，说明所获俘虏应该不是一个小数

① 闻一多先生考证，此诗与《武威送刘判官赴碛西行军》皆作于天宝十载四、五月间（《岑嘉州系年考证》，《清华学报》第8卷，1933年，第23页）；陈铁民、侯忠义：《岑参集校注》，第119页；廖立：《岑嘉州诗笺注》，第25页。

② 荣新江、李肖、孟宪实主编：《新获吐鲁番出土文献》（下），第338—339页。

③ （唐）段成式撰、方南生点校：《酉阳杂俎》，中华书局1981年版，第49页。

④ （唐）姚汝能撰、曾贻芬点校：《安禄山事迹》，中华书局2006年版，第73页。

⑤ 孙继民：《唐代行军制度研究》，第160—161页。

⑥ 孙晓林：《试探唐代前期西州长行坊制度》，唐长孺主编《敦煌吐鲁番文书初探二编》，武汉大学出版社1990年版，第205页。

目。由于此条材料下半部分残缺，我们仅能通过上下文判断出栾贵抵达交河的时间是在九月二十日左右。前文已经指出，天威健儿去碎叶是在七月之前，那么，九月下旬时他应该是已经执行完军事任务，从碎叶地区归来。交河郡长行坊提供给他帖马八匹，可能是让他押送突骑施俘虏前往长安献于朝廷。非常遗憾，由于“押天威健儿官宋武达”所在文书的下半部分已不存，故而无法知晓此“押天威健儿官”的来去方向。从上下文判断，他在交河客馆停留的时间应该是在八月四日至十五日之间。天威健儿赴碎叶是在七月之前，这样算来，到八月上、中旬时，天威健儿可能已经完成其使命，从西边战场返回，因此“押天威健儿官”宋武达应该是从西边抵达交河郡的。

正史史料中很少提及天宝七载以后碎叶及突骑施情况，因此我们对之了解甚少，而新出吐鲁番文书则为我们提供了非常宝贵的补充材料。借助于这些材料可以推知，很可能在天宝十载正月高仙芝入朝献俘突骑施可汗、石国王之后，碎叶地区的局势并未因此稳定下来，反而可能因为高仙芝此举变得更加动荡不安。故而高仙芝在得知大食欲攻四镇时，欲却敌于外，然又恐碎叶地区的反唐突骑施势力于后掩袭，故而派天威健儿赴碎叶以减轻自身压力。在对大食一战中，尽管唐朝征发了拔汗那和葛逻禄兵力以助阵，不料葛逻禄临阵倒戈，致使高仙芝腹背受敌，终至溃不成军，命几休矣。

四 小结

在这组客使文书中，除了上面着重讨论的宁远国使团和押天威健儿官及押突骑施生官外，还出现了很多四镇军将及中央政府官员，如内侍大夫骆玄表并判官、内侍王下判官、押军资甲仗官、内侍大夫王献朝等。虽然我们不能完全断定他们都与怛逻斯之战或天威军的军事行动有关，但综合相关信息推断，他们在交河郡的出现很有可能是和天宝十载唐朝军队的这两大重要战事有关。

首先，从行进方向来看，根据现有的文书保存信息，这些人员的行进方向基本上都是从“西到”、“发向东”，如文书第（五）13—14 行的内侍索某等四人“九月一日西到，至［　发向］东”。文书第（六）17—18 行的押军资甲仗官、内侍大夫王献朝并将官行官等四人，“九月廿九日从西到，至十月一日发向东”。其次，从这些人员的身份来看，除了普通军将之外，还有与战事活动紧密关联的押军资甲仗官，因此这些人员在这一特殊时期出现在交河郡应该是与怛逻斯之战和天威健儿赴碎叶行动有关，特别是诸多与皇帝非常亲近的内廷人员的出现，不难看出唐朝中央政府对于万里之外西域局势的密切关注；最后，从时间上来看，怛逻斯之战的发生时间是在七月底八月初，而这些中央政府官员抵达交河的时间基本是在九月至十月间，都是在战争结束后的一段时间出现在交河。种种迹象表明，西边的战事已经结束，相关人员也都陆陆续续经由交河东归。尽管对于本文所讨论内容来说，这一问题虽然非常重要，但限于篇幅，无法在此展开讨论。

宁远国作为一个远在西域的唐朝的小藩属国，在我们的视线中出现时尽管并不算模糊，但我们对它的印象，常常感觉就像它和长安的距离一样遥远甚或无足轻重。然而，吐鲁番新发现的交河郡客使文书所提供的天宝年间的宁远国的信息，却给我们提供了非常重要的理解宁远国本身及其与唐朝关系的第一手新资料。不仅如此，更重要的是，这些信息的发现，对于我们揭开这一层关系背后的一系列相关事件，理解天宝八载至十载间整个西域地区的历史脉动都关系重大。本文以文书中的宁远国使团为起点，结合押天威健儿官和押突骑施生官的片言只字所传达的重要信息，通过对宁远国、石国关系及与之相关的石国、突骑施和唐朝的关系的逐步考察，得以重新审视这一时期中亚地区所反映出来的错综复杂的关系，进而对怛逻斯之战的前因后果有了更多的了解。怛逻斯之战的研究一直以来都备受关注，但因为材料的限制已很难再往前推进，而新出吐鲁番文书不仅对此提供了非常关键的材料，还让我们得知天宝十载唐朝军队的行动绝非仅仅是向着怛逻斯方向，而且还有天威健儿下碎叶，从而极大丰富了我们对于天宝年间西域历史的认识。

考古新发现所见康居与粟特

毕　波

一　史籍与简牍所见康居及其五小王

康居是公元前 2 世纪到公元 4 世纪活动在阿姆河以北、以赭时（Chach，今乌兹别克斯坦塔什干/Tashkent）为中心的一个游牧政权[①]。早在张骞出使西域前，在汉武帝即位的早期，康居已为汉廷所知，是最早遣

① 关于康居，参看［日］白鸟库吉《西域史上の新研究・康居考》，原载《东洋学报》第1卷第3号，1911年，收入《白鸟库吉全集》卷6《西域史研究》上册，第58—96页，岩波书店1970年版；又《粟特国考》，原载《东洋学报》第14卷第4号，1924年，收入《白鸟库吉全集》卷7《西域史研究》下册，第43—123页，岩波书店1971年版；《康居粟特考》，傅勤家汉译，上海：商务印书馆1936年版。F. P. Hulsewé and Michael Loewe, tr., *China in Central Asia: The Early Stage 125 B. C. – A. D. 23: An Annotated Translation of Chapters 61 and 96 of "The History of the Former Han Dynasty"*, Leiden, 1979, pp. 123 – 131。岑仲勉《汉书西域传地里校释》，中华书局1981年版，第237—265页。余太山《大宛和康居综考》，《西北民族研究》1991年第1期，第17—45页，收入作者《塞种史研究》，中国社会科学出版社1992年版，第70—117页。Y. A. Zadneprovsky, "The Nomads of northern Central Asia," *History of Civilizations of Central Asia Volume II: The Development of Sedentary and Nomadic Civilizations: 700 B. C. to A. D. 250.* ed. János Harmatta, Paris: UNESCO Publishing, 1994, pp. 464 – 465；徐文堪、芮传明汉译见《中亚文明史》第二卷，中国对外翻译出版公司2002年版，第372—374页。关于康居一名的来历，蒲立本（E. G. Pulleyblank）根据贝利（H. W. Bailey）指出的吐火罗语A中的kanka-（意为"石"），认为这就是"康居"一词的语源，该词和唐代文献中的"瞰羯"也有联系。他还根据康居和月氏、乌孙记载中都有"翎侯"一词等证据，提出康居人很可能源于吐火罗人［E. G. Pulleyblank, "The Language of the Hsiung-nu," (appendix to "The Consonantal System of Old Chinese, Part Ⅱ") *Asia Major*, 9, 1962, pp. 246 – 248; Pulleyblank, "Chinese and Indo-Europeans," *Journal of the Royal Asiatic Society*, 1966, p. 23；蒲立本《上古汉语的辅音系统》，潘悟云、徐文堪译，中华书局1999年版，第170—173页］。

使中国的西域国家[①]。自前2世纪的西汉时期开始，直至4世纪其从中亚历史舞台上消失，康居都与中国保持着联系，因此在《史记》《汉书》《后汉书》《魏略》《三国志》《晋书》这些正统史书记载中，都留下了关于康居的资料。直至今日，这些汉文史料还是了解康居历史的最重要来源，但由于有些记载过于简略或书写不清楚，因此对于康居的认识还存在不少问题。不过，近年来在中国敦煌和中亚哈萨克斯坦的 Kultobe 又出土了一些有关康居的重要文献，对于进一步深入考察康居历史，及其与中原王朝和其他中亚政权之间的关系等问题，提供了非常重要的材料。本文拟结合这些汉文传世史料与新出汉文、粟特文材料，梳理康居在汉晋之间的历史发展。

1990—1992 年在甘肃敦煌悬泉遗址出土了大量汉简，经过整理考释，已编号者 17900 多枚。作为位于古代中西陆上交通必经之地的一个邮驿机构，悬泉置出土了 360 多条有关西域国家与汉朝通使、朝贡甚至商贸的珍贵资料。在《汉书》所记录的“西域三十六国”中有 24 国在悬泉汉简里都有记录，此外还有“不属都护”的康居、大月氏、罽宾、乌弋山离及个别不见于《汉书》记载的西域国家[②]。在悬泉汉简发现之前，西北地方的居延、敦煌、楼兰等地都曾出土很多汉简，但从未发现有关康居的史料，而悬泉遗址则出土了 16 枚，其中有明确纪年的有 11 枚[③]。从年代看，最早的是甘露二年（前 52 年），最晚的则到西汉末年（前 1 世纪），分别揭示了汉宣帝、汉元帝、汉成帝时期康居与汉朝的交往情况。比如，甘露二年敦煌告酒泉送康居使者文书、阳朔四年（前 21 年）送康居王质子文书，不仅印证了史书中有关康居曾遣使、送质的记载，也记录了当时外来使团的构成情况，弥补了史书记载之不足[④]。

---

① 余太山：《两汉魏晋南北朝与西域关系史研究》，中国社会科学出版社 1995 年版，第 6 页。

② 以上内容据胡平生、张德芳《敦煌悬泉汉简释粹》，上海古籍出版社 2001 年版，第 103—174 页；张德芳《悬泉汉简中若干西域资料考论》，荣新江、李孝聪编《中外关系史：新史料与新问题》，科学出版社 2004 年版，第 129—147 页；郝树声、张德芳《悬泉汉简研究》，甘肃文化出版社 2009 年版，第 177—258 页。

③ 此据整理这批简的张德芳先生 2010 年 4 月 22 日 E-mail 告知，张先生还提供了所有与康居有关的简的照片，笔者在此谨致谢忱。

④ 以上内容据张德芳《悬泉汉简中若干西域资料考论》，第 147 页；王素《悬泉汉简所见康居史料考释》，《中外关系史：新史料与新问题》，第 149—161 页；郝树声、张德芳《悬泉汉简研究》，第 201 页；郝树声《简论敦煌悬泉汉简〈康居王使者册〉及西汉与康居的关系》，《敦煌研究》2009 年第 1 期；袁延胜《悬泉汉简所见康居与西汉的关系》，《西域研究》2009 年第 2 期。

在悬泉汉简中，有一组保存完整的《康居王使者册》，由7支简组成，主要讲述汉元帝永光五年（前39年）康居王使者杨佰刀、副使扁阗和苏䪥王使者姑墨、副使沙囷，以及贵人为匿等前来贡献骆驼，与酒泉官府发生争执、由敦煌官府调解的经过，全部录文如下：

康居王使者杨佰刀、副扁阗，苏䪥王使者姑墨、副沙囷，即贵人为匿等，皆叩头自言：前数为王奉献橐佗，入敦煌关，县次赎食。至酒泉，昆归官，大守与杨佰刀等杂平直肥瘦。今杨佰刀等复为王奉献橐佗，入关，行道不得食。至酒泉，酒泉大守独与小吏直畜，杨佰刀等不得见所献橐佗。姑墨为王献白牡橐佗一匹、牝二匹，以为黄。及杨佰刀等献橐佗，皆肥，以为瘦。不如实，冤。

永光五年六月癸酉朔癸酉，使主客、谏大夫谓侍郎：当移敦煌太守，书到验问言状。事当奏闻，毋留，如律令。

七月庚申，敦煌大守弘、长史章、守部候脩仁行丞事谓县：写移书到。具移康居、苏䪥王使者杨佰刀等献橐佗食用谷数，会月廿五日，如律令。/掾登、属建、书佐政光。七月壬戌，效谷守长合宗、守丞、敦煌左尉忠谓置：写移书到。具写传马止不食谷，诏书报会月廿三日，如律令。掾宗、啬夫辅。①

据学者研究，康居王和苏䪥王遣使前来汉朝贡献骆驼，但名为“奉献”，实则是贩卖，因此使者不必将骆驼带至长安，只需到酒泉交给官府评估处理即可，这也是汉王朝笼络西域诸国的一种方式；两王使者之所以将骆驼交到酒泉官府，是因为酒泉不仅是敦煌东入内地第一大站，也是西域至中原各类交通的重要中转站②。从两王使者所述可知，他们此番并非初次献驼，此前汉朝官方各级接待都很友好，但这一次不仅不按实际情况给所献

① 胡平生、张德芳：《敦煌悬泉汉简释粹》，第118—119页；郝树声、张德芳：《悬泉汉简研究》，第197页；王素：《悬泉汉简所见康居史料考释》，第155页。关于此简册之定名，此据张德芳先生，王素先生定为“永光五年康居等使诉讼文案”。至于录文，各家略有不同，此处综合诸家、择善而从，在此特别感谢邬文玲博士在录文方面所提宝贵意见。

② 王素：《悬泉汉简所见康居史料考释》，第150页。

骆驼评估论价，进入汉朝国境之后也不依照惯例予以供食。他们感觉非常冤枉，因此才上诉请求首都长安的鸿胪署移书敦煌具体处理。学者已经指出，元帝对这次康居等使前来贡献态度不太友好，主要是因为永光元年（前43年），康居收容匈奴郅支单于合力对付乌孙事件使得汉朝政府非常不满，导致康居和汉朝关系恶化，从而故意怠慢刁难其使者[①]。总之，这组简文生动地反映出当时复杂的外交政治形势。这组简的重要性不仅体现于此，更在于其中同时出现的康居王和苏䪥王，特别是后者，是在悬泉汉简或者说出土文献中首见。简文提到的两个王不禁使人想起《汉书·西域传》里关于康居及其五小王的一段文字：

> 康居有小王五：一曰苏䪥王，治苏䪥城，去都护五千七百七十六里，去阳关八千二十五里；二曰附墨王，治附墨城，去都护五千七百六十七里，去阳关八千二十五里；三曰窳匿王，治窳匿城，去都护五千二百六十六里，去阳关七千五百二十五里；四曰罽王，治罽城，去都护六千二百九十六里，去阳关八千五百五十五里；五曰奥鞬王，治奥鞬城，去都护六千九百六里，去阳关八千三百五十五里。凡五王，属康居。[②]

康居五小王是关系到康居历史的一个重要问题，史书中首次出现即为上引《汉书》，不过，由于《汉书》所记非常简略，五小王的具体地望在过去百年来聚讼纷纭。五小王到《后汉书·西域传》中已不见有[③]，直到几百年后《新唐书·西域传》在给昭武九姓诸国溯源时，又给出了唐时在粟特和花剌子模（Khwarezmia）之间的几个国家与这五小王的对应关系。《新唐书》认为：苏薤[④] = 史国，附墨 = 何国，窳匿 = 石国，罽 = 安国，

---

① 王素：《悬泉汉简所见康居史料考释》，第157—158页；袁延胜：《悬泉汉简所见康居与西汉的关系》，第12—13页。

② 《汉书》卷九六上，中华书局1975年版，第3894页；英译见 Hulsewé and Loewe, *China in Central Asia*, pp. 130 - 131。

③ 余太山认为《后汉书·西域传》中无五小王的记述，是因为当时已知五小王治地主要在"粟弋"，遂以"粟弋国属康居"一句概括之（《塞种史研究》，第102页）。

④ 据《玉篇·韭部》："䪥，荤菜也。俗作薤。"可知《新唐书》所用"薤"同"䪥"。为行文方便，下文酌情分别用之。

奥鞬＝火寻[①]。对于《新唐书》给出的对应关系，很多学者直至今日仍然是不加辨析地完全接受[②]，但也有不少学者提出质疑。

白鸟库吉认为，《新唐书》所提供的对应关系乃是出于杜撰，不可置信，他认为康居五小王城"全在康居国之本境内，直至药杀水之北"，即五小王之位置应求之于锡尔河以北的康居本土，而不应在索格底亚那（Sogdiana）范围内求解[③]，他的这一观点又遭到其他学者诟病[④]。

岑仲勉主张应求康居五小王治地于康居属土索格底亚那，他的比定是苏薤为Samarkand、附墨为Bukhara、窳匿为Chinaz、罽为Kāth、奥鞬为Khwarizmia[⑤]。余太山亦认为五小王是康居的附庸，其治地不在康居本土[⑥]。

蒲立本（E. G. Pulleyblank）则认为，尽管《新唐书》在具体比对上有误，但是它将五小王的大致区域划在索格底亚那和花剌子模之间这一范围内还是正确的[⑦]。他自己也曾试图比定出这五个小国的具体地望，不过，现在看来其尝试也并不尽如人意。比如，他曾认为"罽"可能代表Kāth，即花剌子模的古都[⑧]，但花剌子模在《汉书》所反映时代应是五小王之一的奥鞬[⑨]，即

---

① 《新唐书》卷二二一下《西域传下》，中华书局1975年版，第6244—6248页。

② 唐代与西域地区联系密切，对西域地理较之前代有了更为丰富、深入的认识，但《新唐书》的《地理志》《西域传》对一些中亚地名的历史溯源，却并非完全正确，因此在具体引用时一定要先加以辨析。

③ ［日］白鸟库吉：《康居粟特考》，第18—21页。

④ 岑仲勉：《汉书西域传地里校释》，第249页。

⑤ 同上书，第237—265页。

⑥ 余太山：《塞种史研究》，第101—102页。

⑦ E. G. Pulleyblank, "Chinese Evidence for the Date of Kaniṣka," in A. L. Basham, ed., *Papers on the Date of Kaniṣka*, Leiden: Brill, 1968, p. 252.

⑧ E. G. Pulleyblank, "The Consonantal System of Old Chinese, Part Ⅱ", *Asia Major* 9, 1962, p. 219;《上古汉语的辅音系统》，第129页。岑仲勉在考察《新唐书·地理志》所载西域十六国都督府之月支都督府内"妫水州，治羯城"时，认为羯为"Kath之音写，即货利习弥（Chorezmia）"（《西突厥史料补阙及考证》，中华书局1958年版，第143页）。关于Kāth，参看W. Barthold, *Turkestan down to the Mongol Invasion*, London, 1968, pp. 144–145。

⑨ 葛乐耐（F. Grenet）教授指出《新唐书》提供了这些比定不可置信，不过他还是认可奥鞬＝花剌子模的比定，参看N. Sims-Williams and F. Grenet, "The Sogdian inscriptions of Kultobe," *Shygys* 1, 2006, p. 111, n. 47。

《史记》提到的“驩潜”①。

由于《汉书》所记这一段内容非常简略，五小王的比定就像蒲立本所言，的确是一个难题②，但它又是关系到康居历史的一个非常重要、无法绕过的问题。不解决它，就无法厘清康居在公元前2世纪到公元3世纪的历史变迁，所幸新出土材料给我们解决这一问题提供了一些线索。

二 苏薤、粟特和撒马尔干

在康居五小王中，苏薤不仅排在首位，且在汉文史籍中出现的次数也最多，因此要解决五小王的地望，苏薤的比定是关键。

学界今天已经普遍接受苏薤就是粟特（Sughd）的译音③，但苏薤到底是指哪里，向来意见不统一。不少学者是接受《新唐书·西域传》所给出的苏薤就是史国（Kish）的说法，并予以补充说明，如Marquart指出，Kish一度叫Soγd（Sughd），在汉代它就是粟特的中心，因而用Kish来指代整个粟特④。蒲立本也试图建立起“史”和“粟特”二者在对音上的联系⑤。

的确，阿拉伯史家曾提到Kish是粟特地区最重要的城镇⑥，不过并没写明是在何时。据《新唐书·西域传》，史国有城五百，隋大业中“号最

① 驩潜为《史记·大宛列传》提到的前110年左右随同Parthia遣使汉廷的诸“小国”之一，伯希和（P. Pelliot）将其比定为Xwarezm，参看P. Pelliot, “Le Nom du Xwārizm dans les Textes Chinois,” *T' oung Pao* 34, 1938–1939, pp. 146–152。蒲立本在给Hulsewé and Loewe, *China in Central Asia* 的书评中批评那两位学者没有看到伯希和的这一比定（E. G. Pulleyblank, “Han China in Central Asia,” *International History Review* 3, 1981, p. 280）。

② Pulleyblank, “Chinese Evidence for the Date of Kaniṣka,” *Papers on the Date of Kaniṣka*, p. 252.

③ Pulleyblank, “The Consonantal System of Old Chinese, Part Ⅱ,” *Asia Major* 9, 1962, p. 219;《上古汉语的辅音系统》，第130页。

④ J. Marquart, *Die Chronologie des alttürkischen Inschriften*, Leipzig, 1898, p. 57; *Ērānšahr nach der Geographie des Ps. Moses Xorenac'i*, Berlin, 1901, pp. 303–304.

⑤ E. G. Pulleyblank, “The Consonantal System of Old Chinese, Part Ⅰ,” *Asia Major* 9, 1962, p. 124;《上古汉语的辅音系统》，第85页。

⑥ W. Barthold, *Turkestan down to the Mongol Invasion*, London, 1968, p. 134;《蒙古入侵时期的突厥斯坦》，张锡彤、张广达汉译，上海古籍出版社2007年版，第156页。

强盛，筑乞史城，地方数千里”[1]。似乎是晚至隋代，Kish 才有过一段辉煌的历史，而这离我们所要解决的《汉书》康居五小王问题在年代上相差太多。其实，岑仲勉早在 20 世纪 30 年代已指出，苏薤即后来之康国[2]。笔者在此接受岑氏的看法，因为从现有材料看，把苏薤比定为 Samarkand 要比 Kish 更为合理一些，以下即详细分析。

1. 将 Samarkand 比定为苏薤，是因为 Samarkand 在粟特地区的重要地位。

苏薤一词在汉晋时期的汉文史籍中共出现三次。首次是在《史记·大宛列传》中，苏薤是和驩潜一起随同安息（Parthia）于公元前 110 年遣使汉廷的西域诸“小国”之一[3]。从司马迁的表述来看，苏薤当时应该是一个独立的小国，似乎和康居没有什么瓜葛。第二次就是在上引《汉书·西域传》中，苏薤是排在五小王首位，显然是它们当中势力最强的[4]。第三次是在《晋书·西戎传》中讲述康居的部分：“康居国在大宛西北可二千里，与粟弋、伊列邻接。其王居苏薤城。风俗及人貌、衣服略同大宛。地和暖，饶桐柳蒲陶，多牛羊，出

① J. Marquart 应该是根据这段史料记载，认定 Kish 建城是晚在 7 世纪（Barthold, *Turkestan down to the Mongol Invasion*, p. 134；《蒙古入侵时期的突厥斯坦》，第 156 页，注 3）。不过，据学者研究，Kish 早在阿黑美尼德王朝时即已存在，新近发现的粟特文书写的 3 世纪左右的 Kultobe 铭文中也提到了 Kish（参看 N. Sims-Williams and F. Grenet, “The Sogdian inscriptions of Kultobe,” *Shygys* 1, 2006, p. 107）。杜佑《通典》卷一九三“史国”条记其：“大业中，始通中国。后渐强盛，乃创建乞史城，为数十里，郭邑二万家。”（《通典》，中华书局 1988 年版，第 5257 页）有学者指出，《通典》史国条多取自《隋书·西域传》，唯“后渐强盛，乃创建乞史城，为数十里，郭邑二万家”为新增者，不过，他们并不清楚其史料来源（李锦绣、余太山：《〈通典〉西域文献要注》，上海人民出版社 2009 年版，第 176 页）。这段内容中“郭邑二万家”这样的表述与同传所记其他粟特地区的小国（如米国、曹国、何国）皆是“胜兵××人”不一样，而且乞史城“方十里”的规模确实比同传其他粟特国家或二里或三里大多了。另，《隋书·西域传》开头部分记隋炀帝派韦节、杜行满出使西域，他们去了罽宾、王舍城，在河中地区是去了史国，在史国得了十个舞女、狮子皮、火鼠毛等物（《隋书》，中华书局 1982 年版，第 1841 页）。这似乎也表明史国在当时粟特诸小国中比较强大，或者说至少在隋时是这样的。

② 岑仲勉：《汉书西域传地里校释》，第 251 页。

③ 《史记》卷一二三，中华书局 1959 年版，第 3173 页。不过，《大宛列传》记其在大宛以东，白鸟库吉已指出其误（《康居粟特考》，第 19 页）。

④ 与同在《汉书·西域传》中提到的大月氏“五翎侯”一样，顺序先后表明了其地位的先后、势力的强弱。

好马。泰始中（265—274 年），其王那鼻遣使上封事，并献善马。”①从字面意思看，在此苏薤又成了康居王都。不过，这是一段引起较多争议的文字，其中不仅提到了康居、苏薤，还提到了“粟弋”，学界分歧即由如何理解这三者关系而引起。一般认为此处居住在苏薤的是康居王，但也有学者认为是粟弋王②，无论孰是孰非，可为王治这一事实本身就表明了苏薤在粟特地区的重要地位，这也和《汉书》所记苏薤位列诸小王之首相符。

汉晋时期粟特地区诸城邦中，势力最强、最能代表粟特、可称之为这一地区中心的是 Samarkand，而非 Kish。尽管二者在阿黑美尼德（Achaemenid）王朝统治时期都已是有一定规模的城镇，但从地位上来说，还是前者更高一些。Samarkand 一向是为河中地区第一大城，之所以享有如此地位，巴托尔德给出的解释如下：“其原因首先在于它的地理位置适当来自印度（经过巴里黑/Balkh）、来自波斯（经过马鲁/Merv）以及来自突厥人地区的几条商路干线相会之处。次则撒马尔罕的土地异常肥沃，足以供养集中于一地的数量庞大的人口。”③

对于 Samarkand 在粟特地区城邦中的重要地位，除了传世文献，近年来新发现的考古材料也可提供些许证据。过去十年间，考古学家在哈萨克斯坦南部 Kultobe 遗址发现了比粟特文古信札还要早一些的、写在烧制的黏土上的粟特语铭文，据考这些铭文年代下限约为 3 世纪上半，它们不仅对于粟特语的研究提供了重要材料，对于康居历史的研究也意义重大④。这些铭文中最重要的是 4 号，它也是这一组铭文中内容最长的：

① 《晋书》卷九七《西戎传》，中华书局 1982 年版，第 2544 页。

② 余太山认为在“其王居苏薤城”之前脱“粟弋国，属康居”。由此他也认为苏薤城当时应系粟弋国王治（《塞种史研究》，第 102—104 页）；《两汉魏晋南北朝正史西域传要注》，中华书局 2005 年版，第 379—380 页。

③ Barthold, *Turkestan down to the Mongol Invasion*, p. 83；《蒙古入侵时期的突厥斯坦》，第 99 页。

④ 关于这些铭文的解读及研究，参看 N. Sims-Williams and F. Grenet, “The Sogdian inscriptions of Kultobe,” *Shygys* 1, 2006, pp. 95 - 111; N. Sims-Williams, F. Grenet and A. Podushkin, “Les plus anciens monuments de la langue sogdienne: les inscriptions de Kultobe au Kazakhstan,” In: *Comptes rendus des séances de l'année* 2007 [2009], pp. 1005 - 1034。

> 这座城市是由〔……〕之子、Ch［ach］军队的守将所建。他去了（?）那里，使得分配给我们的人民（的土地）和〔分配给〕游牧族〔的土地〕应该……；Samarkand的领主、K〔ish〕的〔领主〕、Nakhshab的领主和Nawak-mē〔than〕的〔领主〕同意了（?）；他（?）拿走了所有的财宝，以及〔……〕，还有那些分配〔给……〕（的土地）（当作他）自己的。[①]

除一开始就提到的Chach外，这件铭文还依次提到了粟特地区中、南部的四个主要城镇：Samarkand、Kish、Nakhshab和Bukhara，其中Bukhara是由Bukhara绿洲的首府Nawak-mēthan来表示的[②]。关于这四个城镇的排列顺序，尽管从目前所拥有的材料来看，只有4号铭文保存相对完整，不过从其他保留下来的几个（如铭文1、10）还是可以看出，这些铭文在列举这几个城镇时应该都是采用同样的顺序[③]。学者认为，4号铭文是为了纪念很可能是由Chach人的军队守将在Kultobe建造的一座城市而制作的，因为据说这些铭文最初发现的地点是在Kultobe城堡，很可能是在一个大门附近[④]。这种做法就像巴托尔德记载的撒马尔干城的碣石（Kish）门上悬挂着的那块铁板，将其悬于城门之上，以达到公之于众的效果[⑤]。如果确实如此，那铭文的内容就应该是非常正式、严谨的，其中几个地名的排序应该不会也不可能随意为之。从地图上看，铭文中提到的这四个城镇基本是按从东向西的走向排列的，对比隋唐时期文献列举这4个粟特城邦的先后顺序，尽管它们没有全部同时出现在一段文献里，但综合来看，一般都是Samarkand（康）、Bukhara（安）、Kish（史）、Nasaf（即Nakhshab/小史）这样的排序，因此，Kultobe铭文给出的顺序可能就是反映了这几个地方在铭文书写年代的实力强弱。在《布哈拉史》中，也有两处列出了Bukhara周边的三个地名Sughd，Kish和Nakhshab，两次出现时排列的

① Sims-Williams and Grenet, "The Sogdian inscriptions of Kultobe," *shygys* 1, 2006, p. 98.

② Ibid., p. 101.

③ 在4号铭文的副本13号铭文中，排列顺序为Kish、Samarkand、Nakhshab和Bukhara，但这一铭文仅存右半部分，其余部分内容是Sims-Williams教授根据4号铭文推补的。

④ Sims-Williams and Grenet, "The Sogdian inscriptions of Kultobe," *shygys* 1, 2006, p. 105.

⑤ Ibid.. Barthold, *Turkestan down to the Mongol Invasion*, p. 87；《蒙古入侵时期的突厥斯坦》，第102—103页。

先后顺序都完全一致①。古代文献无论中外，在列举一组性质相同的名词时，其先后顺序一般情况下都不是随意为之，次序的先后体现着地位、身份的区别②。若以上所言不误，那么，Kultobe 铭文所反映的 Samarkand 当时在粟特地区的首要地位是符合历史事实的。

2. 汉晋时期进入中国的康居人（或粟特人）中，有不少是来自 Samarkand，这也从某种程度上表明，早期汉文史料中的苏薤（Sughd）所指代的应是 Samarkand，而非 Kish。

众所周知，《出三藏记集》《高僧传》等佛教典籍保留了 2 世纪至 5 世纪自中亚来华的一些康姓僧人的资料，如康巨、康孟详、康僧锴、康僧会、康僧渊、康法朗、康法畅等③。史籍明确记载他们是从“康居”来，可以肯定他们所用的“康”姓，是“康居”的省称，表明他们来自康居④，这种“以国为姓”的做法就像当时用“安”姓表示来自安息，“支”姓表示出自月氏一样。从现有材料看，这些来自康居的僧人，应该有从康居本土过来的，但还有相当一部分，据学者考察，应该是从粟特地区的 Samarkand 前来的，因为康居的游牧生活方式缺乏佛教得以兴盛的土壤，而在康居的属地粟特则存在佛教得以传播的环境。只是因为粟特地区曾经役属于康居，因此从粟特来的胡人僧侣也采用了“康”姓⑤。除了佛教僧侣外，这一时期还有其他身份的康居人采用“康”姓，如 227 年活

① *The History of Bukhara*, tr. by R. N. Frye, Cambridge: Massachusetts, 1954, p. 38, 73.

② 比如在前引悬泉出土《康居王使者册》中，康居王两次出现时都是排在苏薤王之前。荣新江在《于阗在唐朝安西四镇中的地位》一文中讨论四镇名表时，也认为其排列有固定关系（《西域研究》1992 年第 3 期）。

③ 参看 M. N. Walter, “Sogdians and Buddhism,” *Sino-Platonic Papers*, No. 174, 2006, pp. 22 - 29, “Appendix”, pp. 64 - 65。

④ O. Hansen, “Die Buddhistische Literatur de Sogdier,” *Handbuch der Orientalistic*, I - 4 - 2 - 1: Iranistic, Literatur, Leiden, 1968, p. 85；转引自张广达《粟特人在佛经翻译中的作用》，《文本、图像与文化流传》，广西师范大学出版社 2008 年版，第 219 页。蒲立本指出，“史”姓的使用虽直到 6 世纪末才得到证实，但康姓、安姓则在 2 世纪的外国僧人中已被使用，“史”姓显然也出现于 2 世纪（Pulleyblank, “The Consonantal System of Old Chinese, Part Ⅰ”, *Asia major* 9, 1962, p. 124；《上古汉语的辅音系统》，第 85 页）。不过，据齐藤达也的考察，“史”姓在汉文史料里出现最早的就是北周末年的史君（580 年葬），据此上推史姓的使用在 5 世纪末到 6 世纪中，见所撰《北朝・隋唐史料に见えるソグド姓の成立について》，《史学杂志》第 118 编第 12 号，2009 年版，第 46—47 页。

⑤ Walter, “Sogdians and Buddhism,” *Sino-Platonic Paper*, No. 174, 2006, pp. 5 - 6.

动于凉州一带的康居胡康植[①]，有学者认为这类康居人也是从粟特而来[②]。

这一时期沿陆上丝绸之路进入中国的粟特胡人中，还有一些身份是商人，很明确他们是从 Samarkand 来的，这一点敦煌发现的粟特文古信札提供了毋庸置疑的证据。我们知道，古信札的 2 号就是发往 Samarkand，而且由信文内容可知，在 4 世纪初已经有不少粟特商人（*swγ'ykt*），特别是来自 Samarkand 的粟特人生活在中国境内[③]。从他们在中国的商业网络的广泛、深入来看，他们在中国的商业活动至少在 3 世纪下半到 4 世纪末已经展开。

一般认为，从东汉末年以来进入中国的胡人[④]所采用的"康"姓最初是表示康居的缩写，但其中有相当一部分确实是来自 Samarkand，尽管我们不能说所有的康姓胡人都是从 Samarkand 来的。可能也正是基于这样的历史背景，后来到隋唐时代，在官方记载中就用康国来表示 Samarkand 了[⑤]。

综上所述，根据我们的考察，尽管汉文史料中的"苏薤"是粟特（Soghd）的译音，但它所指其实是粟特地区最重要的城市——Samarkand，即后来《新唐书》所记的康国，而非史国（Kish）。用一个表示地区的集合名词来指代一个具体的城邦，自然很容易造成一种混淆。因此，可能是为了有所区别，至《后汉书》时代，就没有沿用"苏薤"，而是用了一个新词"栗〔粟〕弋"来表示粟特[⑥]。到了《晋书》撰写时代，对于整个

---

① 《三国志》卷三三《蜀书·后主传》裴注引《诸葛亮集》（中华书局 1982 年版，第 895 页）。另有黄武五年（226 年）为孙吴出使扶南等国、归国后著《外国传》的康泰，其所著书已佚，仅在《水经注》等可见断简残篇（余太山：《早期丝绸之路文献研究》，上海人民出版社 2009 年版，第 220 页）。康泰或是经海路，从粟特地区来至孙吴。

② É. de la Vaissière, *Histoire des marchands sogdiens*, Paris, 2002；英译本 *Sogdian Traders: A History*, tr. by J. Ward, Leiden, 2005, p. 60。

③ N. Sims-Williams, "The Sogdian Ancient Letter Ⅱ," *Philologica et Linguistica. Historia, Pluralitas, Universitas. Festschrift für Helmut Humbach zum 80. Geburtstag am 4. Dezember 2001* (ed. M. G. Schmidt & W. Bisang), Trier, 2001, pp. 267–280.

④ 在此我们应该注意到长期留居者和流动性强的短期使者、商人的不同，比如，《汉书·西域传》里提到的康居国副王、贵人等人名，以及本文所讨论的《康居王使者册》简中提到的康居王、苏薤王使者的名字，从杨佰刀、扁阗、姑墨、沙囷、为匿、苏诸匿来看，皆不具其姓，其汉名应当是胡名的汉字音译。

⑤ 在当时中国人眼中，康居的历史要比粟特悠久得多、有名得多，以至于康居灭亡后几百年仍有不少康姓胡人将自己的先祖与康居扯上关系，如北周保定三年（563 年）死于长安的康业墓志中，仍将其祖先溯源为康居。

⑥ 《后汉书》卷八八，中华书局 1973 年版，第 2922 页。

粟特地区的称呼，虽然延续了《后汉书》所用的“粟弋”，但对 Samarkand 则是沿用从《史记》时代就已经使用的“苏薤”一词①。

三 Kultobe 发现的粟特铭文与康居五小王

以上我们对康居五小王中的苏薤王的具体所指进行了一番分析，在五小王中，除苏薤的对音学界取得基本共识外，其他四个至今尚未形成统一意见，或者说几十年来并未有太大进展。实事求是地说，这几个地名的对音、地望一时还很难给出令人满意的答案，而《汉书·西域传》所记五小王驻地至都护驻地乌垒城、阳关的里程又明显有误②，无法据此进行考证。对音固然是解决五小王问题的重要手段之一，当地的考古发现及历史背景分析也是非常重要的途径。上文已经提到的 Kultobe 发现的早期粟特语铭文，或许就对解决这一问题可提供一些帮助。

仔细考察 Kultobe 铭文的内容及同时期汉文史料中有关康居及 Sogdiana 地区的记载，我们发现，Kultobe 铭文中排在首位的 Samarkand 正好和康居五小王之一的苏薤相对应，而如果《新唐书》给出的“罽” = Bukhara 也正确的话③，这种巧合使得我们不禁会想，这两种排序之间是否存在一种对应关系？也就是说，除距离最远的奥鞬外，其他四个——苏薤、附墨、窳匿、罽，对应的是否就是 Kultobe 4 号铭文列出的 Samarkand、Kish、Nakhshab 和 Bukhara 呢？为方便说明，此处给出列表：

	1	2	3	4	5
《汉书》	苏薤	附墨	窳匿	罽	奥鞬
《新唐书》	史国（Kish）	何国（Kushaniya）	石国（Chach）	安国（Bukhara）	火寻（Khwarezm）
Kultobe 铭文	Samarkand	Kish	Nakhshab	Bukhara	×

① 《晋书》卷九七，第 2544 页。

② ［日］松田寿男：《古代天山历史地理学研究》，陈俊谋译，中央民族学院出版社 1987 年版，第 82—83 页。

③ Kultobe 铭文中 Bukhara 是用 Nawak-mēthan/Nōk-mēthan 来表示的，意为“新居地/New Residence”，这一写法与北魏时对这一地的称呼“忸密”可以勘同（Sims-Williams and Grenet, “The Sogdian inscriptions of Kultobe”, *Shygys* 1, 2006, p. 101）。

当然，目前就在这二者之间做完全一一对应的假设有些大胆，不过，作为当时粟特地区的主要城镇，作为当时和汉廷有着频繁外交往来的西域王国，在汉文史籍中没有留下它们的蛛丝马迹，似乎有些不太可能。今后我们在解决康居五小王问题时，固然还需从对音、历史背景等多方面来做更多努力来探讨这一问题，但作为和康居五小王年代相距不远的 Kultobe 铭文，这一粟特人自己在康居故地所留下的重要历史信息，应该是一个必须参考的重要材料。

最后再来看另一个相关的重要问题，即《汉书·西域传》所记康居五小王资料的来源问题。过去，白鸟库吉认为《汉书》中这一段内容《史记》未载，因此应该不是张骞所亲述，而是前 36 年汉将陈汤和都护甘延寿协攻康居东境匈奴郅支单于时所采得的资料，是后来才补入的①。蒲立本也指出，《汉书·西域传》中康居五小王和大月氏五翖侯的里程和其他部分明显不同，不是以长安而是以都护驻地和阳关为基准，因此，这部分内容应是班固根据其弟班超在 74 年或 75 年的报告在 1 世纪下半补入的②。而今，悬泉汉简不仅告诉我们，在前 39 年康居王和其属下苏薤王曾遣使前来汉廷贡献骆驼，而且从使者所述“前数为王奉献橐佗”可知，此前两王使者已经多次前来贡献；特别是悬泉汉简中保留的大月氏五翖侯中的前两个——休密和双靡分别在前 37 年、前 43 年的遣使记录，在简文中是以“大月氏休密翖侯”、“大月氏双靡翖侯”的形式出现的，这表明大月氏进入大夏地区之后形成的五翖侯的格局至晚在前 47 年已经形成。如果说《汉书》中康居五小王的材料和大月氏五翖侯的内容是同时补入的，通过前来的使臣，汉廷应该至晚在前 37 年以前已知晓康居和大月氏地区的情况，而不必待到陈汤、甘延寿等人在西域活动的前 36 年之后，更不必等到百余年之后的班超时代。

在此，还有一点值得注意的是，在悬泉汉简《康居王使者册》上，“苏䪥”所用“䪥”字和《汉书》所记完全相同，却不同于《史记》《晋书》所用“薤”字，或许也从一方面反映出正史记载是建立在可靠的官

① ［日］白鸟库吉：《康居粟特考》，第 20—21 页；周连宽：《大唐西域记史地研究丛稿》，中华书局 1984 年版，第 300 页。

② Pulleyblank, “Chinese Evidence for the Date of Kaniṣhka,” *Papers on the Date of Kaniṣhka*, pp. 250 – 253.

方资料来源之上。当然我们也不排除有汉朝政府在西域活动的官员报告的可能，但前来汉廷的当地使臣的报告应该是更为直接、准确的信息。他们所提供的信息在当时应该也是中原王朝了解西域各国形势的一个重要管道。

悬泉汉简中有关西域诸国遣使汉廷的记录，不仅包括康居、大月氏、乌孙、大宛这些实力强盛的国家，甚至还包括隶属其下的小政权，这些第一手资料不仅表明这一时期汉朝和西域直接沟通的频繁，其中所包含的丰富历史信息也反映出西汉王朝对于这一地区的准确认识和深入了解，而这一点，是它之后的很多王朝所不及的，这可能也是为什么《后汉书》之后的汉文史料中没有“五小王”记录的原因所在，不记录并不意味着这几个小王国不复存在，很可能是因为当时中原王朝和这些地区的联系远没有西汉时那么深入。

Tocharian Fragment THT333 in the Berlin Collection*

Ogihara Hirotoshi

1. Introduction

In the Tocharian Buddhist literature, there are many fragments belonging to the Vinaya texts. Since the study of Sylvain Lévi (1912), some scholars have researched fragments of this genre, and have revealed important facts about Tocharian Vinaya texts. However, there remain many fragments of this genre which should be studied in detail. Thorough research on Tocharian Vinayatexts is needed to integrate Tocharian philology with the study of the history of Buddhism in Central Asia.

I have undertaken a study of all Tocharian Vinaya texts in comparison with Sanskrit and Pāli texts, and especially with Chinese translations of the same texts for the purpose of revealing peculiarities of Tocharian Buddhism①. In this paper, I will discuss the identification of one Tocharian Vinaya fragment which has remained unidentified.

---

* The main part of this paper was read at the conference held in Moscow (8.25 – 8.27, 2008): *The Scientific Conference Dedicated To Centenary Since The Beginning Of Deciphering Of The Tocharian Texts.* Afterwards it was studied in Ogihara (2009: 143 – 144 and 441 – 444) with some corrections.

① On the Vinaya texts in Tocharian A and B, see Ogihara (2009, 2010, 2012a, and 2012b).

2. Transliteration and translation of THT333

Here I present the identification of THT333, which has never been studied in comparison with Buddhist literature in other languages. This fragment was published by Sieg and Sieglingin 1953 in *TochSprR* (*B*) *II*: 216 - 217 as B333. Some details of the writing of this fragment have been examined recently in connection with the study of the dating of Tocharian manuscripts by several scholars①. This fragment has been found in the *Kizil* sites, and the spelling of Brāhmī letters has some archaic features②. It partly shows the notation of Archaic Tocharian B language③. One can find the corresponding part to THT333 in the Chinese Vinaya text 十诵律 *shísònglǜ* Vol. 21, namely, in the *Upasaṃpadā-vastu* belonging to the Sarvāstivādins. The Sanskrit fragments belonging to the *Upasaṃpadā-vastu* of this school have been studied also recently by Jin-il Chung (2004) in comparison with the Chinese version. THT333 corresponds to the chapter XIV, 4. 3. c - 4. 4. d of his edition (*op. cit.*: 94), which is concerned with the *Pārājika-dharma* 3 and 4 of the *Karmavācanā* text. In addition to the restorations proposed in *TochSprR* (*B*) *II*, I have also introduced some restorations on the basis of comparison with other Tocharian and Sanskrit texts.

[**Transliteration**]④

w: 13.6 cm × h: 7.6cm. The folio number '6' is in the left margin of the verso side.

a1 *oroce [w](arne) [w](a)t̠\ nat̠a̠ṅk̠a̠ṃne oroce maswkameṃ*[1] *wat̠\ nat̠a̠(ṅ k̠ a̠ṃne ytāri-)*

2 *ne wat̠\ [ṣ ṣ] īt[ai]*[2] *wrattsai lyeweta r̠\ rne*[3] *post̠a̠ñe tuk pa̠rweṣṣe mātri(kātsane)*

① See Malzahn (2007), Peyrot (2008: 201 - 203), and Tamai (2011).

② THT333 is classified to I - 2 in Tamai (2011).

③ Cf. Peyrot (*op. cit.*: 221).

④ The transliteration here is my rereading. The system of the transliteration is as follows:

[ ] : damaged akṣara (s) - : lacuna of one single akṣara

( ) : restored akṣara (s)

3 yaipormeṃ kka k̠a̠lporme(ṃ) wi indriñcä kektseñaṣṣe indri śaul̠a̠ṣe [i](nd)r[i] (ṣ̠)[p̠a̠]

4 om no ce$_{u\backslash}$ kal̠a̠lne[4] ykuweṣ̠$_{\backslash}$ kautsiśco speltke yamaṣ̠a̠ṃ su no cwi speltke-

5 sa srukalyñe yaṃnmaṃ O su mā ṣ̠p̠a̠ ṣamāne m̠a̠sket̠a̠r̠$_{\backslash}$ mā lalālu mā ṣ̠p̠a̠

6 śaketṣ̠$^{ä}_{\backslash}$ so$_{i\backslash}$ lalaitau ṣamāñemeṃ masket̠a̠r̠$_{\backslash}$[5] t̠a̠(n)[e] t̠a̠(n)e eṣṅke[6] śaul̠a̠-

7 sa warñai[7] mā yaṣ̠a̠lle[8] m̠a̠kte kca t̠a̠ne te yaknesa ike[9] ----[10] [m](a)yya campa-

8 lle stināstsi kwri mā katka̠t̠$_{\backslash}$ peparku poñ$^{ä}_{\backslash}$ ‡ 3 snai k[eṣ́]$_{\backslash}$ (klautke)sa[11] ñaktai-

9 kte pañakte waiyke welyñe nakṣate waiyke welyñemeṃ klautkaly[ñe] (eśa)[t](k)[ai w](a)r(w)ā-

10 te palāte post̠a̠ñe rano keriyemane waiyke weṣ̠ṣ̠a̠lle k$_u$(c)e ------[12]

b1 k$_u$se no ṣamāne mā ce warñai kca klyomotṣ̠$_{\backslash}$ wāki yainmu sakwä t̠a̠k̠ä̠[lyñe] (wṣīl)[yñ](e pālo)$_i$-

2 t̠a̠r̠$_{\backslash}$[13] aiykema̠t̠$_{\backslash}$ wat̠$_{\backslash}$ te maṃt$^{ä}_{\backslash}$ lkāskewat̠$_{\backslash}$ te maṃnt̠$^{ä}_{\backslash}$ arahaṃnte [ñi](ṣ́$_{\backslash}$ ne)[s](e)$_{u\backslash}$ ara-

3 haṃnteñe perneś[14] wat̠$_{\backslash}$ speltkessu anāgāme ñiṣ̠́$_{\backslash}$ nese$_{u\backslash}$ [a](nāgām̠a̠ṃ)[ñ](e) perneś wat̠$_{\backslash}$

4 speltkessu sakṛtākāme ñiṣ̠́$_{\backslash}$ nese$_{u\backslash}$ sakṛtākām̠a̠ṃ[ñ]e (perneś wa)t̠$_{\backslash}$ speltke-

5 ssu srotāpaṃnne ñiṣ̠́$_{\backslash}$ O nese$_{u\backslash}$ srotāpat̠a̠ñe pe(r)n[e](ś) wat̠$_{\backslash}$ [ss]p(e)ltkessu

6 k̠a̠lpowä ñiṣ̠́$_{\backslash}$ nese$_{u\backslash}$ p̠a̠rweṣṣe dhyāno wace dhyāno trice dhyāno śtarce dhyāno

7 eru ñiṣ̠́$_{\backslash}$ nese$_{u\backslash}$ maitr̠a̠ karuno modit̠ä̠ upekṣ̠ä akāśanaṃntyāyataṃn$_{\backslash}$ wijñā-

8 nanaṃntyātaṃn$_{\backslash}$[15] ākiṃñcaṃṇyāyataṃn$_{\backslash}$ naiwasaṃjñānāsaṃjñāy-ataṃn$_{\backslash}$ aś[u](bh$_{\backslash}$)[16] [ā](nā)[p]ā-

9 *nasmṛti ñak(t)i ñiś̱ lkātis ka̱nmaskeṃ nāki yakṣi preti kumbhāṃṇḍi---- (-)* [17]

[**Notes**]

a1 – 8: These lines concernthe *Pārājika-dharma* 3. Concerning the text of the Mūla-sarvāstivādins, see Banerjee (1977: 68 – 69).

a8 – b9: These lines concernthe *Pārājika-dharma* 4. Concerning the text of the Mūla-sarvāstivādins, see Banerjee (*op. cit.*: 69 – 71).

1: For *maskwameṃ*, abl. sg. of *māskw* 'obstacle, hindrance'.

2: This part corresponds to 若道路遣使杀 *ruò dàolù qiǎn shǐ shā* (T. 23, no. 1435, 157a29) 'if he sends a hireling and kills (her) in the road'. On the basis of this correspondence, Toch. B *ytārine*, the locative singular of *ytārye* 'road' can be restored.

Sieg and Siegling proposed (1953: 216 fn. 2) to take *ṣ[p]īt[ai]* according to their reading as a mistake for *ṣpīkai*, but the reading *[ṣṣ]ī t[ai]* is safe. Furthermore, the noun *ṣpikiye* 'crutch' (Adams 1999: 667) does not give any correct meaning here. These two akṣaras should be interpreted as *ṣṣītai*. The meaning of the latter noun can be ascertained by the match in the Chinese text quoted above 遣使杀 *qiǎn shǐ shā* '(he) sends a hireling and kills (her)'. This form would be the oblique singular of *ṣito*, which would mean 'hireling, messenger'. This nominative form *ṣito* is written as *ṣīto* in the classical Tocharian B language due to the notation of the accentuation on the first syllable①. In my opinion, *ṣitaitse*, which is attested in B316a1 (Sieg and Siegling 1953: 203) and should be corrected as this, is the genitive singular②. Here I give the transliteration of IOL Toch 1094b, where we have the

① For *ṣito*, see THT1663 + THT2373. frg. c + frg. g. b1 where it corresponds to Skt. *saṃcāritra*- 'Kuppler' (Simson 2000: 273). This part was treated in Ogihara (2009: 39 – 40, 181 – 189). For *ṣīto*, B65a1 and B516a2 can be consulted.

② Toch. B *ṣitaitse* would correspond to Skt. *dūtasya* here. Adams gave the meaning '± having a price (?)' to *pitaitse* (1999: 385) on the basis of the proposition given by J. W. Broomhead (1962 [II]: 179). However, this word should be rejected. The genitive form *ṣitaintse* is also attested in SI B Toch. /13. 1 – 2 (Pinault 1998: 6 and 7 fn. 6).

oblique (b1) plural and the analogical nominative plural *ṣitaiṃ* < * *ṣitaiñ* (b2)①:

IOL Toch 1094b②

1 ///(*mahendra*)*s* (*e*) *n*(*e*) *walo ṣitaiṃ*///

2 ///*lateṃ ṣitaiṃ* || *om no* [*ñ*](*ake*)///

The oblique plural would be attested also in B211b2 *abhiṣekṣeṃ ṣitaiṃ*, to which Sieg and Siegling (1953: 126 fn. 3) proposed to be a mistake for *pitaiṃ*③. According to these forms, it is probable that *ṣīto* would belong to the class VI. 2 of nounsaccording to the manual of Tocharian (*TEB I*: 133 – 134). For a clearer illustration, I give the table of declension of this word:

	Sg.	Pl.
N.	*ṣīto*	*ṣitaiṃ* < * *ṣitaiñ*
Obl.	*ṣītai*④	*ṣitaiṃ*
G.	*ṣitaintse*	

3 This form should be 3. sg. prs. of *lu*-' to send'.

4 Toch. B *kaläl* < Skt. *kalala*-' uterus, foetus' (cf. *MW*: 260c). It would not be based on the subjunctive stem of *käl*-' to bear, endure' (Adams 1999: 147 – 148). This etymology could be confirmed by other Chinese parallel texts: 歌罗罗中生 *gēluóluó zhōng shēng* (T. 23, no. 1439, 502a20) ' have lived in *kalala*-(= EMC * *ka la la*⑤)' .

5 For *mäsketär*, 3. sg. prs. of *mäsk*-' to be' . This phrase corresponds to Skt. *abhikṣur bhavaty aśramaṇaṇaḥ aśākyaputrīyaḥ dhvasyate bhikṣubhāvāt* (Banerjee *op. cit.* :67). Toch. B *lalālu* is the preterit participle of the verb *lāl*-

① As to this phonetic change, see Peyrot (2008: 78 – 84). The oblique plural *ṣitaiṃ* appears also in IOL Toch 253a2.

② This fragment could be related to IOL Toch 63 where the last word of a1 would not be *ṣīko* restored by Broomhead (1962 [I]: 144) but *ṣīto*.

③ This form was classified as the plural oblique of *pito*by Broomhead (*op. cit.* : 178) and Adams (*op. cit.*). However, this form should be also rejected.

④ The accusativeform *ṣītai* is attestedalso in PK NS 397. frg. 5a4.

⑤ The reconstructed forms of EMC (= Early Middle Chinese) are quoted from Pulleyblank (1991).

'strive for'. It is a loan translation of *śramaṇa-*.

6 For *eṃṣke* 'while, even, until'.

7 Toch. B *śauläsa warñai* cooresponds to Skt. *yāvajjīvam*.

8 Read *ya(mä)ṣṣälle*, the gerundive I of *yām-* 'to do'.

9 This phrase corresponds to Skt. *kaccid evaṃrūpaṃ sthānam*.

10 Sieg and Siegling proposed three akṣara smissing in the lacuna, but one may suppose a somewhat larger space. It would be possible to restore *mā katkat śle*.

11 Toch. B *snai keś klautkesa* corresponds to Skt. *anekaparyāyeṇa*.

12 Toch. B *postäñe rano keriyemane*, cf. *antato hāsyaprekṣiṇāpi*. The akṣara < *ṣṣa* > of *weṣṣalle* has been added under this line. The rest of this line would be k_u(*c*)*e*(*ṣpä wentsi päknāmo*) 'even less so intending to tell[it]'.

13 Toch. B *sakwä täkälyñe wṣīlyñe* corresponds to Skt. *sukhasaṃsparśa-vihāratā-* (cf. *BHSD*: 597a). Among other Vinaya texts, Skt. *saṃsparśa-vihāratā-* appears only in that of the Mūlasarvāstivādins: *yaḥ punar bhikṣur anabhijānann aparijānann asantam asaṃvidyamānam anuttara-manuṣyadharmam alam āryaviśeṣādhigamaṃ jñānaṃ vā darśanaṃ sparśavihāratāṃ vā pratijānīyād idaṃ jānāmīdaṃ pathyāmīti...* 'Whatever monk, unknowing and not understanding, should boast of having superhuman faculties, sufficient knowledge and the specific spiritual realization of the nobles, and insight and a state of comfort which are inexistent and unobtained [by him], saying, "I know this, I see this" ...'① (Banerjee *op. cit.*: 15).

14: Toch. B *perne* has been added under this line.

15 It is a scribal error for *wijñānanaṃntyā*(*ya*)*taṃn*, cf. Skt. *vijñānānanty-āyatana-* (*BHSD*: 486a).

16 Toch. B *aśubh* has been added under this line.

17 It would be possible to restore *rākṣatsi ñiś lkātsi känmaskeṃ* 'the *Rākṣasas* come in order to see me' on the basis of 鸠槃茶罗刹等来至我所 *jiūpánchá luóchà děng láizhì wǒsuǒ* (T. 23, no. 1439, 502b2) 'the *Kumbhāṇḍas*,

① The English translation is quoted from Prebish (1975: 53).

the *Rākṣasa*s etc. come to me'.

[**Translation**]

a 1 or he pushes her away (in) a great (water), or from a big hindrance he pushes her down, or (on the road)

2 he sends a hireling against her, finally, (the foetus) having entered (into the incipient womb) of the mother first,

3 indeed, having obtained both elementary powers, [that is] the bodily power and the life power,

4 but then he makes zeal for killing this one having come to theuterus (= Skt. *kalala-*), and this one (= the foetus) through his zeal

5 reaches death, this (man) is no more a monk, no more an ascetic, no more

6 a son of the *Śākya* [clan], he remains (as) having departed from monkhood. Thereupon for the whole life through,

7 it should not be done. (You should not violate) any point (= fault) of this sort. Being able to

8 stay silent with (your) force, if you do not intend to violate (this point), having been asked, tell (it). By several ways the lord of lords,

9 the Buddha-lord blamed telling lie, the turning away and refraining from telling lie

10 forcefully he urged [and] praised. Also finally by joking (for fun) one should not tell lie, even less so (intending to tell [it]).

b 1 The monk who, having not reached yet the excellence of any noble ones, praises (falsely) his condition of dwelling with things that are pleasant to touch (= Skt. *sukhasaṃsparśa-vihāratā-*),

2 [saying] either 'Thus I know' or 'Thus I see', 'I am an *Arhat*,

3 or I am zealous for the status of *Arhat*, I am an *Anāgāmin*, or I am zealous for the status of *Anāgāmin*,

4 I am a *Sakṛdāgāmin*, or I am zealous for (the status) of *Sakṛdāgāmin*,

5 I am a *Srotāpanna*, or I am zealous for the status of *Srotāpanna*;

6 I have obtained the first *Dhyāna*, the second *Dhyāna*, the third *Dhyāna*, the fourth *Dhyāna*;

7 I have produced benevolence (= Skt. *maitrī-*), compassion (= Skt. *karuṇā-*), delight (= Skt. *muditā-*), indifference (= Skt. *upekṣā-*), the stage of the infinity of space (= Skt. *ākāśānantyāyatana-*),

8 the stage of the infinity of consciousness (= Skt. *vijñānānantyāyatana-*), the stage of nothingness (= Skt. *ākiñcanyāyatana-*), the stage of neither consciousness nor unconsciousness (= Skt. *naivasaṃjñānāsaṃjñāyatana-*), the contemplation of offensive things (= Skt. *aśubhā-*),

9 the mindfulness of breathing (= Skt. *ānāpānasmṛti-*). The gods come in order to see me, the *Nāga*s, the *Yakṣa*s, the *Preta*s, the *Kumbhāṇḍa*s, (the *Rākṣasas* come in order to see me).

3. Comparison with parallel texts

As noted above, the parallel text of THT333 can be found in the *Upasaṃpadā-vastu* belonging to the Sarvāstivādins. It corresponds to the chapter XIV, 4.3.c – 4.4.d of the critical edition by Jin-il Chung (2004: 94), which is concerned with the *Pārājika-dharma* 3 and 4 of the *Karmavācanā* text. Unfortunately, the Sanskrit corresponding text for this part is lost. Therefore, it is necessary to quote the German translation of the Chinese text given by Chung below in order to make the comparison understandable.

[**German translation**] ①

(Der Tod ist besser als das Leben, wenn er in dieser Weise bei verschiedenen Gelegenheiten den Gedanken entgegenkommend jenem den Tod beibringt oder anpreist, oder wenn er einen tötet, sei es durch eine Grube, einen Falle, das Schießen mit einem Apparat, das Treten, einen *Bituoluo*, einen Halb-*Bituoluo*, oder wenn er eine Fehlgeburt verursacht, sei es durch das Drücken des Leibes,) das Stoßen [ins Feuer,] ins Wasser, von oben

① Toch. B text of THT333 begins after the passage put into brackets.

nach unten, oder durch das Schicken eines Beauftragten auf den Weg, oder sei es durch den Abbruch der anfänglichen Schwangerschaft versehen mit zwei *Gens*, d. h.. mit dem Körperorgan und der Lebensfähigkeit, und wenn jener aus diesen Gründen stirbt, ist dieser kein *Biqiu*, kein *Shamen* und kein Schüler des *Shijia*-Sohns mehr. Das *Biqiu*-Sein geht verloren. Dies sollst du zeitlebens nicht begehen. Kannst du dies einhalten? Wenn ja, soll man es bejahen.

Der Buddha verurteilte aus verschiedenen Anlässen die unwahre Rede und lobte das Unterlassen der unwahren Rede. Noch nicht einmal aus Spaβ soll man unwahre Dinge äuβern, geschweige denn absichtlich. Wenn ein *Biqiu* selbst die nicht vorhandene 'Übermenschliche Norm' zu wissen behauptet, oder sich rühmt: Ich habe die Frucht des *Eluohan* erlangt. Ich bin einer, der sich auf dem Pfad des *Eluohan* befindet. Ich habe die Frucht des *Enahan* erlangt. Ich bin einer, der sich auf dem Pfad des *Enahan* befindet. Ich habe die Frucht des *Situohan* erlangt. Ich bin einer, der sich auf dem Pfad des *Situohan* befindet. Ich habe die Frucht des *Xutuohan* erlangt. Ich bin einer, der sich auf dem Pfad des *Xutuohan* befindet. Ich habe das erste, zweite, dritte oder vierte *Chan* erlangt. Ich bin mit Güte, Mitleid, Mitfreude und Gleichmut versehen. Ich habe das 'Raumendlichkeits-Gebiet' das 'Bewuβtseinsunendlichkeits-Gebiet', das 'Nichtsheit-Gebiet', das 'Gebiet der Weder-Warnehmung-Noch-Nichtnehmung', [den Erlöschungszustand,] die Geistesentfaltung durch die Meditation über Ekelobjekte, die *Annabanna-Nian* erreicht. Die *Tian*s kommenn zu mir. Die *Long*s, *Yuecha*s, Gespenster wie [*Futuoluo*s, *Bisheshe*s,] *Jupancha*s [und *Luocha*s, diese Gespenster kommen zu mir und fragen mich.]

[**Chinese text**]

"佛种种因缘诃夺他命。赞叹不夺命。乃至蚁子。不应故夺命。何况人若比丘自手故夺人命。若遣人持刀杀。若教死若赞死。若作是语。咄丈夫。用恶活为。死胜生。随心随思。种种因缘教死赞死。若坑杀若弶杀。若机拨杀若蹈杀。若比陀罗杀。若半比陀罗杀。若断命杀若堕人胎。若按腹堕胎。若排著火中。若排著水中。若在高上排著下杀。若道路遣使杀。乃至母腹中初得二根。身根命根。初在胎中嗔欲杀。从是因缘死。非比丘非沙门非释子。失比丘法。是中尽寿不应作。是事能持不。若能当言能。

佛种种因缘诃妄语。赞叹不妄语。乃至戏笑不应妄语。何况故妄语。若比丘自知空无过人法。自赞我得阿罗汉果证若向阿罗汉。我得阿那含果证若向阿那含我得斯陀含果证若向斯陀含。我得须陀洹果证若向须陀洹。我得第一禅第二第三第四禅。我得慈悲喜舍空处定识处定无所有处定非有想非无想处定灭尽定不净观安那般那念。诸天来至我所。诸龙阅叉浮陀罗鬼比舍阇鬼拘盘茶鬼罗刹鬼。如是鬼辈问我。我亦问彼。彼亦答我。我亦答彼。是事空无妄语。是非比丘非沙门非释子。失比丘法。是中尽寿不应作。是事能持不。若能当言能。”

（T. 23，no. 1435，157a21 – b16）

We have another Chinese version of this part inthe Chinese *Karmavācanā* text，which is the excerpt from the Chinese *Vinayavastu*（十诵羯磨比丘要用 *shísòng jiémó bǐqiū yàoyòng*，T. 23，no. 1439），though there are some differences between two versions.

“佛种种因缘呵责杀生。赞叹不杀生。乃至蚁子尚不应杀。何况于人。若比丘自手夺人命。若持刀与。若教死赞死。作是言。咄人用恶活为死胜生。随彼心乐死。种种因缘教死赞死。若作忧多杀。若头多杀。若作弶作网作拨。若作毗陀罗杀。若似毗陀罗杀。若断气杀。若堕胎杀。若按腹杀。若推著火中水中。若从高推下。若遣使道中死。乃至母腹中初得二根。身根命根歌罗罗中生。恶心方便令夺其命。从是因缘死者。是非比丘。非沙门非释子。失灭比丘法。是事尽寿不应犯。汝能持不(答能)。

佛种种因缘呵责妄语。赞叹不妄语。是中乃至戏笑尚不应妄语。何况故妄语。若比丘不知不见空无过人法。自言我如是知如是见。我得须陀洹果乃至阿罗汉果。我得初禅二禅三禅四禅。我得慈悲喜舍无量空处识处无所有处非想非非想处定。我得不净观阿那般那念。诸天来至我所。诸天龙夜叉薜荔毘舍阇鸠槃茶罗刹等来至我所。彼问我答我问彼答。若比丘如是妄语者。是非比丘。非沙门非释子。失灭比丘法。是事尽寿不应犯。汝能持不（答能）。”

（T. 23，no. 1439，502a12 – b02）

It is remarkable that THT333 accords well with the *Karmavācanā* text quoted in the Chinese *Upasaṃpadā-vastu*. However, this fact does not mean that THT333 would belong to the fragment of the *Upasaṃpadā-vastu* of the Sarvāstivādins, for we have the pagination '6' in THT333, and on the other hand, this part belongs to the final part of the Chinese *Upasaṃpadā-vastu*. This implies that THT333 would belong to the *Karmavācanā* text compiled in Tocharian Buddhism①. It is important to state that the corresponding part to THT333 is found in the Chinese the *Upasaṃpadā-vastu*. Because it is said that this Vinaya text had been translated from Sanskrit into Chinese by *Kumārajīva* at the beginning of the 5th century, it could be said that the *Karmavācanā* text of this type had been already compiled in the Sarvāstivādins and it had been transmitted into China through Central Asia. THT333 would confirm that the *Karmavācanā* text of this type had been also known to the monastery of the *Kucha* region, the center of Tocharian Buddhism. It can shed light on the activity of the Sarvāstivādin monks in Central Asia.

In this connection, the bilingual (Toch. B/Sanskrit) *Karmavācanā* text inthe Berlin collection edited and translated by Dr. K. T. Schmidt in 1986 should be mentioned. According to his work, this bilingual *Karmavācanā* text can be divided into two parts, namely, the text for '*pravrajyā*', and that for '*upasaṃpadā*'. We have the corresponding part to the former text in the chapter V of this edition (2004: 49 – 50) of the *Upasaṃpadā-vastu* of the Sarvāstivādins. The Sanskrit texts in the latter part are pointed out by Jin-il Chung in the chapter XIII of his edition (2004: 83 – 86). Some passages written in Tocharian B are also attested here. However, the wording of ritual formulae written in Tocharian B is quite different from the text of the *Upasaṃpadā-vastu* of the Sarvāstivādins. ②This text could show the actual use of the *Karmavācanā* text in the Tocharian Buddhist community.

On the other hand, in the prescription of the *Pārājika-dharma* 4 in

---

① THT334, whose pagination is '8', should belong to the same manuscript as THT333 on the basis of its formal peculiarities and its content, though we do not have the corresponding part in the Chinese *Upasaṃpadā-vastu*.

② In addition, THT333 belongs to the latter half of the text for '*upasaṃpadā*', though we do not have this part in the bilingual *Karmavācanā* text.

Tocharian version, we have * *sakwä täkälyñe wṣīlyñe*, which could be compared with Skt. *sukhasaṃsparśa-vihāratā-*. In the Vinayatexts, this word can be attested only in the version of the Mūla-sarvāstivādins. Although the text of THT333 accords well with that of the Sarvāstivādins, we have a phraseology that can be found only in the Vinayatext of the Mūla-sarvāstivādins in the prescription itself. In my opinion, this could be explained as follows: there would have existed some traditions with slight differences in the Sarvāstivādins, one of which would have been the so-called Mūla-sarvāstivādin, and the Tocharian Vinayatexts would reflect this complexity inside the Sarvāstivādins. In his articles, Prof. Enomoto (1998 and 2004) assumes that basically the Sarvāstivādins and the Mūla-sarvāstivādins would have been the same school, and there would have existed two, or more than two different Vinayatexts in the Sarvāstivādins. ①Tocharian Vinayatexts could confirm this theory. ②

4. Conclusion

In this paper, I discussed the identification of THT333 with the *Karmavācanā* text quoted in the Chinese *Upasaṃpadā-vastu* and the importance of this fragment for the study of the transmission of the Vinayatexts of the (Mūla-)sarvāstivādins from India to China. The study of Tocharian literature can shed light on the history of the Buddhism in Central Asia. However, the task of

① This has been already pointed out on the basis of the Sanskrit fragments discovered in Central Asia, cf. Simson (2000: 2 - 13). See also Sasaki (2000) and Clarke (2001).

② On the basis of my research on the TocharianVinaya texts, it is possible to connect them with tradition of the (Mūla-)sarvāstivādins, cf Ogihara (2009: 498 - 508). In fact, there are other fragments that show the Mūla-sarvāstivādin affiliation in the Tocharian *Karmavācanā* texts (= IOL Toch 139 and IOL Toch 1148), see Ogihara (2011: 124 fn. 21 and 128 - 130). Although the former fragment has been classified as the *Mahāvyutpatti* since the study of the first editor (Broomhead 1962 [I]: xi, 137 - 140), it should be classified as the *Karmavācanā* text on the basis of its content. On the other hand, Tocharian B *sthūlāñcana*, the plural form of * *sthūlāñca* which is the same as the original form * (*s*)*thūlāñca* reconstructed on the basis of 偷兰遮 *tōu lán zhē* (= EMC * t^h*əw lan tɕia*), is attested in IOL Toch 139a7. However, the term 偷兰遮 is used in the *Vinayavibhaṅga* belonging to the Sarvāstivādins. Unfortunately, the provenance of these fragments is unknown. It has been studied in Ogihara (2009: 158 and 465 - 467). OnIOL Toch 1148b3, see Ogihara (2011: 128 - 130).

interpreting Tocharian texts, which contains lots of difficulties, should be dealt with from the point of view of the history of the(Mūla-)sarvāstivādins.

References

Adams, Douglas Q. (1999) *A Dictionary of Tocharian B*. Amsterdam-Atlanta: Rodopi.

Banerjee, Anukul Chandra (1977) *Two Buddhist Vinaya Texts in Sanskrit: Prātimokṣa Sūtra and Bhikṣukarmavākya*. Calcutta: The World Press Private Limited.

BHSD = Edgerton, Franklin (1953) *Buddhist Hybrid Sanskrit Grammar and Dictionary. Vol. II: Dictionary*. New Haven: Yale University Press.

Broomhead, J. W. (1962) *A Textual Edition of the British Hoernle, Stein and Weber Kuchean Manuscripts. With Transliteration, Translation, Grammatical Commentary and Vocabulary*, by J. W. Broomhead, Ph. D. Diss. Trinity College, Cambridge, 2 vols.

Chung, Jin-il (2004) *Das Upasaṃpadā-vastu. Vorschriften für die buddhistische Mönchsordination im Vinaya der Sarvāstivāda-Tradition. Sanskrit-Version und chinesische Version*. (Sanskrit-Wörterbuch der buddhistischen Texte aus den Turfan-Funden, Beiheft 11). Göttingen: Vandenhoeck & Ruprecht.

Clarke, Shayne (2001) The Mūla-sarvāstivāda Vinaya Muktata. *Buddhist Studies* 30: 81-107.

Enomoto Fumio (1998) Mūlasarvāstivādin and Sarvāstivādin. *Journal of Indian and Buddhist Studies*, 47-1, 111-119 (in Japanese).

Enomoto Fumio (2004) Emergence of 'Mūla-Sarvāstivādin'. In: *Studies on Indian Philosophy and Buddhist Thoughts. Volume in Honor of Professor EshoMikogami*. Kyoto: Nagata-bunsho-do, 651-677 (in Japanese).

Lévi, Sylvain (1912) Un fragment tokharien du Vinaya des Sarvāstivādins (Collection Hoernle N^0 149.4). *Journal Asiatique*, 10e série, tome 19: 101-111.

Malzahn, Melanie (2007) The Most Archaic Manuscripts of Tocharian B and the Varieties of the Tocharian B Language. In: Melanie Malzahn (ed.), *Instrumenta Tocharica*. Heidelberg: Winter, 255-297.

MW = Monier-Williams, Monier (1899) *Sanskrit-English Dictionary.* Oxford: Clarendon Press.

Ogihara Hirotoshi (2009) *Researches about Vinaya-texts in Tocharian A and B.* Unpublished doctoral dissertation, EPHE.

Ogihara Hirotoshi (2011) Notes on some Tocharian Vinaya fragments in the London and Paris collections. *Tocharian and Indo-European Studies* 12: 111 - 144.

Ogihara Hirotoshi (2012a) On the Poṣatha ceremony in the Tocharian Buddhist texts. *The Annual of Research Institute for Buddhist Culture Ryūkoku University* 35: 22 - 28.

Ogihara Hirotoshi (2012b) A fragment of the Bhikṣu-prātimokṣasūtra in Tocharian B. *Tocharian and Indo-European Studies* 13: 163 - 179.

Peyrot, Michaël (2007) *An edition of the Tocharian fragments IOL Toch 1-IOL Toch 822 in the India Office Library, London.* London: International Dunhuang Project. http://idp.bl.uk.

Peyrot, Michaël (2008) *Variation and Change in Tocharian B.* Amsterdam: Rodopi.

Pinault, Georges-Jean (1998) Economic and administrative documents in Tocharian B from the Berezovsky and Petrovsky collections. *Manuscripta Orientalia* 4 (4): 3 - 20.

Prebish, S. Charles (1975) *Buddhist Monastic Discipline: The Sanskrit Prātimokṣa Sūtra of the Mahāsāṃghika and Mūlasarvāstivādin.* University Park and London: The Pennsylvania State University Press.

Pulleyblank, Edwin G. (1991) *Lexicon of Reconstructed Pronunciation in Early Middle Chinese, Late Middle Chinese, and Early Mandarin*, Vancouver: University of British Columbia Press.

Sasaki Shizuka (2000) Vinayas Quoted in the Vibhāṣā. *Journal of Indian and Buddhist Studies* 49 - 1: 413 - 421 (in Japanese).

Schmidt, Klaus T. (1986) *Fragmente eines buddhistischen Ordinationsrituals in westtocharischer Sprache. Aus der Schule der Sarvāstivādins. Text, Übersetzung, Anmerkungen und Indizes.* Unpublished habilitation thesis.

Sieg, Emil and Wilhelm Siegling (1953) *Tocharische Sprachreste. Sprache*

B. Heft 2. Fragmente Nr. 71 – 633. Aus dem Nachlass hrsg. von Werner Thomas. Göttingen: Vandenhoeck & Ruprecht.

Simson, Georg von (2000) *Prātimokṣasūtra der Sarvāstivādins. Teil II: Kritische Textausgabe, Übersetzung, Wortindex.* (Sanskrittexte aus den Turfanfunden, XI). Göttingen: Vandenhoeck & Ruprecht.

T. = *Taishō Tripiṭaka.*

Tamai Tatsushi (2007) *An edition of the Tocharian fragments IOL Toch 855 – IOL Toch 1247 in the India Office Library, London.* London: International Dunhuang Project, http://idp.bl.uk.

Tamai Tatsushi (2011) *Paläographische Untersuchungen zum B-Tocharischen.* Innsbruck: Institut für Sprachen und Literaturen der Universität Innsbruck.

TEB I = Krause, Wolfgang and Werner Tomas (1960) *Tocharisches Elementarbuch. Band I: Grammatik.* Heidelberg: Winter.

TochSprR (B) = Sieg, Emil and Wilhelm Siegling (1953).

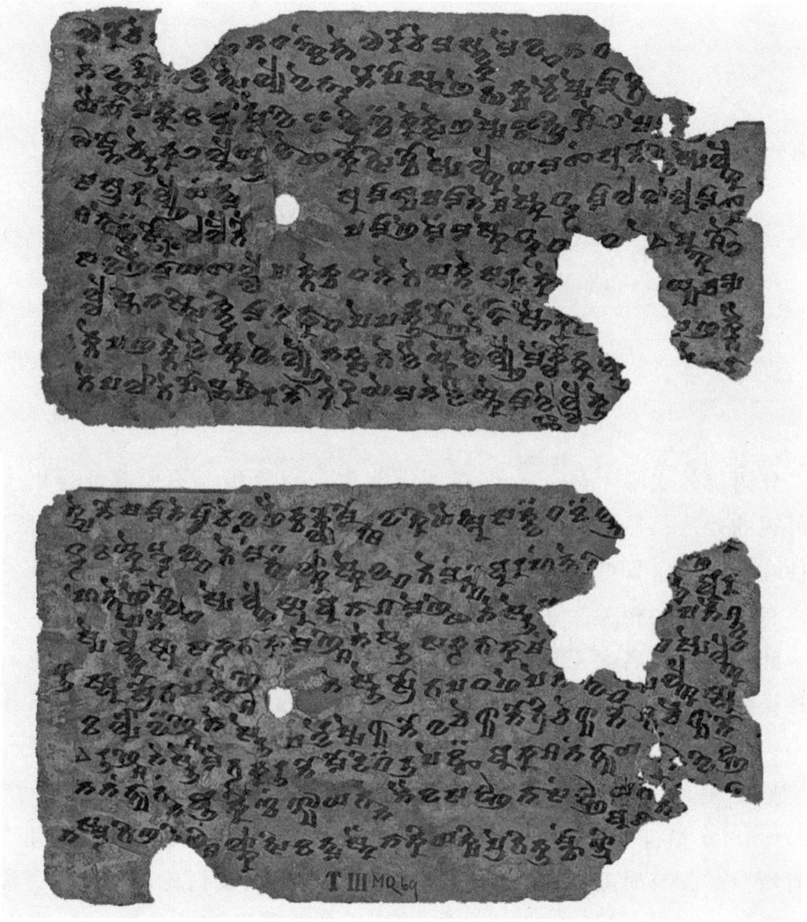

Plate 1 THT333 recto/verso

新疆库车县文物局所藏梵本《法集要颂经》残片考释

荻原裕敏

梵语佛教文献 *Udānavarga* 在西域北道广泛流传，不少遗址皆出土数量可观的残片，显见当时这部佛经在这个地区很受欢迎。除了梵语版本，两种吐火罗语（即吐火罗 A 语与 B 语）也有许多残片，有些即是此经翻译，有些则与之相关。

此经汉语译名尚未论定。近年学界已知早年将其视为《法句经》是一种误解，但也很难找到妥善译法[①]。有些东西方学者注意到现存汉译佛经中，内容、结构最相似的是北宋太宗时期中印度三藏天息灾翻译的《法集要颂经》[②]。其作者云为尊者法救，这也与 *Udānavarga* 作者 *Dharmatrāta* 相符。不过《法集要颂经》与西域出土诸 *Udānavarga* 梵本内容有所分歧，有时差异还十分明显[③]。至于本文所要讨论的写本，《法集要颂经》就不存在具体对应内容。所以本文题目称为梵本《法集要颂经》，乃是为权宜方便，比较文本时仍直称为 *Udānavarga*，以免混淆。

2009 年，笔者在巴黎接到荣新江教授寄来《阿克苏文物图册》[④]，注意到第 52 页有件经纸残叶的正反面彩版，至今尚无人出版释读。《图册》

---

① 例如季羡林《敦煌吐鲁番吐火罗语研究导论》，台北：新文丰出版社 1993 年版，第 74 页。

② 《大正藏》四，第 777—799 页。

③ 参见［日］中谷英明《スバシ写本の研究—亀兹国致隶蓝のウダーナ・ヴァルガ》，京都：人文书院 1988 年版，第 152—159 页。

④ 阿克苏地区行政公署新闻办公室和阿克苏地区文物保护管理局编，香港：诚诺文化出版社 2007 年版。以下称《图册》。

题为"龟兹文经书残片"，但笔者发现它其实是婆罗谜文字写成的梵语残片，属 *Udānavarga* 经。又据《图册》说明，此件是1982年库木吐拉石窟出土品，长13.1厘米，宽7.8厘米，双面都有六行墨书文字。虽然书法不甚端丽，仍可按照桑德（Lore Sander）博士的分类分成西域北道婆罗谜文字A型，即第五型 *t* 类①。《图册》题解为唐代，不过现在西域北道婆罗谜文字还无法精确分期定年，笔者在此不敢妄断。但由于已知库木土拉石窟出土佛经甚少②，若来源记载无误，对于库木土拉石窟的研究不无帮助。

2011年笔者从新疆龟兹研究院副院长台来提·乌布力与考古学家张平处得知，上述《图册》写本为库车县文物局收藏品。于是在台来提副院长联系下，笔者拜访库车县文物局并见到原件。在此感谢库车县文物局陈博局长、文博官员尹秋玲女士的协助，并将笔者初步考释求教于各方学者专家。

一　残片录文与略译

这件残片位处绳洞右边，所以不见页码，但内容足以定出正背面③。

a

1 *///. [t]. na surakṣitā prajā ‡ hy ekatyā manuje ///*

2 *///mana saṃyama ‡ sukhaṃ cittaṃ rakṣata mā///*

3 *///[u] dānaṃ ‡ buddhabhā ṣitaṃ ‡ cittavarga e///*

---

① 即 Nordturkistanische Brāhmī, Typ A（Schrifttypus V, Alphabet t），见 Lore Sander, *Paläographisches zu den Sanskrithandschriften der Berliner Turfansammlung*, Wiesbaden: Franz Steiner, 1968, p. 182, Tafel 29－40。

② 例外是疑似出土于谷口窟群外边，地面寺院遗址玉其土尔的若干搜购品，例如著名"鲍威尔写本"，详见庆昭蓉《重议柘厥地望——以早期探险队记录与库车出土文书为中心》，《西域文史》第6辑，2012年，第167—189页。

③ 本文循西方学界传统，将正面称为a面，背面称为b面，转录体例如下：

///：写本残缘。

+：无法识读的字符，或相当于一个字符长度的缺空。

()：严重残缺但尚可复原的字符（akṣara）。

.：无法识读的字符成分。

[ ]：略残但尚可识读之字符。

4 *///nyapoṣiṇe ‡ devā spṛhayanti t. ///*

5 *///. [e] nanyapoṣiṇe ‡ devā spṛhayan. [i] ///*

6 *///[pu] raskṛtaṃ raja ‡ amamasya mune///*

b

1 *///n. g. hi saṃgrāmagataṃ śarair iva///*

2 *///[ev]. tāṃ vācam udīritāṃ kharāṃ sa heta///*

3 */// + sarvato vipramukta ‡ anokasārī [a] ///*

4 *///jīvam ataṃtritaṃ ‡ pratisaṃstaravṛtti ‡ sy. ///*

5 *///[st]. saṃyata ‡ pādasaṃyato [‡] vācāsaṃya///*

6 *///[bh] ikṣu 8 dharmārāmo dharmarato dharmāṃ parivici///*

a

1 ///为了心思所能获得的美好（境界），一类众生…在世间///

2 ///（能）制驭心思是（令人）怡悦的。（你们）要守护心意，不要///

3 ///佛陀说了 *Udāna*（经）。护心品…///

4 ///（不）让别人所养，诸神钦羡…///

5 ///不让别人所养，诸神钦羡///

6 ///…以前作的尘埃…对于（达到）无我（境界）的贤人///

b

1 ///好像用箭…来到军阵的［大象］///

2 ///…（有人）说出凶恶的话，他…///

3 ///于一切处得到解脱，没有住所，游行无…///

4 ///（清净地过）生活（而）不倦…行为要体贴///

5 ///控制［手］，控制脚，控制言语///

6 ///（他）才是比丘。8 乐于法、喜于法、［念于］法///

二 比较研究

笔者发现这件残片基本上对应到贝氏本的第 31 品第 58 颂 c 句到第 32

品第 8 颂 b 句[①]，但有些明显差异。此处所谓贝氏本，是指 1965 年贝恩哈特（Franz Bernhard）以当时所见西域北道出土 *Udānavarga* 残片为底本（以德国收藏品为主），取其文同者综合复原出的文本。贝氏复原时，也一一注明各种参差互见的残存异本。后来史密特豪森（Lambert Schmithausen）加以分析，发现此中可以区别出三类文本。第一类文本数量较多，可以贝氏复原文本为代表，史密特豪森发现其中部分内容对应于《十诵比丘波罗提木叉戒本》等说一切有部文献，所以史氏认为这类文本与西域北道说一切有部有关[②]，并称之为“第一系”（Rezension1）。下文所称贝氏本，即指此第一系写本而言。第二类是史密特豪森从异本中归纳出的一类文本，他在与藏译《法句经》、藏传梵本《瑜珈师地论》中等根本说一切有部经典的平行内容比较后，得知这些应属根本说一切有部流传下来的文本，史氏总称之为“第二系”（Rezension 2）[③]，可以认为是根本说一切有部系统的文本。第三类字体，文体均较古老，史氏认为是前两类的共同起源。

之后学界研究者众，在此难以备举。值得注意的是近年研究指出，第一系、第二系并没有绝对区别，而涵摄于更大的文本流传历程之中。例如中谷英明研究法藏苏巴什出土 *Udānavarga* 梵本时，就指出了两个文本系统彼此复杂的关系。故以现存吐火罗 A、B 语残片而言，似乎主要属于第一系；苏巴什出土梵本却具有一些第二系的特征[④]。笔者则发现库车文物局所藏写本亦具有若干第二系特征（详见下文），所以以下内容依照藏文本《法句经》，也就是第二系写本的代表，为残片偈颂定序[⑤]。

以下按照偈颂顺序进行比较，包括贝氏本（略为 *Udv*）、苏巴什本

---

① Franz Bernhard, *Udānavarga*. Band I. Einleitung, Beschreibung der Handschriften, Textausgabe, Bibliographie. (Sanskrittexte aus den Turfanfunden. X) Göttingen: Vandenhoeck & Ruprecht, 1965, pp. 429 – 433.

② 这里的“说一切有部”取狭义，以与所谓根本说一切有部区分。

③ Lambert Schmithausen, “Zu den Rezensionen des Udānavargaḥ”, *Wiener Zeitschrift für die Kunde der Süd-und Ostasiens* 14 (1970), pp. 47 – 124.

④ ［日］中谷英明：《スバシ写本の研究—亀兹国致隶蓝のウダーナ・ヴァルガ》，第 160—164 页。

⑤ 如 XXXI 62 c 表示第 31 品第 62 颂 c 句，不再赘译。

（略为 S）[①]、藏译《法句经》（略为 Tib）[②]、藏传梵本《瑜珈师地论》（*Yogācārabhūmi*，略为 *Ybh*）[③]、和田出土犍陀罗语《法句经》（略为 G）[④]、巴利本《法句经》（略为 *Dhp*）[⑤]、巴利本 *Udāna*（略为 *Ud*）[⑥]。北宋时代所译《法集要颂经》篇目对应到《护心品第三十一》，但此段缺乏确切对应文句，故不列举。又限于篇幅，当各本内容基本一致时，仅引贝氏本为代表。若贝氏本与诸本有较大差异，又涉及本件写本内容，则择要陈列。与贝氏本不同之处用点线表示；诸本与这件残片的相关部分以直线表示。因各本精译、字词注释需要大量篇幅，此处一律从略，请读者包涵。

[XXXI 62cd]

本件残片 a1：*///(cit)[t](e)na surakṣitā prajā ‡ hy ekatyā manuje(ṣu) ///*

Udv XXXI 58：*cittasya hi saṃyamaḥ sukhaṃ cittaṃ rakṣata mā pramadyata* | *citte tu surakṣite prajā hy ekatyā manujeṣu modate* ||

[XXXI 64ab]

本件残片 a2：*///mana saṃyama ‡ sukhaṃ cittaṃ rakṣata mā///*

Udv XXXI 60：*cittasya hi saṃyamaḥ sukhaṃ cittaṃ rakṣata mā* | *pramadyata citte tu surakṣite prajā hy ekatyā nirvāṇaṃ āpnute* ||

[XXXI Uddāna]

本件残片 a3：*///[u] dānaṃ ‡ buddhabhāṣitaṃ ‡ cittavarga e///*

---

① Hideaki Nakatani, *Udānavarga de Subaši*, Tome I. Paris: Boccard, 1988.

② Champa Thupten Zongtse, *Udānavarga*. Band III. Der tibetische Text unter Mitarbeit von Siglinde Dietz herausgegeben von Champa Thupten Zongtse (Sanskrittexte aus den Turfanfunden. X). Göttingen: Vandenhoeck & Ruprecht, 1990.

③ 此处依据 L. Schmithausen, "Zu den Rezensionen des Udānavargaḥ" 所辑内容。

④ John Brough, *The Gāndhārī Dharmapada*. London: Oxford Universithy Press, 1962.

⑤ Oskar von Hinüber and Kenneth Roy Norman, *Dhammapada*, London: Pali Text Society, 1994.

⑥ Paul Steinthal, *Udāna*. London: Pali Text Society, 1885.

[XXXII 1bc]

本件残片 a4：*///(nā) nyapoṣiṇe ‡ devā spṛhayanti t(āyine) ///*

Udv XXXII 1：*piṇḍacārikāya bhikṣave hy ātmabharāya hy nānyapoṣiṇe* |
devāḥ spṛhayanti tāyine hy upaśāntāya sadā smṛtātmane ||

[XXXII 2bc]

本件残片 a5：*///. [e] nanyapoṣiṇe ‡ devā spṛhayan (t) [i] ///*

Udv XXXII 2：*piṇḍapātikāya bhikṣave hy ātmabharāya hy nānyapoṣiṇe* |
devāḥ spṛhayanti tāyine na tu satkārayaśo 'bhikāṅkṣiṇe ||

[XXXII 3bc]

本件残片 a6：*///[pu]raskṛtaṃ raja ‡ amamasya mune///*

Udv XXXII 3：*sarvakarmajahasya bhikṣuṇo dhunvānasya puraskṛtaṃ rajaḥ* |
amamasya sadā sthitātmano hy artho nāsti janasya lāpanam ||

Ud 3－1：*sabbakāmmajahassa bhikkhuno dhunamānassa purekataṃ rajaṃ*
amamassa ṭhitassa　tādino attho natthi janaṃ lapetave

S 482：*r (ajaḥ) amamasya s(th) it (asya)　t (ādṛṇaḥ)*

[XXXII 4b]

本件残片 b1：*///n (ā) g (aṃ) hi saṃgrāmagataṃ śarair iva///*

Tib：*skye bo ma bsdams tshig gis gnod byed pa* ||
mi bzad rjod pa'i tshig de thos gyur kyaṅ ||
dge sloṅsdaṅ sems bral la je mi sñam ||
gyul ṅor glaṅ chen mda' yis bsnun pa bzhin ||

Udv XXXII 4：*tudanti vācābhir asaṃyatā janāḥ śarair hi saṃ grāmagataṃ yathā gajam* |
śrutvā tu vācāṃ paruṣāṃ udīritām adhivāsayed bhikṣur aduṣṭ-acittaḥ ||

Ud 4－8：*tudanti vācāya janā asajjatā sarehi saggāmagataṃ 'va kujjaraṃ*
sutvāna vākyaṃ pharusaṃ udīritaṃ adhivāsaye bhikkhu aduṭṭhacitto

[XXXII 5c]

本件残片 b2：///[ev](a) *tāṃ vācam udīritāṃ kharāṃ sa heta*///

Tib：*skye bo ma bsdams tshig gis gnod byed pa* ||

mi bzad rjod pa'i tshig de thos gyur kyaṅ ||

dge sloṅ yid legs bzhag la je mi sñam ||

gyul ṅor glaṅ chen mda' yis bsnun pa bzhin ||

Udv XXXII 4：*śrutvā tu vācāṃ paruṣāṃ udīritām adhivāsayed bhikṣur aduṣṭacittaḥ* ||

贝氏本第32品第5颂内容与此不同。原因是藏译《法句经》重复了同品第4颂一次，而略加变化，造成该本第4、5颂几乎一样，只有一句不同的情形[①]。所以这里比较时须同时用藏译《法句经》该品第5颂与贝氏本该品第4颂。这件残片上该颂也有重复现象，可以作为比定成第二系写本的关键之一。也因为这个缘故，以下偈颂在与贝氏本比较时，均相差一个偈目。

[XXXII 6bc]

本件残片 b3：/// + *sarvato vipramukta* ‡ *anokasārī* [a] (*mamo*)///

Ybh：*aśilpajīvī laghur ātmakāmo jitendriyaḥ sarvato vipramuktaḥ* |

anokasārī amamo nirāśaḥ kāmān prahāyaikacaro yas sa bhikṣuḥ || [②]

Udv XXXII 5：*yas tv alpajīvī laghur ātmakāmo yatendriyaḥ sarvagatiḥ pramuktaḥ* |

anokasārī hy amamo nirāśaḥ kāmaṃjahaś caikacaraḥ sa bhikṣuḥ ||

Ud 3-9：*asippajivī lahu atthakāmo yatindriyo sabbadhi vippamutto*

anokasārī amamo nirāso hitvā mānaṃ ekacaro sa bhikkhū

本件残片此处内容与第二系文本一致。

① 见 Champa Thupten Zongtse, *Udānavarga*, Band III, p. 22, fn. 24。

② L. Schmithausen, "Zu den Rezensionen des Udānavargaḥ", p. 54.

［XXXII 7ab］

本件残片 b4：*///jīvam ataṃtritaṃ ‡ pratisaṃstaravṛtti ‡ sy(ād) ///*

Tib：*'tsho gtsaṅ sñom las med pa yi | grogs po mthun pa bsten bya zhiṅ ‖*

so sor bgo bsha' bya ba daṅ | spyod yul cho ga mkhas par bya ‖

spyod yul cho ga mkhas pa yis | sdug bsṅal zad pa thob par 'gyur ‖

Udv XXXII 6：*mātraṃ bhajeta pratirūpaṃ śuddhājīvo bhavet sadā |*

pratisaṃstāravṛttiḥ syād ācārakuśalo bhavet |

tataḥ prāmodyabahulaḥ smṛto bhikṣuḥ parivrajet ‖

G 60：*mitra bhaye'a paḍiruva śudhayiva atadridi*

paḍisadhara-guti = sa ayara-kuśa …

tadu ayara-kuśalo

suhu bhikhu vihaṣisi

本件残片此处内容亦与第二系文本一致。虽然当初史密特豪森没有指出此颂在第一系、第二系有所不同，但笔者注意到本件此颂第一句的内容，与属于较古老写本的和田出土犍陀罗语文本、苏巴什本①以及第二系藏译本相通、而与第一系有别，这也是这件写本具有研究价值的一个方面。

［XXXII 8abd］

本件残片 b5：*///(ha) [st] (a) saṃyata ‡ pādasaṃyato [‡] vācāsaṃya (tah) ///*

本件残片 b6：*///[bh] ikṣu* 8

Udv XXXII 7：*hastasaṃyataḥ pādasaṃyato vācāsaṃyataḥ sarvasaṃyataḥ |*

ādhyātmarataḥ samāhito hy ekaḥ saṃtuṣito hi yaḥ sa bhikṣuḥ ‖

此颂内容与贝氏本同品第 7 颂相当一致，但写本上明确写为第 8 颂。承上述，笔者注意到藏译《法句经》亦将此颂编为第 8 颂，再度证实这件写本与已知第二系写本，即根本说一切有部流传的文本的密切关系。

［XXXII 9ab］

① 苏巴什本此颂仅余开头 *mi(traṃ)*，而可知内容与第一系相异。

b6: *dharmārāmo dharmarato dharmāṃ parivici (ntayan) ///*

Udv XXXII 8: *dharmārāmo dharmarato dharmam evānucintayan* |

dharmaṃ cānusmaraṃ bhikṣur dharmāṃ na parihīyate ||

Dhp 364: *dhammārāmo dhammarato dhammaṃ anuvicintayaṃ*

dhammaṃ anussaraṃ bhikkhu saddhammā na parihāyati

S 485: *(dharmmārā)m(o) dh(ar)m(ma)r(a)t(o) dh(ar)m(a)m (a)nuvicintayet*

三 结 语

简言之，库车文物局所藏残经无疑属于 *Udānavarga* 梵本。深入比较显示它与贝氏复原文本有所不同，而与藏译《法句经》最为相似。前者已知为西域北道流传的说一切有部文本，这个地区出土的梵本残片多属此类；藏译《法句经》与少数西域北道出土梵本则是根本说一切有部流传下来的文本。因此这件残片与笔者以往研究的西域北道梵语、吐火罗语律藏文献情况相似，即暗示说一切有部与根本说一切有部在当地的复杂交流①。换句话说，当时龟兹地区通行的 *Udānavarga* 经文具有多样性，对于此经以及各种 *Udāna* 有关文献的演变问题具有高度研究价值。

---

① 拙撰博士论文 *Researches about Vinaya-texts in Tocharian A and B*, Paris: École Pratique des Hautes Études, 2009; idem., "Notes on some Tocharian Vinaya fragments in the London and Paris collection", *Tocharian and Indo-European Studies* 12, 2011, pp. 111 – 144; idem., "A fragment of Bhikṣu-prātimokṣasūtra in Tocharian B", *Tocharian and Indo-European Studies* 13, forthcoming。

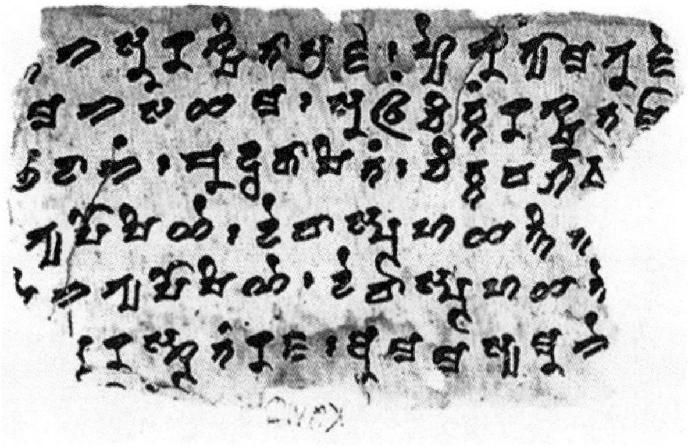

表面

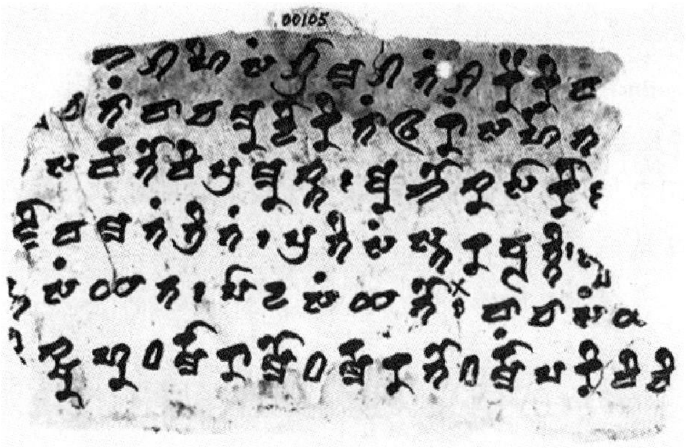

背面

龟兹语 smāṃ*

荻原裕敏

一 导 论

龟兹语 smāṃ 一词的解释，向来在吐火罗语学界没有异议。学者们以为此词意为名词“反复、重复”（德语“Wiederholung”；英语“repetition”）①。但若把此词的例字与汉文佛典的对应部分比较，就知道过去的看法还有商榷的余地。本文从龟兹语佛典与汉译佛典的对照研究出发，对 smāṃ 一词提出新的解释，并讨论其词源。

二 smāṃ 的词义：吐火罗语学界的传统观点

龟兹语 smāṃ 出现的例子很少，笔者所知只有六例。英国所藏龟兹语文献中有件药方残片，学界通常把它称为“韦伯/麦卡尼写本”（Weber/Macartney manuscripts）。该件残片中此词出现三次。但是法国学者菲力欧

---

* 本文是中国人民大学科学研究基金（中央高校基本科研业务费专项资金资助）项目（12XNF011）成果之一。内容为拙撰博士论文 *Researches about Vinaya-texts in Tocharian A and B*（法国高等研究院，2009）中散见此词相关讨论的整合与扩充阐释。为顾及中外读者的兴趣，西方学界的既有解释尽量以原文呈现，并在必要时予以译为中文。

① 参见 W. Thomas, *Tocharisches Elementarbuch. Band II: Texte und Glossar*, Heidelberg 1964, p. 259；D. Q. Adams, A Dictionary of Tocharian B, Amsterdam 1999, pp. 720－721。

札（Jean Filliozat）出版这件文献的研究时，不明其义，所以在词汇的部分里没有解释这个词①。

在笔者所能调查的范围内，最早提出 *smāṃ* 词义的学者应该是德国学者西格（Emil Sieg）。他在评论菲力欧札的研究时，修正该件写本部分录文，并提出相关解释。在那里，他把此词的用法 *smāṃ yāmu* 翻译成“反复、重复”（德语“wiederholt [sind]”）②。

英国所藏文献还有两个例子。布伦海德的博士论文囊括了大约三百件英藏龟兹语写本残片，其中两件出现此词③。当时他采用西格的解释，把 *smāṃ* 英译为名词“repetition”④。

参考这些研究之后，托马斯（Werner Thomas）在 *Tocharisches Elementarbuch*（《吐火罗语要览》，简称 *TEB*）第二卷的词汇里亦将此词释为“反复、重复”（德语 Wiederholung）。温德肯斯（Alber J. van Windekens）也采用这个词义。他翻译为法语“répétition”，进而讨论词源⑤。他以为这个词是尚未发现的吐火罗 A 语 * *smāṃ* 一词的借用，而这个构拟的 A 语形式则与梵语 *samāna-* “same, identical, uniform”（汉译“等、同、同一”）具有同样的原始印欧语源⑥。

皮诺（Georges-Jean Pinault）出版法国所藏龟兹语大光明王

---

① J. Filliozat, *Fragments de textes koutchéens de médecine et de magie. Texte, parallèles sanskrits et tibétains, traduction et glossaire.* Paris, 1948, pp. 65, 69, 72；词汇释义参见 p. 140。后来布伦海德（J. W. Broomhead）的博士论文再次研究这些残片，参见 Broomhead, *A Textual Edition of the British Hoernle, Stein and Weber Kuchean Manuscripts. With transliteration, translation, grammatical commentary and vocabulary*, Cambridge, 1962, Vol. 1, pp. 5-6, 15, 23。

② Sieg, “Die medizinischen und tantrischen Texte der Pariser Sammlung in Tocharisch B”, *ZVS*（*KZ*）72: 72.

③ Broomhead, *A Textual Edition of the British Hoernle, Stein and Weber Kuchean Manuscripts*, Vol. 1, pp. 97-98, 103, 185, 187.

④ 龟兹语 *smāṃ* 与 *yām-* “to do” 构成词组 *smāṃ yām-*时，布伦海德翻译为“重复”（to repeat）。而在博士论文第二卷的词汇（p. 213），他把 *smāṃ* 这个单字也翻译为“重复”（repetition, repeating）。

⑤ Windekens, *Le tokharien confronté avec les autres langues indo-européennes, Vol. I: La phonétique et le vocabulaire*, Louvain, 1976, p. 432.

⑥ M. Monier-Williams, *Sanskrit-English Dictionary*, Oxford, 1899, p. 1160a.

(*Mahāprabhāsa*) 故事的写本 PK NS 398 时[①], 直接采用以前的解释而没有任何修正。亚当斯 (Douglas Q. Adams) 在其词典中也采用这个词义[②]。但是他不同意温德肯斯将此词视为吐火罗固有语词的看法, 而指出此词借用自佛教混合梵语 (Buddhist Hybrid Sanskrit) 的可能性。总而言之, 吐火罗语学者都没有怀疑过这个词的词义。

三 H 149. add 12 的再次分析

承上述, 已知 *smāṃ* 在龟兹语文献中只有六例。它们可以分为四种文本:

文本 [1]: 英藏 "韦伯/麦卡尼写本" (Weber/Macartney manscripts): W3a4, 13b1, 22b2

文本 [2]: 英藏 "霍恩勒写本" (Hoernle manuscripts): H 149. add 12a5

文本 [3]: 英藏 "霍恩勒写本" (Hoernle manuscripts): H 149. 26 + 30a2

文本 [4]: 法藏 PK NS 398a3

六例之中, 具有其他语言的平行版本的例子只有两个, 即文本 [2] 与文本 [4]。其中可以决定 *smāṃ* 词义的是文本 [2]。因此以下先探讨这个部分。

文本 [2], 即英国所藏龟兹语 "霍恩勒写本" 残片 H 149. add 12, 现行编码为 IOL Toch 131[③]。内容属于广律[④], 并对应于《十诵律》的

---

① G. -J. Pinault, "Révision des fragments en tokharien B de la légende de Mahāprabhāsa", *Studia Indogermanica et Slavica. Festgabe für Werner Thomas*, ed. P. Kosta, München, 1988, p. 179. 而最初出版这些大光明王写本的学者是列维 (Sylvain Lévi), 参见 Lévi, "Le Sūtra du Sage et du Fou dans la littérature de l' Asie Centrale", *JA* 207, 1925, pp. 305 – 332。

② 参见 W. Thomas, *Tocharisches Elementarbuch. Band II: Texte und Glossar*, Heidelberg 1964, p. 259; D. Q. Adams, A Dictionary of Tocharian B, Amsterdam 1999, pp. 720 – 721。

③ 关于布伦海德的编码与现行编码的对照, 参见 M. Peyrot, "A Concordance to of Hoernle and IOL Toch Press Marks", *Instrumenta Tocharica*, ed. M. Malzahn, Heidelberg, 2007, pp. 113 – 127。

④ 这个残片的一部分与法国所藏龟兹语写本 PK NS 44b2 – 3、PK NS 59a2 和 PK NS 299b2 – 3 平行。关于 PK NS 44 和 PK NS 299, 参看 Pinault, "Concordance des manuscrits tokhariens du fonds Pelliot", *Instrumenta Tocharica*, pp. 182, 186。笔者则首次确定 PK NS 59 的内容, 并将 H 149. add 12 及这三件法藏残片均予以重录、比较、翻译并注释, 参见拙撰博士论文第 364—373 页。

《波逸提五十八》。以下只引用这个词语的相关内容①：

［H 149. add 12 （ = IOL Toch 131）］

a 面

4 ‖ *pañäkte vaiśāline mäskītär masār vaiśāliṣṣi mcuṣkanta werpiśkaṃts twe(renne)*

5 *///[c] (e)$_u$ smāṃ yāmtsintse pelkiñ yaltse tinäränta ytārine ṣallāre*(1) *cai alokälymi l (ym)ā[r](e)*

b 面

1 *///(nāksan)[t](e)ne prekṣallen(e) wayārene prekṣentaṃ weñāre mā śakkeññi [ṣa]māñi aṣāṃ skente mäntrākka (wäntare yāmtsi)*(2)

2 *///(ce$_u$)[w](ä) ntare pañäkte klyauṣa nāksate*‖

［注释］

（1）参考 a 面第 5 行的文句可以复原下面两件龟兹语平行写本：

PK NS 59a2：*(ce$_u$ smāṃ) [y]ām[ts]isa naumyenta y(t)ā(rine ṣallāre)*

"in order to (test him, they threw) jewels on the road".

"为了（测试他，他们将）珠宝（扔）在路上。"

PK NS 299b2：*(ya) lts[e ti] (nārnta ytā)rine ṣallāre*

"they threw a thousand denarius on the road".

"他们在路上扔了一千枚金钱。"

（2）此处构拟根据另一件平行写本 PK NS 44 其 b 面第 3 行的文句。

［翻译］

---

① 本文基本上采用西格与西格林（Wilhelm Siegling）制定的转写原则，亦即《吐火罗 B 语文存》（Sieg and Siegling, *Tocharische Sprachreste. Sprache B. Heft 1. Die Udānalaṅkāra-Fragmente*, ［*I*］ *Text*, ［*II*］ *Übersetzung und Glossar*, Göttingen 1949; *idem.*, *Tocharische Sprachreste. Sprache B. Heft 2. Fragment Nr. 71 – 633*, aus dem Nachlass hrsg. von Werner Thomas, Göttingen, 1953）所使用的规范：

///：写本残缘。

（ ）：严重残缺但尚可复原的字符（akṣara）。

［ ］：略残但尚可识读之字符。

- ：无法识读的字符，或相当于一个字符长度的缺空。

a 面

4 ‖ 佛陀在维耶离。许多维耶离的王子在守园者的门（口）(1)

5 ///为了测试他，他们把一千枚金币（*denarius*）放在路上，他们坐在另一边。

b 面

1 ///他们批评他，把他带到审判庭去了。负责审问的（官员）们说佛陀的僧徒不会（做）这种（事情）。

2 ///佛陀听了此事，予以批评。‖

［注释］

（1）笔者在这里把龟兹语 *masār* 翻译成“许多”（英语 many）。以往吐火罗语学者对此词有两种解释。过去学者认为它的意思是“途中、进行中”（while traveling，underway）①。后来施密特（Klaus T. Schmidt）提出上述新的解释“many”，但是没有提出根据，也没有讨论其语源②。笔者比较龟兹语及梵语佛典之后，赞成施密特提出的词义，而下引例文可证：

［IOL Toch 248（ = H 149. X 5 = HMR 3）］

ṣamāni no masār ostuwaiwentane kakākaṣ tākoṃ śẃātsi śco omte kr$_{u}$*i aśiya ṣär (ps) emaneñña stmausa tākoy tane klu pete tane smañ̄ñe pete tane (ṣpa)k pete sāw a(śiya) ṣamānets mäntrākka tākoy (w)e(ṣṣälya)*

① 这个词义为谷夫勒（Walter Couvreur）首次提出，参看 Couvreur，“Kutschische Vinaya- und Prātimokṣa-Fragmente aus der Sammlung Hoernle”，*Asiatica：Festschrift Friedrich Weller. Zum 65. Geburtstag，gewidmet von seinen Freunden，Kollegen und Schülern*，Leipzig，1954，p. 44。因而 *TEB* 以德语翻译为“unterwegs”（*TEB*，Vol. II，p. 218）。列维出版 HMR 3 时，则把龟兹语 *masār* 翻译成法语“quiconque，quand”，参见 Lévi，“Kuchean fragments（1. Prātimokṣa，2. Prāyaścittika et Pratideśanīya。3. Pratideśanīya）”，*Manuscript Remains of Buddhist Literature found in Eastern Turkestan. Facsimiles with Transcripts，Translations and Notes*，ed. A. F. R. Hoernle，Amsterdam，1970［1916］，pp. 370，380。

② Schmidt，“Zu Stand und Aufgaben der etymologischen Forschung auf dem Gebiete des Tocharischen”，*Lautgeschichte und Typologie：Akten der VI Fachtagung der indogermanischen Gesellschaft（Wien，24. – 29. September 1978）*，ed. M. Mayrhofer et al.，Wiesbaden，1980，p. 407.

[梵语版本]①

bhikṣavaḥ punaḥ saṃbahulāḥ kuleṣūpanimantritā bhuṃjīraṃs tatra ced bhikṣuṇī vyapadiśamānā sthitā syād ihaudanaṃ dehi iha sūpaṃ dehi iha bhūyo dehīti sā bhikṣuṇī bhikṣubhir evaṃ syād vacanīyā

[梵语英译]

Many monks should be invited to the meal in several different houses, if there is a nun would be standing, who indicates: "Give rice here, give broth here, give here more." The nun should be said in this way by the monks.

[平行汉译]

《十诵比丘波罗提木叉戒本》

有诸比丘，白衣家请食。是中一比丘尼立指示：与是比丘饭。与是比丘羹。诸比丘应语是比丘尼："小住，姊妹。待诸比丘食竟。"若诸比丘中，乃至无一比丘能语是比丘尼："姊妹，小住。待诸比丘食竟。"是比丘应余比丘边出罪如是言："诸大德。我堕可呵法所不应作。是可出法。我今出。"是第二波罗提提舍尼法。

（《大正藏》二三，第476页）

这个例子里龟兹语 *masār* 对应于梵文 *saṃbahula-* "many, very numerous"，即汉译"诸"②，因此龟兹语 *masār* 意义应该相似，可以英译为"many"。倘若这个比较无误，笔者以为它很有可能是伊朗语的借用语。例如下述于阗语的例子③：

于阗语 *maysirka-*"大"（large, great） < * *mazar* + *-ka-*

所以龟兹语 *masār* 可能是伊朗语 * *mazar* 的借用语④。

---

① 参看 G. v. Simson, *Prātimokṣasūtra der Sarvāstivādins. Teil II: Kritische Textausgabe*, Übersetzug, Wortindex. (Sanskrittexte aus den Turfanfunden, XI). Göttingen: Vandenhoeck & Ruprecht。

② M. Monier-Williams, *Sanskrit-English Dictionary*, p. 1178a.

③ H. W. Bailey, *Dictionary of Khotan Saka*, Cambridge, 1979, p. 324a.

④ 温德肯斯以为龟兹语 *masār* 是由伊朗语 * *maz-* 'great' 和龟兹语后缀 *-ār* 所构成的，参见 Windekens, *Le tokharien confronté avec les autres langues indo-européennes, Vol. I: La phonétique et le vocabulaire*, Louvain, 1976, p. 487。

回到上述 H 149. add 12 写本的讨论。它的平行汉译部分如下：

《十诵律》卷十五[①]

佛在维耶离尔时，诸童子等，出城诣园林中学射。射门扇孔，仰射空中，筈筈相拄。尔时跋难陀释子，早起着衣，持钵欲入城乞食。诸童子遥见，共相谓言："此跋难陀释子憙作恶罪，若见罪、闻罪、疑罪，无惭愧，无厌足。我等今当试看。"即以宝物价直一千，放着道中，舍远遥看。时跋难陀释子到是宝物所，四顾无人，取着腋下。诸童子见，即往围绕捉言："汝比丘法，他物不与，便偷取耶。"答言："不偷。何故取耶。"答言："我谓粪扫物，故取。"诸童子言："云何宝物作粪扫取。"诸童子念："此恶人当将诣众官。"作是念已，将诣众官。众官问言："汝实偷不。"答言："不偷，作粪扫想取。"众官又言："无有宝物得作粪扫取者。"众官是佛弟子，信乐佛故，作是语："比丘云何作偷，诸童子辈必当虚妄。"即言："汝去，后莫复尔。诸露地不与宝莫取。"时跋难陀作是恶事已，还向诸比丘广说是事。诸比丘以是事白佛。佛以是事集比丘僧。语诸比丘："如是罪恶及过是罪，皆由取金银宝物故。"种种因缘诃已，语诸比丘。［后略］（《大正藏》二三，第 108 页）

在这里，龟兹语 *smāṃ yām-*意在说明诸位王子为何将一千枚金币放在路上。布伦海德把这个部分英译为 "For the sake of repeating this and they threw a thousand dinars on the road"[②]。然而《十诵律》的对应部分是"我等今当试看。即以宝物价直一千"。这里《十诵律》用"试"表示他们的目的[③]。因此龟兹语的文句毋宁应该英译为 "In order to test him（= *Upananda* 跋难陀），they threw a thousand denarius on the road"。既然龟兹语动词 *yām-*，表示"作、做"（即英语"to do"），则 *smāṃ* 应该是名词，

① 此处用直线表示对应文句，波线表示相关文句。

② Broomhead, *A Textual Edition of the British Hoernle, Stein and Weber Kuchean Manuscripts*, Vol. 1, p. 103.

③ 参看 V. Rosen, *Der Vinayavibhaṅga zum Bhikṣuprātimokṣa der Sarvāstivādins: Sanskritfragmente nebst einer Analyse der chinesischen Übersetzung*, Berlin, 1959, p. 185. 其德语翻译为 "Um ihn in Versuchung zu führen"。

意思是“测试”，相当于英语“test，try”。

四 龟兹语 *smāṃ* 的其他字例

上文对照汉译佛典而修正了 *smāṃ* 的词义，现在来看这个新的解释是否符合其他的例子。

4-1. PK NS 398a3

首先讨论上面提到的文本［4］。这件残片属于大光明王（*Mahāprabhāsa*）故事。列维已经指出这个故事是《贤愚经》“大光明王始发道心缘品”的龟兹语版本①。为便于讨论，先引用《贤愚经》文本的相关部分如下②：

> 《贤愚经》卷三“大光明王始发道心缘品”
>
> 时光明王见此象已，心大欣悦。时有象师，名曰散阇。王即告言：“汝教此象，瞻养令调。”散阇奉教。不久调顺，众宝交络。往白王言：“我所调象，今已调良，愿王观试。”王闻心喜，迟欲见之。即击金鼓，会诸臣下，令观试象。大众既集，王乘是象，譬如日初出山，光明照曜，王初乘象，亦复如是。与诸臣民，出城游戏，将至试所。（《大正藏》四，第372页）

龟兹语 *smāṃ* 出现之处便是大光明王对象师的吩咐，因为他想乘坐这头象去森林。以下同时列出皮诺的转录（transcription）与法文翻译：

> ［PK NS 398a3］
>
> *mäkcau smāṃ yāmu tākat anaiśai yayātau ce$_u$ oṅkolmai pkālañ*

［旧译］③

---

① 此品全文参见《大正藏》四，第372—373页。

② 《大正藏》四，第372页。

③ Pinault，“Révision des fragments en tokharien B de la légende de Mahāprabhāsa”，p. 181.

Quelquerépétition que tu aies faite, s'il est dressé consciencieusement, amène-moi cet éléphant!

你所屡屡施为的那（头象），如果它已经训练好，（那么）领这头象来给我！

既然现在将龟兹语 *smāṃ* 继续解释为“重复”已经不能成立，则采用新的解释后，这句话的意思应该英译为“The one which you test, if this (= the elephant) is well trained, bring this elephant to me”（你所调试的那〈头象〉，如果它已经训练好，〈那么〉领这头象来给我！）。这对应到的正是汉译中大光明王即将观试大象的场景，因此笔者的解释完全符合这件文本的上下文脉①。

4 -2. H 149. 26 +30a2

除了上面讨论的两个例子，便再无可以参考的其他语言的平行译本。因此这时只能从诠释的观点来看看 *smāṃ* 一词的新解释是否合乎文脉。上述文本［3］，即英国所藏写本 H 149. 26 +30a2，是以龟兹语写成的韵文。内容似乎属于忏悔文献（*deśanā*）。录文如下：

［H 149. 26 +30a1 -2 （ = IOL Toch 5）］②

– (1) *(i) ndriṣṣe samuddär mā soyässi cämyāwa nesañ nāki*

ṣañ yāmorṣṣa(y) ytārisa waiptār maiytarñ cai śñaṣṣi ñiś märsāre

ṣesk (e yolo)(2) *lyutaskau po yolainats smāntsa ñiś kwīpe tākoy*

［注释］

（1）此处 *TEB* 构拟为 *ceṃ*（Vol. II, p. 63）。

（2）此处裴荷（Michaël Peyrot）构拟为 *nāki*。

---

① Pinault 指出这句话里面的 *mäksu* 表示不定关系代词（“Révision des fragments en tokharien B de la légende de Mahāprabhāsa”, pp. 180 – 181）。但这是出于他对句构的误解，也就是误以为 *mäksu* 形容 *smāṃ*。不过这个句子里的 *mäksu* 其实是表示后面的 *oṅkolmo* “大象”。事实上他在该文中引用的两个 *mäksu* 的例子不一定都当作不定关系代词，所以这部分有必要加以修正。

② 参看 Broomhaed, *A Textual Edition of the British Hoernle, Stein and Weber Kuchean Manuscripts*, Vol. 1, pp. 185 – 187; *TEB*, Vol. II, p. 63; M. Peyrot, *An Edition of the Tocharian Fragments IOL Toch 1 – IOL Toch 822 in the India Office Library, London*, London, 2007（参见 http: //idp. bl. uk. ）。

[旧译]①

I was not able to satisfy the ocean of senses, [that] is my crime.

On my own path of deeds those relatives [of mine] went away from me [and] they forgot me.

Alone I shall drive away the crime completely; may I be ashamed at the repetition of evil deeds!

笔者试为改译如下:

I could not satisfy the ocean of the sense organ. It incurs blame to me.

My relatives went away separately along the way of my own deed (= because of my own deed), They forgot me.

Only the evil deed I drive out. By the try at all the evil deeds (= If I try any evil deed), I will be ashamed of it.

虽然不能说笔者的翻译肯定准确无误，至少在这里把 *smāṃ* 的意思解释为“尝试”并不引起任何矛盾。

4 -3. W3a4, 13b1, 22b2

承上述，文本［1］的性质为药方文献，是“韦伯/麦卡尼写本”中的一件残片。虽然这批写本是龟兹语文献中相当重要的药方文献，但其中有不少难以理解的字词，而且文本［1］的现存情况也不太好，所以现在很难给予定论。

[W3a4 -5]

由于这件残片的照片尚未公开，先引用布伦海德的录文与英译如下②:

(pä) rsareṃ nakṣäṃ mlutālle sākäṣṣäṃ smāṃ yāmu olyapotsts(e) kartse.

[旧译]

① 采自 Broomhead, *A Textual Edition of the British Hoernle, Stein and Weber Kuchean Manuscripts*, Vol. 1, p. 186. 关于这个韵文的最新的解释，参看 Pinault, *Chrestomathie tokharienne*, 2008, Leuven: Peeters, pp. 317 -318; 327 -328。但是他继续用 répétition 来解释 *smāṃ*。

② Broomhead, *A Textual Edition of the British Hoernle, Stein and Weber Kuchean Manuscripts*, Vol. 1, pp. 5 -6.

This (remedy) destroys headaches, [but] it leaves the "drawing" = the feathers of a pigeon are to be drawn. Repeated [in use] it is very good. ①

也就是说，布伦海德把最后一句话释为“施行数次，则有良效”。而如果采用笔者的新解释，这句话的意思应该是“If it is tested, it is very good”，也就是“一试便灵”。

[W13b1 -3]

这件残片的照片已经公开，因此笔者略为修正录文如下（参见注释）：

smāṃ yāmu jīvak rṣabhak met mahā(met) kākoṭi kṣīrakākoṭi mudgavarṇi māṣavarṇi(1) *mañcäṣṭä*(2) *-kewi(y) e*(3) *(ṣa)lype aṣiye ṣwarāpksa päk (ṣa) l(l) e.*

[注释]

(1) 菲力欧札与布伦海德都把*māṣavarṇi*重复录了两遍②。但照片显示*māṣavarṇi* 只出现一次，不须重复。

(2) 现在的照片看不见 <*ma*> 以后的部分，因此暂时采用既有录文。

(3) 照片显示过去的读法 *kuñcitäṣṣe* “of sesame” 不能成立。

[旧译]

Arerepeated...oil of sesame is to be cooked with goat's *ṣwarāpk* (?). ③

笔者拟改译如下：

"Having been tested, *jīvaka*, *ṛṣabhaka*, *medā*, *mahāmedā*, *kākolī*, *kṣīrakākolī*, *mudgaparṇī*, *māṣaparṇī*, *mañjiṣṭha* (?), and cow's ghee are cooked with goat's *ṣwarāpk* (?)".

[W22b2]

smāṃ yāmoṣātstse lutaṣṣeñca.

[旧译]

Broomhead (1962 Vol. I: 23)

---

① 这个部分的解释还没有完全解决，而布伦海德的翻译采用了西格的修正（Die medizinischen und tantrischen Texte der Pariser Sammlung in Tocharisch B, *ZVS* (*KZ*) 72: 72)。

② Filliozat, *Fragments de textes koutchéens de médecine et de magie*, p. 70; Broomhead, *A Textual Edition of the British Hoernle, Stein and Weber Kuchean Manuscripts*, Vol. 1, p. 15.

③ Broomhead, *A Textual Edition of the British Hoernle, Stein and Weber Kuchean Manuscripts*, Vol. 1, p. 15.

[is good in] driving away repeated vertigo- (attacks). ①

因为 b 面第 1 行的后半无法解读，这句话的意思很难明白。但应该可以改译为"...are tested. It is driving away vertigo- (attacks)"。

总而言之，能够让我们确立 *smāṃ* 一词词义的例子只有上述的文本[2]，但是新的解释并不妨碍我们对于其他三种文本的理解，甚至还有所启发，这个结果值得学者重视。

五 龟兹语 *smāṃ* 的来源

当初温德肯斯以为龟兹语 *smāṃ* 的存在可以支持恩默瑞克提到的梵文 *samāna*-和中期波斯语 *homānāk* 的同源关系②。通过词义的厘定，本文以为龟兹语 *smāṃ* 不但不能直接追溯到原始印欧语，也和梵语 *samāna*-、中期波斯语 *homānāk* 两种形式没有关系。

事实上，新的词义显示这个词语则很可能来自伊朗语。也就是说，笔者认为可能可以构拟出表示"test, try"的伊朗语形式 * *uz-māna*-。参看下引例词：

中期波斯语：*uzmūdan*, *uzmāy*- "prove, test, try"③

ōzmūtan "to try, to test"④

现代波斯语：*āzmūdan* "erproben, versuchen" < * *ā-(ava-)* + *uz*- + *mā*- ⑤

虽然目前中期伊朗语资料里还没找到 * *uz-māna*-衍生的形式，但上述波斯语的语词应该能够支持上述构拟。

---

① Broomhead, *A Textual Edition of the British Hoernle, Stein and Weber Kuchean Manuscripts*, Vol. 1, p. 23. 这里布伦海德的翻译采用了西格的修正（Die medizinischen und tantrischen Texte der Pariser Sammlung in Tocharisch B, *ZVS* (*KZ*) 72: 75)。亦参见 Adams, *A Dictionary of Tocharian B*, p. 557, 词条 *lut*-。

② Windekens, *Le tokharien confronté avec les autres langues indo-européennes*, *Vol. I: La phonétique et le vocabulaire*, Louvain, 1976, p. 432. 亦参见 R. E. Emmerick, *Saka Grammatical Studies*, London, 1968, p. 248。

③ D. N. MacKenzie, *A Concise Pahlavi Dictionary*, London, 1986, p. 85.

④ H. S. Nyberg, *A Manual of Pahlavi*, *Part* Ⅱ. *Glossary*, Wiesbaden, 1974, p. 147.

⑤ P. Horn, *Grundriß der neupersischen Etymologie*, Hildesheim 1998 [1893], p. 6. 亦参见 J. Cheung, *Etymological Dictionary of the Iranian Verb*, Leiden, 2007, pp. 254–257。

六　结　语

借由龟兹语佛典与和汉译佛典的比较研究，本文对龟兹语 *smāṃ* 一词提出新的词义解释，并据以提出其词源。如果这项解释无误，那么龟兹语词汇中又找到了一个具有伊朗语来源的语词①。一般而言，龟兹语在佛教术语方面接收了大量印度语汇，但是一些抽象词语反映出伊朗语或伊朗文化的痕迹，这应该可以视为古代伊朗文明对龟兹文化造成的影响。

① 关于吐火罗语词汇里的伊朗语成分，参看 X. Tremblay, "Irano-Tocharica et Tocharo-Iranica", *BSOAS* 68-3, 2005, pp. 421-449。

从柬声字的谐声通假看复辅音学说的局限

李建强

上古汉语是否存在复辅音声母，是汉语语音史研究中的一个难题。瑞典学者高本汉为了解释特殊谐声现象，提出上古汉语有复声母，这种观点得到不少学者的响应，并从通假、异文、声训、异读、民族语言历史比较诸多方面寻找复辅音的证据。目前，仍有不少学者对复辅音持谨慎的态度。对这个问题的认识，至今尚存在巨大分歧。复辅音学说最重要的证据是谐声和通假，本文想以《说文》柬声字为例，分析利用谐声和通假材料证明复辅音过程中存在的问题，进而对复辅音学说提出不同的看法。

一　谐声分析法的局限及应用谐声分析需要注意的问题

（一）单纯的谐声推演是不完全推理，需要用其他材料来验证

高本汉归纳谐声原则研究上古音的方法，耿振生先生称之为谐声推演法。他指出，谐声推演法包含归纳和演绎两个步骤，演绎的前提由归纳而来，这个前提只有验证无误后，演绎推理才能有效。在韵母方面，有《诗经》等韵文材料作为参照，谐声系列的音同音近关系整体上是无误的。而关于声母的谐声规则，同样需要验证之后才能作为演绎的前提，如果得不到验证，那么以此为前提演绎推理得出的结论当然是无效的[①]。黄

① 耿振生：《20世纪汉语音韵学方法论》，北京大学出版社2004年版。

易青先生（2005年）也谈到了“同声必同部”的局限性，系统的演绎是可靠的，但个体的演绎未必皆是真，因为对形声字没有逐一考证每个字的造字时间和地域，个体的发展变化具有偶然性。因此谐声的表音程度不如今人所认为的那样理想、规整。研究古汉语声母，应该把谐声材料与其他古代语言文字材料放在一起综合观察和验证。

验证材料包括异文、通假、声训、双声联绵词、早期对音等一切直接反映上古语音信息的材料。商代甲骨文、西周早期金文材料中的通假字及双声联绵词产生的时代都不晚于《诗经》，既然拿《诗经》押韵来验证关于韵部的谐声规则已经得到人们的广泛认同，那么拿通假字（尤其是商周时期的通假字）、双声联绵词等材料来验证关于声母的谐声规则亦应是合理而必要的。

（二）单从文字的谐声规则，推不出上古有复声母的结论

还得回到高本汉的谐声说。

高本汉1923年出版 *An Analytic Dictionary of Chinese and Sina-Japanes*[①]（以下简称《分析字典》，序言中的一部分由赵元任先生译成中文，名为《高本汉的谐声说》）。在这本书里，他根据《康熙字典》中的形声字，提炼谐声原则。他发现，从中古读音看，大部分谐声字的主谐字跟被谐字的声母是相同或相近的。如果声母不同，大都是发音部位相同。而中古的来母有一部分和舌根音互谐，为了用统一的谐声原则解释特殊的谐声现象，提出了复辅音学说。对复辅音音值的构拟，提出了三种模式：A. 各 klâk：洛 lâk；B. 各 kâk：洛 klâk；C. 各 klâk：洛 glâk，但每种模式都难以解释一切材料。在《分析字典》中他坚决地否定了 kl-谐 l-的拟音，认为这样的音不相似，不符合谐声规则。后来，在《中上古汉语音韵纲要》中，他不得不承认了 Cl-和 l-谐声的类型。指出三种选择方案中，不能一成不变地遵从其中任何一个。要结合具体材料分析。比如“陆（六）”和藏语 drug 对应，当然绝不会有唇音声母，所以陆拟为 liuk，睦拟为 mliuk。不过他意识到这种构拟并不成熟：“对上古复合声母的构拟一般还只不过是尝试性的：谐声字在某些情况下准确无误的指明了它们，但构拟的细节还

① Bernhard Karlgren, *An Analytic Dictionary of Chinese and Sina-Japanes*, paris, paul geuthner, 1923.

不能确定。”①

高本汉遇到“各～洛、监～蓝”之类的谐声现象，为什么构拟出一个 kl-类的声母？他一定是暗用了历史比较的原则，构拟出所谓的原始语音形式，能够包含中古声母 k 和 l 的特征。可是历史比较有一个基本要求，就是用来比较的对象必须是同源词。比如梅耶在给历史比较法下定义时，就举了数目字在不同语言中的语音形式，像“二”，梵语 dvā，希腊语 dyo，拉丁语 duo，亚尔明尼亚语 erku。数目字表义单一，在他所比较的语言都有形态变化，这就保证了所比较的对象是同源词。把这个要求推广到汉语复声母研究中，支持上古有复声母的材料，应该是同一个词在中古时期不同的方言中，声母不同。如果上古存在复声母，就应该在中古的反切、异读中留有痕迹。可拿藏语来类比，古藏语glo pa（肺），g-在许多方言中都已经消失，但夏河话 hlo，阿力克 rlo，泽库 ɣlɔ②，这些方言中都残存着g-的痕迹。如果相同的词中古语音材料所反映的读音在声母上没什么分歧，那么就没有理由为其上古音构拟复声母。而同一谐声系列的字，其读音如果声母相远，那么所记录的词往往不同。不同的词，声母相远，是很正常的，据此构拟复声母，不符合历史比较的原则。

高本汉讨论文字谐声，他的结论是关于语言中声母、韵母的规律。他混淆了字音和词音的关系。在逻辑上是偷换概念。

文字谐声所反映的关于上古声母、韵母的规律，要经过其他材料的检验才有效。高本汉的谐声说在总的谐声原则“主谐字跟被谐字，就说在古音中，也是有相同或相近（cognate）的声母辅音、韵中主要元音跟韵尾辅音”下，提出了许多具体规律，多数得到大家的基本认可。比如一部分字喻四字上古声母构拟成舌尖浊塞音 d，把喻三和匣母上古音构拟得非常接近，舌尖前的塞擦音、擦音（指精组）跟舌尖后的塞擦音、擦音（指庄组）可以随便互谐，舌尖前的塞音（指端组）不但可以跟舌面前的塞音（指知组）随便互谐，而且可以跟舌面前的塞擦音（指章昌船）和擦音禅母随便互谐，一部分阴声韵字和入声字互谐。因为这些谐声现象所

① Bernhard Karlgren, *Compenium of Phonetics in Ancient and Archaic Chinese*, Bulletin of the Museum of Far Eastern Antiquities, 1954；中译本：聂鸿音译《中上古汉语音韵纲要》，齐鲁书社 1987 年版，第 107 页。

② 江荻：《藏语语音史》，民族出版社 2002 年版，第 245—246 页。

揭示的语言规律，同时得到其他材料的证明，比如钱大昕“古无舌上音”，曾运乾先生“喻三归匣、喻四归定”，黄侃先生“照二归精”、“照三归端”，《诗经》用韵一部分中古阴声韵字（即上古长入）和入声字相押。这些论断不仅有谐声的证据，而且有反切、异文、通假、方言、押韵等多项证据。形声字的字音和它所记录的词的读音有一定的一致性，文字的谐声规律恰巧与其他材料所反映的语音演变的规律相重合，所以高本汉提出的这些规律是有效的。但不能据此类推关于复声母的谐声规律一定有效。因为谐声是研究上古音面貌的众多证据当中的一种，而且只能算作旁证，它毕竟是语言之外，属于文字系统的材料。

二　分析古文字通假要考虑字形的因素

古文字通假的实质是意义完全无关的两个词用相同的字形来表示，反映在文字上，就是用借字表示本字。一般认为只有借字和本字的读音相同或相近，才能形成通假现象，以此为推理的前提，研究上古音。可是，古文字通假的成因，除了语音的因素之外，还应当充分考虑字形的因素。通假字之间，多数具有相同的部件，许多学者都注意到了这一点。周祖谟先生列出通假字在字形上不同于一般古书的四种情况，前两种就是“原字跟以此为声旁的形声字不同”和“两个谐声字声旁相同，而形旁不同”[①]。罗福颐先生指出，临沂汉简的通假字，具有如下特点：“一、同一得声的字相通假，如攻作功，佯作详，距作趄，钺作越等；二、某与从某得声的字相通假，如诱作秀，调作周，敌作啇，锐作兑等。”[②] 赵平安先生对这个现象进一步做出了统计，他收集秦汉简帛材料中通假字单字一千多个，发现通假字与被通假字之间形体结构上为相互包容关系（即罗文所说“某与从某得声的字”）及含有相同声符的接近70%[③]。可见这是一种相当强大的用字习惯，分析通假现象的成因，要充分考虑字形的因素。

利用古文字通假研究上古音应该致力于分析词的读音，不能被字音所

① 周祖谟：《汉代竹书和帛书中的通假字与古音的考订》，《音韵学研究》第一辑，中华书局1984年版，第78—91页。

② 罗福颐：《临沂汉简通假字表》，《古文字研究》第十一辑，中华书局1985年版，第55—73页。

③ 赵平安：《秦汉简帛通假字的文字学研究》，《河北大学学报》1991年第4期。

干扰。由于古文字使用情况复杂，一字多音的现象比后代普遍，一个汉字或许可以表示若干个声母相远的词，不能机械地认为用同一个汉字表示的词，声母一定相同或相近，还应当分析同一个词用哪些汉字来记录，这些汉字读音有什么特点。即不仅要分析某字作为借字可表示哪些词，这个词读什么音，也要分析该字作为本字，它所表示的词用哪些汉字（包括本字和借字）表示，这些字读什么音，只有这样，才能全面地分析判断一个词是否从上古到中古声母发生了变化。

三 柬声字的上古音分析

依照《说文解字》，柬声字有三个层级，第一层是直接从柬得声，第二层是从阑得声，第三层是从蘭（兰）得声。从蘭（兰）得声的灡爤分别为澜爛（烂）的异体，故本文只分为两层来讨论。

（一）柬声字

《说文解字》中，以柬得声的字有“谏湅練（练）煉（炼）鍊楝阑輮”，按照《广韵》音，谏读见母，湅練（练）煉（炼）鍊楝阑都读来母，輮读以母。輮字其实并非柬声，朱骏声已经说过了，故应排除不计，其余各字都在同一个谐声系列中。高本汉构拟的上古音是：柬 klăn 谏 klan 阑glɑn 湅練（练）鍊glian①。这种构拟是否正确需要用其他材料来验证。

下面具体探讨上述汉字上古声母的面貌。

1. 柬

《说文》：“分别簡之也。从束从八，八，分别也。”古限切。《系传》：“开其束而柬之也。会意。已限反。”

《广韵》《篆隶万象名义》只有见母音，《集韵》还有来母音。《广韵》产韵古限切，“分别也。一曰县名，在新宁。《说文》本从柬八，八，分也”。《名义》柬部：“柬，古眼反。简。”《集韵》产韵贾限切，“《说文》‘分别简之也。从束从八，八，分别也。’或从手，通作简”。霰韵郎

---

① ［瑞典］高本汉：*Grammata Serica*（Bulletin of the Museum of Far Eastern Antiquities，12，1940），潘悟云等译作《汉文典》，上海辞书出版社1997年版，第185组。

甸切，“择也。或从手、从支”。

文献中柬字注见母音，和简通假，记录的词语有：

（1）选择

段玉裁《说文解字注》：“凡言簡练、簡择、簡少者，皆借簡为柬也。柬训分别，故其字从八。”《尚书·文侯之命》：“简恤尔都。”旧题孔传：“当简核汝所任。”《魏三体石经》简作柬。《尔雅·释诂》：“柬，择也。”音义：“柬，音简。”黄焯《汇校》：“严元照云：《文选注》卷三、又六、又九、又二十、又廿一、又廿四、又卅六、卅七引皆作简。”《诗·邶风·简兮》：“简兮简兮，方将万舞。”毛传：“简，大也。”郑笺：“简，择也。”《左传·襄公二十六年》：“柬兵蒐乘。”杜预注：“简，择。蒐，阅。”《荀子·修身》：“安燕而血气不惰，柬理也。”杨倞注：“柬，与简同，言柬择其事理所宜而不务骄逸，故虽安燕而不至怠惰。”《汉书·高惠高后孝文功臣表》：“出入数年而不省察，恐议者不思大义，设言虚亡，则厚德掩息，遴柬布章。”晋灼曰：“柬，古简字也。简，少也。”

（2）刚简、简易、简慢

鲍子鼎铭文：“勿或柬巳。”[①] 张崇礼读柬为简慢之简，即不要简慢、怠惰[②]。吴镇烽考证，鲍子鼎是春秋晚期的文物。

郭店楚简《五行》第21—22简：“不果不柬，不柬不行。”《马王堆帛书》《老子》甲卷后佚经189行作：“不果不简，不简不行。”柬简异文。刘钊认为，柬读为刚简之简，意为刚强简略[③]。

郭店楚简《性自命出》第45简：“又（有）其为人之柬柬女（如）也，不又（有）夫亘（恒）怡之志则缦（慢）。”刘钊认为，柬读为刚简之简，意为平易、简直[④]。

上博楚简二《容成氏》第8简：“与之言正（政），敓柬（简）以行。”第19简：“乃因迡以智（知）远，迲（去）蠠（苛）而行柬（简）。”

---

① 吴镇烽：《鲍子铭文考释》，《中国历史文物》2009年第2期。柬读为阑，有完结之义。勿或柬巳，不要有所完结。

② 张崇礼：《读鲍子鼎铭文札记》，复旦大学出土文献与古文字研究中心网站，2012 http：//www. gwz. fudan. edu. cn/SrcShow. asp？Src_ ID = 1808。

③ 刘钊：《郭店楚简校释》，福建人民出版社2005年版，第79页。

④ 同上书，第102页。

荆门郭店一号楚墓下葬的年代当在公元前 4 世纪中期至前 3 世纪初①。上海博物馆藏竹简时代在战国晚期。马王堆三号墓主葬于汉文帝前元十二年（公元 168 年），一号墓主也葬于此后数年②。墓中出土的帛书是西汉初年的文献。上述材料证明至晚春秋战国时期，表示选择、刚简、简易、简慢意义的柬就读见母。

郭店楚简《五行》第 39—40 简："柬（简）之为言猷练也"，不能据此得出刚简之柬又读来母的结论，"之为言"是表示声训的训诂术语，此处在于揭示柬和练的语源关系。柬与练叠韵，二字同源是可以说得过去的，声母不必相同。柬字的在这个语境下的临时意义，汉人有不同的理解。马王堆帛书《老子》甲卷后佚经 204 行作"简之为言也猷贺"。298 行作"间为言犹衡也"。简、间都是见母元部，贺，匣母歌部，衡，匣母阳部。简、间、贺、衡都是牙喉音，说明柬所表示的"简要精练"之义的词就读牙喉音，不当读来母。

（3）谥号

上博楚简四有"柬大王"之篇。新蔡葛陵楚墓竹简甲一 21："忻（祈）福于卲（昭）王、献惠王、柬大王。"③ 湖北江陵望山沙冢一号楚墓竹简第 10 简："[illegible]月，丁巳之日，为[illegible]固[illegible]（举）祷柬大王、圣囗。"《史记·楚世家》："惠王卒，子简王中立。……简王卒，子声王当立。"柬通简④。[illegible]固以悼为氏，当为楚悼王之后，他去世的时间"应晚于威王，似以定在怀王前期为最合适"⑤。简读见母，说明至晚战国时期，记录谥号用的柬就读见母。

（4）叠音词"柬柬"通"简简"

吴王光甬钟："柬₌和钟，鸣阳条虡。"该钟为春秋战国之器。甬钟出土时破碎不堪，有铭文的碎片存 47 片⑥，"柬₌和钟"是第 37 片与 42 片

① 《荆门郭店一号楚墓》，《文物》1997 年第 7 期。

② 湖南省博物馆、湖南省文物考古研究所：《长沙马王堆二三号汉墓》第一卷《田野考古发掘报告》，文物出版社 2004 年版，第 238 页。

③ 宋华强：《新蔡葛陵楚简初探》，武汉大学出版社 2010 年版，第 396 页。

④ 湖北省文物考古研究所：《江陵望山沙冢楚墓》，文物出版社 1996 年版，第 238 页。

⑤ 朱德熙、裘锡圭、李家浩：《望山 1 号墓竹简的性质和内容》，见《江陵望山沙冢楚墓》，第 311 页。

⑥ 见中国社会科学院考古研究所《殷周金文集成》，中华书局 2007 年版，第 1 册，第 224 号器，第 250—251 页。

缀合的。“柬柬”读为“简简”[①]，赞美音乐之辞。

令狐君嗣子壶：“柬柬兽兽”[②]，“柬柬”读为“侃侃”[③]、“简简”[④]，亦为赞美音乐之辞。大概是战国初年之器。

上博楚简六《用曰》第2简：“柬₌足₌，事非与又（有）方。”张光裕释文：“柬读为简，简简，大貌。”[⑤] 第7简：“曼₌柬₌，亓（其）容（颂）之作。”张光裕释文：“柬则与曼并言，柬于此可读为閒或简。”[⑥]

上述材料证明，至晚战国时期，柬就可以用来记录见母读音的词，柬，读见母。

（5）管蔡之管

利簋：“辛未，王才𤔲自。”于省吾先生认为此字为𤔲的繁构，表示地名，当训为管蔡之管，“柬”用作声旁。于先生又指出陕西扶风任家村出土的周代青铜器新邑鼎铭文“自新邑于柬”，此柬字也指管地[⑦]。管地之管只有见母读音。故至晚西周初年，柬字就读见母。类似的字形在商代金文中也出现过，如作父己毁[⑧]、戍嗣子鼎[⑨]、宰椃角[⑩]、𩁹方鼎铭作，亦作[⑪]，有人认为这些字也指管地[⑫]。从字形上分析，可以看作柬、閒皆声。管蔡之管读见母，则至晚在殷商时期，柬字作为声旁已经读见母。

① 郭若愚：《从有关蔡侯的若干资料论寿县蔡墓蔡器的年代》，《上海博物馆集刊》第2期，上海古籍出版社1983年版。也有人提出质疑，金文中“和”、“龢”是两个不同的字，“龢钟”之“龢”不作“和”，见祝振雷《安徽寿县蔡侯墓出土青铜器铭文集释》，吉林大学硕士学位论文，2006年，第55页。

② 《殷周金文集成》第15册，第9719、9720号器，第264—265页。

③ 郭沫若：《嗣子壶》，《郭沫若全集》考古编第8卷，科学出版社2002年版，第239页。

④ 汤余惠：《嗣子壶》，《战国铭文选》，吉林大学出版社1993年版，第1页。

⑤ 马承源：《上海博物馆藏战国楚竹书》六，上海古籍出版社2007年版，第288页。

⑥ 同上书，第293页

⑦ 段绍嘉：《介绍陕西省博物馆的几件青铜器》（《文物》1963年第3期）指出柬指地名，不详所在。于省吾先生认为指管蔡之管，见于省吾《利簋铭文考释》，《文物》1977年第8期。

⑧ 《殷周金文集成》第7册，第3861号器，第84页。

⑨ 《殷周金文集成》第5册，第2708号器，第113页。

⑩ 《殷周金文集成》第14册，第9105号器，第274页。

⑪ 李学勤：《试论新发现的𩁹方鼎和荣仲方鼎》，《文物》2005年第9期。

⑫ 王进锋：《卜辞管字与管地》，2011年，复旦大学出土文献与古文字研究中心网站，http：//www. gwz. fudan. edu. cn/SrcShow. asp？Src_ ID =1431。

柬字所记录的五个词，都只有读见母的证据，可证明至晚商周时期已经读见母。如果像高本汉那样构拟为 klǎn，则无法解释与简的通假，他的系统中，简读 kǎn[①]。

选择之义的柬有时加上形旁作拣，有见母和来母两读，读见母的例子有：《广雅·释诂》："拣，择也。"曹宪音："拣，柬。"唐代般若译《大乘理趣六波罗蜜多经》卷一："死苦若至，不拣老少。"《慧琳音义》卷四十一："不拣，奸眼反。《文字集略》：'拣，择也。从手柬声也。'《说文》作柬，'分别简之也。从八，从柬，八象八方'。经文作'简'，非本字也。"

拣字极个别有注来母音的。元魏瞿昙般若流支译《不必定入印经》序："采挟集人。"《玄应音义》卷五："采拣，又作敕，或作练，同，力见反。《埤苍》：'拣，择也。'《礼记》：'简，拣英俊是也。'序文作挟，胡颊反。挟，持也。非此用也。"《集韵》柬字来母一读大概是据此而来。不过，"力见反"很可能是仿照练的读音而产生的后起的念法。

柬择之柬，有用蕳表示的。郭店楚简《缁衣》第 15 简："民之蕳也"，整理者认为，蕳读作"柬"。《说文》："柬，分别择之也[②]"。今本《缁衣》作'表'，郑玄注："言民之从君，犹影逐表。"柬和表都有标准之义，故有此异文。"民之蕳也"之蕳是依照其声旁柬字音读见母。

蕳字又可表示一种草本植物。《尔雅·释草》："蕳，菟荄。"音义："蕳音练。"《说文解字系传》："《本草》：白蔹，药也，一名菟荄。"菟荄义之蕳，读来母，与"民之蕳也"之蕳显然记录的不是同一个词。

2. 谏

《说文》言部："谏，证也，从言柬声。"古晏切。《系传》讲雁反。

韵书、字书只注见母音。《广韵》谏韵古晏切："谏，谏诤，直言以悟人也。又姓，《风俗通》云：'汉有治书侍史谏忠。'"《集韵》谏韵居晏切："谏，《说文》：'证也。'亦姓。"《集韵》还有来母音，那是谰的异体字，不是谏诤之谏。换韵郎旰切"谰，诋谰，诬言相被也。或从柬"。《名义》言部："谏，柯雁反。正，更。"

文献中谏字虽然常用，但是很少有注音，这说明在那些语境中就读常

① ［瑞典］高本汉：《汉文典》，潘悟云等译，第 191 组。

② 荆门市博物馆编：《郭店楚墓竹简》，文物出版社 1998 年版，第 133 页。

用的见母音。笔者只在《慧琳音义》中找到了一例注音。玄奘《大般若波罗蜜多经》卷五百一十五："是菩萨摩呵萨闻说如是呵谏语时，能审观察此恶魔事。"《慧琳音义》卷六："呵谏，加雁反。郑玄注《周礼》云：'谏，正也，以道正人也。'《尚书》云：'后从谏则圣。'《白虎通》云：'谏者，间也，更也，是非相间，革更其行，人怀五常，故谏有五，所谓讽谏、从谏、规谏、指谏、谲谏等是也。'《说文》亦云：'谏，正也，从言柬，音间，声也。'"

谏证之谏与简、閒异文声训。《诗·大雅·板》："犹之未远，是用大谏。"《左传·成公八年》引作"大简"。杜注："简，谏也。"《诗·大雅·民劳》："王欲玉女，是用大谏。"朱熹《集传》："春秋传、荀子书并作简。"《白虎通·谏诤》："谏者何？谏，閒也，更也。是非相閒，革更其行也。"《论衡·谴告》："谏之为言间也，持善閒恶。"睡虎地秦简《为吏之道》："慈下勿陵，敬上勿犯，听间勿塞。"听间，即"听谏"。上述异文声训材料证明，谏证之谏至晚在战国时期就读见母。

"谏谏"通"简简"。2003年陕西眉县杨家村西周晚期窖藏背单氏家族青逨盘："雩！朕皇亚且（祖）懿中（仲），敉（广）谏谏。"[①] 谏谏，当读为"简简"，大也。《诗·商颂·那》："奏鼓简简。"笺："其声和大，简简然。"《诗·周颂·执竞》："降福简简，威仪反反。"传："简简，大也。"[②] 这份文献中，列举了几乎完整的西周诸王世系，从文王到厉王，称谥号，厉王以下称"天子"，说明此盘为周宣王时器[③]。简读见母，证明用来记录简大之简的谏至晚在西周时期就读见母。

上博楚简七《武王践阼》第7简："□谏不远"，今本《大戴礼记》作"所监不远"，复旦大学出土文献与古文字研究中心研究生读书会把"谏"读为"监/鉴"，但后者是谈部字，与元部字谏韵部相隔较远[④]。

谏证之谏又写作"间"。云梦睡虎地秦墓竹简《为吏之道》第一栏第

---

① 拓片见《陕西眉县杨家村西周青铜器窖藏》，《考古与文物》2003年第3期。

② 王辉：《逨盘铭文笺释》，《考古与文物》2003年第3期。

③ 刘怀君：《眉县杨家村西周窖藏青铜器的初步认识》，《考古与文物》2003年第3期。

④ 《〈上博七·武王践阼〉校读》，复旦大学出土文献与古文字研究中心网站，http：//www. gwz. fudan. edu. cn/SrcShow. asp？Src_ ID = 576。

17、18 简[①]："敬上勿犯，听閒勿塞。"阜阳西汉汝阴侯墓竹简《春秋事语》第 13 简："桀辜閒者，纣汾（焚）圣人。"[②] 第 22 简："受规閒，仁也……人而好学受规閒。"[③] 閒俱读为谏。

谏证之谏亦写作"柬"。上博楚简三《中弓》第 20 简："戁以内柬"，柬读为谏[④]。

间柬都是见母字，说明谏证之谏亦是见母。

综上，谏字所记录的词至晚周秦两汉都已经读见母。谏字若拟成 klan，则无法解释与简閒字的通假。

3. 炼（煉）、鍊

《说文》火部："煉，铄治金也。从火柬声。"郎电切。《系传》郎电反。

《说文》金部："鍊，冶金也。从金柬声。"郎甸切。《系传》郎电反。

《句读》炼（煉）鍊同字。《定声》："当为炼（煉）之重文。"

《王三》、蒋藏本《唐韵》、《广韵》霰韵练小韵收"鍊"字而不收"炼"，P2011（《王二》）"鍊"字注："亦作炼"，裴务齐正字本《王韵》"鍊"字注："又从火。"是认为炼为鍊之异体。《集韵》练小韵依照《说文》兼收炼鍊两字，"炼，《说文》铄治金也。鍊，《说文》冶金也"，并音郎甸切。《集韵》亦把炼当作爤的异体字，收在换韵爤小韵下。鍊字亦有谏韵居晏切一读，是作为锏的异体字，"《博雅》'车轴铁'。"《名义》火部："炼，力见反，冶金。"金部："鍊，力见反，冶金。"

文献中"炼"、"鍊"字常用，但很少注音。《尚书·费誓》："锻鍊长矛。"《释文》："鍊，来见反。"《慧琳音义》中有几处注音，往往涉及鍊与炼的异文，现举一例。玄奘《大般若波罗密多经》卷五百七十五："如锻金师烧鍊金璞。"《慧琳音义》卷八："烧鍊，历殿反。《说文》：'冶金也。'或作炼，亦通。"这说明"炼"、"鍊"字就读惯常的来母音。

---

① 《为吏之道》由 51 支竹简组成，每支竹简分上下五栏书写，每栏内各简文字内容连贯。

② 韩自强：《阜阳汉简〈周易〉研究》，上海古籍出版社 2004 年版，第 182 页。

③ 同上书，第 183 页。

④ 马承源：《上海博物馆藏战国楚竹书》三，上海古籍出版社 2003 年版，第 277 页。

炼通烂。

《马王堆汉墓帛书》四《阴阳脉死候》："三阴（腐）臧（脏）炼（烂）肠而主杀。"

《广雅·释诂》："炼，爇也。"王念孙疏证："炼读为烂。《集韵》云'烂或作炼'。《众经音义》卷七引《广雅》作烂。"

以上的材料都说明，炼鍊上古声母应当和中古没什么差异。若真读如高本汉构拟的glian[①]，那么为什么中古只注来母音，g的痕迹一点也找不到？

鍊又与锏通。

《广雅·释器》："鍊鏅、釱、錧也。"曹宪音："鍊，谏。"又《广雅·释器》："鏅、鐗，錔也。"故鍊为鐗之异体。"锏"读见母，《释名·释车》："锏，间也，间釭轴之间使不相摩也。"故"鍊鏅"之"鍊"亦读见母。

根据现有材料，"鍊鏅"最早见于《方言》卷九："輨軑，鍊鏅也。关之东西曰輨，南楚曰軑，赵魏之间曰鍊鏅。"郭璞注："鍊音柬。"则"鍊"字见母一读至晚可上推至汉朝。

不过，从词的角度看，鍊读见母只用于"鍊鏅"一词，"治金"之炼，从来都是读来母，二者的区分清清楚楚。至于为何鍊字又能表示读见母的词，或许是因为鍊的声旁柬读见母。历史比较法寻找语音的差异，必须在同一个词的范围内，读见母的"鍊鏅"和读来母的"治金"是两个完全不同的词，二者用同一个汉字来记录，有用字习惯的原因，不能据此构拟出复声母。

4. 湅

《说文》水部："湅，𤃬也。从水柬声。"郎甸切。《系传》郎见反。

韵书、字书只注来母音。

韵书中，同小韵字的排列次序似乎暗示着湅与潄、𩋾、炼、鍊有同源关系。《切韵》系韵书中，《广韵》之前练小韵未收湅字。P2011、宋跋本《王韵》霰韵练小韵俱收十一字，未收湅字。项跋本《王韵》练小韵收七字，虽比宋跋本多出鰊字，但亦未收湅字。蒋斧本《唐韵》练小韵收字八个，韵字数注"八加二"，前六字依次为练、鍊、涰、拣、楝、瓞，与

① ［瑞典］高本汉：《汉文典》，潘悟云等译，第185组。

P2011、宋跋本《王韵》霰韵练小韵前六字及排列顺序皆同，据此可推测，陆法言《切韵》原本霰韵练小韵盖即此六字，并无湅字。《广韵》霰韵练小韵收字十五个，前八字与蒋藏本《唐韵》同，后七字为萰、堜、湅、潄、敹、䌦、膟，其中萰、堜、潄、䌦、膟俱见于《王韵》（为了醒目，这五字下加线），湅、敹二字虽为《广韵》所增加，但湅为第11字，敹为第13字，并未排在小韵末尾。从排列顺序上看，《广韵》把湅、潄、敹排在一起，似乎暗示着这三个字所表示的词词义有关联。请看《广韵》对这三字的训释："湅，熟丝也。《周礼》曰'㡆氏湅丝。'潄，熟潄。敹，搥打物也。"湅、潄俱训为"熟"。潄丝使熟必要搥打以去除杂质。《说文》："潄，辟潄铁也。从攴湅。"段玉裁注："从攴者，取段意。湅者，簡也，从湅，取簡择之意。湅亦声。"故湅、潄、敹三字所表示的词或许是从共同源头派生。《集韵》霰韵练小韵收二十六字，各字排列次序与《广韵》迥异：练为小韵首字，第2、3字为炼、鍊，第4、5字为湅、潄，释义俱引《说文》。把湅、潄从《广韵》的第11、12位提前，是为了与炼、鍊排在一起，说明《集韵》编者认为这四字所表示的词词义相关。从今天的眼光来看，这四字所表示的词同源。

《名义》："湅，力见反。煮。"吕浩《篆隶万象名义校释》："《玉篇》作'煮丝绢熟也'。《名义》误省。"

各注家均注"音练"，暗示着湅与练亦有同源关系。

《周礼·天官·盐人》"祭祀共其苦盐、散盐。"郑注："杜子春读苦为盬，谓出盐直用不湅治。"《释文》："不湅，音练，下同。"

《周礼·天官·染人》："染人掌染丝帛。凡染，春暴练，夏纁玄，秋染夏，冬献功。"郑注："暴练，练其素而暴之。"

《周礼·考工记·㡆氏》："㡆氏湅丝以涚水，沤其丝七日，去地尺暴之，昼暴诸日，夜宿诸井，七日七夜，是谓水湅。"《释文》："湅丝，音练，下同。"

《周礼·考工记·㮚氏》："㮚氏为量，改煎金锡则不秏。"郑注："消湅之精，不复减也。"《释文》："消湅，音练，下同。"

《文选·枚乘·七发》"洒练五藏"李善注："练犹汏也。"此处之练，通作湅。

因为同源，湅通作炼。汉铜器多见湅字，如容庚《汉金文录》载建初弩机："建初元年，工杨吴造，四湅八石。"又汉阳朔鼎："上林十湅铜鼎，容一斗并重十斤。”桼言之始镜：“桼言之始自有纪，湅冶铜锡去其宰。”以上铭文中的湅字应指铜的精炼[①]。从现代的眼光看，是炼之假借。

湅与“炼”、“鍊”等字同源，“炼”、“鍊”上古不读复声母，则湅字亦非复声母。

5. 练（練）

《说文》糸部：“练，湅缯也。从糸柬声。”郎甸切。《系传》同。

韵书、字书只注来母音。P2011、宋跋本《王韵》霰韵练小韵“练，落见反。帛。”蒋斧本《唐韵》：“练，帛练，又姓，郎甸反。”《广韵》：“练，白练，又姓，《何氏姓苑》云南康人，郎甸切。”《集韵》“郎甸切。《说文》‘练，湅缯也’。亦姓。通作湅。”

《原本玉篇残卷》：“练，力见反。《周礼》‘染人掌……春暴练。’郑玄曰：‘暴练，练其素而暴之’也。《说文》‘练，缯也。’煮沤丝为湅，字在水部；治金之练为鍊，字在金部；简择之练为拣，字在手部。”这里已经指明了练、湅、鍊、拣的同源关系。《名义》：“力见反，缯。”

练字常用，注家多未注音。

湅练同源。《段注》：“已湅之帛曰练，引申为精简之称。”《释例》：“练湅一字，湅之以水，所练者帛也。”因为同源，故亦通用。《周礼·地官·掌炭》：“掌灰物炭物之征令。”注：“灰给澣练。”孙诒让正义：“澣即瀚之俗，谓以灰濯布缕……练谓以灰练丝帛。”《急就篇》：“绨络缣练素帛蝉”，颜师古注：“练者，煮缣而熟之也。”唐代实叉难陀译《大方广佛华严经·入法界品》：“六十四能，靡不该练。”唐代惠苑《华严经音义》：“靡不该练，《珠丛》‘鎔金曰鍊，煮丝令熟曰练也。’……练字鎔金从金，煮丝从丝，或从散水也。”《集韵》“练通作湅。”

熟练之练又写作“阑”。《管子·七法》：“春秋角试，以练精锐为右。”《银雀山汉简·王兵》作：“春秋穀试，以阑精材。”练阑来母双声。

练烂声训。《释名·释采帛》：“练，烂也。煮使委烂也。”

综上，练与炼、鍊、湅同源，则上古俱读来母音。

6. 楝

《说文》木部：“楝，木也。从木柬声。”郎电切。《系传》同。

《切韵》系韵书P2011、宋跋本《王韵》、项跋本《王韵》霰韵练小

① 孙机：《略论百炼钢刀剑及相关问题》，《文物》1990年第1期。

韵俱收楝字，注音为“落见反”，释义为“木名”。蒋藏本《唐韵》楝音“郎甸反”，释义为“木名，鹓鸰食其实”。《广韵》注音释义与蒋藏《唐韵》同。《集韵》释义依《说文》“木也”，音郎甸切。

楝叶之灰可以沤丝帛[①]。楝又写作欄（栏）。《周礼·考工记·㡛氏》：“湅帛以栏为灰，渥淳其帛，实诸泽器，淫之以蜃。”注：“以栏木之灰渐释其帛也。”音义：“栏音练，又来践反，或音兰。”《篆隶万象名义》木部：“楝[②]，来见反，灰。”以“灰”训“楝”，似乎暗示着楝木在生产生活中的主要作用是用其灰湅丝。《淮南子·时则训》：“七月官库，其树楝。”东汉高诱注：“楝读练染之练也。”宋代罗愿《尔雅翼》九：“（苦楝）可以练，故名楝。”这提示着楝木得名于湅丝帛，则与湅练共属一源，则上古俱读来母。

周家台秦墓简牍中，楝木之楝也写作東（东）（柬）。《病方》第318简：“取东（柬）灰一升，渍之。泺（和）稾（藁）本东（柬）灰中，以靡之，令血欲出。”[③] 第375简：“取柬灰一斗，淳毋下三斗。”[④] 楝以柬得声，楝写作柬是用其声旁替代，并不能证明楝木之楝的读音与见母相关。

（二）阑声字

《说文》从阑得声的字有：兰、谰、籣、澜、爤、藺，《汉文典》中出现了阑、兰、谰、澜、烂，拟音俱为glan。

1. 阑

《说文》门部：“阑，门遮也。从门柬声。”洛干切。《系传》勒湌反。

《广韵》寒韵兰小韵落干切，“晚也，牢也，遮也，希也。又饮酒半罢曰阑。”《集韵》寒韵阑小韵郎干切：“《说文》门遮也。一曰晚也。希也。失也。”

---

① 戴吾三编著《考工记图说》：“楝叶灰水呈碱性，渗透性较好。楝叶是传统的练丝原料。”山东画报出版社2003年版，第58页。

② 写作楝。

③ 湖北省荆州市周梁玉桥遗址博物馆：《关沮秦汉墓简牍》，中华书局2001年版，第127页。

④ 同上书，第135页。

依照《段注》《定声》，门遮为本义，引申为将尽，假借为䦨，妄入宫亦（掖）。阑字以上各种用法，《经典释文》均未作注，《史记》三家注、《汉书》颜师古、《文选》李善注、六臣注等有释义但不注音，这说明都读惯常的念法，即读来母。以下是经史典籍中为阑字作注释义的部分例子：

《史记·高祖本纪》："酒阑，吕公因目固留高祖。"《集解》引文颖曰："阑言希也。谓饮酒者半罢半在，谓之阑。"《汉书·高帝纪》同。

《史记·汲黯传》："愚民安知市买长安中物而文吏绳以为阑出财物于边关乎？"《集解》引应劭曰："阑，妄也。律，胡市，吏民不得持兵器出关。虽于京师市买，其法一也。"引臣瓒曰："无符传出入为阑。"《汉书·汲黯传》同。依照《说文》，该词的本字应为䦨，《说文》门部："䦨，妄入宫亦也。从门䜌声，读若阑。"大徐洛干切。

《汉书·文帝纪》："七月，厖上小女陈持弓闻大水至，走入横城门，阑入尚方掖门。"应劭注："无符籍妄入宫曰阑。"

《文选·宋孝武宣贵妃诔》："移气朔兮变罗纨，白露凝兮岁将阑。"李善注："阑犹晚也。"李元济注："阑，晚也。"

《文选·谢灵运·永初三年七月十六日之郡初发都》："述职期阑暑，理棹变金素。"李善注："阑，犹尽也。"李元济注："阑暑，谓夏末暑气阑也。"

阑表示地名，颜师古注来母音：

《汉书·地理志上》："越巂郡……县十五：邛都……阑。"师古注："音兰。"

在《慧琳音义》中，多次为阑楯之阑注音，都是来母音。现举两例如下：

卷二十四《信力入印法门经》卷一、《方广大庄严经序品》卷八："阑楯，上音兰下音顺。"

卷三十《佛升忉利天为母说法经》下卷："阑楯，上懒丹反。下脣闰反。顾野王云：阑楯谓殿上钩栏也。《说文》阑，从门，柬声。经从木作栏。"

阑出现在音译词中，亦是读来母音。唐代地婆诃罗译《证契大乘经》："以胜藏宝为都栏拏。"《慧琳音义》卷三十："阑拏，落寒反。梵语也。"

以上阑字所表示的各词，经师或者不注音，或者只注来母音，这些词中古只有来母的念法。

但在古文字材料中，“阑”字所表示的词，既有读来母的，也有读见母的。

（1）门遮

鄂侯鼎：驭方休阑[①]。陈梦家认为，阑疑指射布，休阑即止于阑，谓中侯[②]。刘雨认为，休阑谓射矢于侯框[③]。这两种读法，都是把阑当成本字来释读的[④]。

（2）“阑阑”通“简简”

《王孙遗者钟》：“阑阑和钟，用匽（宴）台（以）喜。”杨树达《积微居金文说》：“阑当读为简。《诗·商颂·那》：‘奏鼓简简。’简简为赞美乐声之辞。阑从柬声，柬本见母字，与閒声同。《说文》言部谰或作讕，火部烂或作燗，知阑声间声字可通用也。”[⑤]

《王子午鼎》：“阑阑兽兽”[⑥]，此句盖有三种释读。其一，阑，门遮，兽，通狩，阑阑兽兽，犹保护守卫。其二，阑阑，即柬柬，通简简，言乐声之和；兽兽，通肃肃，敬貌。其三，阑阑通闲闲，兽兽通悠悠[⑦]。若依后两种说法，阑记录见母或匣母的词。

（3）《殷周金文集成引得》，把藺、藺与阑列在一起，似乎当作阑的异体字，均读作“管”[⑧]，所列之字多数在于省吾（1977）、王进锋（2011）诸文中讨论过（见上文“柬”字条）。但是，这个字形，柬、閒俱表音，且与上文1、2两条中出现阑字写法不同，恐怕不能当成同一个字看待。

（4）白于蓝先生《战国秦汉简帛古书通假字汇纂》认为阑与闲通假，

---

① 《殷周金文集成》第5册，第2810号器，第205页。

② 陈梦家：《西周铜器断代》鄂侯驭鼎，中华书局2004年版，第219页。

③ 刘雨：《西周金文中的射礼》，《考古》1986年第12期。

④ 袁俊杰：《两周射礼研究》，河南大学博士学位论文，2004年，第141页。

⑤ 杨树达：《积微居金文说》卷一《王孙遗诸钟跋》，中国科学院，1952年，第38页。拓片见《窓斋集古录》。

⑥ 《殷周金文集成》第5册，第2811号器，第207页。

⑦ 郭国权：《河南淅川县下寺春秋楚墓青铜器铭文集释》，吉林大学硕士学位论文，2008年，第50—51页。

⑧ 《殷周金文集成引得》，第690页。

《马王堆帛书》四《周易》第11简《大畜》："九三，良马遂，利根[①]贞，曰阑[②]车[③]"，王弼本"阑"作"闲"，注："闲，阂也"，张政烺先生认为，"阑"与"闲"音近义通[④]。《说文》："闲，阑也"，"闲"训为"阑"，帛书本与传世本的异文或许是近义词的替换。

（5）通烂，见烂字条。

（6）通兰，见兰字条。

古文字材料中，阑通简，不能证明上古阑读复声母。阑作为借字，假借为简，读见母，其原因正如杨树达先生所说，"阑从柬声，柬本见母字"[⑤]，是按照其声旁的读音来念。这或许是当时的一种用字习惯。阑作为本字，常用的门遮、酒阑、妄入宫帏之义均没有找到用其他声母字假借的现象。从词的角度来看，"简简"之简，从古至今都读见母，表示门遮义的阑，从古至今都读来母。寻找语音的历史差异，应该以同一个词为单位，这是历史比较的一个基本原则，不能够跨越词的界限。换句话说，只有找到表示门遮、酒阑、妄入宫帏之义的阑字有非来母读音的证据，才能为该词的上古音构拟复声母。从目前的材料看，不存在这方面的证据。所以，只能依照中古的注音材料推测门遮之义的阑字上古就读单辅音来母。如果依照高本汉拟音为glɑn，不仅难以解释中古只读来母的事实，也难以解释与见母字简的通假，glɑn 和 kǎn 声母并不相近。

2. 兰

《说文》草部："香草也，从草阑声。"落干反。《系传》勒飡反。

《尔雅·释草》："藿，芄兰。"郭注："藿芄蔓生。断之有白汁，可啖。"《释文》："兰，力丹反。"

兰草之兰，韵书、字书均注来母。《广韵》寒韵落干切，"香草，亦州名……"《集韵》同。《名义》："力干反，都良[⑥]。"

兰草之兰，借作蕑、阑。

① 王弼本作"艰"。

② 王弼本作"闲"。

③ 王弼本"车"作"舆卫"。

④ 张政烺：《马王堆帛书〈周易〉经传校读》，中华书局2008年版，第71页。

⑤ 杨树达：《积微居金文说》卷一《王孙遗诸钟跋》，第38页。

⑥ 俗谓兰为"都梁"，出《水经注·资水》。

信阳楚简第1组第24简《墨子》："犹芑[①]萰欤?" 萰即 "兰" 省门，香草也[②]。

《马王堆汉墓帛书》四《五十二病方·乾瘙》："取阑根、白付，小刌一升。" 同书《杂疗方·令蜮毋射》："每朝啜阑实三。"

兰陵之兰，写作阑。秦刑徒墓出土瓦志刻文有 "阑陵居赀便里不更牙"[③]，阑陵即兰陵。

兰从阑得声，与阑通假，则读音应当与阑相同，上古俱读来母。

3. 澜

《说文》水部："澜，大波为澜。从水阑声。澜或从连。" 洛干切。《系传》勒飡反。

韵书注来母音。《广韵》寒韵兰小韵落干切，大波。翰韵郎旰切：波也。《集韵》寒韵郎干切，"澜，《说文》大波为澜。" 换韵郎旰切，"澜，波也"。

注家注音平去两读。《尔雅·释水》："'河水清且澜漪'，大波为澜。"《释文》："瀾，郭力旦反，又力安反。下及注同。李依《诗》作涟，音连。" 韵书中所收去声一读大概来自郭璞读。

波澜之澜亦写作瀾。依《尔雅音义》，"澜" 当写作 "瀾"。《名义》"澜" 字后收瀾，释义为 "同上，漪"，则是把瀾当成澜的或体。

波澜之澜与涟异文。《诗经·魏风·伐檀》"河水清且涟猗"，《尔雅·释水》引文涟作澜[④]。《名义》："澜，力安反，清。" 清字或许为 "清且澜" 引证之误省。

澜连声训。《释名·释水》："风行水波成文曰澜。澜，连也。波体转流相及连也。"

上述材料表明，澜与涟上古声母相同。涟没有与其他声母字谐声的现象，高本汉拟音为 lian，则澜亦不当拟为glan。

---

① 读为芝。

② 此为中山室的观点（见《信阳长台关战国楚墓竹简第一组〈竹书〉考释》，《战国楚简研究》1977年第2期，油印本），转引自房振三《信阳楚简文字研究》，安徽大学硕士学位论文，2003年，第23页。

③ 始皇陵秦俑坑考古发掘队：《秦始皇陵西侧赵背户村秦刑徒墓》，《文物》1982年第3期。

④ 有的本子作瀾，见黄焯《经典释文汇校》，中华书局1980年版，第271页。

4. 灡

《说文》水部："灡，潘也。从水兰声。"洛干切。《系传》勒餐反。

从唐写本《切韵》到《广韵》，都没收灡字①。《集韵》寒韵澜字下加入灡，释义为"《说文》'潘也'，通作澜"，换韵爤小韵亦增入"灡，潘也"。

注家注去声。《周礼·地官·稾人》："掌豢祭祀之犬。"注："共至尊，虽其潘灡、戋余，不可亵也。"《释文》："灡，鲁旦反。"

潘灡之灡亦写作澜。《礼记·内则》："其间面垢，燂潘请靧。"注："潘，米澜②也。"《释文》："澜，力旦反。"

力旦反一读，为《玉篇》《名义》所收。《原本玉篇残卷》："灡，力旦反，《礼记》'浴灡用汤'，郑玄曰：'灡犹释也。'《说文》'灡，潘也'，今以此为波澜之澜字。"《名义》："灡，力见反，潘，释。"

灡、连异文。《礼记·玉藻》："连用汤。"注："连犹释也。"音义："连，力旦反。"《原本玉篇残卷》"连"引作"灡"。

灡字没有读其他声母的证据。与连异文，则声母应当相同。

5. 烂、爤

《说文》："爤，孰也。从火兰声。燗，或从閒。"郎旰切。《系传》娄粲反。

韵书、字书都读来母。《广韵》翰韵郎旰切，"烂，火熟。又明也"。《集韵》换韵郎旰切，"爤，《说文》孰也。或从阑从间从柬"。《名义》："爤，力旦反，熟。烂，同上。"

文献中注家亦注来母母音，表示以下几个词：

（1）烂坏

《易·杂卦》："剥，烂也。"注："物熟则剥落也。"《释文》："剥烂，老旦反。"

《礼记·杂记》"内子以鞠衣、褒衣、素沙。下大夫以襢衣，其余如士。"郑注："此复所用衣也，当在'夫人狄税素沙'下，烂脱失处在此上耳。"《释文》："烂，力旦反。"

---

① S2071 寒韵收：兰澜阑谰鬫籣栏。《王三》寒韵收：兰澜阑谰鬫籣嘫躝。P2011 翰韵收：烂澜殨，《王三》、蒋藏本《唐韵》同。都未收灡字。

② 卢文弨校：《说文》作灡。

《礼记·丧大记》“有枕，含一床，袭一床，迁尸于堂又一床，皆有枕席。君、大夫、士一也。”郑注：“此事皆沐浴之后，宜承‘濡濯弃于坎’下。札烂脱在此耳。”《释文》：“烂，力旦反。”

（2）灿烂

《诗·郑风·女曰鸡鸣》：“明星有烂。”《释文》：“有烂，力旦反。”

烂与练声训。

《释名·释采帛》：“练，烂也。煮使委烂也。”

古文字材料中，烂字各义又用阑表示。

《马王堆汉墓帛书》四《五十二病方》之颓：“取枲垢，以艾里，以久颓者中颠，令阑而已。”又有“□阑者方”：“阑者，爵蘖米”，阑读为烂，烧伤。

烂、爤字没有读其他声母的证据，上古亦读来母。

6. 籣

《说文》竹部：“籣，所以盛弩，矢人所负也。从竹阑声。”洛干切。《系传》勒餐反。

韵书、字书注来母音。《广韵》寒韵落干切，“籣，盛弩，矢人所负也”。《集韵》寒韵郎干切，“籣，《说文》：‘所以盛弩矢，人所负也。’或从革”。《名义》：“籣，力单反，盛弓矢，人所负也，韊也。籣同韊。”

文献中注家注来母音。《史记·魏公子列传》：“赵王及平原君自迎公子于界，平原君负韊矢”《索隐》：“韊音兰。谓以盛矢，如今之胡簏而短也。”

籣只读来母音，没有读其他声母的证据。

四　从柬声字看谐声系列的层级性

文字与语言属于不同范畴，形声字声旁的读音和该形声字所记录词的读音不一定完全密合。我们应该探讨文字谐声自身的规律。孙玉文先生指出，谐声系列具有层级性。柬谏上古读见母，这二字有直接的谐声关系。湅鍊炼练楝同源，上古都读来母，则应当是从一个读来母的字分化出来的，并非这五字都从读见母的柬字谐出。见母和来母的谐声关系，顶多算为一次，完全可以当成例外，据此构拟复辅音，证据不足。从柬得声的来母字阑是一等韵，以它为声旁的兰谰籣澜爤灡，亦是一等韵，与来母四等字湅鍊炼练楝不在同一个谐声层级。由此可见，在同一层级内部，各形声字读音不仅声母相同或相近，而且在等、呼方面都有一致的趋势[①]，这远比高本汉提出的谐声原则更为严格。换句话说，高本汉的谐声原则，只能在同一层级内部适用，而不同层级之间，有时，声母不属于同一个发音部位，不能用高本汉的谐声原则机械类推。

五　柬声字读见母又读来母原因试探

柬谏上古读见母，炼鍊湅练楝上古读来母，或许有音变构词的因素。从构词角度来寻找特殊谐声的成因，俞敏先生曾经提到过。在《汉藏虚字比较研究》一文中，指出“来麦、命令、卯刘”之间分别有滋生关系，分化的方式是加添前字 m-。谐声系统里有些来明通谐的现象，比如“里”声有“理”又有“埋”，造字的人拿这个字形代表 lɪəg，也代表加上添前字的 mlɪəg，所以能来明两谐，并不是通常所说的“复辅音”[②]。张忠堂、郑妞博士论文当中都从这个角度做过研究[③]。《说文》：“柬，分别簡之也。从束从八，八，分别也。”水部：“湅，𤁋也。从水柬声。”段注：“湅之以去其瑕，如𤁋米之去康柒，其用一也。”攴部“𢿄”字段注：“从攴者，取段意。湅者，簡也，从湅，取簡择之意。湅亦声。”柬有分别之义，湅是分别精疏，以去其瑕，则二字在词义上有密切的联系。从字形角度来判断，“分别”之柬记录的原始词，“去其瑕”之湅记录的是滋生词。在派生新词时，声母发生了变化，从见母变为来母，是变声构词。形声字有一部分是在表意字基础上加形符分化而来，在“湅”未产生以前，这两个词或许都由柬字记录，则柬字有见母和来母两读。这就是柬声字在谐声和异文上出现来母和见母交替的原因，显然，与复辅音无关。

（原载《国学学刊》2014 年第 1 期，收入本论文集时有修改）

① 孙玉文：《谐声层级和上古音》，《汉藏语学报》第 5 期，商务印书馆 2011 年版。

② 俞敏：《汉藏虚字比较研究》，《俞敏语言学论文集》，商务印书馆 1999 年版，第 123—126 页。

③ 张忠堂：《汉语变声构词研究》，北京大学博士学位论文，2010 年；郑妞：《上古牙喉音特殊谐声关系研究》，北京大学博士学位论文，2012 年。

从敦煌吐蕃藏汉对音文献看藏语浊音清化

李建强

引　言

一般认为，藏文创制的时期，藏文字母ག、ཇ、ད、བ、ཛ表示古藏语浊的塞音或塞擦音。在现代藏语三大方言区中，这些浊音都发生了清化。康方言中，上述浊音基字不带上加字或前加字时，读成低调的同部位的清音；带有上加字或前加字时（འ、མ除外），读成单一的浊音，一般读高调①。安多方言中，上述浊音基字不带上加字或前加字时，亦读成同部位的清音；带有上加字或前加字时，与前置辅音相配合，组成复辅音声母，读浊音；安多方言没有声调的区别②。卫藏方言中，上述浊音字母，带有上加字或前加字时，读不送气清音；不带上加字或前加字时，在后藏地区，一律读为送气清音，在前藏地区，有的地方读送气，有的地方读不送气；卫藏方言声调系统发达。

藏语浊音清化的过程是利用历史比较法拟测出来的。瞿霭堂先生提出这个过程大致分为两个阶段③：

1. 单独的浊塞音、塞擦音变成同部位的不送气清音，浊擦音变成清

---

① 格桑居冕、格桑央京：《藏语方言概论》，民族出版社 2002 年版，第 73 页。

② 华侃：《安多藏语声母中的清浊音——兼谈它与古藏语中的强弱音字母的关系》，《西北民族大学学报》1980 年第 1 期。

③ 瞿霭堂：《谈谈声母清浊对声调的影响》，《民族语文》1979 年第 2 期；《藏文的声调及其发展》，《语言研究》1981 年创刊号。

擦音，后来读低调。此时，带前置辅音的浊塞音、塞擦音和擦音还保持浊音音色。

2. 带前置辅音的浊塞音、塞擦音和擦音也变成清音，后来读高调。

文献考证法能对浊音清化的具体时代提供线索。黄布凡先生确定在12—13世纪，卫藏方言中，浊音清化的第一个阶段已经完成了。她分析《正字拼读宝海》等藏文正字法的文献，发现带有不同前置辅音的浊塞音声母读音相同，但是，和单独作声母的浊塞音读音不同，比方说，bsd = sd = bd = gd ≠ d，因此推断，古单浊塞音声母那时已经读成不送气的清塞音，古带前置辅音的浊塞音声母读成单浊音或浊复辅音。前置辅音 N（འ表示鼻音，故转写为 N）和 m 已经读音相同，可能经过清化鼻音阶段［n̥］和［m̥］合并成一个音，最后再脱落，她指出，脱落最迟不会晚于15世纪[1]。

敦煌吐蕃藏文文献是目前所见最早的书面藏语文献之一，在这些文献中，藏语是否已经发生了浊音清化，译经者所持藏语何种方言，这些问题目前还没有很好的回答。本文打算就此作一探讨。

本文利用的敦煌吐蕃文献指藏汉对音材料 P. t. 1046/P. ch. 3419《千字文》、India Office C93（ch. 80，Ⅺ）《大乘中宗见解》、P. t. 1262/P. t. 1239《妙法莲华经》、India Office C129（Vol，72b + Vol. 73）《金刚经》、India Office C130（ch. 77，Ⅱ，3）《阿弥陀经》、P. t. 1258《天地八阳神咒经》、P. t. 1228《南天竺国菩提达磨禅师观门》、P. t. 1253《道安法师念佛赞》、P. t. 448《般若波罗蜜多心经》、P. t. 1230《寒食篇》、P. t. 1238《三皇五帝姓》、P. t. 1256《九九表》、P. t. 986《尚书》、S. t. 756/P. t. 1057/I. O. 56，57/P. t. 127/P. t. 1044“敦煌本吐蕃医学文献精要”、P. t. 1291《春秋后语》及《唐蕃会盟碑》。材料来源是周季文、谢后芳先生编著《敦煌吐蕃汉藏对音字汇》。在这部书中，还收录 S. 2736/S. 1000 藏汉对照词表，这类文献先写出藏语义，再用藏文字母记录相应的汉语词语的音，不过由于没写出对应的汉字，到底是记录哪个汉语词，学者们存在争议，本文暂不使用。

根据周季文、谢后芳的研究，上述各种材料，年代最确定的只有

① 黄布凡：《12—13世纪藏语（卫藏）声母探讨》，《民族语文》1983年第3期。

《唐蕃会盟碑》，立于唐穆宗长庆三年，公元 823 年①。《阿弥陀经》卷末有藏文题记，是河西节度押衙康某于虎年写的发愿文，可证明写于 9 世纪后半期归义军时期。《金刚经》背面有唐乾宁三年（896 年）的文书，可证明此卷写于公元 896 年以后。《九九表》背面有于阗使臣刘再昇文书，证明此卷写于公元 940 年前后。其他的卷子，本身找不到时代信息，只能笼统推断为公元 8 世纪后半期到 10 世纪的文献。

一 前贤的研究

先贤类似的研究主要关注藏语单独的浊辅音字母对应汉语清声母的现象。罗常培先生从声调上找规律，发现这些对藏语浊音的汉语清辅音字绝大多数是上声和去声，即都是仄声调，藏语以浊音开头的音节可能是个低调，因为二者调值类似，藏人误认为声母相同②。高田时雄认为，既然承认藏语已经有声调的高低了，说明当时藏语浊音已经清化了，如果这种对音现象出现的量比较大，说明这份文献所反映的藏语浊音已经清化。他大致分了个界限，《金刚经》和《阿弥陀经》所反映的藏语浊音还没清化，其他的文献反映的藏语，浊音已经清化了。他指出："罗常培氏的假设或许是正确的。但是仅仅用汉语方言（这里指河西方言音）和藏语语音在声调调值上的类似来加以说明是不充分的。我们认为必须要看到其中的藏语的语音变化，即浊音声母清化正在进行以及作为补偿而导致的表现在声调上的对立。如果那样考虑，上述资料的差异反映的就是资料的时代差别。这样，在《金刚经》和《阿弥陀经》写定的时代，藏语的浊音声母还没有发生明显的清化，因此汉语的清音声母只对藏文的清音字母。而在其他的材料所反映的语言中，藏语的浊音声母已经发生了相当程度的清化，声调的区别也随之明确起来。因此，就不时能看到汉语的上、去声字用同样为低声调的藏语浊音字母来对的现象了。也就是说，《金刚经》和《阿弥陀经》与其他材料相比要更为古老。"③

① 周季文、谢后芳编著：《敦煌吐蕃汉藏对音字汇》，中央民族大学出版社 2006 年版。

② 罗常培：《唐五代西北方音》，科学出版社 1961 年版。

③ ［日］高田時雄：《敦煌資料による中國語史の研究——九・十世紀河西の方言》，創文社 1988 年版，第 59 頁。本段译文是请暨南大学外国语学院李香老师翻译的，匿名审稿专家作了修改。

前贤的研究，存在两点不足。

第一，都把汉语的全浊声母看成不变的音，保持浊音音值。问题在于，汉语的全浊声母当时可能正在发生清化，需要首先确定汉语全浊声母的音值才方便谈论藏语的浊音清化。咱们比较几份9、10世纪前后反映西北音的文献就能发现这一问题，材料来源是刘广和先生《唐代八世纪长安音声纽》、罗常培先生《唐五代西北方音》、龚煌城先生《十二世纪末汉语的西北方音（声母部分）》，另外，周祖谟先生《宋代汴洛语音考》虽然不是研究西北音，但是描写了浊音清化的另一种方式：平送仄不送，所以也列在下边。请看表1：

表1

8世纪长安音	后唐天成四年	12世纪末西北音	11世纪汴洛音
不空译音	《开蒙要训》注音	番汉合时掌中珠	声音唱和图
並 bh	並 p	並 ph	並：平声 ph，仄声 p
定 dh	定 t	定 th	定：平声 th，仄声 t
群 gh	群 k	群 kh	群：平声 kh，仄声 k

从时代上看，处于藏汉对音材料之前的不空译音，全浊声母还读送气浊音；后唐明宗天成四年（929年）注音本《开蒙要训》所反映的敦煌音浊音已经清化了，不论平仄，都归全清；西夏时期《番汉合时掌中珠》对音全浊声母不论平仄都归次清，说明清化后变为送气清音。北宋的汴洛音，全浊声母平声变送气清音，仄声变不送气清音。因此，敦煌吐蕃藏文文献所转写的汉语音全浊声母可能出现四种状态：

a. 保持送气浊音；
b. 清化，全部变为不送气；
c. 清化，全部变为送气；
d. 清化，平声变送气，仄声变不送气。

利用对音材料研究藏语语音时，要充分考虑汉语语音各种可能面貌。出发点不同，结论可能截然相反。光看藏语单独浊音字母的对音不能得出确定的结论。罗先生和高田先生的研究不足之处就在于，无法保证结论的唯一性。

汉语的全浊声母和藏语单浊音声母在晚唐五代时期都是不确定的音，研究这一时期的汉语语音，藏汉对音是重要证据，如果研究藏语的浊音清化反过来依靠汉语全浊声母的研究成果，那么就会陷入一个死循环，永远得不出确定的结论。只有跳出这个循环，扩大考察的对象，找到一个相对确定的汉语音作参照，才能得出确定的结论。藏语浊音清化问题有了确定的认识，也有利于汉语浊音清化问题的研究。

第二，从声调的角度来解释藏语浊音字母对应汉语清音的现象，暗示着当时敦煌地区的藏语已经产生声调。根据瞿霭堂先生的研究，从公元7世纪中叶起，吐蕃对外奉行扩张政策，西藏西部的阿里地区，曾是吐蕃王朝的一大兵源，向北折东进军甘青川地区，大多使用阿里的兵，并屯兵戍边。藏兵东进，把语言也带到了这些征服的地区，这一线的藏语都属安多方言。当时敦煌地区所通行的藏语亦应是今安多藏语的前身①。藏语安多方言现代尚未产生声调的区别，如何在一千多年前的公元8—10世纪已有声调的分化？

二 统计数据

根据瞿霭堂先生的观点，藏语的前置辅音和浊音清化有密切的关系，因此，要研究藏语的浊音清化，不仅要考察藏语单浊音声母的对音，也要考察带前置辅音音节的对音。只有全面研究材料，才能找到解决问题的突破口。转写汉字的对音材料中，藏文音节所带的前置音绝大多数是འ（本文转写为N），因此本文主要从两大方面考察：藏语单浊音声母音节的对音和带前置音N的音节的对音。依据对音事实，可详细分为以下几类：

（一）藏语单浊音声母音节的对音

1. 对汉语的全浊声母字，包括汉语浊塞音、塞擦音声母字。

① 瞿霭堂：《藏文的语言文字学基础》，《中国语言学》第3辑，北京大学出版社2009年版。

2. 对汉语的浊擦音声母字。在晚唐五代时期，汉语西北音的浊擦音已经清化[1]，和浊的塞音、塞擦音不同，所以分开统计。

3. 对汉语的清声母字，全清（不送气清音）和次清（送气清音）分开统计。

4. 对汉语的次浊（鼻音、边音、流音）声母字。

（二）藏语带前置音 N 的音节的对音

1. 对汉语的次浊声母字。藏语带前置音 N 的音节出现以下三种情况：

（1）前置音 N 后面是浊塞音、塞擦音；

（2）前置音 N 后面是鼻音和边音；

（3）前置音 N 后面是清音。

2. 对汉语的全浊声母字，包括汉语浊塞音、塞擦音。藏语带前置音 N 的音节出现以下两种情况：

（1）前置音 N 后面是浊塞音、塞擦音；

（2）前置音 N 后面是清音。

3. 对汉语的浊擦音声母字。

4. 对汉语的全清声母字。藏语带前置音 N 的音节出现以下两种情况：

（1）前置音 N 后面是清音；

（2）前置音 N 后面是浊音。

根据以上分类，列表统计各种情况出现的次数。为了排版方便，表格放在附录中。

表里每一个单元格中，上下列出两个数字。下行的数字表示该类现象出现的总次数。同一个汉字可能不止一次出现，把重复出现的去除掉再统计，就得出了上行的数字。比如说，《唐蕃会盟碑》当中，汉语全浊字对藏语的浊音，一共有 6 个字：杜大部仆蕃朝。其中杜出现 1 次，大出现 19 次，部出现 5 次，仆出现 1 次，蕃出现 2 次，朝出现 4 次，一共出现 32 次，所以该单元格上行写 6，下行写 32。其余类推。

先看藏语单浊音声母的对音。对应汉语全浊声母字 251 个，出现

---

① 禅母、床母字大部分和审母同对藏文的 ç，邪母和心母同对藏文的 s，晓母和匣母同对藏文 h。见罗常培《唐五代西北方音》，第 21—25 页。

689 次，对应汉语全清声母字 157 个，出现 438 次。高田先生依据各份文献藏语浊音对应汉语全清声母字的比例来判断藏语浊音是否清化，比例高的就说明已经发生了清化。这个标准要成立，就需要一个必备的前提：汉语的全浊声母保持浊音。而晚唐五代，汉语的全浊声母可能也在变化之中，如果全浊声母已经清化，与之对应的藏文浊音声母也应该变清音，这种统计的说服力就相对减弱。所以要判断藏语浊音清化，光看藏语浊音的对音不能得出确定的结论，还要同时看藏语带前置音 N 音节的对音。

藏语带前置音 N 音节的对音，出现频率最高的是以下三类：1. 藏语浊音带前置音 N 对应汉语的次浊声母，共 211 字，出现 686 次；2. 藏语浊音带前置音 N 对应汉语的全浊声母，共 46 字，出现 224 次；3. 藏语清音带前置音 N 对应汉语的全清声母，共 44 字，104 次。而且还有一个明显的特点，一篇文献中，如果上述第二类对音现象出现次数多，第三类对音现象出现次数也多，二者似乎成正比。比如《唐蕃会盟碑》《千字文》中第二类对音一次也没出现，第三类对音现象也没出现；《金刚经》第二类对音现象出现了 2 个字，共 3 次，第三类对音现象出现 2 个字，共 2 次；到了《天地八阳神咒经》，第二类对音现象多了起来，出现了 20 字，109 次，第三类对音现象也相应多了起来，出现 12 个字，18 次。

从藏语带前置音 N 的音节对音情况来看，这 16 份藏汉对音文献可分为两类，一类是藏语带前置音 N 的音节只对应汉语的次浊声母字，这类文献有《唐蕃会盟碑》《千字文》《妙法莲华经》《寒食篇》《三皇五帝姓》《尚书》《春秋后语》《九九表》8 份；另一类是藏语带前置音 N 的音节既对应汉语的次浊声母，也对应汉语全浊声母和清声母，这类文献有《阿弥陀经》《天地八阳神咒经》《南天竺国菩提达磨禅师观门》《大乘中宗见解》《金刚经》《道安法师念佛赞》《心经》《医学文献》8 份文献。在第二类文献中，对音情况出现以下特点：藏文单浊音声母音节既对汉语的全浊声母字，也对全清声母字，藏文带前置音 N 的音节既对汉语的次浊声母字，也对全浊声母字。这为藏语浊音清化问题的证明提供了线索。

三　统计数据的初步分析

（一）藏文带有前置音 N 的音节既对汉语的次浊声母字，也对全浊声母字的分析

为了条理清晰，我们把问题分解开讨论。

在讨论这个问题之前，首先需要明确汉语次浊声母的读音和对音原理。和全浊声母不同的是，次浊声母是个相对稳定的音，这就为判断藏语的语音面貌提供了一个参照。唐宋时期的西北音，尽管一部分次浊声母字有变成零声母的趋势，但是大多数还保留着既带鼻音成分又带塞音成分的特点，从 8 世纪的不空对音，到 12 世纪末的西夏对音都具有这个特点。

不空对音，明母读^{m}b，泥母读^{n}d，疑母读^{ŋ}g，北宋的天息灾、施护对音也是这个结果，西夏对音明母具有^{m}b 和 m 音位变体、泥母具有^{n}d 和 n 音位变体，疑母具有^{ŋ}g 和ŋ音位变体①。

敦煌吐蕃藏汉对音材料，从时代上看，处在唐代不空对音和北宋、西夏对音之间，而且汉语次浊声母大量还是对应藏语带前置 N 音的音节，这说明，次浊声母从主体上看还保持着本来的念法。反映汉语次浊声母向零声母演变的材料只有少数几处，比如《南天竺国菩提达磨禅师观门》中，微母字“无”对 ɦwu，“闻”对 ɦwun②。微母字不再念^{m}b，而向零声母转化，或许经历了开头辅音还保留了较强摩擦成分的中间阶段，故而用 ɦw 来转写，是音近替代。其他次浊声母很少发生这个现象。因此，藏汉

---

①　参见刘广和《唐代八世纪长安音声纽》，《语文研究》1984 年第 3 期；刘广和《音韵比较研究》，中国广播电视出版社 2002 年版，第 6—48 页；张福平《天息灾异著的梵汉对音研究与宋初语音系统》，载谢纪峰、刘广和主编《薪火编》，山西高校联合出版社 1996 年版；储泰松《施护译音研究》，载《薪火编》；龚煌城《十二世纪末汉语的西北方音（声母部分）》，《“中研院”历史语言研究所集刊》，第五十二本第一分，1981 年。

②　基字འ、下加字བ组成合体字母，在藏汉对音文献中，这个字母绝大多数用来对应汉语于母合口字，罗常培先生转写为 ' w，王尧、李方桂先生转写为 vw，符合对音规律。如果把基字འ拟音为 ɦ，则该合体字母可转写为 ɦw。高田时雄先生认为是ཝ，转写为 w，与对音规律不符。瞿霭堂先生认为藏语的通音 wa 出现的很晚，来源于 lpa。故敦煌时期的藏语文献，不应当出现字母 wa。罗常培：《唐五代西北方音》；王尧：《吐番金石录》，文物出版社 1982 年版；Fang Kui Li and W. South Coblin, *A Study of the Old Tibetan Inscriptions*, Nankang, Taipei, Taiwan, ROC, 1987。

对音材料中，次浊声母仍然是音值较为确定的音。这就为解决问题带来极大方便。

藏文འག、འད、འབ所代表的音亦是相对稳定的音。在安多方言和康方言中，单独的ག、ད、བ都已经清化，但是带上前加字འ之后都保留浊音。而前加字འ比起其他的前加字或上加字也相对稳定，康方言中，基字ག、ད、བ之前的前置辅音 s-、r-、b-、g-等全都脱落了，而前加字མ和འ还保留着鼻音。由此推断，敦煌文献中的藏文འག、འད、འབ亦读带有同部位鼻音的浊塞音。

汉语次浊声母的藏汉对音原理如下：次浊声母是带有同部位鼻音成分的浊塞音，而藏文前置音 N 最初表示鼻音成分，发音部位和后面的辅音的发音部位一致，所以拿藏文带有前置音 N 的音节转写最合适。有时退而求其次，分别用藏文的鼻音和浊塞音来转写，这是音近替代。就像用婆罗迷（brahmi）字转写汉语的次浊声母字，婆罗迷字当中没有类似藏文前置音 N 功能的字母，就只能分别用鼻音和浊塞音来转写①。

表中第二类的 8 份文献，汉语的次浊声母字用藏语带前置音 N 的浊塞音音节转写，可以用上面说的原理来解释。

汉语全浊声母字也用藏语带前置音 N 的浊塞音音节转写，与次浊声母字有相同的对音形式，这能证明汉语的全浊声母还是浊音。因为藏语前加字འ之后的ག、ད、བ保持浊音，而汉语次浊声母也包含着浊塞音成分，如果汉语全浊声母已经清化，则与汉语次浊声母及藏文འག、འད、འབ没有相同的音素，一般情况下不会产生这样的对音事实；只有汉语全浊声母还保持浊音，这三者之间才有共同的音素：浊塞音，所以会产生汉语全浊声母和次浊声母都对藏文འག、འད、འབ的现象。由此可确定汉语全浊声母依然读浊音，为藏文单浊音声母音节的对音分析打下基础。

（二）汉语全浊声母字的对音分析

在上述文献中，汉语全浊声母字既用藏文单浊音声母音节对，也用

① Ronald E. Emenerick and Edwin G. Pulleyblank, *A Chinese Text in Central Asian Brahmi Scip—New Evidence for the Pronunciation of Late Middle Chinese and Khotanese*, Roma, Istituto Italiano Peril Medioed Estremo Oriente, 1993.

带前置音 N 的音节对，藏文带前置音 N 的音节转写的汉字个数与单浊音声母音节转写的汉字个数的比值反映了藏语的浊音清化程度。按照比值的高低，依次排列各份文献：《南天竺国菩提达磨禅师观门》（0.5）、《阿弥陀经》（0.39）、《天地八阳神咒经》（0.32）、《道安法师念佛赞》（0.1）、《金刚经》（0.08）、《心经》（0.08）、《医学文献》出现字数太少，每一类只有 2—3 个，不统计了。汉语全浊声母字主体上还是用藏文单浊音声母音节对，这说明，藏文单浊音声母从听感上，接近汉语的浊音；但是已经开始发生清化现象，再用它表示汉语的浊音已经不太准确，必须加上前加字འ才能够表示汉语的浊音字，所以才出现用带前置音 N 的音节对汉语全浊声母字的现象。黄布凡先生记录的藏语巴尔蒂话，藏文无前置辅音的浊音字母一部分读浊音，一部分读清音[1]，瞿霭堂先生整理普里克话，从所附词表来看，也能表现出相同的规律[2]。巴尔蒂话和普里克话都属藏语西部方言，比较接近古代藏语，或许反映了古藏语浊音清化的现象。

（三）藏文单浊音声母音节对汉语全浊声母字和全清声母字的分析

上述文献当中，藏文单浊音声母音节既对汉语的全浊声母字，也对汉语的全清声母字，全清声母字的个数与全浊声母字的个数的比值能够反映藏语的浊音清化程度。按照比值的高低，依次排列各份文献：《心经》（1.5）、《南天竺国菩提达磨禅师观门》（1.3）、《道安法师念佛赞》（1.2）、《天地八阳神咒经》（0.3）、《阿弥陀经》（0.13），另外，《金刚经》和《医学文献》当中没有藏文单浊音声母音节对汉语全清声母字的情况。藏文单浊音声母处于类似吴语的“清音浊流”阶段，塞音、塞擦音的实际音值并不带音，故能够对应汉语全清声母，而整个音节附有带音的气流，故又能够对汉语的全浊声母。晚唐五代敦煌地区通行的藏语应该是安多藏语的前身，在现代安多方言中，藏文浊音单字母读成不送气清音，所以敦煌文献中，藏语单浊音声母能够对汉语全清声母而不是次清声母。

---

[1] 黄布凡：《从巴尔蒂话看古藏语语音》，《中央民族大学学报》1994 年第 4 期，又见《藏语・藏缅语研究论集》，中国藏学出版社 2007 年版，第 38—57 页。

[2] 瞿霭堂：《普里克藏语介绍》，《民族语文》2010 年第 1 期。

综合上述两节中的统计数据，《南天竺国菩提达磨禅师观门》《道安法师念佛赞》在两类统计中都比较靠前，这说明，这些文献藏语浊音清化比较典型。

（四）藏文带前置音 N 的音节还对应汉语清声母字现象的解释

先列表考察涉及汉语哪些声母，见表 2。

表 2

声母	帮	非	心	敷	滂	章	昌	书	庄	初	生	精	清	端	见	溪	晓	影
字数	6	12	7	3	4	2	1	2	1	1	2	1	2	1	1	2	2	1
次数	70	62	34	7	4	2	1	2	1	2	4	1	3	6	1	3	3	5

表中“次数”指该类对音现象出现的总次数。同一个汉字可能不止一次出现，把重复出现的去除掉再统计，就得出了“字数”。

从次数看，出现最多的是对帮母、非母和心母字；其余的都不足 10 次，可算作例外。

帮母字虽然出现的次数多，但是“不”对 Nbu 就出现了 65 次，所以从字数上看，并不占优势。

综合来看，非母和心母的对音具有突出的优势。

非母字对音如下：发 Nphad、Nphwad、Nphar、Nhad；法 Nphwab、Npwab、Nbwad、Nbub；方 Npwo、Nbwa ŋ；非 Nphji、Npji；诽 Nphji；分 Npun；夫 Nphu、Nbu；福 Nphug、Nbu、Nbug、Nbog；父 Nphu；富 Nphu；返 Nban；弗 Nbur。

非母字对 ph 的最多，其次是对 p 和 b，也有一些对过 h。非常明显，非母字开始变轻唇音了。从重唇音帮母分化之后，非母如何拟音呢？目前主要有两种看法，王力先生《汉语语音史》[①] 晚唐五代音系非敷都拟作［f］，罗常培先生《唐五代西北方音》拟作［pf‘］。从藏

① 王力：《汉语语音史》，商务印书馆 1985、2008 年版。

文对音来看，合口介音显然存在，比如发 Nphwad、Nphwad；法 Nphwab、Npwab、Nbwad；方 Nbwa ŋ、Npwo。而八思巴字《蒙古字韵》中，阳韵“房防坊防”、覃韵“凡帆范犯梵泛”、寒韵“蹯繁樊烦返畈”、“翻蕃反”的八思巴字注音都没有表示合口介音的符号，这些音节的声母一般拟为［f］。轻唇音从重唇音中分化出来，经历从［pf‘］到［f］的过程，敦煌藏汉对音材料所反映的应该是比［f］早的语音形式，最可能的就是［pf‘］。从这个角度讲，罗先生的构拟，更能解释藏汉对音的材料。

假定非母念唇齿塞音［pf‘］，藏文与之最接近的音就是 ph 了。但 ph 是双唇塞音，二者发音部位有差别，所以加上前加字 N 表示这两个音有别。

敷母对音如下：妨 Nphu ŋ、Nhwa ŋ；覆 Nphu。从藏汉对音上看，非敷应当合并，都念唇齿塞音［pf‘］。藏文前加字 N 依然表示汉语敷母读音和藏语的 ph 虽然接近，但是有区别。

按照藏文的拼写规律，前置音 N 不应当出现在辅音 s 前。可是在《南天竺国菩提达磨禅师观门》中，译者宁愿违背拼写规律，放着简单的 s 不用，也要把心母字转成藏语带前置音 N 的音节，而且出现 34 次之多，这里面一定有原因。汉语心母字在中古念［s］应该没什么问题，所以藏语转写心母的前置辅音 N 不可能念鼻音，只表示汉语的心母字和藏语的辅音 s 念法实际上不一样。因为古藏语的浊擦音［z］清化后，清擦音［s］表示与之有别而带有很强的送气成分，汉语擦音 s 送气成分不太强，对音时只好加个前加字以表示区别。现代安多方言辅音［s］念送气很强的［s‘］，这种解释有现实的语言基础。

四　藏语单浊音声母清化大致时间探讨

前面说过，除了《阿弥陀经》《金刚经》《唐蕃会盟碑》之外，其他的对音文献从卷子本身很难找到明确的时代的线索了。不过，从整体上看，这些卷子应该写于 8 世纪后半到 10 世纪之间。由此看来，至晚在公元 10 世纪，藏语的方言中，单浊音声母已经开始清化了。

附录 藏语单浊音和带前置辅音N的音节的对音表

藏语	单浊音					带前置音N的音节（以公式N+C表示，C是前置音N后的辅音）							
						C＝浊塞	C＝鼻音	C＝清音	C＝浊音		C＝清音	C＝清音	C＝浊音
汉语	全浊	浊擦	清音		次浊	次浊			全浊	浊擦	浊擦音	全清	
			全清	次清									
会盟碑	6	4	3		1	10							
	32	20	6		1	23							
千字文	51		24			33							
	51		24			33							
莲华经	6	3	5		1	5							
	14	3	8		3	8							
寒食篇	8		1			2							
	9		1			2							
三皇五帝	1					2							
	1					2							
尚书	2		5		2	3							
	44		9		4	13							
春秋后语	3		1			1							
	28		1			32							
九九表		1	2			1							
		1	35			17							
阿弥陀经	23	1	3		1	22	1		9		1	6	2
	59	1	6		1	74	4		88		2	16	23

续表

藏语	单浊音				带前置音 N 的音节（以公式 N + C 表示，C 是前置音 N 后的辅音）							
					C = 浊塞	C = 鼻音	C = 清音	C = 浊音		C = 清音	C = 清音	C = 浊音
汉语	全浊	浊擦	清音 全清	清音 次清	次浊	次浊	次浊	全浊	浊擦	浊擦音	全清	全清
天地	62	1	18	1	3	53		1	20		2	12	6
八阳	181	1	47	2	3	177		1	109		4	18	11
南天	18	3	24			11	5		9	2	13	22	6
竺国	57	3	58			17	36		15	8	22	66	6
金刚经	26			1		21	3		2		1	2	
	125			1		69	13		3		1	2	
道安	20	9	24			14			2	1		1	
法师	24	10	26			20			2	1		1	
心经	12	6	18			7			1				
	16	14	34			16			4				
医学	2								3				
文献	2								3				
大乘	11	1	29	1	7	26	2					1	3
中宗	55	1	182	1	97	183	2					1	69
总计	251	29	157	3	15	211	11	1	46	3	17	44	17
	689	54	438	4	109	686	55	1	224	9	29	104	109

（原载《语言学论丛》第 48 辑，商务印书馆 2013 年版）

P. T. 396 的版本来源及其反映的汉语语音现象

李建强

P. T. 396 是一份非常独特的藏文卷子。从内容上看，应该是“佛顶尊胜陀罗尼”，但是记录的词语绝大多数和梵文词都有差别。其中有一部分从梵文词出发，参照一般的藏文转写习惯可以解释，比如 P. T. 396 bagavadte，对应的梵词是 bhagavate，藏文本用 ba 转写送气浊音 bha 是音近替代；至于 va 的后加字 d，可解释成增生出与 t 同部位的浊音。

另一部分异文现象，从梵文和藏文两方面都找不出原因，却和唐代汉语西北音极为相似，应当能够确定是从汉文本转写的，大致的脉络是：拿唐代西北音从梵本译成汉文，藏文再照着体现西北音特色的汉文本拼写。下面咱们按照藏文本和梵本的差异，分类逐句分析。为了方便大家核对，先列 P. T. 396 藏文本图版，再转写出来。汉文本选择体现西北音特点的本子，包括不空译本①、敦煌文献北 7337、S. 5249、S. 2498、北 7371②等，有的句子参考了义净③、佛陀波利④等人的译本。关于西北方音的知识，参考了罗常培先生《唐五代西北方音》、刘广和先生《不空译咒梵汉对音研究》等著作。

---

① 不空译：《佛顶尊胜陀罗尼念诵仪轨法》，《大正藏》第 19 册，大正一切经刊行会，1924—1934 年，第 364—367 页，第 972 号经。

② “北”指北京国家图书馆藏，S 指斯坦因藏。

③ 义净译：《佛说佛顶尊胜陀罗尼经》，《大正藏》第 19 册，第 361—363 页，第 971 号经。

④ 佛陀波利译：《佛顶尊胜陀罗尼经》，《大正藏》第 19 册，第 349—351 页，第 967 号经。

一　带前加字འ的音节的对音

通常的看法，藏文前加字འ表示鼻冠音①，比方说，འད表示 nda 这样的音。P. T. 396 中就出现不少在浊辅音前加འ的音节。按照常理，藏文咒语记录的都是梵文词，但是对应的梵文词中不存在这个鼻音，如果说是从梵本转写，怎么会凭空增加了འ？所以 P. T. 396 不可能是从梵本直接转写的，一定经过汉文本的中介。

根据罗常培先生的研究，藏汉对音材料《千字文》（P. t. 1046）、《大乘中宗见解》（India Office C93）、《阿弥陀经》（India Office C130）、《金刚经》（India office C129）等材料中，大量出现用 ɦba、ɦda、ɦga 这样的音节转写次浊声母明泥疑母字的现象，而藏文带 a-chung 的音节还有一些对汉语的全浊声母和全清声母字，比如《阿弥陀经》ɦbu 对並母字菩，《大乘中宗见解》ɦphad 对非母字发。这种现象在《天地八阳神咒经》（P. t. 1258）、《南天竺国菩提达磨禅师观门》（P. t. 1228）藏汉对音材料中更加普遍②。

在 P. T. 396 中，上述三种对音情况，都出现了。下面把相关语句列出来。

（一）藏文带前加字འ的音节对汉文次浊声母字

1 འབྱིཤུཤྟཡ ɦbyiśuśtaya，梵词 viśiṣṭ aya，北 7337 弥失瑟咤耶。藏文本的 ɦbyi 对明母字弥。

2 འབུའད་ཡ ɦbuɦdaya，梵词 buddhāya。不空本“没驮引野”，S. 5249 某驮耶。藏文本的 ɦbu 对明母阴声韵字“某”、ɦbuɦd 对明母入声韵字“没”。

3 འབུདྷ ɦbudha，梵词 buddhi，不空本“没地”，S. 5249 某他。藏文本的 ɦbu 对明母阴声韵字“某”，ɦbud 对明母入声字“没”。

4 འབུདྷ ɦbudha，梵词 buddhā，S. 5249 某驮，不空本“没驮引”。藏文

① 张琨、张谢贝蒂：“Tibetan Prenasalized initials”，《“中研院”历史语言研究所集刊》第四十八本第二分，1977 年。

② 周季文、谢后芳：《敦煌吐蕃汉藏对音字汇》，中央民族大学出版社 2006 年版，第 197—213、214—222 页。

本 ɦbu 对明母阴声韵字“某”，ɦbud 对明母入声韵字“没”。

5 baɦɦbaɦ，梵词 mama，不空本“麽麽”，藏文本 ɦbaɦ 转写明母字麽。

6 baɦbaɦɦdu，梵词 bhāvatu，不空本“婆嚩覩”，藏文本 ɦbaɦ 转写微母字嚩。

7 ɦvyïśude，ɦvyiśudde，ɦvïśudde，梵词 viśuddhe，不空译本“尾秫提”。藏文本 ɦvyï、ɦvyi、ɦvï 转写微母字尾。

8 ɦvyïśaya，ɦvyiśaya，ɦbhyïśaya，梵词 vijaya，不空本“尾惹野”。藏文本 ɦvyï、ɦbhyï 转写微母字“尾”。

9 ɦvyïsarpujra，梵词 visphuṭa，不空本“尾娑普二合吒”。藏文本 ɦvyï 转写微母字“尾”。

10 ɦgate ɦgāhana，梵词 gati gahāna，不空本“诫底诫贺曩”。藏文本 ɦga、ɦgā 转写疑母字诫。

11 ɦgate，梵词 gata，北 7337 诫哆。藏文本的 ɦgat 转写疑母字诫。

（二）藏文带前加字འ的音节对汉文全浊声母字

1 ɦbuɦdaya，梵词 buddhāya。不空本“没驮引野”，S. 5249 某驮耶。藏文本 ɦda 转写定母字驮。

2 ɦbhyiśudhayā，梵词 viśuddhaya，北 7337 毗戍驮耶。藏文本 ɦbhyi 转写並母字毗。

3 ɦbyïśrakye，梵词 abhiṣaikai。S. 2498 阿鼻世迦啰，藏文本 ɦbyï 转写並母字鼻。

4 ɦdïśtana byin ɦdiśiciti，ɦdïśtana byin diśiciɦdï，ɦdïśtana ɦbyin ɦdiśiciɦdi，梵词 adiṣṭanadiṣṭata。S. 2498 阿地瑟咤娜阿地瑟哆，藏文 ɦdï、ɦdi 转写定母字地。

5 ɦgayā，梵词 kaya，S. 2498 伽耶。藏文 ɦga 转写群母字伽。

罗常培先生认为，唐五代时期的西北方音，次浊声母既有鼻音成分又有同部位塞音成分①。这个结论能得到梵汉对音、西夏文对音等其他材料的支持，是站得住脚的。但是《阿弥陀经》《天地八阳神咒经》《南天竺国菩提达磨禅师观门》等文献的藏文转写本中，藏文的浊音字母前加 a-

---

① 罗常培：《唐五代西北方音》，科学出版社 1961 年版，第 30 页。

chung，还能转写汉语全浊声母字，数量仅次于转写次浊声母的情况，不能当成例外。合理的解释是当时的藏语已经开始发生浊音清化，单纯的浊音字母已经读得像清音，浊音字母前加了 a-chung 才能表示浊辅音，用来转写汉语的全浊和次浊声母字①。P. T. 396 的对音情况也能这么解释。

（三）藏文带前加字འ的音节对汉文全清声母字

1  ba ɦbaɦ ɦdu，梵词 bhāvatu，不空本“婆嚩覩”。藏文 ɦdu 转写端母字覩。

2  dïśïci ɦda，梵词adhiṣṭhite，不空本“地瑟耻二合哆”。藏文 ɦda 转写端母字哆。

3  diśicï ɦdi，梵词adhiṣṭite，不空本“地瑟耻二合帝”。藏文 ɦti 转写端母字帝。

上述三例只涉及端母字。藏文字母 da 和 ta 写法极近，敦煌卷子中，混写的极多②。因为前加了 a-chung，本文一律转成 ɦd-，或许此处书写者的意图是 ɦt-。好在这类现象不多，可当作例外。

二　梵本是塞音，P. T. 396 藏文本是鼻音

看 Edgerton 的《佛教混合梵语语法》③，有拿 b 之类音替换正梵文 m 的，相反的现象很少。P. T. 396 拿 m 对应梵文 b，恐怕不能从佛教混合梵语（*Buddhist Hybrid Sanskrit*）角度解释，而得从汉文本解释。唐代西北音，明母字既有鼻音成分，也有塞音成分，对梵本的 b 是体现塞音成分，藏人拿 m 来拼是描写其鼻音成分。

 muji muji，梵词 buddhi，S. 5249 某弟某弟。按西北音来念，

① 参看拙作《从敦煌吐蕃藏汉对音文献看藏语浊音清化》，《语言学论丛》第 48 辑，商务印书馆 2013 年版。

② 瞿霭堂先生《藏文的语言文字学基础》一文指出：“早期使用的这种记录藏语的文字系统是不规范、不准确和不科学的，具有一定的任意性，这在今天保留的古老文献和敦煌文献中还有一定的反映。这种情况还是出现在藏文基本定型和规范之后，初始的状态肯定会更加混乱。”见《中国语言学》第 3 期，北京大学出版社 2009 年版，第 51—70 页。

③ Franklin Edgerton, *Buddhist Hybrid Sanskrit Grammar and Dictionary*, New Haven: Yele University Press, 1953, p. 17.

“某”字声母既有鼻音成分，也有塞音成分，藏文本转成 mu 是突出其鼻音成分。下面的例子也是相同的思路，不详说了。

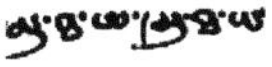 muthaya muthaya，梵词 bodhaya bodhaya，不空本“冒引驮也”，S. 2498 某驮耶。

三　梵本是 ja，P. T. 396 藏文本是śa

 ɦvyïśaya，梵词 vijaya。 śayaśaya ɦvyïśaya ɦbhyïśaya，梵词 jaya jaya vijaya vijaya。一般来讲，梵文的浊塞擦音 ja，藏文用 ja［ʥa］或 dza［dza］来转写，P. T. 396 变成了清擦音śa［ɕa］，是经过了汉文本的媒介，而且还反映出汉语的浊音清化。我们列举以下几个汉文本：义净本“毘逝也”，杜行顗译本①“毘上阇上夜”，佛陀波利译本“毗社耶”。逝阇社都是禅母。拿禅母字对梵文浊塞擦音 j，符合梵汉对音的规律。因为从后汉到不空的梵汉对音材料中，禅母字总是对 j②。禅母字清化，一部分字，尤其是仄声字，变成擦音，罗常培先生考察的藏汉对音材料中，禅母字绝大多数和审母合流，对ś类音③。所以 P. T. 396 中的śa 是记录“逝阇社”这类禅母字清化后的音。

四　藏文 ca 组音的特殊对音现象

藏文的 ca 组音一般转写梵文的相同的音，比如梵本 vajra，P. T. 396 也写作 vajra。但是在梵本是ṭ、ṇ 和 d、dh 音的地方，P. T. 396 中有一些对应的是 ca 组音。这仍然经过汉文本的媒介。

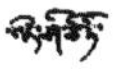 ɦdiśiciti， diśicïɦdi， dïśïciɦda，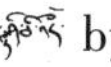 byin diśiciɦdï， ɦdiśiciɦdi，梵词都是一个，adhiṣṭita，北 7337 地瑟耻帝。梵文的ṭi，不送气，应当对汉文不送气的知组字，但是目前见到的汉文本都拿送气的彻母字“耻”来对，这里可能有版本传抄的差异，或者有语流音变的原因。

① （唐）杜行顗：《佛顶尊胜陀罗尼经》，《大正藏》第 19 册，第 353—355 页，第 968 号经。

② 刘广和：《音韵比较研究》，中国广播电视出版社 2002 年版，第 45 页。

③ 罗常培：《唐五代西北方音》，第 21 页。

梵文的卷舌塞音ṭi，藏文可以用反写的 ti 表示，或者有时就用 ti 音近替代。P. T. 396 写成 ci，是转写汉语某个知母字。晚唐五代时期，知组读音混同照组，比如藏汉对音《千字文》当中知母字“知”和章母字“之”都对 ci①。

顺便说一下，梵文本ṣṭi 中的ṣ辅音，藏文本对应的是śi，增加了元音构成单独的音节。这也是转写汉文本。梵文本ṣṭi 是一个音节，译成汉语就得用两个汉字“瑟耻”、“失耻”等表示，从汉文本再译成藏文本，就成了śici、śicï、śïci 这样的形式了。这一点在第六节就不再说了。

mujiri，muciri，mujrï，梵词都是 mudre。义净本“没[口姪]囇”，佛陀波利“慕音母[口姪]隶”。muji muji，梵词 buddhi，S. 2845 勃[口姪]。姪，《广韵》徒结切、直一切两读。藏文的对音形式或可这么理解：汉文本中，用来对梵本 d、dh 的定母字，在西北方言中读澄母，藏人就拿 ji 或 ci 来转写这个澄母音了。中古的澄母本来就是从上古的定母分化出来的，同一个汉字有定母、澄母的异读或者在不同地区有不同的念法，这是很容易理解的。

ɦvyïsarpujra，梵词visphuṭa，S. 5914 毗萨普吒。吒，知母字。按照上面的分析，藏文应当用清音 ca 来对最合适，而 P. T. 396 用浊音 jra 来转写，或是因为藏语单独的浊音已经清化，或者就是清浊转写混乱。下加 r，是在突出吒字的卷舌音色。

saparacra，梵词 spharaṇa，不空本“娑颇二合啰拏”；bharajrā，梵词 avaraṇa，不空本“嚩啰拏”。梵文的ṇa，藏文一般用反写的 na 来转，或者就用 na 音近替代。此处的 cra、jrā 不会是从梵文译的，而是转写汉文的娘母字。按照对音材料，娘母字读音和泥母字确实有别，根据刘广和先生的研究，不空对音中，泥娘两母分别井然，娘母字读音应当有卷舌的成分②。根据罗常培先生的研究，在藏汉对音材料中，“舌上音混入正齿音”③，娘母自然也和正齿音一样对藏文 ca 组音了。比如《阿弥陀经》中娘母字女、尼都用 ɦji 转写④。P. T. 396 中 cra、jrā 加了下加字

① 罗常培：《唐五代西北方音》，第 20 页。

② 刘广和：《音韵比较研究》，第 44 页。

③ 罗常培：《唐五代西北方音》，第 16 页。

④ 同上书，第 21 页。

ra，强调卷舌的音色，转写汉文的娘母字就更合适了。

五　韵母方面的特点

P. T. 396 有些词语元音之后的辅音和梵词不一致，如果从汉文本来考虑，就能解释得通。举例如下。

strelogkyaṅ，梵词 trailokya。P. T. 396 kyaṅ，怎么多出个鼻韵尾来？相关现象在唐代西北音中能找到。唐代西北音宕摄阳声韵尾消变，梵音 kya 没准就有人用阳唐韵系字对，初唐时期从于阗来华的僧人智严就拿抗对 kh ą①。转写藏文本的人照着汉字拼，自然就加上了韵尾。这在藏汉对音材料中很常见，比如相 syaṅ、绛 gaṅ等②。

还有一处，藏文是这么写的，对应的梵词是 prati-ni˚，北 7371 汉文本译作：钵啰二合底顊。藏文本在 nï 字下面还有个符号，应该是藏文字母 na。古藏语文献中，为了书写简短，后加字有时可放在基字下面，写在下加字的位置，那么，这一段藏文就可转为 paratïnïn。nïn 对应汉文的“顊”。顊是青韵字，应当有舌根鼻音韵尾，此处用舌尖前的 n 来描写，反映了梗摄阳声韵尾的消变。

梵文的 pra 译成汉文是“钵啰二合”，藏文本写成 para，是记录汉文本的音。在第六节就不重说了。

六　梵本是复辅音，P. T. 396 在两个辅音中间加上元音，分别构成独立的音节

1 pārate，梵词 prati，北 7337 波喇帝。梵本 pra 到藏文本中成了 pāra，增加了元音。藏文 pārate 转拼汉文本“波喇帝”正合适。

2 saparacra，梵词 spharaṇa，不空本“娑颇二合啰拏”，娑对梵文 s-。藏文本从汉文本转拼，娑就得转成 sa 了。

3 ɦvyïsarpujra，梵词 visphuṭa，S. 5914 毗萨普吒，萨对梵本的 -s-。如果从汉文本转成藏文，萨就得转成 sar 了。

---

① 李建强：《伯希和 2855 号残卷于阗文咒语对音研究》，《语言研究》2008 年第 4 期。

② 罗常培：《唐五代西北方音》，第 55 页。

4  samara，梵词 smara，不空本“娑麽二合啰”，娑对梵本的 s-，如果从汉文本转成藏文，娑就得转成 sa 了。

七　P. T. 396 藏文本有按照西北音转写汉文本小注的句子

 ɦibu kyabśiɦu ci. 这句话在梵本中没有，而且汉文本的正文中也没有。不过，不少汉文本，比如 S. 5249、S. 2498 在“摩摩”这一句后有小注“某甲受持”。P. T. 396 转写的正是这句小注：明母字某转写成 ɦibu，反映出西北方音的特点，甲是入声，藏文的 kyab 转出了入声韵尾，受转写成śiɦu，澄母字持能用藏文 ci 转写，前面已经说过了。这再一次证明了 P. T. 396 就是从汉文本转拼的。

顺便说一下，P. T. 396 个别地方可能添加藏文小注。P. T. 396 出现了好几次这样的咒语：ɦdiśtana byin ɦdiśiciɦdi，中间的 byin 从梵、汉文本都无法解释。藏文有个词，byin，灵验，byin can，有神力，有加持力。梵文adhiṣṭita是加持、护持义。所以 P. T. 396 的 byin 或许是用藏文对adhiṣṭita 加注解。

上述几点都能有力地证明，P. T. 396 是汉文咒语的藏文拼写本，而且反映出明显的西北音特点：汉语次浊声母念鼻音和同部位的浊塞音、宕梗两摄阳声韵尾消变。这说明不空译经所体现出的西北音特色，在敦煌地区有着广泛的社会基础，藏人学说汉话，模仿的是西北音。

（原载《语言研究》2013 年第 2 期）

Padhānasutta：佛传中降魔悟道的起源

——对巴利文、梵文及汉译佛典的比较考察

张丽香

一　魔及降魔

在佛教里魔波旬（Māra pāpīyā）是佛的对头及其在悟道成佛路上的阻碍。他兼有不同的特性和身份，同时表现出神的一面和魔的一面。他一方面体现了抽象的阻碍和困难，另一方面被看作具体的神而被等同于印度的死神和爱神。魔罗（Māra）这一概念和形象的起源须从自吠陀时代起的印度民间神话和佛教本身两个源头来找寻[①]。在词源上 *māra* 从动词 *mṛ* 派生而出，就是说他起初与死亡相关联，是死神 Mṛtyu。其最初的痕迹可在吠陀文献中发现。Māra 这个词最早出现在《阿闼婆吠陀》（*Atharvaveda*）里，在那里它是死神阎摩（Yama）的另一个称呼[②]。只有到了佛教中魔罗才作为独立的形象出现，而且只部分地保留了死神可怖的一面。他的另一经常出现的名称 Namuci——原本是一个吠陀魔鬼——部分地表达了这一方面。在佛教中他更多地以不同于吠陀死神的另一形象——欲界之主——出现，又被等同于印度的爱欲之神 Kāma。在佛教里

① 其中一些方面 B. O. Ling 进行过深入的探讨，见 *Buddhism and Mythology of Evil*, London, 1962。

② 关于 Yama 和 Māra 作为死神的研究见 A. Wayman, "Studies in Yama and Māra", *Indo-Iranian Journal*, 3, 1959, pp. 44－73, 112－131; P. E-Karetzky, "Māra, Buddhist Deity of Death and Desire", *East and West*, Vol. XXXII, 1982, pp. 75－92。

从最早流传下来的文献及艺术中他就以与其死神起源相矛盾的形象出现。例如在巴利文佛典 *Suttanipāta* 里的 *Padhānasutta* 中他试图说服菩萨[1]放弃他接近死亡的苦行而享受生的乐趣，这已与其死神起源迥异。值得注意的是，魔罗的形象在如此早的时期就已经发展得同他的起源非常不同了。此外魔的起源也应在印度民间信仰中去寻找，就像他也被称为Yakṣa（巴利文 Yakkha），这一方面在巴利文佛典 *Mārasaṃyutta* 里表现突出[2]。需要注意的是不论是作为死神还是爱神或其他抽象意义的魔，他在佛教传说里是一个神，因此在艺术表现中，魔罗总是以贵族化的王子形象出现，而非魔头鬼面[3]，只有攻击释迦牟尼的魔军魔众才被塑造成鬼怪形象。

从魔罗所体现的不同方面发展出了魔的多数。在巴利文经典里提到的是一魔、三魔、四魔和五魔[4]。一魔通常与 *kilesa* 或 *maraṇa* 相关联，也与 *saṃsāra*、五 *khandha* 或轮回相关，也就是与 *nibbāna* 相对立。死后陷入轮回体现的正是魔的“恶”的作用，它只有通过 *nibbāna* 才能避免[5]。这显示出在吠陀时代的死神形象和后来佛教中魔罗作为欲界之主的形象之间一个可能的发展痕迹，即渗入了当时流行的轮回思想。三魔在有些地方被专门提及为 *devaputtamāra*，*maccumāra* 和 *kilesamāra*。五魔的提法出现最晚，在上述三魔之外，还加上 *khandhamāra* 和 *abhisaṅkhāramāra*。四魔所指并非总是一致，有时是上述五魔中没有 *abhisaṅkhāramāra*，有时没有 *kilesamāra*。在流传下来的梵文和汉译佛经里通常是四魔*kleśamāra*、*skandhamāra*、*mṛtyumāra* 和 *devaputramāra*，即烦恼魔、

---

① 这里菩萨指佛传里悟道成佛前的释迦牟尼，下同。

② 有关探讨 *Buddhism and Mythology of Evil*，London，1962。

③ 只在印度 Sāñcī 和中亚的浮雕或壁画里魔罗有时被塑造为长有魔鬼的尖耳朵。

④ 见 G. P. Malalasekera，*Dictionary of Pali Proper Names*，London，1937－1938，Vol. II，pp. 611－613。

⑤ 例如在关于 Godhika 涅槃的记述中体现了这一思想。Godhika 涅槃见 *Mārasaṃyutta* 23，对应于《杂阿含经》第一〇九一（南朝宋求那跋陀罗译，T 99：《大正新修大藏经》——后文简称《大正藏》，经号标示缩略 T——卷二，第 286 页上以下）和《别译杂阿含经》第三〇（失译，T 100，《大正藏》卷二，第 382 页下以下）。另外一部汉译《杂阿含经》（失译，T 101）没有对应部分。

蕴魔、死魔和天魔①。有些地方还提到八魔。魔的多数是后来的一个发展，它概括了魔各个“恶”的方面。魔罗体现的不只是死亡或者爱欲，而是悟道路上所有的“恶”。这个后来的发展也反映在艺术塑造中。早在5世纪时四魔就被描绘在阿旃陀（Ajaṇṭā）的壁画上②；在波罗－塞纳（Pāla-Sena）时期他们也被经常表现，而且与印度教的神融合，并被赋予不同颜色：梵天作为 Skandha 用黄色，毗湿奴作为Kleśa用蓝色，湿婆作为 Mṛtyu 用白色，因陀罗作为 Devaputra 也用白色③。

作为具象化的人物魔罗在佛教里有不少故事，其中一些在相当早的时期就已经被收集编纂成 *Mārasaṃyutta*④，这是非常少见的。这里他常在各种机会出现在佛及其弟子旁边以制造扰乱，他可制造巨声和恐怖景象，或变身为不同的人形或吓人的动物形象。在其他一些佛经里，关于魔罗的故事同样富于神话色彩。如在 *Majjhimanikāya* 的 *Māratajjaniyasutta*⑤ 中他进入 Moggallāna 的胃并引起疼痛。在 Upagupta 的故事中他甚至可以变身为佛⑥。魔罗可以变身为佛在汉译佛经里，特别是在大乘佛经中有很多地方提到，而佛在此告诫要警惕魔罗以佛的形象宣讲可能流传的错误教义。在稍晚的佛经中甚至魔众也可以变身为佛而宣说讲道⑦。这些故事甚至可以

① 比较 F. Edgerton, *Buddhist Hybrid Sanskrit Dictionary*, New Haven, 1953, p. 430。汉文经典里也有烦恼魔、阴魔、天魔、死魔或无常、无乐、无我、无净为四魔的说法。关于文献和艺术中四魔的探讨可见 P. E-Karetzky, “Māra, Buddhist Deity of Death and Desire”, *East and West*, Vol. XXXII, 1982, pp. 75－92。

② 阿旃陀第十七窟。详见 M. Zin, *Ajanta, Handbuch der Malereien 2, Devotionale und ornamentale Malereien*, Wiesbaden, 2003, pp. 450－451, 455－456。

③ 载于 *Niṣpannayogavalī* 的*Hevajramaṇḍala*和 *Sādhanamālā*，参见 B. Bhattacharyya, *The Indian Buddhist Iconography*, Calcutta, 1958, pp. 352, 363－364。

④ 梵文本今不存，汉译中没有相应名称，但同样收于《杂阿含经》（*Saṃyuktāgama*，巴利 *Saṃyuttanikāya*）中，见 T 99《杂阿含经》第二四六及第一〇八四到一一〇三，T 100《别译杂阿含经》第二三到三二。*Saṃyuktāgama* 的汉译本有三个，另外一个译本《杂阿含经》（T 101）没有包含 *Mārasaṃyutta* 的对应部分。

⑤ 此经有三个汉译本：T 26《中阿含经》第一三一，T 66《魔娆乱经》及 T 67《弊魔试目连经》。

⑥ 例如在 *Bodhisattvāvadānakalpalatā* 里讲述了这个故事。

⑦ 例如《大正藏》卷十二，第 600 页中：“阿难比丘在娑罗林外。去此大会十二由旬。而为六万四千亿魔之所娆乱。是诸魔众悉自变身为如来像。或有宣说一切诸法从因缘生。或有说言一切诸法不从因生。或有说言一切因缘皆是常法。从缘生者悉是无常。或有说言五阴是实。……”

形成一部“魔传”，相对立于佛传而存在，因其最主要的内容仍是魔与佛及其弟子的对立。魔的概念在后来被泛化了，作为抽象的或具体的形象魔罗体现了对每个佛教徒来说在修定和悟道路上外部和内心各种不同的阻碍和冲突。

降魔（Māravijaya）是佛传里释迦牟尼悟道成佛前后的一个重要事迹，是在文献和艺术里很受欢迎的一个表现主题，主要讲述魔罗试图阻止释迦牟尼的修行和悟道，以言辞扰乱威胁，以魔女进行诱惑，以魔军进行攻击而最终失败。其中最重要的两个内容，魔军攻击和魔女诱惑正相对应于释迦牟尼自出生起其身份的双重性——他或者会成为转轮王或者会成佛：对魔军进攻的描述被不断发挥展开，这正对应于发展起来的佛对应于转轮王的形象；对魔女诱惑及其无效的叙述被不断细节化，这反映的正是释迦牟尼作为佛的出世的一面。对魔罗及其魔军的胜利和对魔女诱惑的抵制被视为逾越魔障和降服魔罗，其中集中体现了佛陀建立其宗教威望的精神力量。

在佛传中关于魔罗的故事有两个是最重要的，分别与佛一生中最重要的两个时刻悟道成佛和涅槃相关联：悟道成佛前后的降魔和魔罗请求佛入涅槃。后者在佛传的不同部分被两次讲述，一是在释迦牟尼成佛不久，一是在佛入涅槃前不久。魔罗在佛讲道时试图扰乱的短故事主要收集在 *Mārasaṃyutta* 及其对应文本里，有些短故事散见于其他不同佛经。在文献里还有其他佛传里的魔罗故事，它们大多数明显表现出是后出且被附加的痕迹。比如在舍卫城神变里六外道师为魔所惑明显是初始叙述在后来的一个拓宽。

一般而言，佛传里的降魔就是指悟道成佛前后的降魔。在有些佛经里关于降魔的叙述非常详细和复杂。仅仅是对此的顺便提及在佛教文献里就有数不清的地方。对降魔主题的表现贯穿了整个印度佛教史；在其他佛教得以传播的国家，降魔也是那里佛教所乐于表现的主题，甚至直到今天。上面提到的两个事件，攻击和诱惑不论在文献还是在艺术中都是有时分开、有时一起被表现的，有时只见其中之一。这一情形表明，两个故事有不同的起源。其起源之一就是这里要讨论的 *Padhānasutta*。

降魔主题之所以极受重视在于其与佛陀一生中最重要的时刻之一——悟道成佛相关。其实二者并非同一事件。文献中在其前后还叙述了佛陀神力的获得以及四禅行、四谛和十二因缘的证悟。这些与降魔及悟道在不同文献中的先后顺序是不同的。降魔发生在这些事迹之前、之后或与之同时发生。魔罗最终的失败也是有时在佛陀悟道前，有时在其后。这体现了相关叙述源头和发展的不同。在有些文本里，如 *Lalitavistara* 和《佛本行集经》（T 190），有后来把各自独立发展的关于降魔的叙述编集在一起的痕迹。在文献和艺术中表现出同一种倾向，即把降魔等同于悟道成佛。这在艺术表现中更为明显，在佛传四相或八相的描绘里正体现了这一点。在早期，如在巴尔胡特（Bhārhut）和桑奇（Sāñcī），降魔还没有和悟道融合。后来二者重合，尤其是佛像出现后，就是说佛陀不再只用象征物来表示，而是以人的形象被塑造。两者的融合使得降魔故事本身在后来一方面非常重要，以至于这一事迹直到印度佛教的最后阶段还一直被不断表现；另一方面本来独立的魔罗故事消失在悟道成佛这一事迹中。在此产生了一个值得讨论的问题：文献里降魔与悟道的同时性是否受到了图像表现的影响①。

在其他关于魔罗的叙述里同样表现出一种思想，就是在各种不同关联下广义的降魔，是对魔——欲界之主和轮回之王的胜利，也是对死的胜利，对轮回世界的胜利，即达到涅槃状态。这一点甚至可找到艺术塑造的证据：在上文提到的阿旃陀壁画（第十七窟）中轮回之轮与四魔被描绘在一起。在涅槃场景中魔罗的引入有另外的原因，此不赘述，但叙述中通过对佛使道广传这一目标完成的确定，同样也体现了对魔的胜利的思想。降魔的思想还在一些佛本生故事和一些关于有名的佛弟子的故事里表达出来，后者最有名的是关于 Upagupta 的。② 在晚期的叙述里魔不仅被战胜，甚至皈依了佛道③。

---

① Takamichi Fukita 在其“Enlightenment as the Defeat of Māra and the Story of Māra's Assault-Around the *Vibhāṣā*'s Narrative of Enlightenment as the Defeat of Māra”（*Origin and Development of Buddhist Culture*, *Festschrift for Prof. Z. Ishigami's 70th Birthday*, Tokyo, 2001, Vol. I, pp. 203 - 218）中讨论到这个问题，他表达了图像描绘影响文献里佛陀悟道前后各事件顺序的可能性。

② 关于降魔和 Upagupta 的讨论见 L. W. Bloss, “The Taming of Māra: Witness to the Buddha's Virtues”, *History of Religions*, 18, 1977 - 1978, pp. 156 - 176。

③ 例如在 *Divyāvadāna* 的第十二部分讲述了 Upagupta 使魔罗皈依的故事。

二 降魔最早的叙述 *Padhānasutta* 及其与对应文本的比较

巴利文佛典 *Suttanipāta*（Sn）里的 *Padhānasutta*（Sn 425 – 449）① 是流传下来的降魔故事的最早版本。但 *Padhānasutta*（Padh）本身已是这一故事发展了的形式，因为魔罗在这里已经是一个独立形象，而叙述本身与魔罗（Māra）这一与死有关的称呼已很少关联。这一诗体叙述从魔罗试图阻止菩萨的苦行及寻求悟道讲起，一直到魔罗七年无效追踪后的失败。Padh 产生年代很早，不仅在于整个 Sn 形成时间很早这一早已被普遍承认的事实，其故事的原始性还体现在叙述本身：对菩萨攻击的八部魔军都还只作为抽象概念出现。Padh 在 *Mahāvastu*（Mvu）、*Lalitavistara*（LV）及两个中文译本《方广大庄严经》（T 187）、《佛本行集经》（T 190）里有对应部分。在后面四部经中，这一内容都是放在菩萨的苦行场景里叙述的。

从内容上 Padh 可分为三部分。第一部分是当菩萨在尼连河边苦苦寻求解脱时魔罗试图以世间享受说服他放弃苦行（Sn 425 – 429）。第二部分是菩萨的回答，里面提到了魔罗以其八军攻击的威胁（Sn 430 – 445）及自己传道的意愿。第三部分描绘了魔罗追踪七年未果后的沮丧（Sn 446 – 449）。从后面的分析及不同文本的对比中可看到各部分内容最初可能并不同属一起。

魔罗说服菩萨的尝试中可以看到，菩萨在修极度的苦行，因而非常消瘦虚弱，甚至离死不远（Sn 426：*kiso tvam asi dubbaṇṇo*, *santike maraṇān tava*）。魔罗劝说道："死亡有一千部分，你的生只有一次。活下去吧！活着更好，活着你可以成就功德（Sn 427：*Sahassabhāgo maraṇassa*, *ekaṃso tava jīvitaṃ*, *jīva bho*, *jīvitaṃ seyyo*, *jīvaṃ puññāni kāhasi*）。"就是说魔罗试图阻止菩萨接近死亡的苦行。在这里 Padh 有一个重要的与大部分后来的佛经的不同之处：在后者里苦行被认为是无效的，所以菩萨最终放弃了它，而

① *Suttanipāta*, ed. D. Anderson/H. Smith, Pali Text Society, London, 1916 – 1917.

取中道，然后才在菩提树下成正觉；而在 Padh 里完全没有提到菩萨对苦行的放弃。相反，由于魔罗劝说菩萨放弃苦行，使得苦行本身得到一种肯定①。没有放弃苦行的叙述还出现在支谦译的两卷本《太子瑞应本起经》中，在克孜尔一幅壁画中甚至可找到其相应的表现，画中三魔女前来诱惑由于极度苦行而消瘦至皮骨相连的菩萨，却变为三丑陋老母②。

菩萨的回答构成了第二部分，这里表现了菩萨修行的坚决，罗列了八部魔军，表达了菩萨必胜的信念和要传播其学说的决心。与后来越来越详细的降魔叙述比较表明，Padh 的这一部分正是其源头。在 Sn 433 - 435 里表现的菩萨的坚决常常出现在后来的文本中，描述他在菩提树下发誓要悟道解脱。魔罗八军由抽象概念如人性弱点和对社会声誉的追求等构成（Sn 436 - 439），这些是后来佛经里非常具体而详细的魔军攻击描述的初始形态。这些抽象的概念更多体现的是内心的精神冲突以及一种外部冲突，即在菩萨之道和当时对婆罗门教来说适宜的生活形式间的冲突，后者要作净行并行火祭③。魔罗及其魔军从四面迫近，而菩萨以慧（*paññāya*）相迎（Sn 442 - 443），此处形成紧张气氛，这一氛围正是我们在关于魔罗攻击的后来的文本里所熟悉的，菩萨以慧相迎正是后来叙述里伏魔的基础，虽然后来添加了地神作证等新的片断。在这一部分的最后（Sn 444 - 445）菩萨宣布要一国一国游历并且培养很多门徒。佛陀传播其学说的决心在很多后来的佛经里出现在他悟道成佛之后，有些还会讲到，魔罗想说服佛即入涅槃以阻止其学说广传。

---

① 到了 Sn 的注本 *Paramatthajotikā II* 里（对 Sn 441 的注）才出现了放弃苦行的叙述。

② 壁画原藏柏林印度艺术博物馆，编号 IB8648，现佚失。其图版见 A. Grünwedel, *Alt-Kutscha, Archäologische und religionsgeschichtliche Forschungen an Tempera-Gemälden, aus buddhistischen Höhlen der ersten acht Jahrhunderte nach Christi Geburt, Veröffentlichungen der Preussischen Turfan-Expeditionen*, Berlin, 1920, Pl. 3/4, Fig. 2; P. E-Karetzky, *Early Buddhist Narrative Art-Illustrations of the Life of the Buddha from Central Asia to China, Korea and Japan*, Lanham-New York-Oxford, 2000, Fig. 6c; *Musuem für Indische Kunst, Dukomentation der Verluste*, Berlin, 2002, IB 8648。

③ 此生活形式体现在魔罗的说辞中：Sn 428 *carato ca te brahmacariyaṃ aggihuttañ ca jūhato, pahūtaṃ cīyate puññaṃ...*。

在世尊的回答后是对魔罗失败后的沮丧的描绘。魔罗步步紧随世尊七年，却没找到对付警惕的悟道者的机会（Sn 446）；通过乌鸦的比喻（Sn 447－448，乌鸦将石头认作肥肉，最终失望离去）和从魔罗手臂落下的Vīṇā琴（Sn 449）表现了魔罗的失望和失败后的垂头丧气。最后忧愁的魔罗当即消失不见（Sn 449）。在巴利文经典里，七年追踪也出现在*Mārasaṃyutta*里（Sutta 24 *Sattavasāni*）。但只有到了注释文献里七年才被解释为六年在苦行时，一年在悟道成佛后[①]。为什么恰好是七年还没有一个特别合理的解释[②]。在“北传”文献里没有提到七年追踪，通行的是悟道成佛前的六年苦行。此外魔罗的乐器Vīṇā还出现在Mvu里Padh的对应部分，以及关于Godhika涅槃的故事里[③]。关于乌鸦的比喻的诗句也出现在其他巴利文佛经中。结尾*tatth'ev'antaradhāyathā ti*（Sn 449）成为*Mārasaṃyutta*和*Bhikkhunīsaṃyutta*里Sutta结尾的固定句式，在Mvu以及梵文和汉译佛经里也经常出现。从这种种对应中并不能剥离出一个清晰的发展脉络，但如同在下面的文本比较中可以看到的，Padh的各个部分似乎最初并不属于同一起源。引人注意的是，Padh的前两部分和最后一部分分别和“北传”文献和南传经典（不包括注释文献）有较近关系。

在Mvu、LV、《方广大庄严经》和《佛本行集经》里的对应文本在诗体的偈颂前有一短小长行叙述，这在Padh里是没有的。下面对这五个文本作一对照比较[④]。

---

① 参见*Paramatthajotikā II*对Sn 445的注释里；还有*Dhammapadaṭṭhakathā*，XIV，1。但在*Nidānakathā*里无此解释。

② 也许对应于魔罗Vīṇā琴的七弦，参见M. Zin，“Die altindischen *vīṇās*”，*Musikarchäologie*，*IV. Orient-Archäologie*，ed. E. Hickmann/R. Eichmann，Bonn，2004，pp. 321－362。

③ *Mārasaṃyutta* Sutta 23 *Godhika*；《杂阿含经》（T 99）一〇九二；《别译杂阿含经》（T 100）三〇；*Dhammapadaṭṭhakathā*，XIV，11；《出曜经》（T 212）放逸品。

④ Padh与LV中的对应部分的文本对照比较参见E. Windisch，*Māra und Buddha*，Leipzig，1895。

Padh[①]	Mvu[②]	LV[③]	方廣大莊嚴經[④]	佛本行集經[⑤]
	atha bodhisatvaṃ dāni uruvilvāyāṃ tapovane nadyā nairaṃjanāyās tīre duṣkaracārikāṃ carantaṃ māro pāpīyāṃ upasaṃkramya vadayati ‖ kiṃ prahāṇena kariṣyasi agāramadhye vasa ǀ rājā bhaviṣyasi cakravarti ǀ mahāyajñāni ca yajāhi aśvamedhaṃ puruṣamedhaṃ somaprāsaṃ nirargaḍaṃ padumaṃ puṇḍarīkaṃ ca ǀ etāni yajñāni yajitvā pretya svargeṣu modiṣyasi bahu ca puṇyaṃ prasaviṣyasi ǀ prahāṇaṃ ca duṣkaraṃ	māraśca bhikṣavaḥ pāpīyān bodhisattvasya ṣaḍvarṣāṇi duṣkaracaryāṃ carataḥ pṛṣṭataḥ samanubaddho' bhūt avatāraprekṣī avatāragaveṣī ǀ na ca kadācitkiṃcidavatāramadhyagacchat ǀ so 'vatāramanadhigacchannirviṇṇo vipratisārīprākrāmat ‖ tatredamucyate-	爾時菩薩六年苦行。 魔王波旬常隨菩薩。 伺求其過而不能得。 生厭倦心悒然而退。 爾時世尊以偈頌曰	爾時欲界魔王波旬。 欲為菩薩生擾亂故。 於彼六年苦行之內。 恒常密近菩薩左右。 伺求其便。微毫過 失而不能得。即說 偈言

① Sn, ed. D. Anderson/H. Smith, Pali Text Society, London, 1916 - 1917, pp. 74 - 78.

② Ed. É. Senart 1 - 3, Paris, 1882 - 1897, Vol. II, pp. 237 - 240.

③ Ed. P. L. Vaidya, Darbhanga, 1958, pp. 191 - 193.

④ T 187,《大正藏》卷三,第 582 页。

⑤ T 190,《大正藏》卷三,第 769 页。

续表

Padh	Mvu	LV	方廣大莊嚴經	佛本行集經
	durabhisaṃbhaṇaṃ anavadyapuṇyapārihāṇi brahmacaryavāsaṃ ‖ bodhisatvo āha ‖ nāhaṃ pāpīmaṃ puṇyehi arthiko ǀ			
425. Tam maṃ padhānapahitattaṃ nadiṃ Nerañjaram pati viparakkamma jhāyantaṃ yogakkhemassa pattiyā.	ramaṇīyānyaraṇyāni vanagulmāṃ ca paśyiya ǀ uruvilvāya sāmante prahāṇaṃ prahitaṃ mayā ‖	ramaṇīyānyaraṇyāni vanagulmāśca vīrudhāḥ ǀ prācīnamurubilvāyāṃ yatra nairañjanā nadī ‖ 18. 1 prahāṇāyodyataṃ tatra satataṃ dṛḍhavikramam ǀ	菩薩之所居 林野甚清淨 東望尼連水 西據頻螺池 初起精進心 來求寂靜地	阿蘭若處既精好 樹木叢林甚可觀 優婁頻螺聚落東 尼連禪河岸鄰側 彼處選擇得地已 誓願牢固結加趺
426. Namucī karuṇaṃ vācaṃ bhāsamāno upāgamī: "kiso tvam asi dubbaṇṇo santi ke maraṇan tava.	parikrāmya vyāyamantaṃ uttamārthasya prāptaye ǀ namuci karuṇāṃ vācaṃ bhāṣamāṇa ihāgamat ‖ kṛśo tvam asi durvarṇo santike maraṇaṃ tava ǀ	parākramantaṃ vīryeṇa yogakṣemasya prāptaye ‖ 18. 2 namucir madhurāṃ vācaṃ bhāṣamāṇo upāgamat ǀ śākyaputrā samuttiṣṭha① kāyakhedena kiṃ tava ‖ 18. 3	見彼極閑曠 止此除煩惱 時魔王波旬 到於菩薩所 詐以柔軟語 而向菩薩言 世間諸眾生	發大精進勇猛心 我今決定得解脫 魔王波旬來詣彼 詐以美語而白言 唯願仁者壽命長 命長乃能得行法 命長方得於自利

① *śākyaputrā samuttiṣṭha*在其他四个版本中没有，此情节在进一步发展了的降魔故事里，在魔军攻击前一再出现。

续表

Padh	Mvu	LV	方廣大莊嚴經	佛本行集經
427.				
Sahassabhāgo maraṇassa ekaṃso tava jīvitaṃ,	saṃhara mahāprahāṇaṃ na āśā tuhya jīvite ||		皆悉愛壽命 汝今體枯竭 千死無一全	自利已後無悔心 仁今身體甚尫羸 定取命盡當不久
jīva bho, jīvitaṃ seyyo, jīvaṃ puññāni kāhasī.	jīvitaṃ te hitaṃ śreṣṭhaṃ jīvan puṇyāni kāhisi | karohi puṇyāni tāni yena pretya na śocasi ||	jīvato jīvitaṃ śreyo jīvan dharmaṃ cariṣyasi | jīvaṃ hi tāni kurute yāni kṛtvā na śocati || 18. 4		真實仁今千分死 福德悕或一分存
428.		kṛśo vivarṇo dīnastvaṃ antike maraṇaṃ tava | sahasrabhāge maraṇaṃ ekabhāge ca jīvitam || 18. 5		
Carato ca te brahmacariyaṃ① aggihuttañ ca jūhato, pahūtaṃ cīyate puññaṃ kim padhānena kāhasi.	carantena brahmacaryaṃ agnihotraṃ ca juhūtā | anantaṃ jāyate puṇyaṃ kiṃ prahāṇena kāhisi ||	dadataḥ satataṃ dānaṃ agnihotraṃ ca juhvataḥ | bhaviṣyati mahatpuṇyaṃ kiṃ prahāṇe kariṣyasi || 18. 6	當修事火法 必獲大果報 無宜徒捨命 為人所憐湣	但多佈施承事天 於諸火神修祭祀 如此或得大功德 用學禪定作何為
429. Duggo maggo padhānāya dukkaro durabhisambhavo."	dūraṃ āśā prahāṇasya duṣkaraṃ	duḥkhaṃ mārgaṃ prahāṇasya duṣkaraṃcittanigraham |	心性本難伏 煩惱不可斷	求勝出家道甚難 調伏自心亦不易

① 此处 *brahmacariya*（梵行，净行），在 Mvu 里 *brahmacarya*，与佛教中后来的同一词意义上有着差别，这里明显是指适合于婆罗门教的梵行，其不为菩萨所认同接受。

续表

Padh	Mvu	LV	方廣大莊嚴經	佛本行集經
imā gāthā bhaṇaṃ Māro aṭṭhā Buddhassa santike. 430.	durabhisaṃbhuṇaṃ। imāṃ vācāṃ bhaṇe māro bodhisatvasya santike॥	imāṃ vācaṃ tadā māro bodhisattvamathābravīt॥18. 7	菩提誰能證 自苦欲何為	魔王如是向菩薩 種種諸語而稱揚
Taṃ tathāvādinaṃ Māraṃ Bhagavā etad abravi: “pamattabandhu pāpimā yen'atthena idhāgato 431.	taṃ tathā idāniṃ māraṃ bodhisatvo dhyabhāṣata। kṛṣṇabandhu pāpīmaṃ nāhaṃ puṇyārthiko ihāgataḥ॥	taṃ tathāvādinaṃ māraṃ bodhisattvastato'bravīt। pramattabandho pāpīya svenārthena tvamāgataḥ॥18. 8	菩薩告波旬 而作如是言 惛醉貪瞋癡 與汝為眷屬	菩薩時以微妙言 音聲巧密報於彼 波旬不善汝放逸 求自利故行世間
aṇumattena pi puññena attho mayhaṃ na vijjati, yesañ ca attho puññānaṃ te Māro vattum arahati. 432.	aṇumātraiḥ puṇyaiḥ artho mahyaṃ māra na vidyati। yeṣāṃ tu artho puṇyehi kathaṃ tāṃ māra na vidyasi॥	aṇumātraṃhimepuṇyairartho māra na vidyate। artho yeṣāṃ tu puṇyena tānevaṃ vaktumarhasi॥18. 9	將汝至於此 共汝壞善根 我不求世福 勿以此相擾	汝之於此福德心 終無微塵等求覓 若欲求於福德者 豈可發吐如是言
Atthi saddhā tato viriyaṃ paññā ca mama vijjati, evaṃ maṃ pahitattaṃ pi kiṃ jīvam amupucchasi. ①	nāhaṃ amaro ti manyāmi maraṇāntaṃ hi jīvitaṃ। anivartaṃ gamiṣyāmi brahmacaryaparāyaṇaḥ॥	naivāhaṃ maraṇaṃ manye maraṇāntaṃ hi jīvitam। anivartī bhaviṣyāmi brahmacaryaparāyaṇaḥ॥18. 10	我今無所畏 以死為邊際 志願求解脫 決無退轉心	我觀死苦猶若生 實無一念怖於盡 若諸眾生皆滅沒 我心終不暫時迴

① Padh 此节诗意思与用词颇异于其他四个版本，而此处 Mvu 与 LV 非常接近，两个汉译本与后者相近，但并非逐字对译。*Brahmacarya* 出现在 Mvu 和 LV 中，但与 Padh（Sn 426）里的 *brahmacariya* 概念不同。

续表

Padh	Mvu	LV	方廣大莊嚴經	佛本行集經
433. Nadīnam api sotāni ayaṃ vāto visosaye, kiñ ca me pahitattassa lohitaṃ nūpasussaye.	(ed. Vol. II, p. 239) nadīnām api śrotāṃsi ayaṃ vāto va śoṣayet | kiṃ mama prahitātmasya śoṇitaṃ nopaśoṣaye ||	srotāṃsyapi nadīnāṃ hi vāyureṣa viśoṣayet | kiṃ punaḥ śoṣayetkāyaṃ śoṇitaṃ prahitātmanām || 18. 11	雖有諸痛惱 我心恒寂靜②	今架慾海建大橋 精勤勇猛修梵行 所以風災起天下 尚能乾竭一切流
	śarīraṃ upaśuṣyati pittaṃśleṣmaṃ ca vātajaṃ |	(ed. p. 192) śoṇite tu viśuṣke vai tato māṃsaṃ viśuṣyati |		況此身內津血間 其汁寧得不枯涸 脂髓潤澤於先竭 然後皮肉方乃乾
	mānsāni lohitaṃ caiva avajīryatu sāṃprataṃ || mānsehi kṣīyamāṇehi bhūyo cittaṃ prasīdati | bhūyo smṛti ca vīryaṃ① ca samādhi cāvatiṣṭhati ||	māṃseṣu kṣīyamāṇeṣu bhūyaścittaṃ prasīdati | bhūyaśchandaśca vīryaṃ ca samādhiścāvatiṣṭhate || 18. 12 tasyaiva me viharataḥ	住斯堅固定 精進樂欲等	肉消皮立氣力微 心意乃可得寂定 增長一切精進者 唯有入於三昧門 我今欲行是行時 望得至彼勝覺處

① 在 Padh 里用的是 *sati* 和 *paññā*，在 Mvu 里是 *smṛti* 和 *vīrya*，而在 LV 里是 *chanda* 和 *vīrya*，这是用词上一个明显的例子，说明 Mvu 在语言上和内容上处在在巴利文和梵文经典两者之间。

② *Nadīnam api sotāni ayaṃ vāto visosay* 在 Mvu、LV 以及《佛本行集经》里都有对应，但风刮干河流的比喻在《方广大庄严经》里没有出现，只连同下文肉体衰弱的情况概括地用“诸痛恼”来表达。

续表

Padh	Mvu	LV	方廣大莊嚴經	佛本行集經
	tasya caivaṃ viharato prāptasya uttamaṃ padaṃ | nāyam atra kṣataṃ kāyaṃ paśya satvasya śuddhatāṃ || asti cchando ca vīryaṃ ca prajñā ca mama vidyati | nāhaṃ taṃ paśyāmi loke yo prahāṇāto vāraye || . . . . | eṣo sajjo prāṇaharo dhiggrāmyaṃ no ca jīvitaṃ || tasmā smṛtimanto santo saṃprajāno niropadhiḥ | . . . . || eṣo haṃ ca paraṃ cittaṃ bhāvayitvāna yodhane |	prāptasyottamacetanām cittaṃ nāvekṣate kāyaṃ paśya sattvasya śuddhatām || 18. 13 asti chandaṃ tathā vīryaṃ prajñāpi mama vidyate | taṃ na paśyāmyahaṃ loke vīryādyo māṃ vicālayet || 18. 14 varaṃ mṛtyuḥ prāṇaharo dhiggrāmyaṃ nopajīvitam | saṃgrāme maraṇaṃ śreyo yacca jīvetparājitaḥ || 18. 15	我寧守智死 不以無智生 譬如義勇人 寧為決勝沒 非如怯弱者 求活為人制	所以不惜此身命 汝須知我內淨心 我心今有此至誠 智慧莊嚴甚牢固 世間未見有人輩 堪能斷我此精進 我寧為死奪命休 不用長年在家活 丈夫寧當鬥戰死 終不命在為他降

续表

Padh	Mvu	LV	方廣大莊嚴經	佛本行集經
	balena vanaṃ bhinditvā anuṣṭheyam anuṣṭhito॥		是故我於今 當摧汝軍眾	健兒既能降伏他 降已更復何所畏 唯健能破諸怨敵
436. Kāmā te paṭhamā senā dutiyā arati vuccati, tatiyā khuppipāsā te, catutthī taṇhā pavuccati,	ahaṃ bodhitaror adhastāt aprāpte amṛte pade। dṛṣṭvā namucino senāṃ sannaddhām utsṛtadhvajāṃ॥ (ed. Vol. II, p. 240)	nāśūro jayate senāṃ jitvā caināṃ na manyate। śūrastu jayate senāṃ laghu māra jayāmi te॥18. 16 kāmāste prathamā senā dvitīyā aratistathā।	第一貪欲軍 第二憂愁軍 第三飢渴軍 第四愛染軍	我當不久降汝魔 汝軍第一是慾貪 第二名為不歡喜 第三飢渴寒熱等 愛著是名第四軍
437. pañcamī thīnamiddhan te chaṭṭhā bhīru pavuccati,	yuddhāya pratiyāsyāmi nāhaṃ sthānārtham upāviśe। tām ahaṃ nivartiṣyāmi senāṃ te anupūrvasaḥ॥ kāmā te prathamā senā dvitīyā ārati vuccati। tṛtīyā kṣutpipāsā ca caturthī tṛṣṇā vuccati॥ paṃcamā styānamiddhaṃ teṣaṣṭhī bhīru pravuccati।	tṛtīyā kṣutpipāsā te tṛṣṇā senā caturthikā॥18. 17 pañcamī styānamiddhaṃ te bhayaṃ ṣaṣṭhī nirucyate।	第五惛睡軍 第六恐怖軍	第五即彼睡及眠 驚怖恐畏是第六

续表

Padh	Mvu	LV	方廣大莊嚴經	佛本行集經
sattamī vicikicchā te, makkho thambho te aṭṭhamo, 438.	saptamā vicikitsā te mānārtho bhoti aṣṭamā |	saptamī vicikitsā te krodhamrakṣau tathāṣṭamī || 18. 18	第七疑悔軍 第八忿覆軍	第七是於狐疑惑 瞋恚忿怒第八軍
lābho siloko sakkāro micchāladdho ca yo yaso, yo c'attānaṃ samukkaṃse pare ca avajānati, 439.	lobho ti śloko satkāro mithyālabdho ca yo yaśo ||	lobhaślokau ca saṃskārau mithyālabdhaṃ ca yadyaśaḥ | ātmānaṃ yaśca utkarṣedyaśca vai dhvaṃsayetparāṃ || 18. 19	第九悲惱軍 及自讚毀他 邪稱供養等	競利及爭名第九 愚癡無知是第十 自譽矜高第十一 十二恒常毀他人
esā Namuci te senā Kaṇhassābhippahāraṇī, na naṃ asūro jināti, jetvā ca labhato sukhaṃ. 440.	eṣā namucino senā sannaddhā ucchritadhvajā |	eṣā hi namuceḥ senā kṛṣṇabandhoḥ pratāpinaḥ |	如是諸軍眾 是汝之眷屬	波旬汝等眷屬然 軍馬悉皆行黑暗
Esa muñjaṃ parihare dhīratthu īdha jīvitaṃ, saṅgāme me mataṃ seyyo yañce jīve parājito. ①	pragāḍhā atra dṛśyante eke śramaṇabrāhmaṇāḥ ||			其有墮此惡行者 是彼沙門婆羅門

① 第二句诗在其他文本中的对应在罗列八部魔军之前——LV 18. 15 及其对应。

续表

Padh	Mvu	LV	方廣大莊嚴經	佛本行集經
441. Pagāhā ettha na[①] dissanti eke samaṇabrāhmaṇā, tañ ca maggaṃ na jānanti, yena gacchanti subbatā.		atrāvagāḍhā dṛśyante ete śramaṇabrāhmaṇāḥ ‖ 18. 20		
442. Samantā dhajiniṃ disvā yuttaṃ Māraṃ savāhanaṃ yuddhāya paccuggacchāmi, mā maṃ thānā acāvayi. [②]				
443. Yaṃ te taṃ nappasahati senaṃ loko sadevako, taṃ te paññāya gacchāmi āmaṃ pattaṃ va amhanā.	na tām aśūro jayati jitvā vā anuśocati ｜[③] tāṃ prajñāya te bhetsyāmi āmapātraṃ va ambunā ‖	yā te senā dharṣayati lokamenaṃ sadevakam ｜ bhetsyāmi prajñayā tāṃ te āmapātram ivāmbunā ‖ 18. 21	能摧伏天人 我今恒住彼 正念正知等 銷滅汝波旬 如水漬壞器	汝軍恒常行世間 迷惑一切天人類 我今見汝彼軍馬 以妙智慧嚴勝兵 悉能降伏使無餘 盡破於汝大軍眾

① 在 Mvu、LV 和《佛本行集经》中（《方广大庄严经》没有此节诗的对应）没有 *na*。虽然此处在意义上没有本质不同，都表达在魔军范围内有一些沙门和婆罗门，但在 Padh 中他们是看不见的，而且这句诗还没完结，同一节的下一句诗说他们不了解有德行之人所行之道。在其他三经中没有 Padh 后一句诗的对应。

② 此节诗在其他文本中此处没有对应，但这一情景的充分展现出现在降魔场景中，而非此处的苦行场景。

③ 此句对应 Padh 439 后半节诗。

续表

Padh	Mvu	LV	方廣大莊嚴經	佛本行集經
444. Vasiṃ karitvā saṃkappaṃ satiñ ca suppatiṭṭhitaṃ raṭṭhā raṭṭhaṃ vicarissaṃ sāvake vinayaṃ puthu.	vaśīkaritvāna te śalyaṃ kṛtvā sūpasthitāṃ smṛtaṃ | ālabdhavīryo viharanto vineṣyaṃ śrāvakāṃ pi tu || pramādam anuyujanti bālā durmedhino janā | gaṃsāmi te akāmasya yatra duḥkhaṃ nirudhyati ||	smṛtiṃ sūpasthitāṃ kṛtvā prajñāṃ caiva subhāvitām | saṃprajānaṃ cariṣyāmi kiṃ kariṣyasi durmate || 18. 22		猶如水破壞瓶器① 消散汝軍亦復然
445. Te appamattā pahitattā mama sāsanakārakā akāmassa te gamissanti, yattha gantvā na socare.				
446. "Satta vassāni Bhagavantaṃ anubandhiṃ padā padaṃ, otāraṃ nādhigacchissaṃ Sambuddhassa satīmato.				我心正念安如山 智慧方便皆成就 無放逸心而行行 汝何能得我瑕疵

① 这里 Padh、Mvu 和 LV 一致，都是以石（巴利文 *amhanā*，梵文 *ambunā*）破生坯容器，而两个中文译本所据版本似乎不同，都译为以水破瓶。

续表

Padh	Mvu	LV	方廣大莊嚴經	佛本行集經
447. Medavaṇṇaṃ va pāsāṇaṃ vāyaso anupariyagā: 'ap' ettha mudu vindema, api assādanā siyā.' 448. Aladdhā tattha assādaṃ vāyas' etto apakkami, kāko va selaṃ āsajja nibbijjāpema Gotamaṃ." 449. Tassa sokaparetassa vīṇākacchā abhassatha, tato so dummano yakkho tatth' ev' antaradhāyathā ti	tasya śokaparītasya vināśaṃ gacchi ucchriti | tataś ca surmano yakṣo tatraivāntarahāyithā ||	evamukte māraḥ pāpīyān duḥkhī durmanā anāttamanā vipratisārī tatraivāntaradhāt ||	菩薩作是言 魔王便退屈	

长行部分在两部汉译佛经中和 LV 很接近，而 Mvu 的这部分却很不相同。Mvu 里主要是魔罗的说服之辞，是下面偈颂部分第四句诗（对应 Sn 428）的更详细的重复。接着魔罗的话是菩萨的一句回答，以此方式 Mvu 的长行部分构成了下面诗体叙述的引子。而 LV 里是对魔罗在菩萨六年苦行里无效追踪的短小而完整的简述，最终魔罗忧郁离去。从内容上看，LV 这里部分地对应于 Sn 446，只是在时间上不一致：LV 里是六年苦行，而 Padh 里是七年追踪。从总体上看，无论是在词汇、形式还是内容上，长行部分要比偈颂部分晚出。

Mvu 的偈颂部分和 Padh 在内容和词句上最为接近，而 LV 相比 Padh 要和 Mvu 更为接近。被认为是 LV 的汉译的《方广大庄严经》与 LV 有很多不同之处，反而《佛本行集经》此部分更接近 LV，在有些地方甚至可逐字对照，但两者的不同也是显而易见的。在不同的文本中有些词或句子在诗中的位置不同，在内容上相对应的地方，也常有用词上的差异。Padh 和其他版本最大的不同主要有两个地方。一是在罗列八部魔军之前其他四个文本有一部分在 Padh 里没有对应或是个别词句在另外部分有所对应。二是 Padh 的第三部分只有一小部分出现在其他文本里。

LV 的偈颂部分，除去结尾的固定句式，缺失 Padh 的第三部分。偈子对应 Sn 425 - 439 及 443，也就是菩萨必胜信念后直接就到了结尾的固定句式（较 Padh 稍详：*māraḥ papīyān duḥkhī durmanā anāttamanā vipratisārī tatraivāntaradhāt*）。而偈子其他部分也并不与 Padh 完全一致。以佛教混合梵语流传下来的 Mvu 在内容和语言上都显示出既与巴利文佛典有一致部分，又同“北传”文献有共同之处，既有很早的内容，又包含有相当晚的因素，在 Padh 的对应部分也不例外。它在有些地方与 Padh 一致，有些地方与 LV 一致。Sn 444、445 和 449 在 LV 里没有对应，但在 Mvu 有对应的诗句，就是描述菩萨决心广传自己的学说以及魔罗的 Vīṇā 琴掉下的部分。但 Sn 444 和 445 与其在 Mvu 里的对应部分内容上有很大不同，只最后一句诗（Sn 449）在两个文本中非常相近，而与 LV 明显不同。在 Mvu 里不论是 Padh 的七年追踪还是 LV 的六年苦行都没有被提及。这样偈子的最后一句在 Padh 里通过落下的琴及魔罗当即消失来表现魔罗最终失败的诗句，就只是魔罗扰乱菩萨苦行而失败的描述。这一点很重要，它在后来更详尽的降魔叙述中表现为两类不同的叙述传统，因其源头不同。而魔罗的琴在这里也是证明 Mvu 和巴利文传统的相近关系的一个因素。两个汉译佛经中的叙述与 LV 的大体一致，但在细节上有许多不同。《佛本行集经》要更接近 LV，例如 LV 的第 11、12 句诗在此有对应句子而在《方广大庄严经》里没有。但《佛本行集经》缺失 LV 和 T 187 结尾的固定句式（魔罗忧郁消失不见）。魔军在《方广大庄严经》里被称为九部而在《佛本行集经》里是十二部，只是译者对表示魔军的抽象概念不同的标数，在所有版本中这一部分基本相符。

Padh 的第一部分虽有语词上的不同但出现在所有版本中；其第二部分在其他版本中只部分地保留下来；关于魔罗七年后的失败的第三部分并不属于苦行场景，在其他版本里没有或只有部分对应。作为降魔叙述的初始阶段 Padh 的前两部分后来在“北传”文献里被极度展开，第三部分除了结尾句式却几乎没留下痕迹；在巴利文经典里情况却是相反（在注释文献里不同），前两部分找不到其他的对应版本，但第三部分却有对应的地方，而且有些细节还有了新的发展①。对不同版本和对单个诗句在巴利文献里的对应的比较表明：一方面 Padh 至少是其一部分，很早产生，就像普遍认为的那样；另一方面 Padh 的三个部分显示出其最初并无共同起源②。另外第三部分的各句诗也可能最初不属同一起源，它们在其他巴利文文本里并没有一起流传下来。这说明 Padh 最初可能只有第一部分和第二部分的一部分。所以 Mvu、LV、《方广大庄严经》和《佛本行集经》确实有理由将 Padh 的对应版本放入苦行场景。

三　*Padhānasutta* 里的叙述在后来文献里的发展概观

Padh 作为流传下来关于降魔最早的文献，其大部分内容在后来被充分展开了。下面给出关于降魔的文献及简要评介③。

1. 苦行场景

Dhammapadaṭṭhakathā，XIV，1

Padhānasutta

---

① 具体内容见 *Mārasaṃyutta*，尤其是 Sutta 24 *Sattavassāni* 和 25 *Dhītaro*。

② Windisch（1895，S. 22）很早就指出了 Padh 的各个部分起源不同。但他表示最后一部分是后来的扩展，是来自 Mārasaṃyutta。这一点本文作者认为应有所保留。

③ 所列文献顺序为：首先是巴利文，其次是混合梵语，再次是梵语，最后是汉译佛经，在前三部分各自以经名首字母顺序列出，汉译依照《大正藏》的经号顺序列出。

Paramatthajotikā Ⅱ，注 Sn 425 - 441

Mahāvastu, ed. Vol. Ⅱ, pp. 237 - 240

Lalitavistara, 第十八章

《方广大庄严经》（T 187），卷七，第十八品

《佛本行集经》（T 190），卷二十五，第二十九品下

在尼连河边菩萨修苦行六年。魔波旬紧随其身，想找到对付他的机会而没有得逞。

关于 Padh、Mvu、LV、《方广大庄严经》和《佛本行集经》的叙述已在上文作过比较。在巴利文注本 *Dhammapadaṭṭ hakathā*, XIV, Vatthu1 里只是简单提到上述内容，而在 *Paramatthajotikā II* 对 Padh 的注释里除了对 Padh 里的七年解释为对世尊还是菩萨时的六年及其悟道之后的一年外，还有一点与后来的"北传"文献相同，就是在对 Sn 441 的解释中讲道，魔罗听了菩萨的话后默然离去，而菩萨看到苦行并没有能得解脱的结果，于是放弃苦行，重新进食，而后才来到菩提树下发大誓愿决心悟道，不悟不起。放弃苦行在 Padh 里完全没有痕迹，而 *Paramatthajotikā II* 作为几百年后的注本很有可能受到了"北传"文献的影响。

2. 魔罗获知菩萨决意悟道

Lalitavistara, 第二十一章

Saṅghabhedavastu, ed. Vol. I, p. 113 - 114①

《增一阿含经》（T 125），卷三十八，第四十三品，（五）

《修行本起经》（T 184），卷上，第五品

《太子瑞应本起经》（T 185），卷上

《普曜经》（T 186），卷五，第十六品结尾到第十七品开始部分

《方广大庄严经》（T 187），卷九，第二十一品

《过去现在因果经》（T 189），卷三

《佛本行集经》（T 190），卷二十六，第三十品中

《众许摩诃帝经》（T 191），卷六

《佛本行经》（T 193），第十六品

《根本说一切有部毘奈耶破僧事》（T 1450），卷五

① R. Gnoli, *The Gilgit Manuscripts of the Saṅghabhedavastu, Being the 17th and Last Section of the Vinaya of the Mūlasarvāstivādin*, 1 - 2, Roma, 1977 - 1978.

在 Padh 里魔罗在菩萨苦行时来到他旁边以阻止他直到其彻底失败而黯然离去。后来的佛经叙述把故事的头尾完整具体化了，在中心的降魔故事（魔军攻击、魔女诱惑及悟道成佛）前还发展出了许多其他情节，同时把菩萨的神力强化了。菩萨在菩提树下发大誓愿要成正觉，并要先降服魔及魔属，魔罗获知此事忧愁苦恼。

多数经文中叙述如下：因魔王波旬是欲界中最尊最胜，菩萨在菩提座上从眉间白毫放光，召魔波旬，以降服之，并欲使魔属之善根者皈依正道。此光动摇魔宫使其昏暗，光中有声宣告菩萨将降魔成正觉。在有些佛经中还接着描述了魔罗梦中的三十二恶兆。但在 *Saṅghabhedavastu* 和《众许摩诃帝经》中较为特别：当菩萨发大誓愿欲成正觉时，魔疑相之旗摇动，魔见惊疑，虑有不吉，即作观相，才获知菩萨欲求无上觉。在《太子瑞应本起经》及《过去现在因果经》中未提及此一过程，只简单讲述菩萨发大誓愿欲成正觉，魔罗即心中烦恼，欲当其未成道时坏其道意。只有《佛本行经》中引入了地神，因地神喜而数数震动，魔王见之疑问大臣，才得知此情，即惨然而坐。

3. 魔王欲阻止菩萨而与魔众商量，其意见不一

Mahāvastu, ed. Vol. II, pp. 408 – 410

Lalitavistara，第二十一章

《修行本起经》（T 184），卷上，第五品

《太子瑞应本起经》（T 185），卷上

《普曜经》（T 186），卷五，第十六品

《方广大庄严经》（T 187），卷九，第二十一品

《过去现在因果经》（T 189），卷三

《佛本行集经》（T 190），卷二十七，第三十品下

在最详细的叙述里，如在 LV 里，魔王与魔众商量，一方支持对菩萨攻击，一方反对，这一部分包含了魔长子（作为善根一方）的警告，一千魔子（五百反对，五百赞成）相互争执之辞和主兵大臣反对的话语。在 Padh 里虽已出现八部魔军，但以具体形象出现的只有魔罗一人。魔长子的反对和魔子们的争执显然是后来才发展起来的。有些佛经里，只提到了魔王一子，名为萨陀（T 185、T 189，对应于 LV 的魔长子 Sārthavāha；T 184 里名为须摩提），但并不能说其早于上面一千魔子的版本，也可能只是后者的缩略叙述。

4. 魔罗阻挠菩萨向菩提树下坐

《佛本行集经》（T 190），卷二十六，第三十品中

卷二十七，第三十品下

菩萨放弃苦行，澡浴进食后向菩提树行去。守菩提树处一夜叉见菩萨来令同伴速报与魔王，于是魔王召其诸天魔军（此处插入一大段魔军可怖的描述）。又令夜叉众伏藏菩提树下，莫令释迦子趋向彼处。其夜叉众遥见菩萨身体赫奕，又闻树神以偈赞颂菩萨，即星散而走。菩萨到菩提树铺草座已，魔王又试图以言词吓跑他而未果。菩萨铺草而坐，魔王即隐身不现。

这一叙述虽在部分内容上可以找到在其他佛经叙述中的对应，但在《佛本行集经》里不同的是，这些事情都是在菩萨还在走向菩提树的过程中发生，而非已经坐于菩提树下，这一点对于造像研究很有意义[①]。

5. 成佛前的魔女诱惑[②]

Buddhacarita，第 13 颂[③]

Lalitavistara，第二十一章

Saṅghabhedavastu，ed. Vol. I，p. 115

《修行本起经》（T 184），卷上，第五品

《太子瑞应本起经》（T 185），卷上

《普曜经》（T 186），卷六，第十八品

《方广大庄严经》（T 187），卷九，第二十一品

《过去现在因果经》（T 189），卷三

《佛本行集经》（T 190），卷二十七，第三十一品上

《众许摩诃帝经》（T 191），卷六

《佛所行赞》（T 192，*Buddhacarita* 汉译），第十三品

《佛本行经》（T 193），第十六品

魔三女（T 190 提到四女）以美辞美色试图诱惑菩萨，在一部分佛经

---

① 出自犍陀罗的一系列浮雕描绘的正是菩萨（但如通常那样以佛的形象表现）向菩提树行去，而魔王与魔属在树下等候。

② 魔女诱惑在有些文本里在悟道成佛前，有些在之后，而在 LV 和《方广大庄严经》里既在悟道前也在悟道后两次出现。

③ *Buddhacarita*，ed. & transl. E. H. Johnston，*The Buddhacarita of Acts of the Buddha*，Lahore，1936.

里还具体列举了其三十二种媚惑妖姿，为菩萨斥退，在大部分文本里她们都被变为老母，丑陋不堪。

这一部分的叙述是降魔的两个主要事件之一，在佛教艺术里也有很多表现。其来源可能有两个，一是 Padh，一是印度民间关于爱欲之神 Kāma 的流传。关于后者，此不讨论。在 Padh 的八部魔军里，第一部就是 Kāma，而第二部是 Arati，第四部是 Taṇhā，后面两个正是后来诱惑故事里两个魔女的名字。Padh 里仅仅出现她们的名字，还没有后来关于她们的故事。但在 Padh 里上面提到的三个名字列在魔军之首，这正符合上述文本中魔军攻击紧随魔女诱惑的叙述，二者同属魔罗的手段。这个部分需要和成佛后的魔女诱惑比较来看（见下文 11，代表性的文本是 *Mārasaṃyutta* 里的叙述），后者所相关联的事件与此不同，因二者来源不同。但在具体的文本里，可以看到二者的融合，尤其是在“北传”文献里，可以看到 *Mārasaṃyutta* 里部分句式和内容的渗入。

6. 魔王劝说与魔军攻击

Nidānakathā[①]，*II. Āvidūrenidāna*

Paramatthajotikā II

Mahāvastu，ed. Vol. II，pp. 410 – 412

Buddhacarita，第十三颂

Lalitavistara，第二十一章

Saṅghabhedavastu，ed. Vol. I，pp. 115 – 117

《增一阿含经》（T 125），卷四，第十品，（八）；卷第三十八，第四十三品，（五）

《修行本起经》（T 184），卷上，第五品

《太子瑞应本起经》（T 185），卷上

《普曜经》（T 186），卷六，第十八品

《方广大庄严经》（T 187），卷九，第二十一品

《过去现在因果经》（T 189），卷三

《佛本行集经》（T 190），卷二十八，第三十一品中；第二十九卷，第三十一品下

《众许摩诃帝经》（T 191），卷六

① *Jātaka*，ed. V. Fausböll，Vol. 1，London，1877 – 1897.

《佛所行赞》（T 192，*Buddhacarita* 汉译），第十三品

《佛本行经》（T 193），第十六品

《杂宝藏经》（T 203），卷七，（八一）

《出曜经》（T 212），卷七，第五品之二

魔罗半诱惑半威胁试图说服菩萨放弃修行无效后，纠集魔军攻击菩萨。这里着重描绘了魔军的可怖，魔众以种种骇人形象出现，持种种兵刃进行攻击。在一部分文献里有几组天神出现，唱偈以赞颂菩萨并削弱魔王。

这是降魔的另一个最重要事件，也是大多数降魔故事里所着重描绘的部分。这一部分明显与 Padh 有直接关系。魔罗在 Padh 里就是以半诱惑半威胁的形象出现，而其抽象的魔军正是后来具体的详细的魔军攻击的直接源头。

7. 大地/地神作证

Nidānakathā，*II. Āvidūrenidāna*

Paramatthajotikā II

Mahāvastu，ed. Vol. II，p. 412

Lalitavistara，第二十一章

Saṅghabhedavastu，ed. Vol. I，pp. 114－115

《增一阿含经》（T 125），卷四，第十品，（八）；卷第三十八，第四十三品，（五）

《修行本起经》（T 184），卷上，第五品

《太子瑞应本起经》（T 185），卷上

《普曜经》（T 186），卷六，第十八品

《方广大庄严经》（T 187），卷九，第二十一品

《过去现在因果经》（T 189），卷三

《佛本行集经》（T 190），卷二十九，第三十二品上

《众许摩诃帝经》（T 191），卷六

《佛本行经》（T 193），第十六品

《杂宝藏经》（T 203），卷七，（八一）

魔罗与菩萨争论说其未有足量功德以成佛，菩萨即召唤大地作为他施舍献祭的证人并以手触地，于是大地/地神证实其言。有些文本里以大地震动为证，有些文本里大地以人声作答，有些是地神出现——从此处可见

这一叙述的逐渐发展。

这一叙述在 Padh 里没有痕迹，就是在其他早期文献里也找不到相关因素。不但从文献里而且就是从现在所能见到的佛教艺术描绘里也可看出这个片断是降魔故事里一个晚出因素。但在相当一部分佛经里这一事件直接导致了魔罗的失败，随着大地的震动或地神现身做证，魔军四散奔逃，甚至魔王也昏倒在地。这一叙述就是后来的“降魔印”，确切为“触地印”（*bhūmisparśamudrā*），在其形成之后最初的含意所在。

8. 悟道前魔罗的失败

Nidānakathā，*II. Āvidūrenidāna*

Mahāvastu，ed. Vol. II，p. 412 – 414

Buddhacarita，第十三颂

Lalitavistara，第二十一章

《修行本起经》（T 184），卷上，第五品

《太子瑞应本起经》（T 185），卷上

《普曜经》（T 186），卷六，第十八品

《方广大庄严经》（T 187），卷九，第二十一品

《过去现在因果经》（T 189），卷三

《佛本行集经》（T 190），卷二十九，第三十二品上

《佛本行经》（T 193），第十六品

《杂宝藏经》（T 203），卷七，（八一）

在大地/地神做证之后经常紧接着描述魔罗的失败和魔军的溃散。在各部经中详略不同，有些仅一句结束，讲魔军倒堕或星散，有些要详细得多，还包括像魔众逃回魔宫、魔王昏倒为地神所救这样的细节。

这个部分对魔罗失败的描述与 Padh 不同，其源于对魔众攻击故事本身的发展，而非将 Padh 的相关部分作进一步展开，这也是 Padh 第三部分并非其最初包含部分的可能性的例证。如果前面是地神作证的叙述，则此处为魔罗的最终失败。但在有些文献里（*Buddhacarita* 和 *Saṅghabhedavastu*）魔罗的失败并不与地神片断直接相关，显然后者在各个传统中受重视程度不同。

9. 具善根的魔子们对佛唱偈赞颂

Lalitavistara，第十八章

《普曜经》（T 186），卷六，第二十品

《方广大庄严经》（T 187），卷十，第二十三品

悟道成佛后天神唱偈赞颂如来，其中也有前面提到的善根魔子们。

魔子所唱赞偈与其他诸神并无不同，他们赞颂如来降服魔罗抵制魔女诱惑。这明显对应菩萨从眉间白毫放光想收服善根魔子以及部分魔子反对攻击菩萨的部分。

10. 魔罗阻止佛离开菩提树

《佛本行集经》（T 190），卷三十三，第三十七品上

魔罗试图阻止佛离开菩提树去传播其学说。

这一叙述虽然在现存文献里只出现这一部经中，但其关于传播释迦所悟之道的思想早在 Padh（Sn 444 - 445）中就已表达出来，而且也同样表现在另一叙述中，即与佛陀涅槃有关的一个叙述：在释迦悟道成佛不久，魔罗来劝请佛入涅槃[①]。

11. 悟道成佛后魔罗的失败和魔女诱惑

Dhammapadaṭṭhakathā，XⅣ，1

Mārasaṃyutta，24，25

Nidānakathā，Ⅲ. *Santikenidāna*

Padhānasutta

Mahāvastu，ed. Vol. Ⅲ，pp. 281 - 286

Lalitavistara，第二十四章

Saṅghabhedavastu，ed. Vol. I，p. 119

《杂阿含经》（T 99），一〇九二

《别译杂阿含经》（T 100），三一

《方广大庄严经》（T 187），卷十，第二十四品

《佛本行集经》（T 190），卷三十一，第三十四品

在释迦悟道成佛后魔罗苦恼忧愁，于是魔女来问其原因并去诱惑佛陀，最终为其变为老母。这三个内容全部包含的只有 LV 和《方广大庄严经》，而 Padh、*Saṅghabhedavastu* 和《佛本行集经》只描述了魔罗在释迦成佛后的忧恼，其他经文包含上述一、二部分。

---

① 与之相关的佛经有很多，主要集中在佛传和涅槃类经中。与此有关的另一形成时间颇早的故事，梵天劝请佛宣说其道，因为佛最初并无此打算，与此形成佛传里一个矛盾。关于这一问题内容颇多，当另撰文讨论。

这一叙述的起因是魔罗的失败和沮丧，虽然 Padh 在结尾部分表现的正是这一内容，但除了最后一句的固定句式讲魔罗忧郁当即消失不见，并没有为后来的文献所采用。追踪释迦七年的说法只出现在巴利文文献中。后来的文献与 *Mārasaṃyutta* 有更多的一致之处。只包含魔罗忧愁苦恼的 *Saṅghabhedavastu* 和《佛本行集经》的描绘也与 *Mārasaṃyutta* 非常接近。而如同在上文提到的，在成佛悟道前的魔罗忧恼和魔女诱惑部分，也有与 *Mārasaṃyutta* 很接近的句子。

包含一、二部分的经文最有代表性的是 *Mārasaṃyutta* 和 *Mahāvastu*，从用词及内容上看，*Mārasaṃyutta* 似乎起源更早。二者与全部三部分都包括的经文，也就是多了佛陀将三女变为老母的情节的两部佛经，以及此一内容在悟道成佛前的魔女诱惑中出现的佛经有一相近内容，即魔女自己变身为各种不同年纪的女子，其中包括老年女子。前面已经讲到，比较 Padh 的内容，魔女诱惑是后来发展起来的一个故事。对不同文献里这一故事的比较可以看出一个发展轨迹：在 MSy、Nid 和 Mvu 中她们自己变身为不同年龄的女子，也包括老年女子；但在大部分"北传"文献中她们以端正庄严之相去诱惑佛陀，却被佛陀变为老母；而在 Nid 中插入一段注者的评论说，另一传统讲述佛陀看到她们以老年女子形象前来，欲使之保留她们残缺的牙齿和灰白的头发，但这样的想法世尊是不会有的——这里透露出了有一个传统的讲述正介于南传和"北传"文献之间。从这三种不同版本对同一故事细节的取舍中可以看到不同传统的不同态度。

佛传图像在印度的历史发展

张丽香

佛传是佛教历史研究的基本内容之一。佛教的起源与最初的发展毋庸置疑是在释迦牟尼在世时的发展，佛教后来的许多发展也要回溯到释迦牟尼生前的一些历史实际。佛教艺术归根结底也是要回溯到佛传上的。佛教艺术，特别是后期的佛教艺术，有众多的佛像和菩萨像，追溯其起源，大都要回溯到释迦牟尼作为世间佛的佛像和菩萨像。而释迦佛像和释迦菩萨像的起源其实也是要回溯到佛传故事上来的。所以佛传是探讨后来的佛教造像、各类佛传叙述图像的本源。印度式的佛像和佛传叙述自然也是后来的各个佛教国家造像及佛传叙述图像的源头。研究了解佛教艺术自然要从这一源头探起，知本源而后得流变。

在印度，佛传最基本的图像表现形式是雕刻和壁画，其中雕刻的数量更多，并且是以浮雕为主。本文从雕刻图像出发来考察佛传图像在印度的历史发展。限于篇幅，主要是做一概观，并考察最为重要的图像模式如何表现，如何形成并发展。

依据时间和地域，从总体来看，印度佛传图像大致可有如下分期，这一分期对于整个印度佛教图像历史的发展也同样适用。

一、古风和象征时期。主要包括巴尔胡特（Bhārhut）、桑奇（Sāñcī）的浮雕，以及阿旃陀（Ajaṇṭā）石窟和南部阿马拉瓦蒂（Amarāvatī）流派的早期部分。总体来看，其表现手法和刻画技术比较古拙，在现存的图像里没有出现佛像，表示佛陀在场时都以象征物代替。

二、佛像起源和发展时期。佛像的出现意义重大，涉及很多重要问题，引发了很多的兴趣和研究，在艺术史上也是很多方面发展的一个分水岭。这一时期主要中心是马图拉（Mathurā，亦译秣菟罗）和犍陀罗

(Gandhāra)。

三、南部阿马拉瓦蒂流派中后期——重要的印度本土因素。其在印度佛教艺术发展历史中有着重要影响，然而至今为研究者重视不足甚至忽视。也称为安达罗（Andhara）流派，包括克里希那河（Kṛṣṇā）近入海口沿岸的众多佛教遗址，最著名的就是阿马拉瓦蒂（Amarāvatī）以及龙树山(Nāgārjunakoṇḍā)。非常明显地体现出象征和佛像结合表现的过渡阶段。

四、笈多和后笈多时期——古典艺术理想的巅峰。主要包括马图拉和萨尔纳特（Sārnāth）的雕刻以及阿旃陀石窟后期艺术。这一时期艺术风格几臻完美，也直接影响了后一阶段波罗时期的佛传图像。

五、波罗－塞纳（Pāla-Sena）时期——最后的辉煌。波罗时期只是一个概括性的说法，大致是8—12世纪比哈尔（Bihar）东部和孟加拉(Bengal）西部的区域性的发展，包括了当时这一地区很多小的地方政权区域，流派和风格众多。这是佛教在印度本土历史上最后阶段的辉煌。

上述五个阶段的发展在时间上或地域上有时有所重合。佛像从无到有，发展了一系列的不同风格，最后到波罗时期有一定的范式，在细节上呈现出多样化。佛像与佛传相互间也有着一定的影响。佛传图像从早期的单图单景到最后的波罗八相圆碑经历了一系列变化，既与佛教文献有关，也与佛教本身的历史发展有关。需要引起注意的是，图像发展有其本身的传承，但对其历史发展的研究又不能仅仅根据图像来研究，文本的对比研究同样重要。同时种种迹象表明，图像和文本间也有着相互影响，图像也可能影响的文本的发展①。限于篇幅，本文只涉及图像本身的历史发展。

一

最早的佛教艺术与塔相联系，也就是说与佛的入灭有关。约建于公元前2世纪的巴尔胡特大塔，现只有东门和部分石质围栏存于加尔各答的印度博物馆（Indian Museum）。其浮雕是现存最早的真正意义上的佛教艺术代表之一（其他包括同期的桑奇、阿马拉瓦蒂及阿旃陀的艺术）。由于很多浮雕配有铭文，使得这些最早的故事图得以比定。这里的故事图主要是本生

① 参见张丽香 *Der Sieg über Māra im Leben des Buddha, in den literarischen und bildlichen Überlieferungen, von Indien bis Zentralasien*, Diss. München, 2008。

和佛传。佛传在数量上没有本生多，但是一些事件的非常确定的图像元素已经出现，甚至到印度佛教的最后阶段也没有改变。这一点后面还要谈及。

图 1　巴尔胡特（Bhārhut），Calcutta，Indian Museum

引自 Coomaraswamy 1956①，Pl. XXIV，Fig. 61

图 1 表现的是佛传里的第一个事件——入胎。在一个圆盘里的中心构图方式下，只刻画了横躺着的摩耶夫人、从上方降下的小象、几个侍女、水罐及点燃的烛台——显示时间是在夜里，笔法十分经济。然而这少数几个形象却已展示出了这一事件最主要的元素。简单而较为柔和的线条，笑意盈盈的象，下方两个侍女表示惊奇的动作，显示出一种单纯而祥和的情趣。歪斜的床腿表明其稚嫩的立体空间的表达尝试。横躺的摩耶夫人及上方的象既是叙述里的主要形象，也是一直延续到笈多后笈多时代的萨尔纳特佛传里面表现入胎的基本图像元素。在其他一些浮雕里，还出现了降魔成道、初转法轮、下三十三天和涅槃等。

这一时期，包括桑奇等地的佛传叙述图里，需要佛陀本人出现的地

① Ananda K. Coomaraswamy, *La sculpture de Bharhut*, Paris, 1956.

方，都以象征物来代替。比如塔、圣树、伞盖、法轮、脚印、宝座、三宝标等。象征物一方面有着普遍的意义，例如桑奇一号大塔东门背面最上横梁的七棵不同的菩提树代表了七佛；另一方面又和具体的事件联系在一起，例如初转法轮用鹿和法轮（见图 2），涅槃用塔。有时一个象征物单独使用，有时几个象征物结合使用，例如成道用菩提树、宝座以及三宝标①。稚拙而富有民间情趣的表现手法也是这一时期的一个特点。

图 2　桑奇（Sāñcī），一号大塔，南门西立柱，正面最上一格
引自 Marshall/Foucher 1940②，II，Pl. 18 局部

在稍晚的桑奇一号大塔（约公元前 1 世纪到公元 1 世纪）浮雕中，佛传的内容有了很大增加。图 2 的浮雕表现的是初转法轮，浮雕中依然没有佛陀的身影，在其应当出现的中央位置，矗立着一根柱子，其顶端是一

---

① 关于佛教艺术中佛陀象征物的讨论见 D. Schlingloff，“Die Bedeutung der Symbole in der altbuddhistischen Kunst，” in *Hinduismus und Buddhismus*，*Festschrift für Ulrich Schneider*，hrsg. H. Falk，Freiburg，1987，pp. 309 – 328。

② J. Marshall/A. Foucher，*The Monuments of Sānchī*，1 – 3，Calcutta，1940.

个巨大的法轮，上方有伞盖和花环。法轮两边飘飞着半人半鸟的紧那罗(kinnara)[①]，立柱两侧即紧那罗下方是两排合十行礼的供养人或天人。再下方即立柱基座两边是一群羚羊（鹿），标示着事件发生的地点是在鹿野苑。法轮和鹿就是后来一直沿用的初转法轮的标志性图像元素。在西门正面第二横梁上是一横幅浮雕初转法轮，其空间表达、布局及一些细节上虽有不同，但这一内容的基本图像元素法轮、鹿群、供养人仍然一致。值得注意的是，在此期不但佛像没有出现，而且在初转法轮里始终没有出现僧人的形象。在东门正面第二横梁上雕刻了非常著名的大出离，可以看到结合运用了空马、伞盖、树、脚印的象征物。在这一图像叙述中，体现出连环画及以重复同一画面来表现事件进程的手法[②]。

在早期的图像里，同一事件可能有不同的表现模式，与晚期的固定化表现颇为不同。如降魔图，在巴尔胡特有两幅，而在桑奇有9幅之多(一号大塔7幅，二号塔2幅)，但这些浮雕表达形式多样，内容上也有所不同。例如巴尔胡特一幅降魔浮雕是与苦行有关，而另一幅则与成道时天神的欢庆礼拜放在一起表现[③]。

佛教艺术的开始与佛陀入灭及塔的修建相关。桑奇以其仍然保留在当地的原始大塔为今天人们理解塔形制的形成发展和早期的佛教艺术给予了最为直观的依据。总的来看，此时不光在技法上有进步，而且内容上有很大丰富。填充式构图是印度式技法的特点之一，在桑奇表现非常明显。在宗教建筑物塔上，人物的塑造是动人的，世俗情趣的。最为著名的就是一号大塔东门的圆雕药叉女。桑奇的魅力之一方面就在于她俗世的欢乐丰饶与宗教的虔诚信仰的结合。

早期象征阶段的一个特点是对叙述的喜好，这一延续至犍陀罗的传统在印度南部的早期艺术里也能看到。今存于阿玛拉瓦蒂博物馆的一幅涅槃

---

① 关于Kinnara的图像和文献的资料搜集及分析参见M. Zin, *Ajanta*, *Handbuch der Malereien*, 2, *Devotionale und ornamentale Malereien*, *Vol. I*, *Interpretation*, Wiesbaden, 2003, No. 19, p. 189ff。

② 关于印度及欧洲艺术中图像与叙述的关系、叙述的图像表现形式的深入探讨参见D. Schlingloff, "Erzählung und Bild, Die Darstellungsformen von Handlungsabläufen in der europäischen und indischen Kunst", in *Beiträge zur Allgemeinen u. Vergleichenden Archäologie*, Band 3, München, 1981, pp. 87-213。

③ 参见张丽香 *Der Sieg über Māra im Leben des Buddha, in den literarischen und bildlichen Überlieferungen, von Indien bis Zentralasien*, Diss. München, 2008。关于Bhārhut和Sāñcī的章节。

图（见图3）是早期（约公元前1世纪）南印度留下来的令人非常意外的一幅浮雕，而且是迄今关于涅槃经的断代的唯一考古证据。意外是因为我们在其他的如巴尔胡特和桑奇等地所能发现的早期有关涅槃的叙述图全部是关于涅槃本身（例如以塔为象征物表现这一事件）或者涅槃后事，如舍利争夺战、分舍利及礼拜佛塔等。在已发现的文物里唯一一次如在涅槃经里所述的关于涅槃前的一系列事件只出现在这一幅浮雕中。

图3　Amarāvatī，Amarāvatī Museum，062
引自 A. Ghosh/H. Sarkar 1964/65

浮雕上有五处铭文：

1. *bahuputa-chetiya Vesālakāni chetiyāni*
"Bahuputra-chaitya（and）the chaityas of Vaiśālī"；

2. *chāpāla chetiya Māro yāchate osaṭh-ita(ti)*

"In Chāpāla-chaitya Māra begs renunciation (of life)";

3. [*Vesa*]*liya*(*ye*) *viharati Mahāvane kuḍāgā*[*ra*]*sālāya*

"(The Lord) dwells in the kūṭāgārā-cottage in Mahāvana at Vaiśālī";

4. *nāg-ā*[*pa*]*logana*

"The elephant's look";

5. [*sā*]*lavane bhagavato parinivute*

"The extinction of the Lord in the śāla-grove". ①

这五处铭文加上浮雕中部的刻画的"The miracle of clear water"可以清楚地比定出在佛陀入灭前的从毗舍离到拘尸那揭罗的六个场景片段。这些叙述清晰明确地载于梵本 *Mahāparinirvāṇasūtra*、巴利本 *Mahāparinibbānasuttanta* 及汉译法显本《大般涅槃经》和义净《根本说一切有部毗奈耶杂事》中，文本与图像和铭文可以相互对照印证。

图中右下角一个贵族装扮的人双手合十跪在一双脚印前表现的是魔罗劝请入灭的情节。这说明在这样的早期阶段，涅槃经中这样一个富于神话传说色彩的情节已经固定下来②。那么可能其他一些比较真实的情节起源更早。这些都是涉及佛经起源和佛教艺术起源的问题，值得探讨。另外 *bahuputra caitya* 在此图像中非常明确指的是"多子圣树"，即图像中魔罗劝请入灭的左边，有一棵围在栏中的树，其两边各有一人，一个手抱小儿，一个双手合十。所以 caitya 或 cetiya 的意义包括圣树，而不仅指塔、庙等。关于此词的意义争论，包括在不同版本的汉译中，时有发生。此处明确的指代可以说是对于图像与文献对比方面非常有启迪和非常有意义的一个实例。

① 铭文、英译及图像内容比定引用 A. Ghosh/H. Sarkar, "Beginning of Sculptural Art in South-East India; A Stele from Amaravati", In *Ancient India* 20 - 21, New Delhi, 1964 - 1965, pp. 168 - 177。

② 魔罗作为佛传里一个重要的反面角色起源是比较早的，主要体现在降魔成道的叙述里面，涅槃经里劝请入灭的情节是相对独立的。这两个不同的叙述在文献和图像里的起源、发展以及二者在文献叙述中的关系参见张丽香 *Der Sieg über Māra im Leben des Buddha, in den literarischen und bildlichen Überlieferungen, von Indien bis Zentralasien*, Diss. München, 2008。

二

佛像的出现无疑是佛教艺术史里非常重要的一个事件。佛像为什么不出现以及为什么出现都是值得探讨的问题，引起了许多研究者的兴趣。这一事件当然对佛传图有极为重要的影响，所以佛像出现前后自然也是一个重要的佛传图像发展时期。很多佛传事件被极为详尽地描绘下来，并出现了经常性的佛传重要事件的组合图像，比如“四相”，但在不同的艺术中心情况不同。佛像起源和发展时期代表性的有三大艺术流派：马图拉、犍陀罗和阿马拉瓦蒂（或安达罗）。马图拉和犍陀罗都在北部地区，贵霜治下，与佛像的产生密切相关，一直相对而又紧密联系，并且有着明显的相互影响。而阿玛拉瓦蒂则有着自己非常独特的表现和魅力，需要单独介绍。

20 世纪前半叶以 Foucher 为代表的西方学者认为佛像起源于希腊罗马式雕像的影响，中叶左右以 Commaraswamy 为代表的学者主张佛像起源于马图拉的印度本土药叉像。到 80 年代左右，出现中和两派的意见，认为在犍陀罗和马图拉分别独立地产生了各自的佛像。这种意见现在为国际上比较通行的看法，虽然马图拉说与犍陀罗说依然争论不休。马图拉式佛像和犍陀罗式佛像的介绍和讨论非常之多，限于篇幅，这里不再细谈，仅就本文所涉及的内容作简单说明。

犍陀罗的佛教艺术，虽然研究关注和讨论非常之多，甚至在欧日学者影响下，中国研究者也时而有言必犍陀罗的情况，但其实就印度佛教艺术历史来说，犍陀罗属于非主流，是一个异数，它产生了一些影响，其中最重要的可能要算以卧佛表示涅槃（下文还要谈及），但总体来说，印度后来的发展更多体现的是其本土的风格，有其自身印度式的发展规律。另外犍陀罗艺术对中国佛教艺术的影响其实也被夸大了（现在已有研究者开始认识到这一问题）。在此仅举一例，云冈石窟具代表性的第 20 窟大佛，其睁大的炯炯有神的双目、正面直视的面部、带着笑意而又略显精悍的神情，其除顶髻外光滑无纹如同包布套头的发部，甚至其衣纹的特征，如果我们放一尊犍陀罗佛像和一尊马图拉佛像分立两边，立刻就能看出，这些都是非常明显的马图拉式特点，是犍陀罗佛像所不具备的。

在马图拉，佛传图出现了“五相”和“四相”以及其他组合形式。

四相图是我们在这一时期看到的最为明确的四相形式。在马图拉以及南部的阿马拉瓦蒂，重要的几件佛传事迹成组表现是很常见的典型佛传图模式，但哪几个事件并不完全固定。常出现的包括诞生或大出离（北部为诞生，南部为大出离）、降魔成道、初转法轮及涅槃“四相”，但在地域上有不同偏重。总体来看，“四相”表现似乎是一种趋势。但综观马图拉、阿马拉瓦蒂以及后来的笈多后笈多时期的萨尔纳特佛传图，我们就能看到，所谓“四相”其实在图像中从来没有固定下来过，从“三相”、“四相”到“五相”甚至“六相”都有可能。真正固定下来的是晚期的八相[①]。

图 4　Mathurā，Raj Ghat，Archaeological Museum，H. 1.

引自 Mode 1986[②]，9

图 4 显示的正是一幅从右至左展示树下诞生到涅槃的“五相”图。每个事件本身又单独上下布局构图，如诞生，画面分为上下两部分，上面是手攀无忧树枝的摩耶夫人、扶着她的侍女或悉达多王子的姨母及养母（Mahāprajāpatī）以及双手托住刚刚降生的王子的因陀罗（Indra，帝释天），下部展现的则是诞生后龙王给他灌水沐浴的场景。中间的第三个事

① 关于印度佛传图像模式从最初的单幅单景到中期的三相、四相、五相甚至可能的六相，直到最后确定下来的八相图的发展，参见张丽香《印度佛传图像模式在雕刻中的发展演变》，载沈卫荣主编《文本中的历史》，中国藏学出版社 2012 年版，第 367—380 页。

② Mode，H.，*Altindische Skulpturen aus Mathura*，Hanau，1986.

件下三十三天加入“四大重要事件”中并非偶然，自巴尔胡特起这就是一个非常受欢迎的主题，有许多的造像表现，包括下面要谈到的犍陀罗。

图 5　New Delhi，National Museum，L. 55. 25

引自 *Anmut und Askese*①，Nr. 9

图 5 所示马图拉式造像虽然不是佛传图，但却对后来的一类造像及波罗 - 塞纳时期的八相图有着重要影响。这是一尊典型而精美的 kapardin 佛像——“螺髻佛像”（指贵霜马图拉特有的螺壳状顶髻佛像，除此螺纹外佛像头部无其他发纹），高 72 厘米，根据基座铭文断代为公元 110 年②。居中而坐的佛像着右袒式僧衣，右手举至右肩高，施无畏印，左手曲肘握拳置于左膝上。头光朴实，只有边缘一圈半圆弧纹，其外有菩提树叶。佛像右边是金刚手（Vajrapāṇi），其右手执金刚；左边为莲花手（Padmapāṇi），其右手执莲花。头光两侧飘飞着两个天人。在狮座下有三女一男四位供养人礼敬菩提树。这样一种“一佛二胁侍菩萨”的三尊形式，在如此的早期已经达到了如此成熟的风格。大约同期及稍晚，犍陀罗也有三尊式佛像，但在形式上有较大不同（此处不能深入展开讨论）。三尊式的表现形式在印度乃至其他国家地区后来广为流行。以大佛像为中

① *Anmut und Askese*，*Frühe Skulpturen aus Indien*，zur Ausstellung des Museum für indische Kunst 2003 - 2004，Herausgeber M. Yaldiz & C. Wessels-Mevissen，Berlin，2003.

② 此是按照迦腻色迦纪年设为 78 年断代。这一纪年年份虽有争议，目前国际上最为通行。

心，在两边、上方及宝座下加上其他叙述内容或装饰元素，这样一种从早期开始就一直存在的构图方式，可能也是后来波罗时期八相图（见下文）构图布局的滥觞。

犍陀罗是我们所能见到的最多表现佛传场景的地方，有一百多个场景，数量之多和叙述之细都是别处所无法比拟的。其中有很多非常细致精美的雕刻。图 6 表现的是下三十三天的内容，铺陈华丽。实际上犍陀罗还有很多浮雕表现这一内容，有的非常简单朴实，三道宝阶只有三个石台，两旁雕少数几个陪伴人物。与马图拉相比，犍陀罗的艺术家所热衷表现的是某一事件前后相连的各种细节场景，而不是结合在一起表现的一组囊括佛陀一生的最重要事迹。需要注意的是，犍陀罗也有象征表现的刻画，这一点在人们讨论佛像的产生中几乎被淹没了，以至于有时产生了误解。例如现藏于大英博物馆的一幅浮雕（OA 1970. 6-2. 1），画面上没有出现佛像，在中间石台上由一力士托举三个平行组结在一起的法轮，由于两侧可以辨认出五个剃发着右袒僧衣的人物，所以此图很可能刻画的是在五比丘处初转法轮的内容。

图 6 Gandhāra, Victoria & Albert Museum, I. S. 11 – 1947

引自 Kurita, Vol. I, Fig. 416

犍陀罗的浮雕保留下来的如此之多，问题和热点也很多，很多至今不能解决。限于时间篇幅，此处只能略谈以下几点。犍陀罗的一些佛传图在内容上有一个特点：把燃灯佛授记加在了入胎之前，虽然这个故事其实应该算作本生故事。另外有相当多表现大出离的浮雕，这一点与南部有相似之处：下文我们会看到在南部的一组佛传图中，通常而言，第一个内容不是树下诞生而是大出离，这一点与北方的马图拉有明显不同。大出离的浮雕在形式上有两种，一种是正面表现，一种是侧面表现。一般表现为王子骑马出城，下方有托举马蹄的天神，几乎都有金刚手的陪伴。而且经常会与出家前的夜宴及宫人熟睡的场景连续表现——这一点也与南部有相类之处。还有后来代表降魔的触地印，在此期应该是处于形成阶段，并且从一些图像来看，这一手势最初可能与这一事件毫无关系。例如现藏大英博物馆的一幅浮雕（OA 1979. 1-30. 1），中间是雕释迦牟尼坐像，其头光上部有心形的菩提树叶，座下有两鹿及法轮，两边是五比丘，明显是初转法轮的内容；然其右手施“触地印”，方向向着下方的法轮。“触地印”的来源——代表着在降魔时大地或地神做证的情节，无论在文献里还是在图像上都已被证明是一个晚出的叙述因素，并且文献及图像间可能存在相互影响的过程①。

比较和联系印度其他地域和时期内的佛传图，犍陀罗的涅槃图非常值得多加关注。如上文述及，以卧佛表现涅槃是犍陀罗首创，并且对印度佛传图以及其他国家的佛造像产生了深远影响。图 7 所示为现存维多利亚及艾伯特博物馆（Victoria & Albert Museum）的一件涅槃浮雕。其中释迦牟尼双脚相叠右侧而卧，足边的大迦叶及裸身外道、悲叹趺坐于床座下的金刚手及其左侧的佛陀最后一个弟子须跋陀，还有上方悲痛的末罗族众人都是犍陀罗捏盘图中的典型形象。虽然犍陀罗的涅槃图在叙述细节上非常详尽，但仍然是以入涅槃之时为切入点，图像中所表现的事件都是发生在这同时或这一时间点之后。从这一点来看其与早期的图像没有本质区别，因之阿马拉瓦蒂早期的那幅涅槃图（见图 3）更显珍贵与特别。与涅槃不同时间的事件在同一图像里如同同时发生一样表现，这一图像表达手段在涅槃图里也很常用。如大迦叶途中从外道处得知佛陀涅槃的消息，赶回之

---

① 关于降魔与触地印文献及图像的讨论详见张丽香 *Der Sieg über Māra im Leben des Buddha, in den literarischen und bildlichen Überlieferungen, von Indien bis Zentralasien*, Diss. München, 2008。

后，得见释迦遗足（叙述在不同文本中有所差异），在图像里一般表现为大迦叶立于右侧而卧的释迦足侧，有时裸身外道即立于其身侧，有时是在荼毗时释迦从棺椁中露出双足，大迦叶立于旁边，表现出不同时间发生的事件在画面的空间安排中表现出的时空同点。

图 7　Gandhāra，Victoria & Albert Museum，I. M. 247－1927
引自 Kurita，Vol. I，Fig. 482

三

南部阿马拉瓦蒂流派的艺术可以说在很多方面更为突出地体现了印度本土的传统，在艺术上的一些方面达到了别的流派所无法企及的高度，尤其是人物的闲适、柔韧与灵活，人物及画面的动感等。然而其艺术上达到的高度及其造像的影响至今还没能被足够重视和充分探讨。

在印度，佛像出现前后这一时期，阿马拉瓦蒂从总体来看，一个重要特点是混合涵盖了象征表现和佛像表现这两种方式。一类浮雕是象征表现，另外一类非常有趣，是同一图像里既有象征表现也有佛像出现，还有一类则是全部出现佛像。纯粹的象征表现，不但在南部的早期阶段（例如图 3）出现，而且在南部的成熟风格期也有出现，特别是在北方已出现佛像之后，南方仍然延续了象征手法。图 8 是出自阿马拉瓦蒂成熟期的一幅佛传浮雕（公元2世纪），雕刻者巧妙地利用建筑墙壁作为分隔，描绘了与诞生相关的四个场景：右上是睡眠中的摩耶夫人的入胎之梦，其上下方还刻画了女仆和天王；左上为净饭王宫中释梦；右下为树下诞生，摩耶夫人手攀无忧树枝，从其右肋降生的悉达多以四天王托着的长巾上的一双脚印来象征，图中间下部有一矮凳置于地上，上有一双脚印，象征了初生之后的沐浴；左下新生的悉达多被呈至释迦族药叉神Śākyavardhana（图像中药叉一般以圆腹为其特点之一）面前，其从树基平台示现半身，向未来的佛陀合十行礼。

图8　Amarāvatī，Britsh Museum，BM 44

引自 R. Knox 1992①，Fig. 61

南部有一系列立式浮雕，从下到上刻画几个佛传事件（多数为四个）。当然也有其他形式，例如在阿马拉瓦蒂大塔围栏立柱上的圆盘及间隙里雕刻各类事件，或者装饰图案与叙事图结合等。但立式佛传图在组合

① R. Knox, *Amaravati, Buddhist Sculpture from the Great Stūpa*, London, 1992.

图 9 Amarāvatī, Britsh Museum, BM
引自 R. Knox 1992, Fig. 83

佛传事件方面更具有典型意义，并且对后来的萨尔纳特佛传图颇有影响。图 9 即是一幅“四相”图：从下至上表现的是大出离、降魔成道、初转法轮及涅槃。在这幅浮雕中，大出离用的不是通常的骑马出城的场景，而是悉达多王子告别马夫及爱马的场景。与马图拉与犍陀罗的“四相”相比，大出离代替了树下诞生，这是南方的一个特点。在第二相的降魔成道里，佛陀右手举止肩高施无畏印（abhayamudrā），这也是南部降魔成道图的一个特点：在南部这一图像内容里，佛陀无一例外全部施无畏印，所谓的降魔印（即 bhūmisparśamudrā，“触地印”）从未出现过①。图 9 的前面三相里全部出现了佛像或王子相，然而在第四相的涅槃里，只有象征涅槃的塔而没有佛像，更没有犍陀罗那样的卧佛像。这一方面说明了上面提到的南方存在的象征与佛像的混合表现，即在同一幅浮雕上，有些场景或事件用象征，有些则出现佛像（象征也出现在除涅槃外的其他事件中），体现出象征表现到佛像表现的一个过渡阶段。在其他一些南部浮雕上，例如存于马德拉斯政府博物馆（Madrad Government Museum）的一幅浮雕（nr. 255），在第四相的涅槃图中，已经出现了佛像，完全过渡到了佛像表现阶段。而且这

① 在云冈石窟，第 8 窟主室东壁、第 6 窟主室西壁、第 12 窟前室东壁的降魔雕刻中佛陀也是右手施无畏印而非降魔印。

一佛像是一手施无畏印立于表示涅槃的塔前。另一方面无论是在混合表现图像中的塔还是塔与佛像结合的表现方式，都充分显示出不同于犍陀罗卧佛的涅槃思想。而这种方式——以佛像和塔结合表现的涅槃图式也被后一时期的萨尔纳特所采用，但在那里，佛像采用了卧佛形式。

其实后来的萨尔纳特模式（见下文）是直接承接了南方的形式。包括萨尔纳特佛像的部分特征也似乎有南方的影响。

四

进入笈多时代之后，从佛像发展的角度来看，最主要的有马图拉式和萨尔纳特式。这两种佛像在前述几种艺术风格的基础上，发展出了最能体现印度式古典主义审美理想的风格，内省的神情与完美的外形达到了佛像外在与内在、精神与肉体的和谐统一，历来为人们所称道。马图拉式佛像薄衣贴体，衣纹细密如水波动荡，有种半透明的效果，也被称为“湿衣佛像”。而萨尔纳特佛像，除了在领口、袖口、衣缘等处有浅淡衣纹外，几乎不表现衣纹，通体圆融，也被称为“裸体佛像”。一般认萨尔纳特佛像最初受到马图拉的影响，但很快就发展出了自己的风格。

就佛传来说，现存主要有一系列萨尔纳特佛传浮雕，表现出非常明显的特点和发展痕迹。也有一些单幅雕塑。萨尔纳特单独的佛坐像多表现鹿野苑初转法轮的内容。例如现存于萨尔纳特考古博物馆的著名的鹿野苑说法佛陀坐像，双手施说法印，结跏趺坐，双脚底部向上，脚底和脚趾的表现却不像马图拉式那样紧张平直，而是稍稍松弛，脚趾如花瓣样散开，体现出与前一时期阿马拉瓦蒂的相似的特点。座下前面中间是法轮，两侧有两头鹿，依然沿用了传统的图像元素。再两边有五比丘和二供养人。五比丘体现出了贵霜犍陀罗的影响。

图 10 显示的是一幅萨尔纳特常见的长条状碑式浮雕。从下到上分为四格，初看去就是一个典型的“四相”。上面三个是降魔成道、初转法轮及涅槃，但在最下方的第一格中，实际上雕刻了四个场景：树下诞生，沐浴、骑马出离（大出离的中心场景）及削发。这四个场景可以分属诞生及大出离两个事件范围，大约各占画面的一半。这样一种从下到上的碑式结构实际上可以说直接承继了上一时期阿马拉瓦蒂的一种模式（例如图 9）。而且“第一相”的内容还没有完全固定下来，混合表现了北方的诞

生和南方的大出离，体现出一种中和或犹豫。这一点在很多浮雕里都可以见到。在另外一幅浮雕中［Sārnāth Museum C（a）2］将两个事件分别放在从下方起的第一和第二格内，第一格展现了入胎、树下诞生及沐浴，第二格中则是大出离、削发、龙王拜谒、苦行及牧女献乳粥，一直叙述到了降魔成道之前。另有一幅浮雕［Indian Museum（S.1）］则是将除苦行之外的上述场景全部组合在最下面一格中。

图 10 Sārnāth, Indian Museum（S.3）.
引自 Williams 1975①，Fig.4。

后面的三相则比较固定。在第二相的降魔成道中，触地印从此期开始

① Williams, J., "Sārnāth Gupta Steles of the Buddha's Life," in *Ars Orientalis*, X, 1975, pp.171-192.

已经完全固定下来，并且在有些浮雕里［例如 Sārnāth Museum C（a）2］开始出现了两个地神。初转法轮的图像在另一幅浮雕中［Sārnāth Museum C（a）1］似乎出现了与大神变结合的情况，在佛座下方有法轮和鹿，而在中间的佛像两侧下方生起长长的莲茎，其顶部的莲花之上分别有一个典型的萨尔纳特佛立像。涅槃采用了卧佛形式，而且是用萨尔纳特的表现手法描绘犍陀罗涅槃图的内容。

除了上述模式外，也有其他形式，如藏于印度博物馆的一幅浮雕［Indian Museum（S. 2）］是在这四相的基础上在前三相的两侧加上了表现舍卫城大神变的内容，使得下方的浮雕在宽度上正好契合最上方的涅槃的横躺的卧佛像，可说是一幅“五相图”。

图 11　Sārnāth，Sārnāth Museum C（a）3，
引自 **Williams 1975，Fig. 3**

图 11 显示的是最终出现的“八相”图：全部画面分为整齐的八格，

每横排两格，每竖列四格，左下为树下诞生及沐浴，右下为降魔成道，其上一排左为猕猴献蜜，右为调服疯象，再上一排左为下三十三天，右为舍卫城大神变，左上为初转法轮，右上为涅槃。很明显，在四角为前述最为基本和重要的“四相”，中间加上了另外四个比较流行或受欢迎的事件。这也是在印度最终固定下来的八相，在波罗－塞纳时期有很多表现，只是形式上有所不同（见下文）[①]。

五

波罗－塞纳时期实际上是8—12世纪的北部比较小的一个区域的统称，包括比哈尔东部和孟加拉西部，无论时间上还是地域上都有很多小的区域性政权，在艺术上区域性的风格和流派众多。

图12　Pāla-Sena时期，10—11世纪，Bengal或Bihar，Museum of Fine Arts，Boston

引自Parimoo1982[②]，Fig. 98

① 关于佛传图模式的发展演变参见张丽香《印度佛传图像模式在雕刻中的发展演变》，载《文本中的历史》，单独对萨尔纳特佛传浮雕的内容模式的详细分析探讨参见Williams，J.，“Sārnāth Gupta Steles of the Buddha's Life，” in *Ars Orientalis*，X，1975，pp. 171－192。

② R. Parimoo，*Life of Buddha in Indian Sculpture*，New Delhi，1982.

波罗－塞纳时期的佛传图有一些单一事件的雕刻，最多的是降魔成道，既有碑式浮雕，也有放在庙宇中的圆雕。但更多的是类似图 12 的八相雕刻。这类八相图是以中间的大佛像手施触地印来表现降魔成道，在台座前部雕刻魔王及地神。魔王通常一手触头、哀坐于地表现其失败，地神则手托水罐，有时出现第二个地神。两侧由下至上对称刻画树下诞生及猕猴献蜜、下三十三天及调服疯象、舍卫城大神变及初转法轮，其左右顺序并不固定。顶部则为涅槃。

本例雕刻中佛像头戴宝冠，颈上有项链璎珞。也有很多八相浮雕是同较早时候一样，佛像没有任何装饰。身有装饰的宝冠佛出现时间并不能完全确定，11 世纪时已相当流行，有推测认为可能有印度教造像的影响。而不戴宝冠的佛像也并行存在，同样常见。这类浮雕图像基本上每个事件只保留了叙述最简要的标志性图像元素。例如舍卫城大神变及初转法轮两个事件，中间的佛像基本一样，有时甚至完全相同，都是手施转法轮印的佛坐像，这时只能凭借其座下的法轮或莲花来判断具体是哪一事件。所体现的事件不再是早期（如巴尔胡特和桑奇）那样的细节叙述，也不再有萨尔纳特的事件塑造的平行对等式巡礼，而是一种恒定的模式，以中央的大佛像凸显了成道的重要。最上方的涅槃与萨尔纳特模式相比，不仅完全没有了细节，而且还加上了早期尤其是南部浮雕中必定出现的塔。这一结合表示出了对涅槃与犍陀罗式的不同理解，更为出世和超验，更具有象征意义。一些这样的宝冠佛八相图浮雕中，佛像头光两侧也雕有两座小塔，似乎降魔成道与涅槃最为并行看重，显示出更多的宗教理想或信条的象征意味。周围一圈的佛传似乎不再是叙述而成为一种巡礼。这一转变——佛转叙述转为带有佛像的抽象象征——在后面的简化和繁化两种趋势或两类雕刻中均有体现。这也与晚期出现多种超验佛像、菩萨像的背景相关。

图 12 所示的这类圆碑式八相佛传图，其发展渊源可从内容与形式两个方面进行考察：在内容上可以说是直承萨尔纳特八相，在形式上则可以上溯至贵霜马图拉的影响。上文对萨尔纳特八相已有说明，对比之下，二者最重要的区别在于表现形式，波罗八相是把萨尔纳特的八相内容放入了圆碑之内，并且轻重有别，显示出“佛传曼陀罗”的形制。中间的大像是从佛像开始出现就已逐渐形成的一种形式，在贵霜马图拉和犍陀罗都有；但圆碑样式，一般是见于马图拉坐像，如图 5 所示。贵霜马图拉坐像一般为右手施无畏印，周围也没有佛传围绕。但这样一种正面中心对称结

构成为一种范式。波罗时期以降魔成道为唯一佛传内容的正面圆碑式坐像并不少见，而且与八相圆碑相当一致。这样一种形制加上萨尔纳特的八相就是波罗－塞纳时期的八相圆碑。

图 13 Pāla-Sena 时期，12 世纪，Dacca
引自 Bautze Picron 1989①，Fig. 36. 3

在最后时期佛传图有两类图像：第一种趋势是繁化。现存一组 12 世纪左右的繁复无比的八相佛传雕刻。这组图像体现出两个特征：一是与印度诸神的融合；二是随着时间的推移地域也在东移。图 13 就是这样一例。各个部分细节描绘众多，初看令人眼花缭乱。如果仔细一一辨认，就会发现，八相的内容没有变化，但是附加了很多细节及装饰性的内容。细节主要体现在降魔上。在中间施触地印的大佛像座下添加了很多魔王攻击、魔女诱惑等内容，在佛像头部和整个图像上部的三相之间，添加了许多印度教神灵来作为攻击释迦牟尼的魔军，有时在两侧对称出现，体现出可能的与印度教的竞争关系。中间的大佛像本身被置于一佛龛中，上方是一如同

① C. Bautze-Picron, "A Preliminary Report on the Buddha Image from Betagi," in *South Asian Archaeology* 1989, pp. 301 – 308.

神庙建筑顶部的高顶，构成了一种内置佛像的神庙造型。周围各相也相类，只是规模较小，细节稍简。在中央佛龛两侧及顶部还有三个小的佛龛及内置佛坐像。在另外一幅类似八相碑雕刻中，中央佛龛两侧各有两个佛龛及佛坐像，这样就构成了五佛。另外这组雕像随着时间推移，出现地点逐渐东移的趋势，所以这类繁化的八相碑刻可能体现出了佛教在印度教和伊斯兰教竞争打击下的最后努力①。

第二种趋势是简化。在很多圆碑式雕刻佛传图中，从 8 世纪开始就一直有单幅的降魔图，在整体外廓上如同图 13 所示的八相图，但内容上只有降魔成道，即以施触地印的大的佛坐像为中心，座下正面刻画地神及魔罗，有时只有地神。两侧有时有菩萨或其他护法神，甚或佛像。一直到较晚的 11、12 世纪左右这类图像均有出现。这些单纯表现降魔成道的佛传图与八相图相比体现出一种简化的倾向。在最后阶段出现了一类造像，其中所有其他叙述元素都被省去，只剩下中间施触地印的佛像来表现降魔成道这一内容或这一时刻。因为其佛像没有任何装饰，所以可以比定为世间佛释迦牟尼而非超验的五方化佛里的东方阿閦佛，后者的手印也是触地印或称降魔印②。这类降魔佛传图像，无论有无魔罗及地神细节，从时间上看贯穿始终。但纵观其发展，从八相图简化为降魔图，从降魔图简化为触地印佛像，简化是一种趋势。图像越来越程式化，象征意味越来越重于叙述意味。不但没有了早期的叙述热情，连在波罗八相图里体现的象征意味都简化了。这与晚期其他超验佛的出现可能密切相关，或者影响后者或者被后者影响。晚期出现的众多佛像、菩萨像关注的是其特征——手势、持物，等等，形成了造像的定型化。

---

① See S. L. Huntington, *The Pāla-Sena Schools of Sculpture*, Leiden, 1984.

② 二者区别参见 G. Bhattacharya, "Buddha Śākyamuni and Pañca-Tathāgata: Dilemma in Bihar-Bengal" (1985), 载于 *Essays in Buddhist Hindu Jain Iconography & Epigraphy*, Dhaka, 2000, pp. 29 - 41。